【国学精粹珍藏版】

李志敏⊙编著

二十四史

◎尽览中国古典文化的博大精深　◎读传世典籍，赢智慧人生——受益终生的传世经典

卷一

民主与建设出版社
·北京·

© 民主与建设出版社，2022

图书在版编目 (CIP) 数据

二十四史:全4册/李志敏编著;郑琦绘图
—北京: 民主与建设出版社，2015.8（2022.8重印）
ISBN 978-7-5139 -0762 -0

I.①二... II.①李...②郑... III.①中国历史–古代史–纪
传体–通俗读物 IV.①K204.1–49

中国版本图书馆CIP数据核字(2015) 第215203号

二十四史

ER SHI SI SHI

编　　著	李志敏	
责任编辑	程 旭	
装帧设计	王洪文	
出版发行	民主与建设出版社有限责任公司	
电　　话	（010）59417747　59419778	
社　　址	北京市海淀区西三环中路 10 号望海楼 E 座 7 层	
邮　　编	100142	
印　　刷	永清县晔盛亚胶印有限公司	
版　　次	2016年1月第1版	
印　　次	2022年8月第4次印刷	
开　　本	710 毫米 × 1000 毫米　1/16	
印　　张	32	
字　　数	460千字	
书　　号	ISBN 978-7-5139 -0762 -0	
定　　价	278.00元(全四册)	

注 : 如有印、装质量问题，请与出版社联系。

前　言

　　在浩如烟海的中华古典名著当中，历史著作无疑是最璀璨的明珠。在中华文明的传统中，重视历史，重视史书的编著是一个重要的特征。民间自发的治史活动层出不穷，留下一些官史无法写、不敢写、写不到的史实和精辟篇章，这一点自不必言。历代统治者对史书的修撰更是异常重视，每一朝代的兴替，君临天下者的第一件事就是修撰前朝史书，以为本朝镜鉴。自有历史记载起，历朝历代都设有专职史官，虽名称不同，其记帝、后之一言一行，载天灾人异的职责是一致的。因此，自司马迁修《史记》始，官修历史的延续性(或得到官方支持)再也没有中断过，这在世界范围内也是绝无仅有的。

　　正是这种重视和延续性，给我们留下了中华民族几千年生息、发展的清晰脉络，也留下了一部部浸透着古人心血和智慧的历史典籍。这里面最优秀、也是最具代表性的就是"二十四史"。

　　"二十四史"据传为乾隆皇帝钦定，辑合了自《史记》至《明史》的二十四部经典史籍。这二十四部经典代表了中国历史著作的最高成就。但因其内容过于浩繁，大多数读者不可能全部通览，所以我们从中精选了一些优秀篇章，并遵循时间上的连续性，以便于读者阅读。

　　中国历代史学家都有秉实记事的优良传统，因此丢官、丢命者并不少见，这就基本保证了这些史书最大限度地接近历史真相。尽管随着封建专制制度的加强，形成了噤若寒蝉的政治环境和治史环境，一定程度地限制了史官对事实的忠诚记录，为尊者讳的记史风尚也使之遗漏了若干重大的历史事件，但总的来说，这些史学著作所记述的史实还是真实的、可信的。

　　"二十四史"具有深厚的文化沉淀，不仅可作历史著作来读，亦可作为文学名篇或政治著作来读。

　　如果本书的出版,能使广大读者更好地享受中国历史的丰硕成果,则读者幸甚,编者幸甚。

编　者

目录 二十四史(节选)

史　记

汉　书

后 汉 书

三 国 志

北齐书·周书

隋　书

卷　三

南史·北史

旧唐书

新唐书

旧五代史·新五代史

宋　史

卷　四

辽　史

金　史

元　史

明　史

史 记

汉高祖本纪

——《史记》卷八

【说明】汉高祖刘邦(前256 – 前195),字季,秦朝泗水郡沛县(今江苏沛县)人。出身农家,早年当过泗水亭(在今江苏沛县东)亭长。为人豁达大度,不事生产。

秦二世元年(前209)七月,陈胜起义反秦。九月,刘邦聚众响应,被推戴为沛公。不久,依附项梁。秦二世三年初,项羽在巨鹿(今河北平乡县西南)与秦军决战。消灭了秦军主力。与此同时,刘邦进军关中。二月,攻占粮仓陈留(今河南开封市东南陈留城)。六月,攻占南阳郡治宛城(今河南南阳市)。八月,攻占武关(在今陕西丹凤县东南)。汉王元年(前206)十月进抵霸上(在今陕西西安市东),秦王子婴投降,秦朝灭亡。项羽消灭秦军主力后,从函谷关(在今河南灵宝县东北)进入关中,十二月至戏(今陕西临潼县东北),屯军鸿门(在今陕西临潼县东北)。刘、项之争,一触即发。刘邦军力弱于项羽,只好亲至鸿门,卑辞言好。四月,项羽自立为西楚霸王,分封诸侯,以刘邦为汉王,封给汉中、巴蜀一带。此后不久,便开始了四年之久的楚汉战争。在楚汉战争中,刘邦知人善任,成功地联合了各种反楚力量,终于取得了胜利。汉王五年十二月,项羽被围于垓下(在今安徽灵璧县东南),自刎于乌江(今安徽和县东北长江北岸的乌江浦)。二月,刘邦即帝位。

汉代初年,经济凋敝,府库空虚,社会秩序混乱。为了稳定政权,刘邦采取了一系列措施,减轻田租,什五税一,因饥饿自卖为奴婢者,免为庶人,令民归故里,恢复原有的爵位和田宅，士兵复员回家，免除他们的徭役，重农抑商，对商贾加以限制。在政治上，铲除异姓诸侯王，分封同姓王，把关东六国的强宗大族和豪杰名家迁徙到关中。这些措施，对恢复经济，加强中央集权，起了重要的作用。

汉代文献中《高祖本记》是记载刘邦事迹的重要篇章。《汉书·高帝纪》主要采摘《高祖本纪》撰成，但也有不少增补，可以参阅。

高祖，沛县丰邑中阳里人。姓刘，字季。父亲叫太公，母亲叫刘媪。先前刘媪曾经休息于大湖岸边，睡梦中与神相交合。这时雷电交作，天昏地暗。太公去看刘媪，见到一条蛟龙在她身上。后来刘媪怀了孕，就生了高祖。

高祖这个人，高鼻梁，有像龙一样丰满的额角，漂亮的须髯，左腿上有七十二颗黑痣。仁厚爱人，喜欢施舍，胸襟开阔。常有远大的志向，不从事一般百姓的生产作业。到了壮年，试做官吏，当了泗水亭亭长，公廷中的官吏，没有一个不混

得很熟，受他戏弄。爱好喝酒，喜欢女色。常常向王媪、武负赊酒，喝醉了卧睡，武负、王媪看见他上面常有一条龙，感到很奇怪。高祖每次来买酒，留在酒店中饮酒，买酒的人就会增加，酒店的酒比平常多卖几倍。等到发现了奇怪的现象（的原因），年终时，这两家酒店常折毁帐目，放弃债权。

高祖曾经到咸阳服徭役，（有一次秦始皇车驾出巡）纵任人们观看，他看到了秦始皇，喟然长叹说："啊，大丈夫应当像这个样子！"

单父人吕公与沛县县令相友好，为了躲避仇人到县令家做客，因而迁家到沛县。沛县中的豪杰官吏听说县令有贵客，都去送礼祝贺。萧何为县里的主吏，主管收礼

物,对各位贵客说:"礼物不满一千钱的,坐在堂下。"高祖做亭长,向来轻视那些官吏,于是假装在名帖上写"贺万钱",其实没有拿出一个钱。名帖递了进去,吕公大惊,站起来,到门口迎接高祖。吕公这个人,好给人相面,看见高祖的状貌,就特别敬重他,领他到堂上入座。萧何说:"刘季本来大话很多,很少成事。"(由于受到吕公的敬重)高祖便戏辱堂上的客人,自己坐在上座,毫不谦让。酒席就要散尽,吕公以目示意高祖不要走。高祖喝完了酒,留在后面。吕公说:"我从年少时就好给人相面,相过的人多了,没有一个像你刘季这样的贵相,希望你刘季保重。我有一亲生女儿,愿意作为你刘季执箕酒扫的妻子。"酒席结束后,吕媪生吕公的气,说:"你最初常想让女儿与众不同,把她嫁给贵人。沛县县令与你相友好,求娶女儿,你不答应,为什么自己妄作主张许配给刘季?"吕公说:"这不是妇孺之辈所能懂得的。"最终把女儿嫁给了刘季。吕公的女儿就是吕后,她生了孝惠帝、鲁元公主。

高祖作亭长时,曾经请假回家。吕后与两个孩子在田间除草,有一老人路过,要些水喝,吕后就请他吃了饭。老人家给吕后相面,说:"夫人是天下的贵人。"吕后让他给两个孩子看相。老人看了孝惠,说:"夫人所以显贵,就是这个孩子的缘故。"看了鲁元,也是贵相。老人已经走了,高祖正好从别人家来到田间,吕后告诉他一位客人从这里经过,给我们母子看相,说将来都是大贵人。高祖问老父在哪儿,吕后说:"走出不远。"高祖追上了老人,向他询问。老人说:"刚才相过夫人和孩子,他们都跟你相似,你的相貌,贵不可言。"高祖便道谢说:"如果真像老父所说,决不忘记对我的恩德。"等到高祖显贵,竟然不知道老人的去处了。

高祖做亭长,以竹皮为帽,这帽子是他派掌管捕盗的差役到薛地制做的,经常戴着它,等到显贵时,仍然常常戴着,人们所说的"刘氏冠",就是指这种帽子。

高祖因身任亭长,为县里送徒役去骊山,徒役多在途中逃亡。他估计,等走到骊山,大概都逃光了。到丰邑西面的沼泽地带,停下来喝酒,夜间高祖就释放了所有的徒役。高祖说:"各位都走吧,我也从此一去不返了!"徒役中有十多个年轻力壮的愿意跟随高祖。高祖带着酒意,当夜抄小路通过这片沼泽,派一人前行探路。前行探路的人回来报告说:"前面有条大蛇横在路当中,请回去吧。"高祖醉醺醺地,说:"好汉走路,何所畏惧!"于是,就走上前去,拔剑击蛇,斩为两段,道路打通了。走了几里地,酒性发作,便躺下睡觉。后面的人来到斩蛇的地方，见有一个老太太夜里哭泣。人们问为什么啼哭，老太太说："有人杀了我的儿子，所以我哭。"人们又说："老太太，你的儿子为什么被杀了?"老太太说："我儿子，是白帝的儿子，变为蛇，横在路当中，现在被赤帝的儿子杀了，所以我才哭。"人们以为老太太不诚实，想要给她点苦头吃，老太太忽然不见了。落在后面的人到了高祖休息的地方，高祖已经醒了。他们把刚才发生的事告诉了高祖，高祖听了暗自高兴，觉得自命不凡。那些跟随他的人对他日益敬畏。

秦始皇帝常说："东南有天子气。"因而巡游东方，借以镇伏东南的天子气。高祖怀疑这件事与自己有关，就逃跑藏了起来，隐身在芒山、砀山一带的山泽岩石之间。吕后和别人一块儿寻找，常常一去就找到了高祖。高祖感到奇怪，就问吕后。吕后说："你所处的地方上面常有云气。向着有云气的地方去找，常常可以找到你。"高祖心里非常高兴。沛县子弟有的听到这件事，很多人都想归附他了。

秦二世元年(前209)秋天，陈胜等在蕲县起义，到了陈县自立为王，号称"张楚"。各郡县大多都杀死长官，响应陈胜。沛县县令恐惧，想要以沛县响应陈胜。主吏萧何、狱掾曹参对他说："你身为秦朝的官吏，如今要背秦起事，率领沛县子弟，恐怕他们不愿听命。希望您召集逃亡在外面的人，可以得到几百人。利用这股力量胁持群众，群众不敢不听您的命令。"县令就派樊哙去召唤刘季，刘季的队伍已经近百人了。

于是樊哙跟着刘季来到沛县。沛县县令又后悔了，恐怕刘季发生变故，就关闭城门，派人防守(不让刘季进城，)打算杀掉萧何、曹参。萧何、曹参恐惧，翻过城墙依附刘季。刘季用帛写了一封信，射到城上，告诉沛县父老说："天下苦于秦朝的暴政已经很久了。现有父老为沛令守城，但各国诸侯都已起事，(一旦城破)就要屠戮沛县。如果沛县父老共同起来杀死沛令，选择子弟中可以立为首领的做领导，以响应诸侯军，那就能保全自家性命。不然的话，父子全遭杀害，死得毫无意义。"父老们就率领子弟共同杀了沛令，打开城门，迎接刘季，想让他做沛县县令。刘季说："天下正在混乱当中，诸侯都已起事，如果推选的将领不胜任，就会一败涂地。我不是吝惜自己的生命，只怕才劣力薄，不能保全父兄子弟。这是件大事，希望另外共同推选一位能够胜任的人。"萧何、曹参都是文官，看重身家性命，怕事情不成，秦朝会诛灭他们的全族，所以都推刘季。父老们都说："我们平时听到刘季许多奇异的事情，看来刘季是该显贵的。而且又经过占卜，没有比刘季更吉利的。"刘季还是再三谦让，大家都不敢担任，最后还是立刘季为沛公。在沛县衙门的庭院里祭祀黄帝和蚩尤，又用牲祭鼓旗。旗子一律红色，因为刘季所杀蛇是白帝的儿子，杀蛇的是赤帝的儿子，所以崇尚赤色。于是少年子弟和有势的官吏，如萧何、曹参、樊哙等人，都为沛公征集兵员，集合了两三千人，攻打胡陵、方与，回军固守丰邑。

秦二世二年，陈胜将领周章的军队西至戏水而还。燕、赵、齐、魏都自立为王。项梁、项羽起兵于吴。秦泗水郡郡监平率兵围丰，两天后，沛公出兵应战，打败了秦军。沛公命令雍齿守卫丰邑，自己引兵赴薛，泗水郡郡守壮在薛战败，逃到戚。沛公左司马擒获泗水郡郡守壮，杀死了他。沛公回军亢父，到了方与，没有交战。陈王陈胜派魏人周市攻城略地。周市派人对雍齿说："丰，原来梁王曾迁徙到这里。如今魏地已经攻占的有数十城，你雍齿如果降魏，魏封你雍齿为侯，仍然驻守丰邑。不投降的话，就要血洗丰邑。"雍齿本来就很不愿隶属沛公，等到魏国招降他，就背叛沛公，为魏防守丰邑。沛公引兵攻丰，没有攻下。沛公病了，回到沛县。沛公怨恨雍齿和丰邑子弟都背叛他，听说东阳宁君、秦嘉立景驹为假王，住在留县，就去依附他们，想借兵攻打丰邑。这时，秦将章邯在追击陈王的部队，别将司马印率军北向，攻占楚地，在相屠城，到了砀县。东阳宁君、沛公引兵西进，与司马印在萧县西面交战，没有占着便宜。退回来收集散兵，屯聚留县，引兵攻砀，三天就攻下了砀邑。收编砀县降兵，得到五六千人，进攻下邑，打了下来。回军丰邑。听说项梁在薛县，带了随从骑兵一百多人去见项梁。项梁给沛公增拨士兵五千人，五大夫一级的将领十人。沛公回来，引兵攻丰。

沛公跟随项梁一个多月，项羽已经攻克襄城回来。项梁把各路将领都召集到薛县，听说陈王确实死了，就立楚国后人楚怀王的孙子心为楚王，建都盱台。项梁号为武信君。停了几个月，向北攻打亢父，救援东阿（被围的齐军），打败了秦军。齐军回齐，楚军单独追击败兵。派沛公、项羽另率军队攻打城阳，大肆杀戮城中军民。沛公、项羽驻军濮阳东面，与秦军交战，击破了秦军。

秦军又振作起来，固守濮阳，决水自环。楚军离去，转攻定陶，定陶没有攻下。沛公和项羽向西攻城略地，到了雍丘城下，与秦军交战，大破秦军，杀了李由。回军攻打外黄，外黄没有攻克。

项梁又一次打败了秦军，有骄傲的神色。宋义劝诫他，他不听。秦派兵增援章邯，夜间衔枚偷袭项梁，大破项梁于定陶，项梁战死。沛公和项羽正在攻打陈留,听说项梁死了,带兵和吕将军一块向东进发。吕臣驻扎在彭城东面,项羽驻扎在彭城西面,沛公驻扎在砀。

章邯已经打垮了项梁的军队,以为楚地的敌人不用担心了,就渡过黄河,北进攻打赵地,大破赵军。这个时候,赵歇为赵王,秦将王离围困赵歇于巨鹿城。(被围在巨鹿的军队)就是所谓的"河北之军"。

秦二世三年,楚怀王看到项梁的军队被打垮了,心里恐惧,迁离盱台,建都彭城,合并吕臣、项羽的军队,亲自统率。任沛公为砀郡长,封为武安侯,统领砀郡的军队。封项羽为长安侯,号为鲁公,吕臣任司徒,他的父亲吕青作令尹。

赵多次请求救援,楚怀王就以宋义为上将军,项羽为次将,范增为末将,北上救赵。命令沛公西出略地,打入关中。(楚怀王)同将领们约定:先攻入关中的,就封在关中做王。

这时候,秦军强盛,常常乘胜追击,众将领没有认为先入关是有利的。唯独项羽痛恨秦打垮了项梁的军队,心中愤激,愿和沛公西进入关。怀王的老将都说:"项羽为人剽悍而凶猛,狡诈而残忍。项羽曾经攻打襄城,襄城没有留下一个活人,全都活埋了。所经过的地方,无不残杀毁灭。况且楚军多次进兵攻取(没有获胜)以前陈王、项梁都失败了。不如另派宽厚长者,以正义为号召,向西进发,把道理向秦父老兄弟讲清楚。秦父老兄弟苦于他们君主的统治很久了,现在如果真能得到宽厚长者去关中,不加欺凌暴虐,应该能够拿下关中。而今项羽剽悍,不可派遣。"(楚怀王)最终没有答应项羽,而派遣沛公西进攻取秦地,收集陈王、项梁的散兵,路经砀,到达成阳,与杠里的秦军对垒,打败了秦军的两支部队。楚军出兵攻击王离,把他的军队打得大败。

沛公引兵西进,在昌邑遇见彭越,就和他一起攻打秦军,这一仗没有打赢。回到栗县,遇到刚武侯,夺了他的军队,大约四千多人,(与沛公原来的队伍)合并在一起。沛公与魏将皇欣、魏申徒武蒲的军队联合攻打昌邑,昌邑没有攻下,西进路过高阳。郦食其为里监门,说:"将领们路过这里的很多,我看沛公是一个大人物,有仁厚长者的风度。"就去求见游说沛公。沛公正坐在床上,伸着两腿,让两个女子给他洗脚。郦生不下拜,深深地作了个揖,说:"足下一定要消灭残暴无道的秦朝,就不应该伸着两腿接见长者。"于是沛公站了起来,整理好衣服,向他道歉,请入上座。郦食其劝沛公袭击陈留,获得陈留积聚的粮米。沛公就以郦食其为广野君,郦商为将领,统率陈留的军队,和沛公一起攻打开封,开封没有攻下。向西与秦将杨熊在白马打了一仗，又接战于曲遇的东面，大破杨熊军。杨熊逃往荥阳，秦二世派使者(将杨熊)斩首示众。沛公向南攻打颍阳，屠了颍阳城。依靠张良攻占了韩国的汶辕。

这时，赵将司马卬正要渡过黄河进入函谷关，沛公就北进攻打平阴，切断黄河渡口。向南进发，在雒阳东面交战。战斗不利，回到阳城，集中军中的骑兵，与南阳郡郡守齮战于犨东，打败了齮军。攻取南阳郡的城邑，南阳郡郡守齮逃走，退守宛县。沛公引兵绕过宛城西进。张良进谏说："沛公你虽然急于打入函谷关，但秦兵还很多，又据守险要。如今不拿下宛城，宛城守军从背后攻击，强大的秦军在前面阻挡，这是一种危险的战术。"于是沛公就在夜间率兵从另外一条道路返回，更换了旗帜，天亮时，把宛城包围了三层。南阳郡郡守想要自杀。他的舍人陈恢说："死的还早。"他就翻过墙去见沛公，说："我听说阁下接受楚怀王的约定，先攻入咸阳的称王关中。现在阁下停留守在宛城。宛城是大郡的治所，连城数十，口多粮足，官吏和民众认为投降肯定被处死，所以都登城固守。如果足下整天地留在这里攻城，士卒死伤的一定很多；如果引兵离开宛城，宛城守军自然跟踪追击。足下向前则失去先入咸阳的约定，后退又有强大的宛城守军为患。为足下设想，不如明约招降，封南阳郡守官爵，让他留守，足下带领宛城士卒一道西进。许多没有攻下的城邑，听到这个消息，争先打开城门，等待足下，足下可以通行无阻。"沛公说："好。"就以南阳郡守为殷侯，封给陈恢一千户。引兵西进，没有不降服的。到达丹水，高武侯鳃、襄侯王陵在西陵投降。回军攻打胡阳，遇到番君的别将梅鋗，与他一起，迫使析县、郦县投降。派遣魏人宁昌出使秦关中，使者没有回来。这时章邯已经带领全军在赵地投降项羽。

起初，项羽和宋义北进援救赵，等到项羽杀死宋义，代替他为上将军，许多将领和黥布都从属项羽。打垮了秦将王离的军队，使章邯投降，诸侯都归附了他。等到赵高已经杀了秦二世，派人来见沛公，想要定约瓜分关中称王。沛公以为是诈骗，就采用张良的计策，派郦生、陆贾去游说秦军将领，用甜头引诱，趁机袭击武关，攻破关口。又和秦军在蓝田南面交战，增设疑兵，多树旗帜，所经过的地方不许掳掠。秦地的群众很高兴，秦军懈怠了，因此大破秦军。又在蓝田北面接战，再次打败秦军。乘胜追击，彻底打垮了秦军。

汉元年(前206)十月，沛公的军队先于各路诸侯到达霸上。秦王子婴素车白马，用丝带系着脖子，封了皇帝的印玺和符节，在轵道旁投降。将领们有的主张杀死秦王。沛公说："当初楚怀王派遣我，本来是因为我能宽大容人。况且人家已经降服，又杀死人家，不吉利。"于是就把秦王交给了官吏，向西进入咸阳。沛公想要留在宫殿中休息，樊哙、张良劝说后，才封闭了秦宫的贵重珍宝、财物和库房，回军霸上。召集各县的父老、豪杰说："父老们苦于秦朝的严刑峻法已经很久了，诽谤朝政的要灭族，相聚议论的要在街市上处斩。我和诸侯们约定，先入关的在关中称王，我应当称王关中。同父老们约定，法律只有三章：杀人的处死，伤人和抢劫的处以与所犯罪相当的刑罚。其余的秦朝法律全都废除。官吏和百姓都要安居如故。我所以到这里来，是为父老们除害，不会有欺凌暴虐的行为，不要害怕。我所以回军霸上，是等待诸侯们到来制定共同遵守的纪律。"沛公派人与秦朝官吏巡行县城乡间，告谕百姓。秦地的百姓大为高兴，争先恐后地拿出牛羊酒食款待士兵。沛公又谦让不肯接受，说："仓库的谷子很多，不缺乏，不愿破费百姓。"百姓更加高兴，唯恐沛公不做秦王。

有人劝沛公说："秦地比天下富足十倍，地势好。如今听说章邯投降了项羽，项羽就给了雍王的封号，称王于关中。现在即将来到关中，沛公恐怕不能占有这个地方了。应赶快派兵把守函谷关，不让诸侯军进来，逐渐征集关中兵，以加强实力，抵抗诸侯兵。"沛公赞成他的计策，照着做了。十一月间，项羽果然率领诸侯军西进，想要入关，而关门闭着。听说沛公已经平定关中，大怒，派黥布等攻破了函谷关。十二月间，就到了戏水。沛公左司马曹无伤听说项王发怒，要攻打沛公，派人告诉项羽说："沛公想要称王关中，令子婴为相，珍宝全部被他占有了。"打算以此求得封赏。亚父劝项羽进攻沛公。当时项羽饱餐士卒，准备明日会战。这时项羽兵四十万，号称百万。沛公兵十万，号称二十万，兵力敌不过项羽。恰巧项伯要救张良，夜间去见他。（回来后）用道理劝说项羽，项羽取消了进攻沛公的计划。沛公带来了一百多骑兵，驰至鸿门，来见项羽，表示歉意。项羽说："这是你沛公左司马曹无伤向我说的。不然，我项羽何至于做这样的事。"沛公因为樊哙、张良的缘故，得以脱身返回。回来后，立刻杀了曹无伤。

项羽向西进军，屠杀无辜，焚毁咸阳秦宫室，所过之处，无不遭到摧残破坏。秦地的百姓大失所望，然而心里恐惧，不敢不服从。

项羽派人回去报告楚怀王，楚怀王说："按照原来的约定办。"项羽怨恨楚怀王不肯让他与沛公一起西进入关，而派他北上救赵，在天下诸侯争夺称王关中的约定中落在后面。他就说："怀王这个人，我家项梁所立，没有什么功劳，凭什么主持约定。本来安定天下的，是诸位将领和我项籍。"就假意推尊楚怀王为义帝，实际上不听从他的命令。

正月，项羽自立为西楚霸王，在梁、楚地区的九个郡称王，建都彭城。背弃原来的约定，改立沛公为汉王，在巴、蜀、汉中称王，建都南郑，把关中瓜分为三，封立秦朝的三个将领：章邯为雍王，建都废丘，司马欣为塞王，建都栎阳，董翳为翟王，建都高奴。封楚将瑕丘申为河南王，建都洛阳。封赵将司马卬为殷王，建都朝歌。赵王歇迁徙代地称王。封赵将张耳为常山王，建都襄国。封当阳君黥布为九江王，都六县。封楚怀王柱国共敖为临江王，建都江陵。封番君吴芮为衡山王，建都邾县。封燕将臧荼为燕王，建都蓟县。原来的燕王韩广迁徙辽东称王。韩广不服从，臧荼攻杀韩广于无终。封成安君陈余河间三县，住在南皮。封给梅鋗十万户。四月，在项羽麾麾之下罢兵散归，诸侯各自回到封国。

汉王回国，项王派兵三万跟随，楚国和其他诸侯国的士卒仰慕汉王而追从的有几万人。他们从杜县南面进入蚀中，离开后就烧断栈道，以防备诸侯军和匪徒的袭击，也向项羽表示没有东进的意图。到达南郑，那些将领和士卒很多在中途逃亡回去，士卒都唱歌表示思念回到东方。韩信劝汉王说："项羽封诸将有功的为王，而大王独自被封在南郑，这实际上是贬徙。军中官吏和士卒都是崤山以东的人，日夜企踵盼望回家乡。乘他们气势旺盛时加以利用，可以建立大的功业，等到天下已经平定，人人都自然安下心来，就不能再利用了。不如决策向东进军，争夺天下大权。"

项羽出了函谷关，派人迁徙义帝。说："古代做帝王的统辖千里见方的土地，必须居住上游。"就派使者把义帝迁徙到长沙郴县，催促义帝快走。群臣渐渐地背叛了义帝，项羽就暗地里让衡山王、临江王袭击他，在江南把义帝杀死。项羽怨恨田荣，封齐将田都为齐王。田荣恼怒，就自立为齐王，杀死田都，反叛项楚，把将军印交给彭越，让他在梁地起兵反楚。楚派萧公角攻打彭越，彭越大败萧公角。陈余怨恨项羽不封自己为王，派夏说游说田荣，借兵攻打张耳。齐借兵给陈余，击败了常山王张耳，张耳逃跑归附了汉王。陈余从代接回赵王歇，又立为赵王，赵王就封陈余为代王。项羽大怒，出兵北向击齐。

八月，汉王用韩信的计策，从故道回军，袭击雍王章邯。章邯在陈仓迎击汉军，雍王兵败退走，在好畤停下来接战，又失败了，逃到废丘。汉王随即平定了雍地。向东到达咸阳，率军围困雍王于废丘，而派遣将领攻占了陇西、北地、上郡。

派将军薛欧、王吸出武关,借助王陵驻扎在南阳的兵力,迎接太公、吕后于沛县。楚听到这一消息,出兵在阳夏阻挡,汉军不能前进。楚让原吴县县令郑昌为韩王,抵抗汉军。

二年,汉王东出略取城邑,塞王司马欣、翟王董翳、河南王申阳都投降了。韩王郑昌不愿归附,汉王派韩信打败了他。于是设置了陇西、北地、上郡、渭南、河上、中地各郡,关外设置了河南郡。改立韩太尉信为韩王。将领中以一万人或一郡投降的,封给一万户。整修河上郡内的长城。各处原来的秦朝苑囿园池,都让百姓开垦耕种。正月,俘虏雍王的弟弟章平。大赦有罪的人。

汉王出函谷关到达陕县,抚慰关外父老,回来后,张耳来见,汉王给了他优厚的待遇。

二月,下令废掉秦社稷,改立汉社稷。

三月,汉王从临晋关渡过黄河,魏王豹率兵随从,攻下河内,俘虏了殷王,设置河内郡。向南渡过平阴津,到达洛阳。新城三老董公拦住汉王,用义帝死这件事游说汉王。汉王听了,袒臂大哭,于是为义帝发丧,哭吊三天。派遣使者通告诸侯说:"天下共同拥立义帝,对他北面称臣。现在项羽把义帝放逐,击杀于江南,大逆无道。我亲自为他发丧,诸侯都要穿白色丧服。全部调发关内的兵力,征集三河的士卒,浮江汉南下,愿意跟随各诸侯王讨伐楚国杀害义帝的人。"

当时项王北进攻打齐国,田荣和他战于城阳。田荣兵败,逃到平原,平原的百姓杀了他,齐地都投降了楚国。楚兵焚烧齐人的城郭,掳掠他们的子女,齐人又反叛楚国。田荣的弟弟田横立田荣的儿子田广为齐王,齐王在城阳反楚。项羽虽然闻知汉军东进,但既然已经与齐军交战,就想打

垮齐军之后迎击汉军。汉王利用这个机会劫取了五诸侯的兵力,进入彭城。项羽听到这一消息,就带兵离开齐,由鲁地出胡陵,抵达萧县,与汉军在彭城灵壁东面的睢水上激战,大败汉军,杀死了很多士卒,(由于尸体的堵塞)睢水都不能流通了。楚军从沛县掳取了汉王的父母妻子,放在军中作为人质。这个时候,诸侯看到楚军强盛,汉军败退,又都离汉归楚。塞王司马欣也逃到楚国。

吕后的哥哥周吕侯为汉带领一支军队,驻扎在下邑。汉王到他那里,渐渐收集士卒,驻军于砀县。汉王西行经过梁地,到了虞县,派谒者随何到九江王黥布那里,汉王说:"你能让黥布举兵叛楚,项羽必定留下来攻打他。如果能够滞留几个月,我一定可以取得天下。"随何去说服九江王黥布,黥布果然背叛了楚国,楚国派龙且去攻打他。

汉王兵败彭城后向西撤退,行军中派人寻求家属,家属也逃走了,没有互相碰见。战败后就只找到了孝惠帝,六月,立他为太子,大赦罪人。命令太子驻守栎阳,诸侯国人在关中的都集中在栎阳守卫。引水灌废丘,废丘投降,章邯自杀。把废丘改名为槐里。于是命令祠官祭祀天、地、四方、上帝、山川,以后按时致祭。征发关内士卒登城守卫边塞。

这时九江王黥布与龙且作战,没有取胜,和随何潜行归汉。汉王渐渐地征集了一些士卒加上各路将领和关中兵的增援,因此军势大振于荥阳,在京、索之间击破了楚军。

三年,魏王豹请假回去省视父母的疾病,到了魏地就断绝了黄河渡口,叛汉归楚。汉王使郦生劝说魏豹,魏豹不听。汉王派遣将军韩信进攻魏豹,大破魏军,俘虏了魏豹,于是平定了魏地,设置了三个郡,名叫河东、太原、上党。汉王命令张耳和韩信向东攻下井陉,进击赵地,杀了陈余、赵王歇。第二年,封张耳为赵王。

汉王驻军在荥阳南面,修筑甬道与黄河相连,以便取用敖仓的粮食。与项羽对峙了一年多。项羽多次夺取了汉军甬道,汉军缺少粮食,项羽于是围攻汉王。汉王请求讲和,划分荥阳以西的土地归汉。项王没有同意。汉王忧虑,就采取陈平的计策,给陈平黄金四万斤,用来离间楚国君臣。于是项羽对亚父产生了怀疑。亚父这时劝项羽乘势攻下荥阳,等到他知道已被怀疑,就很生气,推托自己年老,要求乞身引退,回家乡当老百姓。(项羽答应了)亚父没有到达彭城就死了。

汉军断绝了粮食,就在夜间从东门放出女子2000多人,披戴铠甲,楚军便四面围击。将军纪信乘坐汉王的车驾,伪装成汉王,欺骗楚军。楚军都高呼万岁,争赴城东观看,因此汉王能够与几十骑兵出西门潜逃。汉王命令御史大夫周苛、魏豹、枞公留守荥阳,将领和士卒不能随从的,都留在城中,周苛、枞公商量说:"魏豹这个叛国之王,很难和他共守城池。"因此就杀死了魏豹。

汉王逃出荥阳进入函谷关,收集士卒,想再次东进。袁生劝汉王说:"汉与楚在荥阳相持了几年,汉军常处于困境,希望君王从武关出去,项羽肯定引兵向南行进,君王深沟高垒,让荥阳、成皋之间得到休息。派韩信等安辑黄河以北的赵地,联合燕、齐,君再赴荥阳,也为时不晚。这样,楚军多方设防,军力分散,汉军得到休整,再与楚军作战,肯定可以打破楚军了。"汉王采纳了他的计策,出兵宛县、叶县之间,与黥布在进军中收集兵马。

项羽听说汉王在宛县,果然带兵南下。汉王坚壁固守,不和他交战。这时彭越渡过睢水,与项声、薛公战于下邳,彭越大败楚军。于是项羽率军向东攻打彭越,汉王也引兵向北驻军成皋。项羽已经取胜,赶走了彭越,得知汉军又驻扎在成皋,就又领兵西进,攻克荥阳,杀了周苛、枞公,俘虏了韩王信,于是进围成皋。

汉王逃走了,单身一人与滕公同乘一辆车出了成皋玉门,向北渡过黄河,驰至修武住了一夜。自称为使者,早晨驰入张耳、韩信的营中,夺取他们的军队,派张耳去北边赵地更多的收集兵力,派韩信东进攻齐。汉王得到韩信的军队,军威又振作起来。率军来到黄河岸边,向南进发,在小修武南面让士卒吃饱喝足,打算与项羽再一次交战。郎中郑忠劝阻汉王,让他深沟高垒,不要和项羽交锋。汉王采用了郑忠的计策,派卢绾、刘贾率兵两万人,骑兵数百人,渡过白马津,进入楚地,与彭越在燕县城西再一次打败了楚军,随后又攻下梁地十多座城邑。

淮阴侯已经接受命令向东进军,在平原没有渡过黄河。汉王派郦生去说服齐王田广,田广背叛了楚,与汉讲和,一起攻打项羽。韩信采用蒯通的计策,突然袭击,打败了齐国。齐王烹杀了郦生,向东逃到高密。项羽听到韩信已经利用黄河以北的兵力打垮了齐、赵,而且要攻打楚军,就派龙且、周兰前去阻击。韩信与楚交战,骑兵将领灌婴配合出击,大败楚军,杀了龙且。齐王田广投奔彭越。在这个时候,彭越领兵驻扎梁地,往来骚扰楚军,断绝它的粮食。

四年,项羽对海春侯大司马曹咎说:"谨慎防守成皋。如果汉军挑战,千万小心，不要应战，不让汉军东进就行了。我十五天一定平定梁地，再与将军会合。"于是就进军攻打陈留、外黄、睢阳，都拿了下来。汉军果然屡次向楚军挑战，楚军不肯出战。汉军派人辱骂了楚军五六天，大司马十分气愤，让士卒渡过汜水。士卒渡过一半，汉军出击，大败楚军，缴获了楚国的全部金玉财宝。大司马曹咎、长史司马欣都自刎在汜水上。项羽到达睢阳，听到海春侯兵败，就带兵返回。汉军正在荥阳东面围攻钟离眛，项羽一到，全部撤走到险阻地带。

韩信已经打垮了齐国，派人对汉王说："齐国靠近楚国，我权力太小，如果不立为暂时代理的国王，恐怕不能安定齐地。"汉王想要攻打韩信。留侯说："不如就此封他为王，让他自己防守齐地。"汉王便派遣张良带着印绶立韩信为齐王。项羽听到龙且的军队战败了，心里很恐惧，派盱台人武涉前去游说韩信。韩信不肯听从。

楚、汉长期相持，胜负未决，年轻力壮的苦于当兵打仗，年老体弱的疲于转运粮食。汉王、项羽一同站在广武涧两边对话。项羽想跟汉王单独决一雌雄。汉王历数项羽的罪过说："最初我和你项羽都受命于怀王，说是先入关平定关中的，就在关中做王。你项羽违背约定，让我在蜀、汉做王，这是第一罪。你项羽假借怀王的命令，杀了卿子冠军，而自尊为上将军，这是第二罪。你项羽已经援救了赵地，应当返回复命，而你擅自胁迫诸侯的军队进入函谷关，这是第三罪。怀王约定到了秦地不要残暴掠夺，你项羽火烧秦朝宫室，挖了始皇帝的坟墓，私自聚敛秦朝财物，这是第四罪。又硬是杀掉了秦朝投降的国王子婴，这是第五罪。在新安，用欺骗的手段坑杀了秦朝子弟二十万，而封他们的将领做王，这是第六罪。你项羽让自己的将领都在好地方做王，而迁走原来的诸侯王，使臣下争为叛逆，这是第七罪。你项羽把义帝驱逐出彭城，自己建都彭城，夺取韩王的土地，合并梁、楚称王，多划给自己土地，这是第八罪。你项羽派人在江南暗杀义帝，这是第九罪。为人臣下而杀害了他的君主，屠杀已经投降的人，执政不公允，主持约定不守信用，为天下人所不容，大逆不道，这是第十罪。我带领正义之师随从诸侯来诛除残暴的贼人，派受过刑的罪人杀死你项羽，我何苦与你挑战！"项羽大怒，埋伏的弓弩射中了汉王。汉王伤了胸部，却摸着脚说："这个贼人射中了我的脚趾！"汉王身受创伤，卧床不起，张良请汉王勉强起来巡行慰劳士卒，以安定军心，不让楚军乘机取胜于汉。汉王出来巡视军队，伤势加重，就驱车进入成皋休养。

汉王病好了，向西进入函谷关，来到栎阳，慰问父老，设酒招待。砍了原塞王司马欣的脑袋，挂在栎阳街市上示众。停了四天，又回到军中，驻扎在广武。关中的兵力大举出动。

当时，彭越带兵驻扎梁地，反复地骚扰楚军，断绝它的粮食。田横前往依附彭越。项羽多次攻打彭越等人，齐王韩信又进攻楚军。项羽恐惧，就与汉王约定，平分天下，割鸿沟以西归汉，鸿沟以东归楚。项王送回汉王的父母妻子，汉军全都高呼万岁，楚军告别汉军回到了驻地。

项羽解兵东归。汉王想要领兵西还，后来采用留侯、陈平的计策，进兵追击项羽，到达阳夏南面收兵驻扎。与齐王韩信、建成侯彭越约定时间会合攻打楚军。到了固陵，韩信、彭越不来会合。楚军出击汉军，大败汉军。汉王又进入营垒，挖深了壕沟进行防守。使用了张良的计策，于是韩信、彭越都前来会合。又有刘贾进入楚地，围攻寿春。汉王在固陵战败，就派使者去召大司马周殷，用九江的全部士卒迎接武王黥布，黥布、周殷在进军中攻下城父，大肆屠杀。他们随从刘贾和齐、梁的诸侯大会垓下。汉王封武王黥布为淮南王。

五年，高祖和诸侯军一起攻打楚军，与项羽在垓下决一胜负。淮阴侯率兵三十万独当正面，孔将军布兵在左面，费将军布兵在右面，皇帝居后，绛侯、柴将军跟随在皇帝后面。项羽的士兵大约十万。淮阴侯首先会战，没有取胜，向后退却。孔将军、费将军纵兵出击，楚军不利，淮阴侯又乘势反攻，大败项羽于垓下。项羽的士兵听到汉军中的楚歌声，以为汉军全部占领了楚地，项羽败退逃跑了，因此楚兵全军溃败。汉王派骑兵将领灌婴追击项羽，在东城杀了他，斩首八万，于是平定了楚地。鲁县为楚国坚守城池，汉军没有攻下，汉王带领诸侯军北上，把项羽的头给鲁县父老们看，鲁县才投降了。于是就用鲁公的封号在谷城埋葬了项羽。汉王回到定陶，驰入齐王营垒，夺了他的军队。

正月，诸侯和将相一起请求尊崇汉王为皇帝。汉王说："我听说'皇帝'这一尊号，属于有贤德的人，虚言浮语，空有其名，不是这种人所能占有的，我不敢承受皇帝之位。"群臣都说："大王起于贫寒，诛暴讨逆，平定四海，有功的就割地封王侯。大王不尊崇名号，大家对自己的封号都要疑虑，不敢信以为真。臣等誓死坚持大王尊称'皇帝'。"汉王再三谦让，迫不得已地说："大家一定以为这样吉利，是因为有利于国家（我只好做皇帝了）。"甲午，汉王在汜水北面即皇帝位。

皇帝说："义帝没有后代。齐王韩信熟悉楚地风俗，迁徙为楚王，建都下邳。

封建成侯彭越为梁王，建都定陶。原来的韩王信仍为韩王，建都阳翟。迁徙衡山王吴芮为长沙王，建都临湘。番君的将领梅鋗立有战功，跟随进入武关，皇帝感谢番君的恩德。淮南王黥布、燕王臧荼、赵王张敖都保持旧封。"

天下基本平定。高祖建都洛阳，诸侯都成为高祖的属臣。原来的临江王共欢为了项羽起兵叛汉，命令卢绾、刘贾围攻共欢，没有攻克。几个月后投降了，在洛阳杀了共欢。

五月，士卒都解甲回家。诸侯国的士卒留在关中的免除徭役十二年，那些回家乡的免除徭役六年，发给粮食供养一年。

高祖在洛阳南宫摆设酒席。高祖说："各位诸侯和将领不要隐瞒我，都要说心里话。我所以能够得到天下是什么原因？项氏所以失去天下是什么原因？"高起、王陵回答说："陛下傲慢而爱侮辱人，项羽仁慈而爱护人。然而陛下派人攻城略地，所招降攻占的地方就封给他，与天下人利益相共。项羽嫉贤妒能，有功的人加以陷害，贤能的人受到怀疑，打了胜仗而不论功行赏，取得了土地而不与分利，这就是他所以失去天下的原因。"高祖说："你们知其一，不知其二。说到那在帷帐中运筹划策，决胜于千里之外，我不如子房。镇守国家，安抚百姓，供给军粮，畅通粮道，我不如萧何。连兵百万，战必胜，攻必克，我不如韩信。这三个人，都是人中俊杰，我能任用他们，这是我所以取得天下的原因。项羽有一个范增而不能任用，这是他所以被我擒杀的原因。"

高祖想长期建都洛阳，齐人刘敬劝阻高祖，等到留侯说服高祖入都关中，当天高祖命驾起身，进入关中建都。六月，大赦天下。

十月，燕王臧荼反叛，攻下代地。高祖亲自统率军队攻打他，擒获燕王臧荼，随即立太尉卢绾为燕王。派丞相樊哙领兵攻代。这年秋天，利几反叛，高祖亲自带兵攻打他，利几逃走了。利几是项氏的将领。项氏失败时，利几为陈县县令，没有跟随项羽，逃走投降了高祖，高祖封他在颍川为侯。高祖到达洛阳，根据全部通侯名籍遍召通侯，利几也被召。利几很慌惧，因此起兵反叛。

六年，高祖五天朝见一次太公，（跪拜）如同一般百姓的父子礼节。太公家令劝诫太公说："天无二日，地无二主，如今高祖虽然是你的儿子，但他是万民的君主；太公虽然是高祖的父亲，但属于臣下。怎么能让君主拜见臣下！这样，就使君主失去了威严和尊贵。"后来高祖朝拜太公，太公抱着扫帚，在门口迎接，倒退着行走。高祖大惊，下车搀扶太公。太公说："皇帝是万民的君主，怎么能因为我的缘故破坏了天下的法纪!"于是高祖就尊奉太公为太上皇。高祖内心赞美家令的话,赏赐给他黄金五百斤。

十二月,有人上书告发楚王韩信谋反。高祖询问左右大臣,大臣们争着要去攻打韩信。高祖采用陈平的计策,假装巡游云梦泽,在陈县会见诸侯,楚王韩信去迎接,就乘机逮捕了他。这一天,大赦天下。田肯来祝贺,劝高祖说:"陛下抓到韩信,又建都秦中。秦地是地理形势优越的地方,有阻山带河之险,与诸侯国悬隔千里,持戟武士一百万,秦比其他地方好上百倍。地势便利,从这里出兵诸侯,犹如高屋建瓴。要说那齐地,东有琅邪、即墨的富饶,南有泰山的险固,西有浊河这一天然界限,北有渤海鱼盐之利,地方二千里,持戟武士一百万,与各诸侯国悬隔千里之外,齐比其他地方好上十倍。所以这两个地方是东秦和西秦。不是陛下的亲子弟,不要派他在齐地做王。"高祖说:"好。"赏赐黄金五百斤。

后来十多天,封韩信为淮阴侯,把他的封地分作两个国。高祖说:"将军刘贾屡建战功,封为荆王,称王淮东。弟弟刘交为楚王,称王淮西。儿子刘肥为齐王,封给七十余城,百姓中能讲齐地语言的都归属齐国。"高祖论定功劳大小,与列侯剖符为信,封侯食邑。把韩王信迁徙到太原。

七年,匈奴在马邑攻打韩王信,韩王信就与匈奴在太原谋反。白土曼丘臣、王黄立原来的赵国将领赵利为王,反叛汉朝,高祖亲自前往讨伐。正遇上天气寒冷,士卒十人中有两三个都冻掉了手指头,终于到达了平城。匈奴在平城围困高祖,七天之后才撤兵离去。命令樊哙留下来平定代地。立哥哥刘仲为代王。

二月,高祖从平城经过赵地、洛阳,到了长安。长乐宫已经建成,丞相以下迁到新都长安。

八年,高祖率军东去,在东垣攻打韩王信的残余叛贼。

萧丞相修筑未央宫,建立东阙、北阙、前殿、武库、太仓。高祖回来,看见宫阙极为壮丽,非常生气,对萧何说:"天下喧扰不安,苦战数年,成败尚未可知,现在为什么要修建如此豪华的宫室呢?"萧何说:"正是因为天下没有安定,所以才乘这个时机建成宫室。况且天子以四海为家,宫室不壮观华丽,就不足以显示天子的尊贵和威严,并且也是为了不让后世的宫室有所超过。"高祖这才高兴了。

高祖去东垣,经过柏人,赵相贯高等谋杀高祖,高祖感到异常心慌,因而没有在柏人停留。代王刘仲弃国逃跑,自己回到洛阳,被废为合阳侯。

九年,赵相贯高等策划谋杀高祖的事被发觉了,处死了他们的三族。废赵王张敖为宣平侯。这一年,把楚国贵族昭氏、屈氏、景氏、怀氏和齐国贵族田氏迁徙到关中。

未央宫建成了。高祖大朝诸侯和群臣,在未央宫前殿摆设酒宴。高祖手捧玉制酒杯,起身给太上皇祝寿,说:"当初大人常常认为我是无以谋生的二流子,不能料理产业,不如仲勤劳。如今我成就的事业与仲相比,谁的多呢?"殿上群臣都高呼万岁,大笑作乐。

十年十月,淮南王黥布、梁王彭越、燕王卢绾、荆王刘贾、楚王刘交、齐王刘肥、长沙王吴芮都来长乐宫朝见。春夏无事。

七月,太上皇崩于栎阳宫,楚王、梁王都来送葬。赦免栎阳的囚犯。郦邑改名新丰。

八月,赵相国陈豨在代地反叛。高祖说:"陈曾经做过我的使者,很遵守信用。代地是我所看重的地方,因此封陈豨为列侯,以相国名义守卫代地,如今竟和王黄等劫掠代地。代地的官吏和百姓并非有罪,赦免代地的吏民。"九月,高祖亲自东去攻打陈豨。到达邯郸,高祖高兴地说:"陈豨不南去据守邯郸,而凭借漳水为阵,我知道他是没有本事的。"听说陈豨的将领都是过去的商人,高祖说:"我知道该怎样对付他们了。"于是就用黄金引诱陈豨的将领,陈豨的将领有很多投降的。

十一年,高祖在邯郸讨伐陈豨等人还没有结束,陈豨的将领侯敞带领一万多人流动作战,王黄驻军曲逆,张春渡过黄河进攻聊城。汉派将军郭蒙与齐国的将领出击,把他们打得大败。太尉周勃从太原进军,平定代地。到了马邑,一时没有攻克,后来就把它攻打得城破人亡。

陈豨的将领赵利防守东垣,高祖攻打东垣,没有攻下。一个多月后,赵利士卒辱骂高祖,高祖十分气愤。东垣投降了,命令交出辱骂高祖的人斩首处死,没有辱骂高祖的就宽恕了他们。于是划出赵国常山以北的地方,封儿子刘恒为代王,建都晋阳。

春天,淮阴侯韩信谋反关中,处死了他的三族。

夏天,梁王彭越谋反,废除他的封号,迁徙蜀地。他又要反叛,于是就处死了他的三族。封儿子刘恢为梁王,儿子刘友为淮阳王。

秋天七月,淮南王黥布反叛,向东兼并了荆王刘贾的土地,北进渡过淮水。楚王刘交跑到薛县。高祖亲自前往讨伐他,封儿子刘长为淮南王。

十二年十月，高祖已经在会甄击败黥布的军队，黥布逃走。高祖命令将领追击他。

高祖率军归还，路过沛县，停留下来。在沛宫摆设酒宴，把过去的朋友和父老子弟全部召集来纵情畅饮。挑选沛中儿童，一百二十人，教他们唱歌。酒喝到酣畅，高祖击着筑，自己作了一首歌，唱起来："大风起兮云飞扬，威加海内兮归故乡，安得猛士兮守四方！"让儿童都跟着学唱。高祖又跳起舞，感慨伤怀，泪下数行，对沛县父兄们说："远游的人思念故乡。我虽然建都关中，千秋万岁后，我的魂魄还是愿意怀思沛县。我从做沛公开始，诛暴讨逆，终于取得了天下。用沛县作为我的汤沐邑，免除沛县百姓的徭役，世世代代不用服徭役。"沛县父老兄弟、长辈妇女、旧日朋友，天天开怀畅饮，极为欢欣，说旧道故，取笑作乐。过了十多天，高祖想要离去，沛县父老兄弟执意挽留高祖。高祖说："我的随从人员众多，父兄们供养不起。"于是高祖就动身了。沛县百姓倾城而出，都到城西贡献牛酒。高祖又停留下来，搭起帐篷，饮宴三天。沛县父兄们都叩头请求说："沛县幸运地得到免除徭役，丰邑还没有获准免除。请陛下哀怜丰邑。"高祖说："丰邑是我生长的地方，绝不会忘记，我只是因为丰邑以雍齿的缘故反叛我而去帮助魏国（所以才不免除它的徭役）。"沛县父兄们坚持请求，这才一并免除了丰邑的徭役，和沛县相同。封沛侯刘濞为吴王。

汉军将领在洮水南北两路追击黥布的军队，都大破黥布军，在鄱阳追获杀死了黥布。樊哙另带一支部队平定代地，在当城杀死了陈豨。

十一月，高祖从征讨黥布的军队中回到长安。十二月，高祖说："秦始皇帝、楚隐王陈涉、魏安厘王、齐缗王、赵悼襄王都绝嗣无后，分别给予十户人家看守坟墓，秦始皇二十家，魏公子无忌五家。"代地官吏和百姓被陈豨、赵利所胁迫的，全部赦免。陈的降将说陈豨反叛时，燕王卢绾派人去陈豨那里参预了阴谋策划。高祖派辟阳侯去接卢绾，卢绾称病不来。辟阳侯回来，详细说明了卢绾反叛已有征兆。二月，派樊哙、周勃率军出击燕王卢绾。赦免燕地官吏和百姓参加反叛的人。封皇子刘建为燕王。

高祖攻打黥布时，被流矢射中，行进途中得了病。病情严重，吕后请来好医生。医生进去见高祖，高祖询问医生，医生说："病可以治好。"于是高祖谩骂医生说："我以一布衣平民，手提三尺剑取得天下，这不是天命吗？命运在天，虽有扁鹊，又有什么用处！"高祖不让医生治病，赏赐黄金五十斤，叫他离去。不久吕后问高祖:"陛下百年以后,萧相国如果死了,让谁接替他?"高祖说:"曹参可以。"又问其次,高祖说:"王陵可以。然而王陵稍为憨直,陈平可以帮助他。陈平智慧有余,然而难以独任。周勃稳重厚道,缺少文才,但能安定刘氏天下的一定是周勃,可以让他做太尉。"吕后又问其次,高祖说:"这以后也不是你所能知道的。"

卢绾和数千名骑兵停留在边塞等待着,希望高祖病好了,自己去向高祖请罪。

四月甲辰,高祖崩于长乐宫。过了四天不发丧。吕后和审食其商量说:"将领们和皇帝同为编户平民,如今北面称臣,为此常常快快不乐。现在事奉年轻的皇帝(心里会更不高兴),不全部族灭这些人,天下不会安定。"有人听到了这个消息,告诉了郦将军。郦将军去见审食其,说:"我听说皇帝已经驾崩,四天不发丧,想要诛杀将领们。如果真是这样,天下就危险了。陈平、灌婴统率十万士卒驻守荥阳,樊哙、周勃统率二十万士卒平定燕、代,这时他们听到皇帝驾崩,将领们全都被杀,必定连兵回来向关

中进攻。大臣叛乱于内,诸侯造反于外,天下覆灭可以翘足而待了。"审食其进宫把这些话告诉了吕后,于是就在丁未发丧,大赦天下。

卢绾听说高祖驾崩,就逃入匈奴。

丙寅,安葬了高祖。己巳,立太子为皇帝,来到太上皇庙。群臣都说:"高祖起于细微平民,拨乱反正,平定天下,是汉朝的开国始祖,功劳最高。"上尊号为高皇帝。太子袭号为皇帝,即孝惠帝。命令各郡和各国诸侯建立高祖庙,按照每年的时节祭祀。孝惠帝五年(前191),孝惠帝思念高祖回沛县时的悲乐情景,就把沛宫作为高祖原庙。高祖所教唱歌的儿童一百二十人,都让他们做高祖原庙

中演奏音乐的人员，以后有缺额，就立刻补上。

高皇帝八个儿子：长子是庶出的齐悼惠王刘肥；其次是孝惠帝，吕后所生；再次是戚夫人生的赵隐王刘如意；再次是代王刘恒，已立为孝文帝，薄太后所生；再次是梁王刘恢，吕太后时徙为赵共刘王；再次是淮阳王刘友，吕太后时徙为赵幽王；再次是淮南厉王刘长；再次是燕王刘建。

【原文】

高祖，沛丰邑中阳里人，姓刘氏，字季。父曰太公，母曰刘媪。其先，刘媪尝息大泽之陂，梦与神遇。是时雷电晦冥，太公往视，则见蛟龙于其上。已而有身，遂产高祖。

高祖为人，隆准而龙颜，美须髯，左股有七十二黑子。仁而爱人，喜施，意豁如也。常有大度，不事家人生产作业。及壮，试为吏，为泗水亭长，廷中吏无所不狎侮。好酒及色。常从王媪、武负贳酒，醉卧。武负、王媪见其上常有龙，怪之。高祖每酤留饮，酒雠数倍。及见怪，岁竟，此两家常折券弃债。

高祖常徭咸阳，纵观，观秦皇帝，喟然太息曰："嗟乎！大丈夫当如此也！"

单父人吕公善沛令，避仇从之客，因家沛焉。沛中豪杰吏闻令有重客，皆往贺。萧何为主吏，主进，令诸大夫曰："进不满千钱，坐之堂下。"高祖为亭长，素易诸吏，乃绐为谒曰"贺钱万"，实不持一钱。谒入，吕公大惊，起，迎之门。吕公者，好相人，见高祖状貌，因重敬之，引入坐。萧何曰："刘季固多大言，少成事。"高祖因狎侮诸客，遂坐上坐，无所诎。酒阑，吕公因目固留高祖。高祖竟酒，后。吕公曰："臣少好相人，相人多矣，无如季相，愿季自爱。臣有息女，愿为季箕帚妾。"酒罢，吕媪怒吕公曰："公始常欲奇此女，与贵人。沛令善公，求之不与，何自妄许与刘季？"吕公曰："此非儿女子所知也。"卒与刘季。吕公女乃吕后也，生孝惠帝、鲁元公主。

高祖为亭长时，常告归之田。吕后与两子居田中耨，有一老父过请饮。吕后因餔之。老父相吕后曰："夫人天下贵人。"令相两子，见孝惠，曰："夫人所以贵者，乃此男也。"相鲁元，亦皆贵。老父已去，高祖适从旁舍来。吕后具言客有过，相我子母皆大贵。高祖问，曰："未远。"乃追及，问老父。老父曰："向者夫人、婴儿皆似君，君相贵不可言。"高祖乃谢曰："诚如父言，不敢忘德。"及高祖贵，遂不知老父处。

高祖为亭长，乃以竹皮为冠，令求盗之薛治之，时时冠之。及贵常冠，所谓

"刘氏冠"乃是也。

高祖以亭长为县送徒骊山，徒多道亡。自度比至皆亡之。到丰西泽中，止饮，夜乃解纵所送徒，曰："公等皆去，吾亦从此逝矣！"徒中壮士愿从者十余人。高祖被酒，夜径泽中，令一人行前。行前者还报曰："前者大蛇当径，愿还。"高祖醉，曰："壮士行，何畏！"乃前，拔剑击斩蛇。蛇遂分为两，径开。行数里，醉，因卧。后人来至蛇所，有一老妪夜哭。人问："何哭？"妪曰："人杀吾子，故哭之。"人曰："妪子何为见杀？"妪曰："吾子，白帝子也，化为蛇，当道。今为赤帝子斩之，故哭。"人乃以妪为不诚，欲告之。妪因忽不见。后人至，高祖觉。后人告高祖，高祖乃心独喜，自负。诸从者日益畏之。

秦始皇帝常曰："东南有天子气。"于是因东游以厌之。高祖即自疑，亡匿，隐于芒、砀山泽岩石之间。吕后与人俱求，常得之。高祖怪问之。吕后曰："季所居上常有云气，故从往，常得季。"高祖心喜。沛中子弟或闻之，多欲附者矣。

秦二世元年秋，陈胜等起蕲，至陈而王，号为"张楚"。诸郡县皆多杀其长吏以应陈涉。沛令恐，欲以沛应涉。掾、主吏萧何、曹参乃曰："君为秦吏，今欲背之，率沛子弟，恐不听。愿君召诸亡在外者，可得数百人，因劫众，众不敢不听。"乃令樊哙召刘季。刘季之众已数十百人矣。

于是樊哙从刘季来。沛令后悔，恐其有变，乃闭城城守，欲诛萧、曹。萧、曹恐，逾城保刘季。刘季乃书帛射城上，谓沛父老曰："天下苦秦久矣。今父老虽为沛令守，诸侯并起，今屠沛。沛今共诛令，择子弟可立者立之，以应诸侯，则家室完。不然，父子俱屠，无为也。"父老乃率子弟共杀沛令，开城门迎刘季，欲以为沛令。刘季曰："天下方扰，诸侯并起，今置将不善，一败涂地。吾非敢自爱，恐能薄，不能完父兄子弟。此大事，愿更相推择可者。"萧、曹等皆文吏，自爱，恐事不就，后秦种族其家，尽让刘季。诸父老皆曰："平生所闻刘季诸珍怪，当贵，且卜筮之，莫如刘季最吉。"于是刘季数让，众莫敢为，乃立季为沛公。祠黄帝，祭蚩尤于沛庭，而衅鼓，旗帜皆赤。由所杀蛇白帝子，杀者赤帝子，故上赤。于是少年豪吏如萧、曹、樊哙等皆为收沛子弟二三千人，攻胡陵、方与，还守丰。

秦二世二年，陈涉之将周章军西至戏而还。燕、赵、齐、魏皆自立为王。项氏起吴。秦泗川监平将兵围丰，二日，出与战，破之。命雍齿守丰，引兵之薛。泗川守壮败于薛，走至戚，沛公左司马得泗川守壮，杀之。沛公还军亢父，至方与，未战。陈王使魏人周巿略地。周巿使人谓雍齿曰："丰，故梁徙也。今魏地已定者数十城。齿今下魏,魏以齿为侯守丰。不下,且屠丰。"雍齿雅不欲属沛公,及魏招之,即反为魏守丰。沛公引兵攻丰,不能取。沛公病,还之沛。沛公怨雍齿与丰子弟叛之,闻东阳宁君、秦嘉立景驹为假王,在留,乃往从之,欲请兵以攻丰。是时秦将章邯从陈,别将司马𣲧将兵北定楚地,屠相,至砀。东阳宁君、沛公引兵西,与战萧西,不利。还收兵聚留,引兵攻砀,三日乃取砀。因收砀兵,得五六千人。攻下邑,拔之。还军丰。闻项梁在薛,从骑百余往见之。项梁益沛公卒五千人,五大夫将十人。沛公还,引兵攻丰。

从项梁月余,项羽已拔襄城还。项梁尽召别将居薛。闻陈王定死,因立楚后怀王孙心为楚王,治盱台。项梁号武信君。居数月,北攻亢父,救东阿,破秦军。齐军归,楚独追北,使沛公、项梁别攻城阳,屠之。军濮阳之东,与秦军战,破之。

秦军复振,守濮阳,环水。楚军去而攻定陶,定陶未下。沛公与项羽西略地至雍丘之下,与秦军战,大破之,斩李由。还攻外黄,外黄未下。

项梁再破秦军,有骄色。宋义谏,不听。秦益章邯兵,夜衔枚击项梁,大破之定陶,项梁死。沛公与项羽方攻陈留,闻项梁死,引兵与吕将军俱东。吕臣军彭城东,项羽军彭城西,沛公军砀。

章邯已破项梁军,则以为楚地兵不足忧,乃渡河,北击赵,大破之。当是之时,赵歇为王,秦将王离围之巨鹿城,此所谓河北之军也。

秦二世三年,楚怀王见项梁军破,恐,徙盱台,都彭城,并吕臣、项羽军自将之。以沛公为砀郡长,封为武安侯,将砀郡兵。封项羽为长安侯,号为鲁公。吕臣为司徒,其父吕青为令尹。

赵数请救,怀王乃以宋义为上将军,项羽为次将,范增为末将,北救赵。令沛公西略地入关,与诸将约,先入定关中者王之。

当是时,秦兵强,常乘胜逐北,诸将莫利先入关。独项羽怨秦破项梁军,奋,愿与沛公西入关。怀王诸老将皆曰:"项羽为人僄悍猾贼。项羽尝攻襄城,襄城无遗类,皆坑之,诸所过无不残灭。且楚数进取,前陈王、项梁皆败,不如更遣长者扶义而西,告谕秦父兄。秦父兄苦其主久矣,今诚得长者往,毋侵暴,宜可下。今项羽僄悍,今不可遣。独沛公素宽大长者,可遣。"卒不许项羽,而遣沛公西略地,收陈王、项梁散卒。乃道砀至成阳,与杠里秦军夹壁,破秦二军。楚军出兵击王离,大破之。

沛公引兵西,遇彭越昌邑,因与俱攻秦军,战不利。还至栗,遇刚武侯,夺其军，可四千余人，并之。与魏将皇欣、魏申徒武蒲之军并攻昌邑，昌邑未拔。西过高阳。郦食其为监门，曰："诸将过此者多，吾视沛公大人长者。"乃求见说沛公。沛公方踞床，使两女子洗足。郦生不拜，长揖，曰："足下必欲诛无道秦，不宜踞见长者。"于是沛公起，摄衣谢之，延上坐。食其说沛公袭陈留，得秦积粟。乃以郦食其为广野君，郦商为将，将陈留兵，与偕攻开封，开封未拔。西与秦将杨熊战白马，又战曲遇东，大破之。杨熊走之荥阳，二世使使者斩以徇。南攻颍阳，屠之。因张良略韩地𫄧辕。

当是时，赵别将司马卬方欲渡河入关，沛公乃北攻平阴，绝河津。南，战雒阳东，军不利，还至阳城，收军中马骑，与南阳守齮战犨东，破之。略南阳郡。南阳守齮走，保城守宛。沛公引兵过而西。张良谏曰："沛公虽欲急入关，秦兵尚众，距险。今不下宛，宛从后击，强秦在前，此危道也。"于是沛公乃夜引兵从他道还，更旗帜，黎明，围宛城三匝。南阳守欲自到。其舍人陈恢曰："死未晚也。"乃逾城见沛公，曰："臣闻足下约，先入咸阳者王之。今足下留守宛。宛，大郡之都也，连城数十，人民众，积蓄多，吏人自以为降必死，故皆坚守乘城。今足下尽日止攻，士死伤者必多；引兵去宛，宛必随足下后。足下前则失咸阳之约，后又有强宛之患。为足下计，莫若约降，封其守，因使止守，引其甲卒与之西。诸城未下者，闻声争开门而待，足下通行无所累。"沛公曰："善。"乃以宛守为殷侯，封陈恢千户。引兵西，无不下者。至丹水，高武侯鳃、襄侯王陵降西陵。还攻胡阳，遇番君别将梅鋗，与皆，降析、郦。遣魏人宁昌使秦，使者未来。是时章邯已以军降项羽于赵矣。

初，项羽与宋义北救赵，及项羽杀宋义，代为上将军，诸将黥布皆属；破秦将王离军，降章邯，诸侯皆附。及赵高已杀二世，使人来，欲约分王关中。沛公以为诈，乃用张良计，使郦生、陆贾往说秦将，啖以利，因袭攻武关，破之。又与秦军战于蓝田南，益张疑兵旗帜，诸所过毋得掠卤，秦人熹。秦军解，因大破之。又战其北，大破之。乘胜，遂破之。

汉元年十月，沛公兵遂先诸侯至霸上。秦王子婴素车白马，系颈以组，封皇帝玺符节，降轵道旁。诸将或言诛秦王。沛公曰："始怀王遣我，固以能宽容，且人已服降，又杀之，不祥。"乃以秦王属吏，遂西入咸阳。欲止宫休舍，樊哙、张良谏，乃封秦重宝财物府库，还军霸上。召诸县父老豪杰曰："父老苦秦苛法久矣，诽谤者族，偶语者弃市。吾与诸侯约，先入关者王之，吾当王关中。与父老约，法三章耳:杀人者死,伤人及盗抵罪。余悉除去秦法。诸吏人皆案堵如故。凡吾所以来,为父老除害,非有所侵暴,无恐!且吾所以还军霸上,待诸侯至而定约束耳。"乃使人与秦吏行县乡邑,告谕之。秦人大喜,争持牛羊酒食献飨军士。沛公又让不受,曰:"仓粟多,非乏,不欲费人。"人又益喜,唯恐沛公不为秦王。

或说沛公曰:"秦富十倍天下,地形强。今闻章邯降项羽,项羽乃号为雍王,王关中。今则来,沛公恐不得有此。可急使兵守函谷关,无内诸侯军,稍征关中兵以自益,距之。"沛公然其计,从之。十一月中,项羽果率诸侯兵西,欲入关,关门闭。闻沛公已定关中,大怒,使黥布等攻破函谷关。十二月中,遂至戏。沛公左司马曹无伤闻项王怒,欲攻沛公,使人言项羽曰:"沛公欲王关中,令子婴为相,珍宝尽有之。"欲以求封。亚父劝项羽击沛公。方飨士,旦日合战。是时项羽兵四十万,号百万。沛公兵十万,号二十万,力不敌。会项伯欲活张良,夜往见良,因以文谕项羽,项羽乃止。沛公从百余骑,驱之鸿门,见谢项羽。项羽曰:"此沛公左司马曹无伤言之,不然,籍何以生此!"沛公以樊哙、张良故,得解归。归,立诛曹无伤。

项羽遂西,屠烧咸阳秦宫室,所过无不残破。秦人大失望,然恐,不敢不服耳。

项羽使人还报怀王。怀王曰:"如约。"项羽怨怀王不肯令与沛公俱西入关,而北救赵,后天下约。乃曰:"怀王者,吾家项梁所立耳,非有攻伐,何以得主约!本定天下,诸将及籍也。"乃详尊怀王为义帝,实不用其命。

正月,项羽自立为西楚霸王,王梁、楚地九郡,都彭城。负约,更立沛公为汉王,王巴、蜀、汉中,都南郑。三分关中,立秦三将:章邯为雍王,都废丘;司马欣为塞王,都栎阳;董翳为翟王,都高奴。楚将瑕丘申阳为河南王,都洛阳。赵将司马卬为殷王,都朝歌。赵王歇,徙王代。赵相张耳为常山王,都襄国。当阳君黥布为九江王,都六。怀王柱国共敖为临江王,都江陵。番君吴芮为衡山王,都邾。燕将臧荼为燕王,都蓟。故燕王韩广徙王辽东。广不听,臧荼攻杀之无终。封成安君陈余河间三县,居南皮。封梅鋗十万户。四月,兵罢戏下,诸侯各就国。

汉王之国,项王使卒三万人从,楚与诸侯之慕从者数万人,从杜南入蚀中。去辄烧绝栈道,以备诸侯盗兵袭之,亦示项羽无东意。至南郑,诸将及士卒多道亡归,士卒皆歌思东归。韩信说汉王曰:"项羽王诸将之有功者,而王独居南郑,是迁也。军吏士卒皆山东之人也,日夜跂而望归,及其锋而用之,可以有大功。

天下已定，人皆自宁，不可复用。不如决策东向，争权天下。"

项羽出关，使人徙义帝。曰："古之帝者地方千里，必居上游。"乃使使徙义帝长沙郴县，趣义帝行，群臣稍倍叛之。乃阴令衡山王、临江王击之，杀义帝江南。项羽怨田荣，立齐将田都为齐王。田荣怒，因自立为齐王，杀田都而反楚；予彭越将军印，令反梁地。楚令萧公角击彭越，彭越大破之。陈余怨项羽之弗王己也，令夏说说田荣，请兵击张耳。齐予陈余兵，击破常山王张耳，张耳亡归汉。迎赵王歇于代，复立为赵王。赵王因立陈余为代王。项羽大怒，北击齐。

八月，汉王用韩信之计，从故道还，袭雍王章邯。邯迎击汉陈仓，雍兵败，还走；止战好畤，又复败，走废丘。汉王遂定雍地。东至咸阳，引兵围雍王废丘，而遣诸将略定陇西、北地、上郡。令将军薛欧、王吸出武关，因王陵兵南阳，以迎太公、吕后于沛。楚闻之，发兵距之阳夏，不得前。令故吴令郑昌为韩王，距汉兵。

二年，汉王东略地，塞王欣、翟王翳、河南王申阳皆降。韩王昌不听，使韩信击破之。于是置陇西、北地、上郡、渭南、河上、中地郡；关外置河南郡。更立韩太尉信为韩王。诸将以万人若以一郡降者，封万户。缮治河上塞。诸故秦苑囿园池，皆令人得田之。正月，虏雍王弟章平，大赦罪人。

汉王之出关至陕，抚关外父老，还，张耳来见，汉王厚遇之。

二月，令除秦社稷，更立汉社稷。

三月，汉王从临晋渡，魏王豹将兵从。下河内，虏殷王，置河内郡。南渡平阴津，至雒阳。新城三老董公遮说汉王以义帝死故。汉王闻之，袒而大哭。遂为义帝发丧，临三日。发使者告诸侯曰："天下共立义帝，北面事之。今项羽放杀义帝于江南，大逆无道。寡人亲为发丧，诸侯皆缟素。悉发关内兵，收三河士，南浮江、汉以下，愿从诸侯王击楚之杀义帝者。"

是时项王北击齐，田荣与战城阳。田荣败，走平原。平原民杀之。齐皆降楚。楚因焚烧其城郭，系虏其子女。齐人叛之。田荣弟横立荣子广为齐王。齐王反楚城阳。项羽虽闻汉东，既已连齐兵，欲遂破之而击汉。汉王以故得劫五诸侯兵，遂入彭城。项羽闻之，乃引兵去齐，从鲁出胡陵，至萧，与汉大战彭城灵壁东睢水上，大破汉军，多杀士卒，睢水为之不流。乃取汉王父母妻子于沛，置之军中以为质。当是时，诸侯见楚强，汉败还，皆去汉复为楚。塞王欣亡入楚。

吕后兄周吕侯为汉将兵，居下邑。汉王从之，稍收士卒，军砀。汉王乃西过梁地，至虞。使谒者随何之九江王布所，曰："公能令布举兵叛楚，项羽必留击之。保留数月,吾取天下必矣。"随何往说九江王布,布果背楚。楚使龙且往击之。

汉王之败彭城而西,行使人求家室,家室亦亡,不相得。败后乃独得孝惠,六月,立为太子,大赦罪人。令太子守栎阳,诸侯子在关中者皆集栎阳为卫。引水灌废丘,废丘降,章邯自杀。更名废丘为槐里。于是令祠官祀天地、四方、上帝、山川,以时祀之。兴关内卒乘塞。

是时九江王布与龙且战,不胜,与随何间行归汉。汉王稍收士卒,与诸将及关中卒益出,是以兵大振荥阳,破楚京、索间。

三年,魏王豹谒归视亲疾,至即绝河津,反为楚。汉王使郦生说豹。豹不听。汉王遣将军韩信击,大破之,虏豹。遂定魏地,置三郡,曰河东、太原、上党。汉王乃令张耳与韩信遂东下井陉击赵,斩陈余、赵王歇。其明年,立张耳为赵王。

汉王军荥阳南,筑甬道属之河,以取敖仓。与项羽相距岁余。项羽数侵夺汉甬道,汉军乏食,遂围汉王。汉王请和,割荥阳以西者为汉。项王不听。汉王患之。乃用陈平之计,予陈平金四万斤,以间疏楚君臣。于是项羽乃疑亚父。亚父是时劝项羽遂下荥阳,及其见疑,乃怒,辞老,愿赐骸骨归卒伍,未至彭城而死。

汉军绝食,乃夜出女子东门二千余人,被甲,楚因四面击之。将军纪信乃乘王驾,诈为汉王,诳楚,楚皆呼万岁,之城东观,以故汉王得与数十骑出西门遁。令御史大夫周苛、魏豹、枞公守荥阳。诸将卒不能从者,尽在城中。周苛、枞公相谓曰:"反国之王,难与守城。"因杀魏豹。

汉王之出荥阳入关,收兵欲复东。袁生说汉王曰:"汉与楚相距荥阳数岁,汉常困。

愿君王出武关,项羽必引兵南走,王深壁,令荥阳、成皋间且得休。使韩信等辑河北赵地,连燕、齐,君王乃复走荥阳,未晚也。如此则楚所备者多,力分,汉得休,复与之战,破楚必矣。"汉王从其计,出军宛、叶间,与黥布行收兵。

项羽闻汉王在宛,果引兵南。汉王坚壁不与战。是时彭越渡睢水,与项声、薛公战下邳,彭越大破楚军。项羽乃引兵东击彭越。汉王亦引兵北军成皋。项羽已破走彭越,闻汉王复军成皋,乃复引兵西,拔荥阳,诛周苛、枞公,而虏韩王信,遂围成皋。

汉王跳,独与滕公共车出成皋玉门,北渡河,驰宿修武。自称使者,晨驰入张耳、韩信壁,而夺之军。乃使张耳北益收兵赵地,使韩信东击齐。汉王得韩信军,则复振。引兵临河,南飨军小修武南,欲复战。郎中郑忠乃说止汉王,使高垒深堑,勿与战。汉王听其计,使卢绾、刘贾将卒二万人,骑数百,渡白马津,入楚地,与彭越复击破楚军燕郭西,遂复下梁地十余城。

淮阴已受命东,未渡平原。汉王使郦生往说齐王田广,广叛楚,与汉和,共击项羽。韩信用蒯通计,遂袭破齐。齐王烹郦生,东走高密。项羽闻韩信已举河北兵破齐、赵,且欲击楚,则使龙且、周兰往击之。韩信与战,骑将灌婴击,大破楚军,杀龙且。齐王广奔彭越。当此时,彭越将兵居梁地,往来苦楚兵,绝其粮食。

四年,项羽乃谓海春侯大司马曹咎曰:"谨守成皋。若汉挑战,慎勿与战,无令得东而已。我十五日必定梁地,复从将军。"乃行。击陈留、外黄、睢阳,下之。汉果数挑楚军,楚军不出。使人辱之五六日,大司马怒,渡兵汜水。士卒半渡,汉击之,大破楚军,尽得楚国金玉货赂。大司马咎、长史欣皆自刭汜水上。项羽至睢阳,闻海春侯破,乃引兵还。汉军方围钟离昧于荥阳东,项羽至,尽走险阻。

韩信已破齐,使人言曰:"齐边楚,权轻,不为假王,恐不能安齐。"汉王欲攻之。留侯曰:"不如因而立之,使自为守。"乃遣张良操印绶立韩信为齐王。

项羽闻龙且军破,则恐,使盱台人武涉往说韩信。韩信不听。

楚汉久相持未决,丁壮苦军旅,老弱罢转饷。汉王、项羽相与临广武之间而语。项羽欲与汉王独身挑战。汉王数项羽曰:"始与项羽俱受命怀王,曰'先入定关中者王之',项羽负约,王我于蜀、汉,罪一。项羽矫杀卿子冠军而自尊,罪二。项羽已救赵,当还报,而擅劫诸侯兵入关,罪三。怀王约入秦无暴掠,项羽烧秦宫室,掘始皇帝冢,私收其财物,罪四。又强杀秦降王子婴,罪五。诈坑秦子弟新安二十万，王其将，罪六。项羽皆王诸将善地，而徙逐故主，令臣下争叛逆，罪七。项羽出逐义帝彭城，自都之，夺韩王地，并王梁、楚，多自与，罪八。项羽使人阴弑义帝江南，罪九。夫为人臣而弑其主，杀已降，为政不平，主约不信，天下所不容，大逆无道，罪十也。吾以义兵从诸侯诛残贼，使刑余罪人击杀项羽，何苦乃与公挑战！"项羽大怒，伏弩射中汉王。汉王伤匈，乃扪足曰："虏中吾指！"汉王病创卧，张良强请汉王起行劳军，以安士卒，毋令楚乘胜于汉。汉王出行军，病甚，因驰入成皋。

病愈，西入关，至栎阳，存问父老，置酒，枭故塞王欣头栎阳市。留四日，复如军，军广武。关中兵益出。

当此时，彭越将兵居梁地，往来苦楚兵，绝其粮食。田横往从之。项羽数击彭越等，齐王信又进击楚。项羽恐，乃与汉王约，中分天下，割鸿沟而西者为汉，鸿沟而东者为楚。项王归汉王父母妻子，军中皆呼万岁，乃归而别去。

项羽解而东归。汉王欲引而西归，用留侯、陈平计，乃进兵追项羽。至阳夏南止军，与齐王信、建成侯彭越期会而击楚军。至固陵，不会。楚击汉军，大破之。汉王复入壁，深堑而守之。用张良计，于是韩信、彭越皆往。及刘贾入楚地，围寿春。汉王败固陵，乃使使者召大司马周殷举九江兵而迎武王，行屠城父，随刘贾、齐梁诸侯皆大会垓下。立武王布为淮南王。

五年，高祖与诸侯兵共击楚军，与项羽决胜垓下。淮阴侯将三十万自当之，孔将军居左，费将军居右，皇帝在后，绛侯、柴将军在皇帝后。项羽之卒可十万。淮阴先合，不利，却。孔将军、费将军纵，楚兵不利，淮阴侯复乘之，大败垓下。项羽卒闻汉军之楚歌，以为汉尽得楚地，项羽乃败而走，是以兵大败。使骑将灌婴追杀项羽东城，斩首八万，遂略定楚地。鲁为楚坚守不下。汉王引诸侯兵北，示鲁父老项羽头，鲁乃降。遂以鲁公号葬项羽谷城。还至定陶，驰入齐王壁，夺其军。

正月，诸侯及将相相与共请尊汉王为皇帝。汉王曰："吾闻帝贤者有也，空言虚语，非所守也，吾不敢当帝位。"群臣皆曰："大王起微细，诛暴逆，平定四海，有功者辄裂地而封为王侯。大王不尊号，皆疑不信。臣等以死守之。"汉王三让，不得已，曰："诸君必以为便，便国家。"甲午，乃即皇帝位氾水之阳。

皇帝曰："义帝无后。齐王韩信习楚风俗，徙为楚王，都下邳。立建成侯彭越为梁王,都定陶。故韩王信为韩王,都阳翟。徙衡山王吴芮为长沙王,都临湘。番君之将梅铜有功,从入武关,故德番君。淮南王布、燕王臧荼、赵王敖皆如故。"

天下大定。高祖都雒阳,诸侯皆臣属。故临江王欢为项羽叛汉,令卢绾、刘贾围之,不下。数月而降,杀之雒阳。

五月,兵皆罢归家。诸侯子在关中者复之十二岁,其归者复之六岁,食之一岁。

高祖置酒雒阳南宫。高祖曰:"列侯诸将无敢隐朕,皆言其情。吾所以有天下者何?项氏之所以失天下者何?"高起、王陵对曰:"陛下慢而侮人,项羽仁而爱人。然陛下使人攻城略地,所降下者因以予之,与天下同利也。项羽妒贤嫉能,有功者害之,贤者疑之,战胜而不予人功,得地而不予人利,此所以失天下也。"高祖曰:"公知其一,未知其二。夫运筹策帷帐之中,决胜于千里之外,吾不如子房;镇国家,抚百姓,给馈饷,不绝粮道,吾不如萧何;连百万之军,战必胜,攻必取,吾不如韩信。此三者,皆人杰也,吾能用之,此吾所以取天下也。项羽有一范增而不能用,此其所以为我擒也。"

高祖欲长都雒阳。齐人刘敬说,及留侯劝上入都关中,高祖是日驾,入都关中。六月,大赦天下。

十月,燕王臧荼反,攻下代地。高祖自将击之,得燕王臧荼。即立太尉卢绾为燕王。使丞相哙将兵攻代。

其秋,利几反。高祖自将兵击之,利几走。利几者,项氏之将。项氏败,利几为陈公,不随项羽,亡降高祖。高祖侯之颍川。高祖至雒阳,举通侯籍召之,而利几恐,故反。

六年,高祖五日一朝太公,如家人父子礼。太公家令说太公曰:"天无二日,土无二王。今高祖虽子,人主也;太公虽父,人臣也。奈何令人主拜人臣!如此则威重不行。"后高祖朝,太公拥篲迎门却行。高祖大惊,下扶太公。太公曰:"帝,人主也,奈何以我乱天下法!"于是高祖乃尊太公为太上皇。心善家令言,赐金五百斤。

十二月,人有上变事告楚王信谋反,上问左右,左右争欲击之。用陈平计,乃伪游云梦,会诸侯于陈,楚王信迎,即因执之。是日,大赦天下。田肯贺,因说高祖曰:"陛下得韩信,又治秦中。秦,形胜之国,带河山之险,县隔千里,持戟百万,秦得百二焉。地势便利,其以下兵于诸侯,譬犹居高屋之建瓴水也。夫齐,东有琅邪、即墨之饶,南有泰山之固,西有浊河之限,北有勃海之利,地方二千里,持戟百万,县隔千里之外,齐得十二焉。故此东西秦也。非亲子弟,莫可使王齐矣。"高祖曰:"善。"赐黄金五百斤。

后十余日,封韩信为淮阴侯,分其地为二国。高祖曰:"将军刘贾数有功,以为荆王,王淮东。弟交为楚王,王淮西。子肥为齐王,王七十余城,民能齐言者皆属齐。"乃论功,与诸列侯剖符行封。徙韩王信太原。

七年,匈奴攻韩王信马邑,信因与谋反太原。白土曼兵臣、王黄立故赵将赵利为王以反,高祖自往击之。会天寒,士卒堕指者什二三,遂至平城。匈奴围我平城,七日而后罢去。令樊哙止定代地,立兄刘仲为代王。

二月,高祖自平城过赵、雒阳,至长安。长乐宫成,丞相已下徙治长安。

八年,高祖东击韩王信余反寇于东垣。

萧丞相营作未央宫,立东阙、北阙、前殿、武库、太仓。高祖还,见宫阙壮甚,怒,谓萧何曰:"天下匈匈苦战数岁,成败未可知,是何治宫室过度也"萧何曰:"天下方未定,故可因遂就宫室。且夫天子以四海为家,非壮丽无以重威,且无令后世有以加也。"高祖乃悦。

高祖之东垣,过柏人,赵相贯高等谋弒高祖,高祖心动,因不留。代王刘仲弃国亡,自归雒阳,废以为合阳侯。

九年,赵相贯高等事发觉,夷三族。废赵王敖为宣平侯。是岁,徙贵族楚昭、屈、景、怀、齐田氏关中。

未央宫成。高祖大朝诸侯群臣,置酒未央前殿。高祖奉玉卮,起为太上皇寿,曰:"始大人常以臣无赖,不能治产业,不如仲力。今某之业所就孰与仲多?"殿上群臣皆呼万岁,大笑为乐。

十年十月,淮南王黥布、梁王彭越、燕王卢绾、荆王刘贾、楚王刘交、齐王刘肥、长沙王吴芮皆来朝长乐宫。春夏无事。

七月,太上皇崩栎阳宫。楚王、梁王皆来送葬。赦栎阳囚。更名郦邑曰新丰。

八月,赵相国陈豨反代地。上曰:"豨尝为吾使,甚有信。代地吾所急也,故封豨为列侯,以相国守代,今乃与王黄等劫掠代地!代地吏民非有罪也,其赦代吏民。"九月,上自东往击之。至邯郸,上喜曰:"豨不南据邯郸而阻漳水,吾知其无能为也。"闻豨将皆故贾人也,上曰:"吾知所以与之。"乃多以金啖豨将,豨将多降者。

十一年,高祖在邯郸诛豨等未毕,豨将侯敞将万余人游行,王黄军曲逆,张春渡河击聊城。汉使将军郭蒙与齐将击,大破之。太尉周勃道太原入,定代地。至马邑,马邑不下,即攻残之。

豨将赵利守东垣,高祖攻之,不下。月余,卒骂高祖,高祖怒。城降,令出骂者斩之,不骂者原之。于是乃分赵山北,立子恒以为代王,都晋阳。

春,淮阴侯韩信谋反关中,夷三族。

夏,梁王彭越谋反,废迁蜀,复欲反,遂夷三族。立子恢为梁王,子友为淮阳王。

秋七月,淮南王黥布反,东并荆王刘贾地,北渡淮,楚王交走入薛。高祖自往击之。立子长为淮南王。

十二年十月,高祖已击布军会甀,布走,令别将追之。

高祖还归,过沛,留。置酒沛宫,悉召故人父老子弟纵酒,发沛中儿得百二十人,教之歌。酒酣,高祖击筑,自为歌诗曰:"大风起兮云飞扬,威加海内兮归故乡,安得猛士兮守四方!"令儿皆和习之。高祖乃起舞,慷慨伤怀,泣数行下。谓沛父兄曰:"游子悲故乡。吾虽都关中,万岁后吾魂魄犹乐思沛。且朕自沛公以诛暴逆,遂有天下,其以沛为朕汤沐邑,复其民,世世无有所与。"沛父兄诸母故人日乐饮极欢,道旧故为笑乐。十余日,高祖欲去,沛父兄固请留高祖。高祖曰:"吾人众多,父兄不能给。"乃去。沛中空县皆之邑西献。高祖复留止,张饮三日。沛父兄皆顿首曰:"沛幸得复,丰未复,唯陛下哀怜之。"高祖曰:"丰吾所生长,极不忘耳,吾特为其以雍齿故反我为魏。"沛父兄固请,乃并复丰,比沛。于是拜沛侯刘濞为吴王。

汉将别击布军洮水南北,皆大破之,追得斩布鄱阳。樊哙别将兵定代,斩陈豨当城。

十一月,高祖自布军至长安。十二月,高祖曰:"秦始皇帝、楚隐王陈涉、魏安釐王、齐缗王、赵悼襄王皆绝无后,予守冢各十家,秦皇帝二十家,魏公子无忌五家。"赦代地吏民为陈豨、赵利所劫掠者,皆赦之。陈豨降将言豨反时,燕王卢绾使人之豨所，与阴谋。上使辟阳侯迎绾，绾称病。辟阳侯归，具言绾反有端矣。二月，使樊哙、周勃将兵击燕王绾。赦燕吏民与反者。立皇子建为燕王。

高祖击布时，为流矢所中，行道病。病甚，吕后迎良医。医入见，高祖问医。医曰："病可治。"于是高祖嫚骂之曰："吾以布衣提三尺剑取天下，此非天命乎？命乃在天，虽扁鹊何益！"遂不使治病，赐金五十斤罢之。已而吕后问："陛下百岁后，萧相国即死，令谁代之？"上曰："曹参可。"问其次，上曰："王陵可。然陵少戆，陈平可以助之。陈平智有余，然难以独任。周勃重厚少文，然安刘氏者必勃也，可令为太尉。"吕后复问其次，上曰："此后亦非而所知也。"

卢绾与数千骑居塞下修改候伺，幸上病愈自入谢。

四月甲辰，高祖崩长乐宫。四日不发丧。吕后与审食其谋曰："诸将与帝为编户民，今北面为臣，此常怏怏，今乃事少主，非尽族是，天下不安。"人或闻之，语郦将军。郦将军往见审食其，曰："吾闻帝已崩，四日不发丧，欲诛诸将。诚如此，天下危矣。陈平、灌婴将十万守荥阳，樊哙、周勃将二十万定燕、代，此闻帝崩，诸将皆诛，必连兵还向以攻关中。大臣内叛，诸侯外反，亡可翘足而待也。"审食其入言之，乃以丁未发丧，大赦天下。

卢绾闻高祖崩，遂亡入匈奴。

丙寅，葬。己巳，立太子，至太上皇庙。群臣皆曰："高祖起微细，拨乱世反之正，平定天下，为汉太祖，功最高。"上尊号为高皇帝。太子袭号为皇帝，孝惠帝也。令郡国诸侯各立高祖庙，以岁时祠。及孝惠五年，思高祖之悲乐沛，以沛宫为高祖原庙。高祖所教歌儿百二十人，皆令为吹乐，后有缺，辄补之。

高帝八男：长庶齐悼惠王肥；次孝惠，吕后子；次戚夫人子赵隐王如意；次代王恒，已立为孝文帝，薄太后子；次梁王恢，吕太后时徙为赵共王；次淮阳王友，吕太后时徙为赵幽王；次淮南厉王长；次燕王建。

孙膑传

——《史记》卷六五

【说明】孙膑(生卒年不详),战国著名军事家,是孙武的后世子孙,生于齐国阿、鄄之间(今山东阳谷鄄城一带)。曾与庞涓同学兵法,后庞涓为魏惠王将,忌其才能,骗孙膑至魏,处以膑刑(砍掉两块膝盖骨),故名孙膑。后经齐国使者相救至齐,被齐威王任为军师。他提出"围魏救赵"的作战方针,大败魏军于桂陵(今河南长垣西北)。后又利用魏军轻敌,用"减灶"的计谋,引庞涓孤军深入,结果在马陵(今河南范县西南)中齐军埋伏,庞涓兵败自杀。著有《孙膑兵法》。

孙武死后,过了一百多年出了个孙膑。孙膑生于阿、鄄之间一带,是孙武的后世子孙。孙膑曾与庞涓同学兵法。后来庞涓从事魏国,成为魏惠王的将军,而自以为才能不及孙膑,便私下派人召来孙膑。孙膑到了魏国,庞涓唯恐孙膑优胜于自己而嫉妒他,于是以刑法割断他的两脚并在他脸上刺刻涂墨,使其隐居而不能与魏王见面。

齐国的使者出使到魏国的大梁,孙膑以刑徒身份私下会见,与齐使交谈。齐国使者觉得孙膑是个奇才,于是偷偷地用车把他载送到齐国。齐国的将军田忌欣赏孙膑的才能而以客礼接待他。田忌与齐国的诸公子多次下重金赌注赛马,孙膑见到他们的马奔跑能力都相差不多,并且把马分为上、中、下三等。于是孙膑与田忌说:"您尽管下大赌注,臣下能使您大胜。"田忌对孙膑的话深信不疑,与齐王及诸公子以千金赌注。到临比赛时,田忌问计于孙膑,孙膑说:"今以您的下等驷马与他们的上等驷马比赛,用您的上等驷马与他们的中等驷马比赛,用您的中等驷马与他们的下等驷马比赛。"三等驷马比赛完毕,结果田忌一场不胜而胜两场,终于赢得齐王的千金。由此田忌把孙膑推荐给齐威王。威王问孙膑兵法,并封他为军师。

后来魏国攻打赵国,赵国危急,向齐国请求救援。齐威王想任命孙膑为将,孙膑推辞谢绝说:"受过刑的残疾人不可为将。"于是任田忌为将,而孙膑为军师,坐于辎车之中筹划计谋。田忌要引兵到赵国,孙膑对田忌说:"解除杂乱纠纷不能用拳头;解救争斗不能以手刺人。避实击虚,利用形势来牵制敌人,才能不救而自解危机。现在魏国与赵国正相互攻战,精兵锐卒必定全部用于国外作战,老弱病残留在国内。您不如引兵迅速前往大梁,占据街路交通要道,攻击敌人虚弱的地方,他们必然会放弃进攻赵国而回兵自救。这是我们一举解除赵国之围而同时又收到攻击魏国弊弱的效果。田忌接受了孙膑的计谋。魏国果然离开了赵国的邯郸,回军与齐军战于桂陵。结果大败魏军。

十三年后,魏国联合赵国进攻韩国。韩国向齐国告急求援。齐国任命田忌为将前去,直攻大梁。魏国将军庞涓听到这一消息,急忙从韩国赶回,但齐军已越过西部边境攻入魏国。孙膑对田忌说:"他们三晋的魏、赵、韩军队,素来剽悍勇武而轻视齐军,称齐军怯懦。善于战斗者要因势而利导。兵法上说,行军百里与敌争利者损上将,行军五十里与敌争利者只有一半的军队能赶到。齐军攻入魏地时先造十万个灶,第二天为五万灶,再过一天为三万灶。"庞涓行军追赶了三日,见齐军炊灶日益减少心中大喜说:"我本来就知道齐军怯懦,进入我国境内三天,士卒就逃亡了一大半。"于是丢下步军,只率轻骑锐卒日夜加速追赶。孙膑估计庞涓的行军速度,天黑即可赶到马陵。马陵道路狭窄,旁多阻险,可埋伏兵马。于是命人削去一棵大树的树皮,在露出的白木上写了"庞涓死于此树下"。然后命令齐军中善于射箭者拿了一万张弓弩,埋伏在道路两旁,预先与他们说好:"夜里见到有人举火就万箭俱发。"庞涓果然夜晚来到削去树皮的大树下,见白木上写着字,便钻火照明。字未读完,齐军万箭俱发,魏军大乱而互相顾此失彼。庞涓自知智穷兵败,便自刎说:"倒成就了这小子的名声!"齐军乘胜全歼魏军,俘虏了魏国太子申回国。孙膑以此名显天下,世人传习他的兵法。

【原文】

孙武既死,后百余岁有孙膑。膑生阿、鄄之间,膑亦孙武之后世子孙也。孙膑尝与庞涓俱学兵法。庞涓既事魏,得为惠王将军,而自以为能不及孙膑,乃阴使召孙膑。膑至,庞涓恐其贤于己,疾之,则以法刑断其两足而黥之,欲隐勿见。

齐使者如梁,孙膑以刑徒阴见,说齐使。齐使以为奇,窃载与之齐。齐将田忌善而客待之。忌数与齐诸公子驰逐重射,孙子见其马足不甚相远,马有上、中、下辈。于是孙子谓田忌曰:"君弟重射,臣能令君胜。"田忌信然之,与王及诸公子逐射千金。及临质,孙子曰:"今以君之下驷与彼上驷,取君上驷与彼中驷,取君中驷与彼下驷。"既驰三辈毕,而田忌一不胜而再胜,卒得王千金。于是忌进孙子于威王。威王问兵法,遂以为师。

其后魏伐赵,赵急,请救于齐。齐威王欲将孙膑,膑辞谢曰:"刑余之人不可。"于是乃以田忌为将,而孙子为师,居辎车中,坐为计谋。田忌欲引兵之赵,孙子曰:"夫解杂乱纷纠者不控捲;救斗者不搏撠。批亢捣虚,形格势禁,则自为解耳。今梁赵相攻,轻兵锐卒必竭于外,老弱罢于内。君不若引兵疾走大梁,据其街路,冲其方虚,彼必释赵而自救。是我一举解赵之围而收弊于魏也。"田忌从之。魏果去邯郸,与齐战于桂陵。大破梁军。

后十三岁,魏与赵攻韩,韩告急于齐。齐使田忌将而往,直走大梁。魏将庞涓闻之,去韩而归,齐军既已过而西矣。孙子谓田忌曰:"彼三晋之兵,素悍勇而轻齐,齐号为怯。善战者因其势而利导之。兵法,百里而趣利者蹶上将,五十里而趣利者军半至。使齐军入魏地为十万灶,明日为五万灶,又明日为三万灶。"庞涓行三日,大喜曰:"我固知齐军怯,入吾地三日,士卒亡者过半矣。"乃弃其步军,与其轻锐倍日并行逐之。孙子度其行,暮当至马陵。马陵道狭,而旁多阻隘,可伏兵,乃斫大树白而书之曰"庞涓死于此树之下。"于是令齐军善射者万弩,夹道而伏,期曰:"暮见火举而俱发。"庞涓果夜至斫木下,见白书,乃钻火烛之。读其书未毕,齐军万弩俱发,魏军大乱相失。庞涓自知智穷兵败,乃自刭曰:"遂成竖子之名!"齐因乘胜尽破其军,虏魏太子申以归。孙膑以此名显天下,世传其兵法。

汉 书

韩信传

—《汉书》卷三四

【说明】韩信(？-前196),汉初著名将领。淮阴(今江苏淮阴西南)人。早年家贫,以寄食度日。陈胜、吴广起义时,韩信投奔项梁,项梁战死后归属项羽。由于没有得到重用,离楚归汉。经萧何推荐,汉王刘邦拜韩信为大将军。韩信明修栈道,暗渡陈仓,引兵东向,平定三秦。在楚汉战争相持阶段,韩信率兵袭击项羽后路。他亲自指挥了三次著名的战役。在破魏之战中,他佯作正面渡河,暗从侧后偷渡,采取声东击西战术,活捉魏王豹。在井陉之战中,他采取背水列阵,置死地而后生的战术,大破赵军。在潍水之战中,采取拦阴河水,半渡击敌的战术,将楚、齐联军各个击破。韩信一连攻灭魏、赵、齐军以后,汉王刘邦被迫封他为齐王。不久,韩信与汉军合围,垓下(今安徽灵璧南)决战,击灭项羽楚军。后遭刘邦疑忌,夺其兵权,徙为楚王,继又贬为淮阴侯。汉高祖十年(前197),陈豨反汉,刘邦亲征。韩信托病不出,以作内应,准备袭击吕后、太子。因被人告发,泄漏机密,吕后命萧何骗韩信入宫,被吕后捕杀。韩信著有兵法三篇,今已亡佚。

韩信是淮阴人,家里贫穷而又无德行,未能被推选为地方官吏,又不能经商谋生,经常依靠别人糊口度日。韩信的母亲死了没有钱埋葬,就找了一块干燥的高地安葬了,准备将来在他母亲的墓旁安葬万家。韩信依靠下乡南昌亭长糊口度日,这就苦了亭长的妻子。亭长的妻子就清早起来做饭,在床上把饭吃了。到吃饭的时候,韩信去了,就不为他准备饭食。韩信也知道他们的用意,自行与他们断绝了关系而离去。韩信至城下钓鱼，有一漂洗棉絮的漂母见他可怜，就给他饭吃，这样竟过了数十天。韩信对漂母说："我以后一定重重报答您。"漂母生气地说："大丈夫不能自食其力，我只是可怜您才给饭吃，岂是希望您图报啊！"淮阴少年又欺侮韩信说："你身材虽然高大，却喜欢随身佩带刀剑，这是怯懦的表现。"并当众侮辱韩信说："你不怕死，就用剑刺我；如果你不刺，就从我胯下出来。"于是韩信凝视了他很久，慢慢低下身来从他的胯下爬了出去。街市上的人都嘲笑韩信，认为人他是个怯懦之人。

当项梁渡过淮水的时候，韩信就带着剑投奔了项梁，居于麾下，没有什么名气。项梁败死后，又归属项羽，为郎中。韩信几次向项羽献策，项羽不予采用。汉王入蜀，韩信离楚归汉，仍不得扬名，只做了个管理粮仓的小吏。他后来犯法当处斩刑，与他一伙作案的十三个人都已斩首，轮到韩信，韩信就抬头仰视，正好看见了滕公，韩信说："汉王不想要天下了？竟斩杀壮士！"滕公听到他的话很惊奇，又见其相貌不凡，就释放了他。与他交谈了一番，非常欣赏他，并进言于汉王。汉王任命他为治粟都尉，但没有发现他有什么特别的才能。

韩信几次与萧何交谈，萧何很赏识他。到了南郑，将领中有数十人逃亡。韩信估计萧何等人在刘邦面前几次推荐过自己，既然不用，也就逃走了。萧何听说韩信逃走，来不及向刘邦报告，就亲自去追韩信。有人向刘邦说："丞相萧何逃走了。"刘邦听了很生气，如同失去左右手一样。过了一二天，萧何来拜见。刘邦又生气又高兴，骂萧何说："你也逃走了，为什么？"萧何说："臣下不敢逃走，是追逃走的人。"刘邦说："所追的是谁？"萧何说："是韩信。"刘邦听了又骂道："将领中逃跑的已有数十人，你都不追；说追韩信，这是骗人。"萧何说："那些将领容易求得，至于像韩信那样，却是国中没有第二个人。大王如果打算在汉中长期称王，那就可以不任用韩信；如果决心想争夺天下，除了韩信就没有人能与您共商大事的了。这要看大王的决策了。"汉王说："我也想向东进军，怎能忧忧郁郁地在此久居？"萧何说："大王决计东进，那么能用韩信，韩信就会留下；如果不能用韩信，韩信终久是要逃走的。"汉王说："我为了你封他为将领。"萧何说："虽然你任命他为将领，韩信还是不会留下的。"汉王说："那就任命他为大将。"萧何说："太好了。"于是汉王要召见韩信拜他为大将。萧何说："大王素来对人轻慢无礼，现在任命大将好像叫小孩似的，这就是韩信所以要离去的缘故。大王如果决心想任命,就要选个日子,沐浴斋戒,设广场高台举行仪式才行。"汉王同意了萧何的建议。众将领非常高兴,人人都以为要有一个大将军了。等到任命大将军时,原来是韩信,全军都感到惊讶。

韩信拜将以后,就坐了下来。汉王说:"丞相在我面前几次提到将军,将军有什么计策来教我呢?"韩信推谢了一会,就问汉王说:"现在东进争权天下,主要敌手岂非项王一人吗?"汉王说:"是这样。"韩信说:"大王自己估量在勇敢、凶悍、仁爱、强壮方面与项王相比如何?"汉王沉默了好久才说:"不如项王。"韩信再次拜谢表示庆贺说:"我韩信也以为大王不如项王。然而臣下也曾事奉过项王,请让我谈谈项王的为人。项王厉声怒喝时,千百人的话都作废不听,如此就不能任用有才能的将领,这只是匹夫之勇。项王见人恭敬谨慎,讲起话来细声细气,人患了疾病,他就急得流下泪来,把自己的饮食分给病人吃,但到了别人有功应当封爵时,他就把手中的官印磨得没有了棱角,仍舍不得给人,这叫做妇人之仁。项王虽然称霸天下而臣有诸侯,但他不居守关中却建都于彭城;又违背义帝的约定,而把自己亲信的人封为王,诸侯纷纷不平。诸侯见项王驱逐义帝于江南,也都回去驱逐他们原来的君主,占有好的地方自立为王。项王所经过的地方,无不遭受破灭,积怨于百姓,百姓不愿归附,只不过迫于淫威,勉强服从罢了。名义上虽称为霸王,实际上失去了天下的民心,因此说他的强大容易变为衰弱。现今大王如果能反其道而行之,任用天下勇武之人,何愁敌人不被诛灭!以天下的城邑封给有功的大臣,何愁大臣不服!率领顺从思乡东归的义军,何愁敌军不被打败!况且三秦的封王都原本是秦朝的将领,率领秦国子弟已有数年,所杀士卒不可胜计,又欺骗他们投降了诸侯,到了新安,项王用诈骗的手段坑杀秦国降卒二十余万,唯独章邯、司马欣、董翳三人没有被杀,秦父兄们都怨恨这三个人,恨之入骨。现在楚霸王项羽以武力强封这三人为王,秦国的百姓是不会拥护的。而大王入武关时,秋毫无犯,废除秦朝的苛酷刑法,与百姓约法三章,秦国百姓没有一个不希望大王在秦地称王。根据当初诸侯的约定,大王应当在关中称王,关中的百姓家喻户晓。可是大王失掉应有的职位而称王蜀地,秦国百姓无不怨恨。今天大王举兵东进,三秦地区只要发一道檄文就可平定。"汉王听了非常高兴,自己也以为得到韩信晚了。汉王就听从了韩信的计划,部署诸将积极备战。

汉王举兵从陈仓东出,平定三秦。汉高祖二年(前205),出函谷关,收服了魏王豹、河南王申阳,韩王郑昌、殷王司马卬也都投降。汉王又命令齐国与赵国共同出兵攻击楚国的彭城,汉军兵败而回。后来韩信发兵与汉王会师在荥阳,又击破楚军于京、索之间,因此楚军再也不能西进。

汉王在彭城被打败以后,塞王司马欣、翟王董翳就叛汉降楚,齐、赵、魏三国也都反汉,与楚和好。汉王派郦生去游说魏王豹,魏王豹不听,于是汉王封韩信为左丞相率军攻击魏国。韩信问郦生说:"魏王不会用周叔为大将吧?"郦生答道:"用柏直为大将。"韩信说:"柏直是个无能小子。"遂进兵击魏。魏国在蒲坂设重兵,封锁了临晋。韩信就多设疑兵,摆开船只装作要渡临晋的样子,而伏兵却从夏阳用木制小口大腹罂缶酒器渡河,袭击魏都安邑。魏王豹大为震惊,引兵迎击韩信。韩信俘虏了魏王豹,平定了河东,派人请求汉王说:"望增兵三万,由臣下北平燕、赵,东击齐,南绝楚国的粮道,西与大王会师于荥阳。"汉王就给韩信增兵三万,又派张耳与韩信一同东进,攻击赵、代。攻破了代地,在阏与活捉了代相夏说。韩信攻下了魏、代以后,汉王就派人收回了他的精兵,到荥阳抵御楚军。

韩信、张耳率兵数万,准备东下井陉击赵。赵王与成安君陈余听到汉军来袭,就聚兵井陉口,号称二十万。广武君李左车游说成安君说:"听说汉将韩信渡西河,俘魏王,擒夏说,血洗阏与,现在又得到张耳的辅助,企图攻下赵国,这是乘胜出国远征,其势锐不可挡。我听说:'千里运粮,士卒就有挨饿的危险;到吃饭时才去打柴做饭,军队就不会餐餐吃饱。'现在井陉的道路,车不得并行,骑兵不能成队列,行军数百里,其粮食势必落在后面。希望您借我三万奇兵,从小道切断汉军粮食武器供应,您在这里挖深沟筑高垒,不与汉军作战,使汉军前不得战,退不得回,我以奇兵断绝汉军后路,使他们在野外抢不到任何吃的东西,不出十天,韩信和张耳二将的脑袋就能献到您的麾下。希望您能重视臣下的计谋,否则必定被这两个小子所擒获。"成安君是个信奉儒学的人,经常声称正义之师不用奇诈计谋,因而说:"我听兵法说,'十倍于敌人的兵力就包围它,一倍于敌人的兵力就与它交战。'现在韩信的兵力号称数万,其实不可能有那么多,千里迢迢来奔袭我们,也就精疲力尽了。像现在如此的兵力我们也要避而不击,以后如有更大的敌人,我们将用什么办法去对付他们呢?诸侯们都会说我们胆怯,今后会轻易地来攻打我们。"于是就不听广武君的计策。

　　韩信暗中派探子打听到广武君的计策未被采纳，探子回报后就非常高兴，于是才敢率兵进攻井陉狭道。在距离井陉口三十里的地方，就停了下来。到半夜时传发军令，挑选二千轻骑兵，每人手中拿一面红旗，从小道前去隐蔽在山里，窥视赵军，并告戒他们说："赵军见到我军逃跑，必会倾巢出动来追赶我们，你们就快速冲进赵营，拔掉赵军旗帜，竖立汉军红旗。"同时又叫副将下令准备伙食，说："今日打败赵军后会餐。"各位将领听了都不知所以，就假装答应说："遵命。"韩信又对军官们说："赵军已先占据有利地势，在他们没有见到汉军大将旗鼓之前，是不肯轻易出击我们的先头部队的，怕我们遇到了阻险而退兵。"于是韩信派了一万人作为先头部队，出了井径口，背靠着河水摆开了阵势。赵军看到以后，都大笑不止。天刚亮的时候，韩信竖起了大将的旗帜，击鼓而行出了井陉口，赵军开营出击汉军，激战了很久。于是韩信、张耳就假装丢弃了旗鼓，向河边的汉军方向败走，到了河边阵地，又回头再战。赵军果然倾巢而出，都来争夺汉军的旗鼓，追击韩信、张耳。韩信、张耳回到河边的汉军阵地，全军都拼死作战，赵军无法打败。这时韩信所派出的两千骑兵，等到赵军倾巢出来争夺汉军战利品时，就立即冲入赵军营地，拔掉了赵军的全部旗帜，竖起了两千面汉军的红旗。赵军见到不能俘获韩信、张耳等将领，就想收兵回营，但赵营中都已竖起了汉军红旗，大惊失色，以为汉军已经全部俘获赵军将领，于是队伍大乱，四散奔逃。赵军将领虽然斩杀了很多逃兵，但仍阻禁不住。于是汉军两面夹击，大破赵军，在泜水上斩杀了成安君，擒获了赵王歇。

　　韩信下令军中不得杀死广武君，如有活捉广武君者，重赏千金。不久，有人捆绑广武君到韩信帅营，韩信解开了捆绑，请广武君面东而坐，自己却面西相对，用老师一样的礼节来对待他。

　　诸将领向韩信呈献赵军的首级和俘虏之后，都向韩信表示祝贺，有人趁机问韩信："兵法上说，布阵应该是'右背山陵，前左水泽，'如今将军反而命令我们背水列阵，还说破赵军后会餐，当时我们都不服。然而竟取得了胜利，这是什么战术呢？"韩信说："这在兵法上也是有的，只是诸位没有察觉罢了。兵法上不是说：'陷之死地而后生，投之亡地而后存'吗？我韩信没有能够得到训练有素而能服从调动的将士，这就像兵法所说的'驱赶着街市的百姓去作战'一样，在这种形势下只有把他们置于死地，使他们每人都为求生而奋勇作战；如果今天把他

们置于生地,那他们都会逃走,我还能用他们去作战吗?"诸将听了都佩服地说:
"我们都没有想到。"

于是韩信问广武君说:"我准
备北攻燕,东伐齐,怎样才能成
功?"广武君推辞说:"我听说'亡
国之臣没有资格来谈论国家兴存,
败军之将没有资格来谈论勇敢作
战'。像我这样,怎么能权衡国家
大事啊!"韩信说:"我听说,百里
奚在虞国而虞国灭亡,到了秦国则
秦国称霸,这并不是他在虞国时愚
蠢,在秦国时聪敏,而在于国君用
不用他的才能,听不听他的计策。
如果成安君当初听了你的计策,我
早已成了俘虏。我诚心向你求计,
希望你不要推辞。"广武君说:"我
听说'智者千虑,必有一失;愚者千
虑,也有一得'。故而说'狂人之
言,圣人也可选择采纳'。只恐怕

我的计策未必能用,但愿只效愚忠而已。成安君本来有百战百胜之计,但一旦失
策,就兵败鄗下,自己也死于泜水之上。现今将军俘虏了魏王,生擒了夏说,不到
一个上午就击破赵军二十万,杀死了成安君。名闻海内,威震诸侯,百姓都不得
不停止劳作,拿出轻衣美食,侧耳等待你的命令。然而民众劳苦,士卒疲乏,实在
是难以用兵。现在将军用疲惫不堪之兵,劳顿在燕国坚固的城池之下,显然让人
看出力量已经不足,要想攻战,又攻不下来,旷日持久,粮食耗尽。如果不能攻破
燕国,齐国也必定会拒守边境,以图自强。与燕、齐二国相持不下,那么刘邦与项
羽的胜负也就不能分明了。我的愚见,也可能是错误的"。韩信说:"按照你的
意见,该怎么办呢?"广武君答道:"当今之计,不如按兵不动,百里之内的百姓就
会每天拿出牛肉美酒来犒劳将士。将军在北边去燕国的路上布置军队,然后派

遣一名使者,拿着不满一尺的书信,去游说燕国,燕国必定不敢不听。接着从燕国向东到齐国,虽然有智谋的人,也不能为齐国想出更好的计策。如是这样,天下的大事就可以图谋了。兵书上有先虚而后实,就是这个道理。"韩信说:"好,敬奉你的指教。"于是采用了广武君的计策,派使者到燕国,燕国闻风而降。接着就派使者报告汉王,请求立张耳为赵王来镇抚赵地。汉王允许了这一请求。

楚军曾多次派奇兵渡过黄河来攻击赵国,赵王张耳、韩信往来救赵,一路上平定了赵国城邑,并发兵支援汉王。当时楚国正急于围攻汉王于荥阳,汉王从荥阳逃出,到了南面的宛、叶两地,收得了九江王黥布,进入了成皋,楚国又很快地围困了成皋。汉高祖四年,汉王从成皋逃出,渡过黄河,独自与滕公投奔在修武的张耳军营。到了以后,住宿在传舍中。第二天清晨,汉王自称是汉王使者,骑马驰入军营。张耳、韩信还未起床,汉王来到了卧室,夺走了他们的印信兵符,召集诸将,调换了他们的职务。韩信、张耳起床后,才知道汉王独自来到,大吃一惊。汉王夺取了张耳、韩信的军权,就当即命令张耳备守赵地,又拜韩信为相国,征发未去荥阳而留下来的赵军,去攻打齐国。

韩信率兵东向攻齐,还没有渡过平原津,就听到汉王派出的使者郦食其已说降了齐王田广。韩信准备停止进军,蒯通就游说韩信,劝他攻打齐。韩信听从了蒯通的意见,就渡过了黄河,袭击驻在历下的齐军,一直打到了临菑。齐王逃到了高密,派使者向楚国求救。韩信攻占了临菑以后,向东追击齐王到高密的西边。楚王派大将龙且,率军号称二十万,前来救齐。

齐王、龙且两军联合起来与韩信作战,还未交锋。有人对龙且说:"汉兵远征,拼死作战,其锋锐不可挡。齐、楚两国在自己的国土上作战,士兵容易溃散。不如深沟高垒,叫齐王派亲信大臣去招抚攻失的城邑。城邑中的百姓听到齐王还活着,楚国又派兵来求援,就一定会反叛汉军。汉军从两千里外客居齐地,而齐国城邑的百姓都起来反叛,势必得不到粮食供给,就可使汉军不战而降。"龙且说:"我平生深知韩信的为人,容易对付。他曾向漂母求食,没有养活自己的办法;又受人侮辱而从别人的胯下爬了出去,没有一般人所具有的勇气,因而是不足以畏惧的。况且我来救齐,不战而使汉军投降,那我还有什么功劳呢?现在如果我战而胜之,又可以得到齐国的一半土地,为什么要停止进攻呢?"于是决定交战,与韩信汉军隔着潍水摆开了阵势。韩信就连夜派人做了一万多个袋子,装满了沙泥,堵住了潍水上游的河水,率领一半的人马渡过潍水袭击龙且。韩信假装作战不胜,往回败走。龙且果然高兴地说:"我本来就知道韩信胆怯。"于是领兵渡潍水追击韩信。韩信派人挖开堵水的沙袋,大水一涌而至。龙且的军队一大半留在岸上无法渡过河水,韩信立即迅速攻击渡河楚军,斩杀了龙且。在潍水东岸的龙且军队四散溃走,齐王田广也逃跑了。韩信追击齐兵直到城阳,俘获了田广。楚军纷纷投降,终于平定了齐国。

韩信派人向汉王说:"齐国狡诈多变,是个反复无常的国家,南面又与楚国邻近,如果不设一个代理的齐王来镇抚它,局势就不会安定。现在齐地没有国王,权力太轻,不足以镇抚安定,我请求自立为代理齐王。"当时,楚国正急于围攻汉王于荥阳,韩信的使者到了以后,递上书信,汉王看了大怒,骂道:"我被围困在这里,日夜盼望他来帮助我,而他却想自立为王!"张良、陈平躲在后面踩汉王的脚,凑近汉王耳边低声说:"汉军正处境不利,怎么能禁止韩信自立为王呢?不如就此而立他为王,好好地对待他,使他自守一方。不然的话,就会发生变乱。"汉王立即明白过来,因而又骂道:"大丈夫平定诸侯,就应当立为真王,为什么要作代理国王呢?"于是派张良前往立韩信为齐王,征调韩信的军队攻打楚国。

楚国失去了龙且,项王有些恐慌,派盱台人武涉前去游说韩信说:"将军为何不反汉与楚联合?楚王与将军有旧交。况且汉王不一定可信,他几次身家性命掌握在项王手中,然而一旦脱险就立即背弃盟约,又攻击项王,不可亲信到如此地步。现在将军自以为与汉王的交情像金石那样坚固,然而终究要被他抓起来的。您之所以留得性命到今天,是由于项王还在的缘故。如果项王一死,接下来就会取您的性命。您为何不与楚讲和,三分天下而称王齐地?现在您若放弃了这一时机,而一定要帮助汉王一同攻打楚王,作为有才智的人能这样做吗?"韩信谢绝说:"我侍奉项王数年,官不过是个郎中,位不过是个持戟卫士,我讲的话他不听,计谋不用,故而我离楚归汉。汉王授我上将军印,率数万之众,脱下他的衣服给我穿,拿他的饭食给我吃,言听计从,我才能得以有此地位。人家如此对我十分亲近和信任,我背叛他是不会有好结果的。请为我韩信辞谢项王。"武涉走后,蒯通知道决定天下局势的关键在于韩信,就向韩信分析三分天下,鼎足称王的形势。韩信不忍心背叛汉王,又自以为功劳大,汉王不会来夺取自己的齐国,于是就不听蒯通的计谋。

汉王在固陵兵败之时，采用了张良的计谋，征召韩信率兵在陔下与汉王会师。项羽一死，汉高祖刘邦就乘人不备夺取了韩信的军权，改封韩信为楚王，定都下邳。

韩信到了楚国，召见当年给他饭吃的漂母，赏赐她千金。轮到了下乡亭长，只赏给他一百钱，说："你是个小人，做好事有始无终。"又召见曾经侮辱过自己、让他从胯下爬过去的少年，封他为中尉，并告诉他的将相说："此人是位壮士。当初他侮辱我时，我宁可不去杀他；杀了他也不能扬名，故而就忍让了下来，至今我才有这样的成就。"

项王的逃亡将领钟离眜家住在伊庐，素来与韩信关系很好。项王兵败，钟离眜投奔了韩信。汉王怨恨钟离眜，听说他在楚国，就下令让楚王捕捉钟离眜。韩信刚到楚国时，巡行各地县邑，带着兵出入。有人告韩信想谋反，举报的奏书到了汉王的手里，汉王认为韩信是个隐患。于是采用陈平的计谋，假装巡游到云梦地方，实际上想要袭击韩信，韩信还不知道。高祖将要到达楚国时，韩信打算起兵造反，但又想到自己是无罪的；想去进见汉王，又恐怕当场被抓起来。有人劝韩信说："杀了钟离眜去谒见汉王，汉王必定会很高兴，也就没有祸患了"。韩信把此事与钟离眜商量，钟离眜说："汉王之所以不攻取楚国，是由于我钟离眜还在您这里，如果您把我抓起来去献媚汉王，我今天一死，您也随即灭亡了。"并大骂韩信道："你不是个忠厚长者！"结果就自杀而死。韩信拿着钟离眜的首级到陈地去朝见汉王。高祖命令武士把韩信捆缚起来，放在后面的车子上。韩信说："果然像有人所说的，'狡黠的兔子死了，出色的猎狗也就该烹杀了'。"汉王说："有人告你谋反。"于是给韩信戴上械具。回到洛阳，赦免了韩信，改封为淮阴侯。

韩信知道汉王嫉妒他的才能，就称病不去朝见或跟从出行。韩信由此日益怨恨，在家中闷闷不乐，对与绛侯周勃、灌婴处于同等地位感到羞耻。韩信曾路过将军樊哙家门，樊哙行跪拜礼迎送，并自称为臣下，说："不知大王竟肯光临臣下的家门"。韩信出门后对部下笑着说："想不到我这一辈子竟要与樊哙为伍！"

汉王高兴时与韩信谈论诸将的才能高下。汉王问韩信说："如果是我，能率领多少兵？"韩信说："陛下最多也不能超过十万"。汉王说："如果是您，能率兵多少？"韩信说："如果是我，则多多益善。"汉王笑道："您既然多多益善，为什么被我抓住呢?"韩信说:"陛下不能领兵,而善于驾驭将领,这就是我韩信被陛下抓住的缘故。况且陛下的权力是上天授予的,不是人力所能做到的。"

后来陈豨为代地相国去监察边郡,临行向韩信告辞。韩信拉着他的手,在庭院里散步来回数次,仰天长叹地说:"您可有话与我讲吗? 我可有话想与您讲。"陈豨接着说:"一切听从将军的命令。"韩信说:"您所管辖的地方,是天下精兵聚集之处,而你又是陛下亲信得宠的大臣。如果有人说您谋反,陛下必定不会相信;如果再有人告您谋反,陛下就会产生怀疑;如果第三次有人告发,陛下一守会大怒而亲自率军来征讨您。我为您在此作内应,就可以图谋天下了。"陈豨一向知道韩信的才能,也就相信他的话说:"一守听从您的指教。"

汉高祖十年,陈豨果然起兵造反,汉高帝亲自率军前往征讨,韩信称病不去。韩信一方面暗中派人到陈豨处联络,一方面又与家臣谋划,准备在黑夜假传诏书赦免在官府服役的罪犯与奴隶,然后发兵袭击吕后与太子。部署已定,正等待陈豨的消息。韩信的门客得罪了韩信,韩信把他囚禁了起来,准备杀他。那个门客的弟弟就上书向吕后告发韩信谋反的状况。吕后打算把韩信召来,又恐怕韩信的党羽不肯就范,于是与相国萧何合谋,假装说有人从皇帝那里回来,说陈豨已被杀死,群臣都进宫朝贺。相国萧何就欺骗韩信说:"虽然您有病,但还是要勉强去朝贺一下。"韩信进了宫中,吕后就命令武士把韩信捆缚起来,在长乐宫中的钟室里把他杀了。韩信临斩时说:"我当初没有采用蒯通的计策,如今反而被妇人小子所欺骗,这岂不是天意吗!"于是吕后诛灭了韩信的三族。

汉高祖平定了陈豨叛乱后回到了京城,听到韩信已死的消息,又是欢喜又是悲哀,询问说:"韩信死时说了些什么?"吕后就把韩信死时说的话告诉高祖。高祖说:"蒯通此人是齐国的辩士。"于是下诏捉拿蒯通,准备烹杀他。蒯通被抓后就为自己辩解,高祖就释放蒯通而没有杀他。

【原文】

韩信,淮阴人也。家贫无行,不得推择为吏,又不能治生为商贾,常从人寄食,其母死无以葬,乃行营高燥地,令傍可置万家者。信从下乡南昌亭长食,亭长妻苦之,乃晨炊蓐食。食时信往,不为具食。信亦知其意,自绝去。至城下钓,有一漂母哀之,饭信,竟漂数十日。信谓漂母曰:"吾必重报母。"母怒曰:"大丈夫不能自食,吾哀王孙而进食,岂望报乎!"淮阴少年又侮信曰:"虽长大,好带刀剑,怯耳。"众辱信曰:"能死,刺我;不能,出胯下。"于是信孰视,俯出胯下。一市皆笑信,以为怯。

及项梁度淮,信乃杖剑从之,居戏下,无所知名。梁败,又属项羽,为郎中。信数以策干项羽,羽弗用。汉王之入蜀,信亡楚归汉,未得知名,为连敖。坐法当斩,其畴十三人皆已斩,至信,信乃仰视,适见滕公,曰:"上不欲就天下乎?而斩壮士!"滕公奇其言,壮其貌,释弗斩。与语,大说之,言于汉王。汉王以为治粟都尉,上未奇之也。

数与萧何语,何奇之。至南郑,诸将道亡者数十人。信度何等已数言上,不我用,即亡。何闻信亡,不及以闻,自追之。人有言上曰:"丞相何亡。"上怒,如失左右手。居一二日,何来谒。上且怒且喜,骂何曰:"若亡,何也?"何曰:"臣非敢亡也,追亡者耳。"上曰:"所追者谁也?"曰:"韩信。"上复骂曰:"诸将亡者已数十,公无所追,追信,诈也。"何曰:"诸将易得,至如信,国士无双。王必欲长王汉中,无所事信;必欲争天下,非信无可与计事者。顾王策安决。"王曰:"吾亦欲东耳,安能郁郁久居此乎?"何曰:"王计必东,能用信,信即留;不能用信,信终亡耳。"王曰:"吾为公以为将。"何曰:"虽为将,信不留。"王曰:"以为大将。"何曰:"幸甚。"于是王欲召信拜之。何曰:"王素嫚无礼,今拜大将如召小儿,此乃信所以去也。王必欲拜之,择日斋戒,设坛场具礼,乃可。"王许之。诸将皆喜,人人各自以为得大将。至拜,乃韩信也,一军皆惊。

信已拜,上坐。王曰:"丞相数言将军,将军何以教寡人计策?"信谢,因问王曰:"今东乡争权天下,岂非项王邪?"上曰:"然。"信曰:"大王自料勇悍仁强孰与项王?"汉王默然良久曰:"弗如也。"信再拜贺曰:"唯信亦以为大王弗如也。然臣尝事项王,请言项王为人也。项王意乌猝嗟,千人皆废,然不能任属贤将,此特匹夫之勇也。项王见人恭谨,言语呕呕,人有病疾,涕泣分食饮,至使人有功,当封爵,刻印刓,忍不能予,此所谓妇人之仁也。项王虽霸天下而臣诸侯,不居关中而都彭城;又背义帝约,而以亲爱王,诸侯不平。诸侯之见项王逐义帝江南,亦皆归逐其主,自王善地。项王所过亡不残灭,多怨百姓,百姓不附,特劫于威,强服耳。名虽为霸,实失天下心,故曰其强易弱。今大王诚能反其道,任天下武勇,何不诛!以天下城邑封功臣,何不服!以义兵从思东归之士,何不散!且三秦王为秦将,将秦子弟数岁,而所杀亡不可胜计,又欺其众降诸侯。至新安,项王诈坑秦降卒二十余万人，唯独邯、欣、翳脱。秦父兄怨此三人，痛于骨髓。今楚强以威王此三人，秦民莫爱也。大王之入武关，秋毫亡所害，除秦苛法，与民约，法三章耳，秦民亡不欲得大王王秦者。于诸侯之约，大王当王关中，关中民户知之。王失职之蜀，民亡不恨者。今王举而东，三秦可传檄而定也。"于是汉王大喜，自以为得信晚。遂听信计，部署诸将所击。

汉王举兵东出陈仓，定三秦。二年，出关，收魏、河南，韩、殷王皆降。令齐、赵共击楚彭城，汉兵败散而还，信复发兵与汉王会荥阳，复击破楚京、索间，以故楚兵不能西。

汉之败却彭城，塞王欣、翟王翳亡汉降楚，齐、赵、魏亦皆反，与楚和。汉王使郦生往说魏王豹，豹不听，乃以信为左丞相击魏。信问郦生："魏得毋用周叔为大将乎？"曰："柏直也。"信曰："竖子耳。"遂进兵击魏。魏盛兵蒲坂，塞临晋。信乃益为疑兵，陈船欲度临晋，而伏兵从夏阳以木罂缶度军，袭安邑。魏王豹惊，引兵迎信。信遂虏豹，定河东，使人请汉王："愿益兵三万人，臣请以北举燕、赵，东击齐，南绝楚之粮道，西与大王会于荥阳。"汉王与兵三万人，遣张耳与俱，进击赵、代。破代，禽夏说阏与。信之下魏、代，汉辄使人收其精兵，诣荥阳以距楚。

信、耳以兵数万，欲东下井陉击赵。赵王、成安君陈余闻汉且袭之。聚兵井陉口，号称二十万。广武君李左车说成安君曰："闻汉将韩信涉西河，虏魏王，禽夏说，新喋血阏与。今乃辅以张耳，议欲下赵，此乘胜而去国远斗，其锋不可当。臣闻'千里馈粮，士有饥色；樵苏后爨，师不宿饱。'今井陉之道，车不得方轨，骑不得成列，行数百里，其势粮食必在后。愿足下假臣奇兵三万人，从间路绝其辎重；足下深沟高垒勿与战。彼前不得斗，退不得还，吾奇兵绝其后，野无所掠卤，不至十日，两将之头可致戏下。愿君留意臣之计，必不为二子所禽矣。"成安君，儒者，常称义兵不用诈谋奇计，谓曰："吾闻兵法'什则围之，倍则战。'今韩信兵号数万，其实不能，千里袭我，亦以罢矣。今如此避弗击，后有大者，何以距之？诸侯谓吾怯，而轻来伐我。"不听广武君策。

信使间人窥知其不用，还报，则大喜，乃敢引兵遂下。未至井陉口三十里，止舍。夜半传发，选轻骑二千人，人持一赤帜，从间道萆山而望赵军，戒曰："赵见我走，必空壁逐我，若疾入，拔赵帜，立汉帜。"令其裨将传餐，曰："今日破赵会食。"诸将皆莫然，阳应曰："诺。"信谓军吏曰："赵已先据便地壁，且彼未见大将旗鼓，未肯击前行，恐吾阻险而还。"乃使万人先行，出，背水陈。赵兵望见大笑。平旦，信建大将旗鼓，鼓行出井陉口。赵开壁击之，大战良久。于是信、张耳弃鼓旗，走水上军，复疾战，赵空壁争汉鼓旗，逐信、耳。信、耳已入水上军，军皆殊死战，不可败。信所出奇兵二千骑者，候赵空壁逐利，即驰入赵壁，皆拔赵旗帜，立汉赤帜二千。赵军已不能得信、耳等，欲还归壁，壁皆汉赤帜，大惊，以汉为皆已破赵王将矣，遂乱，遁走。赵将虽斩之，弗能禁。于是汉兵夹击，破虏赵军，斩成安君泜水上，禽赵王歇。

信乃令军毋斩广武君，有生得之者，购千金。顷之。有缚而至戏下者，信解其缚，东乡坐，西乡对，而师事之。

诸将效首虏休，皆贺，因问信曰："兵法有'右背山陵，前左水泽'，今者将军令臣等反背水陈，曰破赵会食，臣等不服。然竟以胜，此何术也？"信曰："此在兵法，顾诸君弗察耳。兵法不曰'陷之死地而后生，投之亡地而后存'乎？且信非得素拊循士大夫，经所谓'驱市人而战之'也，其势非置死地，人人自为战；今即予生地，皆走，宁尚得而用之乎？"诸将皆服曰："非所及也。"

于是问广武君曰："仆欲北攻燕，东伐齐，何若有功？"广武君辞曰："臣闻'亡国之大夫不可以图存，败军之将不可以语勇。'若臣者，何足以权大事乎！"信曰："仆闻之，百里奚居虞而虞亡，之秦而秦伯，非愚于虞而智于秦也，用与不用，听与不听耳。向使成安君听子计，仆亦禽矣。仆委心归计，愿子勿辞。"广武君曰："臣闻'智者千虑，必有一失；愚者千虑，亦有一得'。故曰'狂夫之言，圣人择焉'。故恐臣计未足用，愿效愚忠。故成安君有百战百胜之计，一日而失之，军败鄗下，身死泜水上。今足下虏魏王，禽夏说，不旬朝破赵二十万众，诛成安君。名闻海内，威震诸侯，众庶莫不辍作怠惰，靡衣媮食，倾耳以待命者。然而众劳卒罢，其实难用也，今足下举倦敝之兵，顿之燕坚城之下，情见力屈，欲战不拔，旷日持久，粮食单竭。若燕不破，齐必距境而以自强。二国相持，则刘项之权未有所分也。臣愚，窃以为亦过矣。"信曰："然则何由？"广武君对曰："当今之计，不如按甲休兵，百里之内，牛酒日至，以飨士大夫。北首燕路，然后发一乘之使，奉咫尺之书，以使燕，燕必不敢不听。从燕而东临齐，虽有智者，亦不教。知为齐计矣。如是则天下事可图也。兵故有无声而厉实者，此之谓也。"信曰："敬奉。"于是用广武君策，发使燕，燕从风而靡。乃遣使报汉，因请立张耳王赵以抚其国。

汉王许之。

　　楚数使奇兵度河击赵，王耳、信往来救赵，因行定赵城邑，发卒佐汉。楚方急围汉王荥阳，汉王出，南之宛、叶，得九江王布，入成皋，楚复急围之。四年，汉王出成皋，度河，独与滕公从张耳军修武。至，宿传舍。晨自称汉使，驰入壁。张耳、韩信未起，即其卧，夺其印符，麾召诸将易置之。信、耳起，乃知独汉王来，大惊。汉王夺两人军，即令张耳备守赵地，拜信为相国，发赵兵未发者击齐。

　　信引兵东，未度平原，闻汉王使郦食其已说下齐。信欲止，蒯通说信令击齐。信然其计，遂渡河，袭历下军，至临菑。齐王走高密，使使于楚请救，信已定临菑，东追至高密西。楚使龙且将，号称二十万，救齐。

　　齐王、龙且并军与信战，未合。或说龙且曰："汉兵远斗，穷寇久战，锋不可当也。齐、楚自居其地战，兵易败散。不如深壁，令齐王使其信臣招所亡城，城闻王在，楚来救，必反汉。汉二千里客居齐，齐城皆反之，其势无所得食，可毋战而降也。"龙且曰："吾平生知韩信为人，易与耳。寄食于漂母，无资身之策；受辱于胯下，无兼人之勇，不足畏也。且救齐而降之，吾何功？今战而胜之，齐半可得，何为而止？"遂战，与信夹潍水陈。信乃夜令人为万余囊，盛沙以壅水上流，引兵半度，击龙且。阳不胜，还走。龙且果喜曰："固知信怯。"遂追度水。信使人决壅囊，水大至。龙且军太半不得度，即急击，杀龙且。龙且水东军散走，齐王广亡去。信追北至城阳，虏广。楚卒皆降，遂平齐。

　　使人言汉王曰："齐夸诈多变，反复之国，南边楚，不为假王以填之，其势不定。今权轻，不足以安之，臣请自立为假王。"当是时，楚方急围汉王于荥阳，使者至，发书，汉王大怒，骂曰："吾困于此，旦暮望而来佐我，乃欲自立为王！"张良、陈平伏后蹑汉王足，因附耳语曰："汉方不利，宁能禁信之自王乎？不如因立，善遇之，使自为守。不然，变生。"汉王亦寤，因复骂曰："大丈夫定诸侯，即为真王耳，何以假为？"遣张良立信为齐王，征其兵使击楚。

　　楚以亡龙且，项王恐，使盱台人武涉往说信曰："足下何不反汉与楚？楚王与足下有旧故。且汉王不可必，身居项王掌握中数矣，然得脱，背约，复击项王，其不可亲信如此。今足下虽自以为与汉王为金石交，然终为汉王所禽矣。足下所以得须臾至今者，以项王在。项王即亡，次取足下。何不与楚连和，三分天下而王齐？今释此时，自必于汉王以击楚，且为智者固若此邪！"信谢曰："臣得事项王数年，官不过郎中，位不过执戟，言不听，画策不用，故背楚归汉。汉王授我上将军印，数万之众，解衣衣我，推食食我，言听计用，吾得至于此。夫人深亲信我，背之不祥。幸为信谢项王。"武涉已去，蒯通知天下权在于信，深说以三分天下，鼎足而王。信不忍背汉，又自以功大，汉王不夺我齐，遂不听。

汉王之败固陵，用张良计，征信将兵会陔下。项羽死，高祖袭夺信军，徙信为楚王，都下邳。

信至国，召所从食漂母，赐千金。及下乡亭长，钱百，曰："公，小人，为德不竟。"召辱己少年令出胯下者，以为中尉，告诸将相曰："此壮士也。方辱我时，宁不能死；死之无名，故忍而就此。"

项王亡将钟离眛家在伊庐，素与信善。项王败，眛亡归信。汉怨眛，闻在楚，诏楚捕之。信初之国，行县邑，陈兵出入。有变告信欲反，书闻，上患之。用陈平谋，伪游于云梦者，实欲袭信，信弗知。高祖且至楚，信欲发兵，自度无罪；欲

谒上，恐见禽。人或说信曰："斩眛谒上，上必喜，亡患。"信见眛计事，眛曰："汉所以不击取楚，以眛在。公若欲捕我自媚汉，吾今死，公随手亡矣。"乃骂信曰："公非长者！"卒自刭。信持其首谒于陈。高祖令武士缚信，载后车。信曰："果若人言，'狡兔死，良狗亨'。"上曰："人告公反。"遂械信。至洛阳，赦以为淮阴侯。

信知汉王畏恶其能，称疾不朝从。由此日怨望，居常鞅鞅，羞与绛、灌等列。尝过樊将军哙，哙趋拜送迎，言称臣，曰："大王乃肯临臣。"信出门，笑曰："生乃与哙等为伍！"

上尝从容与信言诸将能各有差。上问曰："如我，能将几何？"信曰："陛下不过能将十万。"上曰："如公何如？"曰："如臣，多多益办耳。"上笑曰："多多益办，

何为为我禽?"信曰:"陛下不能将兵,而善将将,此乃信之为陛下禽也。且陛下所谓天授,非人力也。"

后陈豨为代相监边,辞信。信挈其手,与步于庭数匝,仰天而叹曰:"子可与言乎?吾欲与子有言。"豨因曰:"唯将军命。"信曰:"公之所居,天下精兵处也,而公,陛下之信幸臣也。人言公反,陛下必不信;再至陛下乃疑;三至,必怒而自将。吾为公从中起,天下可图也。"陈豨素知其能,信之,曰:"谨奉教!"

汉十年,豨果反,高帝自将而往,信称病不从。阴使人之豨所,而与家臣谋,夜诈赦诸官徒奴,欲发兵袭吕后、太子,部署已定,待豨报。其舍人得罪信,信囚,欲杀之。舍人弟上书变告信欲反状于吕后。吕后欲召,恐其党不就,乃与萧相国谋,诈令人从帝所来,称豨已死,群臣皆贺。相国绐信曰:"虽病,强入贺。"信入,吕后使武士缚信,斩之长乐钟室。信方斩,曰:"吾不用蒯通计,反为女子所诈,岂非天哉!"遂夷信三族。

高祖已破豨归,至,闻信死,且喜且哀之,问曰:"信死亦何言?"吕后道其语。高祖曰:"此齐辩士蒯通也。"召欲烹之。通至自说,释弗诛。

孝文窦皇后传

——《汉书》卷九七

【说明】窦皇后(? ～前135年)是汉景帝的母亲。吕太后执政时,以良家女子被选入宫中。后吕太后将宫女送出去赏赐诸侯,窦姬在预选之列。因她的家在清河,所以希望到赵国。结果主管送遣宫女的宦官将她送到了代国。到了代国后,很受代王宠幸,惠帝七年(188)时生景帝。文帝即位后,立窦姬为皇后。景帝即位后,立为皇太后。窦太后喜欢黄帝、老子的学术。元兴六年(前129)窦太后去世,共立五十一年,与文帝合葬在霸陵。

孝文窦皇后是景帝的母亲,吕太后时以良家女子被选入宫中。吕太后把宫女送出去赏赐给每个诸侯五人,窦姬在预选之列。因为她的家在清河,希望到赵国,离家近一点,所以就请求主管送遣宫女的宦官"一定要把我的名字编在赵国的行列中"。宦官忘记了她的请求,误将她编到代国的名籍中,名籍奏报给皇帝,皇帝下诏认可。快要出行时,窦姬哭泣,埋怨那个宦官,不想去代国。后经强求,她才肯动身。到了代国以后,代王特别宠幸窦姬,生了个女儿叫嫖,孝惠七年,生了景帝。

代王王后生了四个男孩,在代王尚未入宫立为帝时,王后就去世了,到代王立为皇帝后,王后所生的四个男孩相继病逝。文帝继位几个月后,公卿请求封立太子,而窦姬所生的男孩年龄最大,于是就立他为太子。窦姬被立为皇后,窦姬的女儿嫖立为馆陶长公主。第二年,封立她的小儿子武为代王,后来又迁到梁任梁王,这就是梁孝王。

窦皇后的亲人很早就去世了,安葬在观津。于是薄太后就下诏追封窦后的父亲为安成侯,母亲称安成夫人,命令在清河修建陵园,园邑二百家,长丞奉守,按照灵文园的规定办理。

窦后的哥哥叫长君。弟弟叫广国,字少君,在四五岁时,因为家庭贫穷,被人劫掠出卖,他的家人不知他被卖到什么地方。少君被卖后转了十多家到了宜阳,为他的主人进山里烧炭。夜暮时有百余人睡在岸阶下,结果岸阶崩踬,除少君逃脱没死外,其余人全部被压死。他自己占卜了一下,预测不过数日就可以当侯。然后跟随他的主人家到了长安,他听说新立的皇后家在观津,姓窦氏。广国离开自己家时虽然年龄很小,但还是知道自己是哪个县人和姓什么,他还记得曾和他的姐姐一起去采桑,从树上掉下来等,以此为凭证,上书皇后,自己陈述了一番家世。皇后把这件事告诉了皇帝,于是就召他来询问了一些情况,广国全部讲了过去的事,果然真实。后来又问他还记得些什么,他说:"姐姐离开我西去时,是在传舍中分别的,给我米汁喝,喝完又给我饭吃,然后才离去。"于是窦皇后扶着他哭泣起来,在皇后左右侍奉的人们都感到很悲伤。皇后给了他丰厚的赏赐,让他住在长安。绛侯、灌将军等人说:"如果我们不死,命运就掌握在这两个人手中。这两个人出身微贱,不能不为他们选择师傅教育他们,不然又会效仿吕氏篡夺权位。"于是就选择了年龄较大的又有节操品行的人和窦长君、窦少君住在一起。窦长君、窦少君从此也就成为谦虚有礼貌的人,不敢因自己富贵而在别人面前骄傲。

窦皇后身体有病，眼睛失明。文帝很宠幸邯郸慎夫人、尹姬，但她们都没有生子。文帝去世后景帝继位，立窦皇后为皇太后，于是封广国为章武侯。窦长君先死，封他的儿子彭祖为南皮侯。吴楚反叛时，窦太后堂兄弟的儿子窦婴是个见义勇为的人，他喜爱义士，于是就任命他为大将军，击败吴楚叛军后，封他为魏其侯。窦氏任侯爵的共有三人。

窦太后喜欢黄帝、老子的言论，景帝和诸窦氏也不得不读《老子》书，尊崇老子学术。太后在景帝去世六年后去世，在位共五十一年，元光六年去世，与文帝合葬在霸陵。她留下遗诏说将东宫的金钱财物全部赏赐给长公主嫖。到了武帝时期，魏其侯窦婴任丞相，后来被诛杀。

【原文】

孝文窦皇后，景帝母也，吕太后时以良家子选入宫。太后出宫人以赐诸王各五人，窦姬与在行中。家在清河，愿如赵，近家，请其主遣宦者吏"必置我籍赵之伍中"。宦者忘之，误置籍代伍中。籍奏，诏可。当行，窦姬涕泣，怨其宦者，不欲往，相强乃肯行。至代，代王独幸窦姬，生女嫖。孝惠七年，生景帝。

代王王后生四男，先代王未入立为帝而王后卒，及代王为帝后，王后所生四男更病死。文帝立数月，公卿请立太子，而窦姬男最长，立为太子。窦姬为皇后，女为馆陶长公主。明年，封少子武为代王，后徙梁，是为梁孝王。

窦皇后亲蚤卒，葬观津。於是薄太后乃诏有司追封窦后父为安成侯，母曰安成夫人，令清河置园邑二百家，长丞奉守，比灵文园法。

窦后兄长君。弟广国字少君，年四五岁时，家贫，为人所略卖，其家不知处。传十馀家至宜阳，为其主人入山作炭。暮卧岸下百馀人，岸崩，尽压杀卧者，少君独脱不死。自卜，数日当为侯。从其家之长安，闻皇后新立，家在观津，姓窦氏。广国去时虽少，识其县名及姓，又尝与其姊采桑，堕，用为符信，上书自陈。皇后言帝，召见问之，具言其故，果是。复问其所识，曰："姊去我西时，与我决传舍中，丐沐沐我，已，饭我，乃去。"於是窦皇后持之而泣，侍御左右皆悲。乃厚赐之，家於长安。绛侯、灌将军等曰："吾属不死，命乃且县此两人。此两人所出微，不可不为择师傅，又复放吕氏大事也。"於有乃选长者之有节行者与居。窦长君、少君由此为退让君子，不敢以富贵骄人。

窦皇后疾，失明。文帝幸邯郸慎夫人、尹姬，皆无子。文帝崩，景帝立，皇后为皇太后,乃封广国为章武侯。长君先死,封其子彭祖为南皮侯。吴楚反时,太后从昆弟子窦婴侠,喜士,为大将军,破吴楚,封魏其侯。窦氏侯者凡三人。

窦太后好黄帝、老子言,景帝及诸窦不得不读《老子》尊其术。太后后景帝六岁,凡立五十一年,元光六年崩,合葬霸陵。遗诏尽以东宫金钱财物赐长公主嫖。至武帝时,魏其侯窦婴为丞相,后诛。

后汉书

献帝本纪

——《后汉书》卷九

【说明】东汉献帝刘协,生于光和四年(181)。其母王美人被何皇后毒死,故由董太后抚养长大。中平六年(189),灵帝死,立其兄刘辩为帝,封刘协为陈留王。在外戚与宦官的激烈斗争中,董卓控制了中央政权,废除少帝刘辩,立刘协为帝,是为汉献帝。从此年仅九岁的刘协,开始了他作为傀儡皇帝的漫长生涯。董卓死后,王允、吕布主持朝政,刘协又成为他们的傀儡。后王允被杀,献帝又落入李傕、郭汜的手中。兴平二年(195),李傕、郭汜内讧,李傕将献帝劫去。不久,献帝在李傕部将杨奉、牛辅的部曲董承等的护卫下,摆脱了李、郭的控制,逃往弘农。又辗转东行到达洛阳,落入曹操之手。曹操利用献帝"挟天子以令诸侯",挟持献帝迁都许昌。从此,献帝在曹氏父子的夹持下度过了余生。建安二十五年(220),曹操病死,其子曹丕袭爵为魏王。就在这一年,曹丕逼献帝退位,自称天子,东汉政权灭亡。献帝废后被封为山阳公,十四年后献帝去世,终年五十四岁,以汉天子礼仪葬于禅陵,谥号为孝献帝。

东汉献帝名刘协,是汉灵帝的中子,刘协的母亲王美人被何皇后杀害,中平六年(189)四月,少帝刘辩即位,封刘协为勃海王,后又迁封为陈留王。

九月甲戌日,刘协即皇帝位,当时才九岁。把皇太后迁到永安宫。大赦全国犯人。改年号昭宁为永汉。丙子日,董卓杀死皇太后何氏。

开始规定侍中、给事黄门侍郎各六名。赐给公卿以下至黄门侍郎每家一人作郎,用来补充宦官所领管的各个部门,并在殿上侍奉。乙酉日,任命太尉刘虞为大司马。董卓自封为太尉,外加铁钺仪仗、虎贲卫士。丙戌日,太中大夫杨彪升为司空。甲午日,豫州牧黄琬升为司徒。派遣使臣到祠庙祭吊已故太傅陈蕃、大将军窦武等。冬季十月乙巳日,为灵思皇后举行葬礼。白波贼侵犯河东,董卓派遣他的将领牛辅前去攻打。

十一月癸酉日,董卓自封为相国。十二月戊戌日,司徒黄琬升为太尉,司空杨彪升为司徒,光禄勋荀爽升为司空。裁去扶风都尉,设置汉安都护。颁布诏书除去光熹、昭宁、永汉三个年号,仍然恢复中平六年的年号。

初平元年(190)春季正月,崤山以东各州郡起兵讨伐董卓。辛亥日,大赦全国犯人。癸酉日。董卓杀死了弘农王。白波贼侵犯东郡。

二月乙亥日,罢免太尉黄琬、司徒杨彪。庚不辰日,董卓杀死城门校尉伍琼、督军校尉周珌。任命光禄勋赵谦为太尉,太仆王允为司徒。丁亥日,将都城迁到长安。董卓驱赶京城内的百姓全部向西迁移入关内。自己留在毕圭苑屯驻。壬辰日,白色长虹穿过太阳。

三月乙巳日,皇帝御驾驶入长安,到达未央宫。己酉日,董卓放火焚烧洛阳城内的宫殿,庙宇及民房。戊午日,董卓杀害了太傅袁隗、太仆袁基,并诛杀了他们的族人。

夏季五月,司空荀爽去世。六月辛丑日,任命光禄大夫种拂为司空。大鸿胪韩融、少府阴脩、执金吾胡母班、将作大匠吴修、越骑校尉王瑰安集结在关东,后将军袁术,河内太守王匡分别将他们逮捕并杀害,唯独韩融幸免。董卓废除五铢钱,改铸小钱使用。

冬季十一月庚戌日,镇星、荧惑、太白三颗星在苍龙七宿的第六宿尾相汇合。

这一年,有关部门奏报,和帝穆宗、安帝恭宗、顺帝敬宗、桓帝威宗四位皇帝因为没什么功德,称号为宗不适宜,又因为和帝母亲恭怀皇后、安帝的祖母敬隐皇后、顺帝母亲恭愍皇后并非嫡妻,称为皇后也不适宜,请求将他们的尊号都除去。刘协批示:"可以"。孙坚杀死荆州刺史王叡,又杀死南阳太守张咨。

初平二年春季正月辛丑日,大赦全国犯人。二月丁丑日,董卓自封为太师。

袁术派遣大将孙坚与董卓的大将胡轸在阳人大战,胡轸的军队大败。董卓挖掘了在洛阳诸帝王的陵墓。夏季四月,董卓进入长安。六月丙戌日,发生地震。秋季七月，司空种拂免官，光禄大夫济南淳于嘉升为司空。太尉赵谦免职，太常马日磾升为太尉。

九月，蚩尤旗星出现在苍龙七宿的解宿、亢宿中。冬季十一月壬戌日，董卓杀死卫尉张温。十一月，青州黄巾军侵犯太山，被太山太守应劭击败。黄巾军转而侵犯渤海，与公孙瓒大战于东光，再次被打败。这年，长沙有人死了一月后又复活。

初平三年春季正月丁丑日，大赦全国犯人。袁术派遣大将孙坚到襄阳攻打刘表，孙坚战死。袁绍与公孙瓒在界桥相战，公孙瓒的军队大败。

夏季四月辛巳日，董卓被杀，并诛杀了他的三族。司徒王允总领尚书事，掌管朝政，派遣使臣张种去崤山以东安抚慰问。

青州黄巾军攻打兖州，在东平杀死兖州刺史刘岱。东郡太守曹操在寿张打败黄巾军，黄巾军投降。

五月丁酉日，大赦全国犯人。丁未日，征西将军皇甫嵩升为车骑将军。

董卓的部下将领李傕、郭汜、樊稠、张济等谋反，攻打京师。六月戊午日，攻陷京城长安，太常种拂、太仆鲁旭、大鸿胪周奂、城门校尉崔烈、越骑校尉王颀都战死，官吏百姓死了万余人。李傕等人都自封为将军。已未日，大赦全国犯人。李傕杀死司隶校尉黄琬，甲子日，又杀死司徒王允，将两家族人一并诛杀。丙子日，前将军赵谦升为司徒。

秋季七月庚子日，太尉马日磾升为太傅，总领尚书事。八月，派遣马日磾与太仆赵岐，持符节前往全国各地慰问安抚。车骑将军皇甫嵩升为太尉。罢免司徒赵谦。

九月，李傕自封为车骑将军，郭汜为后将军，樊稠为右将军，张济为镇东将军。张济出兵屯驻弘农。甲申日，司空淳于嘉升为司徒，光禄大夫杨彪升为司空，总领尚书事。冬季十二月，太尉皇甫嵩被免官。光禄大夫周忠升为太尉，参与总领尚书事。

初平四年春正月日，出现日蚀。丁卯日，大赦全国犯人。

三月，袁术杀扬州刺史陈温，占据淮南。长安宣平城门外有房屋自己倒塌。

夏季五月癸酉日，天空有雷声但没有阴云。六月，扶风刮起大风，并下雨加冰雹。华山出现山崩。太尉周忠被免官，太仆朱俊为太尉，总领尚书事。下邳的贼人阙宣自称天子。

大雨，派遣御史裴茂审讯奉皇帝命令拘禁的犯人，酌情从轻处理。六月辛丑日，西北出现天狗星。

九月甲午日，儒生四十余人参加考试，考试成绩最优等的赐为郎中，差一点的为太子舍人，落第者罢免官职。并颁布下诏书说："孔子曾叹息'所学的不讲习'，不讲习，所学的知识就会逐日忘记。现在这些老年儒生已年过六十，背井离乡，为生存奔波，不能专心于所学知识。从幼小时入学，直到头发白了空空而归，长年地从事田间劳作，断绝了作官的念头，我非常同情他们。依照规定应罢官的人，仍保留为太子舍人。"冬季十月，皇帝到太学巡视，车驾到永福城门，观看太学生们的礼仪，分等级赏赐博士以下的人。辛丑日，京城发生地震，彗星扫过天市星。司空杨彪被罢免，太常赵温升为司空。公孙瓒杀大司马刘虞。十二月辛丑日，发生地震。司空赵温被免官。乙巳日，卫尉张喜升为司空。这一年，琅邪王刘容去世。

兴平元年(194)春季正月辛酉日，大赦全国犯人，改年号为兴平。甲子日，皇帝举行加冕礼。二月壬午日，追封皇母谥号为灵怀皇后，甲申日，将皇母改葬在文昭陵。丁亥日，皇帝耕种籍田。

三月，韩遂、马腾和郭汜、樊稠在长平观大战，韩遂、马腾战败，左中郎将刘范、前益州刺史种劭战死。夏季六月丙子日，分凉州河西四郡为雍州。丁丑日，发生地震；戊寅日，再次地震。乙巳晦，有日蚀出现，皇帝不去正殿，停止用兵，五天不上朝听政。有严重蝗虫灾害。秋季七月壬子日，太尉朱俊被免职。戊午日，太常杨彪升为太尉，总领尚书事。

京城周围三辅地区发生严重的旱灾，自四月开始，直到这月。皇帝不去正殿，请求降雨，派遣使者释放囚徒，酌情从轻处理。这时，一斛谷价值五十万钱，一斛豆麦价值二十万钱，人吃人，四处堆积着白骨。皇帝派侍御史侯汶取出太仓的米豆，给饥饿的人做粥，过了一天死者仍没减少。皇帝怀疑发放的救济有虚假，于是亲自在御坐前叫人量米做粥，才知果然有假，派遣侍中刘艾责备有关部门。于是，尚书令以下所有官吏到宫中谢罪，奏请拘捕侯汶审问。颁布下诏书说："不忍心将侯汶交大理司治罪，可以杖责五十。"自此以后，多数人得到救济活了下来。八月，冯翊羌叛乱，侵犯所属各县，郭汜、樊稠战胜了叛军。九月，桑树又结出桑椹,饥民有东西可吃。司徒淳于嘉被罢免。冬季十月,长安市门自己塌坏。任命卫尉赵温为司徒,总领尚书事务。十二月,将安定、扶风分出划为新平郡。

这一年,扬州刺史刘繇与袁术的大将孙策在曲阿大战,繇军大败,孙策趁势占据江东。太傅马日磾在寿春去世。

兴平二年春季正月癸丑日,大赦全国犯人。二月乙亥日,李傕因杀死樊稠而与郭汜相互攻打。三月丙寅日,李傕胁迫皇帝到他的军营中,并放火焚烧了宫室。夏季四月甲午日,立贵人伏氏为皇后。丁酉日,郭汜攻打李傕,箭射到了皇帝的面前。这一日,李傕将皇帝转移到北坞。发生严重的旱灾。五月壬午日,李傕自封为大司马。六月庚午日,张济从陕西来为李傕、郭汜讲和。秋季七月甲子日,皇帝车驾东归。郭汜自封为车骑将军,杨定为后将军、杨奉为兴义将军、董承为安集将军,一起护送皇帝车驾。任命张济为骠骑将军,仍然屯驻陕西。八月甲辰日,皇帝到新丰。冬季十月戊戌日,郭汜派他的将领伍习趁夜晚放火焚烧皇帝居住的学舍,胁迫皇帝车驾起程。杨定,杨奉与郭汜大战,郭汜战败。壬寅日,皇帝到华阴,露宿在大道南面。这天夜里,有红光贯穿紫微星区。张济再次反叛,与李傕、郭汜汇合。十一月庚午日,李傕、郭汜等追赶皇帝车驾,在东涧相战,王师惨败,光禄勋邓泉、卫尉士孙瑞、廷尉宣播、大长秋苗祀、步兵校尉魏桀、侍中朱展、射声校尉沮俊被杀。壬申日,皇帝到曹阳,露宿在田野中。杨奉、董承带领白波军将领胡才、李乐、韩暹及匈奴左贤王去卑,率军队迎接皇帝,与李傕等大战,李傕大败。十二月庚辰日,皇帝车驾前行。李傕等又追来相战,王军大败,李傕等残杀抢劫宫人,少府田芬、大司农张义等都战死。皇帝继续前行,到达陕西,夜晚渡过共河。乙亥日,到达安邑。

这一年,袁绍派遣将领麹义与公孙瓒在鲍丘大战,瓒军惨败。

建安元年(196)春季正月癸酉日,在安邑郊外祭礼上帝,大赦全国犯人,改年号为建安元年。三月,韩暹攻击卫将军董承。夏季六月乙示日,皇帝到达闻喜。秋季七月甲子日,皇帝车驾到洛阳,到已故中常侍赵忠的府中,癸卯日,在郊外祭礼上帝,大赦全国犯人。已犯日,朝拜太庙。八月辛丑日,皇帝到南宫杨安殿。癸卯日,安国将军张杨升为大司马,韩暹升为大将军,杨奉升为车骑将军。

这时,宫室都被烧光,百官披荆斩棘,在墙壁之间栖身。各州郡都拥有强大的军队与朝廷对抗,该运送的粮食又不到,群臣饥饿疲乏,尚书郎以下的官吏自己出来采集野谷充饥,有的饿死在墙壁之间,有的被士兵杀死。辛亥日,镇东将军曹操自封司隶校尉,总领尚书事务。曹操杀死侍中台崇,尚书冯硕等人。任命卫将军董承为辅国将军,封伏完等十三人为列侯,任命沮俊为弘农太守。庚申日,迁都城到许。已巳日,皇帝到曹操军营中。九月,罢免太尉杨彪、司空张喜。冬季十一月丙戌日,曹操自封为司空,行使车骑将军的职权,总领百官。

建安二年春季,袁术自称为天子。三月,袁绍自封为大将军。夏季五月,发生蝗虫灾害。秋季九月,汉水泛滥。

这年发生饥荒,江、淮地区的百姓相互残食。袁术杀死陈王宠。孙策派遣使者各朝廷进贡。

建安三年夏季四月,派遣谒者裴茂率领中郎将段煨讨伐李傕,并诛杀其三族。吕布叛乱。冬季十一月,强盗杀死大司马张扬。十二月癸酉日,曹操在徐州袭击吕布,杀死了吕布。

建安四年春季三月,袁绍在易京攻打公孙瓒,将其俘虏。卫将军董承升为车骑将军。夏季六月,袁术去世。

这一年,开始设置尚书左右仆射,武陵一女子死了十四天又复活了。

建安五年春季正月,轻骑将军董承、偏将军王服、越骑校尉种辑接受皇帝的密诏诛杀曹操,事情泄露。壬午日,曹操杀死董承等人,并诛杀其三族。秋季七月,立皇子刘冯为南阳王。壬午日,南阳王刘冯去世。

九月庚午日初一,有日蚀出现。颁布诏书命令三公推举最孝顺的两人,九卿、校尉、郡国守相各推举一人。让被推举的人上书,畅所欲言。

曹操与袁绍在官渡大战,袁绍战败逃走。

冬季十月辛亥日,彗星扫过大梁星区。东海王刘祗去世。

这一年,孙策去世,其弟孙权承袭孙策的事业。

建安六春季二月丁卯初一日,有日蚀出现。

建安七年夏季五月庚戌日,袁

绍去世。于阗国贡献驯象。这一年,越巂有一男子变为女子。

建安八年冬季十月己巳日,公卿在北郊开始举行迎冬祭礼。乐宫又开始准备八佾舞。开始设置司直官,监督中都官。

建安九年秋季八月戊寅日,曹操大败袁尚,平定冀州,自封为冀州牧。冬季十月,彗星扫过东井星区。十二月,按不同等级赏赐给三公以下官吏金钱布帛。自此以后每三年赏赐一次,成为常规。

建安十年春季正月,曹操在青州打败袁谭,杀死了他。夏季四月,黑山贼寇张燕率领部下反降朝廷。秋季九月,按不同等级赏赐特别贫穷的官吏金钱和布帛。

建安十一年春季正月,彗星扫过北斗星。三月,曹操在并州战败高干,将其俘虏。秋季七月,武威太守张猛杀死雍州刺史邯郸商。

这一年,立已故琅邪王刘容的儿子刘熙为琅邪王。废除齐、北海、阜陵、下邳、常山、甘陵、济阴、平原八国。

建安十二年秋季八月,曹操在柳城打败乌桓,并将其首领杀死。

冬季十月辛卯日,彗星扫过鹑尾星。乙巳日,黄巾贼杀死济南王刘赟。十一月,辽东太守公孙康杀死袁尚、袁熙。

建安十三年春季正月,司徒赵温被免职。夏季六月,取消三公官职,设置丞相、御史大夫。癸巳日,曹操自封为丞相。秋季七月,曹操南征刘表。八月丁未日,光禄勋郗虑升为御史大夫。壬子日,曹操杀死太中大夫孔融,诛其族人。这一月,刘表去世,小儿子刘琮继位。刘琮带荆州投降曹操。冬季十月癸未初一日,有日蚀现象。曹操用水军攻打孙权,孙权的将领周瑜在乌林、赤壁打败曹军。

建安十四年冬季十月,荆州发生地震。

建安十五年春季二月乙巳初一日,有日蚀发生。

建安十六年秋季九月庚戌日,曹操与韩遂、马超在渭地大战,韩遂等大败,曹操平定关西。这一年,赵王刘赦去世。

建安十七年夏季五月癸未日,杀死卫尉马腾,并诛其三族。六月庚寅日,有日蚀列象出现。秋季七月,洧水、颍水泛滥。发生虫灾。八月,马超攻破凉州,杀死凉州刺史韦康。九月庚戌日,立皇子刘熙为济阴王,刘懿为山阳王,刘邈为济北王,刘敦为东海王。冬季十二月,彗星扫过五诸侯星区。

　　建安十八年春季正月庚寅日，恢复《禹贡》所载九州。夏季五月丙申日，曹操自立为魏公，加九锡。下大暴雨。将赵王刘珪迁为博陵王。这一年，岁星、镇星、火星都进入太微星区。彭城王刘和去世。

　　建安十九年，夏季四月，天大旱。五月，有雨。刘备攻破刘璋，占据益州。冬季十月，曹操派遣将领夏侯渊去枹罕讨伐朱建，将其俘虏。十一月丁卯日，曹操杀皇后伏氏，并杀其族人和两位皇子。

　　建安二十年春季正月甲子日，立曹贵人为皇后。赐全国男子爵位一级，推举的孝悌、力田者二级。按不同等级赏赐各王侯公卿以下的人谷物。秋季七月，曹操攻下汉中，张鲁投降。

　　建安二十一年夏季四月甲午日，曹操自称魏王。五月己亥初一日，有日蚀出现。秋七月，匈奴南单于来朝见。这一年，曹操杀死琅邪王刘熙。废除其封国。

　　建安二十二年夏季六月，任命丞相军师华歆为御史大夫。冬季，彗星在东北方出现。这一年发生严重瘟疫。

　　建安二十三年春季正月甲子日，少府耿纪、丞相司直韦晃起兵杀曹操，没有成功，结果被曹操诛杀了三族。三月，彗星在东方出现。

　　建安二十四年春季二月壬子日，有日蚀出现。夏季五月，刘备攻取汉中。秋季七月庚子日，刘备自称为汉中王。八月，汉水泛滥。冬十一月，孙权攻取荆州。

　　建安二十五年春季正月庚子日，魏王曹操去世。其子曹丕继位。二月丁未初一日，有日蚀出现。三月，改年号为延康。冬季十月乙卯日，皇帝让位，魏王曹丕称天子，尊奉皇帝为山阳公，封邑一万户，地位在诸侯王之上，奏报事情不必称臣，接受诏书不必行拜礼，可用天子的车驾衣服参加郊祀天地的仪式，祭祀宗庙、祭祖、腊祭都仍依从汉代制度，都城定在山阳的浊鹿城。皇帝四个封王的儿子，都降为列候。

　　第二年，刘备在蜀称帝，孙权在吴也自称为王。于是天下形成三分之势。

　　魏青龙二年三月丕日，山阳公去世。从让位到死共十四年，死时五十四岁，谥号孝献皇帝。八月壬申日，以汉朝天子的礼仪在禅陵入葬，设置园中邑令丞。

　　太子早死。孙子刘康在位五十一年，晋太康六年去世。儿子刘瑾在位四年，太康十年去世。儿子刘秋在位二十年，永嘉年间被胡贼杀死，封国被废除。

　　评论说："传说鼎这个器物，虽然小但很重，所以被神化为宝物，不能夺走。

到了让人背着逃走时,国运也就到了尽头!上天对汉朝的德行厌倦很久了,山阳公又有什么罪过呢!"

议论说:汉献帝生不逢时,身处动荡,国遇艰难。结束了汉刘王朝四百年的历史,山阳公永远作魏的宾客。

【原文】

孝献皇帝讳协,灵帝中子也。母王美人,为何皇后所害。中平六年四月,少帝即位,封帝为渤海王,徒封陈留王。

九月甲戌,即皇帝位,年九岁。迁皇太后于永安宫。大赦天下。改昭宁为永汉。丙子,董卓杀皇太后何氏。

初令侍中、给事黄门侍郎员各六人。赐公卿以下至黄门侍郎家一人为郎,以补宦官所领诸署,侍于殿上。乙酉,以太尉刘虞为大司马。董卓自为太尉,加铁钺、虎贲。丙戌,太中大夫杨彪为司空。甲午,豫州牧黄琬为司徒。遣使中祠故太傅陈蕃、大将军窦武等。冬十月乙巳,葬灵思皇后。白波贼寇河东,董卓遣其将牛辅击之。

十一月癸酉,董卓自为相国。十二月戊戌,司徒黄琬为太尉,司空杨彪为司徒,光禄勋荀爽为司空。省扶风都尉,置汉安都护。诏除光熹、昭宁、永汉三号,还复中平六年。

初平元年春正月,册东州郡起兵以讨董卓。辛亥,大赦天下。癸酉,董卓杀弘农王。白波贼寇东郡。

二月乙亥,太尉黄琬、司徒杨彪免。庚辰,董卓杀城门校尉伍琼、督军校尉周珌。以光禄勋赵谦为太尉,太仆王允为司徒。丁亥,迁都长安。董卓驱徒京师百姓悉西入关,自留顿毕圭苑。壬辰,白虹贯日。

三月乙巳,车驾入长安,幸未央宫。乙酉,董卓焚洛阳宫庙及人家。戊午,董卓杀太傅袁隗、太仆袁基,夷其族。

夏五月,司空荀爽薨。六月辛丑,光禄大夫种拂为司空。大鸿胪韩融、少府阴脩、执金吾胡母班、将作大匠吴修、越骑校尉王瑰安集关东,后将军袁术、河内太守王匡各执而杀之,唯韩融获免。董卓坏五铢钱,更铸小钱。

冬十一月庚戌,镇星、荧惑、太白合于尾。

是岁,有司奏和、安、顺、桓四帝无功德,不宜称宗;又恭怀、敬隐、恭愍三皇后并非正嫡,不合称后,皆请除尊号。制曰:"可。"孙坚杀荆州刺史王叡,又杀南阳太守张咨。

二年春正月辛丑,大赦天下。二月丁丑,董卓自为太师。

袁术遣将孙坚与董卓将胡轸战于阳人,轸军大败。董卓遂发掘洛阳诸帝陵。夏四月,董卓入长安。六月丙戌,地震。秋七月,司空种拂免,光禄大夫济南淳于嘉为司空。太尉赵谦罢,太常马日磾为太尉。

九月,蚩尤旗见于角、亢。冬十月壬戌,董卓杀卫尉张温。十一月,青州黄巾寇太山,太山太守应劭击破之。黄巾转寇渤海,公孙瓒与战于东光,复大破之。是岁,长沙有人死经月复活

三年春正月丁丑,大赦天下。

袁术遣将孙坚攻刘表于襄阳,坚战殁。袁绍及公孙瓒战于界桥,瓒军大败。

夏四月辛巳,诛董卓,夷三族。司徒王允隶尚书事,总朝政,遣使者张种抚慰山东。

青州黄巾击杀兖州刺史刘岱于东平。东郡太守曹操大破黄巾于寿张,降之。

五月丁酉,大赦天下。丁未,征西将军皇甫嵩煨骑将军。

董卓部曲将李傕、郭汜、樊稠、张济等反,攻京师。六月戊午,陷长安城,太常种拂、太仆鲁旭、大鸿胪周奂、城门校尉崔烈、越骑校尉王颀并战身,吏民死者万余人。李傕等并自为将军。已未,大赦天下。李傕杀司隶校尉黄琬,甲子,杀司徒王允,皆灭其族。丙子,前将军赵谦为司徒。

秋七月庚子,太尉马日磾为太傅,录尚书事。八月,遣日磾及太仆赵岐,持节慰抚天下。车骑将军皇甫嵩为太尉。司徒赵谦罢。

九月,李傕自为车骑将军,郭汜后将军,樊稠右将军,张济镇东将军。济出屯弘农。甲申,司空淳于嘉为司徒,光禄大夫杨彪为司空,并录尚书事。冬十二月,太尉皇甫嵩免。光禄大夫周忠为太尉,参录尚书事。

四年春正月甲寅朔,日有食之。丁卯,大赦天下。三月,袁术杀扬州刺史陈温,据淮南。长安宣平城门外屋自坏。

夏五月癸酉,无而雷。六月,扶风大风,雨雹。华山崩裂。太尉周忠免,太仆朱俊为太尉,录尚书事。下邳贼阙宣自称天子。

雨水。遣侍御史裴茂讯诏狱,原轻系。六月辛丑,天狗西北行。

九月甲午，试儒生四十余人，上第赐位郎中，次太子舍人，下第者罢之。诏曰："孔子叹'学之不讲'，不讲则所识日忘。今者儒年逾六十，去离本土，营求粮资，不得专业。结童入学，白首空归，长委农野，永绝荣望，朕甚愍焉。其依科罢者，听为太子舍人。"冬十月，太学行礼，车驾幸永福城门，临观其仪，赐博士以下各有差。辛丑，京师地震。有星孛于天市。司空杨彪免，太常赵温为司空。公孙瓒杀大司马刘虞。十二月辛丑，地震。司空赵温免，乙巳，卫尉张喜为司空。是岁，琅邪王容薨。

兴平元年春正月辛酉，大赦天下，改元兴平。甲子，帝加元服。二月壬午，追尊谥皇妣王氏为灵怀皇后，甲申，改葬于文昭陵。丁亥，帝耕于藉田。

三月，韩遂、马腾与郭汜、樊稠战于长平观，遂、腾败绩，左中郎将刘范、前益州刺史种劭战殁。夏六月丙子，分凉州河西四郡为雍州。丁丑，地震；戊寅，又震。乙巳晦，日有食之，帝避正殿，寝兵，不听事五日。大蝗。秋七壬子，太尉朱俊免。戊午，太常杨彪为太尉，录尚书事。

三辅大旱，自四月至于是月。帝避正殿请雨，遣使者洗囚徒，原轻系。是时谷一斛五十万，豆麦一斛二十万，人相食啖，白骨委积，帝使侍御史侯汶出太仓米豆，为饥人作糜粥，经日而死者无降。帝疑赋恤有虚，乃亲于御坐前量试作糜，乃知非实，使侍中刘艾出让有司。于是尚书令以下皆诣省阁谢，奏收侯汶考实。诏曰："未忍致汶于理，可杖五十。"自是之后，多得全济。八月，冯翊羌叛，寇属县，郭汜、樊稠击破之。九月，桑复生椹，人得以食。司徒淳嘉罢。冬十月，长安市门自坏。以卫尉赵温为司徒，录尚书事。十二月，分安定、扶风为新平郡。

是岁，扬州刺史刘繇与袁术将孙策战于曲阿，繇军败绩，孙策遂据江东。太傅马日磾薨于寿春。

二年春正月癸丑，大赦天下。二月乙亥，李傕杀樊稠而与郭汜相攻。三月丙寅，李傕胁帝幸其营，焚宫室，夏四月甲午，立贵人伏氏为皇后。丁酉，郭汜攻李傕，矢乃御前。是日，李傕移帝幸北坞。大旱。五月壬午，李傕自为大司马。六月庚午，张济自陕来和、汜。秋七月甲子，车驾东归，郭汜自为车骑将军，杨定为后将军，杨奉为兴义将军，董承为安集将军，并侍送乘舆。张济为骠骑将军，还屯陕。八月甲辰，幸新丰。冬十月戊戌，郭汜使其将伍习夜烧所幸学舍，逼胁乘舆。杨定、杨奉与郭汜战，破之。壬寅，幸华阴，露次道南。是夜有赤气贯紫宫，张济复反,与李傕、郭汜合。十一月庚午,李傕、郭汜等追乘舆,战于东涧,王师败绩,杀光禄勋邓泉、卫尉士孙瑞、廷尉宣播、大长秋苗祀、步兵校尉魏桀、侍中朱展、射声校尉沮俊。壬申,幸曹阳,露次田中。杨奉、董承引白波帅胡才、李乐、韩暹及匈奴左贤王去卑,率师奉迎,与李傕等战,破之。十二月庚辰,车驾乃进。李傕等复来追战,王师大败,杀略宫人,少府田芬、大司农张义等皆战殁。进幸陕,夜度河。乙亥,幸安邑。

是岁,袁绍遣将麴义与公孙瓒战于鲍丘,瓒军大败。

建安元年春正月癸酉,郊礼上帝于安邑,大赦天下,改元建安。三月韩暹攻卫将军董承。夏六月乙未,幸闻喜。秋七月甲子,车驾至洛阳,幸故中常侍赵忠宅。丁丑,郊祀上帝,大赦天下,己卯,谒太庙。八月辛丑,幸南宫杨安殿。癸卯,安国将军张杨为大司马,韩暹为大将军,杨奉为车骑将军。

是时,宫室烧尽,百官披荆棘,依墙壁间。州郡各拥强兵,而委输不至,群僚饥乏,尚书郎以下自出采稆,或饥死墙壁间,或为兵士所杀。辛亥,镇东将军曹操自领司隶校尉,录尚书事。曹操杀侍中台崇、尚书冯硕等。封卫将军董承为辅国将军,伏完等十三人为列侯,赠沮俊为弘农太守。庚申,迁都许。己巳,幸曹操营。九月,太尉杨彪、司空张喜罢。冬十一月丙戌,曹操自为司空,行车骑将军事,百官总己以听。

二年春,袁术自称天子。三月,袁绍自为大将军。夏五月,蝗。秋九月、汉水溢。是岁饥,江淮间民相食。袁术杀陈王宠。孙策遣使奉贡。

三年夏四月,遣谒者裴茂率中郎将段煨讨李傕、夷三族。吕布叛。冬十一月,盗杀大司马张杨。十二月癸酉,曹操击吕布于徐州,斩之。

四年春三月,袁绍攻公孙瓒于易京,获之。卫将军董承为车骑将军。夏六月,袁术死。

是岁,初置尚书左右仆射。武陵女子死十四日复活。

五年春正月,车骑将军董承、偏将军王服、越骑校尉种辑受密诏诛曹操,事泄。壬午,曹操杀董承等。夷三族。秋七月,立皇子冯为南阳王。壬午,南阳王冯薨。

九月庚午朔,日有食之。诏三公举至孝二人,九卿,校尉、郡国守相各一人。皆上封事。靡有所讳。曹操与袁绍战于官渡。绍败走。冬十月辛亥,有星孛于大梁。东海王祗薨。

是岁，孙策死，弟权袭其余业。

六年春二月丁卯朔，日有食之。

七年夏五月庚戌，袁绍薨。于寘国献驯象。是岁，越嶲男子化为女子。

八年冬十月己巳，公卿初迎冬于北郊，总章始复备八佾舞。初置司直官，督中都官。

九年秋八月戊寅，曹操大破袁尚，平冀州，自领冀州牧。冬十月，有星孛于东井。十二月，赐三公已下金帛各有差。自是三年一赐，以为常制。

十年春正月，曹操破袁谭于青州，斩之。夏四月，黑山贼张燕率众降。秋九月，赐百官尤贫者金帛各有差。

十一年春正月，有星孛于北斗。三月，曹操破高干于并州，获之。秋七月，武威太守张猛杀雍州刺史邯郸商。

是岁，立故琅邪王容子熙为琅邪王。齐、北海、阜陵、下邳、常山、甘陵、济北、平原八国皆除。

十二年秋八月，曹操大破乌桓于柳城，斩其蹋顿。

冬十月辛卯，有星孛于鹑尾。乙巳，黄巾贼杀济南王赟。十一月，辽东太守公孙康杀袁尚、袁熙。

十三年春正月，司徒赵温免。夏六月，罢三公官。置丞相、御史大夫。癸巳，曹操自为丞相。秋七月，曹操南征刘表。八月丁未，光禄勋郗虑为御史大夫。壬子，曹操杀太中大夫孔融，夷其族。是月，刘表卒，少子琮立，琮以荆州降操。冬十月癸未朔，日有食之。曹操以舟师伐孙权，权将周瑜败之于乌

林、赤壁。

十四年冬十月，荆州地震。

十五年春二月乙巳朔，日有食之。

十六年秋九月庚戌，曹操与韩遂、马越战于渭南，遂等大败，关西平。是岁，赵王赦薨。

十七年夏五月癸未，诛卫尉马腾，夷三族。六月庚寅晦，日有食之。秋七月，洧水、颍水溢。螟。八月，马超破凉州，杀刺史韦康。九月庚戌，立皇子熙为济阴王，懿为山阳王，邈为济北王，敦为东海王。冬十二月，星孛于五诸侯。

十八年春正月庚寅，复《禹贡》九州。夏五月丙申，曹操自立为魏公，如九锡。大雨水。徙赵王珪为博陵王。是岁，岁星、镇星、荧惑俱入太微。彭城王和薨。

十九年，夏四月，旱。五月，雨水。刘备破刘璋，据益州。冬十月，曹操遣将夏侯渊讨朱建于枹罕。获之。十一月丁卯，曹操杀皇后伏氏，灭其族及二皇子。

二十年春正月甲子，立贵人曹氏为皇后。赐天下男子爵，人一级，孝悌、力田二级。赐诸王侯公卿以下谷各有差。秋七月，曹操破汉中，张鲁降。

二十一年夏四月甲午，曹操自进号魏王。五月己亥朔，日有食之。秋七月，匈奴南单于来朝。是岁，曹操杀琅邪王熙，国除。

二十二年夏六月，丞相军师华歆为御史大夫。冬，有星孛于东北。是岁大疫。

二十三年春正月甲子，少府耿纪、丞相司直韦晃起兵诛曹操，不克，夷三族。三月，有星孛于东方。

二十四年春二月壬子晦，日有食之。夏五月，刘备取汉中。秋七月庚子，刘备自称汉中王。八月，汉水溢。冬十一月，孙权取荆州。

二十五年春正月庚子，魏王曹操薨。子丕袭位。二月丁未朔，日有食之。三月改元延康。冬十月乙卯，皇帝逊位，魏王丕称天子。奉帝为山阳公，邑一万户，位在诸侯王上，奉事不称臣，受诏不拜，以天子车服郊祀天地，宗庙、祖、腊皆如汉制，都山阳之浊鹿城。四皇子封王者，皆降为列侯。

明年，刘备称帝于蜀，孙权亦自王于吴，于是天下遂三分矣。

魏青龙二年三月庚寅，山阳公薨。自逊位至薨，十有四年，年五十四，谥孝献皇帝。八月壬申，以汉天子仪葬于禅陵，置园邑令丞。

太子早卒，孙康立五十一年，晋太康六年薨。子瑾立四年，太康十年薨。子秋立二十年，永嘉中为胡贼所杀。国除。

论曰："传称鼎之为器，虽小而重，故神之所宝，不可夺移。至今负而趋者，此亦穷运之归乎！天厌汉德久矣，山阳其何诛焉！"

赞曰：献生不辰，身播国屯。终我四百，永作虞宾。

董卓传

——《后汉书》卷八二

【说明】董卓（？ –192），东汉末年西北方的豪强，他凭借地方势力，以军功起家，成为称霸一方的军阀。在黄巾起义冲击下已经摇摇欲坠的东汉朝廷，始终就没有被董卓放在眼里。他按兵西北，静观时局，一旦入朝，就废天子，弑太后，专断朝政，奴视公卿，已经俨然是当朝皇帝了。他实在算不得"奸臣"，因为他既不"奸"，也不"臣"，他的历史就是从土皇帝到只差"名份"的真皇帝。而他的统治术似乎只有无休止的烧杀抢掠，然后把财富聚敛到自己的土围子中，归其还是土皇帝那一套。董卓被老百姓点了"天灯"，但他的余孽继续祸乱天下，真是死有余辜了。

董卓，字仲颖，陇西郡临洮县人。性情粗猛而有智谋。他年轻时曾经游历于羌人地区，与羌人的酋长全都互相结交了。后来他回去耕地于田野中，羌人酋长有来找他的，他就为众人杀死了耕牛，与他们共相宴乐。酋长为他的情意所感动，回去就聚敛了各种牲畜千余头送给他。从此他便以豪健任侠而闻名。他担任州中的兵马掾，经常巡守塞下。董卓膂力过人，身佩两套弓箭，可以左右驰射，为羌人所畏惧。

汉桓帝末年，征募六郡良家子弟为羽林郎，董卓随从中郎将张奂担任军司马，共同讨伐汉阳郡叛乱的羌人，击破羌人，拜官为郎中，赏赐帛九千匹，董卓道：

"立功的虽然是我自己,但有了赏赐则是将士的。"便全部分给了官兵们,自己一无所留。稍升为西域戊己校尉,因为犯事而被免职。后来又担任过并州刺史和河东太守。

汉灵帝中平元年(184),董卓拜中郎将,持节,代替卢植攻打张角于曲阳,兵败而抵罪。这年冬天,北地的先零羌人枹罕、河关群盗反叛,于是共同拥立湟中义从胡人北宫伯玉、李文侯为将军,杀死护羌校尉泠徵。李伯玉等又劫持金城人边章、韩遂,让他们专门主持军政,共杀金城太守陈懿,攻打焚烧州郡。明年春季,他们率领数万骑兵入寇三辅,侵逼汉帝的园陵,假借诛灭宦官为名义。朝廷下诏以董卓为中郎将,作为左车骑将军皇甫嵩的副职,前往征讨。皇甫嵩以师出无功免职归乡,而边章、韩遂则声势益盛。朝廷又以司空张温为车骑将军,假节,执金吾袁滂为副职。任命董卓为破虏将军,与荡寇将军周慎共受张温统率。归并诸郡步兵骑兵共十余万,屯驻美阳,以护卫园陵。边章、韩遂也进兵美阳。张温、董卓与之交战,屡屡受挫。十一月,夜间有流星如火,光长十余丈,照耀边章、韩遂的军营之中,驴马都受惊而鸣叫起来。贼军认为这是不祥之兆。想回归金城。董卓听说很是高兴,第二天,便与右扶风人鲍鸿等联合出击,大破敌军,斩首数千级。边章、韩遂败逃榆中,张温便派遣周慎率领三万人追讨。张温手下的参军事孙坚向周慎建议道:"贼寇城中没有谷物,必当从外面运输粮食。我愿得万人切断其粮道,将军以大军随后进击,贼寇必然困乏而不敢接战。如果他们逃入羌中,我们并力进讨,则凉州就可以平定了。"周慎不肯听从,领兵包围榆中城。而边章和韩遂分兵屯扎葵园峡,反而断绝了周慎的粮道。周慎害怕了,便抛弃了辎重而退军。张温当时也派遣董卓率兵三万人征讨先零羌,董卓在望垣之北为羌人所围困,粮食乏绝,进退都很危急。董卓便在准备涉渡的河中假装建造堤埝以捕鱼,而悄悄地从堤埝下转移军队。等到敌人追来,决开的水已经很深,不能涉渡了。当时诸路军队败退,只有董卓全师而还。董卓屯驻于扶风,封邰乡侯,食邑千户。

中平三年春,朝廷派遣使者至长安,拜张温为太尉。三公在朝廷之外,自张温开始。这年冬天,朝廷征调张温回京师。韩遂便杀死边章及北宫伯玉、李文侯,拥兵十余万,进兵包围陇西郡城。陇西太守李相如造反,与韩遂联合,共杀凉州刺史耿鄙。而耿鄙的司马,扶风人马腾,也拥兵反叛;还有汉阳人王国,自称

"合众将军",都与韩遂联合起来。他们共同推举王国为首,让他统领所有的兵众,寇掠三辅。中平五年,他们包围了陈仓。于是朝廷任命董卓为前将军,与左将军皇甫嵩,共同击破敌军。韩遂等人又一起废黜了王国,而劫持过去的信都县令汉阳人阎忠,让他统帅诸部。阎忠为被人胁持而感到羞耻,怒恨生病而死。韩遂等人渐渐地争夺权利,互相杀害,他们诸部曲之间都各自分裂了。

中平六年,朝廷征调董卓为少府。董卓不肯就任,上书说:"我所率领的湟中义从和秦胡兵,都前来见我,说:'供应不能保证,食粮已经断绝,老婆孩子又冻又饿。'牵挽着我的车,让我不能起行。羌人良心不好,情态如狗,我不能强行禁止,只可顺情安慰。如果有新的变化当再奏闻。"朝廷不能控制董卓,很是忧虑。及至灵帝卧病,以玺书拜董卓为并州牧,让他把军队交给皇甫嵩。董卓又上书说道:"我既无老谋深算,又无丰功伟绩,只是天恩误加于我,才使我执掌了十年戎马。如今将士大小与我狎熟很久,留恋我的畜养之恩,肯为我奋起献出自己的生命。请允许我率他们到北部州郡,效力于边疆。"于是,他就驻兵于河东,静观时局的变化。

及到灵帝驾崩,大将军何进、司隶校尉袁绍策划诛灭宦官,而何太后不同意,于是他们私自招呼董卓率兵入朝,以要挟太后。董卓得到召命,立即上路,并上书道:"中常侍张让等侥幸承受皇帝的恩宠,扰乱天下。我听说:扬汤止沸,不如釜底抽薪;溃决的痈疽虽疼,但胜于让好肉腐烂。古时候赵鞅发动晋阳的兵马,以逐除君王身旁的恶人。如今我就要鸣钟擂鼓前往洛阳,请允许我收捕张让一伙,以扫清奸恶。"董卓未至洛阳,而何进已经被宦官杀害,虎贲中郎将袁术便纵火南宫,企图讨伐宦官,而中常侍段珪等,劫持少帝及陈留王,趁夜逃奔小平津。董卓从很远就看见起火,率兵疾进,天未明就赶到洛阳城西。他听说少帝在北邙山,于是前往奉迎。少帝见董卓率领军队突然来到,害怕得哭泣起来。董卓与他说话,他都不能应对。与陈留王谈话,才讲起发生祸乱的事。董卓认为陈留王有才能,而且是董太后的养子,董卓又自认为与董太后同族,便产生了废立皇帝的念头。

起初董卓进入洛阳,步兵骑兵不过三千,他自己嫌兵少,唯恐不为远近畏服,便每隔四五天就让军队悄悄出城接近营地,次日早晨便大张旗鼓地回城,使人以为西面的军队又来了,洛阳人没有看透这把戏的。不久,何进和他弟弟何苗所属的军队都归属于董卓,董卓又让吕布杀死了执金吾丁原而吞并了他的部属,董卓的军队便强盛起来,他便示意朝廷免去司空刘弘,而由自己代替。于是他召集商议废立皇帝的事。百官大臣集会,董卓便昂首而言道:"首先是天地,其次是君臣,从事政治就依靠这些。皇帝暗昧软弱,不可以奉事宗庙,为天下之主宰。现在我想仿照伊尹废太甲、霍光废昌邑王的故事,改立陈留王为皇帝,何如?"公卿以下没有敢应声的。董卓又高声说道:"当年霍光决定废立皇帝,田延年手按宝剑,准备处斩反对者。今天有敢于阻止这个重大决定的,都要以军法处置。"在座的无不震惊,只有尚书卢植说道:"当年太甲既立为王,暗昧不明,昌邑王罪过千余条,所以有废立的事。当今皇上少年力强,行为没有过失,不是能用太甲、昌邑王来比拟的。"董卓大怒,中止会议。第二天,他又重新召集百官于崇德前殿,胁持何太后,定策废黜少帝,道:"皇帝在服丧期间,缺少为人子的孝心,威仪不像君主,今废为弘农王。"于是便立陈留王,是为献帝。又定议何太后逼迫灵帝之母永乐太后,致使忧惧而死,悖逆婆媳之礼,毫无孝顺之节,于是迁移何太后至永安宫,接着便被董卓弑杀了。

董卓迁升为太尉,兼领前将军事,加节传、斧钺、虎贲,加封郿侯。董卓便与司徒黄琬、司空杨彪,俱携带斧砧诣阙上书,要求重新审理陈蕃、窦武及诸党人案,以顺从人们的心愿。于是把陈蕃等人的爵位全部恢复,选拔任用他们的子孙。

不久董卓又晋升为相国,入朝时可以不急趋,还可以佩剑着履上殿。封他的母亲为池阳君,家中配置令丞。

当时洛阳城中豪门贵戚的甲第比比相望,金帛财产,家家充积。董卓放纵他的士兵,冲进他们的屋舍,奸淫掠夺妇女,剽劫抢掠财物,称之为"搜牢"。人心失望畏惧,朝不保夕。及至葬埋何太后,打开文陵,董卓把陵墓中所藏的珍宝财物卷取一空。他还奸淫公主,把宫女抢去作姬妾,虐刑滥罚,睚眦必死,内外群臣,不能自保。董卓曾经派军队至阳城,当时人们正集会于社庙之下,董卓命令把他们全部斩杀,然后驾上他们的车马,载上他们的妇女,把人头系在车辕上,歌唱呼叫而还。他还销毁五铢钱,改铸小钱,把洛阳的铜人、锺虡、铜飞廉、铜马全都取来,用做熔铸铜钱的材料。故而货币贬值,物价腾贵,每石谷物价值数万。他铸的钱还没有轮廓文字,人们不便使用。当时的人认为,秦始皇时在临洮看见巨人，于是铸了铜人；而董卓是临洮人，在现在销毁了铜人。他们虽然一个熔铸，一个销毁，但凶暴却是一样的。

董卓平素就听说，天下之人都忿恨宦官诛杀忠良，所以他把持大权之后，虽然肆行无道，但还要耐性矫情，擢用士大夫。于是他任用吏部尚书汉阳周珌，侍中汝南伍琼，尚书郑公业，长史何颙等人，以处士荀爽为司空；那些为党锢之禁所牵连的陈纪、韩融之徒，都用为列卿；幽困不得志的士人，很多得到提拔。他还用尚书韩馥为冀州刺史，侍中刘岱为兖州刺史，陈留孔㣱为豫州刺史，颍川张咨为南阳太守。董卓自己所亲信宠爱的人，并不安排显要的职位，只是担任将校而已。汉献帝初平元年(190)，韩馥等人到任，与袁绍等十余人，各发起义兵，联盟征讨董卓，而伍琼、周珌暗中为内应。

早先在灵帝末年，黄巾军的余党郭太等人，重新起兵于西河郡的白波谷，转战入侵太原郡，接着击破河东郡，百姓流亡到三辅地区，称他们为"白波贼"，有众十余万人。董卓派遣中郎将牛辅讨击，不能击退。及至闻听东方袁绍等义兵兴起，董卓害怕了，便鸩杀弘农王，想要迁都长安。集合公卿商议，太尉黄琬、司徒杨彪在朝廷上极力反对而不被接受，伍琼、周珌又坚决地劝阻。董卓大怒，道："我开始入朝，你二人劝我用善士，所以我才听从。可是那些人一上任，就举兵图谋我。这是你们二位出卖了我，我没有什么对不住你们的！"于是斩了伍琼和周珌。而杨彪、黄琬恐惧了，便登门向董卓道歉，说："小人留恋旧地，不是想阻挠国事，请处罚我们的思虑不及之罪吧。"董卓既已杀死了伍琼、周珌，很快就后悔了，所以表举杨彪、黄琬为光禄大夫。于是把天子迁往西都长安。

早先，长安遭受赤眉军之乱，宫室官廨焚烧得一干二净，此时只有高祖的宗庙和京兆府衙，于是便临时安排天子住下，后来才迁到未央宫。接着把洛阳数百万人全部迁徙到长安，步兵骑兵驱赶着，互相践踏，加上饥饿和强盗的掳掠，路上满是尸体。董卓自己屯留于洛阳的毕圭苑，把宫室、宗庙、官府、居民全部焚烧，二百里以内没有了人家。他又让吕布挖掘诸帝的陵墓以及公卿以下的坟茔，搜索其中的珍宝。

当时长沙太守孙坚也率领豫州诸郡兵马讨伐董卓。董卓先派遣将领徐荣、李蒙四出掳掠。徐荣在梁县遭遇孙坚，与之交战，击破孙坚，生擒颍川太守李旻，用沸水烹死。董卓所俘虏的义兵士卒，都用布缠裹起来，倒立于地，用热油灌死。

当时河内太守王匡屯兵于河阳津,准备图谋董卓。董卓派遣疑兵挑战,而悄悄用精锐部队从小平津过至河阳津之北,击破王匡,几乎都杀光了。明年,孙坚收聚败散的兵卒,进兵屯驻梁县的阳人。董卓派遣将领胡轸、吕布进攻。吕布与胡轸不合,军中自相惊恐,士卒散乱逃走。孙坚追击,胡轸、吕布败逃。董卓派将领李傕去见孙坚求和,孙坚拒绝不肯答应,进军大谷,距洛阳九十里。董卓亲自出兵与孙坚战于诸陵墓间。董卓败逃,退屯于渑池,聚兵于陕县。孙坚进洛阳城宣阳门,再击吕布。吕布再次被击败逃走。孙坚便清扫宗庙,填平陵墓的盗洞,然后分兵出函谷关,至新安、渑池之间,以攻击董卓的身后。董卓对长史刘艾说:"关东诸将已经屡次被我击败,无所作为了。只有孙坚憨勇,诸位将军应该谨慎些。"便派东中郎将董越屯渑池,中郎将段煨屯华阴,中郎将牛辅屯安邑,其余中郎将、校尉分布诸县,以抵御山东诸军。

董卓示意朝廷派光禄勋宣璠持节杖拜自己为太师,位次在诸侯王之上。于是便率兵回长安,百官在路上拜揖相迎。董卓便僭拟天子的车服制度。车盖为青色,饰以金花,车箱两侧画以文彩,当时的人称为"竿摩车",意思是说他的服饰接近天子。他安排他的弟弟董旻为左将军,封鄠侯,哥哥的儿子董璜为侍中、中军校尉,都典掌兵权。于是宗族内外,并居显要。他的子孙虽然尚且年幼,但男的都封侯,女的都封县君。

他常常与百官置酒宴会,淫乐无度,放纵恣肆。他在长安城东建造城垒,自己居住。他还在郿县兴筑坞堡,城墙高厚各七丈,号称"万岁坞"。积存谷物可食用三十年。他自己说:"事情成功,我雄踞天下;事情不成,守此足以终老。"他曾经前往郿县的坞堡,公卿以下百官送行于横门之外。董卓搭设帐幔,摆下宴席,把数百名诱降的北地造反者,就在宴会上处死。先割下舌头,然后斩下手足,再剜掉眼睛,用锅来煮。那些人还没有咽气,宛转于酒案之间。与会者全身颤栗,连筷子都拿不住,但董卓却饮食自若。诸将有言语不当,便立刻杀戮于面前。他还诬陷以叛逆之罪,诛杀一些关中的旧豪族。

当时太史望气占卜,说应该要有大臣被戮死。董卓便命人诬陷卫尉张温与袁术勾结,于是在闹市中鞭笞张温,然后杀死他,以应付天变。过去张温曾出兵屯驻美阳,命令董卓与边章作战,董卓不能取胜,张温召董卓,他又不即遵命赶到,来到之后言词又很不逊。当时孙坚担任张温的参军,劝张温陈列兵伍,拿董卓示众。张温道："董卓有威名，我正要靠他向西进军呢。"孙坚道："明公亲率王师，威震天下，何必仗恃董卓而依赖他呢？我听说，古代的名将，手持斧钺以临众，没有不断然处斩以显示威武的。所以齐将军司马穰苴敢于斩杀迟到的监军庄贾，晋大夫魏绛敢于诛戮乱行的杨干的仆人。今天您如果宽纵了他，您自己就丧失了威严，必将后悔莫及！"张温不肯听从，而董卓却还心怀忌恨，所以张温终于遇难。

张温字伯慎，年轻时就有声誉，屡次位至公卿。他也暗自与司徒王允一起策划诛除董卓，事情还没有开始就被害了。越骑校尉汝南人伍孚，痛恨董卓的凶狠恶毒，立志要亲手杀死他，便身穿朝服，怀藏佩刀，以见董卓。伍孚说完话告辞，董卓起身送至门阁，以手拍抚伍孚的后背，伍孚于是出刀刺之，没有刺中。董卓自己挣扎脱身，急忙吆喝左右捉住伍孚杀掉，大骂道："奴才要造反么！"伍孚高声道："我恨不能碎割奸贼于都市，以谢天下！"话未说完就死了。

当时王允与吕布以及仆射士孙瑞阴谋策划诛除董卓。有人在布上写个字"吕"，背着行走于市，唱着："布啊！"有人告诉董卓，董卓还不醒悟。初平三年四月，献帝的病刚刚痊愈，大会群臣于未央殿。董卓身穿朝服登上车，接着马惊了，他掉到泥地上，又回屋换衣服。他的小妻劝他不要上朝。董卓不听，便走了。于是他陈兵夹列道路两旁，从他住的城垒直到皇宫，左步右骑，层层屯卫，命吕布等捍卫前后。王允便与士孙瑞秘密向献帝表奏诛杀董卓的计划，让士孙瑞自己书写诏书交给吕布，命骑都尉李肃与吕布的心腹将士十余人，穿上皇宫卫士的服装，埋伏在北掖门，以等候董卓。董卓将至，马惊不行，董卓觉得奇怪，想要回去。吕布劝他进宫，于是他进入北掖门。李肃用戟刺之，董卓内有铁甲，未能刺入，他的胳臂受伤而跌落车下，回头大呼道："吕布何在！"吕布道："有诏书讨贼臣！"董卓大骂："蠢狗岂敢如此！"吕布应声持矛刺董卓，催促兵士斩首。主簿田仪及董卓的仓头奔向董卓的尸体，吕布又杀了他们。派人携带皇帝的赦令，驰马宣示宫廷内外。士卒都高呼万岁，百姓在道路上歌舞起来。长安城中的士女卖掉珠宝衣服来买酒肉相庆贺的，填满了街肆。又派皇甫嵩往郿坞攻打董卓的弟弟董旻，杀死了他的母亲、妻子、女儿，诛灭了全族。于是把董卓的尸体横陈于街市，当时天气刚开始热，董卓很肥胖，尸体中的油脂都流了一地。夜间看守尸体的官就点着火放在董卓的肚脐中，光亮直照到天明，这样接连的好几天。袁氏的门生们又把董卓一族人的尸首聚敛起来,烧化成灰,扬弃在道路上。郿坞中珍藏有黄金二三万斤,白银八九万斤,绫罗绸缎、珍宝奇玩,堆积如山。

起初,董卓认为牛辅是自己的女婿,一向亲信,派他带兵屯驻陕县。牛辅分别派遣他手下的校尉李傕、郭汜、张济率领步骑数万,击破河南尹朱儁于中牟,因而掳掠陈留、颍川等县,杀掠男女,所过之处无复人烟。吕布便派李肃以诏命至陕县讨伐牛辅等。牛辅等迎战李肃,李肃败逃至弘农,吕布诛杀了他。此后牛辅军营无故大惊,牛辅害怕,便携带金银宝物翻城逃走。左右贪他的财货,便杀死了他,把他的首级送到长安。

李傕、郭汜等因为王允、吕布杀死了董卓,所以忿恨并州人。并州人在他们军队中有男女数百人,全部都杀掉了。牛辅既已败死,众人无所依托,就想各自逃散。李傕等人害怕了,便选派使者去长安,请求赦免。王允认为一年之中不可大赦两次,不肯答应。李傕等更加害怕了。武威人贾诩当时在李傕的军中,劝李傕说道:"听说长安城中议论要杀尽凉州人,诸君如果抛弃军队单独逃走,那么一个亭长就能生擒诸君。不如率领军队西进,攻打长安,为董公报仇。事情成功,就奉社稷以平定天下;如若失败,再逃走也不晚。"李傕等人以为不错,便对众将道:"京师不赦免我们,我们就应该以死相拼。如果攻克长安,就得到天下了;攻不克,就抄掠三辅的妇女财物,西归乡里,还可以存活。"众人以为有理,于是共同结盟,率军数千,昼夜兼行。王允听说了,便派遣董卓的旧将领胡轸、徐荣攻击于新丰。徐荣战死,胡轸率众投降。李傕一路上收聚散兵,及至长安,已经有十余万人。他们又与董卓的旧部樊稠、李蒙等会合,包围了长安。城墙高峻,不可强攻,守城八天,吕布军中有蜀兵反叛,引导李傕兵众入城。长安城溃,纵兵掳掠,死者数万人,杀卫尉种拂等。吕布战败出逃。王允奉天子退守于宣平门城楼之上。于是大赦天下,李傕、郭汜、樊稠等皆为将军。李傕等包围了城楼,共上表要求司徒王允出来,问:"太师有什么罪"。王允穷蹙无奈,便走下城楼,数日之后就被杀了。李傕等埋葬董卓于郿县,并收敛董氏焚尸的骨灰,合聚于一口棺材而埋葬。埋葬那天,风雨大作,雷霆震毁董卓的坟墓,水流入墓穴,漂走了棺木。

【原文】

董卓字仲颖,陇西临洮人也。性粗猛有谋。少尝游羌中,尽与豪帅相结。后归耕于野，诸豪帅有来从之者，卓为杀耕牛，与共宴乐。豪帅感其意，归相敛得杂畜千余头以遗之，由是以健侠知名。为州兵马掾，常徼守塞下。卓膂力过人，双带两鞬，左右驰射，为羌胡所畏。

桓帝末，以六郡良家子为羽林郎，从中郎将张奂为军司马，共击汉阳叛羌，破之，拜郎中，赐缣九千四。卓曰："为者则己，有者则士。"乃悉分与吏兵，无所留。稍迁西域戊己校尉，坐事免。后为并州刺史，河东太守。

中平元年，拜东中郎将，持节，代卢植击张角于下曲阳，军败抵罪。其冬，北地先零羌及枹罕河关群盗反叛，遂共立湟中义从胡北宫伯玉、李文侯为将军，杀护羌校尉泠徵。伯玉等乃劫致金城人边章、韩遂，使专任军政，共杀金城太守陈懿，攻烧州郡。明年春，将数万骑入寇三辅，侵逼园陵，托诛宦官为名，诏以卓为中郎将，副左车骑将军皇甫嵩征之。嵩以无功免归，而边章、韩遂等大盛。朝廷复以司空张温为车骑将军，假节，执金吾袁滂为副。拜卓破虏将军，与荡寇将军周慎并统于温。并诸郡兵步骑合十余万，屯美阳，以卫园陵。章、遂亦进兵美阳。温、卓与战，辄不利。十一月，夜有流星如火，光长十余丈，照章、遂营中，驴马尽鸣。贼以为不祥，欲归金城。卓闻之喜，明日，乃与右扶风鲍鸿等并兵俱攻，大破之，斩首数千级。章、遂败走榆中，温乃遣周慎将三万人追讨之。温参军事孙坚说慎曰："贼城中无谷，当外转粮食。坚愿得万人断其运道，将军以大兵继后，贼必困乏而不敢战。若走入羌中，并力讨之，则凉州可定也。"慎不从，引军围榆中城。而章、遂分屯葵园狭，反断慎运道。慎惧，乃弃车重而退。温时亦使卓将兵三万讨先零羌，卓于望垣北为羌胡所围，粮食乏绝，进退逼急。乃于所度水中伪立鄠，以为捕鱼，而潜从阳下过军。比贼追之，决水已深，不得度。时众军败退，唯卓全师而还，屯于扶风，封斄乡侯，邑千户。

三年春，遣使者持节就长安拜张温为太尉。三公在外，始之于温。其冬，徵温还京师，韩遂乃杀边章及伯玉、文侯，拥兵十余万，进围陇西。太守李相如反，与遂连和，共杀凉州刺史耿鄙。而鄙司马扶风马腾，亦拥兵反叛，又汉阳王国，自号"合众将军"，皆与韩遂合。共推王国为主，悉令领其众，寇掠三辅。五年，围陈仓。乃拜卓前将军，与左将军皇甫嵩击破之。韩遂等复共废王国，而劫故信都令汉阳阎忠，使督统诸部。忠耻为众所胁，感恚病死。遂等稍争权利，更相杀害，其诸部曲并各分乖。

六年，徵卓为少府，不肯就，上书言："所将湟中义从及秦胡兵皆诣臣曰：'牢直不毕，禀赐断绝，妻子饥冻。'牵挽臣车，使不得行。羌胡敝肠狗态，臣不能禁止，辄将顺安慰。增异复上。"朝廷不能制，颇以为虑。及灵帝寝疾，玺书拜卓为并州牧，令以兵属皇甫嵩。卓复上书言曰："臣既无老谋，又无壮事，天恩误加，掌戎十年，士卒大小相狎弥久，恋臣畜养之恩，为臣奋一旦之命，乞将之北州，效力边垂。"于是驻兵河东，以观时变。

乃帝崩，大将军何进、司隶校尉袁绍谋诛阉宦，而太后不许，乃私呼卓将兵入朝，以胁太后。卓得召，即时就道。并上书曰："中常侍张让等窃幸承宠，浊乱海内。臣闻扬汤止沸，莫若去薪；溃痈虽痛，胜于内食。昔赵鞅兴晋阳之甲，以逐君侧之恶人。今臣辄鸣钟鼓如洛阳，请收让等，以清奸秽。卓未至而何进败，虎贲中郎将袁术乃烧南宫，欲讨宦官，而中常侍段珪等劫少帝及陈留王夜走小平津。卓远见火起，引兵急进，未明到城西，闻少帝在北邙，因往奉迎。帝见卓将兵卒至，恐怖涕泣。卓与言，不能辞对；与陈留王语，遂及祸乱之事。卓以王为贤，且为董太后所养，卓自以与太后同族，有废立意。

初，卓之入也，步骑不过三千，自嫌兵少，恐不为远近所服，率四五日辄夜潜出军近营，明旦乃大陈旌鼓而还，以为西兵复至，洛中无知者。寻而何进及弟苗先所领部曲皆归于卓，卓又使吕布杀执金吾丁原而并其众，卓兵士大盛。乃讽朝廷策免司空刘弘而自代之。因集议废立。百僚大会。卓乃奋首而言曰："大者天地，其次君臣，所以为政。皇帝暗弱，不可以奉宗庙，为天下主。今欲王，何如？"公卿以下莫敢对。卓又抗言曰："昔霍光定策，延年案剑。有敢沮大议，皆以军法从之。"坐者震动。尚书卢植独曰："昔太甲既立不明，昌邑罪过千余，故有废立之事。今上富于秋，行无失德，非前事之比也。"卓大怒，罢坐。明日复集群僚于崇德前殿，遂胁太后，策废少帝。曰："皇帝在丧，无人子之心，威仪不类人君，今废为弘农王。"乃立陈留王，是为献帝。又议太后蹙迫永乐太后，至令忧死，逆妇姑之礼，无孝顺之节，迁于永安宫，遂以弑崩。

卓迁太尉，领前将军事，加节传斧钺虎贲，更封郿侯。卓乃与司徒黄琬、司空杨彪，俱带鈇锧诣阙上书，追理陈蕃、窦武及诸党人，以从人望。于是番复蕃等爵位，擢用子孙。

寻进卓为相国，入朝不趋，剑履上殿。封母为池阳君，置令丞。

是时洛中贵戚室第相望,金帛财产,家家殷积。卓纵放兵士,突其庐舍,淫略妇女,剽虏资物,谓之"搜牢"。人情崩恐,不保朝夕。及何后葬,开文陵,卓悉取藏中珍物。又奸乱公主,妻略宫人,虐刑滥罚,睚眦必死,群僚内外莫能自固。卓尝遣军至阳城,时人会于社下,悉令就斩之,驾其车重,载其妇女,以头系车辕,歌呼而还。又坏五铢钱,更铸小钱,悉取洛阳及长安铜人、锺虡、飞廉、铜马之属,以充铸焉。故货贱物贵,谷石数万。又钱无轮郭文章,不便人用。时人以为秦始皇见长于临洮。乃铸铜人。卓,临洮人也,而今毁之。虽成毁不同,凶暴相类焉。

卓素闻天下同疾阉官诛杀忠良,乃其在事,虽行无道,则犹忍性矫情,擢用群士。乃任吏部尚书汉阳周珌、侍中汝南伍琼、尚书郑公业、长史何颙等,以处士荀爽为司空。其染党锢者陈纪、韩融之徒,皆为列卿。幽滞之士,多所显拔,以尚书韩馥为冀州刺史,侍中刘岱为兖州刺史,陈留孔伷为豫州刺史,颍川张咨为南阳太守。卓所亲爱,并不处显职,但将校而已。初平元年,馥等到官,与袁绍之徒十余人,名兴义兵,同盟讨卓,而伍琼、周珌阴为内主。

初,灵帝末,黄巾余党郭太等复起西河白波谷,转寇太原,遂破河东,百姓流转三辅,号为"白波贼",众十余万。卓遣中郎将牛辅击之,不能却。及闻东方兵起,惧,乃鸩杀弘农王,欲徙都长安。会公卿议,太尉黄琬、司徒杨彪廷争不能得,而伍琼、周珌又固谏之。卓因大怒曰:"卓初入朝,二子劝用善士,故相从,则诸君到官,举兵相图。此二君卖卓,卓何用相负!"遂斩琼、珌。而彪、琬恐惧。诣卓谢曰:"小人恋旧,非欲沮国事也,请以不及为罪。"卓既杀琼、珌,旋亦悔之,故表彪、琬为光禄大夫。于是迁天子西都。

初,长安遭赤眉之乱,宫室营寺焚减无余,是时唯有高庙、京兆府舍,遂便时幸焉。后移未央宫。于是尽徙洛阳人数百万口于长安,步骑驱蹙,更相蹈藉,饥饿寇掠,积尸盈路。卓自屯留毕圭苑中,悉烧宫庙官府居家,二百里内无复孑遗。又使吕布发诸帝陵,及公卿已下冢墓,收其珍宝。

时长沙太守孙坚亦率豫州诸郡兵讨卓。卓先遣将徐荣、李蒙四出虏掠。荣遇坚于梁,与战,破坚,生擒颍川太守李旻,烹之。卓所得义兵士卒,皆以布缠裹,倒立于地,热膏灌杀之。

时河内太守王匡屯兵河阳津,将以图卓。卓遣疑兵挑战,而潜使锐卒从小平津过津北,破之,死者略尽。明年,孙坚收合散卒,进屯梁县之阳人。卓遣将胡轸、吕布攻之。布与轸不相能，军中自惊恐，士卒散乱。坚追击之，轸、布败走。卓遣将李催诣坚求和。坚拒绝不受，进军大谷，距洛九十里。卓自出与坚战于诸陵墓间。卓败走，却屯渑池，聚兵于陕。坚进洛阳宣阳城门，更击吕布，布复破走，坚乃扫除宗庙，平塞诸陵，分兵出函谷关，至新安、渑池间，以截卓后。卓谓长史刘艾曰："关东诸将数败矣，无能为也。唯孙坚小戆，诸将军宜惧之。"乃使东中郎将董越屯渑池，中郎将段煨屯华阴，中郎将牛辅屯安邑，其余中郎将、校尉布在诸县，以御山东。

卓讽朝廷使光禄勋宣璠持节拜卓为太师，位在诸侯王上。乃引还长安，百官迎路拜揖。卓遂僭拟车服，乘金华青盖，爪画两轓，时人号"竿摩车"，言其服饰近天子也。以弟旻为左将军，封鄠侯，兄子璜为侍中、中军校尉，皆典兵事。于是宗族内外，并居列位。其子孙虽在髫龀，男皆封侯，女为邑君。

数与百官置酒宴会，淫乐纵恣。乃结垒于长安城东以自居。又筑坞于郿，高厚七丈，号曰"万岁坞"。积谷为三十年储。自云："事成，雄据天下，不成，守此足以毕老。"尝至郿行坞，公卿已下祖道于横门。卓施帐幔饮设，诱降北地反击数百人，于坐中杀之。先断其舌，次斩手足，次凿其眼目，以镬煮之。未及得死，偃转杯案间。会者战栗，亡失匕箸，而卓饮食自若。诸将有言语蹉跌，便戮于前。又稍诛关中旧族，陷以叛逆。

时太史望气，言当有大臣戮死者。卓乃使人诬卫尉张温与袁术交通，遂笞温于市，杀之，以塞天变，前温出屯美阳，令卓与边章等战，无功。温召又不时应命，即到而辞对不逊。时孙坚为温参军，劝温陈兵斩之。温曰："卓有威名，方倚以西行。"坚曰："明公亲帅王师，威振天下，何恃于卓而赖之乎？坚闻古之名将，杖钺临众，未有不断斩以示威武者也。故穰苴斩庄贾，魏绛戮杨干。今若纵之，自亏威重，后悔何及！"温不能从，而卓犹怀忌恨，故及于难。

温字伯慎，少有名誉，累登公卿。亦阴与司徒王允共谋诛卓，事未及发而见害。越骑校尉汝南伍孚，忿卓凶毒，志手刃之，乃朝服怀佩刀以见卓。孚语毕辞去，卓起送至阁，以手抚其背，孚因出刀刺之，不中。卓自奋得免，急呼左右执杀之，而大诟曰："虏欲反耶！"孚大言曰："恨不得磔裂奸贼于都市，以谢天地！"言未毕而毙。

时王允与吕布及仆射士孙瑞谋诛卓。有人书"吕"字于布上，负而行于市，歌曰："布乎！"有告卓者，卓不悟。三年四月，帝疾新愈，大会未央殿。卓朝服升车，既而马惊堕泥，还入更衣。其少妻止之，卓不从，遂行。乃陈兵夹道，自垒及宫，左步右骑，屯卫周币，令吕布等扞卫前后。王允与士孙瑞密表其事，使瑞自书诏以授布，令骑都尉李肃与布同心勇士十余人，伪著卫士服于北掖门内待卓。卓将至，马惊不行，怪惧欲还。吕布劝令进，遂入门。肃以戟刺之，卓衷甲不入，伤臂堕车，顾大呼曰："吕布何在？"布曰："有诏讨贼臣。"卓大骂曰："庸狗敢如是邪！"布应声持矛刺卓，趣兵斩之。主簿田仪及卓仓头前赴其尸，布又杀之。驰赍赦书，以令宫陛内外。士卒皆称万岁，百姓歌舞于道。长安中士女卖其珠玉衣装市酒肉相庆者，填满街肆。使皇甫嵩攻卓弟旻于郿坞，杀其母妻男女，尽灭其族。乃尸卓于市。天时始热，卓素充肥，脂流于地。守尸吏然火置卓脐中，光明达曙，如是积日，诸袁门生又聚董氏之尸，焚灰扬之于路。坞中珍藏有金二三万斤，银八九万斤，锦绮缯縠纨素奇玩，积如丘山。

初，卓以牛辅子婿，素所亲信，使以兵屯陕。辅分遣其校尉李傕、郭汜、张济将步骑数万，击破河南尹朱儁于中牟。因掠陈留、颍川诸县，杀略男女，所过无复遗类。吕布乃使李肃以诏命至陕讨辅等，辅等逆与肃战，肃败走弘农，布诛杀之。其后牛辅营中无故大惊，辅惧，乃赍金宝逾城走。左右利其货，斩辅，送首长安。

傕、汜等以王允、吕布杀董卓，故忿怒并州人，并州人其在军者男女数百人，皆诛杀之。牛辅既败，众无所依，欲各散去。傕等恐，乃先遣使诣长安，求乞赦免。王允以为一岁不可再赦，不许之。傕等益怀忧惧，不知所为。武威人贾诩时在傕军，说之曰："闻长安中议欲尽诛凉州人。诸君若弃军单行，则一亭长能束君矣。不如相率而西，以攻长安，为董公报仇。事济，奉国家以正天下；若其不合，走未后也。"傕等然之，各相谓曰："京师不赦我，我当以死决之。若攻长安克，则得天下矣；不克，则钞三辅妇女财物，西归乡里，尚可延命。"众以为然，于是共结盟，率军数千，晨夜西行。王允闻之，乃遣卓故将胡轸、徐荣击之于新丰。荣战死，轸以众降。傕随道收兵，比至长安，已十余万，与卓故部典樊稠、李蒙等合，围长安，城峻不可攻，守之八日，吕布军有叟兵内反，引傕众得入。城溃，放兵虏掠，死者万余人，杀卫尉种拂等。吕布战败出奔。王允奉天子保宣平城门楼上。于是大赦天下，李傕、郭汜、樊稠等皆为将军。遂围门楼，共表请司徒王允出，问"太师何罪？"允穷蹙乃下，后数日见杀。傕等葬董卓于郿，并收董氏所焚尸之灰，合敛一棺而葬之。葬日，大风雨，霆震卓墓，流水入藏，漂其棺木。

三国志

武帝纪

——《三国志》卷一

【说明】曹操(155－220)，东汉沛国谯县(今安徽亳县)人。从小机警，有应变能力。二十岁被荐举为孝廉，任郎。历任洛阳北部尉、顿丘令、议郎。中平元年(184)，以骑都尉身份参与镇压黄巾起义，调任济南相。中平六年，起兵讨伐董卓。初平三年(194)，接受黄巾降卒三十万，吸收其中精锐，扩充自己兵力。建安元年(196)，把汉献帝迎到许都，从此取得挟天子以令诸侯的政治优势。自建安三年至十二年，先后打败吕布、袁术、袁绍等人，基本统一黄河下游。建安十三年春天，废除汉朝三公官职，设置丞相御史官职，自任丞相。这年秋天，刘琮投降，曹操势力南抵长江。在赤壁被刘备孙权联军打败。建安十六年打败马超，夺取关中。建安十七年被封为魏公，接受九锡。建安二十一年，晋爵为魏王。建安二十五年去世。遗命丧事从简。儿子曹丕嗣位为丞相、魏王。这年冬天，曹丕灭亡汉朝建立魏朝，自立为皇帝，追尊曹操为武皇帝。

东汉末年，军阀混战，天下大乱，百姓流离失所。曹操统一北部中国，曾发布抑制兼并命令，惩治豪强，开办学校，组织屯田，兴建水利，发展农业生产，使这一地区社会趋于稳定，经济得到发展。他提倡唯才是举，导致选拔官吏制度由察举制向九品中正制的转化。他是当时最大的政治家。他身经百战，往往出奇制胜，曾注解《孙子兵法》，是一位杰出的军事家。他会写诗，对当时文学的发展，也有过积极影响。

太祖武皇帝，沛国谯县人，姓曹，名操，字孟德，是汉朝相国曹参的后代。桓帝时候，曹腾为中常侍大长秋，被封为费亭侯。曹腾养子曹嵩继承他的爵位，官做到太尉。谁也说不清曹嵩原来的家世渊源。曹嵩之子就是魏太祖武皇帝曹操。

太祖小时候机警，有应变本领，但喜好打抱不平，行为不检点，不注意增进自己的操行、事业。所以当时人并没觉得他有什么奇特之处，只有梁国桥玄，南阳何颙认为他不是一般人。桥玄对太祖说："天下就要乱了，不是出色政治家解决不了问题，能安定天下的，大概就是你了。"二十岁，被推荐为孝廉，任命为郎，转任洛阳北部尉，升为顿丘县令，又被征召入朝任议郎。光和末年，黄巾起事，太祖被任命为骑都尉，讨伐颍川盗贼。升任济南国相，济南国有十余个县，县的主官和属吏大多巴结讨好权贵外戚，贪赃受贿，胡作非为。于是太祖奏请罢免了八个官吏。禁绝不合礼制的祭祀活动。坏人逃奔境外，郡内社会秩序清平安定。过了很长时间，又被调回京城，改任东郡太守；他不去上任，借口有病，返回家乡。

不久，冀州刺史王芬，南阳许攸，沛国周旌等联络地方豪强，策划废黜汉灵帝，立合肥侯为帝，把这个谋划通知了太祖，太祖拒绝参加，王芬等因而失败。

金城边章、韩遂杀死刺史、郡守，发动叛乱，拥兵十余万，天下骚动。朝廷征召太祖为典军校尉。这时正碰上灵帝去世，太子即位，太后临朝听政。大将军何进和袁绍谋划屠杀宦官，太后不同意。何进就召董卓进京，想借董卓兵力胁迫太后。董卓还没抵达京城，何进就被杀了。董卓到京城，废黜皇帝为弘农王，另立献帝，京都大乱。董卓奏表请求任命太祖为骁骑校尉，想和太祖共商朝廷大事。太祖于是改名换姓，从小路东行回故乡。出了关，过中牟县，受到亭长怀疑，被逮捕押送到县城，中牟县有人偷偷认出了他，为他说好话，释放了他。这时董卓已经杀了太后和弘农王。太祖抵达陈留，拿出家产，募集义兵，准备讨伐董卓。冬十二月，在己吾县开始成立部队，这一年是中平六年（189）。

初平元年（192）春正月，后将军袁术、冀州牧韩馥、豫州刺史孔伷、兖州刺史刘岱、河内太守王匡、

渤海太守袁绍、陈留太守张邈、东郡太守桥瑁、山阳太守袁遗、济北相鲍信同时起兵，各有几万人军队，推袁绍为盟主。太祖代理奋武将军。

二月，董卓听说袁绍等人起兵，就把天子迁到长安去住，自己留驻洛阳，接着烧毁了宫殿。这时袁绍驻扎河内，张邈、刘岱、桥瑁、袁遗驻扎酸枣，袁术驻扎南阳，孔伷驻扎颍川，韩馥驻扎邺县。董卓兵力强大，袁绍等人谁也不敢率先进击。太祖说："发动义兵，讨伐暴乱，大军已经会合，诸位还迟疑什么呢？假使董卓听说山东发动义兵，他就凭借王室的威势，紧守二周的险要，东向控制天下，虽然他是倒行逆施，那也还值得忧虑。现在他烧毁宫室强制迁徙天子，天下震动，不知道该投向何人，这是老天要他灭亡的时刻，一仗下来天下就安定了，机会不可放过啊。"接着领兵西进，打算去占领成皋。张邈派将军卫兹分领一些军队跟随太祖到荥阳汴水，遇到董卓将军徐荣，与荣军交战失利，士兵死伤很多。太祖被流矢射中，骑的马受了伤，堂弟曹洪把马给太祖，太祖才得以趁夜逃开。徐荣见太祖带兵虽然不多，却仍能拼命坚持一整天战斗，估计酸枣不易攻取，也就带兵回去了。

太祖到酸枣，各路军马十余万人，天天酒席聚会，不考虑进取。太祖批评他们，并给他们出主意说："你们诸位接受我的建议，让渤海太守领河内兵据守孟津，酸枣的各位将军守住成皋，占有敖仓，堵住辕辕、太谷通道，全面控制住险要地势，让袁将军率领南阳军队驻扎丹、淅，攻进武关，威胁三辅。然后各军都高筑壁垒，不出战，多设疑兵，向天下表明讨伐董卓的强大优势。以正义之师，讨伐叛逆。胜利立即可得。现在为伸张正义而发动了军队，却又迟疑不进，让天下失望，我暗暗为诸位感到羞耻。"张邈等不能采纳太祖建议。

太祖兵少，于是和夏侯惇等到扬州去募兵，刺史陈温、丹扬太守周昕拨给他四千余兵。返回的途中在龙亢停歇时，许多兵士叛逃了。到铚县、建平县，又招募一千余兵，进驻河内郡。

刘岱与桥瑁关系恶化，刘岱杀了桥瑁，以王肱代理东郡太守。

袁绍和韩馥策划拥立幽州牧刘虞为皇帝，太祖拒绝支持。袁绍又曾得到一颗玉印，和太祖共坐时，把玉印向太祖臂肘举去，让太祖看。太祖因此耻笑他讨厌他了。

二年春，袁绍、韩馥拥立刘虞为皇帝，刘虞不敢接受。夏四月，董卓回长安。秋七月，袁绍胁迫韩馥攻取冀州。

黑山贼于毒、白绕、眭固等十余万人进占魏郡、东郡，王肱抵挡不住。太祖带兵进东郡,在濮阳进攻白绕,打败了他。袁绍因而表奏朝廷推荐太祖为东郡太守,郡治设在东武阳。

三年春,太祖驻扎顿丘,于毒等进攻东武阳。太祖带兵西行入山,进攻于毒等人的大本营。于毒听说了,放弃武阳回救。太祖在半路拦击眭固,又在内黄攻击匈奴於夫罗,全都把他们打得大败。

夏四月,司徒王允和吕布一起杀了董卓,董卓将军李傕、郭汜等杀了王允,进攻吕布,吕布失败,向东出武关。李傕等把持朝政。

青州黄巾百万余人涌进兖州,杀了任城国相郑遂,又转入东平国境。刘岱打算进攻黄巾,鲍信劝阻说:"现在贼寇多到一百万人,百姓都非常恐惧,士兵没有斗志,不能和他们硬拼啊。我看贼寇拖家带口,军队没有稳定供应,只靠临时抢夺,现在不如保存兵力,先做好防守,他想打没人和他打,想攻又攻不进来,他们势必离散解体,然后我们选拔精锐部队,占据他们的要害一进攻,就可以取胜了。"刘岱不听,坚持出战,果然被黄巾杀死。鲍信于是和兖州的属吏万潜等人到东郡迎接太祖来兼任兖州牧。接着太祖和鲍信等进兵,在寿张东攻击黄巾。鲍信奋战而死,才勉强打败了黄巾。悬赏也没找寻到鲍信尸体,大家就雕刻一尊鲍信木像,哭祭一番。追击黄巾直到济北,黄巾请求投降。冬天,接受黄巾投降士兵三十余万人,随行家属一百余万,太祖收编其中精锐部份,号称青州兵。

袁术和袁绍有矛盾,袁术向公孙瓒求援,公孙瓒派刘备驻扎高唐县,单经驻扎平原县,陶谦驻扎发干县,进逼袁绍。太祖和袁绍联合反击,把三支人马全都打败。

四年春,太祖驻扎在鄄城。荆州牧刘表截断袁术粮道,袁术带兵进入陈留,驻扎在封丘,黑山残余盗贼以及於夫罗等帮助袁术。袁术派将军刘详驻扎匡亭。太祖进攻刘详,袁术救刘详,太祖和袁术交战,大败袁术。袁术保封丘。太祖包围封丘,还未来得及合围,袁术又逃奔襄邑。太祖追到太寿,决开渠水灌城。袁术逃向宁陵。太祖又追他,他就逃奔九江。夏天,太祖回师驻扎定陶。

下邳阙宣聚兵几千人,自称天子,徐州牧陶谦和他共同发兵,夺取了泰山郡的华、费,攻占任城。秋天,太祖征讨陶谦,攻占十几座城。陶谦守徐州不敢出城。这一年,孙策奉袁术命令渡江,几年之内,就占有了江东。

兴平元年(194)春天,太祖从徐州返回。当初,太祖父亲曹嵩卸任后回谯县,董卓之乱,在琅邪避难,被陶谦杀害,所以太祖一心想着复仇东伐。夏天,派荀彧、程昱守鄄城,再一次征讨陶谦。攻占五座城,接着扩大占领地区直至东海。

回师经过郯县，陶谦的将军曹豹和刘备在郯东驻扎，拦击太祖，太祖打败他们。接着攻占襄贲。对所过之处，都大加摧残。

正在这时，张邈和陈宫反叛，去迎接吕布，郡县都起来响应。荀彧、程昱保卫鄄城，范、东阿两县坚守。太祖于是领兵回返。吕布到了，攻打鄄城没能攻下，向西转移，屯驻濮阳。太祖说："吕布一个早上就得到了一个州，但不能占据东平，切断亢父、泰山之间的通道，利用险要地形拦击我，却远远地屯驻到濮阳去，我知道他办不出什么事了。"于是进兵攻打他。吕布出兵交战。先用骑兵冲青州兵，青州兵溃逃。太祖阵势变乱，太祖冒火奔逃，从马上坠落，烧了右手掌。司马楼异扶太祖上马，于是撤退。还没到营地就停下来了。诸将没见着太祖，都恐慌了。太祖就强撑着身体慰劳军队，下令军中加紧准备攻击器具，把部队向前开进，再一次攻打吕布军队。和吕布相持百余天。蝗灾开始了，老百姓普遍挨饿，吕布军粮也用尽了。双方各自撤兵。

秋九月，太祖回鄄城。吕布到乘氏，被乘氏县人李进打败，向东转移驻扎山阳。这时袁绍派人劝说太祖，想联合太祖。太祖新失去兖州，军粮用尽了，打算答应袁绍要求。程昱劝阻太祖，太祖接受了程昱意见。冬十月，太祖到东阿。这一年，谷子一斛五十余万钱，百姓饿得互相吃人，于是太祖解散新招募的官兵。陶谦死了，刘备接替了他。

二年春，太祖袭击定陶。济阴太守吴资守卫南城，太祖没攻下来。正碰上吕布领兵来到，太祖又打败了吕布。夏，吕布将军薛兰、李封驻屯巨野，太祖进攻他们，吕布来救薛兰，薛被打败，吕布逃走，于是杀了薛兰等人。吕布又和陈宫领兵一万余从东缗来交战。当时太祖兵少，布置了埋伏，出其不意，发动攻击，大败吕布。吕布连夜逃走，太祖再一次进攻，占领了定陶，分兵平定各县。吕布东逃投奔刘备，张邈跟从吕布，叫弟弟张超携带家属守卫雍丘。秋八月，太祖围雍丘。冬十月，天子任命太祖为兖州牧。十二月，雍丘城破，张超自杀。太祖杀尽张邈三族。张邈去找袁术求救，被自己的部下杀死。兖州平定，太祖接着向东攻打陈地。这一年，长安发生混乱，天子东迁，在曹阳被打败，渡河到达安邑。

建安元年(196)春正月，太祖兵临武平，袁术任命的陈国国相袁嗣投降。

太祖将要去迎接天子，有的将军怀疑这个举动恰当与否，荀彧、程昱劝太祖迎接。太祖于是派遣曹洪带兵西去迎接，卫将军董承与袁术将军苌奴占据险要地势抗拒，曹洪无法前进。

汝南、颍川黄巾何仪、刘辟、黄邵、何曼等，各有兵几万人，先响应袁术，后来又归附孙坚。二月,太祖进兵打败他们,杀了黄邵等人,刘辟、何仪和他们的部属全都投降。天子任命太祖为建德将军。夏六月,调任镇东将军,封费亭侯。秋七月,杨奉、韩暹带着天子回洛阳,杨奉另外在梁县驻扎。太祖接着到达洛阳,在京都设防,韩暹逃走,天子赐予太祖节钺,总领尚书事。洛阳残破,董昭等劝太祖迁都到许县去,九月,皇帝出辕辕关东行到许县,以太祖为大将军,封武平侯。自从天子西迁,朝廷一天比一天混乱,直到这时,才把宗庙、社稷制度建立起来。

天子东迁时,杨奉从梁县出发企图中途拦截,没来得及。冬十月,曹公征讨杨奉,杨奉南逃去投奔袁术,曹公就攻打杨奉的梁县营地,攻下来了。在这时候,朝廷以袁绍为太尉,袁绍耻于班次在曹公之下,不肯接受太尉职位,曹公就坚决辞职,把大将军的职位让给袁绍。天子任命曹公为司空,代理车骑将军。这一年,采纳枣祗、韩浩等人建议,开始兴办屯田。

吕布袭击刘备,攻占下邳。刘备来投奔曹公。程昱劝曹公说:"我看刘备有雄才大略而又很得人心,终究是不会甘居人下的,不如趁早除掉。"曹公说:"现在正是招收人才的时候,杀一个人而失掉天下人心,这办法不行。"

张济从关中逃到南阳。张济死后,侄子张绣领其兵。二年春正月,曹公到宛,张绣投降,接着又后悔,于是反叛。曹公和他交战,失败了,被流矢射中,长子曹昂,侄子曹安民遇害。曹公于是带兵回舞阴,张绣领骑兵来抢夺辎重,曹公打败了他,张绣逃奔穰县,和刘表会合。曹公对诸将说:"我接受张绣等人投降,错在没有马上就要他的人质,以至于弄到这个地步。我明白失败的原因了。你们诸位看着,从今以后,不会再有这类失败了。"接着就回许县去。

袁术想在淮南称皇帝,派人告诉吕布。吕布逮捕送信使者,把袁术的信转呈朝廷。袁术愤怒,进攻吕布。被吕布打败。秋九月,袁术侵扰陈郡,曹公东征袁术。袁术听说曹公亲自来了,丢下大军自己逃跑,留下将军桥蕤、李丰、梁纲、乐就统领军队。曹公到,打败桥蕤等将军,把他们都杀了。袁术逃过淮河。曹公回许县。

曹公从舞阴回许县的时候,南阳、章陵等县再次反叛,投向张绣,曹公派曹洪去攻打,战事不顺利,驻叶县,多次受到张绣刘表的侵袭。冬十一月,曹公亲自南征,到达宛县。刘表将军邓济据守湖阳,曹公攻破湖阳,活捉邓济,湖阳军民投降。攻舞阴,攻下来了。

三年春正月,曹公回许县。开始设置军师祭酒官职。三月,曹公把张绣包围在穰县。夏五月,刘表派兵救张绣,抄曹军后路。曹公将要退兵,张绣带兵来追,曹公军队前进不了，就聚拢部队，缓行推进。曹公给荀彧写信说："贼来追我，我虽然一天只能前进几里，但我预计，走到安众县，一定可以打败张绣。"到了安众，张绣和刘表会师，守住了险要，曹公军队前后受敌。曹公于是趁夜在险要处开凿地下通道，把辎重全部运送过去，埋下伏兵。这时天亮了，贼以为曹公逃走了，调动全军来追。曹公就发动埋伏的步兵夹攻，把贼兵打得大败。秋七月，曹公回许县。荀彧问曹公："事前已经预计贼必败，是怎么回事？"曹公说："贼阻拦我回撤的部队，和我身处死地的部队作战，我所以知道必胜。"

吕布又为了袁术而派高顺进攻刘备，曹公派夏侯惇救刘备，战斗不利，刘备被高顺打败。九月，曹公东征吕布。冬十月，曹公屠杀彭城军民，捉住了彭城国相侯谐。进到下邳，吕布亲自带骑兵反击。曹公大败吕布，捉住了吕布的猛将成廉。追到城下，吕布恐惧，打算投降。陈宫等人阻拦吕布投降，派人向袁术求援，又劝吕布出战，出战又败了，于是回城固守。曹公攻不进城，士卒疲顿，打算撤兵回返。后来还是采纳荀攸、郭嘉计策，决开泗水、沂水灌城。过了一个多月，吕布将军宋宪、魏续等逮捕陈宫，献城投降。曹公活捉吕布、陈宫，都杀了。太山臧霸、孙观、吴敦、尹礼、昌豨各自都聚合了一些部队。吕布打败刘备时，臧霸等全都跟从吕布。吕布失败，捉住了臧霸等人，曹公以优厚待遇接收了他们，接着又割青、徐两州沿海地区委托给他们。从琅邪国、东海郡、北海国中分出一部分地区建立城阳、利城、昌虑郡。

当初，曹公任兖州牧，任命东平国的毕谌为别驾。张邈叛变的时候，劫持了毕谌的母亲、弟弟、妻子、儿女；曹公向他表示歉意，让他走，对他说："你老母在他那里，你可离开我到他那里去。"毕谌叩头表示没有二心。曹公夸赞了他，为他流了泪。毕谌退出去以后，就逃到张邈那里去了。等到打败吕布，毕谌被活捉了，大家为毕谌担心。曹公说："一个人对父母孝顺，难道能不对君主忠心耿耿吗！这正是我所需要的人啊。"于是任命他为鲁国国相。

四年春二月，曹公回到昌邑。张杨部将杨丑杀了张杨，眭固又杀了杨丑，带着张杨部队投降袁绍，驻扎在射犬。夏四月，曹公进军到黄河边，派史涣、曹仁渡黄河进攻眭固。眭固派张杨原来的长史薛洪、河内太守缪尚留守，自己带兵北去迎接袁绍求救，在犬城遇到了史涣、曹仁。相互交战，大败眭固，杀了眭固。曹公于是渡过黄河，包围射犬。薛洪、缪尚领兵投降，被封为列侯。曹军回驻敖仓。以魏种为河内太守，把河北地区事务托付给他。

当初，曹公荐举魏种为孝廉。兖州反叛时，曹公说："只有魏种不会背弃我啊。"等到听说魏种逃跑了,曹公愤怒地说:"魏种,你不南逃到越,北逃到胡,我绝不放过你!"攻下射犬后,活捉了魏种,曹公说:"只是考虑到他是个人才啊!"解开了绑他的绳子并任用了他。

当时袁绍已吞并了公孙瓒,兼有了四州的土地,扔兵十余万,准备进军攻许县。诸将认为打不过袁绍。曹公说:"我了解袁绍的为人。他志向大,智慧小;声色严厉,内心怯懦;好忌妒人,好争胜,但缺乏威信;兵员多,但组织混乱,隶属关系不明确;将军骄横,不听指挥,政令不统一。土地虽然广阔,粮食虽然丰富,恰好可以变成奉送给我的礼品。"秋八月,曹公进驻黎阳,使臧霸等人进入青州攻打齐、北海、东安等地。留于禁驻扎在黄河边。九月,曹公回许县,分兵守官渡。冬十一月,张绣率兵投降,被封为列侯。十二月,曹公进驻官渡。

袁术自从在陈郡失败,日渐窘困,袁谭从青州派人迎接他。袁术想经由下邳北行,曹公派刘备、朱灵去拦击。就在这时,袁术病死。程昱、郭嘉听说曹公派遣刘备出征,对曹公说:"刘备不能放出去。"曹公懊悔,派人追赶,已经来不及。刘备没东去之前,暗地和董承等谋反,到下邳,就杀了徐州刺史车胄,宣布脱离曹公,带兵驻扎在沛国。曹公派刘岱、王忠去攻打,没有取胜。庐江太守刘勋带兵投降,被封为列侯。

五年春正月,董承等人的阴谋泄漏,都被处死。曹公将要亲自东征刘备,诸将都说:"和您争天下的,是袁绍啊。现在袁绍正要来,您却丢下袁绍去东征,袁绍趁机抄我们后路,怎么办?"曹公说:"那刘备,是人中豪杰啊,现在不打,必成后患。袁绍虽有大志,但遇事反应迟钝,必然来不及动作。"郭嘉也劝曹公,于是向东进攻刘备,打败了刘备,活捉刘备将军夏侯博。刘备逃奔袁绍。曹公俘虏了刘备的妻子和孩子。刘备的将军关羽驻扎下邳,曹公又攻下邳,关羽投降。因为昌豨叛投了刘备,曹公又进兵打垮昌豨。曹公回到官渡,袁绍到底也没有出击。

二月,袁绍派遣郭图、淳于琼、颜良去白马攻打东郡太守刘延,袁绍带兵到黎阳,准备渡河。夏四月,曹公北救刘延。荀攸劝曹公说:"现在我军兵少,不是敌人对手,把敌人兵力分散开来才好。您到延津做出要渡河抄他后路的样子,袁绍必然西去救应,然后您用轻兵奔袭白马,攻其不备,颜良可以打败。"曹公接受他的建议。袁绍听说曹军渡河,马上分兵西去救应。曹公就带兵强行军赶奔白马。离白马还有十余里时,颜良大惊,来迎战,曹公派张辽、关羽上前进攻,打败敌军,杀了颜良。于是解了白马之围,迁出白马民众,顺河西行。袁绍于是渡河追赶曹公军队,追到延津南。曹公停住部队,在南阪下扎营,派人登高瞭望,瞭望人报告说:"大约五六百个骑兵。"等了一会儿，又报告："骑兵渐渐增加，步兵数不过来。"曹公说："不要报告了。"就下令骑兵解下马鞍放开战马。这时，从白马运出的辎重都已上路，诸将认为敌方骑兵多，不如退回去结营自保。荀攸说："这正是要用辎重引诱敌人，怎么要撤走？"袁绍骑兵将领文丑和刘备带五六千人先后赶到。诸将又报告："可以上马了。"曹公说："没到时候。"等了一会儿，敌骑渐多，有的散开奔向辎重。曹公说："可以了。"可是大家上了马。当时曹公骑兵不到六百，就坚决发动攻击，大败敌军，杀了文丑。颜良、文丑都是袁绍名将，两次战斗全被杀掉，袁绍军队大为震动。曹公回军驻扎官渡。袁绍向前推进守卫阳武。关羽逃归刘备。

八月，袁绍聚拢部队，一点儿一点儿向前推进，紧靠沙堆扎营，营垒东西相连几十里。曹公也展开部队和袁军一一对垒。相互交战，曹军不利。当时曹公军队不到一万人，带伤的有十分之二三。袁绍又向前推进到官渡，堆土山，挖地道。曹公也在营垒里堆土山挖地道和他对抗。袁绍向曹公营内射箭，箭如雨下，走路的，都要蒙着盾牌，兵士非常恐惧。这时曹公军粮不足，给荀彧写信，和他商量想撤回许县。荀彧认为："袁绍把全都军队集中到了官渡，打算和您决胜败。您是以最弱小的兵力对抗最强大的敌人，若不能战胜他，就要被他战胜，这是决定天下大局的关键啊。再说，袁绍不过是一般人的强者而已，能聚集人，但不会使用。凭您的英明威武，又加上是为朝廷讨伐叛逆名正言顺，能有什么事办不成！"曹公听从了荀彧的意见。

孙策听说曹公和袁绍相持，就计划袭击许县，还没出发，就被刺客杀死了。

汝南归降的盗贼刘辟等反叛曹公响应袁绍，进攻许县附近地区。袁绍派刘备援助刘辟，曹公派曹仁击刘备。刘备逃走，曹仁接着攻破刘辟营垒。

袁绍几千辆运粮车到了前线，曹公用荀攸计策派徐晃、史涣拦击，大败袁军，把运粮车全部烧掉。曹公和袁绍对抗几个月，虽然一仗接一仗杀敌斩将，但兵少粮尽，士卒疲乏。曹公对运粮的人说："过十五天为你们打败袁绍，就不再劳累你们了。"冬十月，袁绍调车运输粮食，派淳于琼等五人带兵万余人护送。停驻在袁绍军营北四十里。

袁绍谋臣许攸贪财，袁绍不能满足他，他就来投奔曹公，于是趁机劝曹公进攻淳于琼。曹公左右的人怀疑许攸的建议，荀攸、贾诩劝曹公采纳。曹公于是留曹洪守营，自己带步兵骑兵五千人趁夜出发，天亮就到了。淳于琼等望见曹公兵少，就在营门外列阵。曹公迅速冲击，淳于琼退保营垒，曹公就进攻营垒。袁绍派骑兵救淳于琼。身边有人对曹公说："贼骑渐近了，请您分兵抵抗。"曹公生气地说："贼在我身背后再报告！"士兵都拼死作战，大败淳于琼等人，把他们都杀了。袁绍刚听说曹公进攻淳于琼时，对长子袁谭说："乘他进攻淳于琼，我攻占他的营地，他就没有地方可回了。"就派张郃、高览攻曹洪。张郃等听说淳于琼被打垮，就来投降曹公。袁绍部队彻底崩溃，袁绍和袁谭等人弃军逃走，渡过了黄河。曹公派兵追赶没有追上。缴获了袁绍的全部辎重、图书档案和珍宝，俘虏了袁绍军队。曹公缴获的袁绍书信档案里，发现许县和前线军中人给袁绍的信，曹公把这些信全都烧毁了。冀州各郡大都献出城邑投降。

当初，桓帝时，有黄星在楚宋分野出现，辽东殷馗精通天文，说此后五十年，应当有真人兴起于梁、沛之间，他的发展不可阻挡。到此时一共五十年，而曹公打败袁绍，天下无敌了。

六年夏四月，曹公在黄河边炫耀武力，进攻袁绍在仓亭的驻军，大败袁军。袁绍回冀州后，再次收聚走散的兵士，攻取平定各个反叛的郡县。九月，曹公回许县。袁绍没败之前，派刘备攻取汝南，汝南贼共都响应刘备。曹公派遣蔡扬攻打共都，不顺利，被共都打败了。曹公南征刘备。刘备听说曹公自己出征，就逃奔刘表去了，共都等人全都溃散。

七年春正月，曹公驻扎在谯县，下令说："我发动义兵，为天下除暴乱。故乡人民，几乎死光，在故乡走一天，碰不到一个熟人，这让我非常悲痛。现在我命令，发动义兵以来，将士绝了后代的，在亲戚中找人过继给他做后代，授给他们土地，官府供给他们耕牛，设置学校教育他们。替活着的人建立庙宇，让他们祭祀死去的亲人，魂如果有灵，我死之后还有什么遗憾呢！"接着到浚仪县，整修睢阳渠，派人用太牢祭祀桥玄。曹公进驻官渡。

袁绍自从军队被打败以后，发病吐血，夏五月死了。小儿子袁尚继承职位，大儿子袁谭自称车骑将军，驻扎黎阳。秋九月，曹公征讨他们，接连作战，袁谭、袁尚一次一次败退，固守自保。

八年春三月，曹公攻黎阳外城，袁军出战，曹军进击，大败袁军，袁谭、袁尚连夜逃走。夏四月，曹公进驻邺县。五月回许县，留贾信驻扎黎阳。

己酉，下令说："《司马法》说'将军败退的要处死'，所以赵括母亲请求不受赵括连累。这表明古代的将军，在外打败仗的，家中人要牵连承受罪罚。我自从派遣将军出征讨伐以来，只赏功而不罚罪，这不是国家的完善制度。现在我命令：将领出征，损耗军队的，要抵罪，作战失利的，要免官职、爵位。"秋七月，下令说："战乱以来，十五年了，青年人没来得及看到仁义礼让的社会风尚，我很伤心。现在我命令，各郡国都要研究文献典籍，满五百户的县设置校官，选拔当地学有成就的人对青年人施以教育，以便先王之道不被废弃，而有益于天下。"

八月，曹公征刘表，驻军西平。曹公离开邺县南征时，袁谭、袁尚争冀州，袁谭被袁尚打败，逃到平原县设防坚守。袁尚攻打紧急。袁谭派辛毗来找曹公，请求接受投降，并请派兵去援救。诸将全都怀疑袁谭，荀攸则劝曹公答应他，曹公于是带兵北返。冬十月，到达黎阳，让儿子曹整和袁谭女儿订立婚约。袁尚听说曹公北来，就解了平原之围回邺县去。东平国吕旷、吕翔反叛袁尚，驻扎在阳平，率领部属投降曹公，被封为列侯。

九年春正月，渡过黄河，拦截淇水导入白沟以通粮道。二月，袁尚又攻袁谭，留苏由、审配守卫邺县。曹公进军到洹水，苏由投降。到邺县，攻城，堆土山，挖地道。袁尚的武安县长尹楷屯驻毛城，保证上党粮道的畅通。夏四月，曹公留曹洪攻邺，自己带兵进攻尹楷，打败了尹楷，然后回师。袁尚将军沮鹄守邯郸，曹公又攻取了邯郸。易阳县令韩范、涉县长梁岐带领全县投降，被封为关内侯。五月。平毁土山、地道，挖围城壕沟，决漳水灌城。城中饿死的人超过总人口的半数。秋七月，袁尚回师救邺。诸将都认为"这是回老家的部队，人人都会自动奋战，不如回避一下。"曹公说："袁尚从大道回来，应当回避，如果顺着西山回来，就要变成我的俘虏了。"袁尚果然顺着西山回来，在滏水岸边扎营，夜里派军队来冲邺县城外的曹军包围圈。曹公反击，赶走袁军，接着要包围袁尚军营，包围圈还没合拢，袁尚害怕了，派原先的豫州刺史阴夔和陈琳来请求投降。曹公不同意，更加紧包围。袁尚夜里逃出包围，去守祁山。曹公追击袁尚，袁尚将军马延、张颛等临阵投降，袁军溃散。袁尚逃奔中山。曹公缴获了袁尚的全部辎重，得到了袁尚的印授节钺，让袁尚部下投降的人拿给袁尚家属看，邺县城里人心瓦解。八月，审配哥哥的儿子审荣，夜里打开他把守的城东门放进曹公军队，审配反击，败了，活捉了审配，杀了他，邺县平定了。曹公到墓上去祭祀袁绍，痛哭流泪，慰劳袁绍妻子，归还他们家人的宝物，赐给各种丝织品，由官府供给口粮。

当初，袁绍和曹公共同起兵，袁绍问曹公："如果事情不成，那么，什么地区可以据守呢?"曹公说:"您的看法呢?"袁绍说:"我南面守住黄河,北面守住燕、代,联合戎狄兵力,向南争夺天下,也许可以成功吧?"曹公说:"我依靠天下人的才智,用恰当方法去组织、运用他们,没有哪处地方不可以据守。"

九月,曹公下令说:"河北遭受袁氏的灾难,特令不交今年的田租、赋税!"加重惩治豪强兼并贫民的刑罚,百姓很高兴。天子任命曹公兼任冀州牧,曹公辞去兖州牧。

曹公围邺的时候,袁谭攻取甘陵、安平、渤海、河间。袁尚败回中山。袁谭攻中山,袁尚逃奔故安,袁谭于是兼并了袁尚的军队。曹公给袁谭写信,责备他不遵守约定,和他断绝联姻关系,送回袁谭女儿,然后进军。袁谭恐惧,撤出平原郡逃往南皮县据守。十二月,曹公进入平原郡,平定郡内各县。

十年春正月,进攻袁谭,打败了袁军,杀了袁谭,处死了他的妻子儿女,冀州平定。下令说:"跟袁氏办过坏事的,允许改过自新。"下令百姓不许报复私仇,禁止厚葬,违者一律依法制裁。这个月,袁熙大将焦触、张南反叛袁熙、袁尚,并进攻熙、尚,袁熙、袁尚逃奔三郡乌丸。焦触等带着他们县投降,被封为列侯。开始讨伐袁谭时,征发百姓凿冰通船,有的百姓畏惧苦累,逃跑了。曹公下令,以后这些人来归降,不得接受。不久,有的逃亡百姓来军营自首,曹公对他们说:"允许你们投降,就破坏了军令;杀了你们,那又是杀认罪自首的人。你们赶快回去藏得隐秘一些,别让官吏抓住。"百姓们流着眼泪离去了。最后还是被抓回来办了罪。

夏四月,黑山贼张燕率领十余万兵投降,被封为列侯。故安的赵犊、霍奴等杀幽州刺史、涿郡太守。三郡乌丸攻打驻守圹平的鲜于辅。秋八月,曹公出征,斩了赵犊等人,又渡潞河救圹平,乌丸奔逃出塞。

九月,下令说:"偏袒同伙,相互勾结,是古代圣人所痛恨的,听说冀州风俗,即使是父子,也各有帮伙,称颂自己,诽谤对方。以前直不疑本没有哥哥,而世人竟说他通嫂嫂,第五伯鱼三次娶的都是无父的孤女,但有人却说他打过岳父;王凤专权跋扈,谷永却把他比作申伯,王商进献忠言,张匡却说他搞左道骗人,这都是以白为黑,欺骗上天蒙蔽君主的行为,我打算整顿风俗,这四种坏行为铲除不尽,我认为是我的耻辱。"冬十月,曹公回邺县。

当初,袁绍以外甥高干兼并州牧,曹公攻占邺县时,高干投降,就任命他为并州刺史。高干听说曹公讨伐乌丸,就在并州反叛,拘押了上党太守发兵把守住壶关口。曹公派乐进、李典去进攻高干,高干退守壶关城。十一年春十月,曹公征高干。高干听说曹公来征,就留下独立活动的将军守城,自己逃进匈奴,向单于求救,单于不接纳。曹公围壶关三个月,攻下了壶关。高干于是向荆州奔逃,被上洛都尉王琰逮捕杀掉。

秋八月,曹公东征海贼管承,到达淳于,派乐进、李典打败管承,管承逃上海岛。曹公割出东海郡的襄贲、郯、戚县并入琅邪国,撤销昌虑郡。

三郡乌丸趁天下大乱,攻入幽州,掳掠汉民共计十余万户。袁绍把他们的首领都立为单于,以百姓的女儿冒充自己的女儿嫁给他们。辽西单于蹋顿尤其强大,受到袁绍优待,所以袁尚兄弟投奔他,他一次次入塞扰乱。曹公准备去征讨蹋顿,就开凿渠道,从呼沲通入泒水,命名平虏渠。双从沟河口凿入潞河,命名为泉州渠,以通渤海。

十二年春二月,曹公从淳于回邺县。丁酉,下令说:"我发动义兵讨灭暴乱,到现在共十九年,所征必胜,难道是我的功劳吗?是贤士大夫的力量啊。天下虽然还没全部平定,我将会同贤士大夫一起去平定;但现在我独自享受功劳奖赏,我怎能心安呢?希望加紧评定功劳施行封赏。"于是大封功臣二十余人,都封为列侯。其余的各按等受封,并且为死者的孤儿免除徭役负担,轻重奖赏各有差别。

曹公将北征三郡乌丸,诸将都说:"袁尚是一个在逃的贼寇罢了,夷狄贪婪而不讲交情,哪能被袁尚利用呢?现在深入其境去征讨,刘备必然劝说刘表袭击许县。万一事态恶化,后悔就来不及了。"只有郭嘉料定刘表必不能任用刘备,劝曹公出征。夏五月,到达无终。秋七月,大水泛滥,沿海道路不通,田畴请求当向导,曹公同意了。田畴带领军队出卢龙塞,塞外路断了,无法通行。于是平山填谷五百余里,经过白檀,穿过平冈,到达鲜卑庭,东进柳城。距柳城只有二百里了,敌人才发觉。袁尚、袁熙和蹋顿,辽西单于楼班,右北平单于能臣抵之等带领几万骑兵迎战。八月,部队登上白狼山,突然遇上了敌军,敌军声势强大。曹公辎重还在后面,披甲兵士少,身边人都恐惧。曹公登上高处,望见敌阵不严整,于是挥兵进攻,派张辽为先锋,敌军大崩溃,斩了蹋顿及名王以下首领,胡、汉投降的有二十余万人。辽东单于速仆丸及辽西、北平各个乌丸首领,丢下本族人,和袁尚、袁熙逃奔辽东,只剩有骑兵几千人。当初,辽东太守公孙康凭仗地处偏远,不服从朝廷。等到曹公打败乌丸,有人劝曹公接着去征讨公孙康,袁尚兄弟就可以捉住了。曹公说:"我正要让公孙康斩送袁尚、袁熙首级来,不需要麻烦兵士了。"九月,曹公领兵从柳城回返,公孙康就斩了袁尚、袁熙及速仆丸等,送来了首级。诸将中有人问："您回师而公孙康斩送袁尚、袁熙,这是什么原因?"曹公说:"他一向畏惧袁尚等人,我紧逼,他们就要合力对我,我放松他们,他们就要自相残杀了,这是必然之势啊。"十一月,到达易水,代郡乌丸行单于普富卢、上郡乌丸行单于那楼带着他们的名王来祝贺。

十三年春正月,曹公回到邺县,开凿玄武池以训练水军。汉朝撤销三公官职,设置丞相、御史大夫。夏六月,以曹公为丞相。

秋七月,曹公南征刘表。八月,刘表去世,他儿子刘琮接替他的职位,屯驻襄阳,刘备屯驻樊城。九月,曹公到新野,刘琮就投降了,刘备逃奔夏口。曹公进军江陵,下令荆州吏民,废除旧制度,实行新规定。接着,评定荆州归降者的功绩,封侯的十五个人,以刘表大将文聘为江夏太守,叫他统领本部兵马。邀请任用了荆州名士韩嵩、邓义等人。益州牧刘璋开始接受摊派给他的征调租赋徭役义务,派遣兵卒补给朝廷军队。十二月,孙权为刘备进攻合肥。曹公从江陵出发征讨刘备,到巴丘,派遣张熹救合肥。孙权听说张熹到了,就逃走了。曹公到赤壁,和刘备作战,不利。这时又流行瘟疫,死了不少官兵,于是领兵回返。刘备于是占有荆州、江南诸郡。

十四年春三月,曹公领兵到谯,修造轻便船,整训水军。秋七月,从涡水入淮水,出淝水,驻扎合肥。辛未,下令说:"最近以来,多次出征,有时还遇到瘟疫,官兵死亡,不能回家,妻子失去丈夫,百姓流离失所,仁慈的人难道高兴这样吗?是不得已啊! 现在下令,战死者的家属没有产业不能自己生活的,官府不得断绝食粮供应,主管官吏要抚恤慰问,以称我的心意。"为扬州郡、县委派主管官吏,开辟芍陂地区屯田。十二月,领兵回谯。

十五年春,下令说:"自古接受天命开国及中兴的君主,何曾不是得到贤人君子和他共同治理天下呢! 在他得到贤才的时候,简直不需要走出里巷,难道是侥幸碰到的吗? 只是有时在上位的人不肯去求啊。现在天下还没有平定,这正是求贤最迫切的时候啊。'孟公绰担任赵国、魏国的家臣是才力有余的,但不能任命为滕、薛一类小国的大夫。'如果限定只有廉洁的人才可任用,那齐桓公靠谁帮助成为霸主呢! 现今天下难道没有身穿粗布陋衣,胸怀超凡见识,而在渭水边钓鱼的姜尚一类人吗? 又难道没有蒙受'私通嫂嫂'恶名,确有接受贿赂事实,并且还没有得到魏无知力荐的陈平一类人吗? 希望你们帮助我连最卑微的人也不要漏略,广泛发现人才。只要有才干就荐举,我好选拔任用。"冬,建造铜雀台。

十六年春正月，天子任命曹公嫡长子曹丕为五官中郎将，设置官属，为丞相副手。太原人商曜等在大陵反叛，派夏侯渊、徐晃包围打败了他们。张鲁割据汉中。三月，派钟繇讨伐他。曹公派夏侯渊等从河东出发与钟繇会师。

这时关中诸将怀疑钟繇将要袭击自己，马超于是和韩遂、杨秋、李堪、成宜等反叛。曹公派曹仁讨伐他们。马超等屯驻潼关，曹公告诫诸将："关西兵精悍，你们坚守营垒别和他们交战。"秋七月，曹公西征，和马超等隔着潼关驻扎。曹公紧紧牵制住敌军，而暗派徐晃、朱灵等夜渡蒲阪津，占据河西扎营。曹公从潼关北渡河，还没渡过去时，马超急攻渡船，校尉丁斐于是放出牛马引诱贼兵，贼乱取牛马，曹公才得渡过河去，顺着河向南，边筑甬道边推进。贼后退，挡住渭口。曹公就多设疑兵，暗地用船运兵进入渭水。架浮桥，夜里，在渭水南岸分兵扎营。贼夜里攻营，伏兵起来打败了他们。马超等屯扎渭水南岸，派使者请求割让黄河西岸土地以缔结和约，曹公不同意。

九月，进军渡渭水，马超等多次挑战，曹公又不应战。马超等又坚持请求割地，请求送来人质以缔结和约。曹公用贾诩计策，假装答应他们。韩遂请求与曹公相见。曹公和韩遂父亲同一年被举为孝廉，又和韩遂本人年龄不相上下，于是马头相接交谈多时，但不涉及军事，只谈京都老友往事，拍手欢笑。谈完以后，马超问韩遂："您和他说了什么？"韩遂说："没说什么。"马超等怀疑不信。另一天，曹公又给韩遂写信，多处涂改，弄得像是韩遂涂改的一样。马超等更加怀疑韩遂。曹公于是和他们定日子会战，先以轻装士兵挑战，交战很长时间，才派出勇猛骑兵夹攻，于是大败敌军，斩了成宜、李堪等人。韩遂、马超等逃奔凉州，杨秋逃奔安定，关中平定。诸将中有人问曹公："当初，贼守潼关，渭水北岸防卫空虚，您不从河东攻冯翊而反守潼关，拖延一段时间后才北去渡河，这是为什么呢？"曹公说："贼守潼关，如果我进入河东，贼必然分守各个渡口，那样一来，西河就不能渡了。我故意大兵向潼关，贼集中全力防守南部，西河守备空虚，所以两位将军能夺取西河！后来领兵北渡，贼无法和我争西河，那是因为西河已经有了我方两位将军的部队啊。连接兵车树立栅栏，筑甬道掩护着南进，既是要形成敌方不易取胜的态势，又要向敌方故意示弱。渡过渭水后构筑坚固壁垒，敌人来了不出战，为的是助长敌人的骄傲啊。所以贼不筑营垒而要求割地。我顺口答应了他，为的是顺从他的意思，使他们自己感到安全而不做战争准备。因而我得以蓄积士卒战斗力，突然出击，这就是所谓迅雷不及掩耳。兵势的变化，本没有一个固定的格式啊。"开始时，贼兵每有一部到达前线，曹公就有喜色，贼兵失败之后,诸将问他一再有喜色的原因,曹公回答:"关中地域长道路远,若贼各在一处据险而守,征讨他们,没有一两年不能平定。现在都来集中,他们兵虽多,但谁也不服从谁,军队没有主帅,一仗就可以消灭,取得成功很容易,我因此高兴。"

冬十月,军队从长安北征杨秋,围安定。杨秋投降,就恢复了他的爵位,让他留任,安抚当地百姓。十二月,从安定回师,留夏侯渊驻扎长安。

十七年春正月,曹公回到邺县。天子特许曹公朝拜时,司仪宣呼行礼仪式,不须直呼其名;入朝时,不须小步快走;上殿时,可以穿鞋佩剑,就像当年萧何一样。马超残余部队梁兴等屯驻在蓝田,曹公派夏侯渊打败了这支军队平定了地方。割河内郡的荡阴、朝歌、林虑、东郡的卫国、顿丘、东武阳、发干,巨鹿郡的廮陶、曲周、南和、广平郡的任城,赵国的襄国、邯郸、易阳等县来扩大魏郡。冬十月,曹公征孙权。

十八年春正月,曹公进军濡须口,攻破孙权的江西营地,捉获孙权都督公孙阳,才带兵回返。天子下诏,把天下由十四州恢复为九州。夏四月,曹公到邺县。

五月丙申,天子派御史大夫郗虑持节册命曹公为魏公,册文说:

朕由于不修德行,年少时遭遇忧患,先是远迁在西土,后又东迁到唐、卫,在这时候,象缀旒一样任凭别人执持。宗庙缺乏祭祀,社稷没有确定的位置;许多坏人觊觎皇位,分裂天下。境内百姓,朕不能领有,即使我高祖创建的皇权,也都几乎要坠落在地了。朕因此日夜忧虑,潜心默念:"历代祖先啊,先代辅佐大臣们啊,你们谁能怜悯我啊?"这才感动了天心,诞生了丞相,保佑我皇家平安,在艰难中给我皇家巨大帮助,朕于是有了依靠。现在将授予您典法礼仪,希望您恭敬地听我的命令。

以前董卓首先作乱,把国家推进灾难,各位州牧郡守放下本管区域的政务来拯救王室,您引导他们前进,首先进攻敌军,这是您忠于本朝的表现啊。后来黄巾违犯天道,侵扰我三州,祸乱连累到百姓,您又打败他们,安定了东夏。这又是您的功劳啊。韩进、杨奉专擅朝政您就讨伐他们,消除他们制造的灾难。把朝廷迁到许都,建造京城重地,设置官府,开始祭祀,不遗弃应有的典礼制度,天地鬼神于是获得安宁。这又是您的功劳。袁术僭称帝号,在淮南胡作非为,但畏惧您的神威,您运用英明谋略,蕲阳战役,桥蕤被杀,威势南指,袁术毙命,党羽溃散。这又是您的功劳。回师东征,吕布正法,战车将返,张杨丧命,眭固伏罪,张绣来降,这又是您的功劳。袁绍叛逆扰乱天道,阴谋颠覆社稷,凭恃他兵多，发动军队进犯朝廷，当这时候，国家兵力薄弱，上下恐惧，谁也没有坚定信心，您坚守保卫朝廷的大原则，精诚感动上天，发挥您的武威，运用您的神妙策略，亲临官渡，大歼叛贼，把我国家从危亡中拯救出来，这又是您的功劳。挥师渡大河，开拓疆域，平定四州，袁谭、高干，都被杀头，海盗奔逃，黑山归顺，这又是您的功劳啊。三支乌丸，作乱两世，袁尚投奔他们，占据塞北，威胁中原，您包裹马脚，挂牢车子，以防跌滑，穿隘过险，一战就消灭了他们，这又是您的功劳啊。刘表违抗朝廷，放纵胡为，不履行对朝廷的义务，王师出发，威风先到，百城八郡，屈膝投降，这又是您的功劳啊。马超、成宜，狼狈为奸，占据黄河、潼关，企图作恶逞凶，您在渭南把他们打垮，献上万颗首级，接着平定边境，安抚戎、狄并与他们和好。这又是您的功劳啊。鲜卑、丁零通过几层翻译也来朝见，单于白屋也愿意臣服，愿意纳贡，这又是您的功劳啊。您有平定天下的大功，又有完美的德性，您理顺全国上下的社会政治秩序，倡导美好风俗，普遍而辛勤地施行教诲，顾惜民命，审慎处理刑狱，官吏不施残暴，百姓不怀恶意，诚恳地尊崇帝族，显扬、接续中断的封爵，以前有功有德的人，没有谁没有得到应有的安排。虽然伊尹功勋上感皇天，周公业绩光照四海，也全都赶不上您。

朕听说先王都分封德高功大的人为诸侯，赐给他们土地，分给他们人民，增高他们的荣誉，完备他们用以显示特权的礼器，为的是让他们能保卫王室，辅佐朝廷。在周成王时，管叔、蔡叔作乱，叛乱平定以后，吸取叛乱教训，想念有功之臣，于是派邵康公向齐太公授权：在东到海、西到河、南到穆陵、北到无棣的范围之内，大小诸侯有过错，齐太公都有权征讨。把这权利世世赐予太师，使齐成为显赫于东方的大国。到襄王时，也有楚人不对周王尽义务的事发生，又命令晋文公担任侯伯，赐予他二辂、虎贲、铁钺、秬鬯、弓矢，开辟南阳大片土地，世世代代做诸侯盟主。所以周室没有灭亡，就是因为有二国可以依赖。现在您发挥大德，保卫朕的安全，顺应天命，发展大业，平定全国，没有谁不服从，功劳比伊尹、周公还高，而奖赏比齐、晋要低，朕很惭愧。朕以渺小之躯，高居万民之上，常想做皇帝的艰难，就像走近了深渊，就像在薄薄的冰面上行走，不是您帮我走过去，朕没有人可以依靠。现在以冀州的河东、河内、魏郡、赵国、中山、常山、巨鹿、安平、甘宁陵、平原共十郡，封您为魏公。赐予您黑红色的土,用白茅包上,您可以去占卜吉日,建您魏国的社稷。过去在周朝时,毕公、毛公身有封国但又入朝任辅佐周王的卿,周公、召公以朝廷太师太保身分出朝兼为诸侯之伯,这种朝内朝外的重任,您都能同时担当起来。朕命令您以丞相身分兼任冀州牧像原来一样。再加赐您九锡,希望您听从朕的命令。考虑到您筹建制度,为人民提供行动规范,使民安居乐业,没有二心,因此赐予您大辂、戎辂各一辆,黑红色的马八匹。您鼓励农业,农民耕作努力,粮食丝帛都有积存,国家事业因而兴盛,因此赐予您衮服冕服,再配上一双赤舄。您提倡谦让,并使人民实际去做,因而年龄大年龄小的都讲礼貌,社会上下一片和谐,因此赐予您轩悬之车,六佾之舞。您辅佐朝廷发扬汉朝风俗教化,直达四方,使远方民族改变精神面貌,中原精神生活更加充实,因此赐予您用朱红颜色漆门的特权。您深明道理,思念皇帝的困难,把有才能的人任用为官,把善良的人都提拔起来,因此赐予您在殿前纳陛的特权。您执掌国家大政,保持严肃公正不偏不倚态度,即使一点点小的坏人坏事,都不会不加压制、放逐,因此赐予您虎贲战士三百人。您严格按国家法律办事,揭露犯罪行为,触犯国法的,没有谁能逃脱惩处,因此赐予您鈇和钺各一件。您高瞻远瞩,明察八方,周密地讨伐逆贼,平息全国的叛乱,因此赐予您彤弓一张,彤矢百支,秬鈇弓一张,玈矢千支。您以温和恭敬为根本,孝顺友爱为美德,明智公平忠厚诚实,深深感动了朕,因此赐予您秬鬯一卣,配上圭瓒。魏国设置丞相以下各种官职,都和汉初诸侯王的制度一样。慎重啊,您要大范围地普遍地关怀您的臣民,辅助他们做好各种事务,用这些行动来完成您的伟大功德,报答、颂扬我高祖传留下来的美好天命。

秋七月,开始建立魏国的社稷宗庙。天子聘魏公的三个女儿为贵人,岁数还小的,就暂且留在魏国等待结婚年龄的到来。九月,建造金虎台,凿渠引漳水进入白沟以通达黄河。冬十月,分魏郡为东西部,设置都尉管辖。十一月,开始设置尚书、侍中、六卿官职。

马超在汉阳,又联合羌、胡作乱,氐王千万反叛朝廷响应马超,在兴国驻兵。魏公派夏侯渊讨伐马超。

十九年春正月,魏公开始举行"耕籍田"礼。南安赵衢、汉阳尹奉等讨伐马超,斩了马超妻子、儿子的头,马超逃奔汉中。韩遂转徙到金城,又进入氐王千万的部落,率领羌、胡一万余骑兵和夏侯渊交战,夏侯渊出击,大败韩遂,韩遂逃奔西平。夏侯渊和诸将攻兴国,屠杀了兴国军民。朝廷撤销了安东、永阳郡。

安定太守毌丘兴将去赴任,魏公告诫他说:"羌、胡想和中国交往,自然会派人来联系,你千万不要先派人到羌、胡中去联系。善良人难找到,不善良人一定会教羌、胡乱提要求,他们乘机从中取利。不听从要求,就错失了羌、胡求好的美意,听了要求则对事情没有好处。"毌丘兴到任,派遣校尉范陵进入羌中,范陵果然给羌人出主意,叫他们自己提出,要当属国都尉。魏公说:"我预先就知道会出这样事了,不是我聪明,是我经历的事情多罢了。"

三月,天子命令把魏公位次排列在诸侯王的上面。改授金玺、赤绂、远游冠。

秋七月,魏公出征孙权。

当初,陇西宋建自称河首平汉王。在枹罕聚集部队,改纪元,设置百官,三十余年。魏公派夏侯渊从兴国出发去征讨。冬十月,屠杀枹罕军民,斩宋建,凉州平定。

魏公从合肥返回。

十一月,汉皇后伏氏,过去因她给以前任过屯骑校尉的父亲伏完写信,信中说皇帝因为董承被杀而怨恨魏公,语句恶毒,事情被人揭发,因此获罪。皇后被废黜杀死,皇后兄弟也被杀死。

十二月,魏公到孟津。天子命令魏公在出行仪仗队中配置旄头骑兵,宫殿中设置钟虡。己未,魏公下令说:"一般来说,品行好的,未必能有所作为,有所作为的,未必品行好。陈平难道厚道,苏秦难道守信吗?但陈平奠定了汉朝基业,苏秦扶助了弱小的燕国。这样说来,士人有缺点,能废弃不用吗?主管部门要是明白这个道理,那么贤士就不会被遗漏丢弃,官府也就不会耽误工作了。"又说:"一般说来,刑律,是百姓的生命线啊。但军中负责刑律的,有时不是合适人选,就这样把三军生死大权交给他,我很害怕。希望选择明白法律道理的人,让他主持刑法事务。"于是,设置理曹掾属。

二十年春正月,天子立魏公二女儿为皇后。撤销云中、定襄、五原、朔方郡,在每郡原来辖区设置一个县,管理当地居民,合并原四个郡为一个新兴郡。

三月,魏公西征张鲁,到陈仓,将要从武都进入氐。氐人挡住道路。魏公先派出张郃、朱灵等打败了氐人。夏四月,魏公从陈仓出散关,到河池。氐王窦茂兵有万余人,凭仗有险可守,不投降。五月,魏公进攻并屠杀了氐人。西平、金城诸将麴演、蒋石等人共同斩了韩遂首级送给魏公。秋七月,魏公到阳平。张鲁派弟弟张卫和将军杨昂等据守阳平关。在山腰筑城十余里,魏公攻不破,于是带兵回撤。贼见大军后退,守备就松解了。魏公趁机秘密派遣解慓、高祚等穿越险要地段,在夜间发起进攻,大败张鲁军队,斩了张鲁将领杨任。进攻张卫,张卫在黑夜中逃走。张鲁军队溃散,逃往巴中。魏公军队进入南郑,全部缴获了张鲁库藏的珍宝。巴和汉地区全都归降。把汉宁郡恢复为汉中郡,分出汉中郡的安阳县、西城县组成西城郡,设置太守。分锡、上庸为上庸郡,设置都尉。

八月,孙权围合肥,张辽、李典打败了他。

九月,巴人七姓戎王朴胡、賨邑侯杜濩带巴夷、賨民来归附。于是分开巴郡,以朴胡为巴东太守,杜濩为巴西太守,都封为列侯。天子命令魏公可以秉承皇帝旨意分封诸侯,任命太守、国相。

冬十月,开始设置名号侯到五大夫,连同旧有的列侯,关内侯,共六等,用于奖赏军功。

十一月,张鲁从巴中带着残余兵力来投降。张鲁和五个儿子都被封为列侯。刘备袭击刘璋,夺取益州,接着占有巴中。魏公派张郃去攻打刘备。

十二月,魏公从南郑返回,留夏侯渊驻扎汉中。

二十一年春二月,魏公回邺。三月壬寅,魏公亲耕籍田。夏五月,天子把魏公进爵为魏王。代郡乌丸行单于普富卢和他部下的侯王来朝。天子下令让魏王女儿称公主,享受汤沐邑。秋七月,匈奴南单于呼厨泉带着部下名王来朝,魏王用客礼接待他,接着把他留在魏国,派右贤王去卑监匈奴国。八月,魏王以大理钟繇为相国。冬十月,魏王整训部队,接着出发征讨孙权,十一月,魏王到谯县。

二十二年春正月,魏王驻扎居巢。二月,进军驻扎江西郝溪。孙权在濡须口筑城拒守,于是魏王进逼攻打,孙权后退逃走。三月,魏王带兵回返,留夏侯惇、曹仁、张辽等驻屯居巢。

夏四月,天子命令魏王设置天子旌旗,出入称警跸。五月,建造泮宫。六月,魏王以军师华歆为御史大夫。冬十月,天子命令魏王冕上悬垂十二枚旒,乘坐金根车,驾六匹马,配设五时副车。以五官中郎将曹丕为魏国太子。

刘备派遣张飞、马超、吴兰等驻屯下辩。魏王派遣曹洪去对抗。

二十三春正月，汉太医令吉本和少府耿纪，司直韦晃等造反，进攻许都，烧丞相长史王必的军营，王必和颍川典农中郎将严匡攻杀了吉本等人。

曹洪打败吴兰，杀死吴兰将领任夔等人。三月，张飞、马超逃往汉中，阴平氏人强端杀了吴兰，把首级送给朝廷。夏四月，代郡，上谷乌丸无臣氏等人反叛，魏王派遣鄢陵侯曹彰去打败了他们。

六月，下令说："古代埋葬死者，一定要找瘠薄的地去埋。现命令划出西门豹祠西边原上的一片地，来建造我的寿陵，就用原地高度为基点，不堆坟丘，不栽树为标志。《周礼》冢人掌管公墓土地，凡是诸侯都葬在王墓左右两侧的前方，卿大夫在后方。汉朝制度也叫做陪陵。现决定有功的公卿大臣列将，死后陪葬我的寿陵。把寿陵墓地规划得广阔一些，让陪葬的容纳得下。"

秋七月，魏王训练部队，接着西征刘备，九月，到长安。

冬十月，宛县守将侯音等人造反，逮捕南阳太守，掳略官民，据守宛县。在这以前。曹仁奉命讨伐关羽，屯驻樊城。这个月，魏王派曹仁包围宛县。

二十四年春正月，曹仁屠杀宛县军民，杀了侯音。

夏侯渊与刘备在阳平交战，被刘备杀了。三月，魏王从长安出发，经过斜谷派军队占据了军事要地，进军汉中，接着又到阳平。刘备利用险要地势据守抵抗。

夏五月，魏王带兵回长安。

秋七月，魏王以夫人卞氏为王后。魏王派于禁帮助曹仁进攻关羽。八月，汉水泛滥，淹了于禁军队，于禁军队全部溃散，关羽捉了于禁，接着包围曹仁。魏王派徐晃救曹仁。九月，魏相国钟繇因为西曹掾魏讽造反而获罪，被免职。

冬十月，魏王大军回洛阳。孙权送来书信，愿以讨伐关羽作为对朝廷的报效。魏王从洛阳南征关羽，还未到前线，徐晃已经打败了关羽，关羽逃走，曹仁被解围，魏王驻扎摩陂。

二十五年春正月，魏王到达洛阳，孙权攻杀了关羽，把关羽首级传送给朝廷。

庚子，魏王在洛阳去世，年龄是六十六岁。留下遗令说："天下还没安定，还不能够一切遵从古代礼制办事。埋葬以后，全部除去孝服。那些带兵驻扎戍守的，都不许离开驻屯地。各部门官吏照常做自己的本职事情。用现在流行穿用的服装装殓，不要陪葬金玉珍宝。"魏王被谥为武王。二月丁卯，葬于高陵。

评：汉朝末年，天下大乱，英雄豪杰同时兴起，而袁绍占有四州，虎视眈眈，强盛无敌。太祖运用计谋，征讨天下，采纳申不害、商鞅的法术，兼用韩信、白起的奇谋，把官职授予有知识有才能的人，根据本人情况授予不同官职，控制感情，重视计谋，不记旧仇。终于能全面掌握大权，完成建国大业的原因，在于他有英明的谋略啊。他可以称得上是非常之人，盖世的英杰了。

【原文】

太祖武皇帝，沛国谯人也，姓曹，讳操，字孟德，汉相国参之后。桓帝世，曹腾为中常侍大长秋，封费亭侯。养子嵩嗣，官至太尉，莫能审其生出本末。嵩生太祖。

太祖少机警，有权数，而任侠放荡，不治行业，故世人未之奇也，惟梁国桥玄、南阳何颙异焉。玄谓太祖曰："天下将乱，非命世之才不能济也，能安之者，其在君乎！"年二十，举孝廉，为郎，除洛阳北部尉，迁顿丘令，征拜议郎。光和末，黄巾起，拜骑都尉，讨颍川贼。迁为济南相，国有十余县，长吏多阿附贵戚，赃污狼籍，于是奏免其八，禁断淫祀，奸宄逃窜，郡界肃然。久之，征还为东郡太守，不就，称疾归乡里。

顷之，冀州刺史王芬、南阳许攸、沛国周旌等连接豪杰，谋废灵帝，立合肥侯，以告太祖。太祖拒之，芬等遂败。

金城边章、韩遂杀刺史郡守以叛，众十余万，天下骚动。征太祖为典军校尉。会灵帝崩，太子即位，太后临朝。大将军何进与袁绍谋诛宦官，太后不听。进乃召董卓，欲以胁太后，卓未至而进见杀。卓到，废帝为弘农王而立献帝，京都大乱。卓表太祖为骁骑校尉，欲与计事。太祖乃变易姓名，间行东归。出关，过中牟，为亭长所疑，执诣县，邑中或窃识之，为请得解。卓遂杀太后及弘农王。太祖至陈留，散家财，合义兵，将以诛卓。冬十二月，始起兵于己吾，是岁中平六年也。

初平元年春正月，后将军袁术、冀州牧韩馥、豫州刺史孔伷、兖州刺史刘岱、河内太守王匡、渤海太守袁绍、陈留太守张邈、东郡太守桥瑁、山阳太守袁遗、济北相鲍信同时俱起兵，众各数万，推绍为盟主。太祖行奋武将军。

二月，卓闻兵起，乃徙天子都长安。卓留屯洛阳，遂焚宫室。是时绍屯河内，邈、岱、瑁、遗屯酸枣，术屯南阳，伷屯颍川，馥在邺。卓兵强，绍等莫敢先进。太祖曰："举义兵以诛暴乱，大众已合，诸君何疑？向使董卓闻山东兵起，倚王室之重，据二周之险，东向以临天下；虽以无道行之，犹足为患。今焚烧宫室，劫迁天子，海内震动，不知所归，此天亡之时也。一战而天下定矣，不可失也。"遂引兵西，将据成皋。邈遣将卫兹分兵随太祖，到荥阳汴水，遇卓将徐荣，与战不利，士卒死伤甚多。太祖为流矢所中，所乘马被创，从弟洪以马与太祖，得夜遁去。荣见太祖所将兵少，力战尽日，谓酸枣未易攻也，亦引兵还。

太祖到酸枣，诸军兵十余万，日置酒高会，不图进取。太祖责让之，因为谋曰："诸君听吾计，使渤海引河内之众临孟津，酸枣诸将守成皋，据敖仓，塞轘辕、太谷，全制其险；使袁将军率南阳之军军丹、析，入武关，以震三辅，皆高垒深壁勿与战，益为疑兵，示天下形势，以顺诛逆，可立定也。今兵以义动，持疑而不进，失天下之望，窃为诸君耻之！"邈等不能用。

太祖兵少，乃与夏侯惇等诣扬州募兵，刺史陈温、丹阳太守周昕与兵四千余人。还到龙亢，士卒多叛。至铚、建平，复收兵得千余人，进屯河内。

刘岱与桥瑁相恶，岱杀瑁，以王肱领东郡太守。

袁绍与韩馥谋立幽州牧刘虞为帝，太祖拒之。绍又尝得一玉印，于太祖坐中举向其肘，太祖由是笑而恶焉。

二年春，绍、馥遂立虞为帝，虞终不敢当。夏四月，卓还长安。秋七月袁绍胁韩馥取冀州。

黑山贼于毒、白绕、眭固等十余万众略魏郡，东郡王肱不能御。太祖引兵入东郡，击白绕于濮阳，破之。袁绍因表太祖为东郡太守，治东武阳。

三年春，太祖军顿丘，毒等攻东武阳。太祖乃引兵西入山，攻毒等本屯。毒闻之，弃武阳还。太祖要击眭固，又击匈奴於夫罗于内黄，皆大破之。

夏四月，司徒王允与吕布共杀卓。卓将李傕、郭汜等杀允攻布，布败，东出武关。傕等擅朝政。

青州黄巾众百万入兖州，杀任城相郑遂，转入东平。刘岱欲击之，鲍信谏曰："今贼众百万，百姓皆震恐，士卒无斗志，不可敌也。观贼众群辈相随，军无辎重，唯以钞略为资，今不若畜士众之力，先为固守。彼欲战不得，攻又不能，其势必离散，后选精锐，据其要害，击之可破也。"岱不从，遂与战，果为所杀。信乃与州吏万潜等至东郡迎太祖领兖州牧。遂进兵击黄巾于寿张东。信力战斗死，仅而破之。购求信丧不得，众乃刻木如信形状，祭而哭焉。追黄巾至济北。乞降。冬，受降卒三十余万，男女百余万口，收其精锐者，号为青州兵。

袁术与绍有隙，术求援于公孙瓒，瓒使刘备屯高唐，单经屯平原，陶谦屯发干，以逼绍。太祖与绍会击，皆破之。

四年春，军鄄城。荆州牧刘表断术粮道，术引军入陈留，屯封丘，黑山余贼及於夫罗等佐之。术使将刘详屯匡亭。太祖击详，术救之，与战，大破之。术退保封丘，遂围之。未合，术走襄邑。追到太寿，决渠水灌城。走宁陵。又追之。走九江。夏，太祖还军定陶。

下邳阙宣聚众数千人，自称天子，徐州牧陶谦与共举兵，取泰山华、费，略任城。秋，太祖征陶谦，下十余城。谦守城不敢出。是岁，孙策受袁术使渡江，数年间遂有江东。

兴平元年春，太祖自徐州还。初，太祖父嵩，去官后还谯，董卓之乱，避难琅邪，为陶谦所害，故太祖志在复仇东伐。夏，使荀彧、程昱守鄄城，复征陶谦。拔五城，遂略地至东海。还过郯，谦将曹豹与刘备屯郯东，要太祖。太祖击破之。遂攻拔襄贲，所过多所残戮。

会张邈与陈宫叛迎吕布，郡县皆应。荀彧、程昱保鄄城，范、东阿二县固守。太祖乃引军还。布到，攻鄄城不能下，西屯濮阳。太祖曰："布一旦得一州，不能据东平，断亢父、泰山之道乘险要我，而乃屯濮阳，吾知其无能为也。"遂进军攻之。布出兵战。先以骑犯青州兵，青州兵奔。太祖阵乱，驰突火出，坠马，烧左手掌。司马楼异扶太祖上马，遂引去。未至营止。诸将未与太祖相见，皆怖。太祖乃自力劳军，令军中促为攻具，进复攻之。与布相守百余日。蝗虫起，百姓大饿，布粮食亦尽。各引去。

秋九月，太祖还鄄城。布到乘氏，为其县人李进所破，东屯山阳。于是绍使人说太祖，欲连和。太祖新失兖州，军食尽，将许之。程昱止太祖，太祖从之。冬十月，太祖至东阿。是岁，谷一斛五十余万钱，人相食，乃罢吏兵新募者。陶谦死，刘备代之。

二年春，袭定陶。济阴太守吴资保南城，未拔。会吕布至，又击破之。夏，布将薛兰、李封屯钜野，太祖攻之，布救兰，兰败，布走，遂斩兰等。布复从东缗与陈宫将万余人来战。时太祖兵少，设伏，纵奇兵击，大破之。布夜走，太祖复攻，拔定陶，分兵平诸县。布东奔刘备，张邈从布，使其弟超将家属保雍丘。秋八月，围雍丘。冬十月，天子拜太祖兖州牧。十二月，雍丘溃，超自杀。夷邈三族。邈诣袁术请救，为其众所杀，兖州平。遂东略陈地。是岁，长安乱，天子东迁，败于曹阳，渡河幸安邑。

建安元年春正月，太祖军临武平，袁术所置陈相袁嗣降。

太祖将迎天子，诸将或疑，荀彧、程昱劝之，乃遣曹洪将兵西迎，卫将军董承与袁术将苌奴拒险，洪不得进。

汝南、颍川黄巾何仪、刘辟、黄邵、何曼等，众各数万，初应袁术，又附孙坚。

二月，太祖进军讨破之，斩辟、邵等，仪及其众皆降。天子拜太祖建德将军，夏六月，迁镇东将军，封费亭侯。秋七月，杨奉、韩暹以天子还洛阳，奉别屯梁。太祖遂至洛阳，卫京都，暹遁走。天子假太祖节钺，录尚书事。洛阳残破，董昭等劝太祖都许。九月，车驾出辕辕而东，以太祖为大将军，封武平侯。自天子西迁，朝廷日乱，至是，宗庙社稷制度始立。

天子之东也，奉自梁欲要之，不及。冬十月，公征奉，奉南奔袁术，遂攻其梁屯，拔之。于是以袁绍为太尉，绍耻班在公下，不肯受。公乃固辞，以大将军让绍。天子拜公司空，行车骑将军。是岁用枣祗、韩浩等议，始兴屯田。

吕布袭刘备，取下邳。备来奔。程昱说公曰："观刘备有雄才而甚得众心，终不为人下，不如早图之。"公曰："方今收英雄时也，杀一人而失天下之心，不可。"

张济自关中走南阳。济死，从子绣领其众。二年春正月，公到宛。张绣降，既而悔之，复反。公与战，军败，为流矢所中，长子昂、弟子安民遇害。公乃引兵还舞阴，绣将骑来钞，公击破之。绣奔穰，与刘表合。公谓诸将曰："吾降张绣等，失不便取其质，以至于此。吾知所以败。诸卿观之，自今已后不复败矣。"遂还许。

袁术欲称帝于淮南，使人告吕布。布收其使，上其书。术怒，攻布，为布所破。秋九月，术侵陈，公东征之。术闻公自来，弃军走，留其将桥蕤、李丰、梁纲、乐就。公到，击破蕤等，皆斩之。术走渡淮。公还许。

公之自舞阴还也，南阳、章陵诸县复叛为绣，公遣曹洪击之，不利，还屯叶，数为绣、表所侵。冬十一月，公自南征，至宛。表将邓济据湖阳。攻拔之，生禽济，湖阳降。攻舞阴，下之。

三年春正月，公还许，初置军师祭酒。三月，公围张绣于穰。夏五月，刘表遣兵救绣，以绝军后。公将引还，绣兵来，公军不得进，连营稍前。公与荀彧书曰："贼来追吾，虽日行数里，吾策之，到安众，破绣必矣。"到安众，绣与表兵合，守险，公军前后受敌。公乃夜凿险为地道，悉过辎重，设奇兵。会明，贼谓公为遁也，悉军来追。乃纵奇兵步骑夹攻，大破之。秋七月，公还许。荀彧问公："前以策贼必破，何也？"公曰："虏遏吾归师，而与吾死地战，吾是以知胜矣。"

吕布复为袁术使高顺攻刘备，公遣夏侯惇救之，不利。备为顺所败。九月，公东征布。冬十月，屠彭城，获其相侯谐。进至下邳，布自将骑逆击。大破之，获其骁将成廉。追至城下，布恐，欲降。陈宫等沮其计，求救于术，劝布出战，战又败，乃还固守，攻之不下。时公连战，士卒罢，欲还。用荀攸、郭嘉计，遂决泗、沂水以灌城。月余，布将宋宪、魏续等执陈宫，举城降，生禽布、宫，皆杀之。太山臧霸、孙观、吴敦、尹礼、昌豨各聚众。布之破刘备也，霸等悉从布。布败，获霸等，公厚纳待，遂割青、徐二州附于海以委焉。分琅邪、东海、北海为城阳、利城、昌虑郡。

初，公为兖州，以东平毕谌为别驾。张邈之叛也，邈劫谌母弟妻子。公谢遣之，曰："卿老母在彼，可去。"谌顿首无二心，公嘉之，为之流涕。既出，遂亡归。及布破，谌生得。众为谌惧。公曰："夫人孝于其亲者，岂不亦忠于君乎！吾所求也。"以为鲁相。

四年春二月，公还至昌邑。张杨将杨丑杀杨，眭固又杀丑，以其众属袁绍，屯射犬。夏四月，进军临河，使史涣、曹仁渡河击之。固使杨故长史薛洪、河内太守缪尚留守，自将兵北迎绍求救，与涣、仁相遇犬城。交战，大破之，斩固。公遂济河，围射犬。洪、尚率众降，封为列侯，还军敖仓。以魏种为河内太守，属以河北事。

初，公举种孝廉。兖州叛，公曰："唯魏种且不弃孤也。"及闻种走，公怒曰："种不南走越，北走胡，不置汝也！"既下射犬，生擒种，公曰："唯其才也！"释其缚而用之。

是时袁绍既并公孙瓒，兼四州之地，众十余万，将进军攻许。诸将以为不可敌。公曰："吾知绍之为人，志大而智小，色厉而胆薄，忌克而少威，兵多而分画不明，将骄而政令不一，土地虽广，粮食虽丰，适足以为吾奉也。"秋八月，公进军黎阳，使臧霸等入青州破齐、北海、东安，留于禁屯河上。九月，公还许，分兵守官渡。冬十一月，张绣率众降，封列侯。十二月，公军官渡。

袁术自败于陈，稍困，袁谭讲自青州遣迎之。术欲从下邳北过，公遣刘备、朱灵要之。会术病死。程昱、郭嘉闻公遣备，言于公曰："刘备不可纵。"公悔，追之不及。备之未东也，阴与董承等谋反，至下邳，遂杀徐州刺史车胄，举兵屯沛。遣刘岱、王忠击之，不克。庐江太守刘勋率众降，封为列侯。

五年春正月，董承等谋泄，皆伏诛。公将自东征备，诸将皆曰："与公争天下者，袁绍也。今绍方来而弃之东，绍乘人后，若何？"公曰："夫刘备，人杰也，今不击，必为后患。袁绍虽有大志，而见事迟，必不动也。"郭嘉亦劝公，遂东击备，破之，生禽其将夏侯博。备走奔绍，获其妻子。备将关羽屯下邳，复进攻之，羽降。昌豨叛为备，又攻破之。公还官渡，绍卒不出。

二月，绍遣郭图、淳于琼、颜良攻东郡太守刘延于白马，绍引兵至黎阳，将渡河。夏四月，公北救延。荀攸说公曰："今兵少不敌，分其势乃可。公到延津，若将渡兵向其后者，绍必西应之，然后轻兵袭白马，掩其不备，颜良可禽也。"公从之。绍闻兵渡，即分兵西应之。公乃引军兼行趣白马，未至十余里，良大惊，来逆战。使张辽、关羽前登，击破，斩良。遂解白马围，徙其民，循河而西。绍于是渡河追公军，至延津南。公勒兵驻营南阪下，使登垒望之。曰："可五六百骑。"有顷，复白："骑稍多，步兵不可胜数。"公曰："勿复白。"乃令骑解鞍放马。是时，白马辎重就道。诸将以为敌骑多，不如还保营。荀攸曰："此所以饵敌，如何去之！"绍骑将文丑与刘备将五六千骑前后至。诸将复白："可上马。"公曰："未也。"有顷，骑至稍多，或分趣辎重。公曰："可矣。"乃皆上马。时骑不满六百，遂纵兵击，大破之，斩丑。良、丑皆绍名将也，再战，悉禽，绍军大震。公还军官渡。绍进保阳武。关羽亡归刘备。

八月，绍连营稍前，依沙塠为屯，东西数十里。公亦分营与相当，合战不利。时公兵不满万，伤者十二三。绍复进临官渡，起土山地道。公亦于内作之，以相应。绍射营中，矢如雨下，行者皆蒙楯，众大惧。时公粮少，与荀彧书，议欲还许。彧以为"绍悉众聚官渡，欲与公决胜败。公以至弱当至强，若不能制，必为所乘，是天下之大机也。且绍，布衣之雄耳，能聚人而不能用。夫以公之神武明哲而辅以大顺，何向而不济！"公从之。

孙策闻公与绍相持，乃谋袭许，未发，为刺客所杀。

汝南降贼刘辟等叛应绍，略许下。绍使刘备助辟，公使曹仁击破之。备走，遂破辟屯。

袁绍运谷车数千乘至，公用荀攸计，遣徐晃、史涣邀击，大破之，尽烧其车。公与绍相拒连月，虽比战斩将，然众少粮尽，士卒疲乏。公谓运者曰："却十五日为汝破绍，不复劳汝矣。"冬十月，绍遣车运谷，使淳于琼等五人将兵万余人送之，宿绍营北四十里。绍谋臣许攸贪财，绍不能足，来奔，因说公击琼等。左右疑之，荀攸、贾诩劝公。公乃留曹洪守，自将步骑五千人夜往，会明至。琼等望见公兵少，出阵门外。公急击之，琼退保营，遂攻之。绍遣骑救琼。左右或言："贼骑稍近，请分兵拒之。"公怒曰："贼在背后，乃白！"士卒皆殊死战，大破琼等，皆斩之。绍初闻公之击琼，谓长子谭曰："就彼攻琼等，吾攻拔其营，彼固无所归矣！"乃使张郃、高览攻曹洪。郃等闻琼破，遂来降。绍众大溃，绍及谭弃军走，渡河。追之不及，尽收其辎重图书珍宝，虏其众。公收绍书中，得许下及军中人书，皆焚之。冀州诸郡多举城邑降者。

初，桓帝时有黄星见于楚、宋之分，辽东殷馗善天文，言后五十岁当有真人起于梁、沛之间，其锋不可当。至是凡五十年，而公破绍，天下莫敌矣。

六年夏四月，扬兵河上，击绍仓亭军，破之。绍归，复收散卒，攻定诸叛郡县。九月，公还许。绍之未破也，使刘备略汝南，汝南贼共都等应之。遣蔡扬击都，不利，为都所破。公南征备。备闻公自行，走奔刘表，都等皆散。

七年春正月，公军谯，令曰："吾起义兵，为天下除暴乱。旧土人民，死丧略尽，国中终日行，不见所识，使吾悽怆伤怀。其举义兵以来，将士绝无后者，求其亲戚以后之，授土田，官给耕牛，置学师以教。为存者立庙，使祀其先人，魂而有灵，吾百年之后何恨哉！"遂至浚仪，治睢阳渠，遣使以太牢祀桥玄。进军官渡。

绍自军破后，发病欧血，夏五月死。小子尚，代谭，自号车骑将军，屯黎阳。秋九月，公征之，连战。谭、尚数败退，固守。

八年春三月，攻其郭，乃出战，击，大破之，谭、尚夜遁。夏四月，进军邺。五月还许，留贾信屯黎阳。

己酉，令曰："《司马法》：'将军死绥'，故赵括之母，乞不坐括。是古之将者，军破于外，而家受罪于内也。自命将征行，但赏功而不罚罪，非国典也。其令诸将出征，败军者抵罪，失利者免官爵。"

秋七月，令曰："丧乱已来，十有五年，后生者不见仁义礼让之风，吾甚伤之。其令郡国各修文学，县满五百户置校官，选其乡之俊造而教学之，庶几先王之道不废，而有以益于天下。"

八月，公征刘表，军西平。公之去邺而南也，谭、尚争冀州，谭为尚所败，走保平原。尚攻之急，谭遣辛毗乞降请救。诸将皆疑，荀攸劝公许之，公乃引军还。冬十月，到黎阳，为子整与谭结婚。尚闻公北，乃释平原还邺。东平吕旷、吕翔叛尚，屯阳平，率其众降，封为列侯。

九年春正月，济河，遏淇水入白沟以通粮道。二月，尚复攻谭，留苏由、审配守邺。公进军到洹水，由降。既至，攻邺，为土山、地道。武安长尹楷屯毛城，通上党粮道。夏四月，留曹洪攻邺，公自将击楷，破之而还。尚将沮鹄守邯郸，又击拔之。易阳令韩范、涉长梁岐举县降，赐爵关内侯。五月，毁土山、地道，作围堑，决漳水灌城，城中饿死者过半。秋七月，尚还救邺，诸将皆以为"此归师，人自为战，不如避之。"公曰："尚从大道来，当避之；若循西山来者，此成禽耳。"尚果循西山来，临滏水为营。夜遣兵犯围，公逆击破走之，遂围其营。未合，尚惧，故豫州刺史阴夔及陈琳乞降，公不许，为围益急。尚夜遁，保祁山，追击之。其将马延、张𫖮等临阵降，众大溃，尚走中山。尽获其辎重，得尚印绶节钺，使尚降人示其家，城中崩沮。八月，审配兄子荣夜开所守城东门内兵。配逆战，败，生禽配，斩之，邺定。公临祀绍墓，哭之流涕。慰劳绍妻，还其家人宝物，赐杂缯絮，廪食之。

初，绍与公共起兵，绍问公曰："若事不辑，则方面何所可据？"公曰："足下意以为何如？"绍曰："吾南据河，北阻燕、代，兼戎狄之众，南向以争天下，庶可以济乎？"公曰："吾任天下之智力，以道御之，无所不可。"

九月，令曰："河北罹袁氏之难，其令无出今年租赋！"重豪强兼并之法，百姓喜悦。天子以公领冀州牧，公让还兖州。

公之围邺也，谭略取甘陵、安平、渤海、河间。尚败，还中山。谭攻之，尚奔故安，遂并其众。公遗谭书，责以负约，与之绝婚，女还，然后进军。谭惧，拔平原，走保南皮。十二月，公入平原，略定诸县。

十年春正月，攻谭，破之，斩谭，诛其妻子，冀州平。下令曰："其与袁氏同恶者，与之更始。"令民不得复私仇，禁厚葬，皆一之于法。是月，袁熙大将焦触、张南等叛攻熙、尚，熙、尚奔三郡乌丸。触等举其县降，封为列侯。初讨谭时，民亡椎冰，令不得降。顷之，亡民有诣门首者，公谓曰："听汝则违令，杀汝则诛首，归深自藏，无为吏所获。"民垂泣而去，后竟捕得。

夏四月，黑山贼张燕率其众十余万降，封为列侯。故安赵犊、霍奴等杀幽州刺史、涿郡太守。三郡乌丸攻鲜于辅于犷平。秋八月，公征之，斩犊等，乃渡潞河救犷平，乌丸奔走出塞。

九月，令曰："阿党比周，先圣所疾也。闻冀州俗，父子异部，更相毁誉。昔直不疑无兄，世人谓之盗嫂；第五伯鱼三娶孤女，谓之挝妇翁；王凤擅权，谷永比之申伯；王商忠议，张匡谓之左道：此皆以白为黑，欺天罔君者也。吾欲整齐风俗，四者不除，吾以为羞。"冬十月，公还邺。

初，袁绍以甥高干领并州牧，公之拔邺，干降，遂以为刺史。干闻公讨乌丸，乃以州叛，执上党太守，举兵守壶关口。遣乐进、李典击之，干还守壶关城。十一年春正月，公征干。干闻之，乃留其别将守城，走入匈奴，求救于单于，单于不受。公围壶关三月，拔之。干遂走荆州，上洛都尉王琰捕斩之。

秋八月，公东征海贼管承，至淳于，遣乐进、李典击破之，承走入海岛。割东海之襄贲、郯、戚以益琅邪，省昌虑郡。

三郡乌丸承天下乱，破幽州，略有汉民合十余万户。袁绍皆立其酋豪为单于，以家人子为己女，妻焉。辽西单于蹋顿尤强，为绍所厚，故尚兄弟归之，数入塞为害。公将征之，凿渠，自呼沲入泒水，名平虏渠。又从泃河口凿入潞河，名泉州渠，以通海。

十二年春二月，公自淳于还邺。丁酉，令曰："吾起义兵诛暴乱，于今十九年，所征必克，岂吾功哉？乃贤士大夫之力也。天下虽未悉定，吾当要与贤士大夫共定之；而专飨其劳，吾何以安焉！其促定功行封。"于是大封功臣二十余人，皆为列侯，其余各以次受封，及复死事之孤，轻重各有差。

将北征三郡乌丸，诸将皆曰："袁尚，亡虏耳，夷狄贪而无亲，岂能为尚用？今深入征之，刘备必说刘表以袭许。万一为变，事不可悔。"惟郭嘉策表必不能任备，劝公行。夏五月，至无终。秋七月，大水，傍海道不通，田畴请为乡导，公从之。引军出卢龙塞，塞外道绝不通，乃堑山堙谷五百余里，经白檀，历平冈，涉鲜卑庭，东指柳城。未至二百里，虏乃知之。尚、熙与蹋顿、辽西单于楼班、右北平单于能臣抵之等将数万骑逆军。八月，登白狼山，卒与虏遇，众甚盛。公车重在后，被甲者少，左右皆惧。公登高，望虏阵不整，乃纵兵击之，使张辽为先锋，虏众大崩，斩蹋顿及名王已下，胡、汉降者二十余万口。辽东单于速仆九及辽西、北平诸豪，弃其种人，与尚、熙奔辽东，众尚有数千骑。初，辽东太守公孙康恃远不服。及公破乌丸，或说公遂征之，尚兄弟可禽也。公曰："吾方使康斩送尚、熙首，不烦兵矣。"九月，公引兵自柳城还，康即斩尚、熙及速仆九等，传其首。诸将或问："公还而康斩送尚、熙，何也？"公曰："彼素畏尚等，吾急之则并力，缓之则自相图，其势然也。"十一月至易水，代郡乌丸行单于普富卢、上郡乌丸行单于那楼将其名王来贺。

十三年春正月，公还邺，作玄武池以肄舟师。汉罢三公官，置丞相、御史大夫。夏六月，以公为丞相。

秋七月，公南征刘表。八月，表卒，其子琮代屯襄阳，刘备屯樊。九月，公到新野，琮遂降，备走夏口。公进军江陵，下令荆州吏民，与之更始。乃论荆州服从之功,侯者十五人,以刘表大将文聘为江夏太守,使统本兵,引用荆州名士韩嵩、邓义等。益州牧刘璋始受征役,遣兵给军。十二月,孙权为备攻合肥。公自江陵征备,至巴丘,遣张熹救合肥。权闻熹至,乃走。公至赤壁,与备战,不利。于是大疫,吏士多死者,乃引军还。备遂有荆州、江南诸郡。

十四年春三月,军至谯,作轻舟,治水军。秋七月,自涡入淮,出肥水,军合肥。辛未,令曰:"自顷已来,军数征行,或遇疫气,吏士死亡不归,家室怨旷,百姓流离,而仁者岂乐之哉? 不得已也。其令死者家无基业不能自存者,县官勿绝廪,长吏存恤抚循,以称吾意。"置扬州郡县长吏,开芍陂屯田。十二月,军还谯。

十五年春,下令曰:"自古受命及中兴之君,曷尝不得贤人君子与之共治天下者乎! 及其得贤也,曾不出闾巷,岂幸相遇哉? 上之人不求之耳。今天下尚未定,此特求贤之急时也。'孟公绰为赵、魏老则优,不可以为滕、薛大夫。'若必廉士而后可用,则齐桓其何以霸世! 今天下得无有被褐怀玉而钓于渭滨者乎? 又得无盗嫂受金而未遇无知者乎? 二三子其佐我明扬仄陋,唯才是举,吾得而用之。"冬,作铜雀台。

十六年春正月,天子命公世子丕为五官中郎将,置官属,为丞相副。太原商曜等以大陵叛,遣夏侯渊、徐晃围破之。张鲁据汉中,三月,遣钟繇讨之。公使渊等出河东与繇会。

是时关中诸将疑繇欲自袭马超,遂与韩遂、杨秋、李堪、成宜等叛。遣曹仁讨之。超等屯潼关,公敕诸将:"关西兵精悍,坚壁勿与战。"秋七月,公西征,与超等夹关而军。公急持之,而潜遣徐晃、朱灵等夜渡蒲阪津,据河西为营。公自潼关北渡,未济,超赴船急战。校尉丁斐因放牛马以饵贼,贼乱取牛马,公乃得渡,循河为甬道而南。贼退,拒渭口,公乃多设疑兵,潜以舟载兵入渭,为浮桥,夜,分兵结营于渭南。贼夜攻营,伏兵击破之。超等屯渭南,遣信求割河以西请和,公不许。

九月,进军渡渭。超等数挑战,又不许;固请割地,求送任子,公用贾诩计,伪许之。韩遂请与公相见,公与遂父同岁孝廉,又与遂同时侪辈,于是交马语移时,不及军事,但说京都旧故,拊手欢笑。既罢,超等问遂:"公何言?"遂曰:"无所言也。"超等疑之。他日,公又与遂书,多所点窜,如遂改定者。超等愈疑遂。公乃与克日会战,先以轻兵挑之,战良久,乃纵虎骑夹击,大破之,斩成宜、李堪等。遂、超等走凉州,杨秋奔安定,关中平。诸将或问公曰:"初,贼守潼关,渭北道缺,不从河东击冯翊而反守潼关,引日而后北渡,何也?"公曰:"贼守潼关,若吾入河东，贼必引守诸津，则西河未可渡，吾故盛兵向潼关，贼悉众南守，西河之备虚，故二将得擅取西河。然后引军北渡，贼不能与吾争西河者，以有二将之军也。连车树栅，为甬道而南，既为不可胜，且以示弱。渡渭为坚垒，虏至不出，所以骄之也，故贼不为营垒而求割地。吾顺言许之，所以从其意，使自安而不为备，因畜士卒之力，一旦击之，所谓疾雷不及掩耳，兵之变化，固非一道也。"始，贼每一部到，公辄有喜色。贼破之后，诸将问其故。公答曰："关中长远，若贼各依险阻，征之，不一二年不可定也。今皆来集，其众虽多，莫相归服，军无适主，一举可灭，为功差易，吾是以喜。"

冬十月，军自长安北征杨秋，围安定。秋降，复其爵位，使留抚其民人。十二月，自安定还，留夏侯渊屯长安。

十七年春正月，公还邺。天子命公赞拜不名，入朝不趋，剑履上殿，如萧何故事。马超余众梁兴等屯蓝田，使夏侯渊击平之。割河内之荡阴、朝歌、林虑，东郡之卫国、顿丘、东武阳、发干，巨鹿之廮陶、曲周、南和，广平之任城，赵之襄国、邯郸、易阳以益魏郡。冬十月，公征孙权。

十八年春正月，进军濡须口，攻破权江西营，获权都督公孙阳，乃引军还。诏书并十四州，复为九州。夏四月，至邺。

五月丙申，天子使御史大夫郗虑持节策命公为魏公曰：

朕以不德，少遭愍凶，越在西土，迁于唐、卫。当此之时，若缀旒然，宗庙乏祀，社稷无位，群凶觊觎，分裂诸夏，率土之民，朕无获焉，即我高祖之命将坠于地。朕用夙兴假寐，震悼于厥心，曰："惟祖惟父，股肱先正，其孰能恤朕躬？"乃诱天衷，诞育丞相，保乂我皇家，弘济于艰难，朕实赖之。今将授君典礼，其敬听朕命。

昔者董卓初兴国难，群臣释位以谋王室，君则摄进，首启戎行，此君之忠于本朝也。后及黄巾反易天常，侵我三州，延及平民，君又翦之以宁东夏，此又君之功也。韩暹、杨奉专用威命，君则致讨，克黜其难，遂迁许都，造我京畿，设官兆祀，不失旧物，天地鬼神于是获乂，此又君之功也。袁术僭逆，肆于淮南，慑惮君灵，用丕显谋，蕲阳之役，桥蕤授首，稜威南迈，术以陨溃，此又君之功也。回戈东征，吕布就戮，乘辕将返，张杨殂毙，眭固伏罪，张绣稽服，此又君之功也。袁绍逆乱天常，谋危社稷，凭恃其众，称兵内侮，当此之时，王师寡弱，天下寒心，莫有固志，君执大节，精贯白日，奋其武怒，运其神策，致届官渡，大歼丑类，俾我国家拯于危坠,此又君之功也。济师洪河,拓定四州,袁谭、高干,咸枭其首,海盗奔迸,黑山顺轨,此又君之功也。乌丸三种,崇乱二世,袁尚因之,逼据塞北,束马县车,一征而灭,此又君之功也。刘表背诞,不供贡职,王师首路,威风先逝,百城八郡,交臂屈膝,此又君之功也。马超、成宜,同恶相济,滨据河、潼,求逞所欲,殄之渭南,献馘万计,遂定边境,抚和戎狄,此又君之功也。鲜卑、丁零,重译而至,单于白屋,请吏率职,此又君之功也。君有定天下之功,重之以明德,班叙海内,宣美风俗,旁施勤教,恤慎刑狱,吏无苛政,民无怀慝;敦崇帝族,表继绝世,旧德前功,罔不咸秩;虽伊尹格于皇天,周公光于四海,方之蔑如也。

　　朕闻先王并建明德,胙之以土,分之以民,崇其宠章,备其礼物,所以藩卫王室,左右厥世也。其在周成,管、蔡不静,惩难念功,乃使邵康公赐齐太公履,东至于海,西至于河,南至于穆陵,北至于无棣,五侯九伯,实得征之,世祚太师,以表东海。爰及襄王,亦有楚人不供王职,又命晋文登为侯伯,锡以二辂、虎贲、鈇钺、秬鬯、弓矢,大启南阳,世作盟主。故周室之不坏,繄二国是赖。今君称丕显德,明保朕躬,奉答天命,导扬弘烈,绥爰九域,莫不率俾,功高于伊、周,而赏卑于齐、晋,朕甚恧焉。朕以眇眇之身,托于兆民之上,永思厥艰,若涉渊冰,非君攸济,朕无任焉。今以冀州之河东、河内、魏郡、赵国、中山、常山、巨鹿、安平、甘陵、平原凡十郡,封君为魏公。锡君玄土,苴以白茅,爰契尔龟,用建冢社。昔在周室,毕公、毛公入为卿佐,周、邵师保出为二伯,外内之任,君实宜之。其以丞相领冀州牧如故。又加君九锡其敬听朕命。以君经纬礼律,为民轨仪,使安职业,无或迁志,是用锡君大辂、戎辂各一,玄牡二驷。君劝分务本,穑人昏作,粟帛滞积,大业惟兴,是用锡君衮冕之服,赤舃副焉。君敦尚谦让,俾民兴行,少长有礼,上下咸和,是用锡君轩县之乐,六佾之舞。君翼宣风化,爰发四方,远人革面,华夏充实,是用锡君朱户以居。君研其明哲,思帝所难,官才任贤,群善必举,是用锡君纳陛以登。君秉国之钧,正色处中,纤毫之恶,靡不抑退,是用锡君虎贲之士三百人。君纠虔天刑,章厥有罪,犯关干纪,莫不诛殛,是用锡君鈇钺各一。君龙骧虎视,旁眺八维,掩讨逆节,折冲四海,是用锡君彤弓一,彤矢百,玈弓十,玈矢千。君以温恭为基,孝友为德,明允笃诚,感于朕思,是用锡君秬鬯一卣,珪瓒副焉。魏国置丞相已下群卿百僚,皆如汉初诸侯王之制。往钦哉,敬服朕命,简恤尔重,时亮庶功,用终尔显德,对扬我高祖之休命。

秋七月,始建魏社稷宗庙。天子聘公三女为贵人,少者待年于国。九月,作金虎台。凿渠引漳水入白沟以通河。冬十月,分魏郡为东西部,置都尉。十一月,初置尚书、侍中、六卿。

马超在汉阳,复因羌、胡为害,氐王千万叛应超,屯兴国。使夏侯渊讨之。

十九年春正月,始耕籍田。南安赵衢、汉阳尹奉等讨超,枭其妻子,超奔汉中。韩遂徙金城,入氐王千万部,率羌、胡万余骑与夏侯渊战,击,大破之,遂走西平。渊与诸将攻兴国,屠之。省安东、永阳郡。

安定太守毋丘兴将之官,公戒之曰:"羌、胡欲与中国通,自当遣人来,慎勿遣人往。善人难得,必将教羌、胡妄有所请求,因欲以自利;不从便为失异俗意,从之则无益事。"兴至,遣校尉范陵至羌中,陵果教羌,使自请为属国都尉。公曰:"吾预知当尔,非圣也,但更事多耳。"

三月,天子使魏公位在诸侯王上,改授金玺、赤绂、远游冠。

秋七月,公征孙权。

初,陇西宋建自称河首平汉王,聚众枹罕,改元,置百官,三十余年。遣夏侯渊自兴国讨之。冬十月,屠枹罕,斩建,凉州平。

公自合肥还。

十一月,汉皇后伏氏坐昔与父故屯骑校尉完书,云帝以董承被诛怨恨公,辞甚丑恶,发闻,后废黜死,兄弟皆伏法。

十二月,公至孟津。天子命公置旄头,宫殿设钟虡。乙未,令曰:"夫有行之士未必能进取,进取之士未必能有行也。陈平岂笃行,苏秦岂守信邪?而陈平定汉业,苏秦济弱燕。由此言之,士有偏短,庸可废乎!有司明思此义,则士无遗滞,官无废业矣。"又曰:"夫刑,百姓之命也,而军中典狱者或非其人,而任以三军死生之事,吾甚惧之。其选明达法理者,使持典刑。"于是置理曹掾属。

二十年春正月,天子立公中女为皇后。省云中、定襄、五原、朔方郡,郡置一县领其民,合以为新

兴郡。

三月，公西征张鲁，至陈仓，将自武都入氐；氐人塞道，先遣张郃、朱灵等攻破之。夏四月，公自陈仓以出散关，至河池。氐王窦茂众万余人，恃险不服，五月，公攻屠之。西平、金城诸将麹演、蒋石等共斩送韩遂首。秋七月，公至阳平。张鲁使弟卫与将杨昂等据阳平关，横山筑城十余里，攻之不能拔，乃引军还。贼见大军退，其守备解散。公乃密遣解慓、高祚等乘险夜袭，大破之，斩其将杨任，进攻卫，卫等夜遁，鲁溃奔巴中。公军入南郑，尽得鲁府库珍宝。巴、汉皆降。复汉宁郡为汉中；分汉中之安阳、西城为西城郡，置太守；分锡、上庸郡，置都尉。

八月，孙权围合肥，张辽、李典击破之。

九月，巴七姓夷王朴胡、賨邑侯杜濩举巴夷、賨民来附，于是分巴郡，以胡为巴东太守，濩为巴西太守，皆封列侯。天子命公承制封拜诸侯守相。

冬十月，始置名号侯至五大夫，与旧列侯、关内侯凡六等，以赏军功。

十一月，鲁自巴中将其余众降。封鲁及五子皆为列侯。刘备袭刘璋，取益州，遂据巴中；遣张郃击之。

十二月，公自南郑还，留夏侯渊屯汉中。

二十一年春二月，公还邺。三月壬寅，公亲耕籍田。夏五月，天子进公爵为魏王。代郡乌丸行单于普富卢与其侯王来朝。天子命王女为公主，食汤沐邑。秋七月，匈奴南单于呼厨泉将其名王来朝，待以客礼，遂留魏，使右贤王去卑监其国。八月，以大理钟繇为相国。冬十月，治兵，遂征孙权，十一月至谯。

二十二年春正月，王军居巢。二月，进军屯江西郝溪。权在濡须口筑城拒守，遂逼攻之，权退走。三月，王引军还，留夏侯惇、曹仁、张辽等屯居巢。

夏四月，天子命王设天子旌旗，出入称警跸。五月，作泮宫。六月，以军师华歆为御史大夫。冬十月，天子命王冕十有二旒，乘金根车，驾六马，设五时副车，以五官中郎将丕为魏太子。

刘备遣张飞、马超、吴兰等屯下辩；遣曹洪拒之。

二十三年春正月，汉太医令吉本与少府耿纪、司直韦晃等反，攻许，烧丞相长史王必营，必与颍川典农中郎将严匡讨斩之。

曹洪破吴兰，斩其将任夔等。三月，张飞、马超走汉中，阴平氐强端斩吴兰，传其首。夏四月，代郡、上谷乌丸无臣氐等叛，遣鄢陵侯彰讨破之。

六月，令曰："古之葬者，必居瘠薄之地。其规西门豹祠西原上为寿陵，因高为基，不封不树，周礼冢人掌公墓之地，凡诸侯居左右以前，卿大夫居后，汉制亦谓之陪陵。其公卿大臣列将有功者,宜陪寿陵,其广为兆域,使足相容。"

秋七月,治兵,遂西征刘备,九月,至长安。

冬十月,宛守将侯音等反,执南阳太守,劫略民,吏保宛。初,曹仁讨关羽,屯樊城,是月使仁围宛。

二十四年春正月,仁屠宛,斩音。

夏侯渊与刘备战于阳平,为备所杀。三月,王自长安出斜谷,军遮要以临汉中,遂至阳平。备因险拒守。

夏五月,引军还长安。

秋七月,以夫人卞氏为王后。遣于禁助曹仁击关羽。八月,汉水溢,灌禁军,军没,羽获禁,遂围仁。使徐晃救之。九月,相国钟繇坐西曹掾魏讽反免。

冬十月,军还洛阳。孙权遣使上书,以讨关羽自效。王自洛阳南征羽,未至,晃攻羽,破之,羽走,仁围解。王军摩陂。

二十五年春正月,至洛阳。权击斩羽,传其首。

庚子,王崩于洛阳,年六十六。遗令曰:"天下尚未安定,未得遵古也。葬毕,皆除服。其将兵屯戍者,皆不得离屯部。有司各率乃职。敛以时服,无藏金玉珍宝。"谥曰武王。二月丁卯,葬高陵。

评曰:汉末,天下大乱,雄豪并起,而袁绍虎视四州,强盛莫敌。太祖运筹演谋,鞭挞宇内,揽申、商之法术,该韩、白之奇策,官方授材,各因其器,矫情任算,不念旧恶,终能总御皇机,克成洪业者,惟其明略最优也。抑可谓非常之人,超世之杰矣。

【国学精粹珍藏版】

二十四史

李志敏◎编著

◎尽览中国古典文化的博大精深 ◎读传世典籍，赢智慧人生——受益终生的传世经典

卷二

民主与建设出版社
·北京·

华佗传

——《三国志》卷二九

【说明】华佗是历史上著名的神医,这篇传记中记载的他治病的情况,颇具传奇色彩,可见他的医术之高妙,也说明古代医学的发展情况。马王堆医书中的《五十二病方》《导引图》等,很多处与华佗的医术一脉相承,证实了传记的可信性。华佗最杰出的贡献是使用麻醉进行外科手术,以及"五禽戏"等养生方法。华佗死于非命,医学著作也被焚毁,那是一幕幕多么悲惨的情景啊!封建专制下统治阶级对科学技术的摧残,从这里可以清楚地反映出来。

华佗,字元化,沛国谯县人,又名敷。曾在徐州一带到处求学,通晓几种经典。沛国相陈珪推举他作孝廉,太尉黄琬聘请他作官,他全都不去。华佗通晓养生的方法。当时人们认为他快有一百岁了,但他还保留着壮年人的面容。华佗精于开药方。他治疗疾病的处方,配制汤剂只用几种药物。他心中掌握药物的分量,配药时不用称量,煮好药就让病人饮用,同时告诉他们用药的次数,用完药后就会痊愈。如果要给病人针灸,也不过选一两个穴位,每处不过灸七八个艾柱,病就消除了。如果扎针,也不过一两处。下针时对病人说:"入针的感觉应该传到某处,如果感到了,就告诉我。"病人说:"针感已经到了。"随即拔针,病痛也跟着消失。如果疾病聚结在身体内部,针灸、药物都不能达到的,必须开刀割去的,就给病人喝麻沸散,不一会儿,病人就和醉死一样,什么也不知道了。华佗就开刀割取病患。病患如果在肠子中,就切开肠子清洗,然后缝合腹部,用药膏涂抹伤口,四五天就好了,不会疼痛,病人自己也不会感觉到。一个月以内,伤口就全部长好了。

前任甘陵相的夫人怀孕六个月,腹中疼痛不安。华佗给她号脉,说:"胎儿已经死了。"让人用手探查胎儿的位置,胎儿在左边是男孩,在右边就是女孩。人家回答说:"在左边。"华佗就配了汤药给她打胎,果然打下来一个男形的胎儿,病也就好了。

县吏尹世苦于四肢发热,口中干燥,不想听到人说话的声音,小便不通畅。华佗说:"试着做些热饭给他吃,出了汗就能痊愈,不出汗的话,三天以后就要死。"立即做了热饭给他吃,但他不出汗。华佗说:"内脏的气息已经断绝了,他会哭着断气的。"果然和华佗说的一样。

府吏兒寻、李延一起患病来求治,都是头痛,身体发热,受到的痛苦一样。华佗说:"兒寻应该下泻,李延应当发汗。"有的人提出疑问,为什么他们的治法不同?华佗说:"兒寻身体外实,而李延身体内实,所以治疗的方法不一样。"就分别给了药物。第二天早上两个人都能起床了。

盐渎人严昕和几个人一起来探望华佗,刚一进门,华佗就对严昕说:"您身体感觉好吗?"严昕说:"和平常一样。"华佗说:"从脸上看,您有急病,不要多喝酒。"严昕等人坐了一会儿回去。走了几里地,严昕头晕,从车上掉了下来。别人把他扶起来,用车拉回家里,第二天半夜就死了。

前任督邮顿子献得了病,已经治好了,又去请华佗诊脉。华佗说:"你身体还很虚弱,没有完全恢复,不要做过于劳累的事,如性交就会立刻死去。临死时,会把舌头吐出几寸长。"顿子献的妻子听说他病好了,从一百多里地以外赶来看他,住在他那里,夜晚性交。隔了三天,顿子献就发病了,结果和华佗说的一样。

督邮徐毅得了病,华佗去看他。徐毅对华佗说:"昨天让医曹吏刘租给胃管扎针,扎完针,就苦于咳嗽不止,想躺下,不得安宁。"华佗说:"扎针没有扎到胃管上,错扎到肝上了。以后饮食会一天天减少,五天以后死去,无法救活了。"果然和华佗的预言相同。

东阳人陈叔山的小儿子两岁时得了病,泻肚之前经常哭啼不止,一天天瘦弱下去。他来问华佗。华佗说:"这个孩子的母亲怀孕时,阳气聚在内脏养护,乳汁变得虚冷,孩子受了母亲的寒气,所以不能很快痊愈。"华佗给了他四物女宛丸这种药,十天以后病就好了。

彭城夫人晚上去厕所,被毒蝎螫了手,痛得呻吟呼喊,没有办法。华佗让人把汤药烧热,让夫人把手泡在汤药中。夫人终于可以睡着了。但是要由别人多次换汤药,让汤药保持温暖,天亮时手就好了。

军吏梅平得了病,被军队除名回家。他的家住在广陵,走了不到二百里,在亲戚的家里住宿。不一会儿，华佗也偶然地来到这个人家中，主人让华佗来看梅平的病。华佗对梅平说："您早点来见我，就不至于到这个地步了。现在您的疾病已经无法治疗了，赶快回去还可以见到家人，五天后就要死了。"梅平马上赶回家，死的日子与华佗的说法一样。

华佗在路上走时，见到一个人得病，咽喉堵塞，想吃东西又咽不下去，他的家人用车拉着他准备去求医。华佗听到他的呻吟声，停下车去看他，对他说："刚才经过的道路边上有卖饼的，那里有蒜泥和醋。你们从那里取三升来给他喝了，病自然就好了。"他们就照华佗的话做了。病人马上吐出了一条蛇。他们把蛇挂在车边，想到华佗家去拜谢。华佗还没有回来，小孩子们在门前玩耍，迎面见到了，就互相说道："这些人好像遇到我家公公了，车边挂的蛇就是公公给除灭的。"这个病人近前到华佗家里坐下，看到华佗屋里北墙上挂的这类蛇虫大约有几十条。

又有一个郡守得了病。华佗认为让这个人大怒就能痊愈，就收下了他的很多财物，却不给他治病，不久就扔下病人走了，还留下一封信骂他。郡守果然大怒，命令人去追赶华佗，把他捉来杀死。郡守的儿子知道内情，嘱咐下属不要去追。太守愤怒极了，然后吐出几升黑血。病就好了。

又有一个士大夫身体不适。华佗说："您的病患在内脏深处，必须剖腹切除。但是您的寿命也超不过十年了，病不会要您的命，您忍受十年的病痛，寿命也和疾病一同完结了。不值得特地去剖腹切除。"士大夫忍受不了这种痛痒，一定要切除它。华佗就做了手术，士大夫的病很快好了，但他终究在十年后死了。

广陵太守陈登得了病，胸中憋闷，脸色红涨，吃不下东西。华佗给他诊脉后

说："您的胃里有几升虫子，快要在里面形成痈疽了。这是吃生腥的食物造成的。"华佗就配了两升汤药，让他先喝一升，过一会儿再把汤药全部服下。过了有一顿饭的功夫，陈登吐出大约三升的虫子。虫子有红色的头，全在蠕动，一半身子像是生鱼片。陈登的病痛就

痊愈了。华佗说："这个病三年以后还会发作,遇到良医才可以救治。"到了三年后陈登果然又犯病了,当时华佗不在,陈登像华佗所说的那样死去了。

魏太祖曹操听说以后,把华佗召去,让他经常在自己身边。太祖苦于头风病,每次发病都感到眼花心乱。华佗用针扎他的膈间,手到病除。

李将军的妻子病得很厉害,叫华佗来诊脉。华佗说："伤了胎,但胎儿没有流产。"李将军说："听说确实是伤了胎,但是胎儿已经打下去了。"华佗说："根据脉象,胎儿还没有打下去。"李将军认为华佗说的不对。华佗就离去了。妇人也稍微有些好转。一百多天后,病情又加重,再次来找华佗。华佗说："这个脉象的惯例是有胎儿。前一次应当生两个孩子,一个孩子先生出来,血出得很多,后一个孩子来不及生出来。母亲自己没有感觉,别人也不明白,不再帮助接生,所以没有生下来。胎儿死了,血脉不再通畅,胎儿一定会干枯,贴在母亲的脊背内部,所以造成母亲脊背经常疼痛。现在应该给他汤药,同时用针扎一个地方,这个死胎一定会下来。"用完汤药和针刺后,妇人剧烈疼痛,像要临产时一样。华佗说:"这个死胎时间长了,已经枯干,没办法自己生下它,应该让人去掏出来。"果然取出一个死了的男胎,手足都齐全了,颜色变黑,大约有一尺来长。

华佗的高超医术,全都与此相类似。但是华佗本来是读书人,却被人看作是依靠医术成名的,心中常感到后悔。以后太祖亲自管理国事时,得了很严重的病,让华佗专门给他治病。华佗说:"这种病很难在短期内治好,长期坚持医治,才能延长您的生命。"华佗离家时间太长了,想回家去,就对太祖说:"接到家信了,想要暂时回家去一趟。"华佗回家后,借口妻子有病,多次请求延长假期,不肯返回。太祖连续去信叫他回来,又命令郡县官员把他遣送回来。华佗依恃自己的本领,厌恶吃官府的粮饷,还是不肯上路回去。太祖大怒,派人去查验,如果华佗的妻子真病了,赐给他小豆四十斛,再宽限他一些假期,如果他说谎骗人,就把他抓起来送回。于是华佗就被押送到许都的监狱,经审问拷打,华佗认了罪。荀彧请求说:"华佗的医术确实精深,关系到人的生命,应该给予宽恕。"太祖说:"不用担心,天底下还会没有这样的鼠辈吗?"便把华佗处死。华佗临死时,拿出一卷书来给狱吏,说:"这卷书可以救活人命。"狱吏害怕犯法,不敢接受。华佗也不勉强他,要了火,把这卷书烧掉。华佗死后,太祖的头风病还没有除掉。太祖说:"华佗能把这种病治好,这个小人却让我的病延续下去,想用它抬高自己的身价。如果我不杀死这个小子，他也始终不肯给我除去这个病根的。"等到后来太祖的爱子仓舒病危时，太祖叹息道："我后悔把华佗杀掉，眼睁睁地看着孩子死去了。"

当初，军吏李成苦于咳嗽，白天黑夜都无法睡觉，常常吐出脓血。他把这些病情告诉华佗。华佗说："您的病是肠痈，咳嗽时吐出来的脓，不是从肺里出来的。我给您两钱药散。吃了后要吐出两升多脓血，吐完后自己保养，心情愉快，一个月就可以见到一些起色，好好地爱护调养身体，一年以后就可以恢复健康。十八年后会有一次小发作。服这个药散，就还会治好。如果没有这个药，就要死了。"又给了他两钱药散。李成得到药以后，过了五、六年，他的亲戚里面有人也得了同样的病。他就对李成说："您现在身体强壮，我却要死了。您怎么忍心藏着不急用的药，等待有病时再用呢？先把药借给我用。我病好了后，替您去找华佗再要这种药。"李成给了他。李成以后有机会到谯县，正巧碰上华佗被抓走，匆忙之中，不忍心去向他求药。后来十八年到了，李成的病终于发作，没有药服用，以致死去。

广陵人吴普、彭城人樊阿都跟随华佗学医。吴普依照华佗的治疗方法治病，很多病人都被治好了。华佗对吴普说："人的身体需要劳动，只是不要让身体过分疲劳罢了。活动就可以使食物得到消化吸收，血脉流通，不会产生疾病，这就是同门的转轴不会腐朽一样的道理。由此古代成仙的人都做导引术，模仿熊晃动脖子，模仿鸱鹰四下张望，伸展拉长腰肢和身体，活动各个关节，用来求得长生不老。我有一个方法，叫作'五禽戏'，一是模仿虎，二是模仿鹿，三是模仿熊，四是模仿猿猴，五是模仿鸟，既可以用来除去疾病，同时还有利于手脚健康，用它来代替导引术。身体不舒服了，就起身做一种动物的活动，做得身上出汗，沾湿了衣服后，再在身上擦一些药粉，就会感到身体轻便，食欲大振。"吴普按照"五禽戏"锻炼，活到九十多岁了，仍然耳聪目明，牙齿完整结实。樊阿善于扎针。所有的医生都说人的背部和胸腹部位不能轻易针刺，如果扎针，深不能超过四分。而樊阿扎背上的穴位入针深一二寸，扎巨阙、胸藏等穴位下针达五六寸。而病就全能治好。樊阿向华佗求教，要吃下去有益于人的药方。华佗传授给他漆叶青粘散。用漆叶碎屑一升，青粘屑十四两，按照这个比例配药，据说长期服用可以去除人体内的三种寄生虫，对五脏有益，使身体轻便，头发不会变白。樊阿按照他的话去做,活到一百多岁。漆叶到处都有,青粘生长在丰县、沛县、彭城和朝歌等地。

【原文】

华佗字元化,沛国谯人也,一名敷。游学徐土,兼通数经。沛相陈珪举孝廉,太尉黄琬辟,皆不就。晓养性之术,时人以为年且百岁而貌有壮容。又精方药,其疗疾,合汤不过数种,心解分剂,不复称量,煮熟便饮,语其节度,舍去辄愈。若当灸,一两处,每处七八壮,病亦应除。若当针,亦不过一两处,下针言"当引某许,若至,语人"。病者言"已到",应便拔针,病亦行差。若病结积在内,针药所不能及,当须刳割者,饮其麻沸散,须臾便如醉死无所知,因破取。病若在肠中,便断肠湔洗,缝腹膏摩,四五日差,不痛,人亦不自寤,一月之间,即平复矣。

故甘陵相夫人有娠六月,腹痛不安,佗视脉,曰:"胎已死矣。"使人手摸知所在,在左则男,在右则女。人云"在左",於是为汤下之,果下男形,即愈。

县吏尹世苦四支烦,口中干,不欲闻人声,小便不利。佗曰:"试作热食,得汗则愈;不汗,后三日死。"即作热食而不汗出,佗曰:"藏气已绝於内,当啼泣而绝。"果如佗言。

府吏兒寻、李延共止,俱头痛身热,所苦正同。佗曰:"寻当下之,延当发汗。"或难其异,佗曰:"寻外实,延内实,故治之宜殊。"即各与药,明旦并起。

盐渎严昕与数人共候佗,适至,佗谓昕曰:"君身中佳否?"昕曰:"自如常。"佗曰:"君有急病见於面,莫多饮酒。"坐毕归,行数里,昕卒头眩坠车,人扶将还,载归家,中宿死。

故督邮顿子献得病已差,诣佗视脉,曰:"尚虚,未得复,勿为劳事,御内即死。临死,当吐舌数寸。"其妻闻其病除,从百余里来省之,止宿交接,中间三日发病,一如佗言。

督邮徐毅得病,佗往省之。毅谓佗曰:"昨使医曹吏刘租针胃管讫,便苦咳嗽,欲卧不安。"佗曰:"刺不得胃管,误中肝也,食当日减,五日不救。"遂如佗言。

东阳陈叔山小男二岁得疾,下利常先啼,日以羸困。问佗,佗曰:"其母怀躯,阳气内养,乳中虚冷,儿得母寒,故令不时愈。"佗与四物女宛丸,十日即除。

彭城夫人夜之厕,虿螫其手,呻呼无赖。佗令温汤近热,渍手其中,卒可得寐,但旁人数为易汤,汤令暖之,其旦即愈。

军吏梅平得病，除名还家，家居广陵，未至二百里，止亲人舍。有顷，佗偶至主人许，主人令佗视平，佗谓平曰："君早见我，可不至此。今疾已结，促去可得与家相见，五日卒。"应时归，如佗所刻。

佗行道，见一人病咽塞，嗜食而不得下，家人车载欲往就医。佗闻其呻吟，驻车往视，语之曰："向来道边有卖饼家蒜齑大酢，从取三升饮之，病自当去。"即如佗言，立吐蛇一枚，县车边，欲造佗。佗尚未还，小儿戏门前，逆见，自相谓曰："似逢我公，车边病是也。"疾者前入坐，见佗北壁县此蛇辈约以十数。

又有一郡守病，佗以为其人盛怒则差，乃多受其货而不加治，无何弃去，留书骂之。郡守果大怒，令人追捉杀佗。郡守子知之，属使勿逐。守瞋恚既甚，吐黑血数升而愈。

又有一士大夫不快，佗云："君病甚，当破腹取。然君寿亦不过十年，病不能杀君，忍病十岁，寿俱当尽，不足故自刳裂。"士大夫不耐痛痒，必欲除之。佗遂下手，所患寻差，十年竟死。

广陵太守陈登得病，胸中烦懑，面赤不食。佗脉之曰："府君胃中有虫数升，欲成内疽，食腥物所为也。"即作汤二升，先服一升，斯须尽服之。食顷，吐出三升许虫，

赤头皆动，半身是生鱼脍也，所苦便愈。佗曰："此病后三期当发，遇良医乃可济救。"依期果发动，时佗不在，如言而死。

太祖闻而召佗，佗常在左右。太祖苦头风，每发，心乱目眩，佗针鬲，随手而差。

李将军妻病甚，呼佗视脉，曰："伤娠而胎不去。"将军言："闻实伤娠，胎已去矣。"佗曰："案脉，胎未去也。"将军以为不然。佗舍去，妇稍小差。百余日复动，更呼佗。佗曰："此脉故事有胎。前当生两儿，一儿先出，血出甚多，后儿不及生。母不自觉，旁人亦不寤，不复迎，遂不得生。胎死，血脉不复归，必燥著母脊，

故使多脊痛。今当与汤,并针一处,此死胎必出。"汤针既加,妇痛急如欲生者。佗曰:"此死胎久枯,不能自出,宜使人探之。"果得一死男,手足完具,色黑,长可尺所。

佗之绝技,凡此类也。然本作士人,以医见业,意常自悔,后太祖亲理,得病笃重,使佗专视。佗曰:"此近难济,恒事攻治,可延岁月。"佗久远家思归,因曰:"当得家书,方欲暂还耳"。到家,辞以妻病,数乞期不反。太祖累书呼,又敕郡县发遣。佗恃能厌食事,犹不上道。太祖大怒使人往检。若妻信病,赐小豆四十斛,宽假限日;若其虚诈,便收送之。於是传付许狱,考验首服。荀彧请曰:"佗术实工,人命所县,宜含宥之。"太祖曰:"不忧,天下当无此鼠辈耶?"遂考竟佗。佗临死,出一卷书与狱吏,曰:"此可以活人。"吏畏法不受,佗亦不强,索火烧之。佗死后,太祖头风未除。太祖曰:"佗能愈此。小人养吾病,欲以自重,然吾不杀此子,亦终当不为我断此根原耳。"及后爱子仓舒病困,太祖叹曰:"吾悔杀华佗,令此儿强死也。"

初,军吏李成苦咳嗽,昼夜不寤,时吐脓血,以问佗。佗言:"君病肠臃,咳之所吐,非从肺来也。与君散两钱,当吐二升馀脓血讫,快自养,一月可小起,好自将爱,一年便健。十八岁当一小发,服此散,亦行复差。若不得此药,故当死。"复与两钱散,成得药去。五六岁,亲中人有病如成者,谓成曰:"卿今强健,我欲死,何忍无急去药,以待不祥?先持贷我,我差为卿从华佗更索。"成与之。已故到谯,适值佗见收,匆匆不忍从求。后十八岁,成病竟发,无药可服,以至於死。

广陵吴普、彭城樊阿皆从佗学。普依准佗治,多所全济。佗语普曰:"人体欲得劳动,但不当使极尔。动摇则谷气得消,血脉流通,病不得生,譬犹户枢不朽是也。是以古之仙者为导引之事,熊颈鸱顾,引挽腰体,动诸关节,以求难老。吾有一术,名五禽之戏,一曰虎,二曰鹿,三曰熊,四曰猿,五曰鸟,亦以除疾,并利蹄足,以当导引。体中不快,起作一禽之戏,沾濡汗出,因上著粉,身体轻便,腹中欲食。"普施行之,年九十馀,耳目聪明,齿牙完坚。阿善针术。凡医咸言背及胸藏之间不可妄针,针之不过四分,而阿针背入一二寸,巨阙胸藏针下五六寸,而病辄皆瘳。阿从佗求可服食益於人者,佗授以漆叶青黏散。漆叶屑一升,青黏屑十四两,以是为率,言久服去三虫,利五藏,轻体,使人头不白。阿从其言,寿百馀岁。漆叶处所而有,青黏生於丰、沛、彭城及朝歌云。

晋 书

晋武帝纪

——《晋书》卷三

【说明】晋武帝司马炎(236—290),字安世,河内郡温县(今河南省温县)人,魏相国司马昭的长子。公元265年8月,继其父任晋王、相国,同年12月即皇帝位。死后庙号世祖,武帝是他的谥号。

司马炎是在其父祖辈经营近半个世纪的基础上,接受魏帝的禅让而建立晋国的。在其执政期间,消灭南方的孙氏政权,结束了近百年的分裂,恢复了全国的统一。又颁布了户调令,用强制兼鼓励的政策使农民务尽地利,采取承认又适当限制的措施以缓和大族兼并土地。全国在统一的、促进生产发展的政策法令下,逐渐恢复和发展了社会经济,出现了太康年间"天下无事,赋税平均,人咸安其业而乐其事"的局面,是一个难得的安定时期。但是,随着政权的稳定,天下的统一,司马炎滋长了自满情绪,倦怠于处理国政,后宫多达万人,沉溺在游宴享乐之中,助长了魏末以来的奢靡风气。加上司马氏的政权,是在大族的拥戴和支持下取得的,司马炎即位之后,便在政治上、经济上给予这些大族种种特权,形成了"门阀制度",使奢侈之风更加泛滥,败坏了社会风气。当时就有"奢侈之费,甚于天灾"的说法。晚年,明知惠帝司马衷不堪重任,仍然将帝位传给了他。采取广封宗室,委以重任,扶植后族,授予大权的措施,使他们互相制约,辅翼惠帝,以求得晋王朝的长治久安。但事与愿违,当他身死之日,便是祸乱开端之时,爆发了历史上罕见的宗室戚属间的相互残杀,从而使刚刚统一的国家又陷入长时间的战乱分裂。虽说这是由当时的各种因素所造成,但司马炎晚年所推行的政策起了重要的作用。

武皇帝名炎,字安世,是文帝司马昭的长子。为人宽容厚道,慈善好施,喜怒不形于色,有容人的气量。魏国嘉平年间,赐爵北平亭侯,历任给事中、奉车都尉、中垒将军,同时还兼任散骑常侍,经过多次提拔后做了中护军、假节。奉命到东武阳县去迎接常道乡公曹奂,被提升作中抚军,进封爵位为新昌乡侯。到晋王国建立的时候,便被确定为王国的继承人,授官抚军大将军、开府,作相国的副手。

起初,文帝因为景帝司马师是宣帝司马懿的直系长子,早年去世,没有后代,便将武帝的弟弟司马攸过继给他,作为子嗣,并特别加以宠爱,自己认为是代司马攸担任相国职位的,今后死了,晋王的王位应当交还给攸。常常说:"这是景王的天下,我怎么去分享啊。"当议论王国继承人的时候,便有意让司马攸继承。何曾等人坚决反对说:"中抚军聪察明智,神明威武,才华出众,旷世少有。又立发垂地,手长过膝,这不是一般人臣的长相啊。"由于大臣们的坚持,就定了下来。咸熙二年(265)五月,司马炎被立为晋王的太子。

八月初九,文帝司马昭去世,太子司马炎继承了相国、晋王的职位。发布命令:放宽刑罚,赦免犯人,安抚百姓,减轻徭役,国内举行三日的丧礼。这一月,身材高大的人出现在襄武县境,身高达三丈,告诉该县县民王始说:"现在天下应当太平了。"

九月初七,任命魏国的司徒何曾担任晋王国的丞相,镇南将军王沈担任御史大夫,中护军贾充担任卫将军,议郎裴秀担任尚书令、光禄大夫;他们都设置办公机构,聘请办事人员。

十一月,初次设立四护军,来统率京城以外的军队。闰十一月十五日,下令各郡中正官,按六条标准推荐有才德却久沦下位人员:一是忠诚恭谨,奋不顾身,二是善事尊长,合乎礼仪,三是友爱兄弟,尊敬兄长,四是洁身自好,勤劳谦虚,五是讲究信义,遵守诺言,六是努力学习,陶冶自身。

这时候,晋王的恩德普及,四方归心。由于这样,魏国的皇帝曹奂知道天命已经有了归属,就派遣太保郑冲送策书说:"啊!你这位晋王:我的祖先虞舜大受上天安排的命运,从唐尧处承继了帝位,也因天命又禅让给了夏禹。三位君主死后的灵魂上升天庭，配享天帝，而且都能广布天子恩德。自从夏禹受禅以后，上天又将伟大的使命降落在汉帝身上。因火德而兴起的汉帝已经衰微，于是又选中并授命给我的高祖。媲美于虞夏四代的光明显赫，这不是我一个人知道，是四海公认的。晋王你的祖辈和父辈，衷心信服贤明的先哲，辅弼光大我曹氏宗族，功业德泽广布四方。至于天地神灵，无不亲善和顺，水土得到平治，万物得到成长，各方因此得到安宁。应当接受上天的使命，协调帝王统治天下的中正法则。于是，我虔诚地遵守帝王世系的传递，将帝位恭敬地禅让给你。帝王相继的次序已经落在你身上了，诚实地执行公平合理的原则吧，上天赐予的禄位得以长久。啊！晋王，你应恭敬地顺从天帝的意旨，一切遵循常规法则，安抚周边国家，用来保持上天赐予的吉祥，不要废弃我武帝、文皇伟大功业。"武帝开始表示礼貌的谦让，魏国的公卿大臣何曾、王沈等人坚持请求，才接受了魏帝的禅让。

泰始元年(265)冬季十二月十七日，在南郊设置坛场，百官有爵位的以及匈奴南单于等四方各国到会的有数万人，举行烧柴祭天的仪式，将继承帝位的事报告天帝说："新任皇帝臣司马炎冒昧使用黑色的公牛做祭品，明白地告诉光明而伟大的天帝：魏帝考查了帝位转移的运数，秉承了上天神圣的意旨来命令我：从前的唐尧，发扬光大了崇高的理想，禅让帝位给虞舜，舜又将帝位禅让给夏禹，他们都努力推行德政，留下了光辉的典范，得以世代相传，历年久远。到了汉朝，火德衰微，太祖武皇帝平息动乱，匡时救世，扶持拥戴刘氏，因此又接受了汉帝的禅让。就说进入魏朝吧，仍然是几代动乱，几乎到了灭亡的地步，实实在在依靠晋王匡扶拯救的功德，因此得以保存魏国的宗庙祭祀，在艰难危险的时候，给予了极大的帮助，这都是晋王有大功于魏国啊。广阔的四方，无不恭敬顺从，肃清梁、岷，席卷扬、越，极远的荒外也得到统一，吉祥与符瑞多次出现，天命与人事互相呼应，四方无不服从。于是，我效法尧、舜、禹三帝，接受上天授予的帝位。我司马炎的威德不足以继承统绪，辞让又得不到准许。在这时候，公卿大臣，百官僚佐，庶民仆隶以及各族酋长，都说'皇天洞察下方，寻求民间的疾苦，既然授命为贤明的君主，就不是谦让可以拒绝和违背的事情。帝王的世系不可以无人继统，庶民的生计与神灵的祭祀不可以无人主持'。我虔诚地奉行帝王传递的命运，恭谨地畏惧天命的威严，慎重地选择了吉日良辰，登坛接受魏国的禅让，举行祭天仪式将登基的事报告天帝，并永久地满足众人的厚望。"禅让的典礼结束，武帝就来到洛阳宫,亲临太极前殿,发布诏令说:"从前,我的祖父宣王,聪慧明智,敬慎明察,顺应上天的运数,弘扬帝王的功德,开创了宏伟的基业。伯父景王,身行正道,明达事理,兴旺发达了中国。到了父亲文王,思虑精密远大,和洽天地神灵,适应天命,顺从时运,接受了晋王的封爵。仁慈普及四海,功业惊动天地。因此,魏国曹氏借鉴先王的法则,效法唐尧的禅让,访求诸侯公卿,归结天命于我本人。我敬畏上天的成命,因此不敢违背。想到我的威德不足,承担如此宏大的功业,置身在王侯公卿的上面,得以主宰天下,内心不安,十分畏惧,不知该如何治理国家。只有依靠你们这些在我左右的得力助手,忠心耿耿的文武大臣,你们的祖辈父辈,已经辅佐过我的祖先,光大兴隆了我晋国的基业。打算与天下各方共同享受这美好的岁月。"与此同时,颁布对已判刑囚犯的减免令,更改年号。赏赐天下人的爵位,每人五级;鳏寡孤独生活困难的人以稻谷,每人五斛。免收一年的田租、户调和关市的商税,老账、旧债全部免去。调解过去嫌隙,废除原来的禁令,撤去官职、削除爵位的人,全都给予恢复。

十八日,武帝派遣太仆刘原到太庙禀告接受禅让的事。分封魏帝曹奂为陈留王,食邑一万户,居住在邺城的王宫中;曹氏诸王都降为县侯。追加尊号:宣王司马懿称宣皇帝,景王司马师称景皇帝,文王司马昭称文皇帝,宣王妃张氏称宣穆皇后。尊称太妃王氏为皇太后,居住的宫名崇化宫。分封叔祖父司马孚为安平王,叔父司马干为平原王、司马亮为扶风王、司马伷为东莞王、司马骏为汝阴王、司马肜为梁王、司马伦为琅邪王,弟弟司马攸为齐王、司马鉴为乐安王、司马机为燕王,堂伯父司马望为义阳王,堂叔父司马辅为渤海王、司马晃为下邳王、司马瑰为太原王、司马珪为高阳王、司马衡为常山王、司马子文为沛王、司马泰为陇西王、司马权为彭城王、司马绥为范阳王、司马遂为济南王、司马逊为谯王、司马睦为中山王、司马陵为北海王、司马斌为陈王,堂兄司马洪为河间王,堂弟司马懋为东平王。以骠骑将军石苞任大司马,赐爵乐陵公,车骑将军陈骞赐爵高平公,卫将军贾充任车骑将军、鲁公,尚书令裴秀赐爵巨鹿公,侍中荀勖赐爵济北公,太保郑冲任太傅、寿光公,太尉王祥任太保、睢陵公,王国丞相何曾任太尉、朗陵公,御史大夫王沈任骠骑将军、博陵公,司空荀𫖮赐爵临淮公,镇北大将军卫瓘赐爵菑阳公。其余人员增加封邑、进封爵位各有不同的等次,文武百官普遍增加爵位两级。改《景初历》名为《太始历》,腊祭百神用西日,祭祀社神用丑日。

十九日，武帝下达诏令，大力倡导勤俭节约，拿出皇宫库藏的珍珠玉石、赏玩嗜好这类物品，分赏王公以下人员，按不同等次进行。设置中军将军，用来统领宿卫的左卫、右卫、骁骑、游击、前军、左军、右军等七军。

二十日，武帝诏令陈留王曹奂使用天子的旗帜，备用按东、西、南、北、中方位配置的青、白、红、黑、黄五色侍从车，继续沿用魏国的历法，照常在南郊祭天、北郊祭地，礼乐制度也不改变，上书晋帝不必称臣。赐给山阳公刘康、安乐公刘禅的子弟各一人为驸马都尉。二十六日，任命安平王司马孚担任太宰、假黄钺、大都督中外诸军事。又下诏令说："从前，王凌策划废黜齐王曹芳，但曹芳终究未能保住自己的帝位。邓艾虽然自夸功勋，有失臣节，但他没有反抗，接受处罚。现在，彻底赦免他们家属的罪行，各自回到原地并确定他们的直系继承人。使衰败的世家兴旺起来，灭绝的大族后继有人，简化法典，省并刑律。废除曹魏时期对宗室担任官职的禁令。将官佐吏遭遇三年丧期的丧事，准许回家服完丧礼。百姓免去他们的徭役。停止部曲将领、州郡长吏以下人员的人质制度。减少郡国供给皇宫的征调，禁止主管音乐的部门演出奢侈华丽的散乐、杂技等伎艺，以及雕刻彩饰这类出游、田猎的器具。鼓励众人敢于讲真话，设置谏官来主管这件事情。"

这一月，凤凰六只、青龙三条、白龙两条、麒麟各一只，出现在郡国境内。

二年春季正月初七，武帝派遣兼任侍中侯史光等人，给予符节，出使四方，视察民间的风俗，禁止不合礼制的祭祀。初八，有关部门请求建立供奉七代祖先的庙堂，武帝难于为这事征发徭役，没有批准。十一日，罢除宫中在五更的时候，主唱鸡歌的卫士。二十二日，尊称景皇帝夫人羊氏为景皇后，居住的宫名弘训宫。二十七日，册立杨氏为皇后。

二月，解除原魏国对汉朝宗室任官的禁令。十一日，常山王司马衡去世。武帝下诏书说："五等爵位的分封，都是选取过去建立了功勋的人。本封是县侯的传爵位给次子降为亭侯，乡侯的降为关内侯，亭侯的降为关中侯，都收取他的封户租税的十分之一作为俸禄。"二十九日，郊外祭天，用宣皇帝司马懿配享，在太庙中祭祀祖先，用文皇帝司马昭配天帝。二十二日，下诏书说："古代百官，都可以规诫帝王的过失。但是，保氏官特别以直言规劝天子作为自己的职责，现在的侍中、散骑常侍，实际上处在保氏官这样的职位上。挑选那些能够打破情面、矫正过误,匡扶救助、弥补不足的人,来兼任侍中、散骑常侍。"

三月二十日,吴国派遣使臣前来吊唁文帝司马昭,有关部门上奏回答吴国称诏书。武帝说:"从前,汉文帝、后汉光武帝怀柔安抚尉他、公孙述,都没有辨正君臣的名分礼仪,这是用来笼络还没有归服的人的啊。孙皓派遣使臣的时候,还不知道晋国已经接受了魏帝的禅让,只用书信的方式来回答他。"

夏季五月戊辰,武帝下达诏令说:"陈留王品德谦恭,每有一事就上表奏闻,这不是优待尊崇他的办法啊。主管的人应该向他讲明用意,不是重大的事情,就由王国的官属用表的方式上奏。"壬子,骠骑将军、博陵公王沈去世。

六月二十五日,济南王司马遂去世。

秋季七月初五,营建太庙,运来荆山的木材,开采华山的石料;铸造铜柱十二根,表面涂上黄金,雕刻各种物象,用明珠加以装饰。二十二日,谯王司马逊去世。三十日,发生日蚀。

八月初十,裁减右将军官职。

起初,武帝虽然遵从汉魏的制度,已安葬了文帝,便脱去丧服,但是身穿居家的衣服,头戴白色的帽子,不侍御座,撤去御膳,悲哀恭敬如同居丧时期一样。二十二日,有关部门上奏,请求改穿官服,恢复御膳,武帝不允许;直到三年丧期服满以后,才恢复平日的服食起居。后来服太后的丧礼,也是这样。九月二十日,散骑常侍皇甫陶、傅玄兼任谏官,上书直言规诫,有关部门上奏武帝,请求搁置这件事。武帝下诏书说:"大凡涉及谈论人主的过失,臣下最感困难,又苦于人主不能倾听与采纳,这就是从古以来忠臣直士所以情绪激昂的原因啊。常常将陈述的事交主管的人,又大多近乎严厉的挑剔,说是优容宽厚应该由皇上施予,这像什么话吗?一定要详细评论议定。"

二十三日,有关部门上奏:"晋继承伏羲、神农、黄帝的业迹,踏着虞舜、夏禹的脚印,适应天命,顺从时运,接受魏帝的禅让,应当统一使用前朝的历法和车马、祭牲的颜色,都如同虞舜遵守唐尧典制的先例。"奏章被批准。

冬季十月初一,发生日蚀。初二,武帝下诏书说:"从前,虞舜下葬苍梧,当地的农夫并未让出耕地;夏禹下葬成纪,那里的市井依旧照常营业。追思祖先清廉简易的宗旨,所迁徙陵地十里以内居民这件事,动辄引起烦扰骚乱,应该完全停止。"

十一月初五,倭国人来朝进献特产。合并冬至圆坛祭天、夏至方坛祭地于南郊祭天、北郊祭地,使冬至与夏至的祭祀统一于南郊与北郊。撤销原魏国监视山阳公国的督军官职,废除有关禁令与限制。十五日,景帝夫人夏侯氏被追加尊号为景怀皇后。十七日,迁徙已死祖先的牌位进入太庙。

十二月,撤销屯田制的农官系统,与郡县合并。

这一年,凤凰六只、青龙十条、黄龙九条、麒麟各一只,出现在郡国境内。

三年春季正月癸丑,白龙两条,出现在弘农郡的渑池县境。

丁卯,武帝册立长子司马衷作晋国的太子。颁布诏令说:"我以不足的德望,被推尊为天子,小心恭谨,心怀畏惧,担心不能安定匡救天下,想同全国上下,共同整饬、发扬王者的政教,从根本上进行变革,对于设置继承人,明确嫡长子,不是最紧迫的事情。加上近代每次建置太子,必定有赦免罪犯、施行恩惠的事,其间往往是不得已才这样做的,都是顺从王公百官的奏请罢了。当今,盛衰治乱的更迭变化即将稳定,准备用道德仁义的道理去教化他们,用真善丑恶的典型去诱导和警戒他们,使百姓放弃投机侥幸的念头,笃守终始如一的行为,小恩小惠,所以没有必要采用它了。这样的政策要使大家都能明白。"

三月初六,初次准许二千石以上的官吏,可以守完三年的丧礼。丁未,白天如同黄昏一样黑暗。裁减武卫将军官职。任命李憙作太子太傅。太山发生石崖崩裂。

夏季四月十六日,张掖郡的太守焦胜上书说:氐池县的大柳谷口有一处黑色石崖,白天显现出彩色纹理,实在是大晋国的吉祥,将它描画下来,进献朝廷。武帝下令用一丈八尺长的绢帛作祭品,上告于太庙,并将图像藏在秘府中。

秋季八月,撤销都护将军机构,将其所管辖的五官、左、右以及虎贲、羽林五署交还给光禄勋。

九月十四日,武帝下诏书说:"古时候,用德行高低来显示爵位等级,按功劳大小来制定俸禄多少,虽然是最低一级的官吏,还享有上等农夫的收入,对外能够做到奉公守法,丢掉私念,对内完全可以赡养家人,周济亲友。现在,有爵位的官员,俸禄还不能养家糊口。这不是用来倡导教化的根本方法啊。当议论增加官吏的薪俸。"赏赐王侯公卿以下人员数量不等的绢帛。升太尉何曾任太保、义阳王司马望任太尉、司空荀顗任司徒。

冬季十月，准许士兵中遭遇父母死亡的人，只要不是在边疆战场上，都可以回家奔丧。

十二月，改封宗圣侯孔震为奉圣亭侯。山阳公刘康入京朝见。禁止占星望气、预言吉凶的法术。

四年春季正月初三，武帝任命尚书令裴秀担任司空。

十八日，晋国的律令修订完成，参与的人增封爵位、赏赐绢帛各有不同的等级。名字称孛的彗星出现在轸宿星区。十九日，武帝在用于宗庙祭祀的农田上，举行耕田的仪式。二十日，下诏令说："古代，设置象征五刑的特异服饰来表示耻辱，故百姓都不去犯法，如今，虽然有诛灭父族、母族和妻族的酷刑，可是作奸犯科的事不断发生，为什么德化与刑治的差别有这么大呢！文帝十分爱惜百姓，怜悯狱讼，于是命令众大臣参考历代刑典，修订晋朝的法律。我继承父祖留下的基业，想使天下长治久安，愿同各方用德化作为治国的根本。当前，温暖的春天繁殖着万物，春耕刚刚开始，我亲自带领王公百官，耕种用于宗庙祭祀的农田千亩。加上律令已经修订完成，将它颁布于天下，准备采用简化刑律、致力德化，来慈爱抚育境内的百姓。应当从宽处理犯法的人，使他们得到改正过误、重新做人的机会，对天下已经判刑的罪犯，实行免刑或减刑吧。长吏、郡丞、长史每人赐马一匹。"

二月初三，山阳公国增加设置相、郎中令、陵令、杂工宰人、鼓吹车马各有不同的数量。废除中军将军官、设置北军中候代替它。十七日，由于东海人刘俭有突出的德行，被任命为郎官。调中军将军羊祜担任尚书左仆射、东莞王司马伷担任尚书右仆射。

三月二十一日，皇太后王氏去世。

夏季四月初二，太保、睢陵公王祥去世。初三，将文明皇后王氏在崇阳陵内与文帝合葬。废除振威、扬威护军等官，设置左、右积弩将军。

六月初一，武帝下达下诏书说："郡国的守相，每三年一次巡视所属的各县，必定在春季，这是古代地方官吏用来陈述职守、传布风化、展示礼仪的方式啊。接见长吏，观察风俗，协调礼律，考查度量，慰问老人，拜访高年；讯视囚徒，受理冤狱，仔细考察政令、刑罚的成功与失败，深入了解百姓所忧虑与痛苦的事情。不分远近，都如同我亲身巡视这些地方。督促教导五常，勉励从事农耕；劝勉求

学的人，使他们专心致意于六经，不要学习诸子百家的非根本之学，妨碍了自己的远大前程。士人和庶民中有勤奋学习，遵循道德，孝亲敬兄，诚实守信，廉洁奉公，品行优异的人，推荐并进用他们；有在父母面前不孝敬，在亲族面前不仁爱，违反礼义，抛弃纲常，不遵守法令的人，举发并惩治他们。田地垦辟，生产发展，礼教普及，令行禁止，这是地方官吏的能干啊；百姓穷困，农田荒芜，盗贼四起，狱讼繁多，欺下瞒上，礼教废弛，这是地方官吏的无能啊。如果地方官吏任职期间，有秉公廉洁，不谋私利，刚正不阿，不图虚名的人，以及那些自身贪赃受贿，靠献媚黩货求得安身，公正节操没有树立，但是私家财富却日益增加的人，都要细心考察他们。奖善惩恶，进贤去邪，这正是我垂衣拱手，总揽大纲，督责完成治理天下的任务于贤能的郡国守相的目的啊。唉，你们要警戒啊！"

秋季七月，太山发生石崩，一群陨星向西流失。戊午，武帝派遣使臣侯史光巡视天下。十四日，祭拜崇阳陵。

九月，青、徐、兖、豫四州发生严重的水灾，伊河、洛河洪水泛滥，与黄河连成一片，政府开仓以赈救灾民。武帝下诏书说："即使诏令已作了规定，以及奏请得到批准的事情，但在实施中有不符合实际的，都要如实上报，不可隐瞒。"

冬季十月，吴国将领施绩入侵江夏，万郁寇扰襄阳。武帝派遣太尉、义阳王司马望出屯龙陂。荆州刺史胡烈打败了万郁。吴将顾容入寇郁林，太守毛炅沉狠狠打击了他，杀了吴国的交州刺史刘俊、将军修则。

十一月，吴国将领丁奉等人出兵芍陂，安东将军、汝阴王司马骏与义阳王司马望反击，打退了这次入侵。二十七日，武帝诏令王公百官以及郡国守相，推荐德行高尚、公正耿介、直言无讳的人士。

十二月，武帝向郡国守相颁布五条诏书：一是修养心身，二是厚待百姓，三是体恤孤寡,四是重农抑商,五是杜绝请托。二十八日,武帝到听讼观查阅廷尉府洛阳地区在押囚犯的案卷,并亲自审讯罪犯,进行判决。扶南、林邑国分别派遣使臣来朝,贡献物品。

五年春季正月初一,武帝一再告诫郡国掌管税收、财务的计吏,以及守相、令长,务必使农民充分利用土地资源,禁止他们弃农经商。初四,武帝到听讼观,查阅囚犯的案卷,并亲自审讯,大多从宽释放。青龙两条出现在荥阳郡境内。

二月,分雍州的陇右五郡以及凉州的金城、梁州的阴平,建置秦州。二十日,两条白龙出现在赵国境内。青、徐、兖三州发生水灾,武帝派遣使臣去救济慰问灾民。壬寅,任命尚书左仆射羊祜都督荆州诸军事,征东大将军卫瓘都督青州诸军事,东莞王司马伷镇东大将军、都督徐州诸军事。二十六日,武帝下诏令说:"古时候,每年记录各种属吏的功绩与过误,积累三年再惩罚或奖励他们。现在,令史这类属吏,只选择粗疏低劣的人加以淘汰,起不到鼓励、劝进的作用,不是晋升勤能、罢黜疏劣的好办法啊。当分别记录勤恪能干、功绩卓著,德行优异这样的人,年年如此,成为制度,我将评论他们的事功劳绩。"

三月二十八日,诏令蜀汉丞相诸葛亮的孙子诸葛京,根据他的才能,安排适当的官职。

夏季四月,发生地震。

五月初一,凤凰出现在赵国境内。特赦交趾、九真、日南这三郡判处五年以下刑期的囚犯。

六月,邺城的奚官督郭廙上书武帝,陈述五件事情,用来谏诤,言辞十分恳切直率,武帝破格提升他担任屯留县的县令。西平人麴路敲打朝堂外面供吏民进谏、明冤用的登闻鼓,上奏的言辞大多妖妄诽谤,有关部门奏请将他斩于市场,陈尸示众。武帝说:"是我的过错啊。"释放了麴路,不加追究。撤销镇军将军,重新设置左、右将军的官职。

秋季七月,延请诸公入朝,征询正直的言论。

九月,彗星出现在紫宫星座。

冬季十月十九日,武帝因汲郡太守王宏治理有方,成效卓著,赐谷一千斛。

十一月,武帝给弟弟司马兆追加封爵、谥号为城阳哀王,并将儿子景度过继给司马兆,作为后嗣,继承他的爵位。

十二月，武帝下令州郡推荐勇敢有力、优秀奇异的人才。

六年春季正月初一，武帝不侍正殿而来到殿前，也没有陈列乐队。吴国将领丁奉入侵涡口，扬州刺史牵弘打败并赶走了他。

三月，武帝下令赦免判处五年以下刑期的囚犯。

夏季四月，白龙两条出现在东莞境内。

五月，分封寿安亭侯司马承为南宫王。

六月初四，秦州刺史胡烈在万斛堆处进讨叛虏秃发树机能，奋力战斗，死在战场上。武帝下诏派遣尚书石鉴代行安西将军、都督秦州诸军事，和奋威将军田章共同讨伐叛虏。

秋季七月十四日，武帝下令陇右五郡遭受叛虏侵扰的百姓，免收田租、户调，无法维持生活的人，开仓救济他们。二十二日，城阳王司马景度去世。武帝下诏令说："自从泰始初到现在，重大的事件都编撰记录下来，保存在秘书府内，还抄写有副本。今后凡有这类事件，都应加以编撰汇集，并把它作为经常的制度。"二十四日，任命汝阴王司马骏担任镇西大将军，都督雍、凉二州诸军事。

九月，大宛国进献汗血马，焉耆来朝进贡特产。

冬季十一月，武帝亲自来到太学，举行祝贺学业有成的"乡饮酒"古礼，并分别不同的等次，赏赐太常博士、学生的绢帛牛酒。分封儿子司马柬为汝南王。

十二月，吴国的夏口督、前将军孙秀率领兵众前来投降，授官骠骑将军、开府仪同三司，赐爵会稽公。十七日，又恢复设置镇军将军官职。

七年春季正月二十六日，武帝给太子司马衷举行表示成人的加冠典礼，赏赐王公以下人员分别以不同等次的绢帛。匈奴族酋帅刘猛反叛，出奔塞外。

三月，吴帝孙皓率领兵将进军寿阳，武帝派遣大司马司马望出屯淮北来防御他。初七，司空、巨鹿公裴秀去世。十四日，任命中护军王业担任尚书左仆射、高阳王司马珪担任尚书右仆射。孙秀所部将领何崇带领五千人，前来投降。

夏季四月，九真郡太守董元被吴国将领虞汜围攻，军队战败，死在战斗中。北地胡人寇金城，凉州刺史牵弘讨伐叛胡。鲜卑等族在内地叛变，将牵弘围困在青山地界；弘军战败，死在战场上。

五月，武帝封儿子司马宪为城阳王。雍、凉、秦三州发生饥荒，武帝下令赦免这三州境内判处斩刑以下的罪犯。

闰五月,武帝举行求雨的祭祀,太官也减低膳食标准。又下令交趾三郡、南中各郡,免交今年的户调。

六月,武帝诏令公卿以下人员,每人推荐将帅一名。二十四日,大司马、义阳王司马望去世。大雨连绵,伊河、洛河、黄河洪水泛滥成灾,漂流居民四千余家,淹死三百余人,诏令救济灾民,死了的赐予棺材。

秋季七月二十六日,调车骑将军贾充担任都督秦、凉二州诸军事。吴国将领陶璜等人围攻交趾,太守杨稷和郁林太守毛炅以及日南三郡向吴国投降。

八月初九,调征东大将军卫瓘担任征北大将军、都督幽州诸军事。十九日,城阳王司马宪去世。分益州的南中四郡建置宁州,特赦这四郡判处斩刑以下的囚犯。

冬季十月初一,发生日蚀。

冬季十一月十二日,卫公姬署去世。

十二月,天降大雪。撤销中领军官署,将其与北军中候机构合并。调光禄大夫郑袤担任司空。

八年春季正月,监军何桢出讨匈奴族刘猛,多次打败了他,匈奴左部酋帅李恪杀了刘猛,前来投降。十九日,武帝在用来祭祀宗庙的农田里,举行耕田仪式。

二月初一,禁止制造违反规定的装饰品、丝织物。十八日,太宰、安平王司马孚去世。诏令中央、地方各级官吏,每人推荐能胜任边郡职事的人三名。武帝和右将军皇甫陶议论政事,陶与武帝发生争论,散骑常侍郑徽上表请求依法处治皇甫陶。武帝说:"敢于讲真话,这是殷切希望在我身边的人,都能做到的事情啊。君主常常因为有了阿谀奉承的人,才造成祸患,那里会由于有了正直的大臣,使国家遭受损害的啊!郑徽超越职权,妄自上奏,难道符合我的本意吗。"于是,撤了郑徽的官职。

夏季四月,增设后将军,用来完备前、后、左、右四军的建制。六月,益州牙门张弘诬陷他的刺史皇甫晏谋反,并将晏杀害,通过驿站送人头到京都。张弘坐罪被处死,诛灭了他的父、母、妻三族。二十日,武帝颁布对已判刑囚犯的减免令。二十四日,诏令陇右四郡遭受叛虏侵害的人家,免交田租。

秋季七月,调车骑将军贾充担任司空。

九月,吴国西陵督步阐前来投降,授官卫将军、开府仪同三司,赐爵宜都公。

吴国将领陆抗进攻步阐,武帝派遣车骑将军羊祜带领兵众从江陵进军,荆州刺史杨肇到西陵迎接步阐,巴东监军徐胤进攻吴国的建平郡,来牵制吴国,救援步阐。

冬季十月初一,发生日蚀。

十二月,杨肇进攻陆抗,不能取胜,被迫撤军退回。步阐因西陵城陷落,被陆抗擒获。

九年春季正月二十二日,司空、密陵侯郑袤去世。

二月二十五日,司徒、乐陵公石苞去世。武帝分封安平亭侯司马隆为安平王。

三月,分封儿子司马祗为东海王。

夏季四月初一,出现日蚀。

五月,发生旱灾。任命太保何曾兼领司徒。

六月二十九日,东海王司马祗去世。

秋季七月初一,发生日蚀。吴国的将领鲁淑围攻弋阳,征虏将军王浑打败了他。撤销五官、左、右中郎将、弘训太仆、卫尉、大长秋等官职。鲜卑族入侵广宁,杀戮、掳掠五千人。武帝下诏选聘公卿以下人员的女儿来充实后宫,挑选没有结束以前,暂时禁止婚嫁。

冬季十月十七日,武帝发布命令,女子满十七岁,父母还没有将她出嫁的,由当地官吏给她婚配。

十一月初三,武帝来到宣武观,举行盛大的阅兵典礼,初十才结束。

十年春季正月十八日,武帝在用于宗庙祭祀的农田里,举行耕田仪式。

闰正月十一日,太傅、寿光公郑冲去世。十七日,高阳王司马珪去世。十八日,太原王司马瓌去世。

二十五日,武帝下诏书说:"嫡子与庶子的区别,用来分辨上下,表明贵贱。但是,近代以来,大多宠爱姬妾,使她们升上了后妃的位置,搞乱了尊卑贵贱的秩序。从现在起以至将来,都不准选用妾滕作为嫡系正妻。"

二月,分幽州的五郡建置平州。

三月初二,发生日蚀。

夏季四月二十八日,太尉、临淮公荀顗去世。

六月初三,武帝到听讼观,查阅囚徒的案卷,亲自审讯犯人,多数被从宽发落,得到释放。这一年的夏季,出现严重的蝗灾。

秋季七月初六,杨皇后去世。二十二日,吴国平房将军孟泰、偏将军王嗣等人,带领军队来投降。

八月,凉州的叛房入寇金城等郡,镇西将军、汝阴王司马骏讨伐叛房,杀了他的酋帅乞文泥等人。十九日,将元皇后杨氏安葬在峻阳陵内。

九月初四,武帝调大将军陈骞担任太尉。晋军攻下了吴国的枳里城,活捉吴的立信校尉庄祐。吴国将领孙遵、李承率领军队,入侵江夏,太守嵇喜打败了他们。在富平津处修建了黄河大桥。

冬季十一月,在洛阳城东的七里涧处,修建了石桥。十二日,武帝来到宣武观,大规模地检阅军队。

十二月,彗星出现在轸宿星区。武帝设置管理在春耕前举行亲耕仪式这种农田的藉田令。分封太原王的儿子司马辑为高阳王。吴国威北将军严聪、扬威将军严整、偏将军朱买来晋投降。

这一年,凿通陕南山,在黄河堤岸上打开缺口,使河水向东流入洛河,用来畅通漕运。

咸宁元年(275)春季正月初一,颁布对已判刑罪犯的减免令,更改年号。

二月,由于将官、士兵已到结婚年龄应当娶妻的人众多,便规定了凡是养育有五个女儿的人家,就免去他的租调徭役。辛酉,原任郫县县令夏谡做官清廉,名声远扬,赏赐稻谷一百斛。由于官吏的俸禄菲薄,分别不同的等次,赏赐公卿以下人员的绢帛。叛房树机能送来人质,请求归降。

夏季五月,下邳、广陵两地区发生风灾,吹倒了树木,毁坏了百姓的房屋。

六月,鲜卑族力微派遣儿子来朝贡献。吴国入寇江夏。西域戊己校尉马循讨伐叛房鲜卑,将其击败,斩杀其渠帅。二十四日,设置总管东宫事务的太子詹事官。

秋季七月三十日,发生日蚀。郡国出现螟虫灾害。

八月十八日,沛王司马子文去世。武帝将死去的太傅郑冲、太尉荀颢、司徒石苞、司空裴秀、骠骑将军王沈、安平献王司马孚等王公,以及还健在的太保何曾、司空贾充、太尉陈骞、中书监荀勖、平南将军羊祜、齐王司马攸等功臣,都书名在旗幡上,配享于太庙。

九月十一日,青州发生螟害,徐州洪水泛滥成灾。

冬季十月初二,常山王司马殷去世。初十,彭城王司马权去世。

十一月十一日,武帝在宣武观大规模地检阅军队,到十七日才结束。

十二月初五,追加尊号:宣帝庙称高祖,景帝庙称世宗,文帝庙称太祖。这一月,发生了严重的瘟疫,洛阳地区的百姓死亡超过了一半。武帝分封裴颜为巨鹿公。

二年春季正月,由于瘟疫流行,停止了元日的朝会。分别不同的等次,赏赐没有固定职事的闲散官吏及士兵蚕丝。

二月初五,河间王司马洪去世。十三日,武帝下令赦免判处五年以下刑期的囚犯。东方夷族有八国归顺。并州的叛房侵犯边塞,被监并州诸军事胡奋打败。

起初,敦煌太守尹璩去世,凉州刺史任用敦煌县令梁澄代领太守的职务,议郎令狐丰罢黜梁澄,擅自代领该郡事务。丰死以后,弟弟令狐宏又代行郡职。到这,凉州刺史杨欣杀了令狐宏,通过驿站送宏头到洛阳。

早些时候,武帝患病,到现在病体痊愈,大臣们祝贺平安。武帝下诏书说:"每次想到近来遭遇瘟疫死去的人们,心里就为他们十分难过。难道能因我一个人的病体康复,就忘了百姓的苦难了吗?凡是来祝贺平安的人,都应该予以谢绝。"

夏季五月,镇西大将军、汝阴王司马骏讨伐北胡,斩杀其渠帅吐敦。创立专门供五品以上官员子弟读书的国子学。二十一日,武帝举行了隆重的求雨祭祀。

六月癸丑,武帝在太庙中进献荔枝。甲戌,彗星出现在氐宿星区。从春季发生旱灾,到这一月才降雨。吴国京下督孙楷率领军队来降,被任命为车骑将军,赐爵丹杨侯。白龙两条出现在新兴郡的井中。

秋季七月,彗星出现在大角星附近。吴国的临平湖自后汉末年淤塞,到这时自行开通。年老的人都在传说:"此湖堵塞,天下大乱;此湖畅通,天下太平。"初五,安平王司马隆去世。东方夷族有十七国归附。河南、魏郡洪水泛滥成灾,淹死了一百余人,武帝诏令赐予棺材。鲜卑族阿罗多等人入寇边境,西域戊己校尉马循征讨入侵鲜卑,杀死四千余人,生俘九千余人,在这种形势下,阿罗多等人来晋投降。

八月初二,河东、平阳发生地震。二十一日,以太保何曾任太傅,太尉陈骞任大司马,司空贾充任太尉,镇军大将军、齐王司马攸任司空。彗星出现在太微星座,九月又出现在翼宿星区。丁未,在洛阳城东修建太仓,又在东、西市场修建常平仓。

闰九月,荆州有五郡发生水灾,漂流居民四千余家。

冬季十月,任命汝阴王司马骏担任征西大将军、平南将军羊祜担任征南大将军。二十一日,册立杨氏为皇后,颁布对已判刑罪犯的减免令,赏赐王公以下人员以及鳏寡各有不同的等次。

十一月,白龙两条出现在梁国境内。

十二月,武帝征召从未任官的士人安定郡皇甫谧,出任太子中庶子。晋封皇后的父亲镇军将军杨骏爵位为临晋侯。这一月,由于平州刺史傅询、前任广平太守孟桓作官清廉、名声远扬,傅询赏赐绢帛二百匹,孟桓一百匹。

三年春季正月初一,发生日蚀。武帝分封儿子司马裕为始平王、安平穆王司马隆的弟弟司马敦为安平王。又下诏书说:"宗族和亲属,都是国家的辅翼,想使他们遵守和奉行道德礼仪的规范,成为天下人们学习的榜样。但是,身处富贵地位又能谨慎行事的人很少,召穆公召集兄弟在一起,歌咏名为《唐棣》的诗篇作为训诫,这是周代姬氏本宗和支庶能够传递百代、没有凋残的原因啊。现在任命卫将军、扶风王司马亮担任宗师,所有应当施行的事情,都要在宗师那里征询意见啊。"十五日,始平王司马裕去世。彗星出现在西方。武帝派遣征北大将军卫瓘征讨鲜卑族的力微。

三月,平房护军文淑讨伐叛虏树机能等人,都打败了他们。彗星出现在胃宿星区。二十一日,武帝准备进行一次田猎活动,担心践踏了麦苗而停止。

夏季五月十五日,吴国将领邵凯、夏祥带领兵众七千余人前来归降。

六月,益、梁二州有八郡发生水灾,漂杀居民三百余人,淹没了屯积军粮的简易仓库。

秋季七月,调都督豫州诸军事王浑担任都督扬州诸军事。中山王司马睦由于犯罪,削爵为丹阳县侯。

八月二十一日,武帝改封扶风王司马亮为汝南王、东莞王司马伷为琅邪王、汝阴王司马骏为扶风王、琅邪王司马伦为赵王、渤海王司马辅为太原王、太原王司马颙为河间王、北海王司马陵为任城王、陈王司马斌为西河王、汝南王司马柬为南阳王、济南王司马耽为中山王、河间王司马威为章武王。分封儿子司马玮为始平王、司马允为濮阳王、司马该为新都王、司马遐为清河王,钜平侯羊祜为南城侯。任命汝南王司马亮作镇南大将军。大风吹倒树木,突然降温并且结了冰,五郡国降霜成灾,伤害了庄稼。

九月十七日,调左将军胡奋任都督江北诸军事。兖、豫、徐、青、荆、益、梁七州发生严重的水灾,淹没了秋季作物,武帝诏令开仓赈济灾民。分封齐王的儿子司马蕤为辽东王、司马赞为广汉王。

冬季十一月十六日,武帝来到宣武观,大规模地检阅军队,到二十二日才结束。

十二月,吴国的将领孙慎入寇江夏、汝南,掳掠一千余家后撤走。

这一年,西北杂居的各族,以及鲜卑、匈奴、五溪蛮夷、东方夷族的三个国家,先后十多人,各自带领本族部落归顺。

四年春季正月初一,发生日蚀。

三月十五日,尚书左仆射卢钦去世。辛酉,调尚书右仆射山涛任尚书左仆射。东方夷族有六国来京朝贡。

夏季四月,光芒类似蚩尤旗状的彗星出现在井宿星区。

六月初十,阴平郡的广武县发生地震,二十七日又震。州刺史杨欣在武威地区与叛虏若罗拔能等人交战,大败,死在战场上。弘训皇后羊氏去世。

秋季七月二十三日,武帝将景献皇后羊氏与景帝合葬于峻平陵内。二十二日,高阳王司马缉去世。二十六日,范阳王司马绥去世。荆、扬二州有二十个郡国,都发生了严重的水灾。

九月,调太傅何曾任太宰。十五日,调尚书令李胤任司徒。

冬季十月,武帝调征北大将军卫瓘任尚书令。扬州刺史应绰进攻吴国的皖城,杀敌军五千人,焚毁囤聚的谷米一百八十万斛。

十一月十六日，太医官署的司马程据，进献用雉鸡头部羽毛制成的裘衣，武帝因其为新奇特异的服饰，是被典制礼仪禁止的东西，在大殿前面焚烧了它。十九日，又敕令中央、地方官吏敢有再违犯的，将惩罚他们。吴国昭武将军刘翻、厉武将军祖始来晋投降。二十六日，调尚书杜预出任都督荆州诸军事；征南大将军羊祜去世。

十二月初一，西河王司马斌去世。十三日，太宰、朗陵公何曾去世。

这一年，东方夷族有九国归附。

五年春季正月，叛虏酋帅树机能攻陷凉州。初一，武帝派遣讨虏护军、武威太守马隆讨伐他。

二月初一，白麟出现在平原国。

三月，匈奴族都督拔弈虚带领部落归顺。十二日，由于百姓正度荒年，武帝也减少膳食费用的一半。彗星出现在柳宿星区。

夏季四月，彗星又出现在女御星区。武帝颁布对已判刑囚犯的减免令，废除部曲督以下将吏的人质制度。

五月二十五日，有八郡国下降冰雹，伤害秋季农作物，损坏了百姓的房屋。

秋季七月，彗星出现在紫宫星座。

九月初四，有麟出现在河南郡。

冬季十月十九日，匈奴余渠都督独雍等人带领部落归顺。汲郡人不准发掘战国魏襄王的墓葬，得到有小篆字体的竹简古书共十余万字，收藏在保存国家秘籍的部门。

十一月，武帝大规模地征伐吴国，派遣镇军将军、琅邪王司马伷出兵涂中，安东将军王浑出兵长江西岸，建威将军王戎出兵武昌，平南将军胡奋出兵夏口，镇南大将军杜预出兵江陵，龙骧将军王浚、广武将军唐彬率领巴蜀的士兵，顺长江向下游进军，东西共有军队二十余万。任命贾充担任大都督，行冠军将军杨济作他的副手，总领各路军队。

十二月，马隆进攻叛虏树机能，彻底打败了叛虏，杀了树机能，凉州的叛乱平定。肃慎国派遣使臣，前来贡献楛木箭杆，石制箭镞。

太康元年（280年）春季正月初一，五色云气覆盖了太阳。二十五日，王浑攻克吴国的寻阳、赖乡等城池，活捉了吴国的武威将军周兴。

二月初一,王浚、唐彬等人攻下了丹杨城。初三,又攻克西陵,杀了吴国的西陵都督、镇军将军留宪,征南将军成璩,西陵监郑广。初五,王浚又攻占夷道、乐乡等城,杀了夷道监陆晏、水军都督陆景。十七日,杜预攻陷江陵,杀了吴国的江陵督伍延;平南将军胡奋攻克江安。在这时候,晋国各路军队同时并进,乐乡、荆门等地的吴国守军,相继前来归降。十八日,武帝任命王浚担任都督益、梁二州诸军事,又下达诏令说:"王浚、唐彬向东进军,肃清巴丘以后,与胡奋、王戎共同攻克夏口、武昌,再顺流东下,直达秣陵,与胡奋、王戎审时度势,见机行事。杜预应当稳定零、桂,安抚衡阳。大军既已前进,荆州的南部地区,定当传布檄文就可平定,杜预应分一万人给王浚,七千人给唐彬;夏口既已攻下,胡奋应分七千人给王浚;武昌既已得手,王戎应分六千人增加唐彬的兵力。太尉贾充移驻项城,总管监督各方事宜。"王浚率军向前,攻陷了夏口、武昌,于是战舰漂浮东下,凡是到达的地方,没有遇到抵抗就平定了。王浑、周浚在版桥地界,与吴国的丞相张悌交战,大败吴军,杀了张悌以及随同他的吴国将领孙震、沈莹,将他们的人头送往洛阳。孙皓穷困紧迫,请求投降,向琅邪王司马伷送上吴国皇帝的御玺及绶带。

三月十五日,王浚率领水军,直达建邺的石头城,孙皓十分恐惧,反缚双手,载着棺材,在晋军营门前投降。王浚手持符节,代表武帝解开了他的双手,烧毁棺材,送他上京都洛阳。收集吴国的地图户籍,取得四州,四十三郡,三百一十三县,五十二万三千户,三万二千吏,二十三万兵,男女共二百三十万口。吴国原来任命的州牧郡守以下的官吏,都继续留任,废除了孙皓繁琐残酷的政令,宣布了简便易行的措施,吴国百姓十分高兴。

夏季四月二十九日,武帝颁发对已判刑囚犯的减免令,更改年号,特别准许民间举行五天的集会饮宴,来表示欢庆,赈恤孤寡老弱、贫困穷苦的人。河东、高平降冰雹和雨,伤害了秋季作物。武帝派遣兼侍中张侧、黄门侍郎朱震,分别出使扬、越地区,抚慰刚刚归顺的百姓。白麟出现在顿丘境内。三河、魏郡、弘农降冰雹和雨,伤害了隔年才成熟的麦苗。

五月二十五日,武帝赐孙皓爵位为归命侯,任命他的太子孙瑾担任中郎,其余的儿子任郎中。吴国德高望重的人,根据他们的才能,任命相应的官职。孙氏在交战中阵亡的高级将领,他们的家属搬迁到寿阳县居住;将吏渡江北来定居的,免除十年的租调徭役,百姓和各种工匠,免除二十年。

六月十一日,武帝来到殿前,举行盛大的朝会,并引孙皓上殿,众大臣都高呼万岁。十二日,在太庙中进献酃渌美酒。有六郡国遭遇雹灾,伤害了秋季农作物。十五日,武帝诏令凡士兵中年龄在六十岁以上的人,都免去徭役,回归家中。二十五日,任命王浚为辅国大将军、襄阳县侯,杜预当阳县侯,王戎安丰县侯,唐彬上庸县侯,贾充、琅邪王司马伷以下人员,都增加封邑。与此同时,评论功绩,进行封赏,分别不同等次赐予公卿以下人员的绢帛。

二十二日,初次设置翊军校尉官职。复封丹水侯司马睦为高阳王。二十九日,东方夷族有十国归附。

秋季七月,叛虏轲成泥入寇西平、浩亹,杀晋督将以下三百余人。东方夷族有二十国入朝贡献。初五,调尚书魏舒任尚书右仆射。

八月,车师前部国王派遣儿子入侍武帝。初五,武帝分封弟弟司马延祚为乐平王。三条白龙出现在永昌境内。

九月,众大臣由于天下统一,多次请求到泰山举行祭祀天地的典礼,武帝谦让,没有允许。

冬季十月初四,废除家中养育五个女儿免除租调徭役的法令。

十二月十五日,广汉王司马赞去世。

二年春季二月,淮南、丹杨发生地震。

三月十五日,安平王司马敦去世。分别不同等次,将俘掠的吴国人口赏赐王公以下人员。武帝下令挑选原孙皓的妓妾五千人,进入后宫。东方夷族有五国入朝贡献。

夏季六月,东方夷族五国归顺。有十六郡国降冰雹和雨,大风吹倒树木,毁坏百姓的房屋。江夏、泰山发生水灾,漂流居民三百余家。

秋季七月,上党又遭暴风、冰雹大雨袭击,毁坏了秋季作物。

八月,彗星出现在张宿星区。

冬季十月,鲜卑族的慕容瘣入寇昌黎郡。

十一月二十五日,大司马陈骞去世。彗星出现在轩辕星区。鲜卑族入寇辽西郡,平州刺史鲜于婴讨伐,打退了这次侵扰。

三年春季正月初一,撤销秦州建制,与雍州合并。十八日,调尚书令张华出任都督幽州诸军事。

三月，安北将军严询在昌黎地界，打败了鲜卑族慕容瘣，鲜卑死伤数万人。

夏季四月二十五日，太尉、鲁公贾充去世。

闰四月初一，司徒、广陵侯李胤去世。

五月初九，两条白龙出现在济南境内。

秋季七月，废除平州、宁州刺史每三年一次入朝奏事的制度。

九月，东方夷族有二十九国归服，贡献他们的特产。吴国原将领莞恭、帛奉起兵反叛，攻陷建邺县城，杀了县令，竟然围攻扬州；徐州刺史嵇喜讨伐，平定了这次叛乱。

冬季十二月十三日，调司空、齐王司马攸任大司马、督青州诸军事，镇东大将军、琅邪王司马伷任抚军大将军，汝南王司马亮任太尉，光禄大夫山涛任司徒，尚书令卫瓘任司空。二十五日，武帝诏令国内水灾、旱灾特别严重的地区，不交田租。

四年春季二月十四日，调尚书右仆射魏舒任尚书左仆射、下邳王司马晃任尚书右仆射。戊午，司徒山涛去世。

二月十九日，武帝分封长乐亭侯司马寔为北海王。

三月初一，发生日蚀。十四日，大司马、齐王司马攸去世。

夏季四月，任城王司马陵去世。

五月初一，大将军、琅邪王司马伷去世。改封辽东王司马蕤为东莱王。

六月，增加九卿官职的礼遇与品秩。牂柯境内的獠族二千余部落归顺。

秋季七月十四日，调尚书右仆射、下邳王司马晃出任都督青州诸军事。二十八日，兖州洪水成灾，免收灾区百姓的田租。

八月，鄯善国王派遣儿子入侍，武帝赐给归义侯的封号。任命陇西王司马泰担任尚书右仆射。

冬季十一月二十二日，新都王司马该去世。调尚书左仆射魏舒担任司徒。

十二月初五，武帝在宣武观大规模地检阅军队。

这一年，河内郡以及荆州、扬州都发生了严重的水灾。

五年春季正月初四，青龙两条出现在武器库内的井中。

二月初二，封南宫王的儿子司马玷为长乐王。二十八日，发生地震。

夏季四月,任城、鲁国的池水色红如血。五月十三日,宣帝庙的大梁断折。

六月,初次设置奉皇帝诏令关押犯人的黄沙监狱。

秋季七月十六日,武帝的儿子司马恢去世。任城、梁国、中山降雨和冰雹,损坏了秋季农作物。减少征收天下户调的三分之一。

九月,南安地区遭受风灾,吹断了树木。有五郡国发生严重的水灾,降霜成害,损伤了秋季农作物。

冬季十一月十四日,太原王司马辅去世。

十二月初十,武帝发布对已判刑罪犯的减免令。林邑、大秦国分别派遣使臣来朝贡献。

闰十二月,镇南大将军、当阳侯杜预去世。

六年春季正月初一,由于连续几年农业歉收,免除了百姓所欠田租、债务中的旧账。初九,调征南大将军王浑任尚书左仆射、尚书褚䂮都督扬州诸军事、杨济都督荆州诸军事。

三月,有六郡国遭遇霜灾,损害了桑树和麦苗。

夏季四月,扶南等十国来朝贡献,参离四千余部落归附。有四郡国发生干旱,十郡国洪水泛滥成灾,毁坏了百姓的房屋。

秋季七月,巴西地区发生地震。

八月初一,发生日蚀。武帝下令减少征收百姓三分之一的绵绢。有白龙出现在京兆郡内。调镇军大将军王浚任抚军大将军。

九月二十一日,山阳公刘康去世。

冬季十月,南安境内发生山体滑坡,地下水从中流出。南阳郡捕捉到只有两只足的野兽。龟兹、焉耆国王派遣儿子入侍武帝。

十二月初一,武帝在宣武观大规模地检阅军队,经过十天才结束。十七日,抚军大将军、襄阳侯王浚去世。

七年春季正月初一,发生日蚀。初二,武帝下诏令说:"近几年来,自然灾害和怪异现象多次出现,日蚀发生在正月初一,地壳震动,山体滑坡。国家治理得不好,责任完全在我一人。公卿大臣每人都密封上书,尽你们所知,讲出灾异多次出现的原因,不要有任何隐瞒或忌讳。"

夏季五月,有十三郡国发生旱灾。鲜卑族慕容瘣入寇辽东。

秋季七月,朱提出现山崩;犍为发生地震。

八月,东方夷族有十一国归顺。京兆发生地震。

九月二十九日,骠骑将军、扶风王司马骏去世。有八郡国发生严重的水灾。

冬季十一月初四,武帝任命陇西王司马泰都督关中诸军事。

十二月,武帝派遣侍御史视察遭受水灾的各郡国。释放后宫女官才人、歌妓舞女以下二百七十余人,各回自己的家中。初次颁发大臣服满三年丧礼的制度。二十一日,河阴地区下降赤雪,面积达二百亩。

这一年,扶南等二十一个国家、马韩等十一个国家派遣使臣,来朝贡献。

八年春季正月初一,发生日蚀。太庙的大殿下塌。

三月十九日,临商观发生地震。

夏季四月,齐国、天水降霜成灾,损害了麦苗。

六月,鲁国发生严重风灾,吹倒了树木,毁坏了百姓的房屋。有八个郡国又出现了严重的水灾。

秋季七月,前殿的地面下陷,深达几丈,其中发现有埋在下面的破船。

八月,东方夷族有两国归顺。

九月,改建太庙。

冬季十月,南康郡的平固县县吏李丰反叛,聚集同党围攻郡县,自称将军。

十一月,海安县的县令萧辅,聚集徒众反叛。

十二月,吴兴郡人蒋迪,聚集党徒反叛,围攻阳羡县。州郡发兵捕捉讨伐,全部判处死刑。南方夷人扶南、西域的康居等国,分别派遣使臣,来朝贡献。

这一年,有五郡国发生了地震。

九年春季正月初一,发生日蚀。武帝下诏书说:"振兴教化的根本,在于政治安定清明,讼事平允及时,地方官吏不去多方体恤百姓的疾苦,却任意凭借私人的恩怨,制造扩大狱讼;又大多贪残污浊,扰乱百姓。当敕令刺史、郡守,纠察那些贪赃枉法的人,推荐那些公正清廉的人,有关部门讨论他们的罢黜或升迁。"又要求中央、地方各级官吏,荐举清廉有才能的人,提拔出身微贱的人。长江东岸的四郡发生地震。

二月,尚书右仆射、阳夏侯胡奋去世,调尚书朱整任尚书右仆射。

三月初七,杨皇后在洛阳城西的郊外,举行亲身蚕事的典礼,分别不同等次赏赐绢帛。二十二日,初次将春季祭社和秋季祭社合并为春季祭社。

夏季四月,长江南岸有八郡国发生地震;陇西郡降霜成灾,伤害了越冬麦苗。

五月,义阳王司马奇触犯刑律,削爵为三纵亭侯。武帝诏令中央、地方各级官吏推荐能胜任郡守、县令职事的人才。

六月初一,发生日蚀。改封章武王司马威为义阳王。有三十二个郡国发生严重旱灾,损害了麦田。

秋季八月十四日,陨石坠落有如雨点。武帝下令郡国将判处五年以下刑期的囚犯马上结案发遣,不要滞留各种讼事。

九月,东方夷族有七国到东夷校尉府归顺。二十四个郡国发生螟灾。

冬季十二月初七,分封河间平王司马洪的儿子司马英为章武王。十二日,青龙、黄龙各一条出现在鲁国境内。

十年夏季四月,由于京兆太守刘霄、阳平太守梁柳办事有方,成效卓著,分别赏赐稻谷一千斛。有八郡国发生霜灾。太庙改建完成。十一日,迁徙死去祖先的牌位进入新建的太庙,武帝在道旁亲自迎接,并举行祭祀远祖、近祖的典礼;颁布对已判刑罪犯的减免令,文武百官增加爵位一级,参加修建太庙的增加两级。十三日,尚书右仆射、广兴侯朱整去世。十九日,崇贤殿发生火灾。

五月,鲜卑族慕容瘣归降,东方夷族有十一国归顺。

六月初七,山阳公刘瑾去世。又恢复分别设置春季祭社与秋季祭社。

冬季十月二十一日,改封南宫王司马承为武邑王。

十一月丙辰,代行尚书令、左光禄大夫荀勖去世。武帝疾病初愈,赏赐王公以下人员的绢帛,各有不同等次。含章殿练武的鞠室发生火灾。

二十三日,武帝任命汝南王司马亮担任大司马、大都督、假黄钺。改封南阳王司马柬为秦王、始平王司马玮为楚王、濮阳王司马允为淮南王,都授予假节的权力,去到各自的封国,并分别统率封国所在地附近数州的军事。分封儿子司马乂为长沙王、司马颖为成都王、司马晏为吴王、司马炽为豫章王、司马演为代王,孙子司马遹为广陵王。又分封濮阳王的儿子司马迪为汉王、始平王的儿子司马仪为毗陵王、汝南王的次子司马羕为西阳公。改封扶风王司马畅为顺阳王、畅的弟弟司马歆为新野公、琅邪王司马觐的弟弟澹为东武公、繇为东安公、漼为广陵公、卷为东莞公。各王国的属官相,改名内史。

二十九日,太庙的大梁断折。

这一年,东方夷族僻远的三十余个国家、西南方夷族的二十多个国家,来朝贡献。叛虏奚轲率男女十万人归降。

太熙元年春季正月初一,更改年号。初九,调尚书左仆射王浑任司徒、司空卫瓘任太保。

二月十二日,东方夷族有七国入朝贡献。琅邪王司马觐去世。

三月初五,调右光禄大夫石鉴任司空。

夏季四月十二日,调侍中、车骑将军杨骏任太尉、都督中外诸军、录尚书事。二十日,武帝在含章殿逝世,时年五十五岁,葬在峻阳陵地,庙号世祖。

武帝度量宏大,待人厚道,一切事情都本着仁恕的原则办理,能容纳直言正论,从不以粗暴的态度待人;明智通达,长于谋略,能断大事。因此,得以安定各方,平定天下。继魏国奢侈苛刻的风气之后,百姓怀念过去古朴的风尚,武帝就用恭敬节俭原则来加以鞭策,用清心寡欲思想来加以劝导。有关部门曾经上奏宫中的牛青丝鼻绳断了,武帝命令用青麻绳代替。当朝处理政事能宽容,法令制度有常规。高阳许允被文帝司马昭处死,允的儿子许奇担任太常丞。武帝将要在太庙中行事,朝臣议论因为许奇出身在遭受过打击的家庭,不想要他在行事的时候接近武帝,请求将他调离太常府,出外任长史。武帝追述许允旧日的声誉,称赞许奇的才能,反而提拔他担任了祠部郎,当时的舆论都赞扬武帝这种公正豁达的气度。平定吴国以后,天下太平,于是对施政方略产生了厌倦,沉溺在游荡宴乐的生活之中,放纵偏爱皇后家族,亲近并优待当朝权贵,经验丰富的老臣宿将,得不到信任和重用,典章制度遭到破坏,请托徇私公开流行。到了晚年,明知惠帝司马衷不能承担大任,但是仗持孙子司马遹天资聪颖,智力过人,所以没有另立太子的打算。又考虑到司马遹不是贾后亲生的儿子,担心最终会导致危机与失败,于是便和亲信共同商议死后的保证措施。出主意的人各说不一,长时间又下不了决心,最后采用了王

佑的谋划,派遣太子司马衷的弟弟秦王司马柬都督关中,楚王司马玮、淮南王司马允同时出镇要害的地方,来增强皇室司马氏的力量。又担心皇后杨氏的逼迫,再任命王佑作北军中侯,来统率保卫皇帝的禁军。不久,武帝卧病不起,不见好转,渐渐进入危险状态,共同缔造晋国的功臣,都已先期死去,文武百官惶恐不安,也不知该怎么办才好。适逢武帝的病情稍稍缓了过来,有诏令任命汝南王司马亮辅佐朝政,又想在朝臣中挑选几位名声好、年纪轻的人协助司马亮辅政;杨骏隐藏诏令,不予公布。武帝转眼间又迷糊错乱,杨皇后趁机拟定诏书,任命杨骏辅佐政务,催逼司马亮马上出发,到镇赴任。武帝一会苏醒,询问汝南王司马亮来了没有,示意想见到他,有重要的事情向他交代,身边的人回答没有到,武帝便进入了昏迷垂危的地步。朝廷内部的动乱,实在是起于这样的安排啊。

【原文】

武皇帝讳炎,字安世,文帝长子也。宽惠仁厚,沈深有度量。魏嘉平中,封北平亭侯,历给事中、奉车都尉、中垒将军,加散骑常侍,累迁中护军、假节。迎常道乡公於东武阳,迁中抚军,进封新昌乡侯。及晋国建,立为世子,拜抚军大将军、开府,副贰相国。

初,文帝以景帝既宣帝之嫡,早世无后,以帝弟攸为嗣,特加爱异,自谓摄居相位,百年之后,大业宜归攸。每曰:"此景王之天下也,吾何与焉。"将议立世子,属意於攸。何曾等固争曰:"中抚军聪明神武,有超世之才。发委地,手过膝,此非人臣之相也。"由是遂定。咸熙二年五月,立为晋王太子。

八月辛卯,文帝崩,太子嗣相国、晋王位。下令:宽刑宥罪,抚众息役,国内行服三日。是月,长人见於襄武,长三丈,告县人王始曰:"今当太平。"

九月戊午,以魏司徒何曾为丞相,镇南将军王沈为御史大夫,中护军贾充为卫将军,议郎裴秀为尚书令、光禄大夫;皆开府。

十一月,初置四护军,以统城外诸军。闰月乙未,令诸郡中正以六条举淹滞:一曰忠恪匪躬,二曰孝敬尽礼,三曰友于兄弟,四曰洁身劳谦,五曰信义可复,六曰学以为己。

是时,晋德既洽,四海宅心。於是天子知历数有在,乃使太保郑冲奉策曰:"咨尔晋王:我皇祖有虞氏诞膺灵运,受终于陶唐,亦以命于有夏。惟三后陟配于天,而咸用光敷圣德。自兹厥后,天又辑大命于汉。火德既衰,乃眷命我高祖。

方轨虞夏四代之明显，我不敢知。惟王乃祖乃父，服膺明哲，辅亮我皇家，勋德光于四海。格尔上下神祇，罔不克顺，地平天成，万邦以乂。应受上帝之命，协皇极之中。肆予一人，祇承天序，以敬授尔位。历数实在尔躬，允执其中，天禄永终。於戏！王其钦顺天命，率循训典，底绥四国，用保天休，无替我二皇之弘烈。"帝初以礼让，魏朝公卿何曾、王沈等固请，乃从之。

泰始元年冬十二月丙寅，设坛于南郊，百僚在位及匈奴南单于四夷会者数万人，柴燎告类于上帝曰："皇帝臣炎敢用玄牡明告于皇皇后帝：魏帝稽协皇运，绍天明命以命炎：昔者唐尧，熙隆大道，禅位虞舜，舜又以禅禹，迈德垂训，多历年载。暨汉德既衰，太祖武皇帝拨乱济时，扶翼刘氏，又用受命于汉。粤在魏室，仍世多故，几於颠坠，实赖有晋匡拯之德，用获保厥肆祀，弘济于艰难，此则晋之有大造于魏也。诞惟四方，罔不祇顺、廓清梁、岷，包怀扬、越，八紘同轨，祥瑞屡臻，天人协应，无思不服。肆予宪章三后，用集大命于兹。炎维德不嗣，辞不获命。於是群公卿士，百辟庶僚，黎献陪隶，暨于百蛮君长，佥曰'皇天鉴下，求人之瘼，既有成命，固非克让所得距违。天序不可以无统，人神不可以旷主。'炎虔奉皇运，寅畏天威，敬简元辰，升坛受禅，告类上帝，永答众望。"礼毕，即洛阳宫幸太极前殿，诏曰："昔朕皇祖宣王，圣哲钦明，诞应期运，熙帝之载，肇启洪基。伯考景王，履道宣猷，缉熙诸夏。至于皇考文王，睿哲光远，允协灵祇，应天顺时，受兹明命。仁济于宇宙，功格于上下。肆魏氏弘鉴于古训，仪刑于唐虞，畴恣群后，爰辑大命于朕身。予一人畏天之命，用不敢违。惟朕寡德，负荷洪烈，托于王公之上，以君临四海，惴惴惟惧，罔知所济。惟尔股肱爪牙之佐，文武不贰之臣，乃祖乃父，实左右我先王，光隆我大业。思与万国，共享休祚。"於是大赦，改元。赐天下爵，人五级；鳏寡孤独不能自存者谷，人五斛。复天下租赋及关市之税一年，逋债宿负皆勿收。除旧嫌，解禁锢，亡官失爵者悉复之。

丁卯，遣太仆刘原告于太庙。封魏帝为陈留王，邑万户，居於邺宫；魏氏诸王皆为县侯。追尊宣王为宣皇帝，景王为景皇帝，文王为文皇帝，宣王妃张氏为宣穆皇后。尊太妃王氏曰皇太后，宫曰崇化。封皇叔祖父孚为安平王，皇叔父干为平原王、亮为扶风王、伷为东莞王、骏为汝阴王、肜为梁王、伦为琅邪王，皇弟攸为齐王、鉴为乐安王、机为燕王，皇从伯父望为义阳王，皇从叔父辅为渤海王、晃为下邳王、瑰为太原王、珪为高阳王、衡为常山王、子文为沛王、泰为陇西王、权为彭城王、绥为范阳王、遂为济南王、逊为谯王、睦为中山王、陵为北海王、斌为陈王，皇从父兄洪为河间王，皇从父弟茂为东平王。以骠骑将军石苞为大司马，封乐陵公，车骑将军陈骞为高平公，卫将军贾充为车骑将军、鲁公，尚书令裴秀为巨鹿公，侍中荀勖为济北公，太保郑冲为太傅、寿光公，太尉王祥为太保、睢陵公，丞相何曾为太尉、朗陵公，御史大夫王沈为骠骑将军、博陵公，司空荀颢为临淮公，镇北大将军卫瑾为菑阳公。其余增封进爵各有差，文武普增位二等。改景初历为太始历，腊以酉，社以丑。

戊辰，下诏大弘俭约，出御府珠玉玩好之物，颁赐王公以下各有差。置中军将军，以统宿卫七军。

己巳，诏陈留王载天子旌旗，备五时副车，行魏正朔，郊祀天地，礼乐制度皆如魏旧，上书不称臣。赐山阳公刘康、安乐公刘禅子弟一人为驸马都尉。乙亥，以安平王孚为太宰、假黄钺、大都督中外诸军事。诏曰："昔王凌谋废齐王，而王竟不足以守位。邓艾虽矜功失节，然束手受罪。今大赦其家，还使立后。兴灭继绝，约法省刑。除魏氏宗室禁锢。诸将吏遭三年丧者，遣宁终丧。百姓复其徭役。罢部曲将、长吏以下质任。省郡国御调，禁乐府靡丽百戏之伎及雕文游畋之具。开直言之路，置谏官以掌之。"

是月，凤皇六、青龙三、白龙二、麒麟各一见于郡国。

二年春正月丙戌，遣兼侍中侯史光等持节四方，循省风俗，除禳祝之不在祀典者。丁亥，有司请建七庙，帝重其役，不许。庚寅，罢鸡鸣歌。辛丑，尊景皇帝夫人羊氏曰景皇后，宫曰弘训。丙午，立皇后杨氏。

二月，除汉宗室禁锢。己未，常山王衡薨。诏曰："五等之封，皆录旧勋。本为县侯者传封次子为亭侯，乡侯为关内侯，亭侯为关中侯，皆食本户十分之一。"丁丑，郊祀宣皇帝以配天，宗祀文皇帝於明堂以配上帝。庚午，诏曰："古者百官，官箴王阙。然保氏特以谏诤为职，今之侍中、常侍实处此位。择其能正色弼违、匡救不逮者，以兼此选。"

三月戊戌，吴人来吊祭，有司奏为答诏。帝曰："昔汉文、光武怀抚尉他、公孙述，皆未正君臣之仪，所以羁縻未宾也。皓遣使之始未知国庆，但以书答之。"

夏五月戊辰，诏曰："陈留王操尚谦冲，每事辄表，非所以优崇之也。主者喻意，非大事皆使王官表上之。"壬子，骠骑将军、博陵公王沈卒。

六月壬申，济南王遂薨。

秋七月辛巳，营太庙，致荆山之木，采华山之石；铸铜柱十二，涂以黄金，镂以百物，缀以明珠。戊戌，谯王逊薨。丙午晦，日有蚀之。

八月丙辰，省右将军官。

初，帝虽从汉魏之制，既葬除服，而深衣素冠，降席撤膳，哀敬如丧者。戊辰，有司奏攻服进膳，不许；遂礼终而后复吉。及太后之丧，亦如之。九月乙未，散骑常侍皇甫陶、傅玄领谏官，上书谏诤，有司奏请寝之。诏曰："凡关言人主，人臣所至难，而苦不能听纳，自古忠臣直士之所慷慨也。每陈事出付主者，多从深刻，乃云恩贷当由主上，是何言乎？其详评议。"

戊戌，有司奏："大晋继三皇之踪，蹈舜禹之迹，应天顺时，受禅有魏，宜一用前代正朔服色，皆如虞遵唐故事。"奏可。

冬十月丙午朔，日有蚀之。丁未，诏曰："昔舜葬苍梧，农不易亩；禹葬成纪，市不改肆。上惟祖考清简之旨，所徙陵十里内居人，动为烦扰，一切停之。"

十一月己卯，倭人来献方物。并圆丘、方丘於南、北郊，二至之祀合於二郊。罢山阳公国督军，除其禁制。己丑，追尊景帝夫人夏侯氏为景怀皇后。辛卯，迁祖祢神主于太庙。

十二月。罢农官为郡县。

是岁，凤凰六、青龙十、黄龙九、麒麟各一见於郡国。

三年春正月癸丑，白龙二见於弘农渑池。

丁卯，立皇子衷为皇太子。诏曰："朕以不德，托于四海之上，兢兢祗畏，惧无以康济寓内，思与天下式明王度，正本清源，於置胤树嫡，非所先务。又近世每建太子，宽宥施惠之事，间不获已，顺从王公卿士之议耳。方今世运垂年，将陈之以德义，示之以好恶，使百姓蹑多幸之虑，笃终始之行，曲惠小仁，故无取焉。咸使知闻。"

三月戊寅，初令二千石得终三年丧。丁未，昼昏。罢武卫将军官。以李熹为太子太傅。太山石崩。

夏四月戊午，张掖太守焦胜上言：氐池县大柳谷口有玄石一所，白昼成文，实大晋之休祥，图之以献。诏以制币告于太庙，藏之天府。

秋八月，罢都护将军，以其五署还光禄勋。

九月甲申,诏曰:"古者以德诏爵,以庸制禄,虽下士犹食上农,外足以奉公忘私,内足以养亲施惠。今在位者禄不代耕,非所以崇化之本也。其议增吏俸。"赐王公以下帛各有差。以太尉何曾为太保、义阳王望为太尉、司空荀顗为司徒。

冬十月,听士卒遭父母丧者,非在疆场,皆得奔赴。

十二月,徙宗圣侯孔震为奉圣亭侯。山阳公刘康来朝。禁星气谶纬之学。

四年春正月辛未,以尚书令裴秀为司空。

丙戌,律令成,封爵、赐帛各有差。有星孛于轸。丁亥,帝耕於藉田。戊子,诏曰:"古设象刑而众不犯,今虽参夷而奸不绝,何德刑相去之远哉!先帝深愍黎元,哀矜庶狱,乃命群后,考正典刑。朕守遗业、永惟保乂皇基,思与万国以无为为政。方今阳春养物,东作始兴,朕亲率王公卿士耕藉田千亩。又律令既就,班之天下,将以简法务本,惠育海内。宜宽有罪,使得自新,其大赦天下。长吏、郡丞、长史各赐马一匹。"

二月庚子,增置山阳公国相、郎中令、陵令、杂工宰人、鼓吹车马各有差。罢中军将军,置北军中候官。甲寅,以东海刘俭有至行,拜为郎。以中军将军羊祜为尚书左仆射、东莞王伷为尚书右仆射。

三月戊子,皇太后王氏崩。

夏四月戊戌,太保、睢陵公王祥薨。己亥,祔葬文明皇后王氏於崇阳陵。罢振威、振威护军官,置左、右积弩将军。

六月丙申朔,诏曰:"郡国守相,三载一巡行属县,必以春,此古者所以述职宣风展义也。见长吏,观风俗,协礼律,考度量,存问耆老,亲见百年;录囚徒,理冤枉,详察政刑得失,知百姓所患苦。无有远近,便若朕亲临之。敦喻五教,劝务农功;勉励学者,思勤正典,无为百家庸末,致远必泥。士庶有好学笃道,孝弟忠信,清白异行者,举而进之;有不孝敬於父母,不长悌於族党,悖礼弃常,不率法令者,纠而罪之。田畴辟,生业修,礼教设,禁令行,则长吏之能也;人穷匮,农事荒,奸盗起,刑狱烦,下陵上替,礼义不兴,斯长吏之否也。若长吏在官公廉,虑不及私,正色直节,不饰名誉者,及身行贪秽,诌黩求容,公节不立,而私门日富者,并谨察之。扬清激浊,举善弹违,此朕所以垂拱总纲,责成於良二千石也。於戏戒哉!"

秋七月，太山石崩，众星西流。戊午，遣使者侯史光循行天下。己卯，谒崇阳陵。

九月，青、徐、兖、豫四州大水，伊洛溢，合於河，开仓以振之。诏曰："虽诏有所欲，及奏得可於事不便者，皆不可隐情。"

冬十月，吴将施绩入江夏，万郁寇襄阳。遣太尉、义阳王望屯龙陂。荆州刺史胡烈击败郁。吴将顾容寇郁林，太守毛炅大破之，斩其交州刺史刘俊、将军修则。

十一月，吴将丁奉等出芍陂，安东将军、汝阴王骏与义阳王望击走之。己未，诏王公卿尹及郡国守相、举贤良方正直言之士。

十二月，班五条诏书於郡国：一曰正身，二曰勤百姓，三曰抚孤寡，四曰敦本息末，五曰去人事。庚寅，帝临听讼观，录廷尉洛阳狱囚，亲平决焉。扶南、林邑各遣使来献。

五年春正月癸巳，申戒郡国计吏、守相令长，务尽地利，禁游食商贩。丙申，帝临听讼观录囚徒，多所原遣。青龙二见於荥阳。

二月，以雍州陇右五郡及凉州之金城、梁州之阴平置秦州。辛巳，白龙二见於赵国。青、徐、兖三州水，遣使振恤之。壬寅，以尚书左仆射羊祜都督荆州诸军事，征东大将军卫瓘都督青州诸军事，东莞王伷镇东大将军、都督徐州诸军事。丁亥，诏曰："古者岁书群吏之能否，三年而诛赏之。诸令史前后，但简遣疏劣，而无有劝进，非黜陟之谓也。其条勤能有称尤异者，岁以为常。吾将议其功劳。"

三月己未，诏蜀相诸葛亮孙京随才署吏。

夏四月，地震。

五月辛卯朔，凤皇见于赵国。曲赦交趾、九真、日南五岁刑。

六月，邺奚官督郭廙上疏陈五事以谏，言甚切直，擢为屯留令。西平人麹路伐登闻鼓，言多妖谤，有司奏弃市。帝曰："朕之过也。"舍而不问。罢镇军将军，复置左、右将军官。

秋七月，延群公，询谠言。

九月，有星孛于紫宫。

冬十月丙子，以汲郡太守王宏有政绩，赐谷千斛。

十一月，追封谥皇弟兆为城阳哀王，以皇子景度嗣。

十二月，诏州郡举勇猛秀异之才。

六月春正月丁亥朔，帝临轩，不设乐。吴将丁奉入涡口，扬州刺史牵弘击走之。

三月，敕五岁刑已下。

夏四月，白龙二见於东莞。

五月，立寿安亭侯承为南宫王。

六月戊午，秦州刺史胡烈击叛虏於万斛堆，力战，死之。诏遣尚书石鉴行安西将军、都督秦州诸军事，与奋威护军田章讨之。

秋七月丁酉，复陇右五郡遇寇害者租赋，不能自存者廪贷之。乙巳，城阳王景薨。诏曰："自泰始以来，大事皆撰录秘书，写副。后有其事，辄宜缀集以为常。"丁未，以汝阴王骏为镇西大将军、都督雍、凉二州诸军事。

九月，大宛献汗血马，焉耆来贡方物。

冬十一月，幸辟雍，行乡饮酒之礼，赐太常博士、学生帛牛酒各有差。立皇子东为汝南王。

十二月，吴夏口督、前将军孙秀帅众来奔，拜骠骑将军、开府仪同三司，封会稽公。戊辰，复置镇军官。

七年春正月丙午，皇太子冠，赐王公以下帛各有差。匈奴帅刘猛叛出塞。

三月，孙皓帅众趋寿阳，遣大司马望屯淮北以距之。丙戌，司空、巨鹿公裴秀薨。癸巳，以中护军王业为尚书左仆射，高阳王珪为尚书右仆射。孙秀部将何崇帅众五千人来降。

夏四月，九真太守董元为吴将虞汜所攻，军败，死之。北地胡寇金城，凉州刺史牵弘讨之。群虏内叛，围弘於青山；弘军败，死之。

五月，立皇子宪为城阳王。雍、凉、秦三州饥，赦其境内殊死以下。

闰月，大雪，太官减膳。诏交趾三郡、南中诸郡无出今年户调。

六月，诏公卿以下举将帅各一人。辛丑，大司马、义阳王望薨。大雨霖，伊、洛、河溢，流居人四千余家，杀三百余人，有诏振贷、给棺。

秋七月癸酉，以车骑将军贾充为都督秦、凉二州诸军事。吴将陶璜等围交趾，太守杨稷与郁林太守毛炅及日南等三郡降於吴。

八月丙戌，以征东大将军卫瓘为征北大将军、都督幽州诸军事。丙申，城阳王宪薨。分益州之南中四郡置宁州,曲赦四郡殊死巳下。

冬十月丁丑,日有蚀之。

十一月丁巳,卫公姬署薨。

十二月,大雪。罢中领军,并北军中候。以光禄大夫郑袤为司空。

八年春正月,监军何桢讨匈奴刘猛,累破之,左部帅李恪杀猛而降。癸亥,帝耕于藉田。

二月乙亥,禁雕文绮组非法之物。壬辰,太宰、安平王孚薨。诏内外群官举任边郡者各三人。帝与右将军皇甫陶论事,陶与帝争言,散骑常侍郑徽表请罪之。帝曰:"谠言謇谔,所望於左右也。人主常以阿媚为患,岂以争臣为损哉!徽越职妄奏,岂朕之意。"遂免徽官。

夏四月,置后将军,以备四军。六月,益州牙门张弘诬其刺史皇甫晏反,杀之,传首京师。弘坐伏诛,夷三族。壬辰,大赦。丙申,诏复陇右四郡遇寇害者田租。

秋七月,以车骑将军贾充为司空。

九月,吴西陵督步阐来降,拜卫将军、开府仪同三司,封宜都公。吴将陆抗攻阐,遣车骑将军羊祜帅众出江陵,荆州刺史杨肇迎阐於西陵,巴东监军徐胤击建平以救阐。

冬十月辛未朔,日有蚀之。

十二月,肇攻抗,不克而还。阐城陷,为抗所禽。

九年春正月辛酉,司空、密陵侯郑袤薨。

二月癸巳,司徒、乐陵公石苞薨。立安平亭侯隆为安平王。

三月,立皇子祗为东海王。

夏四月戊辰朔,日有蚀之。

五月,旱。以太保何曾领司徒。

六月乙未,东海王祗薨。

秋七月丁酉朔,日有蚀之。吴将鲁淑围弋阳,征虏将军王浑击败之。罢五官、左、右中郎将、弘训太

仆、卫尉、大长秋等官。鲜卑寇广宁,杀略五千人。诏聘公卿以下子女以备六宫,采择未毕,权禁断婚姻。

冬十月辛巳,制女年十七父母不嫁者,使长吏配之。

十一月丁酉,临宣武观大阅诸军,甲辰乃罢。

十年春正月辛亥,帝耕于藉田。

闰月癸酉,太傅、寿光公郑冲薨。己卯,高阳王珪薨。庚辰,太原王瑰薨。

丁亥,诏曰:"嫡庶之别,所以辨上下,明贵贱。而近世以来,多皆内宠,登妃后之职,乱尊卑之序。自今以后,皆不得登用妾媵为嫡正。"

二月,分幽州五郡置平州。

三月癸亥,日有蚀之。

夏四月己未,太尉、临淮公荀颛薨。

六月癸巳,临听讼观录囚徒,多所原遣。是夏,大蝗。

秋七月丙寅,皇后杨氏崩。壬午,吴平虏将军孟泰、偏将军王嗣等帅众降。

八月,凉州虏寇金城诸郡,镇西将军、汝阴王骏讨之,斩其帅乞文泥等。戊申,葬元皇后于峻阳陵。

九月癸亥,以大将军陈骞为太尉。攻拔吴枳里城,获吴立信校尉庄祥。吴将孙遵、李承帅众寇江夏,太守嵇喜击破之。立河桥于富平津。

冬十一月,立城东七里涧石桥。庚午,帝临宣武观,大阅诸军。

十二月,有星孛于轸。置藉田令。立太原王子辑为高阳王。吴威北将军严聪、扬威将军严整、偏将军朱买来降。

是岁,凿陕南山,决河,东注洛,以通运漕。

咸宁元年春正月戊午朔,大赦、改元。

二月,以将士应已娶者多,家有五女者给复。辛酉,以故邺令夏谡有清称,赐谷百斛。以奉禄薄,赐公卿以下帛有差。叛虏树机能送质请降。

夏五月,下邳、广陵大风,拔木,坏庐舍。

六月,鲜卑力微遣子来献。吴人寇江夏。西域戊己校尉马循讨叛鲜卑,破之,斩其渠帅。戊申,置太子詹事官。

秋七月甲申晦,日有蚀之。郡国螟。

八月壬寅,沛王子文薨。以故太傅郑冲、太尉荀颛、司徒石苞、司空裴秀、骠骑将军王沈、安平献王孚等及太保何曾、司空贾充、太尉陈骞、中书监荀勖、平南将军羊祜、齐王攸等，皆列於铭飨。

九月甲子，青州螟，徐州大水。

冬十月乙酉，常山王殷薨。癸巳，彭城王权薨。

十一月癸亥，大阅於宣武观，至于己巳。

十二月丁亥，追尊宣帝庙曰高祖，景帝曰世宗，文帝曰太祖。是月大疫，洛阳死者太半。封裴頠为巨鹿公。

二年春正月，以疾疫废朝。赐诸散吏至于士卒丝各有差。

二月丙戌，河间王洪薨。甲午，赦五岁刑以下。东夷八国归化。并州虏犯塞，监并州诸军事胡奋击破之。

初，敦煌太守尹璩卒，州以敦煌令梁澄领太守事，议郎令狐丰废澄，自领郡事。丰死，弟宏代之。至是，凉州刺史杨欣斩宏，传首洛阳。

先是，帝不豫，及瘳，群臣上寿。诏曰："每念顷遇疫气死亡，为之怆然。岂以一身之休息，忘百姓之艰邪？诸上礼者皆绝之。"

夏五月，镇西大将军、汝阴王骏讨北胡，斩其渠帅吐敦。立国子学。庚午，大雩。

六月癸丑，荐荔枝于太庙。甲戌，有星孛于氐。自春旱，至于是月始雨。吴京下督孙楷帅众来降，以为车骑将军，封丹杨侯。白龙二见于新兴井中。

秋七月，有星孛于大角。吴临平湖自汉末壅塞，至是自开。父老相传云："此湖塞，天下乱；此湖开，天下平。"癸丑，安平王隆薨。东夷十七国内附。河南、魏郡暴水，杀百余人，诏给棺。鲜卑阿罗多等寇边，西域戊己校尉马循讨之，斩首四千余级，获生九千余人，於是来降。

八月庚辰，河东、平阳地震。己亥，以太保何曾为太傅，太尉陈骞为大司马，司空贾充为太尉，镇军大将军、齐王攸为司空。有星孛于太微，九月又孛于翼。丁未，起太仓於城东，常平仓於东、西市。

闰月，荆州五郡水，流四千余家。

冬十月，以汝阴王骏为征西大将军、平南将军羊祜为征南大将军。丁卯，立皇后杨氏，大赦，赐王公以下及于鳏寡各有差。

十一月，白龙二见于梁国。

十二月，征处士安定皇甫谧为太子中庶子。封后父镇军将军杨骏为临晋侯。是日，以平州刺史傅询、前广平太守孟桓清白有闻，询赐帛二百匹，桓百匹。

三年春正月丙子朔，日有蚀之。立皇子裕为始平王、安平穆王隆弟敦为安平王。诏曰："宗室戚属，国之枝叶，欲令奉率德义，为天下式。然处富贵而能慎行者寡，召穆公纠合兄弟而赋唐棣之诗，此姬氏所以本枝百世也。今以卫将军、扶风王亮为宗师，所当施行、皆谘之於宗师也。"庚寅，始平王裕薨。有星孛於西方。使征北大将军卫瓘讨鲜卑力微。

三月，平虏护军文淑讨叛虏树机能等，并破之。有星孛于胃。乙未，帝将射雉，虑损麦苗而止。

夏五月戊子，吴将邵凯、夏祥帅众七千余人来降。

六月，益、梁八郡水，杀三百余人，没邸阁别仓。

秋七月，以都督豫州诸军事王浑为都督扬州诸军事。中山王睦以罪废为丹水侯。

八月癸亥，徙扶风王亮为汝南王、东莞王伷为琅邪王、汝阴王骏为扶风王、琅邪王伦为赵王、渤海王辅为太原王、太原王颙为河间王、北海王陵为任城王、陈王斌为西河王、汝南王柬为南阳王、济南王耽为中山王、河间王威为章武王。立皇子玮为始平王、允为濮阳王、该为新都王、遐为清河王，钜平侯羊祜为南城侯。以汝南王亮为镇南大将军。大风拔树，暴寒且冰，郡国五陨霜，伤谷。

九月戊子，以左将军胡奋为都督江北诸军事。兖、豫、徐、青、荆、益、梁七州大水，伤秋稼，诏振给之。立齐王子蕤为辽东王、赞为广汉王。

冬十一月丙戌，帝临宣武观大阅，至于壬辰。

十二月，吴将孙慎入江夏、汝南，略千余家而去。

是岁，西北杂虏及鲜卑、匈奴、五溪蛮夷、东夷三国前后十余辈，各帅种人部落内附。

四年春正月庚午朔，日有蚀之。

三月甲申，尚书左仆射卢钦卒。辛酉，以尚书右仆射山涛为尚书左仆射。东夷六国来献。

夏四月，蚩尤旗见於东井。

六月丁未，阴平广武地震，甲子又震。凉州刺史杨欣与虏若罗拔能等战於武威,败绩,死之。弘训皇后羊氏崩。

秋七月己丑,附葬景献皇后羊氏于峻平陵。庚寅,高阳王缉薨。癸巳,范阳王绥薨。荆、扬郡国二十皆大水。

九月,以太傅何曾为太宰。辛巳,以尚书令李胤为司徒。

冬十月,以征北大将军卫瓘为尚书令。扬州刺史应绰伐吴皖城,斩首五千级,焚谷米百八十万斛。

十一月辛巳,太医司马程据献雉头裘,帝以奇技异服,典礼所禁,焚之於殿前。甲申,敕内外敢有犯者,罪之。吴昭武将军刘翻、厉武将军祖始来降。辛卯,以尚书杜预都督荆州诸军事;征南大将军羊祜卒。

十二月乙未,西河王斌薨。丁未,太宰、朗陵公何曾薨。

是岁,东夷九国内附。

五年春正月,虏帅树机能攻陷凉州。乙丑,使讨虏护军、武威太守马隆击之。

二月甲午,白麟见於平原。

三月,匈奴都督拔弈虚帅部落归化。乙亥,以百姓饥馑,减御膳之半。有星孛于柳。

夏四月,又孛于女御。大赦,降除部曲督以下质任。

五月丁亥,郡国八雨雹,伤秋稼,坏百姓庐舍。

秋七月,有星孛于紫宫。

九月甲午,麟见于河南。

冬十月戊寅,匈奴馀渠都督独雍等帅部落归化。汲郡人不准掘魏襄王冢,得竹简小篆古书十余万言,藏于秘府。

十一月,大举伐吴,遣镇军将军、琅邪王伷出涂中,安东将军王浑出江西,建威将军王戎出武昌,平南将军胡奋出夏口,镇南大将军杜预出江陵,龙骧将军王浚、广武将军唐彬率巴蜀之卒浮江而下,东西凡二十余万。以太尉贾充为大都督,行冠军将军杨济为副,总统众军。

十二月,马隆击叛虏树机能,大破,斩之,凉州平。肃慎来献楛矢石砮。

太康元年春正月己丑朔,五色气冠日。癸丑,王浑克吴寻阳、赖乡诸城,获吴武威将军周兴。

二月戊午,王浚、唐彬等克丹杨城。庚申,又克西陵,杀西陵都督、镇军将军留宪,征南将军成璩,西陵监郑广。壬戌,浚又克夷道乐乡城,杀夷道监陆晏、水军都督陆景。甲戌,杜预克江陵,斩吴江陵督王延;平南将军胡奋克江安。于是诸军并进,乐乡、荆门诸戍相次来降。乙亥,以浚为都督益、梁二州诸军事,复下诏曰:“浚、彬东下,扫除巴丘,与胡奋、王戎共平夏口、武昌,顺流长鹜,直造秣陵,与奋、戎审量其宜。杜预当镇静零、桂,怀辑衡阳。大兵既过,荆州南境固当传檄而定,预当分万人给浚,七千给彬;夏口既平,奋宜以七千人给浚;武昌既了,戎当以六千人增彬。太尉充移屯项,总督诸方。”浚进破夏口、武昌,遂泛舟东下,所至皆平。王浑、周浚与吴丞相张悌战于版桥,大破之,斩悌及其将孙震、沈莹,传首洛阳。孙皓穷蹙请降,送玺绶於琅邪王伷。

三月壬寅,王浚以舟师至于建邺之石头,孙皓大惧,面缚舆榇,降于军门。浚仗节解缚焚榇,送于京都。收其图籍,克州四,郡四十三,县三百一十三,户五十二万三千,吏三万二千,兵二十三万,男女口二百三十万。其牧守已下皆因吴所置,除其苛政,示之简易,吴人大悦。

夏四月乙酉,大赦,改元、大酺五日,恤孤老困穷。河东、高平雨雹,伤秋稼。遣兼侍中张侧、黄门侍郎朱震分使扬、越,慰其初附。白麟见于顿丘。三河、魏郡、弘农雨雹,伤宿麦。

五月辛亥,封孙皓为归命侯,拜其太子为中郎,诸子为郎中。吴之旧望,随才擢叙。孙氏大将战亡之家徙於寿阳;将吏渡江复十年,百姓及百工复二十年。

(六月)丙寅,帝临轩大会,引皓入殿,群臣咸称万岁。丁卯,荐鄄渌酒于太庙。郡国六雹,伤秋稼。庚午,诏诸士卒年六十以上罢归于家。庚辰,以王浚为辅国大将军、襄阳侯,杜预当阳侯,王戎安丰侯,唐彬上庸侯,贾充、琅邪王伷以下增封。於是论功行封,赐公卿以下帛各有差。

(六月)丁丑,初置翊军校尉官。封丹水侯睦为高阳王。甲申,东夷十国归化。

秋七月,虏轲成泥寇西平、浩亹,杀督将以下三百余人。东夷二十国朝献。庚寅,以尚书魏舒为尚书右仆射。

八月,车师前部遣子入侍。己未,封皇弟延祚为乐平王。白龙三见于永昌。

九月,群臣以天下一统,屡请封禅,帝谦让弗许。

冬十月丁巳,除五女复。

十二月戊辰，广汉王赞薨。

二年春二月，淮南、丹杨地震。

三月丙申，安平王敦薨。赐王公以下吴生口各有差。诏选孙皓妓妾五千人入宫。东夷五国朝献。

夏六月，东夷五国内附。郡国十六雨雹，大风拔树，坏百姓庐舍。江夏、泰山水，流居人三百余家。

秋七月，上党又暴风、雨雹，伤秋稼。

八月，有星孛于张。

冬十月，鲜卑慕容瘣寇昌黎。

十一月壬寅，大司马陈骞薨。有星孛于轩辕。鲜卑寇辽西，平州刺史鲜于婴讨破之。

三年春正月丁丑，罢秦州，并雍州。甲午，以尚书张华都督幽州诸军事。

三月，安北将军严询败鲜卑慕容瘣於昌黎，杀伤数万人。

夏四月庚午，太尉、鲁公贾充薨。

闰月丙子，司徒、广陆侯李胤薨。五月癸丑，白龙二见于济南。

秋七月，罢平州、宁州刺史三年一入奏事。

九月，东夷二十九国归化，献其方物。吴故将莞恭、帛奉举兵反，攻害建邺令，遂围扬州；徐州刺史嵇喜讨平之。

冬十二月甲申，以司空、齐王攸为大司马、督青州诸军事，镇东大将军、琅邪王仙为抚军大将军，汝南王亮为太尉，光禄大夫山涛为司徒，尚书令卫瓘为司空。丙申，诏四方水旱甚者无出田租。

四年春二月甲申，以尚书右仆射魏舒为尚书左仆射、下邳王晃为尚书右仆射。戊午，司徒山涛薨。

二月己丑，立长乐亭侯寔为北海王。

三月庚子朔，日有蚀之。癸丑，大司马、齐王攸薨。

夏四月，任城王陵薨。

五月己亥，大将军、琅邪王仙薨。徙辽东王蕤为东莱王。

六月，增九卿礼秩。牂柯獠二千余落内属。

秋七月壬子，以尚书右仆射、下邳王晃为都督青州诸军事。丙寅，兖州大水，复其田租。

八月，鄯善国遣子入侍，假其归义侯。以陇西王泰为尚书右仆射。

冬十一月戊午，新都王该薨。以尚书左仆射魏舒为司徒。

十二月庚午，大阅于宣武观。

是岁，河内及荆州、扬州大水。

五年春正月己亥，青龙二见于武库井中。

二月丙寅，立南宫王子祐为长乐王。壬辰，地震。

夏四月，任城、鲁国池水赤如血。五月丙午，宣帝庙梁折。

六月，初置黄沙狱。

秋七月戊申，皇子恢薨。任城、梁国、中山雨雹，伤秋稼。减天下户课三分之一。

九月，南安大风折木。郡国五大水、陨霜，伤秋稼。

冬十一月甲辰，太原王辅薨。

十二月庚午，大赦。林邑、大秦国各遣使来献。

闰月，镇南大将军、当阳侯杜预卒。

六年春正月甲申朔，以比岁不登，免租贷宿负。戊辰，以征南大将军王浑为尚书左仆射、尚书褚䂮都督扬州诸军事、杨济都督荆州诸军事。

三月，郡国六陨霜，伤桑麦。

夏四月，扶南等十国来献，参离四千余落内附。郡国四旱，十大水，坏百姓庐舍。

秋七月，巴西地震。

八月丙戌朔，日有蚀之。减百姓绵绢三分之一。白龙见于京兆。以镇军大将军王浚为抚军大将军。

九月丙子，山阳公刘康薨。

冬十月，南安山崩，水出。南阳郡获两足兽。龟兹、焉耆国遣子入侍。

十二月甲申，大阅于宣武观，旬日而罢。庚子，抚军大将军、襄阳侯王浚卒。

七年春正月甲寅朔，日有蚀之。乙卯，诏曰："比年灾异屡发，日蚀三朝，地震山崩。邦之不臧，实在朕躬。公卿大臣各上封事，极言其故，勿有所讳。"

夏五月，郡国十三旱。鲜卑慕容廆寇辽东。

秋七月,朱提山崩;犍为地震。

八月,东夷十一国内附。京兆地震。

九月戊寅,骠骑将军、扶风王骏薨。郡国八大水。

冬十一月壬子,以陇西王泰都督关中诸军事。

十二月,遣侍御史巡遭水诸郡。出后宫才人、妓女以下二百七十人归于家。始制大臣听终丧三年。己亥,河阴雨赤雪二顷。

是岁,扶南等二十一国、马韩等十一国遣使来献。

八年春正月戊申朔,日有蚀之。太庙殿陷。

三月乙丑,临商观震。

夏四月,齐国、天水陨霜,伤麦。

六月鲁国大风,拔树木,坏百姓庐舍。郡国八大水。

秋七月,前殿地陷,深数丈,中有破船。

八月,东夷二国内附。

九月,改营太庙。

冬十月,南康平固县吏李丰反,聚众攻郡县,自号将军。

十一月,海安令萧辅聚众反。

十二月,吴兴人蒋迪聚党反,围阳羡县。州郡捕讨,皆伏诛。南夷扶南、西域康居国各遣使来献。

是岁,郡国五地震。

九年春正月壬申朔,日有蚀之。诏曰:"兴化之本,由政平讼理也。二千石长吏不能勤恤人隐,而轻挟私故,兴长刑狱;又多贪浊,烦扰百姓。其敕刺史二千石纠其秽浊,举其公清,有司议其黜陟。"令内外群官举清能,拔寒素。江东四郡地震。

二月,尚书右仆射、阳夏侯胡奋卒,以尚书朱整为尚书右仆射。

三月丁丑,皇后亲桑于西郊,赐帛各有差。壬辰,初并二社为一。

夏四月,江南郡国八地震;陇西陨霜,伤宿麦。

五月,义阳王奇有罪,黜为三纵亭侯。诏内外群官举守令之才。

六月庚子朔,日有蚀之。徙章武王威为义阳王。郡国三十二大旱,伤麦。

秋八月壬子,星陨如雨。诏郡国五岁刑以下决遣,无留庶狱。

九月,东夷七国诣校尉内附。郡国二十四螟。

冬十二月癸卯,立河间平王洪子英为章武王。戊申,青龙、黄龙各一见于鲁国。

十年夏四月,以京兆太守刘霄、阳平太守梁柳有政绩,各赐谷千斛。郡国八陨霜。太庙成。乙巳,迁神主于新庙,帝迎于道左,遂祫祭。大赦,文武增位一等,作庙者二等。丁未,尚书右仆射、广兴侯朱整卒。癸丑,崇贤殿灾。

五月,鲜卑慕容瘣来降,东夷十一国内附。

六月庚子,山阳公刘瑾薨。复置二社。

冬十月壬子,徙南宫王承为武邑王。

十一月丙辰,守尚书令、左光禄大夫荀勖卒。帝疾瘳,赐王公以下帛有差。含章殿鞠室火。

甲申、以汝南王亮为大司马、大都督、假黄钺。改封南阳王柬为秦王、始平王玮为楚王、濮阳王允为淮南王,并假节之国,各统方州军事。立皇子乂为长沙王、颖为成都王、晏为吴王、炽为豫章王、演为代王,皇孙遹为广陵王。立濮阳王子迪为汉王、始平王子仪为毗陵王、汝南王次子羕为西阳公。徙扶风王畅为顺阳王、畅弟歆为新野公、琅邪王觐弟谵为东武公、繇为东安公、漼为广陵公、卷为东莞公。改诸王国相为内史。

(十二月)庚寅,太庙梁折。

是岁,东夷绝远三十馀国、西南夷二十馀国来献。虏奚轲男女十万口来降。

太熙元年春正月辛酉朔,改元。己巳,以尚书左仆射王浑为司徒、司空瓘为太保。

二月辛丑,东夷七国朝贡。琅邪王觐薨。

三月甲子,以右光禄大夫石鉴为司空。

夏四月辛丑,以侍中、车骑将军杨骏为太尉、都督中外诸军、录尚书事。己酉,帝崩于含章殿,时年五十五,葬峻阳陵,庙号世祖。

帝宇量弘厚,造次必于仁恕;容纳谠正,未尝失色于人;明达善谋,能断大事。故得抚宁万国,绥静四方。承魏氏奢侈刻弊之后,百姓思古之遗风,乃厉以恭俭,敦以寡欲。有司尝奏御牛青丝绁断,诏以青麻代之。临朝宽裕,法度有恒。高阳许允既为文帝所杀,允子奇为太常丞。帝将有事于太庙,朝议以奇受害之门,不欲接近左右,请出为长史。帝乃追述允夙望,称奇之才,擢为祠部郎,时论称其夷旷。平吴之后,天下乂安,遂怠于政术,耽于游宴,宠爱后党,亲贵当权,旧臣不得专任,彝章寝废,请谒行矣。爰至末年,知惠帝弗克负荷,然恃皇孙聪睿,故无废立之心。复虑非贾后所生,终致危败,遂与腹心共图后事。说者纷然,久而不定,竟用王佑之谋,遣太子母弟秦王柬都督关中,楚王玮、淮南王允并镇守要害,以强帝室。又恐杨氏之逼,复以佑为北军中候,以典禁兵。既而寝疾弥留,至于大渐,佐命元勋,皆已先没,群臣惶惑,计无所从。会帝小差,有诏以汝南王亮辅政,又欲令朝士之有名望年少者数人佐之;杨骏秘而不宣。帝复寻至迷乱,杨后辄为诏以骏辅政,促亮进发。帝寻小间,问汝南王来未,意欲见之,有所付托。左右答言未至,帝遂困笃。中朝之乱,实始于斯矣。

司马玮传

——《晋书》卷五九

【说明】司马玮(271－291),晋武帝第五子,赐爵楚隐王。早年以严酷著称,矫诏杀死太宰、太保就是典型事例,正因此而遭同胞兄弟晋惠帝杀害。但历史很荒唐,年青的司马玮和太宰、太保这样的权贵都成了贾后阴谋的替死鬼。

西晋楚隐王司马玮,字彦度,武帝的第五个儿子。开始受封为始平王,历事屯骑校尉。太康末年,迁移改封于楚国,出京师去封国,任都督荆州诸军和平南将军,转为镇南将军。武帝去世,入京师为卫将军,领任北军中候职,加受侍中、行太子少傅职。

杨骏受诛的时候,司马玮屯驻司马门。司马玮少年时为人果敢,练达,锋芒毕露,制定了许多酷刑,以严威不仁受到朝廷大臣的畏忌。汝南王司马亮、太保卫瓘认为司马玮性情乖戾,不能担当大任,建议让他同诸侯王都到他受封的国家去,司马玮对此非常愤恨。长史公孙宏、舍人岐盛轻薄没有德行,受到司马玮的亲近。卫瓘等人疾恶他们的为人,考虑到他们会给朝廷招致祸乱,将要收捕岐盛。岐盛知道了这件事,立即与公孙宏计谋,通过积弩将军李肇假称司马玮的命令,在贾后那里进言谮毁司马亮和卫瓘。而贾后未与审察,即假托惠帝下密诏说:"太宰司马亮、太保卫瓘要伊霍那样的叛乱,楚隐王应当宣布诏书,命令淮南、长沙、成都王屯兵在诸宫门,废免太宰、太保公。"夜间派黄门将诏书送给了司马玮。司马玮欲复奏惠帝,黄门说:"害怕事情泄漏,违背了密诏的本意。"司马玮才不再复奏惠帝。于是就勒令本部军队,又矫天子诏命,召集三十六军,手书命令告谕诸军说:"上天降祸于晋室,灾凶动乱频仍。时隔不久前的杨骏为患朝廷,实在是依靠了诸君才克服平定了祸乱。现在太宰、太保二公图谋不轨,想要废惠帝而绝武帝的香火承嗣。今天就此奉诏书,免除太宰、太保二公的官爵。我今天受皇帝诏命,都督中、列诸军。凡是在宫禁中供职宿卫的都要严加警备,那些在外营驻扎的,要依制度率领,直赴行府。辅助顺天得道的朝廷,讨平叛逆,是上天所以赐福的根源。悬赏开封以待杀敌效忠朝廷的人。皇天在上,后土在下,请相信这些话。"又矫诏让司马亮、卫瓘上缴太宰、太保的印绶和侍中貂蝉,分别去他们的封国。他们原有的属下官吏都罢免遣散。又矫诏命赦免司马亮、卫瓘的属下官吏说:"太宰、太保二公阴谋诡计,想要危害国家朝廷,今已免官返回封国。官吏僚属以下,一概不予追究。假如不执行诏命,就按军法予以惩处。能够率领自己的下属先行投降的人,将给他封侯赐赏。我身为皇帝,不会食言。"于是收捕司马亮、卫瓘并杀了他们。

岐盛劝说司马玮,可以借用已有的兵势诛杀贾模、郭彰,匡扶正定王室朝廷,用以安定天下。司马玮犹豫未决。等到天亮,惠帝采纳张华的计策,派殿中将军王宫携带驺虞幡指挥众人说:"楚王司马玮犯矫诏之罪。"众人都解除武装逃离。司马玮左右不再有一人追随,窘迫难堪不知所措,只有一个年仅十四岁的家奴,驾驶牛车想赴秦王那儿。惠帝派谒者诏命司马玮返回营房,将他逮捕押送到了武贲署,交给廷尉等待治罪。诏命认为司马玮矫诏,害死了太宰司马亮、太保卫瓘二公父子,又想要诛杀朝廷大臣,图谋不轨,于是杀了司马玮,受刑时年龄二十一岁。司马玮受刑那天,刮大风,雷雨霹雳。惠帝下诏说:"周公旦诛决管叔、蔡叔,汉武帝刘邦断狱昭平,也都是出于无奈不得已。廷尉奏报司马玮已经伏法受诛,有宗室之情而用极刑,于心悲痛,我当为他哀悼。"司马玮临死,从他怀中取出青纸诏命,流着眼泪出示给监刑尚书刘颂说:"我受诏书,按令行事,说的是为了朝政,现在却反为罪过。我托先帝之福,授予身体,与惠帝为同胞骨肉,受冤枉以至如此,有幸请求予以申明陈述事实的真相。"刘颂也是唏嘘叹息不能言语,不敢正面看司马玮。公孙宏、岐盛一起被夷灭了三族。

司马玮性情开朗,乐善好施,能够得到民心。及司马玮被诛杀,没有谁不为之落泪。百姓为他建立寺庙。贾后先是疾恶卫瓘、司马亮,转而又忌恨司马玮,因此用计谋相继诛杀了卫瓘、司马亮和司马玮。永宁元年,追赠司马玮骠骑将军,册封他的儿子司马范为襄阳王,拜为敬骑常侍,后被石勒杀害。

【原文】

楚隐王玮,字彦度,武帝第五子也。初封始平王,历屯骑校尉。太康末,徒封于楚,出之国,都督荆州诸军事、平南将军,转镇南将军。武帝崩,入为卫将军,领北军中候,加侍中、行太子少傅。

杨骏之诛也,玮屯司马门。玮少年果锐,多立威刑,朝廷忌之。汝南王亮、太保卫瓘以玮性很戾,不可大任,建议使与诸王之国,玮甚忿之。长史公孙宏、舍人岐盛并薄于行,为玮所昵。瓘等恶其为人,虑致祸乱,将收盛。盛知之,遂与宏谋,因积弩将军李肇矫称玮命,谮亮、瓘于贾后。而后不知察,使惠帝为诏曰:"太宰、太保欲为伊、霍之事,王宜宣诏,令淮南、长沙、成都王屯宫诸门,废二公。"夜使黄门赍以授玮。玮欲覆奏,黄门曰:"事恐漏泄,非密诏本意也。"玮乃止。遂勒本军,复矫诏召三十六军,手令告诸军曰:"天祸晋室,凶乱相仍。间者杨骏之难,实赖诸君克平祸乱。而二公潜图不轨,欲废陛下以绝武帝之祀。今辄奉诏,免二公官。吾今受诏者督中外诸军。诸在直卫者皆严加警备,其在外营,便相率领,径诣行府。助顺讨逆,天所福也。悬赏开封,以待忠效。皇天后土,实闻此言。"又矫诏使亮、瓘上太宰太保印绶、侍中貂蝉,之国,官属皆罢遣之。又矫诏敕亮、瓘官属曰:二公潜谋,欲危社稷,今免还第。官属以下,一无所问。若不奉诏,便军法从事。能率所领先出降者,封侯受赏。朕不食言。"遂收亮、瓘,杀之。

岐盛说玮,可因兵势诛贾模、郭彰,匡正王室,以安天下。玮犹豫未决。会天明,帝用张华计,遣殿中将军王宫赍驺虞幡麾众曰:"楚王矫诏。"众皆释杖而走。玮左右无复一人,窘迫不知所为,惟一奴年十四,驾牛车将赴秦王柬。帝遣谒者诏玮还营,执之于武贲署,遂下廷尉。诏以玮矫制害二公父子,又欲诛灭朝臣,图谋不轨,遂斩之,时年二十一。其日大风,雷雨霹雳。诏曰:"周公决二叔之诛,汉武断昭平之狱,所不得已者。廷尉奏玮已伏法,情用悲痛,吾当发哀。"玮临死,出其怀中青纸诏,流涕以示监刑尚羽刘颂曰:"受诏而行,谓为社稷,今更为罪。托体先帝,受枉如此,幸见申列。"颂亦觑歔不能仰视。公孙宏、岐盛并夷三族。

玮性开济好施,能得众心,及此莫不陨泪,百姓为之立祠。贾后先恶瓘、亮,又忌玮,故以计相次诛之。永宁元年,追赠骠骑将军,封其子范为襄阳王,拜散骑常侍,后为石勒所害。

宋 书

檀道济传

——《宋书》卷四三

【说明】檀道济(？-436),高平金乡(今山东金乡北)人。世居京口,父母早亡,有智勇,被刘裕任为参军。东晋义熙十二年(416),参加刘裕北伐后秦,为前锋,攻下多座城市,在灭后秦中起了重要作用。宋王朝建立后,以佐命之功,被封永修县公,任丹阳尹、护军将军。后出为镇北将军、南兖州刺史。景平元年(423),北魏攻青州,檀道济率军救援,使北魏军退走。文帝即位,因平谢晦之功,进号征南大将军,任江州刺史。元嘉八年(431),北魏攻滑台,檀道济再次出击,多次打败敌军。文帝晚年多病,对檀道济有所顾忌,遂借口把他和他一家杀死。檀道济死前说:"乃坏汝万里长城。"檀道济为宋王朝的建立作出了重要贡献。

檀道济,高平金乡人,左将军檀韶的小弟。从小父母双亡,在居丧期间十分重礼。事奉兄姊以和蔼谨慎闻名。

宋武帝刘裕开始创业时,檀道济随从他进入京城建康,成为刘裕的建武将军参军事、转官征西将军参军事。后讨平鲁山,擒获桓振,授官为辅国参军、南阳太守。因为有帮助刘裕扩大势力的功勋,封为吴兴县五等候。卢循造反,群盗纷纷起事,郭寄生等聚集在作唐,任命道济为扬武将军、天门太守讨伐平定郭寄生。又随从刘道规讨伐桓谦、荀林等,率领督厉文武官员,身先士卒,所到处敌人多被打败。后徐道覆来攻,刘道规亲自出来抗拒作战,檀道济的战功居多。升迁为安远护军、武陵内史。又任太尉参军,拜为中书侍郎,转官宁朔将军,参太尉军事。

因前后的功劳封爵为作唐县男,食邑四百户。补官太尉主簿、咨议参军。豫章公刘裕长子刘义符为征虏将军镇守京口,檀道济为司马、临淮太守,又任西中郎司马、梁国内史,后又任征虏将军司马,加号冠军将军。

东晋安帝义熙十二年(416),刘裕北伐,以檀道济为前锋从淮河、肥水出发,所到各城戍都纷纷投降。进而攻克许昌,俘获后秦宁朔将军、颍川主守姚坦,以及大将杨业。到成皋,南燕兖州刺史韦华投降。直进洛阳,南燕平南将军陈留公姚洸归顺。拔城破垒,共俘获四千余人,有人建议应该都处死后把尸体堆在一起成为京观。檀道济说:"讨伐罪人,哀愍百姓,正在今日。"全部释放遣散回家。于是各少数民族十分感激和欢悦。相聚前来投奔的人很多。进而占据潼关,与其他军队一起攻破姚绍。长安平定后,檀道济被任为征虏将军、琅邪内史。刘义符将去镇守江陵,又任檀道济为西中郎司马、持节、南蛮校尉。又加号征虏将军。升迁为宋国侍中,兼任世子中庶子,兖州大中正。

刘裕受天命称皇帝,檀道济转官护军,加散骑常侍,兼领石头戍事。准许他直入殿省。因辅佐创业的功劳,改封永修县公,食邑二千户,徙官为丹阳尹,护军不变。刘裕患病时,给他称为班剑的仪仗队二十人。

出任为监南徐、兖之江北、淮南诸郡军事、镇北将军、南兖州刺史。宋文帝景平元年(423),北魏鲜卑军队在东阳城包围了青州刺史竺夔,竺夔告急。朝廷下诏加官檀道济为使持节、监征讨诸军事,与王仲德一起去救东阳。未到东阳时,鲜卑军队已烧掉营房、攻具逃走。檀道济正要出追,因城内无粮食,于是开粮窖取陈年的谷,窖深数丈,出谷作米,已经过了一夜,鲜卑兵逃去已远,不再可追,于是只得作罢。回军后仍镇守广陵。

徐羡之将废庐陵王刘义真为平民,以此先告知檀道济,檀道济不同意,多次陈说不可,但不见采纳。徐羡之等人打算废少帝刘义符,立刘义隆,托辞让檀道济入朝,到建康后,把这计谋告诉他。将实行废立的前夜,檀道济到领军府谢晦处住宿。这一夜谢晦转辗不能入睡,而檀道济则上床便睡着,谢晦十分佩服他。废刘义符后,太祖刘义隆还未到,檀道济入内守朝堂。宋文帝即位,进号征北将军、加散骑常侍,给鼓吹乐队一部。进封为武陵郡公,食邑四千户,檀道济坚决辞去。又增加督青州、徐州的淮阳下邳琅玡东莞五郡诸军事。

在讨伐谢晦时,檀道济率领军队继到彦之部队之后,到彦之战败,退保隐圻,刚好道济来到。谢晦本来以为檀道济与徐羡之一起被杀,忽然听到他上来,人心更加动荡害怕,于是不战自溃。谢晦事平定后,升为都督江州、荆州的江夏、豫州的西阳、新蔡、晋熙四郡诸军事、征南大将军、开府仪同之司、江州刺史、持节、常侍不变。增封食邑千户。

宋文帝元嘉八年(431),到彦之北伐鲜卑,已平定黄河以南,不久重新失去,洛阳金墉、虎牢都被敌人占领,北魏军逼近滑台。朝廷加檀道济都督征讨诸军事,率军北讨。军队到达东平寿张县,遇到鲜卑的将领安平公乙旃眷。檀道济统率宁朔将军王仲德、骁骑将军段宏奋起进击,大败北魏军。转战到高梁亭,鲜卑宁南将军、济州刺史寿昌公悉颊库结前后迎战,檀道济分别派遣段宏及台队主沈虔之等设奇兵出击,当即斩杀悉颊库结。檀道济进军到济水上,连战二十余日,前后数十次交战,鲜卑军队人数众多,结果滑台被北魏占领。檀道济在历城保全了军队而返回。加官为司空,持节、常侍、都督、刺史都不变。回来后镇守寻阳。

檀道济曾在刘裕一朝立功,威信名望特别高,左右及心腹,都身经百战,几个儿子有才气,因而朝廷怀疑,对他不放心。宋文帝生病多年,屡次病危,彭城王刘义康怕皇帝驾崩后,檀道济不可控制。元嘉十二年,宋文帝病更重,刚好鲜卑在边境上进犯,就召檀道济入朝。檀道济到来时,宋文帝病已好转。元嘉十三年春,将要派檀道济回镇,已经下船了,突然宋文帝又发病,再召檀道济回到饯行的道路上,于是把他逮捕交给掌刑狱的廷尉。下诏书说:"檀道济遇到了时机和幸运,在过去受到了皇恩,他得到的宠幸和厚爱,没有人能与他相比。但他不对这特殊的恩遇有所感动,想报答其万分之一,反而凭空怀疑和存在反心,而且在危险的道路上越滑越远。元嘉以来,猜疑多结,不义不亲的心,附下欺上的事,已经为大家所知道,暴露无遗。谢灵运居心险凶语言丑恶,叛逆已很明显,但他却赞同他的邪说,每每为他隐瞒。还要偷偷散发财宝货币,招诱狡猾之徒。逃亡的人前来投奔的越来越多,日夜窥测方向,想要达到这非望的目的。镇军将军王仲德去年入朝,多次陈说此事。朕因为他位居台鼎高位,预先颁赐他封土,希望弥补互相的缝隙,使他或许能革面洗心。可是他怙恶不悛,凶邪奸谋,终于发动,因为朕生病,就规划实现其阴谋。前南蛮行参军庞延祖了解了他的全部阴谋,向朕密报。对天子和父母的叛变,刑罚不能赦免。何况罪孽之深,像他这样的严重。便可逮捕交付廷尉,按刑处斩。此事只限于首恶,其余都无所追究。"于是逮捕檀道济和他的儿子给事黄门侍郎檀植、司徒从事中郎檀粲、太子舍人檀隰、征北主簿檀承伯、秘书郎檀遵等八人,都在廷尉处斩首。又收捕司空参军薛彤到建康处死。又派遣尚书库部郎顾仲文、建武将军茅亨到寻阳,收捕檀道济的儿子檀夷、檀邕、檀演及司空参军高进之斩首。薛彤、高进之都是檀道济心腹,勇敢而有武力,当时人把他们比作张飞、关羽。起初,檀道济见人来逮捕,脱下头巾掷到地上说:"这是破坏你的万里长城!"檀邕之子檀孺被宽宥,到孝武帝时,任官奉朝请。

【原文】

檀道济,高平金乡人,左将军韶少弟也。少孤,居丧备礼。奉姊事兄,以和谨致称。

高祖创义,道济从入京城,参高祖建武军事,转征西。讨平鲁山,禽桓振,除辅国参军、南阳太守。以建义勋,封吴兴县五等候。卢循寇逆,群盗互起,郭寄生等聚作唐,以道济为扬武将军、天门太守讨平之。又从刘道规讨桓谦、苟林等,率厉文武,身先士卒,所向摧破。及徐道覆来逼,道规亲出拒战,道济战功居多。迁安远护军、武陵内史。复为太尉参军,拜中书侍郎,转宁朔将军,参太尉军事。以前后功封作唐县男,食邑四百户。补太尉主簿、谘议参军。豫章公世子为征房将军镇京口,道济为司马、临淮太守。又为世子西中郎司马、梁国内史。复为世子征房将军司马,加冠军将军。

义熙十二年。高祖北伐,以道济为前锋出淮、肥,所至诸城戍望风降服。进克许昌,获伪宁朔将军、颍川太守姚坦,及大将杨业。至成皋,伪兖州刺史韦华降。迳进洛阳,伪平南将军陈留公姚洗归顺。凡拔城破垒,俘四千余人,议者谓应悉戮以为京观。道济曰:"伐罪吊民,正在今日。"皆释而遣之。于是戎夷感悦,相率归之者甚众。进据潼关,与诸军共破姚绍。长安既平,以为征房将军、琅邪内史。世子当镇江陵,复以道济为西中郎司马、持节、南蛮校尉。又加征房将军。迁宋国侍中,领世子中庶子,兖州大中正。

高祖受命,转护军,加散骑常侍,领石头戍事。听直入殿省。以佐命功,改封永修县公,食邑二千户。徙为丹阳尹,护军如故。高祖不豫,给班剑二十人。

出监南徐兖之江北淮南诸郡军事、镇北将军、南兖州刺史。景平元年。房围青州刺史竺夔于东阳城,夔告急。加道济使持节、监征讨诸军事,与王仲德救东阳。未及至,房烧营,焚攻具遁走。将追之,城内无食,乃开窖取久谷,窖深数丈,出谷作米,已经再宿,房去已远,不复可追。乃止。还镇广陵。

徐羡之将废庐陵王义真,以告道济,道济意不同,屡陈不可,不见纳。羡之等谋欲废立,讽道济入朝,既至,以谋告之。将废之夜,道济入领军府就谢晦宿。晦其夕竦动不得眠,道济就寝便熟,晦以此服之。太祖未至,道济入守朝堂。上即位,进号征北将军,加散骑常侍,给鼓吹一部。进封武陵郡公,食邑四千户,固辞进封。又增督青州、徐州之淮阳下邳琅邪东莞五郡诸军事。

及讨谢晦,道济率军继到彦之。彦之战败,退保隐圻,会道济至。晦本谓道济与美之等同诛,忽闻来上,人情凶惧,遂不战自溃。事平,迁都督江州荆州之江夏、豫州之西阳、新蔡、晋熙四郡诸军事、征南大将军、开府仪同三司、江州刺史,持节、常侍如故。增封千户。

元嘉八年,到彦之伐索虏,已平河南,寻复失之,金墉、虎牢并没,虏逼滑台。加道济都督征讨诸军事。率众北讨。军至东平寿张县,值虏安平公乙旃眷。道济率宁朔将军王仲德、骁骑将军段宏奋击,大破之。转战至高梁亭,虏宁南将军、济州刺史寿昌公悉颊库结前后邀战,道济分遣段宏及台队主沈虔之等奇兵击之,即斩悉颊库结。道济进至济上,连战二十余日,前后数十交,虏众盛,遂陷滑台。道济于历城全军而反。进位司空、持节、常侍、都督、刺史并如故。还镇寻阳。

道济立功前朝,威名甚重,左右腹心,并经百战,诸子又有才气,朝廷疑畏之。太祖寝疾累年,屡经危殆,彭城王义康虑宫车晏驾,道济不可复制。十二年,上疾笃,会索虏为边寇,召道济入朝。既至,上间。十三年春,将遣道济还镇,已下船矣,会上疾动,召入祖道,收付廷尉。诏曰:“檀道济阶缘时幸,荷恩在昔,宠灵优渥,莫与为比。曾不感佩殊遇,思答万分,乃空怀疑贰,履霜日久。元嘉以来,猜阻滋结,不义不昵之心,附下罔上之事,固已暴之民听,彰于退迹。谢灵运志凶辞丑,不臣显著,纳受邪说,每相容隐。又潜散金货,招诱剽猾,逋逃必至,实繁弥广,日夜伺隙,希冀非望。镇军将军仲德往年入朝,屡陈此迹。朕以其位居台铉,豫班河岳,弥缝容养,庶或能革。而长恶不悛,凶愿遂遘,因朕寝疾,规肆祸心。前南蛮行参军庞延祖具悉奸状,密以启闻。夫君亲无将,刑兹罔赦。况罪衅深重,若斯之甚。便可收付廷尉,肃正刑书。事止元恶,余无所问。”于是收道济及其子给事黄门侍郎植、司徒从事中郎粲、太子舍人隰、征北主簿承伯、秘书郎遵等八人,并于廷尉伏诛。又收司空参军薛彤,付建康伏法。又遣尚书库部郎顾仲文、建武将军茅亨至寻阳,收道济子夷、邕、演及司空参军高进之诛之。薛彤、进之并道济腹心,有勇力,时以比张飞、关羽。初,道济见收,脱帻投地曰:“乃复坏汝万里之长城!”邕子孺乃被宥,世祖世,为奉朝请。

南齐书

宣孝陈皇后传

——《南齐书》卷二〇

【说明】陈皇后，名道止，生卒年不详。南齐高皇帝萧道成的母亲。父亲陈肇之，郡孝廉。她出身贫寒，勤劳俭朴的本质在传中有所反映。

宣孝陈皇后，名道止，临淮东阳人氏，魏司徒陈矫的后代。她的父亲陈肇之，为郡孝廉。

陈皇后年幼时家中贫穷，她勤恳地织布劳作，家里人怜悯她过于辛苦，常常阻止她干活，而皇后始终坚持不改。后来她嫁给了宣帝，生下衡阳元王道度、始安贞王道生，后来又生了太祖。太祖两岁时，他的乳母缺少奶水，后来梦见有人给了她两碗麻粥喝，梦醒后奶水大出，感到奇怪又高兴。宣帝在外地任职，皇后常留在家里掌管家务教导子孙。有相面人对皇后说："夫人生有贵子而没有察觉啊。"皇后叹息道："我的三个儿子，谁能是这贵子呢？"她叫着太祖的小名说："这贵子应该说的是你啊。"宣帝死后，皇后亲自掌管家务，婢女侍从有了过失，也宽恕而不予追究。太祖虽然作官，但家中贫穷。太祖任建康令的时候，高宗等孩子们在冬天还没有棉衣穿，但供奉母亲的食品十分丰厚，皇后常常撤去第二种肉菜，说："给我的过多了。"皇后死于县舍，享年七十三岁。升明三年（479），被追赠为竟陵公国太夫人，同时赠蜡印、佩青色印带，用太牢祭祀。太祖高皇帝建元元年（479），被追尊为孝皇后。追赠外祖父肇之为金紫光禄大夫，谥号称敬侯。追赠皇后的母亲胡氏为永昌县靖君。

【原文】

宣孝陈皇后讳道止,临淮东阳人,魏司徒陈矫后。父肇之,郡孝廉。

后少家贫,勤织作,家人矜其劳,或止之,后终不改。嫁于宣帝,庶生衡阳元王道度、始安贞王道生,后生太祖。太祖年二岁,乳人乏乳,后梦人以两瓯麻粥与之,觉而乳大出,异而说之。宣帝从任在外,后常留家治事教子孙。有相者谓后曰:"夫人有贵子而不见也。"后叹曰:"我三儿谁当应之。"呼太祖小字曰:"正应是汝耳。"宣帝殂后,后亲自执勤,婢使有过误,恕不问也。太祖虽从官,而家业本贫,为建康令时,高宗等冬月犹无缣纩,而奉膳甚厚,后每撤去兼肉,曰:"于我过足矣。"殂于县舍,年七十三。升明三年,追赠竟陵公国太夫人,玺印,画青绶,祠以太牢。建元元年,追尊孝皇后。赠外祖父肇之金紫光禄大夫,谥曰敬侯。后母胡氏为永昌县靖君。

祖冲之传

——《南齐书》卷五二

【说明】祖冲之(429－500),字文远,范阳道人(今河北涞水县北部)。南北时南朝著名科学家,生活于宋、齐统治时代,他的曾祖台之在东晋,祖父昌、父朔之在宋做官。祖冲之年轻时曾在华林园工作,不久又到南徐州(治所在今江苏镇江市)做官,担任过娄县令(治所在今江苏省昆山东北)。后来调回建康(今江苏省南京市)担任接待宾客、引见臣下、传达使命的政府官员谒者仆射。晚年开屯田,广农殖,又要兴造大业,但都未实行。齐永元二年(500)去世,终年七十二岁。

祖冲之的一生,除做官外在算学研究方面也不遗余力,在天文历法、数学和机械制造等学科都取得了重要的成就。他于463年制成有名的《大明历》,其中有不少改进和创见,如把岁差引进历法,发现交点月等。

祖冲之还是一位卓越的机械制造家,他制造过指南车、水碓磨、千里船和其他运输工具。

祖冲之又是一位博弈游戏的能手,当时没人能和他相比。对古代的《易经》《老子》《庄子》《论语》《孝经》等也都进行过研究。

祖冲之是一位博学多才的杰出科学家,他在数学领域的重大成就早已得到国内外的公认。

祖冲之字文远,范阳郡遒县人。祖父名昌,在刘宋时担任过大匠卿。父亲名朔之,做一散官奉朝请。

冲之少年时代就研习古事,思想机敏。刘宋孝武帝把他安排在华林园省察工作,赐给他住宅、车马和衣物。又派他到南徐州任从事史,走上仕途,后来被调回中央任公府参军。

刘宋元嘉时,所使用的历法为何承天所制《元嘉历》,比古代十一家历法精密,可祖冲之认为还是粗疏,于是更造新的历法。给皇帝上奏说:

> 我广泛搜访前人书籍,深入研究石代经典,五帝时的躔次,三王时的效分,《春秋》中的朔气,《竹书纪年》中的薄食,司马谈、司马迁的载述,班彪、班固的列志,曹魏时的注历,晋代的《起居注》,以寻求古今的不同,考察总结了华族和少数民族的历法。有文字以来,两千多年,日、月相离相会的迹象,五星行度疏密的验证。我是专门下功夫入迷似的思考,都是能够得到而可讲述的。特别是自己测量圭尺,亲自观察仪器和计时器漏,眼睛完全看到毫厘小数,心中进行计算,考查变迁,这就深入掌握了历法的详情了。

> 然而古代历法粗疏错误,大都不够精密,各家互相矛盾,他们未能研究出对它的理解。得到何承天所献上的历法,他愿望是要改革,可是设置的法则简略,现在已经差远了。根据我的校验,看到它的三个错误:日月所在位置,发觉其差误有三度;冬至、夏至暑影长度几乎失误一天;五星见伏的日期,误差达到四十天,留逆进退,有的推移了两个星宿。春秋分夏至失去真实,则节气置闰就不正确;宿度不与天象实际相符,则等候观察就无准。我生逢圣明的时候,都赶上好运气,敢于直率愚盲,再次创造新的历法。

> 谨慎建立改变的思想有二,设置法则的情况有三。改变的第一点:

按旧法一章,为十九年设有七闰,闰数多了,经过二百年就一天。节气置闰既然变动,则相应改变闰法,日月运行轨道的分纪屡次迁改,就是由于这一条。现在改章法为三百九十一年设有一百四十四闰,令其往前符合周代、汉代,那么将来就能永远使用,不会再出现差误变动。第二点:根据《尚书·尧典》所说"日短星昴,以正仲冬"。以此推之唐尧之世的冬至日,在现在星宿的左边差不多五十度。汉代初期,仍用秦代历法,冬至日在牵牛六度。汉武帝改革建立《太初历》,冬至日在牵牛初度。后汉的四分历,冬至日在斗宿二十二度。晋代的姜岌用月蚀检验日之所在,知道冬至日在斗宿十七度。通而计之,不满一百年,就差了二度。旧法都令冬至日有固定位置,天文数据既然差错,则日月五星的宿度,就逐渐出现错误。乖谬既然显著就相应改变。这样做只能符合一时,而不能通行长久。改来改去不停,又是由于这条。现在使冬至所在位置岁岁微差,回过头检验汉代历注,都很审密,将来永久施用,不必烦劳屡次修改。还有设置法则,其一"以子时为时辰之首,(从方向来说)子位在正北,卦爻应在初九为升气的开始,虚的北方七宿之中宿。元气的发端,应当在这个"次"。前代学者虞喜,详细讨论了其意义。我的历法上元度日,发端于虚宿。其二,用日辰之号子,甲子日为前导,历法设起算年(上元),应当在此年。但是黄帝以来,世代所用,总共有十一种历法,"上元"之年,没有相当于这个名称的。我的历法上元那年在甲子。其三,以上元之年,历法中的众多条款,都应以此为(计算的)起点。可是《景初历》的交会迟疾,历元的开始参差不齐。又如何承天的历法,日月五星,各自有各自的历元,交会迟疾,也都设置不同起点,剪裁使得朔气相合而已,条件次序纷繁错误,未达到古代的意境。现在设法使日月五星交会迟疾,都是以上元岁首为起点,众多支流有共同的源泉,大多没有错误。

如果对定形进行测量,就得到真实效果。悬挂的星象显著明亮,用天表等仪器测验可推算,变动的气虽不明显而微弱,可用径寸的竹管候测不会有差错。现在我所建立的,容易使人取信。但是综合研究始终,大多存在不精密,革新变旧,有简有繁。用简的条款,道理上不必自我恐惧;用较繁的意思,不过不是谬误。为什么? 就是记闰不整齐,数据各有分数,把分数作为主体,并非不细密,我这样做是特别珍惜毫厘之类的小数,以完成求解出美妙之则,不去掉累积,以成就永久固定的著述,不是经思考而不知道,也不是明白了还不改。如果所献上的历法可以采用,我愿意为皇帝向各部门宣传,给予详细考究。

上报到皇帝。孝武帝令朝廷的官员们懂得历法的提出质难,不能使他屈服。赶上孝武帝死后未能施行。派祖冲之出去担任娄县令,又调回任谒者仆射。

起初,宋孝武帝平定关中,缴获后秦姚兴时制作的指南车,有外形而没有机巧,每当行走,使人在车内旋转指向。到宋升明年间,齐太祖肖道成辅佐朝政,使祖冲之按古法修造指南车。祖冲之改用铜制机械,圆转不穷,而指示方向保持不变,是三国时马钧以来所没有的。当时有一位北方人索驭麟,也说能制造指南车,肖道成就让他与祖冲之各造一辆,让他们在京城的乐游苑同时进行校对试验,结果索驭麟的颇有偏差,于是折毁烧掉了。齐永明年间,竟陵王肖子郎爱好古物,祖冲之制造了一件敧器献给他。

文惠太子肖长懋在东宫,看到了祖冲之的历法,启奏给齐世祖施行,文惠太子不久死去,事情又被搁置。祖冲之转任长水校尉,领本职。写作《安边论》,建议开屯田,发展农殖。齐建武年间,明帝肖鸾派祖冲之巡行四方,兴造大业,为百姓造福,恰好连年有战争,事情终于没有实行。

祖冲之懂得乐律学,博塞游戏当时独绝,没有能和他匹敌的。他认为诸葛亮有木牛流马,于是制造一件器械,不依靠风、水,施用机关能自己运行,不靠人力。又造千里船,在长江的新亭江段试验,一日能走一百余里。在乐游苑造水碓磨,齐世祖亲自到场观看。又特别精通数学。永元二年(500),祖冲之去世,终年七十二岁。著《易经》《老子》《庄子》义,注释《论语》《孝经》,注解《九章算术》,著《缀术》数十篇。

【原文】

祖冲之字文远,范阳道人也。祖昌,宋大匠卿,父朔之,奉朝请。

冲之少稽古,有巧思。宋孝武使直华林学省,赐宅宇车服。解褐南徐州迎从事,公府参军。

宋元嘉中,用何承天所制历,比古十一家为密,冲之以为尚疏,乃更造新法。

上表曰：

臣博访前坟，远稽昔典，五帝躔次，三王效分，《春秋》朔气，《纪竹》薄食，谈、迁载述，彪、固列志，魏世注历，晋代《起居》，探异今古，观要华戎。书契以降，二千余稔，日月离会之微，星度疏密之验。专功耽思，咸可得而言也。加以亲量圭尺，躬察仪漏，目尽毫厘，心究筹第，考课推移，又曲备其详矣。

然而古历疏舛，类不精密，群氏纠纷，莫审其会。寻何承天所上，意存改革，而置法简略，今已乖远。以臣校之，三睹厥谬，日月所在，差觉三度，二至晷影，几失一日，五星见伏，至差四旬，留逆进退，或移两宿。分至失实，则节闰非正；宿度违天，则伺察无准。臣生属圣辰，询逮在运，敢率愚瞽，更创新历。

谨立改易之意有二，设法之情有三。改易者一：以旧法一章，十九岁有七闰，闰数为多，经二百年辄差一日。节闰既移，则应改法，历纪屡迁，实由此条。今改章法三百九十一年有一百四十四闰，令却合周、汉，则将来永用，无复差动。其二：以《尧典》云"日短星昴，以正仲冬"。以此推之，唐尧世冬至日，在今宿之左五十许度。汉代之初，即用秦历，冬至日在牵牛六度。汉武改立《太初历》，冬至日在牛初。后汉四分法，冬至日在斗二十二。晋世姜岌以月蚀检日，知冬至在斗十七。今参以中星，课以食望，冬至之日，在斗十一。通而计之，未盈百载，所差二度。旧法并令冬至日有定处，天数既差，则七曜宿度，渐与舛讹。乖谬既著，辄应改易。仅合一时，莫能通远。迁革不已，又由此条。今令冬至所在岁岁微差，却检汉注，并皆审密，将来久用，无烦屡改。又设法者，其一：以子为辰首，位在正北，爻应初九升气之端，虚为北方列宿之中。元气肇初，宜在此次。前儒虞喜，备论其义。今历上元日度，发自虚一。其二：以日辰之号，甲子为先，历法设元，应在此岁。而黄帝以来，世代所用，凡十一历，上元之岁，莫值此名。今历上元岁在甲子。其三：以上元之岁，历中众条，并应以此为始。而《景初历》交会迟疾，元首有差。又承天法，日月五星，各自有元，交会迟疾，亦并置差，裁得朔气合而已，条序纷错，不及古意，今设法日月五纬交会迟疾，悉以上元岁首为始，群流共源，庶无乖误。

若夫测以定形，据以实效。悬象著明，尺表之验可推；动气幽微，寸管之候不忒。今臣所立，易以取信。但综核始终，大存缓密，革新变旧，有约有繁。用约之条，理不自惧，用繁之意，顾非谬然。何者？夫纪闰参差，数各有分，分之为体，非常细密，臣是用深惜毫厘，以求全妙之准，不辞积累，以成永定制，非为思而莫知，悟而弗改也。若所上万一可采，伏愿颁宣群司，赐垂详究。

事奏。孝武令朝士善历者难之，不能屈。会帝崩，不施行。出为娄县令，谒者仆射。

初，宋孝武平关中，得姚兴指南车，有外形，而无机巧，每行，使人于内转之。升明中太祖辅政，使冲之追修古法。冲之改造铜机，圆转不究，而司方如一，马钧以来有也。时有北人索驭麟者，亦云能造指南车，太祖使与冲之各造，使于乐游苑对共校试，而颇有差僻，乃焚毁之。永明中，竟陵王子郎好古，冲之造欹器献之。

文惠太子在东宫，见冲之历法，启世祖施行，文惠寻薨，事又寝。转长水校尉，领本职。冲之造《安边论》，欲开屯田，广农殖。建武中，明帝使冲之巡行四方，兴造大业，可以利百姓者，会连有军事，事竟不行。

冲之解钟律，博塞当时独绝，莫能对者。以诸葛亮有木牛流马，乃造一器，不因风水，施机自运，不劳人力。又造千里船，于新亭江试之，日行百余里。于乐游苑造水碓磨，世祖亲自临视，又特善算。永元二年，冲之卒。年七十二。著《易》《老》《庄》义，释《论语》《孝经》，注《九章》，造《缀述》数十篇。

梁书·陈书

太祖张皇后传

——《梁书》卷七

【说明】张皇后,名尚柔(? －471),梁文帝萧顺之的妻子,生了梁武帝萧衍等人。梁朝建立后被尊为皇后。

梁太祖献皇后姓张名尚柔,范阳方城人。她的祖父名叫次惠,宋时任濮阳太守。献皇后的母亲萧氏,就是梁文帝萧顺之的堂姑母。献皇后在宋元嘉年间嫁给梁文帝,生了长沙宣武王萧懿、永阳昭王萧敷,后来生了梁高祖萧衍。

当初,献皇后曾在室内,忽然看见庭院前的菖蒲开花,光彩照人,不是世间所能有的。献皇后惊奇地看着,对侍者说:"你看见没有?"侍者答道:"没有看见。"献皇后说:"我曾听说看到这种现象的人会得到富贵。"于是急速摘取花朵吞食了。当月生下了高祖。即将分娩的那天夜晚,献皇后看到庭院中好像有官员排列陪伴。以后又生下衡阳宣王萧畅、义兴昭长公主萧令意。宋泰始七年(471),死于秣陵县同夏里的住所,葬于武进县东城里山。天监元年五月,追加尊号为皇后,谥号献。

【原文】

太祖献皇后张氏讳尚柔,范阳方城人也。祖次惠,宋濮阳太守。后母萧氏,既文帝从姑。后,宋元嘉中嫔於文帝,生长沙宣武王懿、永阳昭王敷,次生高祖。

初,后尝在室内,忽见庭前菖蒲生花,光彩照灼,非世中所有。后惊视,谓侍者曰:"汝见不?"对曰:"不见。"后曰:"尝闻见者当富贵。"因遽取吞之。是月产高祖。将产之夜,后见庭内若有衣冠陪列焉。次生衡阳宣王畅、义兴昭长公主令意。宋泰始七年,殂于秣陵县同夏里舍,葬武进县东城里山。天监元年五月甲辰,追上尊号为皇后,谥曰献。

陶弘景传

【说明】陶弘景(456－536),字通明,南朝丹阳秣陵人。著名文学家、医学家、道教学者。早年博学多才,为齐诸王侍读,后来隐居句容句曲山,自号华阳隐居。世有"山中宰相"之称,著有《真诰》《真灵位业图》《本草集注》《时后百一方》等,在文化史上极具影响。

陶弘景字通明,丹阳秣陵地方人。开始,母亲做梦梦见青龙从怀中出来,并且还看见两位天人手拿着香炉来到他们的房里,不久就怀孕了,于是生下了陶弘景,他小时候有奇异之行,十岁时,得到葛洪《神仙传》,白天黑夜的研读,于是有了养生的志向。对人家说:"仰视青云,观看太阳,不觉得是很遥远的事了。"等到长大了,身高有七尺四寸,神态仪表出众,眼睛明亮有神,眉毛宽广,身材修长,耳朵肥大。读书超过万卷。善于抚琴下棋,工于草书隶书。还不到二十岁时,齐高帝任相,封其为诸王的伴读,官拜奉朝请。虽然生活在贵族群中,但关起门来不与其他人相来往,只以看书为要事,朝廷规仪礼章等事,一般都向他请教决断。永明十年,上表辞去俸禄,皇帝下诏同意,并赏赐丝帛。等到他动身离开朝廷的时候,公卿大夫设宴于征房亭与之饯别,因设帐太多车马把道路都填满了,都说宋、齐以来,还没有出现过这种事情。朝廷和民间都认为是件有面子的事情。

从这以后,陶弘景居住在句容的句曲山。常说:"这座山下面是道教第八洞宫,名叫金坛华阳之天,周围有一百五十里。从前汉代有咸阳三茅君修炼得道,来掌管这座山,所以称之为茅山。"于是在山中建了座道馆,自号华阳隐君。开始跟随东阳孙游岳学习传授道符图经书道法,登访游历了许多名山,寻找访求仙药,每次经过山涧溪谷,一定端坐仰卧其间,吟咏盘旋,不能停止。当时沈约担任东阳郡太守,认为陶弘景志节高尚,多次写信邀请他,不去。

陶弘景为人圆通谦虚，小心谨慎，事情的变化曲折，心中如镜子一样十分明白，遇到什么事情从不挂在心上，讲话也没什么矛盾，即使有也马上发觉。建武年间，齐宜都王铿为齐明帝所杀害，那天夜里，陶弘景梦见铿来告别，因此搜访宜都王幽冥之间的事迹，大多讲的是神秘怪异之事，因此写下了《梦记》一书。

永元初年，又筑三层楼，陶弘景住在上面一层，弟子住中间一层，来访宾客则在下层，于是和外人都隔绝，只有一个家僮在身边侍候。特别喜欢松风，每次听到松风声，就感到十分高兴愉快。有时他一个人游览泉石之间，看见的人认为是神仙。

陶弘景本性喜欢著述，更追求奇异，爱惜时间，越老越勤奋，尤其了解阴阳五行、风角星算、山川地理、方图产物，医术本草。著有《帝代年历》，又曾经制造浑天仪，说是"修炼道法所需要，不仅仅是史官才用"。

义师平定建康，听说议论禅让帝位，陶弘景援引图书谶文，多处都成"梁"字，让弟子进上。梁高祖既早就与他有交情，等到即了帝位，恩情礼谊更加敦厚，写信问候没有间断，总有达官贵人不断地到他家去。

天监四年，移居到茅山积金东边的水溪边。擅长于辟谷气功等养生方法，过了八十岁仍然显得青春年少，十分爱慕汉代张良的为人处世，称赞他"古代的贤人没有谁能比拟"。曾经做梦梦见佛传授给他菩提记，并称他为胜力菩萨。于是到鄮县阿育王塔去发誓表愿，接受五大戒。后来太宗来到南徐州，钦佩他的高风清名，召他到后堂之中，和他谈论了多日才离开，太宗十分敬佩他。大通初年，派人送两把宝刀给梁高祖，一把名叫"善胜"，一把称"威胜"，都是难得的好宝物。

大同二年(586)逝去，时年八十五岁，死时颜色不变，弯曲伸直如平常一样。皇帝下诏赠号为中散大夫，谥号贞白先生，并派皇宫中的官吏监督照料丧事。陶弘景留下遗书要薄葬，弟子们遵照予以办理。

【原文】

陶弘景字通明，丹阳秣陵人也。初，母梦青龙自怀而出，并见两天人执香炉来至其所，已而有娠，遂产弘景。幼有异操，年十岁，得葛洪《神仙传》，书夜研寻，使有养生之志。谓人曰："仰青云，睹白日，不觉为远矣。"及长，身长七尺四寸,神仪明秀,朗目疏眉,细形长耳。读书万余卷。善琴棋,工草隶。未弱冠,齐高帝作相,引为诸王侍读,除奉朝请。虽在朱门,闭影不交外物,唯以披阅为务,朝仪故事,多取决焉。永明十年,上表辞禄,诏许之,赐以束帛。及废,公卿祖之于征卢亭,供帐甚盛,车马填咽,咸云宋齐已来,未有斯事。朝野荣之。

于是止于句容之句曲山。恒曰:"此山下是第八洞宫,名金坛华阳之天,周回一百五十里。昔汉有咸阳三茅君得道,来掌此山,故谓之茅山。"乃中山立馆,自号华阳隐君。始从东阳孙游岳受符图经法。偏历名山,寻访仙药。每经涧谷,必坐卧其间,吟咏盘桓,不能已已。时沈约为东阳郡守,高其志节,累书要之,不至。

弘景为人,圆通谦谨,出处冥会,心如明镜,遇物便了,言无烦舛,有亦辄觉。建武中,齐宣都王铿为明帝所害,其夜,弘景梦铿告别,因访其幽冥中事,多说神异,因著《梦记》焉。

永元初,更筑三层楼,弘景处其上,弟子居其中,宾客至其下,与物遂绝,唯一家童得侍其旁。特爱松风,每承其响,欣然为乐。有时独游泉石,望见者以为仙人。

性好著述,尚奇异,顾惜光景,老而弥笃。尤明阴阳五行,风角星算,山川地理,方图产物,医术本草。著《帝代年历》,又尝造浑天仪,云"修道所须,非止史官是用。"

义师平建康,闻议禅代,弘景援引图谶,数处皆成'梁'字,令弟子进之。高祖既早与之游,及即位后,恩礼逾笃,书问不绝,冠盖相望。

天监四年,移居积金东涧,善辟谷导引之法,年逾八十而有壮容,深慕张良之为人,云"古贤莫比"。会梦佛授其菩提记,名为胜力菩萨。乃诣鄮县阿育王塔自誓,受五大戒。后太宗临南徐州,钦其风素,召至后堂,与谈论数日而去,太宗甚敬异之。大通初,令献二刀于高祖,其一名善胜,一名威胜,并为佳宝。

太同二年,卒,时年八十五。颜色不变,屈申如恒。诏赠中散大夫,谥曰贞白先生,仍遣舍人监护丧事。弘景遗令薄葬,弟子遵而行之。

魏 书

献明皇后贺氏传

——《魏书》卷一三

【说明】献明皇后贺氏(451－496)，鲜卑东部大人贺野干之女，后嫁代王什翼犍之子拓跋实。代建国三十四年(371)，贺氏始孕子拓跋珪，拓跋实因事去世，及生珪，改嫁夫弟拓跋翰，生子拓跋觚。建国三十九年，苻坚灭代国，什翼犍死，贺氏护幼子奔还本部落。其后，贺氏之兄贺兰部大人贺讷等推拓跋珪为代王，复兴鲜卑代国，贺氏尽力尤多。拓跋珪称帝，谥其生父为"献明皇帝"，追谥贺氏为"献明皇后"。

献明皇帝拓跋实皇后贺氏，父亲是贺野干，为东部大人。贺皇后小时候因容貌美丽被选为太子妃，生下太祖拓跋珪。前秦将领苻洛率军来侵犯代国时，贺皇后与太祖及原贺兰部随他出嫁到拓跋部的扈从，向北方迁徙避难。不久，高车部落突然来抢夺财物，贺皇后乘马车与太祖为逃避强盗，向南奔走。途中车辖掉了，贺皇后害怕，向着上天祷告说："国家的继承人，怎能就这样灭绝啊！希望神灵保祐。"于是赶车急驰，车轮端端正正，一点也不倾斜。跑了一百余里，到达七介山南边，因此得以免遭祸难。

后来刘显派人杀害太祖，太祖的姑姑是刘显的弟弟刘亢埿的妻子，知道这事，暗中告诉了贺皇后，梁眷也来报告这即将临头的大难。贺皇后于是让太祖离开。贺皇后晚上让刘显喝酒，把他灌醉。快到凌晨时，故意惊动马厩盅的马群，刘显让人起来察看马群。贺皇后哭着对他说："我几个儿子开始都在这儿，现在全都没有了。你们是谁把他们杀了?"所以,刘显没派人急着去追赶。太祖终于到了贺兰部,人心不怎么归附他,贺皇后的同祖弟外朝大人贺悦,率全部落的人跟从太祖,奉献衣服食品,恪守臣节。刘显发怒,要杀贺皇后,贺皇后夜间逃奔到刘亢埿家,躲进神车呆了三天,刘亢埿全家的人都乞求神灵救她,于是才得以免遭杀害。刚好刘显的部落发生内乱,贺皇后才得以逃回贺兰部。

后来,贺皇后的同祖弟贺染干忌妒太祖能得人心,起兵围困太祖临时住所,贺皇后走出去对贺染干说:"你们现在安排地方安置我,却想杀我的儿子呢?"贺染干惭愧地率兵离开了。

后来贺皇后的小儿子秦王拓跋觚出使后燕,后燕皇帝慕容垂不让他回来。贺皇后因拓跋觚没有回来,忧惧思念,因而患病,于皇始元年(496)逝世,终年四十六岁,在盛乐金陵同祖先们安葬在一起。后来追尊谥号"献明",配享宗庙。

【原文】

献明皇后贺氏,父野干,东部大人。后少以容仪选入东宫,生太祖。符洛之内侮也,后与太祖及故臣吏避难北徙。俄而,高车奄来抄掠,后乘车与太祖避贼而南。中路失辖,后惧,仰天而告曰:"国家胤胄,岂止尔绝灭也!惟神灵扶助。"遂驰,轮正不倾。行百许里,至七介山南而得免难。

后刘显使人将害太祖,帝姑为显弟亢埿妻,知之,密以告后,梁眷亦来告难。后乃令太祖去之。后夜饮显使醉。向晨,故惊厩中群马,显使起视马。后泣而谓曰:"吾诸子始皆在此,今尽亡失。汝等谁杀之?"故显不使急追。太祖得至贺兰部,群情未甚归附,后从弟外朝大人悦,举部随从,供奉尽礼。显怒,将害后,后夜奔亢埿家,匿神车中三日,亢埿举室请救,乃得免。会刘显部乱,始得亡归。

后后弟染干忌太祖之得人心,举兵围逼行宫,后出谓染干曰:"汝等今安所置我,而欲杀吾子也?"染干惭而去。

后后少子秦王觚使于燕,慕容垂止之。后以觚不返,忧念寝疾,皇始元年崩,时年四十六,祔葬于盛乐金陵。后追加尊谥,配飨焉。

于洛侯传

——《魏书》卷八九

【说明】于洛侯,代地(今山西北部)人。北魏时著名的酷吏之一,生性贪残,为百姓所怨而揭发弹劾,孝文帝下令将他处死。

于洛侯,代地人。由于劳绩和资历被任命为秦州刺史,生性贪婪严酷而习于残忍。州里人富炽抢夺百姓吕胜一付裹腿,于洛侯就把富炽鞭打一百下,砍去他的右腕。百姓王陇客刺死了民王羌奴、王愈两个人,按照法律不过是判处一般死罪而已。于洛侯却活活地拔出王陇客的舌头,用刀刺舌面,同时又刺在胸部腹部二十余处。王陇客忍受不了痛苦,身体随着刀子颤抖。于是又立起四根木柱子把他手脚绑上用刀剐,当他快死的时候,这才砍下他的脑袋,肢解两手两腿,分开悬挂在路上,看到这种惨状的人无不伤心悲痛。全州震惊,人人都心怀怨恨愤怒,百姓王元寿等人同时起来反叛。有关部门向朝廷揭发弹劾,魏孝文帝下诏让使者在州中给百姓用刑的地方向全体兵民宣布于洛侯的罪状,然后杀了于洛侯,以此向百姓谢罪。

【原文】

于洛侯,代秦也。以劳旧为青州刺史,而贪酷安忍。州人富炽夺民吕胜胫缠一具,洛侯辄鞭富炽一百,截其右腕。百姓王陇客刺杀民王羌奴、王愈二人,依律罪死而已。洛侯生拔陇客舌,刺其本,并刺胸腹二十余疮。陇客不堪痛苦,随刀战动。乃立四柱磔其手足,命将绝,始斩其首,支解四体,分悬道路,见之者无不伤楚。阖州震恐,人怀怨愤,百姓王元寿等一时反叛。有司纠劾,高祖诏使者于州刑人处宣告兵民,然后斩洛侯以谢百姓。

北齐书·周书

神武娄后传

——《北齐书》卷九

【说明】神武明皇后娄氏（501－562），名昭君，鲜卑族人。初自许与高欢为婚，并助其创立功业，高欢受封为渤海王，娄氏被册封为王妃，生六男二女。其子高洋代东魏建北齐，尊之为皇太后。高洋死，尚书令杨愔等执政，辅洋子高殷，尊之为太皇太后。及愔等排抑宗室诸王，娄氏与其子高演等密谋杀杨愔等人，高演即位，复尊以为皇太后。高演死，娄又诏令其子高湛即位。娄氏性俭朴，识大体，但颇嫉恨汉人。卒谥"明"。

北齐神武帝高欢皇后娄氏，名叫昭君，是赠司徒娄内干的女儿。她小时候聪明懂事理，大族子弟许多都想娶她为妻，她都不答应。后来看见神武帝在城上服役，惊叹说："这人才真正是我的夫君啊。"于是让自己的婢女把心意告诉神武帝，而且多次把自己的私房钱给神武帝，好让神武帝迎娶自己，她的父母双亲没有办法，只好答应这门亲事。神武帝有平定天下的志向，拿出全部家财以交结英雄豪杰，暗中商量策划，娄后经常参与。后神武帝封渤海王，娄后拜为渤海王妃，家里的事全都由她裁决。

娄后性格爽朗善断，平生节俭朴素。到父母家来往，侍从的不过十人。生性宽宏大量，不妒忌，对神武帝的侍女，她都加以恩待。神武帝曾经即将带军进攻西魏，娄后晚上孪生一儿一女，在她身边服侍的人认为有生命危险，请求追上神武帝，把情况告诉他。娄后不许，说："渤海王统率大军出征，哪能因我的缘故轻率地离开军营。是死是活是命中注定的,他即使来了又能怎样呢!"神武帝听说这事件,感叹了许久。神武帝在沙苑大败于西魏后,侯景多次向神武帝说,如允许他率两万精锐骑兵出战,肯定能消灭西魏。神武帝很高兴,把这事告诉娄后。娄后说:"如果真像他说的那样,他哪有再回来臣事于你的道理,得到个宇文泰,跑了个侯景,又有什么好处。"神武帝才没让侯景出军。神武帝受到北方柔然的威胁,想娶柔然可汗的女儿为妻以和亲,但未作出决定。娄后说:"这是关系国家存亡的大计,希望你不要有什么顾虑。"当柔然公主来到后,娄后让她作正妻。神武帝内心惭愧,向她致礼道歉,娄后说:"她将会有所察觉,希望你不要再来看我。"她爱护神武帝所有的儿子,都像自己亲生的一样。亲自纺线织布,给每个做了一件长袍,一条裤子。她还亲手为战士缝制服装,以此给身边的妇女作出榜样。娄后的弟弟娄昭,因功勋自个儿当上大官,其他亲属,娄后从未为他们请求过官爵。她常说亲戚中如有人有才干,自会被任用,要明大义,不要因私利而扰乱公法。

神武帝死后,文襄帝高澄继承他渤海王爵,娄后被尊为渤海王太妃。文宣帝高洋将取代东魏自为皇帝,娄后坚决不让他这样做,文宣帝因此一度中止其行动。文宣帝天保初年,尊娄后为皇太后。皇太后所住的宫叫"宣训"。济南王高殷继位后,尊娄后为太皇太后。尚书令杨愔等人接受了文宣帝临终命令,辅济南王执政,疏远猜忌宗室诸王。太皇太后暗中与孝昭帝高演及各位大将制定策略,将杨愔等杀掉,并下令废掉济南王的帝位。孝昭帝即皇帝位后,再改尊娄后为皇太后。孝昭帝逝世,太后又下令让武成帝高湛当皇帝。太宁二年的春天,娄太后卧病在床,衣裳忽然自然飘起,按照巫婆的话改姓石。四月辛丑日,娄太后在北宫逝世,当时六十二岁。五月甲申日,在义平陵与神武帝安葬在一起。

娄太后总共生育了六个儿子、两个女儿,怀上他们时都作过一个梦:怀文襄帝高澄时梦见一条断了身子的龙;怀文宣帝高洋时梦见一条大龙,头尾连接天地,嘴巴大张,双眼转动,形状吓人;怀上孝昭帝高演时梦见一条龙在地上爬动;怀上武成帝高湛时梦见一条龙在大海中游动;怀上魏帝的两个皇后时都梦见月亮进入自己的怀中;怀上襄城王高淯、博陵王高济二人时梦见老鼠窜进自己的衣服中。娄太后未去世时,曾有童谣说:"九龙母死不作孝。"后来娄太后去世,武成帝不穿孝服,照旧穿着红色的袍子。没过多久,登上铜雀等三台,摆开宴席,奏起音乐。武成帝女儿送来白色的孝袍，武成帝发火，将它扔到台下。和士开请求停止奏乐，武成帝大怒，加以鞭打。武成帝在兄弟中排行确实是老九，这大概是童谣的应验吧。

【原文】

神武明皇后娄氏，讳昭君，赠司徒内干之女也。少明悟，强族多聘之，并不肯行。及见神武于城上执役，惊曰："此真吾夫也。"乃使婢通意，又数致私财，使之聘己，父母不得已而许焉。神武既有澄清之志，倾产以结英豪，密谋秘策，后恒参预，及拜渤海王妃，闺闼之事悉决焉。

后高明严断，雅尊俭约，往来外舍，侍从不过十人。性宽厚，不妒忌，神武姬侍，咸加恩待。神武尝将西讨出师，后夜孪生一男一女，左右以危急，请追告神武。后弗听曰："王出统大兵，何得以我故轻离军幕。死生命也。来复何为！"神武闻之，嗟叹良久。沙苑败后，侯景屡言请精骑二万，必能取之。神武悦，以告于后。后曰："若如其言，岂有还理，得獭失景，亦有何利。"乃止。神武逼于茹茹，欲娶其女而未决。后曰："国家大计，愿不疑也。"及茹茹公主至，后避正室处之。神武愧而拜谢焉，曰："彼将有觉，愿绝勿顾。"慈爱诸子，不异己出，躬自纺绩，人赐一袍一袴。手缝戎服，以帅左右。弟昭，以功名自达，其余亲属，未尝为请爵位。每言有材当用，义不以私乱公。

文襄嗣位，进为太妃。文宣将受魏禅，后固执不许，帝所以中止。天保初。尊为皇太后，宫曰宣训。济南即位，尊为太皇太后。尚书令杨愔等受遗诏辅政，疏异诸王。太皇太后密与孝昭及诸大将定策诛之，下令废立。孝昭即位，复为皇太后。孝昭帝崩，太后又下诏立武成帝。大宁二年春，太后寝疾，衣忽自举，用巫媪言改姓石氏。四月辛丑，崩于北宫，时年六十二。五月甲申，合葬义平陵。

太后凡孕六男二女，皆感梦：孕文襄则梦一断龙；孕文宣则梦大龙，首尾属天地，张口动目，势状惊人；孕孝昭则梦蠕龙于地；孕武成则梦龙浴于海；孕魏二后并梦月入怀；孕襄城、博陵二王梦鼠入衣下。后未崩，有童谣曰："九龙母死不作孝。"及后崩，武成不改服，绯袍如故。未几，登三台，置酒作乐。帝女进白袍，帝怒，投诸台下。和士开请止乐，帝大怒，挞之。帝与昆季次实九，盖其征验也。

赫连达传

——《周书》卷二七

【说明】赫连达(? –573),字朔周,盛乐(今内蒙和林格尔以北)人,赫连勃勃的后裔。他的曾祖父因避难改姓杜氏。赫连达小时跟随贺拔岳征战,贺拔岳被害后,便率骑到夏州(今陕西靖边东北)迎请宇文泰主持军务,因此得到宇文泰的信任。他屡次参加大小战役,皆立下战功,历任都督、帅都督、大都督、骠骑大将军、大将军,同时屡次出任州、郡长官。西魏文帝大统初年,由朝廷下诏让他复姓赫连氏。他为官廉洁,在为维护双方关系而接受边境胡人赠送的羊后,他拒绝主管官员用官物回赠的提议,坚持用自己私人的缯帛来回报胡人。

赫连达字朔周,盛乐人,是赫连勃勃的后裔。他的曾祖父库多汗,因为避难而改姓杜氏。

赫连达性情刚强耿直,有胆量。年轻时跟随贺拔岳征战有功,被任命为都将,赐爵长广乡男,又迁任都督。贺拔岳被侯莫陈悦杀害后,军中惊扰不安。赵贵建议迎接宇文泰主持军务,诸将犹豫未决。赫连达说:"夏州刺史宇文泰先前担任行台左丞,谋略过人,是一时之杰。今天的事情,非此公不可。赵将军的建议是正确的。我请率轻骑去报告哀讯,并迎请他前来。"诸将中有的人想要向南追回贺拔胜,有的人想要向东报朝廷。赫连达又说:"这些都是远水不救近火,没什么好说的。"赵贵于是把迎接宇文泰的计划定下来,命令赫连达立即赶往夏州。宇文泰见到赫连达痛哭,问他缘故,赫连达将情况如实讲出。宇文泰遂以数百名骑兵南赴平凉,率军向高平进发,命令赫连达率领骑兵占据弹筝峡。当时百姓惶惧不安,四散奔逃者很多。有数村的百姓,正扶老携幼,驱赶牲畜,想要入山避难。赫连达部下的军士都想抢先劫掠他们。赫连达说:"远近的黎民百姓,大多受制于贼,如今要是遇到就加以抢掠捆绑,怎么能称为吊民伐罪! 不如因此来加以安抚百姓,以显示义军的恩德。"于是以恩德信义来加以安抚,百姓都乐于归附。此后百姓相互转告，都恢复旧业。宇文泰听说后颇为称赞。侯莫陈悦被平定后，加赫连达为平东将军。宇文泰对诸将说："当清水公（贺拔岳）遇害之时，你们的性命都控制在贼人手中，虽然想要来告诉我，但无路可通。杜朔周冒万死的危险，远道来向我报告，于是我们才能共尽忠节，同雪仇耻。虽然这是靠众人的力量，但他所起的作用十分关键。这样的功劳还不加以酬报，怎么能劝人行善。"于是赐给赫连达两百匹马。赫连达一再辞让，宇文泰不许。魏孝武帝入关后，褒赏勋劳，以赫连达首先迎请元帅，匡复秦、陇，给他进爵为魏昌县伯，封邑五百户。

赫连达跟随仪同李虎攻破曹泥，被任命为镇南将军、金紫光禄大夫，加通直散骑常侍，增加封邑，加上先前的共有一千户。他又跟随宇文泰收复弘农，参加沙苑之战，都立下战功，又增加封邑八百户，被任命为白水郡守，转任帅都督，加持节，为济州刺史。朝廷下诏命令他恢复赫连姓氏。因他的功勋与声望都高，被任命为云州刺史，正是他家乡所在的州。给他进爵为公，任命为大都督，不久，又授予他仪同三司。

他跟随大将军达奚武进攻汉中。梁宜丰侯萧循抵抗多日后，才表示愿意投降。达奚武询问诸将应采取什么对策。开府贺兰愿德等以梁军粮食已尽，想要猛攻以消灭梁军。赫连达说："不战而取得城池，是最上策。不该贪图得到他们的子女，夺取他们的财帛。穷兵黩武，仁者是不这样做的。而且看他们的将士马匹还很强，城池也很坚固，即使能攻克，必然将是双方都损失巨大。如果他们困兽犹斗，则成败尚未可知。何况行军作战之道，以保全军力为上。"达奚武说："你说得很对。"就命令将帅各述己见，于是开府杨宽等都同意赫连达的提议，达奚武遂接受萧循的投降。班师还朝后，赫连达升任骠骑大将军、开府仪同三司，加侍中，并进爵为蓝田县公。

初建六官制度时，赫连达被任命为左遂伯。后出任陇州刺史。周武帝保定初年，迁任大将军、夏州总管、三州五防诸军事。赫连达虽然不是文官，然而性情质朴正直，尊奉朝廷法度，虽多施用鞭刑，而对判处死罪十分慎重。他廉洁俭朴，边境的胡民有人送羊给赫连达，他想要与胡人相结交，就以缯帛进行回报。主管官员请求使用官物，赫连达说："羊被送入我的厨房，而用官府仓库的东西去回报，是欺瞒上司。"命令取自己私人的缯帛给予胡人。有见识的人都盛赞他这种仁厚的行为。不久，他又被进爵为乐川郡公。周武帝建德二年，晋位为柱国，同年去世。他的儿子赫连迁承袭爵位。周静帝大象中，赦连迁位至于大将军、蒲州刺史。

【原文】

赫连达字朔周，盛乐人，勃勃之后也。曾祖库多汗，因避难改姓杜氏。

达性刚鲠，有胆力。少从贺拔岳征讨有功，拜都将，赐爵长广乡男，迁都督。及岳为侯莫陈悦所害，军中大扰。赵贵建议迎太祖，诸将犹豫未决。达曰："宇文夏州昔为左丞，明略过人，一时之杰。今日之事，非此公不济。赵将军议是也。达请轻骑告哀，仍迎之。"诸将或欲南追贺拔胜，或云东告朝廷。达又曰："此皆远水不救近火，何足道哉。"贵于是谋遂定，令达驰往。太祖见达恸哭，问故，达以实对。太祖遂以数百骑南赴平凉，引军向高平，令达率骑据弹筝峡。时百姓惶惧，奔散者多。有数村民，方扶老弱、驱畜牧，欲入山避难，军士争欲掠之。达曰："远近民黎，多受制于贼，今若值便掠缚，何谓伐罪吊民！不知因而抚之，以示义师之德。"乃抚以恩信，民皆悦附，于是迭相晓语，咸复旧业。太祖闻而嘉之。悦平，加平东将军。太祖谓诸将曰："当清水公遇祸之时，君等性命悬于贼手，虽欲来告，其路无从。杜朔周冒万死之难，远来见及，遂得共尽忠节，同雪仇耻。虽藉众人之力，实赖杜子之功。劳而不酬，何以劝善。"乃赐马二百匹。达固让，太祖弗许。魏孝武入关，褒叙勋义，以达首逆元帅，匡复秦、陇，进爵魏昌县伯，邑五百户。

从仪同李虎破曹泥，除镇南将军、金紫光禄大夫，加通直散骑常待，增邑并前一千户。从复弘农，战沙苑，皆有功。又增邑八百户，除白水郡守，转帅都督，加

持节，除济州刺史。诏复姓赫连氏。以达勋望兼隆，乃除云州刺史，即本州也。进爵为公，拜大都督，寻授仪同三司。

从大将军达奚武攻汉中。梁宜丰侯萧循拒守积时，后乃送款。武问诸将进止之宜。开府贺兰愿德等以其食尽，欲急攻取之。达

曰："不战而获城，策之上者。无容利其子女，贪其财帛。穷兵极武，仁者不为。且观其士马犹强，城池尚固，攻之纵克，必将彼此俱损。如其困兽犹斗，则成败未可知。况行师之道，以全军为上。"武曰："公言是也。"乃命将帅各申所见。于是开府杨宽并同达议，武遂受循降。师还，迁骠骑大将军、开府仪同三司，加侍中，进爵蓝田县公。

六官初建，授左遂伯。出为陇州刺史。保定初，迁大将军、夏州总管、三州五防诸军事。达虽非文吏，然性质直，尊奉法度，轻于鞭挞，而重慎死罪。性又廉俭，边境胡民或馈达以羊者，达欲招纳异类，报以缯帛。主司请用官物，达曰："羊入我厨，物出官库，是欺上也。"命取私帛与之。识者嘉其仁恕焉。寻进爵乐川郡公。建德二年，进位柱国，薨。子迁嗣。周静帝大象中，位至大将军、蒲州刺史。

隋 书

炀帝本纪

——《隋书》卷三

【说明】隋炀帝杨广（569－618），一名杨英，隋文帝杨坚的次子。母亲独孤文献皇后。开皇元年立为晋王，授武卫大将军衔。杨广少时好学，性格深沉，善于伪装，颇受文帝和献后宠爱。他用阴谋手段陷害其兄杨勇，得到太子地位。公元604年，文帝去世，杨广登上皇帝宝座。

杨广一生穷奢极欲。对内大兴徭役，营建东都，修筑西苑，筑长城、修驰道，耗资巨万，用工无算，使百姓疲于奔命；对外穷兵黩武，三次远征高丽，士兵死伤战场，百姓颠沛运输路上，赋税繁重，民不聊生；终于激发了无数大大小小的农民起义，埋葬了隋朝。大业十二年（616），炀帝南巡江都，十四年被禁军首领宇文化及杀死在宫中。

隋炀帝名杨广，又名杨英，小名叫阿㦛，是隋高祖的第二个儿子。母亲是文献独孤皇后。杨广容貌俊美，小时聪明令俐，在众多儿子中高祖和皇后特别喜爱他。北周时，因为高祖的功勋，杨广被封为雁门郡公。

开皇元年，杨广被立为晋王，任命为柱国、并州总管，那时他才十三岁。不久又授予武卫大将军头衔，后来晋升为上柱国、河北道行台尚书令，仍保留大将军衔。高祖让项城公王韶、安道公李彻辅佐教导杨广。杨广好学，善长写文章，含蓄深沉，朝野都对他寄予厚望。高祖秘密命令会相面的人来和给所有的儿子相面，来和说："晋王眼眉上双骨突起，高贵极了。"不久，高祖到杨广住宅来，看见乐器的弦多数都断了,上面又落满灰尘,似乎长期不用,认为杨广不喜欢歌舞女伎,很赞赏他。杨广尤其善于弄虚作假,装得道貌岸然,时人都说他仁义孝顺。他曾参观狩猎,遇上大雨,左右侍臣进献油衣遮雨,他说:"士兵都淋湿了,我能单独穿这个吗!"竟让侍臣拿走。

开皇六年,杨广转任淮南道行台尚书令。这一年,高祖征召杨广回京,拜为雍州牧、内史令。开皇八年冬天,大规模兴兵攻打陈国,杨广为行军元帅。平定陈国之后,活捉了陈国湘州刺史施文庆、散骑常侍沈客卿、市令阳慧朗、刑法监徐析、尚书都令史暨慧,因为他们奸邪谄媚,害国害民,在宫中右阙之下斩首示众,以此向三吴民众谢罪。杨广查封府库,秋毫无犯,天下人都称赞他贤明。他晋升为太尉,高祖赏赐给他辂车、四匹马、礼帽礼服、黑珪白璧各一块又拜炎并州总管。不久江南商智慧等聚众造反,高祖调杨广为扬州总管,镇守江都,每年朝见一次。高祖祭泰山的时候,杨广随任武侯大将军,第二年回到封地。过了几年,突厥侵犯边境,杨广又出任行军元帅,从灵武出兵,没有遇上敌人,返回。

到太子勇被废黜后,杨广被立为皇太子。这一月应当接受册命。高祖说:"我以大兴公的身份成就帝业。"于是让杨广离开京城,住到大兴县去。当夜,狂风大雪,地震山崩,百姓的住宅多数被破坏,压死了一百余人。

仁寿初年,杨广奉诏书巡视安抚东南地区。此后,高祖每到仁寿宫避暑,总是让杨广主持国政。

仁寿四年(604)七月,高祖去世,杨广在仁寿宫即皇帝位。八月,扶高祖灵柩回京师。并州总管汉王杨谅起兵谋反,命尚书左仆射要素讨伐平定了他。九月乙巳日,任命备身将军崔彭为左领军大将军。十一月乙未日,炀帝驾临洛阳。丙申日,征发数十万男壮丁掘濠,从龙门向东连接长平、汲郡,达临清关,过黄河到浚仪、襄城,抵达上洛,沿途设置关口防御。登丑日,下诏书说:

天道变化,阴阳才能消长;制度不同,百姓才能和顺。如果天的意志不变,所施行的教化怎么形成春、夏、秋、冬?人事如果不变,所施行的政治怎么能区别万姓?《易》不是说过吗:"通过其变化,使民众不疲倦。""变化就能通达,通达就能长久。""有德就能长久,有功就能长壮大。"我又听说,安定天下而能迁都,百姓的财用就能有大的变化。因此,姬氏经营两周都城,合乎武王的心意;殷人五次迁徙,成就商汤的事业。如果不下合民意上顺天时,在变动中形成功业,那么,爱民治国的人能不说话吗?

而洛阳自古便是都城,周围千里之内,是天地交合之处,阴阳调和的地方。三河环绕,四塞巩固,水陆通达,贡赋均等。所以汉高祖说:"我走遍天下,经过的地方可以说很多了,只有洛阳最好。"自古帝王,谁不留心洛阳,之所以不建都于此,都有原因。有的是因为九州尚未统一,有的是因为财政匮乏,无力创建洛阳城。我隋朝建立之始,便想创建这怀、洛城邑,一天一天迁延到今天。朝思暮想,无非此事,说起来不胜感慨。

我恭敬地接受皇位,统治万国,继承先帝意志,遵守而不敢遗忘。如今汉王杨谅叛乱,淆山以东地区遭受毒害,州县沦丧。这就是因为关河阻隔,路途遥远,军队不能赶赴应急,加上并州移民又在河南无法协助。周代把殷人迁往东方,用意就在于此。况且,南方地区遥远,东方地区富庶广大,因势利导,顺时而动,现在正是时候。众官府和百官,都拥护这项动议。但是,成周宫殿废墟,无法修葺,于今可在伊、洛地区营建东京,就地设官府、分职务,树立万民的法则。

宫室的规模制度原本是为了便于生活,上有正梁,下有屋檐,就足以遮蔽风雨、雾露,高楼大厦,难道能够说是合适的形制?所以《传》说:"节俭,是德行的总汇;奢侈,是罪恶的大端。"孔子说:"与其不恭敬,不如节俭。"难道只有瑶台琼楼才是宫殿?而土墙草屋就不是帝王的住宅了?由此可知,不是用天下财物供奉一人,而是由一人主治天下。民是国家的根本,根本牢固则国家安宁,百姓富足,谁还不富足!现在营建伊洛,务必节俭,不要让雕画的墙壁、崇高的楼房又在今天建起,想让低选择宫殿简陋饭食遗传于后世。有关部门清楚地制定出条例,以便合乎我的心意!

十二月乙丑日,任命右武卫将军来护儿为右骁卫大将军。戊辰日,任命柱国李景炎为右武卫大将军,右卫率同罗睺为右武侯大将军。

大业元年(605)春正月壬辰初一,大赦天下,改年号。立妃子萧氏为皇后。把豫州改名溱州,洛州改名为豫州,废除各州总管府。丙申日,立晋王杨昭为皇太子。丁酉日,任命上柱国宇文述为左卫大将军,上柱国郭衍为左武卫大将军,延寿公于仲文为右卫大将军。己亥日,任命豫章王杨暕为豫州牧。戊申日,派遣八名使臣巡察各地风俗。下诏书说:

从前圣王治时天下，关键在于爱民。先让人民富足然后进行教化，家给人足，所以能风俗淳厚，远方来朝，近地安宁。治理成功，都是循此途径。我继承皇位，抚育黎民。虽然遵守先帝功业，不敢有所闪失，但谈到政治措施，多有缺陷。况且，以四海之遥远，黎民之众多，我不能亲自前往，询问民间疾苦。每每想到，民间隐藏的贤人不能举荐，百姓的冤屈不能申诉，一件事情处置不当，就会伤害和顺的祥气，万方有罪，责任都在我身止。所以，我昼夜叹息，早晚挂心。

现在是施政初期，应该宽大。可分头派遣使者，巡察各方风俗，宣扬教化，推荐被埋没的人才，申诉深藏的冤屈。对孝顺父母努力耕种的人，给以优待，免除租赋。鳏寡孤独不能养活自己的人，酌情给予救济。对义士、烈女，赐匾额表彰其门闾。对年高的老人，加官晋爵，并且依据别的条例，赏赐粟米布帛。有残疾的人，供给服侍的壮丁，虽然有侍养的名义，并无赡养的实效，应公开检查核实，使他们得到奉养。名声显赫、品德高尚、操行廉洁以及有学问才能通一经的人，都应该采访到，推荐到朝廷中。所在州县官府，要根据礼仪发送。官员中有政治腐败残害人民妨碍农时的，使者回朝之日，详细记录上奏。

己酉日，任命吴州总管宇文弼为刑部尚书。

二月己卯日，任命尚书左仆射杨素为尚书令。

三月丁未日，命令尚书令杨素、纳言杨达、将作大匠宇文恺营建东京，迁移豫州城郊居民充实东京。戊申日，下诏书说："由于听取并采纳公众的意见，政事和平民商议，所以才能清楚政治和刑罚的得失。由此可知，我早晚思虑治国，想使隐藏的冤屈上达朝廷，治国常道得以发扬。但州牧县宰等官职俱是朝廷委任，如果不认真进行考核，空定下优秀、劣等的虚名，不问治理的实际情形，纲纪就会紊乱，冤曲也就不能申诉。地方和朝廷有重重关河阻隔，百姓的意见无法自行上述。我因此建立东京，亲自过问民情。现在我将巡视淮海，观察了解各地风土人情，征求正直的意见，但呈上来的只是繁琐的词章，乡校中议论朝政的话，听不到。我恐惧警惕，废寝忘餐。民众有知道州县官吏为政刻薄、侵害百姓、徇私枉法、刁难民众的，应该听任他们到朝廷申奏，希望能做到广开四方视听，使天下无冤曲。"又在阜涧营建显仁宫，采集海内珍禽奇兽名花异草，充实宫中花园兽苑。

迁徙数百家富商大贾到东京。辛亥日,调发黄河以南各郡百余万男女开凿通济渠,从西苑引谷水、洛水抵达黄河,从板渚引黄河水通达淮河。庚申日,派黄门侍郎王弘、上信同于士澄到江南去采集木材,建造了数万艘龙舟、凤艒、黄龙、赤舰、楼船等。

夏四月癸亥日,大将军刘方进攻林邑,攻克了。

五月庚戌日,民部尚书义丰侯韦冲去世。

六月甲子日,火星进入太微星区。

秋七月丁酉日,规定战死的家庭名除十年赋税徭役。丙午日,滕王杨纶、卫王杨集都被剥夺爵位,迁往边境。

闰七月甲子日,任命尚书令杨素为太子太师,安德王杨雄为太子太傅,河间王杨弘为太子太保。丙子日,下诏书说:

治理民众建立国家,应以教学为首要事务,移风易俗,必定由此开始。但圣人的言论断绝,大义遭违背。岁月流逝,虽然努力增进道德进修学业,而治国之道逐渐衰微。汉承秦焚书之后,广集经书,学术不绝如缕,而晋遭社会动乱,学术几乎扫地而尽。从此以后,国家军政忧患甚多,虽然不时兴建学舍,表示喜爱礼义,但老师虽在,却形同虚设。以至于为密电为宦的,并非学习优秀者;撰写文章的,多是不学无术之人。上行下效,纲纪无法确立。文化缺少,大道消亡,实在都是这个原因。

我继承皇位,想弘扬教育,尊敬师长,重视道义,发扬此道,讲究信用,谋求亲善,嘉奖礼教。如今天下统一,车同轨、书同文,十步以内一定有优秀人物,四海之中怎能没有奇才!无论是在家中还是入学的,如果有专门学习古代礼义、埋头经典、品学兼优、能处理政务的人,当地政府应加采访,详细列出名单报上,立即根据其才能越级提拔。如果精通经书而不愿做官,可根据其学业深浅,门第高下,虽然不上朝为官,也酌情给予俸禄。只要循循善诱,他们不日即可成器,不远的将来,朝廷就能人才济济。国子监等学堂,也应讲明旧制度,教育学生,详细规定考试方法,以达到磨炼、培育人才的目的。

八月壬寅日,炀帝乘龙舟到达江都。让左武卫大将军郭省做前军统领,右武卫大将军李景做后军统领。文武百官五品以上的,供给楼船,九品以上的供给黄蒇。船只首尾相接,绵延二百余里。

冬十月己丑日,赦免江淮以南的罪人。扬州地区免除五年赋税徭役,旧扬州总管地区免除三年的赋税徭役。十一月己未日,任命大将军崔仲方为礼部尚书。

大业二年春正月辛酉日,东京建成,分别等级赏赐监督工程的人。任命大理卿梁毗为刑部尚书。丁卯日,派遣十名使臣裁减合并州县。

二月丙戌日,命令尚书令杨素、吏部尚书牛弘、大将军宇文恺、内史侍郎虞世基、礼部侍郎许善心制定车服制度。天子的车驾以及春、夏、季夏、秋、冬五个季节的天子侍从车才开始完备。皇帝的常礼服,皮帽子,上面饰有十二块琪玉;文官穿弁服,佩带玉;五品以上文官供给牸牛、挂障幔,三公亲王车上加挂丝络;武官戴平头巾,穿袴褶,三品以上武官供给飙槊仪仗;往下直至胥吏,服饰各有差等。平民不能穿军服,戊戌日,设置都尉官。

三月庚午日,炀帝车驾从江都出发。事前,太府少卿何稠、太府丞云定兴大肆准备仪仗,规定各州县送羽毛。百姓寻捕禽兽,水陆遍设网罗,能够提供羽毛装饰的禽兽,几乎一网打尽。到此时,仪仗制成。

夏四月庚戌日,炀帝从伊阙陈列车马,千车万马进入东京。辛亥日,炀帝到端门,大赦天下,免天下百姓当年租税。癸丑日,任命冀州刺史杨文思为民部尚书。

五月甲寅日,金紫光禄大夫、兵部尚书李通因为犯法而被免职。乙卯日,下诏书说:"表彰先贤,保存祭祀,是为了优待礼遇贤人,明显地表示对他们的敬爱。我永远借鉴前代的事业思念先贤的功德,无时无刻不感叹九州土地上的贤哲,千载怀念。自古以来的圣贤君子,凡是能树立名声建立功德,辅佐朝政挽救时弊、获巨大利益、有特殊功劳,对人民有益的人,都应该营造祠庙,按时祭祀。他们的坟墓,不许侵犯践踏。有关官府酌情定立条例,以符合我的心意。"

六月壬子,任命尚书令、太子太师杨素为司徒。进封豫章王杨暕为齐王。

秋七月癸丑日,任命卫尉卿卫玄为工部尚书。庚申日,规定百官不能累计考绩升级,一定要德行、功劳、才能明显优秀的人才能提拔。壬戌日,提拔晋王府的旧臣鲜于罗等二十七人,授予不同等级的官爵。甲戌日,皇太子杨昭去世。乙亥日,上柱国、司徒、楚国公杨素去世。

八月辛卯日,封皇孙杨倓为燕王,封杨侗为越王,封杨侑为代王。

九月乙丑日,立秦孝王杨俊的儿子杨浩为秦王。

冬十月戊子,任命灵州刺史段文振为兵部尚书。

十二月庚寅日,下诏书说:"前代帝王借时势创立基业,治理人民,建立邦国,南面而坐,受群臣礼拜。但随着岁月推移,世代久远,帝王的坟茔遭到毁坏,砍柴放牧者竞相光顾,坟墓荒芜废弃,坟堆和标志都分辨不出。谈到这种沦丧,不胜感慨。自古以来帝王的陵墓,可免除附近十户人家的杂役,让他们守护看视。"

大业三年春正月癸亥日,命令对并州叛党已逮捕发配而逃亡的,一旦捉到,就地斩首。丙子日,满天出现长星,出自东壁星,二十天后停止。这一月,武阳郡上奏,黄河水清。

二月己丑日,彗星出现在奎宿,扫过文昌星,经过大陵、五车、北河等星,进入太微星区,扫过帝座星,前后历时一百余天才停止。

三月辛亥日,炀帝车驾回到京师。壬子日,任命大将军姚辩为左屯卫将军。癸丑日,派遣羽骑尉朱宽出使流求国。己卯日,河间王杨弘去世。

夏四月庚辰日,下诏书说:"古代帝王观察访问民间风俗,都是因为忧虑百姓,安抚边远地区。自从蛮夷归附,没来得及亲自安抚,淆山以东历经战乱,也须加以抚恤。现在想安定黄河以北,巡视赵、魏地区。有关官可依惯例安排。"甲申日,颁布法令,大赦天下,关内人民免除三年赋税徭役。壬辰日,把州改为郡。改变度量衡制度,完全按照古代的标准。把上柱国以下的官改为大夫。甲午日,下诏书说:

天下的重大,不是一人专制就能安定的;帝王的功德,也并非一人的谋略所能完成。自古以来圣明的,推行政事,经略邦国,何尝不是选举贤才,收罗隐士。周朝号称多士,汉代号称得人,我常常思念前代风范,肃然起敬。我早起南面而坐,头戴皇冠等待天明,遥望山谷隐士,希望他们出任朝官,以便和众多贤人共同治国。然而,贤人很少进用,招贤很少有人来,难道是美好的璞玉未碰到优秀的工匠,就想怀藏珍宝,难以选拔?在鉴于前代圣贤,不胜感慨。皇帝在位,贤臣就像大腿和胳膊,左右辅佐;又像渡河,贤臣就像船和桨。岂能保守俸禄,隐瞒自己知道的情况,优哉游哉地渡日。那就太没意思了。祁奚大夫推举贤人,史学家认为非常公正,臧文仲埋没贤人,孔子讥笑他窃取职位。借鉴古代,并不是没有表扬和批评,所以应该进用贤人,以辅助我能力的不足。

孝顺父母友爱兄弟,是人道的根本;品行忠诚厚道,是立身的基础。或是节烈忠义值得称赞,或者是品行操守高尚廉洁,都能用来遏止贪欲净化风俗,有助于社会风气的改进。刚强正直,执法不曲,学业优秀,方思敏捷,都可为朝廷所用,实为栋梁之材。才能可任将帅的,就提拔他去抵御外侮;体壮力大的,就委他去做士卒。至于有一技之长的,也应该录用!务使贤人全部举荐,无所遗弃。用这种办法治国,大约就离天下太平不远了。凡有文武官职者,五品以上的,都应该依照法令推举十科的人才。只要有一科才能就行,不必求全责备。我会越级提拔,根据才能任用。现在已经担任九品以上官职的,不在举荐范围之中。

丙申日,炀帝车驾往北方巡行。丁酉日,任命刑部尚书宇文弼为礼部尚书。戊戌日,命令各级官府不准摧毁庄稼,必须开农田为道路时,有关官府要根据土地的收成,用附近的粮仓赏赐粮食,务必优厚。己亥日,驻扎赤岸泽。用太牢祭祀原太师李穆的坟墓。

五月丁巳日,突厥启民可汗派儿子拓特勤来朝拜。戊午日,调发黄河以北十余郡的男丁开凿太行山,直达并州,以便通驰道。丙寅日,启民可汗派遣侄子毗黎伽特勤来朝拜。辛未日,启民可汗派遣使臣琠请求允许他亲自进边塞迎接炀帝车驾。炀帝不准。癸酉日,有彗星进入文昌上将星,星都动摇了。

六月辛巳日,在连谷找猎。丁亥日,下诏书说:

孝敬祭礼祖先,德行最高;兴建寝庙,礼仪最大。然而,不同时代的制度,有的华丽,有的质朴,有的多,有的少。秦代焚书坑儒后学术湮灭,经典散佚,法令消失,关于庙堂的制度,传说不一。应立多少代祖先,无人能说正确;祖先庙是连室而居还是各自分立,也没有定准。

我得以奉祀祖宗,敬承大业,常想严格配享制度,使祭祀盛典更加隆重。于是咨询官员,访问儒师,都认为高祖文皇帝接受天命,拥有天下,拯救四海黎民,革除百代弊病,缓用刑罚,百姓都自由发展,减轻徭役赋税,民众都安居乐业。统一天下,车同轨道,书同文字,东西扩展,无处不归附,南北征讨,解除百姓疾苦。乘风驾鸟,历代没到的地方都到了,各种各样的少数民族，教化从未施行到的人，也都来边塞、朝廷叩头礼拜。翻译无时不在进行，书信月月都有，收起武器，天下太平。吉祥的预兆、福瑞的标志所在多有，其伟大雄壮难以言表。

我又听说，品德淳厚的人福泽流传后世；治国不表明的人礼仪繁缛。因此，周朝的文王、武王，汉代的高祖、光武帝，法令制度非常健全，谥号特别尊贵，难道这不是根据实际情况加以称赞，也就是合乎道义地推崇和表彰吗？高祖文皇帝应该另外兴建庙宇，以便表彰他崇高的德行，仍然按规定每月祭祀，以表示对他的怀念。有关官府按时兴建，务必合乎规定。此外，名份不同，礼仪也不一样。天子有七代祖庙，前代经典已经著明，诸侯有二昭二穆庙，从道理上讲比天子要低，所以庙宇是以多为贵。王者的礼仪，现在可以依照使用，以便留存后世。

戊子日，驻扎榆林郡。丁酉日，启民可汗来朝拜。己亥日，吐谷浑、高昌都派遣使臣贡献地方特产。甲辰日，炀帝到北楼，到黄河去看捕鱼，宴请百官。

秋七月辛亥日，启民可汗上书请求改变服装，戴帽子，束腰带。命令启民可汗朝拜时不用报名了，地位在诸侯王之上。甲寅日，炀帝在郡城东设大帐，全部仪仗护卫，树立旌旗，宴请启民可汗及其部落三千五百人，演奏百戏。按不同级别赏赐启民及其部落。丙子日，杀光禄大夫贺若弼、礼部尚书宇文敬、太常卿高颎。尚书右仆射苏威因犯罪被免职。征发百余万男丁修筑长城，西到榆林，东到紫河，十天修完，死去的男丁占十分之五六。

八月壬午日，炀帝车驾从榆树起程。乙酉日，启民可汗修饰庐舍清扫道路，迎接车驾。炀帝到启民帐中，启民举杯祝寿，炀帝的宴请和赏赐都极丰厚。炀帝对高丽使臣说："回去告诉你们国王，应早早前来朝见。不然的话，我和启民可汗将到你们国土巡察。"皇后也到义城公主帐中。己丑日，启民可汗回国。癸巳日，炀帝进入楼烦关。壬寅日，驻扎太原。下令营建晋阳宫。九月己未日，驻扎济源。到御史大夫张衡家中，饮酒吃饭极尽欢乐。己巳日，到达东都。壬申日，任命齐王俊为河南尹、开府仪同三司。癸酉日，任命民部尚书杨文思为纳言。

大业四年春正月乙巳日，下诏书征发黄河以北各郡百余万男女开凿永济渠，引沁水向南到达黄河，向北通到涿郡。庚戌日，文武百官在允武殿举行射礼。丁卯日，赏赐京城内居民每人十石米。壬申日，任命太府卿元寿为内史令，鸿胪卿

杨玄感为礼部尚书。癸酉日,任命工部尚书卫玄为右候卫大将军,大理卿长孙炽为民部尚书。

二月己卯日,派遣司朝谒者崔毅出使突厥处罗,招致汗血马。

三月辛酉日,任命将作大匠宇文恺炎工部尚书。壬戌日,百济、倭、赤土、迦罗舍等国一齐派遣使臣贡献土产。乙丑日,炀帝车驾到五原,趁机出边塞巡视长城。丙寅日,派遣屯田主事常骏出使赤土,招到罗刹。

夏四月丙午日,把离石的汾源、临泉二县、雁门的秀容县,划为楼烦郡。兴建汾阳宫。癸丑日,任命河内太守张定和为左屯卫大将军。乙卯日,下诏书说:"突厥意利珍豆启民可汗率领部落归附我朝,保护关塞,遵奉我朝礼仪,想改变戎狄习俗,频繁地入朝谒见礼拜,多次陈述请求。因为毡墙羽帐,极其简陋,愿意建造有梁有檐的房屋。心决恳切,我很重视。应该在万寿戍建造城墙房屋,根据情况供给帷帐床被等物品,待遇务必优厚,以合乎我的心意。"

五月壬申日,蜀郡捕获一只三脚乌鸦,张掖郡捕获一只黑狐狸。

秋七月辛巳日,征发二十余万男丁修筑长城,自榆谷向东延伸。乙未日,左翊卫大将军宇文述在曼头、赤水大破吐谷浑军。

八月辛酉日,炀帝亲自到恒岳祭祀,河北道的郡守全部到场。大赦天下。车驾经过的郡肥县,免除一年的租赋。

九月辛未日,征集全国的鹰师到东京集中,来了一万余人。戊寅日,彗星从五车星流出,扫过文昌星,到房星消失。辛巳日,下诏书对修长城的役夫免征一年租税。

冬十月丙午日,下诏书说:"先师孔子,道德圣明,发扬天赋英姿,效法文武之道。治理国家,承受天命,孕育了这位素王,而圣人去世时的悲叹,很快就超过千年,崇高的德行,并没保存一百代。常常思念,他美好的风范应该加以推崇。

可立孔子后代为绍圣侯。有关官府寻求其嫡系后裔,把名字报上来。"辛亥日,下诏书说:"从前,周王即位,首先封唐尧虞舜的后代,汉高祖即位,也赐给殷周的后裔名号,这都是为了表彰先代,效法古圣贤。我继承帝位,寻求文雅的教诲,凡有大益处的,都敬遵如法令。周代兼有夏、殷两朝传统,文质都具备,汉代拥有天下,统一车轨文字,魏晋沿袭汉朝,遗风仍在。这些朝代都应立其后裔,以便保存绝世的大义。有关官府应该寻求其后代,开列姓名上报。"乙卯日,向天下颁布新的度量衡规格。

大业五年春正月丙子日,把东京改为东都。癸未日,下诏书在全国实行均田制。戊子日,炀帝从东都回到京师。乙丑日,规定民间禁止收藏铁叉、搭钩、刀矛之类。太守每年都秘密奏报其属官的行踪。

二月戊戌日,炀帝驻扎阌乡。命令祭祀古代帝王陵墓以及开皇年间功臣坟墓。庚子日,规定北魏、北周官吏的子孙不能因父辈功勋而赏赐官爵。辛丑日,赤土国派遣使臣贡献土产。戊申日,车驾到达京师。丙辰日,在武德殿宴请四百名故旧老人,按不同等级进行赏赐。己未日,炀帝到崇德殿西院,心中很不高兴,回头对左右说:"这是先帝居住的地方,确实增添伤感,心中不安,应该在此院的西边另外建造一殿。"壬戌日,规定听任父母跟随儿子到任职官府去。

三月己巳日,炀帝车驾向西巡视黄河右边。庚午日,有关官吏说,武功男子史永遵和叔父堂兄弟等住在一起。炀帝很赞赏他。赐给一百段布帛、二百石米,表彰他的门第。乙亥日,炀帝到扶风旧居去。

夏四月己亥日,在陇西大举狩猎。壬寅日,高昌、吐谷浑、伊吾都派遣使臣来朝见。乙巳日,驻扎狄道,党项羌来贡献土产。癸亥日,由临津关出发,渡过黄河,到达西平,排兵布阵演习军事。

五月乙亥日,炀帝在拔延山大举围猎,狩猎圈周围绵延两千里。庚辰日,进入长宁谷。壬午日,渡过星岭。甲申日,在金山上宴请群臣。丙戌日,在浩亹架桥,炀帝马过桥后桥坏了,朝散大夫黄亘及监督工程的九人被斩首。吐谷浑王率众屯守覆袁川,炀帝分别派内史元寿从南边驻扎金山,兵部尚书段文振从北边驻扎雪山,太仆卿义臣从东边驻扎琵琶峡,将军张寿从西边驻扎泥岭,四面包围住。吐谷浑王优允率数十名骑兵逃走,派他的名王假称优允,屯守车我真山。壬辰日,命右屯卫大将军张定和前往追捕。定和挺身出战,被吐谷浑杀死。副将柳武建击败吐谷浑军,杀死数百人。甲午日,吐谷浑被围走投无路,仙头王率十余万口男女来投降。

六月丁酉日,派左光禄大夫梁默、右翊卫将军李琼等追击吐谷浑王,二人都战死。癸卯日,炀帝经过大斗拔谷,山路险要狭隘,大军鱼贯而出。风雪交加,天气阴暗,炀帝和随从官员走散,士兵冻死大半。丙午日,驻扎张掖。辛亥日,命令诸郡推举贤才,分四科:学业贯通,才能优异;身强力壮武艺高超;任职勤奋善理政务;秉性正直不畏强暴。壬子日,高昌王麹伯雅来朝拜,伊吾吐屯设等献上西域数千里土地,炀帝十分高兴。癸丑日,设置西海、河源、鄯善、且末等四郡。丙辰日,炀帝到观风行殿,大量陈列文物,演奏九部乐,表演幻术魔法,在殿上宴请高昌王、吐屯设,表示特别优待。有三十余国少数民族使臣陪席。戊午日,大赦天下,开皇元年以来流放发配的罪人,全部放回故乡,但晋阳叛党不在内。陇西各郡,免除一年赋税徭役,炀帝车驾经过的地方,免除两年赋税徭役。

秋七月丁卯日,在青海渚中放牧马,以此寻求优良的龙种马,没取得成效,停止了。

九月癸亥,炀帝车驾进入长安。

冬十月癸亥,下诏书说:"优待推崇年老德高者,典籍中都有记载,尊敬顾问,表彰学校。鬻熊做周文王师,并非因为力气大,方叔是元老,计谋深沉。我常说要考察古代,寻求达到天下大治的途经。因此,对年老的人,重新起用,事情要少,待遇要优厚,不要缺了药和饭,希望能睡卧床上,治理好百姓,收到大的效益。今年集合起来的老人,可在附近州郡安置,七十岁以上有疾病行动不便,不能任职的,赏赐布帛送回本郡。官职在七品以上的,酌情给予俸禄,一直到死。"

十一月丙子日,炀帝车驾到东都。

大业六年春正月癸亥日初一,清晨有数十名强盗,白衣白帽,烧着香手里拿着花,自称是弥勒佛,从建国门进来。守门人都跪下叩头。不一会他们夺下卫士的武器,企图谋反。齐王侹遇上,杀死了他们。于是京城大肆搜索,牵连犯罪的有一千余家。丁丑日,在端门街上演角抵大戏,天下的奇异伎艺全部集中于此,演了一个月才停止。炀帝多次穿便服前往观看。己丑日,倭国派遣使臣贡献土产。

二月乙巳,武贲郎将陈棱、朝请大夫张镇州进攻流求,打败了他们。献上俘虏一万七千口,炀帝赏赐百官。乙卯日,下诏书说:"国家草创时期,王业艰难,全仗大臣辅佐,同心协力,才能拯救衰败的国运,荣登皇位,然后酬报功劳、赏赐功臣,开国建家,以山河宣誓,传山河于万代。近代以来天下动乱,四海未能统一,土地随便封赐,名实不符,很长时期未能改革。我朝开国之初,诸事都刚开始,还遵循旧规矩,来不及改制。现在天下太平,文字、车轨都已统一,应该遵奉先朝旧典,把先圣的教训永远留传后代。从此以后,只有功劳的人才能有赐封,其子孙可以继承封爵。"丙辰日,安德王杨雄改封为观王,河间王之子杨庆改封为郇王。庚申日,征集魏、齐、周、陈等地乐人,全部分配给太常。三月癸亥日,炀帝到江都宫。甲子日,任命鸿胪卿史祥为左骁卫大将军。

夏四月丁未日,宴请江淮以南的父老,分等级进行赏赐。

六月辛卯日,室韦、赤土都派遣使臣贡献土产。壬辰日,雁门盗贼头目尉文通聚集三千人马,驻守莫壁谷。派鹰扬杨伯泉打败了他。甲丙日,规定江都太守官秩和京尹相同。

冬十月壬申,刑部尚书梁毗去世。壬子日,民部尚书、银青光禄大夫长孙炽去世。

十二月己未,左光禄大夫、吏部尚书牛弘去世。辛酉,朱崖人王万昌兴兵作乱,派陇西太守韩洪平定。

大业七年春正月壬寅日,左武卫大将军、光禄大夫、真定侯郭衍去世。

二月己未日,炀帝登上钓台,面对扬子津,大宴百官,分不同等级进行赏赐。庚申日,百济派遣使臣朝拜进贡。乙亥日,炀帝从江都乘龙舟进入通济渠,到达涿郡。壬午日,下诏书说:"军事有七德,首称是安定百姓。政治有六本,应以教育振兴。高丽国高元,有失藩国礼仪,我将赴辽东问罪,宣扬宏图大略。虽然想讨伐敌国,仍然要巡礼四方。现在到涿郡,巡视民间风俗,黄河以北各郡以及太行山以西、以东地区,年九十以上的人授太守衔,八十的人授县令衔。"

三月丁亥日,右光禄大夫、左屯卫大将军姚辩去世。

夏四月庚午,炀帝到涿郡的临朔宫。

五月戊子,任命武威太守樊子盖为民部尚书。

秋天,发生大水灾,太行山东及黄河以南淹没了三十余郡,民众都卖身为奴婢。

冬十月乙卯,底柱山崩溃,堵住黄河水向上倒流数十里。戊午日,任命东平太守吐万绪为左屯卫大将军。

十二月乙未日,西面突厥处罗多利可汗前来朝拜,炀帝十分高兴,用特殊礼仪接见。那时,辽东的战士以及运送给养的人,挤满道路,昼夜不断,苦于服役的人开始聚众为盗。甲子日,命令都尉、鹰扬和郡县相互联系追捕盗贼,随捕获随处决。

大业八年春正月辛巳日,大军在涿郡集中。任命兵部尚书段文振为左侯卫大将军。壬午日,下诏书说:

天地德行极大,却在秋天降下严霜;圣贤十分仁爱,却在刑法上著有杀伐。由此可知,天地造化有杀气,道理在于大公无私;帝王使用武器,乃是出于不得已。版泉、丹浦之战,无非是替天行道,勘定昏乱,应天顺人。何况在甘地野外誓师,夏启继承了大禹的事业,在商城郊外兴兵问罪,周武王完成文王的志向。

永远借鉴前代,是我的职责。

从我隋朝接受天命以来,兼具天、地、人三才而建立中正的准则,统一天下而成为一家。封地扩展到细柳、盘桃以外,教化达到了紫舌、黄枝地区。远人来朝,近人安定,无人不团结和睦,大功告成、治理成功就在于此。然而高丽这跳梁小丑,迷乱狂妄,团聚在勃海、碣石之间,侵犯辽东、獩貊土地。虽经汉、魏两代诛伐,巢穴暂时捣毁,但战乱频仍,道路阻隔,他们的部落又聚集起来。他们在前代汇聚山川草泽,而在现代结成恶果。想那华夏土地,竟全是蛮夷。年代久远,恶贯满盈,天道惩罚淫乱,他们的败亡已显露征兆。他们破坏道德伦常,难以谋取,收藏奸徒,唯恐不足。送去的庄严书信,他们从不当面接受,朝见的礼仪,他们从不亲自参加。招降纳叛,不知法纪,聚集在边境,使瞭望的烽燧极端疲劳,边关巡夜木梆为此不得安静,边民无法耕种。古代的征伐,他们是漏网之鱼。既未遭前代俘虏,又没受到后代诛杀,他们从不感谢,反而更加作恶,兼并契丹党徒,劫掠海边,改穿鞨鞳服装,侵犯辽西,又青丘之外,都按时朝贡,碧海之边,都接受我朝治理,而他们却夺取宝物,断绝往来,无辜的人受害,诚实的人遭祸。使臣奉使前往海东,沿路停留,途径藩国土地,而他们堵塞道路,拒绝王使,没有事奉君王的忠心,哪有做臣的礼节!是可忍,孰不可忍。而且,他们法令严酷,赋税繁重,强臣和豪族执掌国政,结党营私,朋比为奸,形成风气,贿赂公行,冤屈不伸。再加上连年灾荒,户户饥饿,战乱不止,徭役没有期限,百姓输送给养竭尽全力,死尸填满沟壑。百姓忧愁悲苦,又能听从谁?境内一片哀叹,不胜凋蔽。回头观看境内,人人都担心生命不保,老人孩子,无不感叹残酷毒烈。我观察风俗来到幽州,悲悯百姓兴师问罪,不须等待再次动身了。于是亲统六军,进行制裁违犯王命的九伐之征,拯救危机,顺从天意,消灭这些丑类,继承先代的谋略。

现在应该传令动身,兵分数路,以雷霆之势占领勃澥,以闪电之速横扫夫余。整装振戈,誓师之后动身,三令五申,有必胜把握之后再战。左第一军当镂方道,第二军当长岑道,第三军当海冥道,第四军当盖马道,第五军当建安道,第六军当南苏道,第七军当辽东道,第八军当玄菟道,第九军当扶余道,第十军当朝鲜道,第十一军当沃沮道,第十二军当乐浪道。右第一军当黏蝉道,第二军当含资道,第三军当浑弥道,右第四军当临屯道,第五军当候城道,第六军当提奚道,第七军当踏顿道,第八军当肃慎道,第九军当碣石道,第十军当东暆道,第十一军当带方道,第十二军当襄平道。所有这些军队,先接受朝廷谋略,再络绎前往,在平壤集合,战士无不像豻、像貔一样勇猛,有百战百胜之雄风,回头一看就使山岳倒塌,开口一呼就使风云郁聚,同心同德,猛士俱在。我亲自统率士兵,节制军队,向东走过辽地,沿海右岸前行,解除远方百姓的疾苦,询问海外黎民的苦难。另外有轻装游击部队,随机应变,人猗甲马衔枚,出其不意,袭击敌人。还有海路大军,舟船千里,帆船疾驰,巨舰云飞,横断坝江,径至平壤,岛屿绝望,废井无路。其他随军异族士兵,手持弓矢等待出发,各种异民族军队,不用协商,众口一词。顺天行军,面对叛逆,人人勇气百倍,用这样的军队作战,势必如摧枯拉朽一般。

然而,王者的军队,照理不行杀戮,圣人的教化,一定要改造恶人。上天惩罚罪人,只惩办首恶,至于为奸邪的众人,胁从不问。如果高元用泥涂首辕门请罪,自行到司法部门投案,就应该解开绳索,焚烧棺木,宽大处理以表示恩惠。其余的臣民如能归顺我朝,一律加以安抚,各自照旧生产,根据其才能录用为官,不问是蛮夷还是华夏。军营驻扎,一定要整齐严肃,不准放牧、砍柴,要做到秋毫无犯。对高丽百姓要施加恩惠,晓以利害。如果他们共同作恶,抗拒官兵,国家有一定的刑法,斩草除根。希望明白告知,合乎我的心意。

总计一百一十三万三千八百兵马,号称二百万,运送给养的人多一倍。癸未日,第一军出发,四十天以后,所有的军队才都走光,旌旗绵延千里。近代出兵,没有像此次这样盛大的。乙未日,任命右兵卫大将军卫玄为刑部尚书。甲辰日,内史令元寿去世。

二月甲寅日,下诏书说:"我到燕地边境观察风俗,到辽东海滨兴师问罪。文臣武将协力同心,战士努力,无不手执武器为君王尽力,舍家从军,以致粮食很少积蓄,耕种受到损失。我因此朝夕忧虑,担心他们穷困。虽然饱食的兵众,理应公而忘私,但对踊跃服役之人,应该待遇优厚。随行人员中,从一品以下至饮飞骑士、招募士以上的人家,郡县都应该经常慰问。如果缺乏粮食,就应救济;有人虽有土地但无劳力不能耕种,可以劝说或者规定劳力多的富家帮助。让住家者有积蓄,行役者无后顾之忧。"壬戌日,司空、京兆尹、光禄大夫观王杨雄去世。

三月辛卯日,兵部尚书、左候卫大将军段文振去世。癸巳日,炀帝亲临大军。甲午日,率军到辽水桥。戊戌日,大军遇到贼兵阻挡,不能渡河。右屯卫大将军、左光禄大夫麦铁杖、武贲郎将钱士雄、孟金叉等,都战死。甲午日,车驾渡过辽水,在东岸大战,击败贼兵,进而包围辽东。乙未日,大军驻屯,看见两只大鸟,一丈多大,白身红足,自由翱翔。炀帝十分惊奇,让画师画下来,并且写文章赞颂。

五月壬午日,纳言杨达去世。

那时,各将领都接到圣旨,遇事必须奏报,故不敢出战。不久,高丽各城都固守,攻不下来。

六月己未日,炀帝到辽东,愤怒地责备各将领。车驾在城西数里停止,到达六合城。

七月壬寅日,宇文述等在萨水战败,右屯卫将军辛世雄战死。九路军队都战败,将帅逃回来的只有两千余人。癸卯日,班师回朝。

九月庚辰日,炀帝到东都。己丑日,下诏书说:"军事和政治内容不同,文臣和武将用途各异,拯救危难,则霸道兴起,教化民俗,则王道贵显。在平定战乱的时代,屠夫可以做官,太平盛世,则须学习经术才能升职。在丰都开创之始,周朝官员中没有儒生,在建武朝廷之中,则有军功的不能担任官职。自从国家分裂为三,四海交争,顾不上教化,只崇尚武功。设置官职,很少根据才能委任,朝中官员,都是因有功而录用的,无一不是从部队中选拔的。出身勇士,教学的内容从未学习,执政的方法也一无可取。自己是非不明,属下吏员就作威作福,贪污腐化贿赂公行,无法无天,腐蚀政府,残害人民,原因都在于此。从此以后,因功授爵的,不得同时委任文武官职,希望改弦更张,就像调瑟一样,让从政者不是实习生,以便不伤害国政。如果吏部擅自任用,御史就应该弹劾纠察。"

冬十月甲寅日,工部尚书宇文恺去世。

十一月己卯日,皇族女儿华容公主嫁给高昌王。辛巳日,光禄大夫韩寿去世。甲申日,败将宇文述、于仲文等人被削职为民,把尚书右丞刘士龙斩首以向天下谢罪。这一年大旱,又发生瘟疫、死人很多,崤山以东地区尤其厉害。秘密命令长江、淮河以南各郡查看民间童女,有容貌美丽的,每年进贡。

大业九年春正月丁丑日,征集天下士兵,招募民众做骁果骑士,在涿郡集合。壬午日,盗贼头目杜彦水、王润等攻陷平原郡,大肆抢劫而去。辛卯日,设置折冲、果毅、武勇、雄武等郎将官,统领骁果骑士。乙未日,平原李德逸聚集数万人,被称为"阿舅贼",抢劫崤山以东地区。灵武白榆妄,被称为"奴贼"抢劫牧马,向北勾结突厥,陇右地区大都遭其祸害。派遣将军前往讨伐,几年不能平定。戊戌日,大赦天下。己亥日,派代王杨侑、刑部尚书卫玄镇守京师。辛丑日,任命右骁骑将军李浑为右骁卫大将军。

二月己未日,济北人韩进洛聚集数万人作强盗。壬午日,恢复宇文述等人官职。又征兵讨伐高丽。

三月丙子日,济阳人孟海公起兵作强盗,人数达到数万。丁丑日,征发十万男丁修建大兴城。戊寅日,炀帝到辽东。让越王杨侗、民部尚书樊子益留守东都。庚子日,北海人郭方预聚众作强盗,自称卢公,人数达三万,攻下郡城,大肆抢劫而去。

夏四月庚午日,炀帝车驾渡过辽水。壬申日,派遣宇文述、杨义臣到平壤。

五月丁丑日,火星进入南斗星。己卯日,济北人甄宝车聚集一万余人,抢掠城镇村落。

六月乙巳日,礼部尚书杨玄感在黎阳造反。丙辰日,杨玄感进逼东都。河南
赞务裴弘策率兵抵御,反而被贼兵击败。戊辰日,兵部侍郎斛斯政逃奔高丽。庚
午日,炀帝班师回国。高丽侵犯断后部队,炀帝命令右武卫大将军李景断后抵
御。派遣左翊卫大将军宇文述、左候卫将军屈突通等乘驿车调发军队,讨伐杨
玄感。

秋七月己卯日,命令所在地方征发民夫,修筑县城、府城、驿站。癸未日,余
杭人刘元进举兵谋反,人数达数万。

八月壬寅日,左翊卫大将军宇文述等在阌乡击败杨玄感,杀死了他。玄感余
党全部被平定。癸卯日,吴地人朱燮、晋陵人管崇聚集十万余人,自称将军,抢掠
江南。甲辰日,规定骁果骑士家庭免除赋税徭役。丁未日,命令郡县城离开道路
超过五里的,都迁往道旁。戊申日,规定凡盗贼其家庭财产没收入官。乙卯日,
盗贼头目陈瑱等率三万余人攻下信安郡。辛酉日,司农卿、光禄大夫、葛国公赵
元淑因犯罪被诛杀。

九月己卯日,济阴人吴海流、东海人彭孝才一齐起兵作盗贼,人数达数万。
庚辰日,盗贼头目梁慧尚率四万人攻下苍梧郡。甲午日,炀帝车驾驻扎上谷,由
于供应不足,炀帝大怒,罢免太守虞荷等人的官职。丁酉日,东阳人李三儿、向但
子兴兵作乱,人数达一万余。

闰月己巳,炀帝到博陵。庚午日,炀帝对侍从官员说:"我从前跟随先帝在
此地盘桓,年刚八岁,日月如梭,不觉已经三十年,追忆往昔生活,一去不复返
了。"话未说完,呜咽流泪,侍卫人员都哭了,眼泪沾湿衣裳。

冬十月丁丑日,盗贼头目吕明星率数千人包围东郡。武贲郎将费青奴迎击,杀死

了他。乙酉日,下诏书说:"博陵从
前是定州,地处交通要道,是先皇出
任官职的基地,皇统教化源远流长,
所以道高于周之幽风,义高于舜之姚
邑。我巡视黎民,来到此地,瞻望城
乡,缅怀先人,充满敬意,就想传播宣
扬先人的福泽恩德,广泛地施给下层

人民。应取一崇高的名号，以发扬光大先人的功业，可把博陵改为高阳郡。赦免境内死罪以下囚犯。百姓免除一年赋税徭役。"于是召来高祖时候的旧官吏，根据其才能授予官职。壬辰日，任命纳言苏威为开府仪同三司。朱燮、管崇推出刘元进当皇帝。派将军吐万绪、鱼俱罗讨伐，接连几年不能平定。齐地人孟让、王薄等十余万人占据长白山，攻打抢劫各郡。清河盗贼张金称等数万人，渤海盗贼头目格谦自称燕王，孙宣雅自称齐王，人数各有十万，崤山以东地区都受到骚扰。丁亥日，任命右候卫将军郭荣为右候卫大将军。

十一月己酉，右候卫将军冯孝慈在清河讨伐张金称，反被张军打败，孝慈战死。

十二月甲申日，把杨玄感弟弟朝请大夫积善以及党徒十余人车裂，尸体焚烧后随风扬散。丁亥日，扶风人向海明起兵谋反，自称皇帝，年号为白乌。派遣太仆卿杨义臣前往攻打，平定了他。

大业十年春正月甲寅日，把一皇族女封为信义公主，嫁给突厥曷婆那可汗。

二月辛未日，命令百官商议讨伐高丽，接连几天没人敢发言。戊子日，下诏书说："战士尽力为国服役，献身战争，都是因为深明大义，忠诚勤劳，丧命于草莽，弃尸于原野，想起这些，心中充满悲伤。往年兴师问罪，将到辽海之滨，计谋深远，进退都有安排。但是杨谅凶恶昏聩，不懂军事，高颎固执褊狭，有勇无谋，率领三军犹如儿戏，视人命如草芥，不遵守定好的计策，招致失败，使战士大批死亡，来不及埋藏。现在应派人分头收葬，在辽西郡建一所道场，祭祀亡灵。让恩德施于九泉之下，消除穷鬼的冤屈，恩泽加于枯骨之上，以弘扬仁者的恩德。"辛卯日，下诏书说：

黄帝进行五十二次战斗，商汤进行二十七次征伐，然后才恩德遍施诸侯，号令行于天下。卢芳不过一名小盗，汉高祖还亲自征战；隗嚣不过是复燃的死灰，光武帝还亲自赴陇西讨伐；难道不是想铲除强暴制止战乱，先劳苦而后安逸吗！

我登上皇位，治理天下，日月照到的地方，风雨淋到的地方，谁不是我的臣民？谁又能独不接受教化？高丽小丑，居住在偏远荒僻地区，气焰嚣张，态度傲慢，抢掠我边境，侵扰我城镇。因此去年出动大军，到辽东、碣石问罪，在玄菟杀死长蛇，在襄平屠戮封豕。扶余各路兵马，风驰电掣,追奔逐北,越过蹢溴水。大海舟船,直捣贼人心脏,焚烧其城池,毁坏其宫殿。高元用泥涂首,伏在刀下,到军营前请罪,接着又请求进京朝见,到司法部门投案。我准许他改过,就下令班师回朝。不料他竟怙恶不悛,真是贪图安逸反遭毒害,是可忍,孰不可忍!可命令六军,后分百路,一齐进发。我应亲自出征,监领各军,在丸都喂马,在辽水观兵,顺应天意在海外诛杀凶顽,拯救苦难的穷苦百姓。用征伐来匡救时弊,用明德来诛杀坏人,只除首恶,胁从不问。如果有人认识生死的区别,明白安危的关键,幡然悔悟,自然能够获得福泽;如果一定要共同作恶,抗拒我朝大军,那就像烈火燎原,格杀无赦。有关官府要趁便宣布此意,让人人都知道。

丁酉日,扶风人唐弼起兵谋反,人数有十万,推李弘做皇帝,自称唐王。

三月壬子日,炀帝到涿郡。癸亥日,住在临渝宫,炀帝身穿军服,对黄帝进行禡祭,杀死叛逃军人斛鼓。

夏四月辛未日,鼓城贼人张大彪聚集数万人,屯守悬薄山为强盗。派遣榆林太守董纯去攻打,杀死了他。甲午日,车驾驻扎北平。

五月庚子日,命令各郡推举孝悌、廉洁的人各十名。壬寅日,盗贼头目宋世谟攻下琅邪郡。庚申日,延安人刘迦论起兵谋反,自称皇王,年号大世。

六月辛未日,盗贼头目郑文雅、林宝护等三万人,攻下建安郡。太守杨景祥战死。

秋七月癸丑日,炀帝车驾驻扎怀远镇。乙卯日,曹国派遣使臣贡献土产。甲子日,高丽派遣使臣请求投降,把斛斯政囚禁送来,炀帝十分高兴。

八月己巳日,班师回朝。庚午日,右卫大将军、左光禄大夫郑荣去世。

冬十月丁卯日,炀帝到东都。己丑日,回到京城。

十一月丙申日,在金光门外肢解了斛斯政。乙巳日,在南郊祭祀。己酉日,盗贼头目司马长安攻破长平郡。乙卯日,离石胡刘苗王起兵谋反,自称天子,让他弟弟六儿做永安王,人数达数万。将军潘长文前往讨伐,不能战胜。这月,盗贼头目王德仁聚集数万人驻守林虑山做强盗。

十二月壬申日,炀帝去东都。这一天,大赦天下。戊子日,进入东都。庚寅日,盗贼头目孟让率十余万人占据都梁宫。派遣江都郡丞王世充打败了他,把他的部众全部俘虏了。

大业十一年春正月甲午日初一,设盛大宴席宴请百官。突厥、新罗、靺鞨、毕大辞、诃咄、传越、乌那曷、波腊、吐火罗、俱虑建、忽论、靺鞨诃多、沛汗、龟兹、疏勒、于阗、安国、曹国、何国、穆国、毕、衣密、失范延、伽折、契丹等国都派遣使臣朝见进贡。戊戌日,武贲郎将高建毗在齐郡打败盗贼头目颜宣政,俘虏数千名男女。乙卯日,大会蛮夷各国,表演幻术戏乐,按不同等级进行赏赐。

二月戊辰日,盗贼头目杨仲绪率一万余人攻打北平,滑公李景击败并斩杀了他。庚午日,下诏书说:“设置险关保卫国家,前代经典早有著录;牢固防守抵御强暴,事情将载入史册流传后世。这样做的目的在于安邦定国,禁止奸邪,巩固根基。但近年的战争,居民流散,田地荒芜,城郭破坏,使游手好闲的人增加,而盗匪骚扰不停。现在天下平定,海内安乐,应该让人全部住进城中,就近拨给土地,使得强弱互相包容,徭役相互援助,小偷无法行窃,强盗无法聚集。有关官府详细开列条目,务必让百姓各得其所。”丙子日,上谷人王须拔造反,自称漫天王,国号为燕;盗贼头目魏刁儿自称历山飞,人数都达到十余万,向北勾结突厥,向南侵略赵地。

五月丁酉日,杀死右骁卫大将军、光禄大夫、郕公李浑,将作监、光禄大夫李敏,并且灭掉二人家族。癸卯日,盗贼头目司马长安攻下西河郡。乙酉日,炀帝到太原,在汾阳宫避暑。

秋七月己亥日,淮南人张起绪起兵谋反,人数达三万。辛丑日,光禄大夫、右御卫大将军张寿去世。

八月乙丑日,炀帝巡视北部边塞。戊辰日,突厥始毕可汗计划率领数十万骑兵袭击炀帝车驾,义成公主派使者告知。壬申日,车驾奔到雁门。癸酉日,突厥包围雁门城,官军屡战屡败。炀帝十分恐惧,想率领精兵突围出城,民部尚书樊子盖坚决劝阻,没突围。齐王俵率后军守崞县。甲申日,命令全国各郡招募军队,于是各郡太守、县令纷纷前来救驾。

九月甲辰日,突厥解围回去。丁未日,因特殊情况赦免太原、雁门郡死罪以下囚徒。

冬十月壬戌日,炀帝到东都。丁卯日,鼓城人魏骐驎聚集一万余人作强盗,侵犯鲁郡。壬申日,盗贼头目卢明月聚集十余万人侵犯陈、汝地区。东海盗贼头目李子通率部众渡过淮河,自称楚王,年号明政,侵犯江都。

十一月乙卯日,盗贼头目王须拔攻下高阳郡。

十二月戊寅日,一颗像斛一样大的流星坠落在卢明月军营,砸破他的冲车。庚辰日,命令民部尚书樊子盖征发关中士兵,讨伐绛郡盗贼敬盘陀、柴保昌等,打了一年也没能平定。谯郡人朱粲率数十万部众侵犯荆襄,妄称楚帝,年号昌达。汉南各郡大多被他攻下。

大业十二年春正月甲午日,雁门人翟松柏在灵丘起兵,人数达到数万,辗转进攻附近县城。

二月己未日,真腊国派遣使臣贡献土产。甲子日夜晚,有两只像雕的大鸟飞进大业殿,落在炀帝的帷帐上,到天明才飞去。癸亥日,东海盗贼卢公暹率万余部众,屯守苍山。

夏四月丁巳,显阳门发生火灾。癸亥日,魏刁儿部将甄翟儿又自称历山飞,部众达十万,辗转进攻太原。将军潘长文讨伐,反被打败,长文战死。

五月丙戌日初一,发生日蚀,日蚀现象很快过去了。癸巳日,大流星坠落到吴郡,成了石头。壬午日,炀帝在景华宫征求萤火虫,获得好几斛,夜晚到山上游玩,放出萤火虫,满山谷都照亮了。

秋七月壬戌,民部尚书、光禄大夫济北公樊子盖去世。甲子日,炀帝到江都宫,让越王侗、光禄大夫段达、太府卿元文都、检校民部尚书韦津、右武卫将军皇甫无逸、右司郎卢楚等留守总管政事。奉信郎崔民象因盗贼充斥,在建国门上奏章,劝谏说外出巡视不合适。炀帝大怒,先卸下他的面颊,然后杀死他。戊辰日,冯翊人孙华自称总管,起兵谋反。高凉通守洗珧彻兴兵作乱,岭南各溪洞多数响应。己巳日,火星守在羽林星旁,一月多才消失。炀帝车驾驻扎汜水,奉信郎王爱仁因为盗贼一天天厉害,劝谏炀帝回西京。炀帝生气,杀死他,然后继续走。

八月乙巳日,贼帅赵万海率数十万部众,从恒山进犯高阳。壬子日,一颗像斗一样大的流星,从王良星阁道星中出来,声音大的像墙壁倒塌。癸丑日,像瓮一样大的流星从羽林星出来。

九月丁酉日,东海人杜扬州、沈觅敌等谋反,人数达数万。右御卫将军陈棱击败他们。戊午日,有两颗枉矢星,从北斗星魁星中出来,弯弯曲曲地流入南斗星。壬戌日,安定人荔非世雄杀死临泾县令,起兵谋反,自称将军。

冬十月己丑，开府仪同三司、左翊卫大将军、光禄大夫、许公宇文述去世。

十二月癸未，鄱阳盗贼操天成起兵造反，自称元兴王，年号始兴，攻下豫章郡。乙酉日，任命右翊卫大将军来护儿为开府仪同三司、行左翊卫大将军。鄱阳人林士弘自称皇帝，国号称楚，年号太平，攻下九江、庐陵郡。唐公李渊在西河打败甄翟儿，俘虏数千名男女。

大业十三年春正月壬子日，齐郡盗贼头目杜伏威率领部众渡过淮河，攻下历阳郡。丙辰日，勃海盗贼窦建德在河间乐寿地方设坛，自称长乐王，年号丁丑。辛巳日，盗贼头目徐圆朗率数千部众攻下东平郡。弘化人刘企成聚集一万余人作强盗，附近郡县都受他的害。

二月壬午日，朔方人梁师都杀死郡丞唐世宗，占领朔方郡谋反，自称大丞相。派银青光禄大夫张世隆攻打，反而被他打败。戊子日，盗贼头目王子英攻下上谷郡。己丑日，马邑校尉刘武周杀死太守王仁恭，兴兵谋反，向北勾结突厥，自称定阳可汗。庚寅日，盗贼头目李密、翟让等攻下兴洛仓。越王侗派遣武贲郎将刘长恭、光禄少卿房崱攻打，反被他们打败，士兵战死十分之五六。庚子日，李密自称魏公，改年号，称元年，打开粮仓赈济众盗贼，人数达到数十万，黄河以南各郡相继失陷。壬寅日，刘武周在桑乾镇打败武贲郎将王智辩，王智辩战死。

三月戊午日，庐江人张子路起兵谋反，派右御卫将军陈棱讨伐平定了他。丁丑日，盗贼头目李通德率十万部众进犯庐江，左屯卫将军张镇州打败了他。

夏四月癸未日，金城校尉薛举率部众谋反，自称西秦霸王，年号秦兴，攻下陇右各郡。己丑日，盗贼头目孟让夜晚进入东都外城，烧毁丰都市然后离去。癸巳日，李密攻下回洛东仓。丁酉日，盗贼头目房宪伯攻下汝阴郡。这月，光禄大夫裴仁基、淮阳太守赵佗等都率众背叛，投奔李密。

五月辛酉日，夜晚有流星像瓮一样大，坠落在江都。甲子日，唐公在太原起义。丙寅日，数千名突厥人侵犯太原，唐公打败了他们。

秋七月壬子日，火星守在积尸星旁。丙辰日，武威人李轨起兵谋反，攻下河西各郡，自称凉王，年号安乐。

八月辛巳日，唐公在霍邑打败武牙郎将宋老生，杀死了他。

九月己丑日，炀帝搜括江都少女和寡妇，匹配给随军士兵。这月，武阳郡丞元宝藏率全郡造反，投奔李密，和盗贼头目李文一起攻下黎阳仓。彗星在营室星出现。

冬十月丁亥日,太原杨世洛聚集一万余人,抢劫城乡。丙申日,罗县县令萧铣率全县谋反,鄱阳人董景珍率全郡谋反,董到罗县迎接萧铣,号称梁王,攻下邻近的郡。戊戌日,武贲郎将高毗在嵫山打败济北郡盗贼甄宝车。

十一月丙辰日,唐公进入京师。辛酉日,把炀帝遥尊为太上皇,立代王侑为皇帝,改年号义宁。炀帝在丹阳兴建宫室,想在江南退位。有黑喜鹊来帷帐上居住,赶不走。火星侵入太微星。有石头从长江漂流到扬子津。太阳光四散,就像流血一样,炀帝十分厌恶。

义宁二年(618)三月,右屯卫将军宇文化及,武贲郎将司马德戡、元礼,监门直阁裴虔通,将作少监宇文智及,武勇郎将赵行枢,鹰扬郎将孟京,内史舍人元敏,符玺郎李覆、牛方裕,千牛左右李孝本及其弟李质,直长许弘仁、薛世良,城门郎唐奉义,医正张恺等人,率骁果骑士造反,进入宫廷。炀帝在温室去世,享年五十岁。萧后命宫女撤去床席作棺材,埋葬了炀帝。宇文化及发掘出来,右御卫将军陈棱从成象殿护送灵柩,埋葬在吴公台下。开棺入敛时,炀帝面容就像活人一样,大家都很惊奇,大唐平定江南以后,改葬炀帝到雷塘。

最初,炀帝因为是诸侯王,按继承顺序不应做皇帝,所以常常虚情假意装正经,沽名钓誉,阴谋夺取皇位。那时高祖十分信任文献皇后,而生性忌恨妃妾。皇太子杨勇内宫有很多宠爱的妾,因此高祖不喜欢他。炀帝时对妾生的儿子,一概不抚养,表示不宠爱妾,以此讨好文献皇后。对掌权的大臣,炀帝全力交往。宫中使臣到炀帝家,不论地位高低,炀帝都竭力讨好,厚礼相待。宫中奴仆往来炀帝家中的,无不称赞炀帝仁义孝顺。炀帝又常常私自进入宫中,和文献皇后密谋策划,杨素等人趁机煽动,终于废除太子杨勇,立炀帝为太子。从高祖病危至去世,在居丧期中炀帝就纵情淫乐,高祖陵墓一修成,炀帝更四处巡游。因天下长期安定,兵马强盛,炀帝赞叹羡慕秦始皇、汉武帝的功业,就大量地兴建宫殿,极端豪华,招募使者,出使到偏远国家。异族国家来朝见的,都送给很厚的礼,有不恭敬听命的,就派兵攻打。在玉门、柳城以外,大规模屯田。向天下富户征取钱财,大量购置军马,每匹马价值十余万,富户因此十家有九家破产。炀帝生性诡诈,所到的地方,不想让人知道。每去一个地方,总是要在几条路上设置安歇地点,准备山珍海味、水陆珍品,为购买这些东西,多远的地方都去到了。郡县的官吏,竞相进献食物,进献丰富的提拔,进献贫乏的有罪。贪官污吏鱼肉百姓,朝廷和地方国库空虚,按人头向百姓征税,弄得民不聊生。那时国家军事、政治事务繁忙,从早到晚忙不过来,而炀帝骄傲懒惰,不愿过问政务,百姓冤屈得不到申诉,奏报的事情很少得到裁决。炀帝又猜疑臣子,用人不专,朝廷大臣有不合心意的,一定罗织罪名诛灭九族。高颎、贺若弼是先皇的心腹,为先皇运筹帷幄,张衡、李金才是炀帝做诸侯王时的旧臣,满腹经纶,有的因为正直而遭炀帝厌恶,有的因为发表正确的意见而激怒炀帝,都被加上莫须有的罪名,加以诛杀。其余的人,事奉君王尽力符合礼仪、正直勤恳、没有罪过而横遭杀害的,数不胜数。政治紊乱,贿赂公行,无人敢发表正确的意见,人们在路上用目光表示不满。军队连年作战,各种劳役频繁征调,服役的人不能回家,留在家里的人失去工作。饥荒严重,以至于人吃人,村庄变成废墟。而炀帝并不体恤民情,东西游玩,没有固定的居住地,常常因为供给不足,提前提收取数年的赋税。每到一地,只是沉湎于和后宫妃妾淫乐,从早到晚犹觉不足。招进一些老年妇女,早晚说一些淫秽的话,又引进少年,命令他们和宫女发生关系,违法乱纪,以此取乐。全国盗贼风起云涌,抢劫官府,攻打城乡,屠杀百姓。朝廷大臣隐瞒欺骗,不据实奏报盗贼的人数。有人说盗贼很多,总要被大加训斥,于是各自求得平安。上下欺骗。出兵作战,不断地吃败仗,士兵死的死逃的逃。尽力作战的士兵,得不到奖赏,无罪的百姓,都受到屠杀。黎民百姓愤恨抱怨,天下土崩瓦解,以至于被人逮捕之后还不明白是什么原因。

史官评论说:炀帝早在幼年时就有好的名声,向南平定吴郡、会稽,向北打败匈奴,在弟兄们中,他最有功劳。于是他假装正派,施展奸计,博得献后的欢心,高祖也改变了看法,正值天下变乱,他就做了太子,继承皇位,登上皇帝宝座。隋朝国土开拓超过三代,威名远振八方,匈奴单于叩头称臣,越裳国通过重重翻译前来朝贡。货币源源流入京城府库,粮食堆积边塞至于腐烂。炀帝依仗国力富强,一心满足其贪婪的欲望,认为商、周制度狭小,崇尚秦、汉的宏伟规模。恃才傲物,憎恨美德,内藏奸诈,外表端庄,用华丽的衣服掩饰其诡诈,用罢免谏官来掩盖其罪过。荒淫无度,法律增多,礼义、廉耻的教化根绝,酷刑超过断耳、截鼻、宫、黥、和大辟,诛杀同胞兄弟,屠戮忠臣良将,受赏的不是功臣,被杀的没有罪过。屡屡因激怒而发兵,不停地兴建土木工程,多次出兵朔方,三次御驾亲征到辽东,旌旗排列万里,赋税多如牛毛,奸猾官吏鱼肉百姓,人民难以忍受。炀帝又急忙命令用残暴的条例骚扰,用严刑峻法威逼,用雄兵甲士管理,由此全国骚动,民不聊生。不久,杨玄感发动黎阳叛乱,匈奴包围雁门,炀帝远离中原,到扬州、吴越地区去。奸盗乘机恃强凌弱,关河闭塞不通,皇帝车驾一去不回。再加上军队出征、灾害饥荒,百姓在逃亡道路上颠沛流离,十有八九死在沟中。于是人民相聚起义,多如牛毛,大的占领几个州郡,小的则聚集千百人,攻打城镇,抢劫乡

村,血流成河,杀人如麻。百姓用死人骨头烧火,交换亲生儿子当饭吃。茫茫大地,都成了豢养麋鹿的牧场,哀哀百姓,都充当了野兽的食物。四面八方万里路途书信不断,还说是小偷小盗,不值得担心,上下相互欺瞒,不肯考虑如何平乱,姑且张开蜉蝣的翅膀,漫漫长夜寻欢作乐。土崩瓦解,恶贯满盈,普天之下都是仇人,左右臣民都是敌国。炀帝却始终不醒悟,就像望夷宫前的秦二世一样,以帝王之尊竟死于一人之手。亿万民众没有一个感恩的人,九州太守没有来救护帝王的军队。兄弟子女一同被诛杀,尸骨抛弃无人掩埋,国家覆亡,宗族灭绝。从有历史记载到现在,宇宙崩溃,生灵涂炭,丧命灭国,没有像隋炀帝这样厉害的。《书》说:"天降灾害,还可以逃避;自己造成的灾害,无法逃脱。"《传》说:"吉凶都是由人造成的,祸难并不随便降临。"又说:"战争就像火,不能灭掉,就会烧死自己。"看一下隋朝的灭亡,这些话确实是有根据的。

【原文】

炀皇帝讳广,一名英,小字阿麽,高祖第二子也。母曰文献独孤皇后。上美姿仪,少敏慧,高祖及后于诸子中特所钟爱。在周,以高祖勋,封雁门郡公。

开皇元年,立为晋王,拜柱国、并州总管,时年十三。寻授武卫大将军,进位上柱国、河北道行台尚书令,大将军如故。高祖令项城公韶、安道公李彻辅导之。上好学,善属文,沉深严重,朝野属望。高祖密令善相者来和遍视诸子,和曰:"晋王眉上双骨隆起,贵不可言。"既而高祖幸上所居第,见乐器弦多断绝,又有

尘埃,若不用者,以为不好声妓,善之。上尤自矫饰,当时称为仁孝。尝观猎遇雨,左右进油衣,上曰:"士卒皆沾湿,我独衣此乎!"乃令持去。

六年,转淮南道行台尚书令。其年,征拜雍州牧、内史令。八年冬,大举伐陈,以上为行军元帅。及陈平,执陈湘州刺史施文庆、散骑常侍沈客卿、市令阳慧朗、刑法监徐析、尚书都令史暨慧,以其邪佞,有害于民,斩之右阙下,以谢三吴。于是封府库,资财无所取,天下称贤。进位太尉,赐辂车、乘马,衮冕之服,玄珪、白璧各一。复拜并州总管,俄而江南高智慧等相聚作乱,徙上为扬州总管,镇江都,每岁一朝。高祖之祠太山也,领武侯大将军。明年,归藩。后数载,突厥寇边,复为行军元帅,出灵武,无虏而还。

及太子勇废,立上为皇太子。是月,当受册。高祖曰:"吾以大兴公成帝业。"令上出舍大兴县。其夜,烈风大雪,地震山崩,民舍多坏,压死者百余口。

仁寿初,奉诏巡抚东南。是后高祖每避暑仁寿宫,恒令上监国。

四年七月,高祖崩,上即皇帝位于仁寿宫。八月,奉梓宫还京师。并州总管汉王谅举兵反,诏尚书左仆射杨素讨平之。九月乙巳,以备身将军崔彭为左领军大将军。十一月乙未,幸洛阳。丙申,发丁男数十万掘堑,自龙门东接长平、汲郡,抵临清关,度河,至浚仪、襄城,达于上洛,以置关防。癸丑,诏曰:

乾道变化,阴阳所以消息,沿创不同,生灵所以顺叙。若使天意不变,施化何以成四时,人事不易,为政何以厘万姓!《易》不云乎:"通其变,使民不倦";"变则通,通则久。""有德则可久,有功则可大。"朕又闻之,安安而能迁,民用丕变。是故姬邑两周,如武王之意,殷人五徙,成汤后之业。若不因人顺天,功业见乎变,爱人治国者可不谓欤!

然洛邑自古之都,王畿之内,天地之所合,阴阳之所和。控以三河,固以四塞,水陆通,贡赋等。故汉祖曰:"吾行天下多矣,唯见洛阳。"自古皇王,何尝不留意,所不都者盖有由焉。或以九州未一,或以困其府库,作洛之制所以未暇也。我有隋之始,便欲创兹怀、洛,日复一日,越暨于今。念兹在兹,兴言感哽!

朕肃膺宝历,纂临万邦,遵而不失,心奉先志。今者汉王谅悖逆,毒被山东,遂使州县或沦非所。此由关河悬远,兵不赴急,加以并州移户复在河南。周迁殷人,意在于此。况复南服迥远,东夏殷大,因机顺动,今也其时。群司百辟,金谐厥议。但成周墟堞,弗堪茸宇。今可于伊、洛营建东京,便即设官分职,以为民极也。

夫宫室之制本以便生,上栋下宇,足避风露,高台广厦,岂曰适形。故《传》云:"俭,德之共;侈,恶之大。"宣尼有云:"与其不逊也,宁俭。"岂谓瑶台琼室方为宫殿者乎,土阶采椽而非帝王者乎?是知非天下以奉一人,乃一人以主天下也。民惟国本,本固邦宁,百姓足,孰与不足!今所营构,务以节俭,无令雕墙峻宇复起于当今,欲使卑宫菲食将贻于后世。有司明为条格,称朕意焉。

十二月乙丑,以右武卫将军来护儿为右骁卫大将军。戊辰,以柱国李景为右武卫大将军。以右卫率周罗睺为右武侯大将军。

大业元年春正月壬辰朔,大赦,改元。立妃萧氏为皇后。改豫州为溱州,洛州为豫州。废诸州总管府。丙申,立晋王昭为皇太子。丁酉,以上柱国宇文述为左卫大将军,上柱国郭衍为左武卫大将军,延寿公于仲文为右卫大将军。己亥,以豫章王暕为豫州牧。戊申,发八使巡省风俗。下诏曰:

昔者哲王之治天下也,其在爱民乎?既富而教,家给人足,故能风淳俗厚,远至迩安。治定功成,率由斯道。朕嗣膺宝历,抚育黎献,夙夜战兢,若临川谷。虽则聿遵先绪,弗敢失坠,永言政术,多有缺然。况以四海之远,兆民之众,未获亲临,问其疾苦。每虑幽仄莫举,冤屈不申,一物失所,乃伤和气,万方有罪,责在朕躬,所以窃寐增叹,而夕惕载怀者也。

今既布政惟始,宜存宽大。可分遣使人,巡省方俗,宣扬风化,荐拔淹滞,申达幽枉。孝悌力田,给以优复。鳏寡孤独不能自存者,量加振济。义夫节妇,旌表门闾。高年之老,加其版授,并依别条,赐以粟帛。笃疾之徒,给侍丁者,虽有侍养之名,曾无赒赡之实,明加检校,使得存养。若有名行显著,操履修洁,及学业才能,一艺可取,咸宜访采,将身入朝。所在州县,以礼发遣。其有蠹政害人,不便于时者,使还之日,具录奏闻。

己酉,以吴州总管宇文弼为刑部尚书。

二月己卯,以尚书左仆射杨素为尚书令。

三月丁未，诏尚书令杨素、纳言杨达、将作大匠宇文恺营建东京，徙豫州郭下居人以实之。戊申，诏曰："听采舆颂，谋及庶民，故能审政刑之得失。是知昧旦思治，欲使幽枉必达，彝伦有章。而牧宰任称朝委，苟为徼幸以求考课，虚立殿最，不存治实，纲纪于是弗理，冤屈所以莫申。关河重阻，无由自达。朕故建立东京，躬亲存问。今将巡历淮海，观省风俗，眷求谠言，徒繁词翰，而乡校之内，阒尔无闻。悢然夕惕，用忘兴寝。其民下有知州县官人政治苛刻，侵害百姓，背公徇私，不便于民者，宜听诣朝堂封奏，庶乎四聪以达，天下无冤。"又于皂涧营显仁宫，采海内奇禽异兽草木之类，以实园苑。徙天下富商大贾数万家于东京。辛亥，发河南诸郡男女百余万，开通济渠，自西苑引谷、洛水达于河，自板渚引河通于淮。庚申，遣黄门侍郎王弘、上仪同于士澄往江南采木，造龙舟、凤䴏、黄龙、赤舰、楼船等数万艘。

夏四月癸亥，大将军刘方击林邑，破之。

五月庚戌，民部尚书义丰侯韦冲卒。

六月甲子，荧惑入太微。

秋七月丁酉，制战亡之家给复十年。丙午，滕王纶、卫王集并夺爵徙边。

闰七月甲子，以尚书令杨素为太子太师，安德王雄为太子太傅，河间王弘为太子太保。丙子，诏曰：

君民建国，教学为先，移风易俗，必自兹始。而言绝义乖，多历年代，进德修业，其道浸微。汉采坑焚之余，不绝如线，晋承板荡之运，扫地将尽。自时厥后，军国多虞，虽复黉宇时建，示同爱礼，函丈或陈，殆为虚器。遂使纡青拖紫，非以学优，制锦操刀，类多墙面。上陵下替，纲维靡立，雅缺道消，实由于此。

朕纂承洪绪，思弘大训，将欲尊师重道，用阐厥繇，讲信修睦，敦奖名教。方今宇宙平一，文轨攸同，十步之内，必有芳草，四海之中，岂无奇秀！诸在家及见入学者，若有笃志好古，耽悦典坟，学行优敏，堪膺时务，所在采访，具以名闻，即当随其器能，擢以不次。若研精经术，未愿进仕者，可依其艺业深浅，门荫高卑，虽未升朝，并量准给禄。庶夫悁悁善诱，不日成器，济济盈朝，何远之有！其国子等学，亦宜申明旧制，教习生徒，具为课试之法，以尽砥励之道。

八月壬寅，上御龙丹，幸江都。以左武卫大将军郭衍为前军，右武卫大将军李景为后军。文武官五品已上给楼船，九品已上给黄蔑。舳舻相接，二百余里。

冬十月己丑，赦江淮巳南。扬州给复五年，旧总管内给复三年。十一月己未，以大将军崔仲方为礼部尚书。

二年春正月辛酉，东京成，赐监督者各有差。以大理卿梁毗为刑部尚书。丁卯，遣十使并省州县。

二月丙戌，诏尚书令杨素、吏部尚书牛弘、大将军宇文恺、内史侍郎虞世基、礼部侍郎许善心制定舆服。始备辇路及五时副车。上常服，皮弁十有二琪，文官弁服，佩玉，五品已上给犊车、通幰，三公亲王加油络，武官平巾帻，袴褶，三品已上给跆鞢。下至胥吏，服色皆有差。非庶人不得戎服。戊戌，置都尉官。

三月庚午，车驾发江都。先是，太府少卿何稠、太府丞云定兴盛修仪仗，于是课州县送羽毛。百姓求捕之，网罗被水陆，禽兽有堪氅毦之用者，殆无遗类。至是而成。

夏四月庚戌，上自伊阙，陈法驾，备千乘万骑，入于东京。辛亥，上御端门，大赦，免天下今年租税。癸丑，以冀州刺史杨文思为民部尚书。

五月甲寅，金紫光禄大夫、兵部尚书李通坐事免。乙卯，诏曰："旌表先哲，式存缋祀，所以优礼贤能，显彰遗爱。朕永鉴前修，尚想名德，何尝不兴叹九原，属怀千载。其自古已来贤人君子，有能树声立德、佐世匡时、博利殊功、有益于人者，并宜营立祠宇，以时致祭。坟垄之处，不得侵践。有司量为条式，称朕意焉。"

六月壬子，以尚书令、太子太师杨素为司徒。进封豫章王俊为齐王。

秋七月癸丑，以卫尉卿卫玄为工部尚书。庚申，制百官不得计考增级，必有德行功能，灼然显著者，擢之。壬戌，擢藩邸旧臣鲜于罗等二十七人官爵有差。甲戌，皇太子昭薨。乙亥，上柱国、司徒、楚国公杨素死。

八月辛卯，封皇孙倓为燕王，侗为越王，侑为代王。

九月乙丑，立秦孝王俊子浩为秦王。

冬十月戊子，以灵州刺史段文振为兵部尚书。

十二月庚寅，诏曰："前代帝王，因时创业，君民建国，礼尊南面。而历运推移，年世永久，丘垄残毁，樵牧相趋，茔兆堙芜，封树莫辨。兴言沦灭，有怆于怀。自古已来帝王陵墓，可给随近十户，蠲其杂役，以供守视。"

三年春正月癸亥,敕并州逆党已流配而逃亡者,所获之处,即宜斩决。丙子,长星竟天,出于东壁,二旬而止。是月,武阳郡上言,河水清。

二月己丑,彗星见于奎,扫文昌,历大陵、五车、北河,入太微,扫帝坐,前后百余日而止。

三月辛亥,车驾还京师。壬子,以大将军姚辩为左屯卫将军。癸丑,遣羽骑尉朱宽使于流求国。乙卯,河间王弘薨。

夏四月庚辰,诏曰:"古者帝王观风问俗,皆所以忧勤兆庶,安集遐荒。自蕃夷内附,未遑亲抚,山东经乱,须加存恤。今欲安辑河北,巡省赵、魏。所司依式。"甲申,颁律令,大赦天下,关内给复三年。壬辰,改州为郡。改度量权衡,并依古式。改上柱国已下官为大夫。甲午,诏曰:

> 天下之重,非独治所安,帝王之功,岂一士之略。自古明君哲后,立政经邦,何尝不选贤与能,收采幽滞。周称多士,汉号得人,常想前风,载怀钦仁。朕负扆夙兴,冕旒待旦,引领岩谷,置以周行,冀与群才共康庶绩。而汇茅寂寞,投竿罕至,岂美璞韬采,未值良工,将介石在怀,确乎难拔?永鉴前哲,怃然兴叹!凡厥在位,譬诸股肱,若济巨川,义同舟楫。岂得保兹宠禄,晦尔所知,优游卒岁,甚非谓也。祁大夫之举善,良史以为至公,臧文仲之蔽贤,尼父讥其窃位。求诸往古,非无褒贬,宜思进善,用匡寡薄。

> 夫孝悌有闻,人伦之本,德行敦厚,立身之基。或节义可称,或操履清洁,所以激贪厉俗,有益风化。强毅正直,执宪不挠,学业优敏,文才美秀,并为廊庙之用,实乃瑚琏之资。才堪将略,则拔之以御侮,膂力骁壮,则任之以爪牙。爰及一艺可取,亦宜采录,众善毕举,与时无弃。以此求治,庶几非远。文武有职事者,五品已上,宜依令十科举人。有一于此,不必求备。朕当待以不次,随才升擢。其见任九品已上官者,不在举送之限。

丙申,车驾北巡狩。丁酉,以刑部尚书宇文敬为礼部尚书。戊戌,敕百司不得践暴禾稼,其有须开为路者,有司计地所收,即以近仓酬赐,务以优厚。己亥,次赤岸泽。以太牢祭故太师李穆墓。

五月丁巳,突厥启民可汗遣子拓特勤来朝。戊午,发河北十余郡丁男凿太行山,达于并州,以通驰道。丙寅,启民可汗遣其兄子毗黎伽特勤来朝。辛未,启民可汗遣使请自入塞,奉迎舆驾。上不许。癸酉,有星孛于文昌上将,星皆动摇。

六月辛巳,猎于连谷。丁亥,诏曰:

聿追孝飨,德莫至焉,崇建寝庙,礼之大者。然则质文异代,损益殊时,学灭坑焚,经典散逸,宪章湮坠,庙堂制度,师说不同。所以世数多少,莫能是正,连室异宫,亦无准定。

朕获奉祖宗,钦承景业,永惟严配,思隆大典。于是询谋在位,博访儒术。咸以为高祖文皇帝受天明命,奄有区夏,拯群飞于四海,革涂炭于百王,恤狱缓刑,生灵皆遂其性,轻徭薄赋,比屋各安其业。恢夷宇宙,混壹车书。东渐西被,无思不服,南征北怨,俱荷来苏。驾鼋乘风,历代所弗至,辫发左衽,声教所罕及,莫不厥角关塞,顿颡阙庭。译靡绝时,书无虚月,韬戈偃武,天下晏如。嘉瑞休征,表里禔福,猗欤伟欤,无得而名者也。

朕又闻及,德厚者流光,治辨者礼缛。是以周之文、武,汉之高、光,其典章特立,谥号斯重,岂非缘情称述,即崇显之义乎? 高祖文皇帝宜别建庙宇,以彰巍巍之德,仍遵月祭,用表蒸蒸之怀。有司以时创造,务合典制。又名位既殊,礼亦异等。天子七庙,事著前经,诸侯二昭,义有差降,故其以多为贵。王者之礼,今可依用,贻厥后昆。

戊子,次榆林郡。丁酉,启民可汗来朝。己亥,吐谷浑、高昌并遣使贡方物。甲辰,上御北楼,观渔于河,以宴百僚。

秋七月辛亥,启民可汗上表请变服,袭冠带。诏启民赞拜不名,位在诸侯王上。甲寅,上于郡城东御大帐,其下备仪卫,建旌旗,宴启民及其部落三千五百人,奏百戏之乐。赐启民及其部落各有差。丙子,杀光禄大夫贺若弼、礼部尚书宇文㢸、太常卿高颎。尚书左仆射苏威坐事免。发丁男百余万筑长城,西距榆林,东至紫河,一旬而罢,死者十五六。

八月壬午,车驾发榆林。乙酉,启民饰庐清道,以候乘舆。帝幸其帐,启民奉觞上寿,宴赐极厚。上谓高丽使者曰:"归语尔王,当早来朝见。不然者,吾与启民巡彼土矣。"皇后亦幸义城公主帐。己丑,启民可汗归蕃。癸巳,入楼烦关。壬寅,次太原。诏营晋阳宫。九月己未,次济源。幸御史大夫张衡宅,宴享极欢。

己巳，至于东都。壬申，以齐王俊为河南尹、开府仪同三司。癸酉，以民部尚书杨文思为纳言。

四年春正月乙巳，诏发河北诸郡男女百余万开永济渠，引沁水南达于河，北通涿郡。庚戌，百僚大射于允武殿。丁卯，赐城内居民米各十石。壬申，以太府卿元寿为内史令，鸿胪卿杨玄感为礼部尚书。癸酉，以工部尚书卫玄为右候卫大将军，大理卿长孙炽为民部尚书。

二月己卯，遣司朝谒者崔毅使突厥处罗，致汗血马。

三月辛酉，以将作大匠宇文恺为工部尚书。壬戌，百济、倭、赤土、迦罗舍国并遣使贡方物。乙丑，车驾幸五原，因出塞巡长城。丙寅，遣屯田主事常骏使赤土，致罗刹。

夏四月丙午，以离石之汾源、临泉，雁门之秀容，为楼烦郡。起汾阳宫。癸丑，以河内太守张定和为左屯卫大将军。乙卯，诏曰："突厥意利珍豆启民可汗率领部落，保附关塞，遵奉朝化，思改戎俗，频入谒觐，屡有陈请。以毡墙毳幕，事穷荒陋，上栋下宇，愿同比屋。诚心恳切，朕之所重。宜于万寿戍置城造屋，其帷帐床褥已上，随事量给，务从优厚，称朕意焉。"

五月壬申，蜀郡获三足乌，张掖获玄狐，各一。

秋七月辛巳，发丁男二十余万筑长城，自榆谷而东。乙未，左翊卫大将军宇文述破吐谷浑于曼头、赤水。

八月辛酉，亲祠恒岳，河北道郡守毕集。大赦天下。车驾所经郡县，免一年租调。

九月辛未，征天下鹰师悉集东京，至者万余人。戊寅，彗星出于五车，扫文昌，至房而灭。辛巳，诏免长城役者一年租赋。

冬十月丙午，诏曰："先师尼父，圣德在躬，诞发天纵之姿，宪章文、武之道。命世膺期，蕴兹素王，而颓山之叹，忽逾于千祀，盛德之美，不存于百代。永惟懿范，宜有优崇。可立孔子后为绍圣侯。有司求其苗裔，录以申上。"辛亥，诏曰："昔周王下车，首封唐、虞之胤，汉帝承历，亦命殷、周之后。皆所以褒立先代，宪章在昔。朕嗣膺景业，傍求雅训，有一弘益，钦若令典。以为周兼夏、殷，文质大备，汉有天下，车书混一，魏、晋沿袭，风流未远。并宜立后，以存继绝之义。有司可求其胄绪列闻。"乙卯，颁新式于天下。

五年春正月丙子，改东京为东都。癸未，诏天下均田。戊子，上自东都还京师。己丑，制民间铁叉、搭钩、穳刀之类，皆禁绝之。太守每岁密上属官景迹。

二月戊戌，次于阌乡。诏祭古帝王陵及开皇功臣墓。庚子，制魏、周官不得为荫。辛丑，赤土国遣使贡方物。戊申，车驾至京师。丙辰，宴耆旧四百人于武德殿，颁赐各有差。己未，上御崇德殿之西院，愀然不怡，顾谓左右曰："此先帝之所居，实用增感，情所未安，宜于此院之西别营一殿。"壬戌，制父母听随子之官。

三月己巳，车驾西巡河右。庚午，有司言，武功男子史永遵与从父昆弟同居。上嘉之，赐物一百段，米二百石，表其门闾。乙亥，幸扶风旧宅。

夏四月己亥，大猎于陇西。壬寅，高昌、吐谷浑、伊吾并遣使来朝。乙巳，次狄道，党项羌来贡方物。癸亥，出临津关，渡黄河，至西平，陈兵讲武。

五月乙亥，上大猎于拔延山，长围周亘二千里，庚辰，入长宁谷。壬午，度星岭。甲申，宴群臣于金山之上。丙戌，梁浩薨，御马度而桥坏，斩朝散大夫黄亘及督役者九人。吐谷浑王率众保覆袁川，帝分命内史元寿南屯金山，兵部尚书段文振北屯雪山，太仆卿杨义臣，东屯琵琶峡，将军张寿西屯泥岭，四面围之。浑主伏允以数十骑遁出，遣其名王诈称伏允，保车我真山。壬辰，诏右屯卫大将军张定和往捕之。定和挺身挑战，为贼所杀。亚将柳武建击破之，斩首数百级。甲午，其仙头王被围穷蹙，率男女十余万口来降。

六月丁酉，遣左光禄大夫梁默、右翊卫将军李琼等追浑主，皆遇贼死之。癸卯，经大斗拔谷，山路隘险，鱼贯而出。风霰晦冥，与从官相失，士卒冻死者太半。丙午，次张掖。辛亥，诏诸郡学业该通、才艺优洽，膂力骁壮、超绝等伦，在官勤奋、堪理政事，立性正直、不避强御四科举人。壬子，高昌王麴伯雅来朝，伊吾吐屯设等献西域数千里之地。上大悦。癸丑，置西海、河源、鄯善、且末等四郡。丙辰，上御观风行殿，盛陈文物，奏九部乐，设鱼龙曼延，宴高昌王、吐屯设于殿上，以宠异之。其蛮夷陪列者三十余国。戊午，大赦天下。开皇已来流配，悉放还乡，晋阳逆党，不在此例。陇右诸郡，给复一年，行经之所，给复二年。

秋七月丁卯，置马牧于清海渚中，以求龙种，无效而止。

九月癸未，车驾入长安。

冬十月癸亥，诏曰："优德尚齿，载之典训，尊事乞言，义彰胶序。鬻熊为师，取非筋力,方叔元老,克壮其猷。朕永言稽古,用求至治,是以庞眉黄发,更令收叙,务简秩优,无亏药膳,庶等卧治,伫其弘益。今岁耆者赴集者,可于近郡处置,年七十以上,疾患沉滞,不堪居职,即给赐帛,送还本郡;其官至七品已上者,量给廪,以终厥身。”

十一月丙子,车驾幸东都。

六年春正月癸亥朔,旦,有盗数十人,皆素冠练衣,焚香持华,自称弥勒佛,入自建国门。监门者皆稽首。既而夺卫士仗,将为乱。齐王暕遇而斩之。于是都下大索,与相连坐者千余家。丁丑,角抵大戏于端门街,天下奇伎异艺毕集,终月而罢。帝数微服往观之。己丑,倭国遣使贡方物。

二月乙巳,武贲郎将陈棱、朝请大夫张镇州击流求,破之,献俘万七千口,颁赐百官。乙卯,诏曰:“夫帝图草创,王业艰难,咸仗股肱,协同心德,用能拯厥颓运,克膺大宝,然后畴庸茂赏,开国承家,誓以山河,传之不朽。近代丧乱,四海未一,茅土妄假,名实相乖,历兹永久,莫能惩革。皇运之初,百度伊始,犹循旧贯,未暇改作,今天下交泰,文轨攸同,宜率遵先典,永垂大训。自今已后,唯有功勋乃得赐封,仍令子孙承袭。”丙辰,改封安德王雄为观王,河间王子庆为郇王。庚申,征魏、齐、周、陈乐人,悉配太常。三月癸玄,幸江都宫。甲子,以鸿胪卿史祥为左骁卫大将军。

夏四月丁未,宴江淮已南父老,颁赐各有差。

六月辛卯,室韦、赤土并遣使贡方物。壬辰,雁门贼帅尉文通聚众三千,保于莫壁谷。遣鹰扬杨伯泉击破之。甲寅,制江都太守秩同京尹。

冬十月壬申,刑部尚书梁毗卒。壬子,民部尚书、银青光禄大夫长孙炽卒。

十二月乙未,左光禄大夫、吏部尚书牛弘卒。辛酉,朱崖人王万昌举兵作乱,遣陇西太守韩洪讨平之。

七年春正月壬寅,左武卫大将军、光禄大夫、真定侯郭衍卒。

二月己未,上升钓台,临扬子津,大宴百僚,颁赐各有差。庚申,百济遣使朝贡。乙亥，上自江都御龙舟入通济渠，遂幸于涿郡。壬午，诏曰："武有七德，先之以安民。政有六本，兴之以教义。高丽高元，亏失藩礼，将欲问罪辽左，恢宣胜略。虽怀伐国，仍事省方。今往涿郡，巡抚民俗。其河北诸郡及山西、山东年九十已上者，版授太守；八十者，授县令。"

三月丁亥，右光禄大夫、左屯卫大将军姚辩卒。

夏四月庚午，至涿郡之临朔宫。

五月戊子，以武威太守樊子盖为民部尚书。

秋，大水，山东、河南漂没三十余郡，民相卖为奴婢。

冬十月乙卯，底柱山崩，偃河逆流数十里。戊午，以东平太守吐万绪为左屯卫大将军。

十二月己未，西面突厥处罗多利可汗来朝。上大悦，接以殊礼。于时辽东战士及馈运者填咽于道，昼夜不绝，苦役者始为群盗。甲子，敕都尉、鹰扬与郡县相知追捕，随获斩决之。

八年春正月辛巳，大军集于涿郡。以兵部尚书段文振为左候卫大将军。壬午，下诏曰：

天地大德，降繁霜于秋令，圣哲至仁，著甲兵于刑典。故知造化之有肃杀，义在无私，帝王之用干戈，盖非获已。版泉、丹浦，莫匪龚行，取乱覆昏，咸由顺动。况乎甘野誓师，夏开承大禹之业，商郊问罪，周发成文王之志。

永鉴前载，属当朕躬。

粤我有随，诞膺灵命，兼三才而建极，一六合而为家。提封所渐，细柳、盘桃之外，声教爰暨，紫舌、黄枝之域。远至迩安，罔不和会，功成治定，于是乎在。而高丽小丑，迷昏不恭，崇聚勃、碣之间，荐食辽、獩之境。虽复汉、魏诛戮，巢窟暂倾，乱离多阻，种落还集。萃川薮于往代，播实繁以迄今，眷彼华壤，翦为夷类。历年永久，恶稔既盈，天道祸淫，亡征已兆。乱常败德，非可胜图，掩匿怀奸，唯日不足。移告之严，未尝面受，朝觐之礼，莫肯躬亲。诱纳亡叛，不知纪极，充斥边垂，亟劳烽候，关柝以之不静，生人为之废业。在昔薄伐，已漏天网，既缓前擒之戮，未即后服之诛，曾不怀恩，翻为长恶，乃兼契丹之党，虔刘海戍，习靺鞨之服，侵轶辽西。又青丘之表，咸修职贡，碧海之滨，同禀正朔，逐复夺攘琛赆，遏绝往来，虐及弗辜，诚而遇祸。軺轩奉使，爰暨海东，旄节所次，途经藩境，而拥塞道路，拒绝王人，无事君之心，岂为臣之礼！此而可忍，孰不可容！且法令苛酷，赋敛繁重，强臣豪族，咸执国钧，朋党比周，以之成俗，贿货如市，冤枉莫申。重以仍岁灾凶，比屋饥馑，兵戈不息，徭役无期，力调转输，身填沟壑。百姓愁苦，爰谁适从？境内哀惶，不胜其弊。回首面内，各怀性命之图，黄发稚齿，咸兴酷毒之叹。省俗观风，爰届幽朔，吊人问罪，无俟再驾。于是亲总六师，用申九伐，拯厥阽危，协从天意，殄兹遗秽，克嗣先谟。

今宜授律启行，分麾届路，掩勃澥而雷震，历夫余以电扫。比戈按甲，誓旅而后行，三令五申，必胜而后战。左第一军可镂方道，第二军可长岑道，第三军可海冥道，第四军可盖马道，第五军可建安道，第六军可南苏道，第七军可辽东道，第八军可玄菟道，第九军可扶余道，第十军可朝鲜道，第十一军可沃沮道，第十二军可乐浪道。右第一军可黏蝉道，第二军可含资道，第三军可浑弥道，第四军可临屯道，第五军可候城道，第六军可提奚道，第七军可踏顿道，第八军可肃慎道，第九军可碣石道，第十军可东暆道，第十一军可带方道，第十二军可襄平道。凡此众军，先奉庙略，骆驿引途，总集平壤。莫非如豹如貔之勇，百战百胜之雄，顾眄则山岳倾颓，叱咤则风云腾郁，心德佥同，爪牙斯在。朕躬驭元戎，为其节度，涉辽而东，循海之右，解倒悬于遐裔，问疾苦于遗黎。莫外轻赉游阙，随机赴响，卷甲衔枚，出其不意。又沧海道军舟舻千里，高帆电逝，巨舰云飞，横断浿江，逐造平壤，岛屿之望斯绝，坎井之路已穷。其余被发左衽之人，控弦待发，微、卢、彭、濮之旅，不谋同辞。杖顺临逆，人百其勇，以此众战，势等摧枯。

然则王者之师，义存止杀，圣人之教，必也胜残。天罚有罪，本在元恶，人之多僻，胁从罔治。若高元泥首辕门，自归司寇，即宜解缚焚榇，弘之以恩。其余臣人归朝奉顺，咸加慰抚，各安生业，随才任用，无隔夷夏。营垒所次，务在整肃，刍荛有禁，秋毫勿犯，布以恩宥，喻以祸福。若其同恶相济，抗拒官军，国有常刑，俾无遗类。明加晓示，称朕意焉。

总一百一十三万三千八百，号二百万，其馈运者倍之。癸未，第一军发，终四十日，引师乃尽，旌旗亘千里。近古出师之盛，未之有也。乙未，以右候卫大将军卫玄为刑部尚书。甲辰，内史令元寿卒。

二月甲寅，诏曰："朕观风燕裔，问罪辽滨。文武协力，爪牙思奋，莫不执锐勤王，舍家从役，罕蓄仓廪之资，兼损播殖之务。朕所以夕惕愀然，虑其匮乏。虽复素饱之众，情在忘私，悦使之人，宜从其厚。诸行从一品以下，伙飞慕人以上家口，郡县宜数存问。若有粮食乏少，皆宜赈给；或虽有田畴，贫弱不能自耕种，可于多丁富室劝课相助。使夫居者有敛积之丰，行役无顾后之虑。"壬戌，司空、京兆尹、光禄大夫观王雄薨。

三月辛卯，兵部尚书、左候卫大将军段文振卒。癸巳，上御师。甲午，临戎于辽水桥。戊戌大军为贼所拒，不果济。右屯卫大将军、左光禄大夫麦铁杖，武贲郎将钱士雄、孟金叉等，皆死之。甲午，车驾渡辽。大战于东岸，击贼破之，进围辽东。乙未，大顿，见二大鸟，高丈余，皜身朱足，游泳自若。上异之，命工图写，并立铭颂。

五月壬午，纳言杨达卒。

于时诸将各奉旨，不敢赴机。既而高丽各城守，攻之不下。

六月己未，幸辽东，责怒诸将。止城西数里，御六合城。

七月壬寅，宇文述等败绩于萨水，右屯卫将军辛世雄死之。九军并陷，将帅奔还亡者二千余骑。癸卯，班师。

九月庚辰，上至东都。己丑，诏曰："军国异容，文武殊用，匡危拯难，则霸德攸兴，化人成俗，则王道期贵。时方拨乱，屠贩可以登朝，世属隆平，经术然后升仕。丰都爰肇，儒服无预于周行，建武之朝，功臣不参于吏职。自三方未一，四海交争，不遑文教，唯尚武功。设官分职，罕以才授，班朝治人，乃由勋叙，莫非拔足行阵，出自勇夫，彀学之道，既所不习，政事之方，故亦无取。是非暗于在己，威福专于下吏，贪冒货贿，不知纪级，蠹政害民，实由于此。自今已后，诸授勋官者，并不得回授文武职事，庶遵彼更张，取类于调瑟，求诸名制，不伤于美锦。若吏部辄拟用者，御史即宜纠弹。"

冬十月甲寅，工部尚书宇文恺卒。

十一月己卯，以宗女华容公主嫁于高昌王。辛巳，光禄大夫韩寿卒。甲申，败将宇文述、于仲文等并除名为民，斩尚书右丞刘士龙以谢天下。是岁，大旱，疫，人多死。山东尤甚。密诏江、淮南诸郡阅视民间童女，姿资端丽者，每岁贡之。

九年春正月丁丑，征天下兵，募民为骁果，集于涿郡。壬午，贼帅杜彦冰、王润等陷平原郡，大掠而去。辛卯，置折冲、果毅、武勇、雄武等郎将官，以领骁果。乙未，平原李德逸聚众数万，称"阿舅贼"，劫掠山东。灵武白榆妄，称"奴贼"，劫掠牧马，北连突厥，陇右多被其患。遣将军范贵讨之，连年不能克。戊戌，大赦。己亥，遣代王侑、刑部尚书卫玄镇京师。辛丑，以右骁骑将军李浑为右骁卫大将军。

二月己未，济北人韩进洛聚众数万为群盗。壬午，复宇文述等官爵。又征兵讨高丽。

三月丙子，济阴人孟海公起兵为盗，众至数万。丁丑，发丁男十万城大兴。戊寅，幸辽东。以越王侗、民部尚书樊子盖留守东都。庚子，北海人郭方预聚徒为盗，自号卢公，众至三万，攻陷郡城，大掠而去。

夏四月庚午，车驾渡辽。壬申，遣宇文述、杨义臣趣平壤。

五月丁丑，荧惑入南斗。己卯，济北人甄宝车聚众万余，寇掠城邑。

六月乙巳，礼部尚书杨玄感反于黎阳。丙辰，玄感逼东都。河南赞务裴弘策拒之，反为贼所败。戊辰，兵部侍郎斛斯政奔于高丽。庚午，上班师。高丽犯后军，敕右武卫大将军李景为后拒。遣左翊卫大将军宇文述、左候卫将军屈突通等驰传发兵，以讨玄感。

秋七月己卯，令所在发人城县府驿。癸未，余杭人刘元进举兵反，众至数万。

八月壬寅，左翊卫大将军宇文述等破杨玄感于阌乡，斩之。余党悉平。癸卯，吴人朱燮、晋陵人管崇拥众十万余，自称将军，寇江左。甲辰，制骁果之家蠲免赋税。丁未，诏郡县城去道过五里已上者，徙就之。戊申，制盗贼籍没其家。乙卯，贼帅陈瑱等众三万，攻陷信安郡。辛酉，司农卿、光禄大夫、葛国公赵元淑以罪伏诛。

九月己卯，济阴人吴海流、东海人彭孝才并举兵为盗，众数万。庚辰，贼帅梁慧尚率众四万，陷苍梧郡。甲午，车驾次上谷，以供费不给，上大怒，免太守虞荷等官。丁酉，东阳人李三儿、向但子举兵作乱，众至万余。

闰月己巳，幸博陵。庚午，上谓侍臣曰："朕昔从先朝周旋于此，年甫八岁，日月不居，倏经三纪，追惟平昔，不可复希！"言未卒，流涕呜咽，侍卫者皆泣下沾襟。

冬十月丁丑，贼帅吕明星率众数千围东郡，武贲郎将费青奴击斩之。乙酉，诏曰："博陵昔为定州，地居冲要，先皇历试所基，王化斯远，故以道冠《豳风》，义高姚邑。朕巡抚氓庶，爰届兹邦，瞻望郊廛，缅怀敬止，思所以宣播德泽，覃被下人，崇纪显号，式光令绪。可改博陵为高阳郡。赦境内死罪已下。给复一年。"于是召高祖时故吏，皆量材授职。壬辰，以纳言苏威为开府仪同三司。朱燮、管崇推刘元进为天子。遣将军吐万绪、鱼俱罗讨之，连年不能克。齐人孟让、王薄等众十余万，据长白山，攻剽诸郡，清河贼张金称众数万，渤海贼帅格谦自号燕王，孙宣雅自称齐王，众各十万，山东苦之。丁亥，以右候卫将军郭荣为右候卫大将军。

十一月己酉，右候卫将军冯孝慈讨张金称于清河，反为所败，孝慈死之。

十二月甲申，车裂玄感弟朝请大夫积善及党与十余人，仍焚而扬之。丁亥，扶风人向海明举兵作乱，称皇帝，建元白乌。遣太仆卿杨义臣击破之。

十年春正月甲寅，以宗女为信义公主，嫁于突厥曷娑那可汗。

二月辛未，诏百僚议伐高丽，数日无敢言者。戊子，诏曰："竭力王役，致身戎事，咸由徇义，莫匪勤诚，委命草泽，弃骸原野，兴言念之，每怀恻恻。往年出车问罪，将届辽滨，庙算胜略，具有进止。而谅昏凶，罔识成败，高颎愎很，本无智谋，临三军犹儿戏，视人命如草芥，不遵成规，坐贻挠退，遂令死亡者众，不及埋藏。今宜遣使人分道收葬，设祭于辽西郡，立道场一所。恩加泉壤，庶弭穷魂之冤，泽及枯骨，用弘仁者之惠。"辛卯，诏曰：

> 黄帝五十二战，成汤二十七征，方乃德施诸侯，令行天下。卢芳小盗，汉祖尚且亲戎，隗嚣余烬，光武犹自登陇，岂不欲除暴止戈，劳而后逸者哉！
>
> 朕纂成宝业，君临天下，日月所照，风雨所沾，孰非我臣，独隔声教。蕞尔高丽，僻居荒表，鸱张狼噬，侮慢不恭，抄窃我边陲，侵轶我城镇。是以去岁出军，问罪辽、碣，殪长蛇于玄菟，戮封豕于襄平。扶余众军，风驰电逝，追奔逐北，行径逾浿水，沧海舟楫，冲贼腹心，焚其城郭，污其

宫室。高元伏锧泥首，送款军门，寻请入朝，归罪司寇。朕以许其改过，乃诏班师。而长恶靡悛，宴安鸩毒，此而可忍，孰不可容！便可分命六师，百道俱进。朕当亲执武节，临御诸军，秣马丸都，观兵辽水，顺天诛于海外，救穷民于倒悬，征伐以正之，明德以诛之，止除元恶，余无所问。若有识存亡之分，悟安危之机，翻然北首，自求多福；必其同恶相济，抗拒王师，若火燎原，刑兹无赦。有司便宜宣布，咸使知闻。

丁酉，扶风人唐弼举兵反，众十万，推李弘为天子，自称唐王。

三月壬子，行幸涿郡。癸亥，次临渝宫，亲御戎服，祃祭黄帝，斩叛军者以衅鼓。

夏四月辛未，彭城贼张大彪聚众数万，保悬薄山为盗。遣榆林太守董纯击破，斩之。甲午，车驾次北平。

五月庚子，诏举郡孝悌廉洁各十人。壬寅，贼帅宋世谟陷琅邪郡。庚申，延安人刘迦论举兵反，自称皇王，建元大世。

六月辛未，贼帅郑文雅、林宝护等众三万，陷建安郡，太守杨景祥死之。

秋七月癸丑，车驾次怀远镇。乙卯，曹国遣使贡方物。甲子，高丽遣使请降，囚送斛斯政，上大悦。

八月己巳，班师。庚午，右卫大将军、左光禄大夫郑荣卒。

冬十月丁卯，上至东都。己丑，还京师。

十一月丙申，支解斛斯政于金光门外。乙巳，有事于南郊。己酉，贼帅司马长安破长平郡。乙卯，离石胡刘苗王举兵反，自称天子，以其弟六儿为永安王，众至数万。将军潘长文讨之，不能克。是月，贼帅王德仁拥众数万，保林虑山为盗。

十二月壬申，上如东都。其日，大赦天下。戊子，入东都。庚寅，贼帅孟让众十余万，据都梁宫。遣江都郡丞王世充击破之，尽虏其众。

十一年春正月甲午朔，大宴百僚。突厥、新罗、靺鞨、毕大辞、诃咄、传越、乌那曷、波腊、吐火罗、俱虑建、忽论、靺鞨、诃多、沛汗、龟兹、疏勒、于阗、安国、曹国、何国、穆国、毕、衣密、失范延、伽折、契丹等国并遣使朝贡。戊戌，武贲郎将高建毗破贼帅颜宣政于齐郡，虏男女数千口。乙卯，大会蛮夷，设鱼龙曼延之乐，颁赐各有差。

二月戊辰，贼帅扬仲绪率众万余，攻北平，滑公李景破斩之。庚午，诏曰：

"设险守国，著自前经，重门御暴，事彰往策，所以宅土宁邦，禁邪固本。而近代战争，居人散逸，田畴无伍，郛郭不修，遂使游惰实繁，寇攘未息。今天下平一，海内晏如，宜令人悉城居，田随近给，使强弱相容，力役兼济，穿窬无所厝其奸宄，萑蒲不得聚其逋逃。有司具为事条，务令得所。"丙子，上谷人王须拔反，自称漫天王，国号燕，贼帅魏刁儿自称历山飞，众各十余万，北连突厥，南寇赵。

五月丁酉，杀右骁卫大将军、光禄大夫、郧公李浑，将作监、光禄大夫李敏，并族灭其家。癸卯，贼帅司马长安破西河郡。己酉，幸太原，避暑汾阳宫。

秋七月己亥，淮南人张起绪举兵为盗，众至三万。辛丑，光禄大夫、右御卫大将军张寿卒。

八月乙丑，巡北塞。戊辰，突厥始毕可汗率骑数十万，谋袭乘舆，义成公主遣使告变。壬申，车驾驰幸雁门。癸酉，突厥围城，官军频战不利。上大惧，欲率精骑溃围而出，民部尚书樊子盖固谏乃止。齐王倓以后军保于崞县。甲申，诏天下诸郡募兵，于是守令各来赴难。

九月甲辰，突厥解围而去。丁未，曲赦太原、雁门郡死罪已下。

冬十月壬戌，上至于东都。丁亥，彭城人魏骐驎聚众万余为盗，寇鲁郡。壬申，贼帅卢明月聚众十余万，寇陈、汝间。东海贼帅李子通拥众度淮，自号楚王，建元明政，寇江都。

十一月乙卯，贼帅王须拔破高阳郡。

十二月戊寅，有大流星如斛，坠明月营，破其冲军。庚辰，诏民部尚书樊子盖发关中兵，讨绛郡贼敬盘陀、柴保昌等，经年不能克。谯郡人朱粲拥众数十万，寇荆襄，僭称楚帝，建元昌达。汉南诸郡多为所陷焉。

十二年春正月甲午，雁门人翟松柏起兵于灵丘，众至数万，转攻傍县。

二月己未，真腊国遣使贡方物。甲子夜，有二大鸟似雕，飞入大业殿，止于御幄，至明而去。癸亥，东海贼卢公暹率众万余，保于苍山。

夏四月丁巳，显阳门灾。癸亥，魏刁儿所部将甄翟儿复号历山飞，众十万，转寇太

原。将军潘长文讨之，反为所败，长文死之。

五月丙戌朔，日有蚀之，既。癸巳，大流星陨于吴郡，为石。壬午，上于景华宫征求萤火，得数斛，夜出游山，放之，光遍岩谷。

秋七月壬戌，民部尚书、光禄大夫济北公樊子盖卒。甲子，幸江都宫，以越王侗、光禄大夫段达、太府卿元文都、检校民部尚书韦津、右武卫将军皇甫无逸、右司郎卢楚等总留后事。奉信郎崔民象以盗贼充斥，于建国门上表，谏不宜巡幸。上大怒，先解其颐，乃斩之。戊辰，冯翊人孙华自号总管，举兵为盗。高凉通守洗珤彻举兵作乱，岭南溪洞多应之。己巳，荧惑守羽林，月余乃退。车驾次汜水，奉信郎王爱仁以盗贼日盛，谏上请还西京。上怒，斩之而行。

八月乙巳，贼帅赵万海众数十万，自恒山寇高阳。壬子，有大流星如斗，出王良阁道，声如颓墙。癸丑，大流星如瓮，出羽林。

九月丁酉，东海人杜扬州、沈觅敌等作乱，众至数万。右御卫将军陈棱击破之。戊午，有二枉矢出北斗魁，委曲蛇形，注于南斗。壬戌，安定人荔非世雄杀临泾令，举兵作乱，自号将军。

冬十月己丑，开府仪同三司、左翊卫大将军、光禄大夫、许公宇文述薨。

十二月癸未，鄱阳贼操天成举兵反，自号元兴王，建元始兴，攻陷豫章郡。乙酉，以右翊卫大将军来护儿为开府仪同三司、行左翊卫大将军。壬辰，鄱阳人林士弘自称皇帝，国号楚，建元太平，攻陷九江、庐陵郡。唐公破甄翟儿于西河，虏男女数千口。

十三年春正月壬子，齐郡贼杜伏威率众渡淮，攻陷历阳郡。丙辰，勃海贼窦建德设坛于河间之乐寿，自称长乐王，建元丁丑。辛巳，贼帅徐圆朗众数千，破东平郡。弘化人刘企成聚众万余人为盗，傍郡苦之。

二月壬午，朔方人梁师都杀郡丞唐世宗，据郡反，自称大丞相。遣银青光禄大夫张世隆击之，反为所败。戊子，贼师王子英破上谷郡。己丑，马邑校尉刘武周杀太守王仁恭，举兵作乱，北连突厥，自称定杨可汗。庚寅，贼帅李密、翟让等陷兴洛仓。越王侗遣武贲郎将刘长恭、光禄少卿房崱击之，反为所败，死者十五六。庚子，李密自号魏公，称元年，开仓以振群盗，众至数十万，河南诸郡相继皆陷焉。壬寅，刘武周破武贲郎将王智辩于桑乾镇，智辩死之。

三月戊午，庐江人张子路举兵反。遣右御卫将军陈棱讨平之。丁丑，贼帅李通德众十万,寇庐江,左屯卫将军张镇州击破之。

夏四月癸未,金城校尉薛举率众反,自称西秦霸王,建元秦兴,攻陷陇右诸郡。己丑,贼帅孟让,夜入东都外郭,烧丰都市而去。癸巳,李密陷助洛东仓。丁酉,贼帅房宪伯陷汝阴郡。是月,光禄大夫裴仁基、淮阳太守赵佗等并以众叛归李密。

五月辛酉,夜有流星如瓮,坠于江都。甲子,唐公起义师于太原。丙寅,突厥数千寇太原,唐公击破之。

秋七月壬子,荧惑守积尸。丙辰,武赋人李轨举兵反,攻陷河西诸郡,自称凉王,建元安乐。

八月辛巳,唐公破武牙郎将宋老生于霍邑,斩之。

九月己丑,帝括江都人女寡妇,以配从兵。是月,武阳郡丞元宝藏以郡叛归李密,与贼帅李文相攻陷黎阳仓。彗星见于营室。

冬十月丁亥,太原杨世洛聚众万余人,寇掠城邑。丙申,罗令萧铣以县反,鄱阳人董景珍以郡反,迎铣于罗县,号为梁王,攻陷旁郡。戊戌,武贲郎将高毗,败济北郡贼甄宝车于嵫山。

十一月丙辰,唐公入京师。辛酉,遥尊帝为太上皇,立代王侑为帝,改元义宁。上起宫丹阳,将逊于江左。有乌鹊来巢幄帐,驱不能止。荧惑犯太微。有石自江浮入于扬子。日光四散如流血。上甚恶之。

二年三月,右屯卫将军宇文化及,武贲郎将司马德戡、元礼,监门直阁裴虔通,将作少监宇文智及,武勇郎将赵行枢,鹰扬郎将孟景,内史舍人元敏、符玺郎李覆、牛方裕,千牛左右李孝本、弟孝质,直长许弘仁、薛世良,城门郎唐奉义,医正张恺等,以骁果作乱,入犯宫闱。上崩于温室,时年五十。萧后令宫人撤床箦为棺以埋之。化及发后,右御卫将军陈棱奉梓宫于成象殿,葬吴公台下。发敛之始,容貌若生,众咸异之。大唐平江南之后,改葬雷塘。

初,上自以藩王,次不当立,每矫情饰行,以钓虚名,阴有夺宗之计。时高祖雅信文献皇后，而性忌妾媵。皇太子勇内多嬖幸，以此失爱。帝后庭有子，皆不育之，示无私宠，取媚于后。大臣用事者，倾心与交。中使至第，无贵贱，皆曲承颜色，申以厚礼。婢仆往来者，无不称其仁孝。又常私入宫掖，密谋于献后，杨素等因机构扇，遂成废立。自高祖大渐，暨谅暗之中，烝淫无度，山陵始就，即事巡游，以天下承平日久，士马全盛，慨然慕秦皇、汉武之事。乃盛治宫室，穷极侈靡，召募行人，分使绝域。诸蕃王者，厚加礼赐，有不恭命，以兵击之。盛兴屯田于玉门、柳城之外。课天下富室，益市武马，匹直十余万，富强坐是冻馁者十家而九。帝性多诡谲，所幸之处，不欲人知。每之一所，辄数道置顿，四海珍羞殊味，水陆必备焉，求市者无远不至。郡县官人，竞为献食，丰厚者进擢，疏俭者获罪。奸使侵渔，内外虚竭，头会箕敛，人不聊生。于是军国多务，日不暇给，帝方骄怠，恶闻政事，冤屈不治，奏请罕决。又猜忌臣下，无所专任，朝臣有不合意者，必构其罪而族灭之。故高颎、贺若弼先皇心膂，参谋帷幄，张衡、李金才藩邸惟旧，绩著经纶，或恶其直道，或忿其正议，求其无形之罪，加以刎颈之诛。其余事君尽礼，謇謇匪躬，无辜无罪，横受夷戮者，不可胜纪。政刑弛紊，贿货公行，莫敢正言，道路以目。六军不息，百役繁兴，行者不归，居者失业。人饥相食，邑落为墟，上不之恤也。东西游幸，靡有定居，每以供费不给，逆收数年之赋。所至唯与后宫流连耽湎，惟日不足，招迎姥媪，朝夕共肆丑言，又引少年，令与宫人秽乱，不轨不逊，以为娱乐。区宇之内，盗贼蜂起，劫掠从官，屠陷城邑，近臣互相掩蔽，隐贼数不以实对。或有言贼多者，辄大被诘责，各求苟免，上下相蒙，每出师徒，败亡相继。战士尽力，必不加赏，百姓无辜，咸受屠戮。黎庶愤怨，天下土崩，至于就擒而犹未之寤也。

【国学精粹珍藏版】

◎尽览中国古典文化的博大精深 ◎读传世典籍，赢智慧人生——受益终生的传世经典

二十四史

李志敏◎编著

卷三

民主与建设出版社
·北京·

文献独孤皇后传

——《隋书》卷三六

【说明】独孤氏（552－602），隋文帝杨坚的皇后。父亲独孤信，周大司马。独孤氏起初贤良有识。劝文帝受禅，协助朝政，不因私情废法等事件都显示出她的才能。传中也批评了她性情妒忌，暗地杀死宠妃的残忍行为。

　　文献皇后姓独孤，河南洛阳人，是北周大司马、河内公独孤信的女儿。独孤信看到高祖杨坚长得相貌奇特，因此把皇后嫁给他作妻，这时皇后才十四岁。高祖和皇后情投意合，发誓不要别人生他的孩子。皇后当初的性情，也很温柔，为人恭敬孝顺，遵守妇道。当时皇后的姐姐做了北周明帝皇后，大女儿又做了北周宣帝皇后，皇亲国戚的尊荣显贵，没有人能够与她相比，可是皇后还是能守住自己的节操，保持着谦逊卑下的风度，社会上认为她是个贤德的人。到了北周宣帝死后，高祖在皇宫中掌握了朝政，皇后派人对高祖说道："国家的事态已经是这样的结果了，就如同骑在虎背上，一定无法下来，你要尽力而为！"高祖杨坚接受禅让，做了隋文帝以后，把她立为皇后。

　　北方的突厥曾经和中国作互市贸易，有一箱明珠，价值八百万，幽州总管阴寿把这事禀告皇后，劝她买下那箱明珠。皇后说："那不是我需要用的。现在，北方的戎狄一再地侵犯我国疆域，作战的将士们疲惫劳碌，不如拿这八百万分赏给作战有功的将士。"所有的官员们听说这件事以后，都对皇后的行为表示庆贺。高祖非常宠爱皇后，又畏惧她。文帝每次去上朝处理国事的时候，皇后都要把自己乘坐的车，和文帝乘坐的车并列着，一同前往，直到阁门才止步。皇后还派宦官注意文帝的事情，政治上有了过失的地方，就及时规劝匡正文帝，对他有很多补益。等到望见文帝退朝回来了，皇后又和文帝一道返回他们居住的寝宫中，相互看着，心里非常愉快。皇后因为自己早年丧失了父母，经常怀念自己的亲人，而爱慕着家族的情谊，看到公侯贵族中那些有父母的人们，常常让他们代向他们的父母行礼问候。有关官署的负责官员上奏：按照《周礼》，百官的妻子品级，要由皇后来任命，这个制度在以前就订立下了，请求依照古代的旧例去做。皇后说："让妇人参预管理国家的事情，或许就是由这里而逐渐发展出来的，我不能开这个头。"没有答应。皇后经常对各位公主说："北周的公主，大多丧失妇德，对舅姑不以礼相待，挑拨离间宗室之间的情谊，这样不孝顺的行为，你们应当把她们当作戒鉴。"大都督崔长仁，是皇后的表兄弟，做了犯法的事，应当判死刑。高祖因为他是皇后亲戚的缘故，打算免除他的死罪。皇后对高祖说："关系到国家的事情，怎么可以顾念私情！"崔长仁终于被定罪，处死了。皇后有个同父异母的兄弟叫独孤陀，因为用猫鬼巫术诅咒皇后，犯了法，应当被判处死罪。皇后为此三日不肯吃东西，为了保全独孤陀的性命，向文帝乞求道："独孤陀如果做了损害国家、危害人民的事情，我不敢替他求情。现在，他犯罪是因为我的缘故，我才敢乞求免除他的死罪。"独孤陀减轻为比死罪轻一等的刑罚。皇后每逢与文帝谈到国家的政务，她的想法和主张，常常符合文帝的心意，皇宫中的人们称颂他们是二位圣人。

皇后为人非常仁慈，每次听到大理寺处决囚犯，她都要掉眼泪。可是她的性情好妒忌，后宫中的妃嫔们，没有谁敢与文帝共寝。尉迟迥的孙女长得十分美丽，原来住在宫中。一次文帝在仁寿宫见到了她，非常喜欢，她因此得到文帝的宠爱。皇后就乘文帝上朝听政的机会暗地里把她杀了。文帝知道这件事后，大发脾气，一个人骑着马从宫苑中跑出去，不择道路，跑进山谷中二十余里。高颎、杨素等人骑着马，追赶到文帝面前，牵住他的马再三规劝，请他回宫去。文帝长长叹息了一声，说道："我作为高贵的天子，竟然不能得到自由！"高颎说："陛下，您难道就因为一个妇人而轻弃天下吗！"文帝的怒气稍稍地消了一些，停住马在山谷中站立了很长时间，半夜才刚返回宫中。皇后在阁内等候着文帝。等到文帝回来时，皇后流着眼泪，跪在地上向他谢罪。在高颎、杨素等人的劝说下，文帝和皇后才重归于好。文帝设置了酒宴，喝得非常高兴。皇后从这件事以后，心中受到很大的打击。当初，皇后因为高颎是她父亲家的宾客，对他非常亲近有礼。这时，听说高颎在文帝面前称自己是一个妇人，由此怀恨在心。又因为高颎的妻子死了以后，他的妾为他生了个男孩，更不喜欢他。逐渐对他加以诋毁，诬陷高颎。文帝也是所有的事情完全按照皇后说的去办。皇后只要看到诸王和朝中官员们中，谁的妾怀了身孕，就必定劝说文帝废黜他们。当时，皇太子杨勇内宫中宠幸的女人很多，太子妃元氏突然死去了，皇后认为是被皇太子的爱妾云氏所害。于是，暗中劝说文帝，罢免了高颎，最终废掉皇太子杨勇，而立了晋王杨广，这些事情，都是出自于皇后的计谋。

仁寿二年八月甲子那天，环绕月亮周围的光气有四圈，己巳日，金星的星光冲犯了轩辕星。这天夜里，皇后在永安宫去世，时年五十岁。埋葬在太陵。在她以后，宣华夫人陈氏、容华夫人蔡氏都受到文帝的宠爱，文帝被她们迷惑得很深，由此得了疾病。到病重垂危的时候，文帝对在身边服侍他的人说道："如果皇后还在的话，我不会到了这样的地步啊。"

【原文】

文献独孤皇后，河南洛阳人，周大司马、河内公信之女也。信见高祖有奇表，故以后妻焉，时年十四。高祖与后相得，誓无异生之子。后初亦柔顺恭孝，不失妇道。后姊为周明帝后，长女为周宣帝后，贵戚之盛，莫与为比，而后每谦卑自守，世以为贤。及周宣帝崩，高祖居禁中，总百揆，后使人谓高祖曰："大事已然，骑兽之势，必不得下，勉之!"高祖受禅，立为皇后。

突厥尝与中国交市，有明珠一箧，价值八百万，幽州总管阴寿白后市之。后曰："非我所须也。当今戎狄屡寇，将士罢劳，未若以八百万分赏有功者。"百僚闻而毕贺。高祖甚宠惮之。上每临朝，后辄与上方辇而进，至阁乃止。使宦官伺上，政有所失，随则匡谏，多所弘益。候上退朝，而同返燕寝，相顾欣然。后早失二亲，常怀感慕，见公卿有父母者，每为致礼焉。有司奏以《周礼》百官之妻，命于王后，宪章在昔，请依古制。后曰："以妇人与政，或从此渐，不可开其源也。"不许。后每谓诸公主曰："周家公主，类无妇德，失礼于舅姑，离薄人骨肉，此不顺事，尔等当诫之。"大都督崔长仁，后之中外兄弟也，犯法当斩。高祖以后之故，欲免其罪。后曰："国家之事，焉可顾私!"长仁竟坐死。后异母弟陀，以猫鬼巫蛊，呪诅于后，坐当死。后三日不食，为之请命曰："陀若蠹政害民者，妾不敢言。今坐为妾身，敢请其命。"陀于是减死一等。后每与上言及政事，往往意合，宫中称为二圣。

后颇仁爱，每闻大理决囚，未尝不流涕。然性尤妒忌，后宫莫敢进御。尉迟迴女孙有美色，先在宫中。上于仁寿宫见而悦之，因此得幸。后伺上听朝，阴杀之。上由是大怒，单骑从苑中而出，不由径路，入山谷间二十余里。高颎、杨素等追及上，扣马苦谏。上太息曰："吾贵为天子，则不得自由！"高颎曰："陛下岂以一妇人而轻天下！"上意少解，驻马良久，中夜方始还宫。后俟上于阁内。及上至，后流涕拜谢，颎、素等和解之。上置酒极欢，后自此意颇衰折。初，后以高颎是父之家客，甚见亲礼。至是，闻颎谓己为一妇人，因此衔恨。又以颎夫人死，其妾生男，益不善之，渐加谮毁，上亦每事唯后言是用。后见诸王及朝士有妾孕者，必劝上斥之。时皇太子多内宠，妃元氏暴薨，后意太子爱妾云氏害之。由是讽上黜高颎，竟废太子立晋王广，皆后之谋也。

仁寿二年八月甲子，月晕四重，己巳，太白犯轩辕。其夜，后崩于永安宫，时年五十。葬于太陵。其后，宣华夫人陈氏、容华夫人蔡氏俱有宠，上颇惑之，由是发疾。及危笃，谓侍者曰："使皇后在，吾不及此"云。

南史·北史

文元袁皇后传

——《南史》卷一一

【说明】袁齐妫(？－440)，宋文帝刘义隆的皇后。因受宠爱不如潘淑妃而积怨成疾，临终仍不愿面对宋文帝，但能认定自己的儿子刘劭会破国亡家，想杀死他，也令人惊定愕不已。

文帝元袁皇后名叫齐妫，是陈郡阳夏人，左光禄大夫袁湛之的庶出女儿。她的母亲身份原本卑贱，袁皇后到了六岁才得到抚养。以后嫁给了文帝，最初被拜为宜都王妃，生了儿子刘劭、东阳献公主刘英娥。文帝与袁皇后的恩爱非常深厚，待她礼仪周到。袁家贫困，皇后经常向文帝索求钱财绢帛去赡养家庭。文帝的性情节俭，皇后得到的不过是三、五万钱，三五十匹帛。以后潘淑妃得宠，对她的宠爱盖过了整个后宫，都传说潘淑妃的要求没有得不到的。袁皇后听说后，不知道这种说法是否可信，就通过潘淑妃向文帝给自己家里要三十万钱，以此观察文帝的意思，过了一天就得到了钱。袁皇后因此恼怒愤恨，自称有病，不再去见文帝，便愤恨成疾。元嘉十七年，袁皇后病重，文帝拉着她的手流着泪，问她有什么要说的。袁皇后看了文帝好久，就拉起被子盖上脸，在显阳殿中去世。文帝十分悲痛，悼念她，下诏让前永嘉太守颜延之作哀策，文辞非常华丽。哀策上奏后，文帝自己加上"抚存悼亡，感今怀昔"八个字以表达心意。有关官署上奏谥为宣皇后，文帝下诏命令谥为元皇后。

当初，皇后生了刘劭，自己认真看了看他，派人跑去告诉文帝说："这个儿子形貌异常，一定会使国家破败，家族灭亡，不能养育"。就想要杀了他。文帝慌忙跑到后殿的窗外,用手扯开窗帘禁止她动手,才止住杀刘劭。

袁皇后死后,经常有些小小的灵验感应。生明帝的沈美人曾经在没有罪责的情况下受责罚,应该被处死,从袁皇后过去居住的徽音殿前经过。这个殿有五间房,在袁皇后去世后经常关闭着。沈美人到了殿前流着泪大声说:"今天没有罪而被处死,先皇后如果有灵应该知道。"殿门随着声音豁然大开。执事人员赶快去告诉文帝,文帝吃惊地去看这种情况。沈美人就得以释放了。

大明五年(461),孝武帝就下诏书,追封生袁皇后的外祖母王夫人为豫章郡新淦平乐乡君,又下诏书对以前没有赐给看坟人户的赵、肖、臧光禄、袁敬公、平乐乡君等墓,各自给予三户蛮族人以供应洒水清扫事务。袁皇后的父亲袁湛之自己有传记。

天保初年,宋景业被封为长城县子,奉诏撰修《天保历》,李广为此书撰写了序言。

【原文】

宋文元袁皇后讳齐妫,陈郡阳夏人,左光禄大夫湛之庶女也。母本卑贱,后年至六岁方见举。后适文帝,初拜宜都王妃,生子劭、东阳献公主英娥。上待后恩礼甚笃,袁氏贫薄,后每就上求钱帛以赡之。上性俭,所得不过五三万、五三十匹。后潘淑妃有宠,爱倾后宫,咸言所求无不得。后闻之,未知信否,乃因潘求三十万钱与家,以观上意,宿昔便得。因此恚恨称疾,不复见上,遂愤恚成疾。元嘉十七年疾笃,上执手流涕,问所欲言。后视上良久,乃引被覆面,崩于显阳殿。上甚悼痛之,诏前永嘉太守颜延之为哀策,文甚丽。及奏,上自益"抚存悼亡,感今怀昔"八字以致意焉。有司奏谥宣皇后,诏谥曰元。

初,后生劭,自详视之,使驰白帝:"此儿形貌异常,必破国亡家,不可举。"便欲杀之。文帝狼狈至后殿户外,手掇幔禁之乃止。

后亡后,常有小小灵应。明帝所生沈美人尝以非罪见责,应赐死,从后昔所住徽音殿前度。此殿有五间,自后崩后常闭。美人至殿前流涕大言曰:"今日无罪就死,先后若有灵当知之。"殿户应声豁然开,职掌者遽白文帝,惊往视之,美人乃得释。

大明五年,孝武乃诏追后之所生外祖亲王夫人为豫章郡新淦平乐乡君,又诏赵、萧、臧光禄、袁敬公、平乐乡君墓,先未给茔户,各给蛮户三以供洒扫。后父湛之自有传。

天保初,封长城县子,受诏撰《天保历》,李广为之序。

李延寿传

——《北史》卷一〇〇

【说明】李延寿（约595－?），字遐龄，相州人（今河南安阳），唐初著名史学家。其父李大师(570－628)早年即有"著述之志"，欲改变以往南北史中南北相互诬骂、详本国略别国、因民族偏见而失实的种种弊病，以编年体的形式写出一部新的南北朝史，未果而逝，遂成"没齿之恨"。李延寿自贞观年间起，即参加朝廷组织的修史工作，得到了接触有关南北史资料的便利，便借助他父亲所修的"旧本"，经十六年的努力，写出了纪传体的《南史》和《北史》。这两部著作从国家一统的思想出发，承认地不分南北，其历史发展都是祖国历史发展的一部分，反映了魏晋以来各民族大融合的历史过程；弃曲去讳，直书其争，纠正了不少旧史的失实之处；"鸠聚遗逸"，增补"异闻"，丰富了南北史的内容；叙事简洁，受到后世多数学者的好评。而《北史》详《南史》略，"于征祥诙嘲小事无所不载"，删削亦有不甚恰当之处，则是其不足之处。但总的看来，《南史》和《北史》仍不失为我国史学中的佳作。

李延寿与敬播都在中书侍郎颜师古、给事中孔颖达手下担任写作工作。因为家中已有（南北史的）旧稿，想继承、实现先人的愿望，补出齐、梁、陈、周、隋五代部分所未写的部分，所以在编辑工作之余，昼夜抄录这些材料。到贞观五年，因家中有丧事而离职。服丧期满后，从官到蜀，把所得材料进行编辑。但所缺材料尚多，没有能够完成。贞观十五年，任东宫典膳丞的时候，右庶子、彭阳公令狐德棻又启用李延寿修《晋书》，因此再次得以勘校研究有关宋、齐、魏三代还没有得到的材料。贞观十七年，尚书右仆射褚遂良当时以谏议大夫的身份奉皇上命令修《隋书》的十志，又获得了皇上的批准召李延寿参加撰录，李延寿因此得到了广泛阅读的机会。当时五代史还没有公开，李延寿不敢使人抄录；家中素来贫穷，又无能力雇人书写。魏、齐、周、隋、宋、齐、梁、陈诸正史，都是李延寿自己抄写的，其中本纪是依司马迁的体裁，把它们连缀起来。又在这八部正史之外，参考了一千余卷杂史，将原来正史中没有的记载，都编入书中。它们烦冗的地方，就删削掉。南北史从开始到修成，共用了十六年。从刘宋开始，共八代，分为《北史》《南史》二书，合计一百八十卷。其中《南史》先写完，呈送给监国史、国子祭酒令狐德棻，承蒙他从头到尾读完，并将其中的错误作了改正，允许我上奏皇上。接着又以《北史》求教，他也为我作了详细更正。将二书向各宰相讨教后，就向皇上上了表。表文说：

臣延寿说：臣下听说设置史官，由来已久，执简记言，必须借助直笔。所以《典》《谟》记载叙述的，唐尧、虞舜的风范尤其突出；《诰》《誓》所陈述的，殷代、周代的伟绩特别显著。有了鲁国的《春秋》，鹿门之会给臧孙留下了借鉴；晋国的史书《乘》没有隐讳，赵桃园杀君赵盾受到了讥讽。大约圣哲的君王治理国家，交通贤人树立榜样，惩罚告诫的方法，都是由史书中引出的意义。到了秦朝大量焚烧书籍，周代的典籍都湮灭。后来司马迁创造了纪传体，五帝三代都完全写入了本纪中，不同的事情归记于不同的体例记载，纲目都很清晰。从此以后，这段都被后人作为效法的对象。虽然左史写史，每一时代都不乏其人，然而微隐委婉所传的，只有班固和范晔得到称赞。其次有陈寿写的《三国志》，也被称为名家所作。这些著作都被前代修史的人所重视，不必在这里再评论赞扬了。

到了紫气南浮，黄旗东徙，五代更替，大约有三百年。元熙年以前，就总归于晋朝，著述这段历史的士人，虽多达数家，大约地讨论一下，没有听说其中有完美的。我大唐太宗文皇帝神资睿圣，天给了他英明灵气，对此事哀恸冲襟，经多方体察，深深地为这些史书的芜秽而嗟叹，于是决心删削而完成新著，此作既悬之于日月星辰，就成为了流传不朽的著作了。但是，北朝自元魏以后，南朝从刘宋以后，朝代迭变，当时的风气喜欢诋毁前朝，每个朝代都有史书，人多好事，从篇目上看，史书不少，但各人都陈述自己的见闻，同异甚多。而一些小说短书，易被湮灭散落，其中的脱文或者残落之处，找不到地方去校勘。一则是因为王道颓丧，朝廷与市场不断变换，资料日失其真，怎么判断它的真假？二则是道德修养达到最高境界的人的高尚事迹，通达之士的重要的教导，因此就不能听到了，这是令人伤叹的。三则败坏风俗的巨蠹，犯有如夏桀一样滔天罪恶的人，不记载下来加以贬责，用什么人作为样板来进行鼓励和引导人们呢？

臣下我的生命虽然轻贱但多有幸运，有幸侍奉千岁，从贞观以来，屡次忝入史局，不度量自己的愚蠢鄙陋，私自修撰了前代史。起自北魏登国元年，到隋朝义宁二年止，共三代二百四十四年，又兼写了东魏天平元年，到北齐隆化二年，共四十四年的行事，总编为本纪十二卷、列传八十八卷，称为《北史》；又起南朝宋永初元年，到陈祯明三年，共四代一百七十年，为本纪十卷、列传七十卷，称为《南史》。总共八代，合为二书，计一百八十卷，用以模拟司马迁的《史记》。以上八代之中，梁、陈、齐、周、隋五代史书，是贞观年间奉皇上之命撰写的，因为所写的十志没上奏，这些书都未公开。但这些书及志，从开始到末尾都是臣下我所写的。臣下我本来就一直追慕古事，又完全得到了研寻闻见的条件，便私自抄录，共用了十六年，所涉猎的书，有千多卷。连缀改定，只靠一人之手，所以拖的时间很长，到现在才完成。我只是搜集遗书逸事，用来增加不同的见闻，分朝代进行编辑，把它们统编在一部书中；删除冗长的地方，保留它们的精华。假如原文妥帖，就不修改加以采用，不敢以我的愚钝，自发管见。虽然此书粗疏朴野，大惭于先哲，但在搜寻材料方面也有所得，我私下认为还是详尽的。其中的《南史》删改修订已是定稿，《北史》修改校对仅初步完成。南北史既然是私人修撰的，所以不敢沉默，又没有上奏过皇上，也不敢流传。臣下我轻率地陈述，伏地颤抖等待皇上的裁决。臣就恭敬地说以上的话。

【原文】

延寿与敬播俱在中书侍郎颜师古、给事中孔颖达下删削。既家有旧本，思欲追终先志，其齐、梁、陈五代旧事所未见，因于编辑之暇，昼夜抄录之。至五年，以内忧去职。服阕，从官蜀中，以所得者编次之。然尚多所阙，未得及终。十五年，任东宫典膳丞日，右庶子、彭阳公令狐德棻又启延寿修《晋书》，因兹复得勘究宋、齐、魏三代之事所未得者。十七年，尚书右仆射褚遂良时以谏议大夫奉敕修《隋书》十志，复准赖召延寿撰录，因此遍得技寻。时五代史既未出，延寿不敢使人抄录；家素贫罄，又不办雇人书写。至于魏、齐、周、隋、宋、齐、梁、陈正史，并手自写，本纪依司马迁体，以次连缀之。又从此八代正史外，更勘杂史于正史所无者一千余卷，皆以编入。其烦冗者，即削去之。始末修撰，凡十六载。始宋，凡八代，为《北史》《南史》二书，合一百八十卷。其《南史》先写讫，以呈监国史、国子

祭酒令狐德棻,始末蒙读了,乖失者亦为改正,许令奏闻。次以《北史》诸知,亦为详正。因遍谘宰相,乃上表。表曰:

臣延寿言:臣闻史官之立,其来已旧,执简记言,必资良直。是以《典》《谟》载述,唐、虞之风尤著;《诰》《誓》斯陈,殷、周之烈弥显。鲁书有作,鹿门贻鉴于臧孙;晋《乘》无隐,桃园取讥于赵盾。斯盖哲王经国,通贤垂范,惩诫之方,率由兹义。逮秦书既炀,周籍俱湮。子长创制,五三毕纪,条流且异,纲目咸张。自斯以后,皆所取则。虽左史笔削,无乏于时,微婉所传,唯称班、范。次有陈寿《国志》,亦曰名家。并已见重前修,无俟扬榷。

洎紫气南浮,黄旗东徙,时更五代,年且三百。元熙以前,则总归诸晋,著述之士,家数虽多,泛而商略,未闻尽善。太宗文皇帝神资睿圣,天纵英灵,爰动冲襟用纤玄览,深嗟芜秽,大存刊勒,既愚诸日星,方传不朽。然北朝自魏以还,南朝从宋以降,运行迭变,时俗污隆,代有载笔,人多好事,考之篇目,史牒不少,互陈闻见,同异甚多。而小说短书,易为湮落,脱或残灭,求勘无所。一则王道得丧,朝市贸廷,日失其真,晦明安取?二则至人高迹,达士弘规,因此无闻,可为伤叹。三则败俗巨蠹,滔开桀恶,书法不纪,孰为劝奖?

臣轻生多幸,运奉千龄,从贞观以来,屡叨史局,不揆愚固,私为修撰。起魏登国元年,尽隋义宁二年,凡三代二百四十四年,兼自东魏天平元年,尽齐隆化二年,又四十四年行事,总编为本纪十二卷、列传八十八卷,谓之《北史》;又起宋永初元年,尽陈祯明三年,四代一百七十年,为本纪十卷,列传七十卷,谓之《南史》。凡八代,合为二书,一百八十卷,以拟司马迁《史记》。就此八代,而梁、陈、齐、周、隋五书,是贞观中敕撰,以十志未奏,本犹未出。然其书及志,始末是臣所修。臣既夙怀慕尚,又备得寻闻,私为抄录,一十六年,凡所猎略,千有余卷。连缀改定,止资一手,故淹时序,迄今方就。唯鸠聚遗逸,以广异闻,编次别代,共为部秩。除其冗长,捃其菁华。若文之所安,则因而不改,不敢苟以下愚,自申管见。虽则疏野,远惭先哲,于披求所得,窃谓详尽。其《南史》刊勒已定,《北史》勘校初了。既撰自私门,不敢寝嘿,又未经闻奏,亦不敢流传。轻用陈闻,伏深战越。谨言。

旧唐书

太宗本纪

——《旧唐书》卷二、三

【说明】唐太宗李世民(599－649),唐高祖李渊次子。隋末劝李渊起兵,推翻隋王朝。是唐王朝的实际缔造者,在唐王朝镇压和收编各路农民起义军,消灭各地割据势力,实现全国的统一等方面,都起了关键性的作用。李渊即帝位,他被封为秦王。武德九年(626),发动"玄武门之变",杀其兄弟建成、元吉。同年,高祖让位于世民。太宗在位期间,知人善任,虚心纳谏,注意缓和阶段矛盾,恢复和发展农业生产,使国家形成一个政治清明、刑法宽平、社会安定、经济繁荣的局面,历史上称为"贞观之治"。太宗在对外关系方面,也取得巨大成就。首先他征服西突厥,使国家的西北部地区,免除了落后的游牧民族的侵扰。他对四境少数民族采取比较正确的政策,同等看待汉族和非汉族人,因此境外部落纷纷内附,使唐的疆域空前扩大。但他晚年骄矜心逐渐滋长,曾错误地出兵侵犯高丽。总的说来,唐太宗是中国历史上少见的英明君主和卓越人物,他的文治武功,为唐帝国的统一、安定和强盛,奠定了巩固的基础。

太宗文武大圣大广孝皇帝名世民,高祖第二子。母亲是太穆顺圣皇后窦氏。隋代开皇十八年十二月戊午,出生于高祖在武功县的别馆里。当时有两条龙在门外游戏,三天才离开。高祖到岐州任刺史,太宗当时四岁。有个书生自称擅长算命,晋见高祖说:"您是贵人,而且有贵子。"见到太宗,说:"龙凤的姿貌,天庭隆起的仪表,年近二十,必定能济世安民。"高祖怕他把这话泄露出去,准备杀掉他，书生忽然不见，于是取"济世安民"的意思作为名字。太宗年幼时聪明多智，见解深远，处事果断，不拘小节，当时人都摸不透他。

大业末年，隋炀帝在雁门被突厥围困，太宗应募前去救援，隶属于屯卫将军云定兴的部队。临出发时，对定兴说："一定要携带旗鼓，用来虚设队伍，迷惑敌人。始毕可汗全国的军队，敢于来围困天子，一定以为国家仓促间派不出援兵。我方部署队伍，让数十里旗帜相连，夜晚则钲鼓声相应，敌人必定会以为救兵云集，望见我军的行尘而逃去。要不然，敌众我寡，敌人全军来战，我方一定支持不住。"定兴听从太宗的意见。部队在崞县宿营，突厥的侦察骑兵跑回去报告始毕说：隋朝的大军已到。突厥因此解围而去。高祖守太原的时候，太宗十八岁。有高阳盗贼首领魏刀儿，自己起个号叫历山飞，来攻太原，高祖袭击敌人，深入贼阵。太宗用轻骑兵突围进入贼阵，箭射贼兵，所到之处，敌皆倒退，于是把高祖从上万贼兵的围困中救出。这时正好遇上步兵开到，高祖与太宗又奋力进击，大破敌兵。

这时隋朝气数已尽，太宗暗中图谋起义，常屈己下人，舍财养客，群盗大侠，无不愿效死力。等到义军一起，便率兵夺取西河，攻下了它。拜右领军大都督，右三军都归他统领，封敦煌郡公。

起义大军西上贾胡堡，隋将宋老生率领精兵二万屯驻霍邑，以抵挡义军。正遇上连天阴雨，军粮用尽，高祖与裴寂商议，暂且领兵回太原，再谋划以后的行动。太宗说："原本兴立大义是为了拯救百姓，应当先攻入咸阳，号令天下；遇到小敌就回师，恐怕随从起义的人将会一朝解体。回去守太原一城之地，这不过是贼寇罢了，怎么能保全自己！"高祖不接受，催促他带兵出发。太宗于是在营帐外啼哭，声音传入营帐中。高祖召太宗进帐，询问原因，回答说："现在部队凭借正义而出动，前进、战斗就必定胜利，退回就一定会散伙。大家散伙于前，敌人趁机追击于后，死亡将顷刻而至，因此悲伤。"高祖醒悟，停止退兵。八月己卯，雨过天晴，高祖领兵直趋霍邑。太宗怕老生不出战，于是率领数名骑兵先到霍邑城下，拿着马鞭指点比划，好像要围城的样子，以激怒老生。老生果然发怒，开门出兵，背城列阵。高祖与李建成一起列阵于城东，太宗和柴绍列阵于城南。老生指挥兵士迅速前进，先逼近高祖，这时建成忽然坠马，老生趁机进攻，高祖与建成的部队都往后退。太宗自城南高地率领两名骑兵急驰而下，冲断了老生的部队，又领兵奋力进击,敌军大败,各扔掉兵器逃跑。城上的闸门放下,老生手拉绳子想上城,于是被砍死,霍邑平定。

部队到河东,关中豪杰争着跑来参加义军。太宗请求进兵入关,夺取永丰仓用来救济穷苦百姓,收编各路盗贼以便谋取京师,高祖认为这个建议很好。太宗带领先锋部队渡过黄河,先平定渭北。三辅的官吏百姓以及各式强宗豪族,到营门请求让自己效力的每日有上千人,扶老携幼,拥挤于将旗之下。太宗收纳优秀人才,用以充任朝廷官吏,远近听到消息的人,无不自求托身于此。部队在泾阳宿营,有优秀兵士九万名,击破贼寇胡人刘鹞子,兼并了他的部下。留下殷开山、刘弘基屯驻长安旧城。太宗自己奔赴司竹、盗贼首领李仲文、何潘仁、向善志等都来相见,停留于阿城,获得兵士十三万人。长安父老牵牛担酒到营门劳军的不可胜数,太宗都加以慰问,然后送走他们,东西一概不收。军令严肃,秋毫无犯。接着与大军一起平定京城。高祖任宰相时,太宗当唐国内史,改封秦国公。恰巧薛举率精壮的士兵十万逼近渭水边,太宗亲自迎击,大破敌兵,追杀万余人,夺取的土地一直到了陇坻。

义宁元年(617)十二月,太宗又任右元帅,统兵十万前去夺取东都。到了准备回师的时候,对部下说:"贼寇见我回去,必定会追赶。"设三处埋伏等待敌军。没多久隋将段达率领一万多人尾随而至,走过三王陵,发伏兵出击,段达大败,太宗的部队追击逃敌一直到了东都城下。于是在宜阳、新安设置熊、谷两州,派兵防守而后回京。太宗改封赵国公。高祖接受隋帝禅让,太宗拜尚书令、右武侯大将军,进封秦王,加授雍州牧。

武德元年(618)七月,薛举死亡,他的儿子薛仁杲继位。太宗又任元帅带兵攻打仁杲,双方相持于折墌城,各挖深沟筑高垒,对抗六十余日。贼寇有十多万人,军队的锋芒甚锐,多次来挑战,太宗按兵不动以挫其锐气。贼寇的粮食用完,他们的将领牟君才、梁胡郎前来投降。太宗对手下的将军们说:"敌军已经气衰,我应该征服它了。"派将军庞玉先在浅水原南列阵以引诱敌人,敌将宗罗睺率全军出战,庞玉的部队几乎被打败。接着太宗亲自统领大军,忽然从浅水原北出现,出敌不意。罗睺望见后,又回师抵抗。太宗率领数十名骁勇的骑兵冲入贼阵,于是朝廷的军队里外一起奋战,罗睺溃不成军,敌兵被斩首级数千,落入涧谷而死的人更多得无法统计。太宗率领左右二十多名骑兵追击逃敌,直趋折墌城下以便乘机破城。仁杲非常害怕,环城固守。快到傍晚的时候,大军到达,四面合围。第二天早晨,仁杲请求投降,俘获他的精兵一万余人,随军的男女五万名。

接着将领们向太宗表示祝贺,问道:"开始大王在野外击破贼寇,他们的主子还保有坚固的城池,大王没有攻城的器具,靠轻骑兵奔驰追逐,不等候步兵,直逼城下,大家都怀疑不能攻克这个城,却竟然攻下了,这是为什么呢?"太宗说:"这是用随机应变的方法逼迫敌人,使他们的计谋来不及形成,所以能攻克。罗睺依恃往年的胜利,加上养精蓄锐的日子很长,见我们不出战,便有相轻之意。现在高兴我们出战,于是率领全部人马迎击,我们虽然击破敌人,但擒获、杀死的人不多。如不急追,使敌人还跑回城里,仁杲收聚、安抚这些败卒,那我们就得不到这个城了。而且罗睺的部下都是陇西人,一打败仗,溃散后退,来不及回头,便逃归陇西,那么折墌城自然空虚,我军随着逼近,所以就害怕而投降。这可说是既定的计划,诸位都没看到吗?"将领们说:"这不是我们这些凡人所能赶得上的。"获得敌军精壮的骑兵甚多,还让仁杲兄弟及敌军首领宗罗睺、翟长孙等统领。太宗和他们一起骑马打猎,没有什么隔阂。这帮贼寇蒙受恩惠,屏息丧气,全愿舍命效力。当时李密刚归附朝廷,高祖命他乘驿车到幽州迎接太宗。李密见太宗容貌精明而威武,军威严肃,惊畏叹服,私下对殷开山说:"真是英明的主子。不像这样,怎么能平定祸乱呢?"太宗凯旋回京,到太庙进献战利品。拜为太尉、陕东道行台尚书令,坐镇长春宫,关东的兵马都归他指挥调度。接着加授左武侯大将军、凉州总管。

宋金刚攻陷浍州的时候,军队的锋芒甚锐。高祖因为王行本还占据蒲州,吕崇茂在夏县反叛,晋州、浍州相继陷落,关中震惊,就亲自给太宗写下诏书说:"贼寇的势力像这样,难以同他们争斗以决胜负,应该放弃河东,谨慎防守关西。"太宗进上奏章说:"太原是王业的奠基之地,国家的根本,河东富足,京城依托于它。如果攻下而又放弃它们,臣私下感到愤恨。愿陛下借给精兵三万,必定能消灭刘武周,克复汾州、晋州。"高祖于是全部征调关中的军队以增强太宗的兵力,又亲临长春宫送太宗。

武德二年十一月,太宗率领部队奔赴龙门关,踩着冰过河,进驻柏壁,与贼将宋金刚相持。接着永安王李孝基在夏县打败仗,于筠、独孤怀恩、唐俭都被贼将寻相、尉迟敬德抓获。敌军将回浍州,太宗派殷开山、秦叔宝在美良川拦击,大破

敌军，寻相等只独自逃脱，他们的部下全被俘虏，殷开山、秦叔宝又回到柏壁。于是将领们全来请战，太宗说："金刚孤军千里，深入我们的地方，精兵骁将，都集中在这里。刘武周据有太原，专依靠金刚保卫自己。敌人士卒虽多，内实空虚，意在速战。我们加固营垒、养精蓄锐以挫败敌人的锋芒，一朝粮尽计穷，敌人自当逃走。"

武德三年二月，金刚竟因士卒饥饿而逃跑，太宗追赶他们到介州。金刚列阵，南北七里，以抵挡官军。太宗派总管李世勣、程咬金、秦叔宝在其阵北抵敌，翟长孙、秦武通在其阵南抵敌。各军作战略退却，被贼寇钻了空子。太宗率领精壮骑兵攻打敌人，冲击敌军阵后，贼寇大败，太宗追击逃兵跑了数十里地。尉迟敬德、寻相率领八千人前来投降，太宗还让敬德统领这些兵士，与太宗军营的人相杂。屈突通害怕他们有变故，急忙告诉太宗。太宗说："从前萧王推赤心置他人腹中，他人全能尽力效命，现在委任敬德，又有什么可怀疑的呢。"于是刘武周逃奔突厥，并州、汾州全恢复原有的辖地。高祖下令往军中加授太宗为益州道行台尚书令。

七月，太宗总领各军往洛邑攻打王世充，部队在谷州宿营。世充率领精兵三万在慈涧列阵，太宗率领轻骑兵向敌人挑战。当时众寡不敌，官军陷于重围，太宗旁边的人都感到害怕。太宗命令旁边的人先回去，独自留下来殿后。这时世充骁将单雄信的数百名骑兵从道路两边直逼太宗，他们交互争先，竞相向前，太宗几乎被他们打败。太宗左右开弓，敌兵无不应弦落马，俘获敌军的大将燕顾。世充于是撤去慈涧的据点回到东都。太宗派行军总管史万宝自宜阳往南占据龙门,刘德威自太行向东包围河内,王君廓自洛口截断贼寇的运粮通道。又派黄君汉率水军夜晚从孝水河顺流而下袭击回洛城,攻克洛城。黄河以南,无不响应,城堡一个接一个前来投降。大军进驻邙山。九月,太宗带五百名骑兵先去观察地形,突然与世充率领的一万余人相遇,双方会战,又破敌军,斩首级三千余,俘获大将陈智略,世充只独自脱身。他所委任的筦州总管杨庆派使者要求投降,太宗派李世勣率军出辕道安抚杨庆的部队。荥、汴、洧、豫等九州相继前来投降。世充于是向窦建德求救。

武德四年二月,太宗又进驻青城宫。营垒还没有建立起来,世充的部队两万人即出方诸门临谷水列阵。太宗率精壮骑兵在北邙山列阵,命令屈突通率步兵五千渡过谷水攻击敌军,于是告诫屈突通说:“等两军交战就放烟为号,我当率骑兵南下。”军队刚交战,太宗率骑兵冲击敌人,挺身走在队伍前方,与屈突通里外相应。贼军拼死战斗,多次散而复合。自辰时到午时,敌人才开始后退。太宗趁势纵兵追击,俘虏和杀死敌军八千人,于是部队前进到洛阳城下扎营。世充不敢再出来,只环城固守,以等待窦建德的援兵。太宗派各部队在营外挖壕沟,营四周布满长围子以利防守。吴王杜伏威派他的将领陈正通、徐召宗率精兵两千前来同太宗的部队会合。伪郑州司马沈悦献虎牢关投降,将军王君廓同他里应外合,擒获了关里的伪荆王王行本。

正好窦建德领兵十余万前来援救世充,到了酸枣。萧瑀、屈突通、封彝德都认为腹背受敌,恐怕不是万全之策,要求退兵到谷州以观察敌情。太宗说:“世充粮尽,内外离心,我们应当不费力攻击,坐等他自己破败而得利。建德新破孟海公,将骄兵惰,我们应该进兵据守虎牢,扼制要害之地。贼寇如果冒险与我们决战,击破他们是必然的。如果贼寇不战,十日间世充当自崩溃。如果不迅速进兵,贼寇一入虎牢,各城新归附我们,必定无法守住。那时世充、建德两贼协力,我们将怎么办呢?”屈突通又要求解东都之围移军险要之地以等待敌军的变化,太宗不允许。于是留下屈突通辅助齐王李元吉包围世充,亲自率领步、骑兵三千五百人奔赴虎牢。

建德由荥阳西上,筑营垒于板渚,太宗驻虎牢,双方相持二十余日。探子报告说:“建德等候官军草料用尽,侦察到官军在黄河北岸放马,就将袭击虎牢。”太宗知道敌人的计划,于是在黄河北岸放马以引诱敌人。第二天早晨,建德果然倾巢出动,列军汜水,世充的将领郭士衡也列阵于建德之南,绵延数里,击鼓呼叫,将领们非常害怕。太宗带数名骑兵登上高地瞭望敌阵,对将领们说:"这些贼寇起于山东,未遇见大敌。现在他们要通过险要之地而喧闹,这是军中没有规矩法度的表现;逼近城堡而列阵,这是有轻我之心。我们按兵不出,敌军的锐气就会渐衰,列阵时间一长,兵士饥饿,必将自己退兵,那时追击敌人,无往不克。我与诸位相约,一定在午时后破敌。"建德列阵,自辰时至午时,兵士饥饿疲倦,都坐在队列里,又争水喝,不一会收兵退走。太宗说:"可以出击了!"亲自率领轻骑兵追赶并引诱敌人,大部队也接着赶到。建德把军队掉转过来列阵,还来不及整理队伍,太宗就先上前进攻,所到之处,敌皆倒退。一会儿众军合战,喊声四起,尘土飞扬。太宗率领史大奈、程咬金、秦叔宝、宇文歆等挥旗进入敌阵,直接冲杀到敌军阵后,张开我军的旗帜。贼寇回头见到旗帜,溃不成军。太宗追击逃兵三十里地,斩敌军首级三千余,俘获敌兵五万名,在阵中活捉了建德。太宗责备他说:"我兴师问罪,目标本在王世充。得失存亡,不干你事,为什么越过自己的境域,触犯我军的锋芒?"建德吓得两腿发抖说道:"现在我如果不来,怕还要有劳您到远方去拿我。"高祖听到胜利的消息非常高兴,亲自给太宗写下诏书说:"隋朝分崩离析,崤山函谷关隔绝不通。两个豪杰势力相联,一时就把他们清除。军队既打胜仗,又没有死伤。无愧是臣子的表率,不让自己的父亲忧虑,这些都是你的功劳。"

太宗于是带着建德到东都城下。世充害怕,率领他的部属二千余人到营门要求投降,山东全部平定。太宗进驻东都宫城,命令萧瑀、窦轨等封闭和防守仓库,一无所取,命令记室房玄龄收集隋朝的地图和户籍。于是诛杀和窦、王一起作恶的段达等五十余人,无辜被囚禁的人一律释放,无罪被杀害的人都加以祭奠并作悼辞。大宴将士,分等级颁赏。高祖派尚书左仆射裴寂到军中慰问。

六月,凯旋回京。太宗身披黄金甲,队伍中有披甲的骑兵、战马一万,带甲的步兵三万人,前后部鼓吹乐,俘获的两个伪皇帝和隋朝的器物、辇车等献到太庙。高祖非常高兴,在太庙行饮至礼犒劳太宗。高祖认为自古以来已有的官号同太宗的特殊功勋不相称,于是另立徽号,以表彰太宗的功德。十月,加号天策上将,领陕东道大行台,地位在王公之上。增加封邑两万户,连以前的共三万户。赐给太宗用黄金作装饰的大车一辆,衮冕服,玉璧一双,黄金六千斤,前后部鼓吹乐及九部乐,持木剑的仪仗队四十人。

当时海内逐渐平定,太宗于是专心研读经籍,开设文学馆以接待四方的士人。行台司勋郎中杜如晦等十八人任学士,常轮流在馆里值班,太宗和颜悦色,同他们讨论经义,有时到夜半才休息。

没多久,窦建德的旧将刘黑闼起兵反叛,占据洺州。十二月,太宗统兵东讨。武德五年正月,进军肥乡,分兵截断敌人的运粮道路,双方相持两个月。黑闼窘迫惶急,求战心切,率领步、骑兵两万,往南渡过洺水,清晨逼近官军。太宗亲自率领精壮骑兵,攻打敌人的马军,击破,然后乘胜践踏敌人的步兵,贼寇大败,斩敌首级一余多。在这以前,太宗派人在洺水上游筑坝挡水,使河变浅,让黑闼能够渡河。等到战斗打响,就下令决坝,结果大水流到河深丈余,敌军溃败后,往河里跑的人全被淹死。黑闼与两百余骑兵北逃突厥,他的部下全被俘虏,河北平定。当时徐圆朗拥兵于徐、兖二州,太宗回师讨平他,于是黄河、济水、长江、淮水各郡邑全部平定。十月,加授太宗左右十二卫大将军。

武德七年秋,突厥颉利、突利两可汗由原州入侵,袭扰关中。有人劝说高祖道:"只因为财宝女子在京师,所以突厥人来,如果烧掉长安城而不以其为首都,那么胡寇自然不来。"高祖于是派中书侍郎宇文士及巡视山南可居之地,准备迁都。萧瑀等都认为这样做不对,但终不敢冒犯天子、正言劝谏。太宗独自进谏说:"霍去病,汉朝的一个将帅罢了,尚且立志消灭匈奴。臣充诸侯王之数,还使边患不息,于是让陛下准备迁都,这都是臣的责任。现在有幸乞求陛下听任臣效些微之劳,拿住那颉利。如果一两年间不能把绳子套在他颈上,慢慢再立迁都之策,臣当不敢再说什么。"高祖发怒,仍派太宗带领三十余名骑兵去巡视栈道。回来的时候,太宗坚决奏请一定不能迁都,高祖于是打消迁都的念头。八年,加授太宗中书令。

武德九年,皇太子建成、齐王元吉图谋杀害太宗。六月四日,太宗率领长孙无忌、尉迟敬德、房玄龄、杜如晦、宇文士及、高士廉、侯君集、程知节、秦叔宝、段志玄、屈突通、张士贵等在玄武门杀建成、元吉。甲子,太宗立为皇太子,各种政务都由他裁定。太宗于是放走禁苑中所养的鹰犬,并命各地停止进献珍异之物,政治崇尚简约严肃,天下人非常高兴。又命令百官各上密封的奏章,细述安民治国的要旨。己巳,发布命令说:"依照礼的规定,两个字的名字不单个避讳。近代以来，两个字的名字都单个避讳，名号、词语、书籍等废弃、空缺已多。随意而行，有违经典。凡官号、人名、公私文书，有'世民'两字不相连的，都不须避讳。"撤销幽州大都督府。辛未，废除陕东道大行台，设置洛州都督府；废除益州道行台，设置益州大都督府。壬午，幽州大都督庐江王李瑗图谋叛逆，废为平民。乙酉，撤销天策府。

七月壬辰，太子左庶子高士廉任侍中，右庶子房玄龄任中书令，尚书右仆射萧瑀任尚书左仆射，吏部尚书杨恭仁任雍州牧，太子左庶子长孙无忌任吏部尚书，右庶子杜如晦任兵部尚书，太子詹事宇文士及任中书令，封德彝任尚书右仆射。

八月癸亥，高祖传位给皇太子，太宗在东宫显德殿即位。派司空、魏国公裴寂在南郊烧柴祭告上天。大赦天下的罪人。武德元年以来究问得实被流放到边远地区的人全部放回。文武官五品以下原先无爵的赐给最低一等爵，六品以上各加勋官一级。天下免除徭役一年。癸酉，放走后宫里的宫女三千余人。甲戌，突厥颉利、突利可汗侵犯泾州。乙亥，突厥进犯武功，京师戒严。丙子，立妃子长孙氏为皇后。己卯，突厥侵犯高陵。辛巳，行军总管尉迟敬德同突厥在泾阳作战，大破敌军，斩首级一千多。癸未，突厥颉利可汗到了渭水便桥北边，派他的酋长执失思力入朝窥探，擅自察看地形，太宗下令囚禁他。太宗亲自出玄武门，乘六匹马驾的车疾驱到渭水上，与颉利隔着河谈话，指责他负约。一会儿各个部队接着开到，颉利见军容壮盛，又知道思力被囚禁，因此很害怕，要求讲和，太宗允许。当日回宫。乙酉，又亲临便桥，与颉利杀白马订盟，突厥退兵。

九月丙戌，颉利献马三千匹、羊一万头，皇帝不收，让颉利送回所掠夺的中国户口。丁未，领进各卫的骑兵统领等在显德殿庭练习射箭，对将军以下的人说："自古以来突厥与中国，互有盛衰，像轩辕善于使用五种兵器，就能在北方驱逐獯鬻；周宣王使方叔、召虎为自己效力，也能在太原克敌制胜。到了汉、晋的君主，以至于隋代，不让兵士平时练习各种兵器，突厥来犯，不能抵御，导致扔下中国百姓在敌寇手中遭难。我现在不让你们挖池筑苑，建造各种过度浪费钱财的设施。农民可恣意让他们安乐，兵士只有练习射箭骑马，希望使你们能战斗，也盼望在你们面前没有敢于横行的敌人。"于是每天领进数百人在殿前教他们射箭，皇帝亲自考试，射中的人立刻赏给弓刀、布匹、丝织品。朝臣多有进谏的，他们说:"先代的圣王制定法律,有带兵器到天子住处的处死刑,这是制止刚萌生的不良现象扩展,防备不测之事的办法。现在领进偏将士卒一类人,在皇宫旁边弯弓放箭,正怕灾祸产生于不意之中,这不是为国家考虑的办法。"皇上不接受。从这以后,士兵都变精锐了。壬子,天子命令私家不得随便立妖神,滥设祭祀,不符合礼制规定的祭祀,一律禁止。除龟卜和它的五种兆形、《易经》和它的卜筮术外,各种形形色色的占卜术,也全禁止。长孙无忌封齐国公,房玄龄封邢国公,尉迟敬德封吴国公,杜如晦封蔡国公,侯君集封潞国公。

冬十月丙辰初一,日蚀。癸亥,立中山王李承乾为皇太子。癸酉,赐给裴寂封邑一千五百户,长孙无忌、王君廓、尉迟敬德、房玄龄、杜如晦一千三百户,长孙顺德、柴绍、罗艺、赵郡王李孝恭一千二百户,侯君集、张公谨、刘师立一千户,李世勣、刘弘基九百户,高士廉、宇文士及、秦叔宝、程知节七百户,安兴贵、安修仁、唐俭、窦轨、屈突通、萧瑀、封德彝、刘义节六百户,钱九陇、樊世兴、公孙武达、李孟常、段志玄、庞卿恽、张亮、李药师、杜淹、元仲文四百户,张长逊、张平高、李安远、李子和、秦行师、马三宝三百户。

十一月庚寅,皇族封郡王的都降为县公。

十二月癸酉,亲自省察囚徒的罪状。

这一年,新罗、龟兹、突厥、高丽、百济、党项都派使者来朝见天子,进献方物。

贞观元年(627)春正月乙酉,更改年号。辛丑,燕郡王李艺占据泾州反叛朝廷,接着被他的部下杀死,首级传送到京师。庚午,任命仆射窦轨为益州大都督。

三月癸巳,皇后亲自行养蚕之礼。尚书左仆射、宋国公萧瑀任太子少师。丙午,发布诏令:"齐国的前尚书仆射崔季舒、给事黄门侍郎郭遵、尚书右丞封孝琰等,从前在邺中做官,名位显达,志操忠直,上表极言直谏,不能挽救国家的危亡,于是像关龙逢那样遇害。季舒的儿子崔刚,郭遵的儿子郭云,孝琰的儿子君遵,都因家遭当世责难,而身受滥施的刑罚。应当给予褒奖,特别不同于一般人,可免除他们的内侍之官,另外量才进用。"

夏四月癸巳,凉州都督、长乐王李幼良有罪被处死刑。

六月辛巳,尚书左仆射、密国公封德彝逝世。壬辰,太子少师宋国公萧瑀任尚书左仆射。

这年夏天,山东各州大旱,下令各州救济,百姓不用出今年的租赋。

秋七月壬子,吏部尚书、齐国公长孙无忌任尚书右仆射。

八月戊戌,贬侍中、义兴郡公高士廉为安州大都督。户部尚书裴矩去世。这一月,关东及河南、陇右沿边各州秋庄稼受霜害。

九月辛酉,命令中书侍郎温彦博、尚书右丞魏征等分别到各州救济百姓。中书令、郢国公宇文士及任殿中监。御史大夫、检校吏部尚书、参预朝政、安吉郡公杜淹就任。

十二月壬午,皇上对随侍左右的臣子说:"神仙的事本来虚妄,不过空有其名。秦始皇不安本分地爱好神仙,于是被方士欺骗,便派童男童女数千人随徐福入海求仙药。方士为躲避秦朝暴政,留在那里不回来,始皇还在海边徘徊等待他们,后来回到沙丘便死了。汉武帝为求神仙,就把女儿嫁给有道术的人,后来事情既无效验,便杀掉方士。根据这两件事(可以看出),神仙是不必劳神去妄求的。"尚书左仆射、宋国公萧瑀因事获罪被免职。戊申,利州都督义安王李孝常、右武卫将军刘德裕等图谋造反,被处死刑。

这一年,关中饥荒,以至于有卖儿鬻女的。

贞观二年春正月辛丑,尚书左仆射、齐国公长孙无忌任开府仪同三司。改封汉王李恪为蜀王,卫王李泰为越王,楚王李祐为燕王。又设置六部侍郎,辅助六部尚书治理政事,并设置左右司郎中各一人。前安州大都督、赵王李元景任雍州牧,蜀王李恪任益州大都督,越王李泰任扬州大都督。

二月丙戌,靺鞨成为唐的属国。

三月戊申初一,日蚀。丁卯,派御史大夫杜淹巡视关内各州。取出皇宫府库里的黄金和宝物,赎回自己卖身为奴的男女,送还给他们的父母。庚午,大赦天下的罪人。

夏四月己卯,命令死人的骸骨暴露在外的,让所在的地方负责掩埋。丙申,契丹成为唐的属国。首次命令天下的州县都设置义仓。夏州的盗贼首领梁师都被他的堂弟洛仁杀死,洛仁献城投降唐朝。

五月,降大雨和冰雹。

六月庚寅,皇子李治诞生,设宴招待五品以上官吏,分等第赐给他们丝织物,还赐给全国在这一天出生的人粮食。辛卯,皇上对随侍左右的人说:"君主虽然不像君主,臣子不可以不像臣子。裴虔通,本是炀帝的侍从之臣,却亲自当叛乱的首领。朕正推崇、鼓励恭敬信义，怎么还可以让他继续统治人民、训导风俗呢。"发布诏令说：

天与地确定位置，君臣之间应有的关系也就明白了；地卑天高的位置既已确立，人与人之间应有的等级关系也就清楚了。所以能使风俗淳厚，天下教化成功。虽然又时常经历太平或动乱的年代，君主有昏有明，但疾风中有劲草，芬芳的品德不绝，不少人为君主剖胸焚身，赴汤蹈火，视死如归。难道他们不爱惜七尺的身躯，不重视百年的生命？实由于君臣之间应有的关系非常重，在礼教中被置于首要地位，所以他们能在当世显示临难不苟的节操，于身后树立清正高洁的风范。至于像赵高杀害秦二世，董卓毒死弘农王，是人与神所憎恶的，连其他时代的人都共同感到气愤。更何况平庸小子，有凶暴悖逆之心！远观前代帝王的策命，这种人没有不杀掉的。辰州刺史、长蛇县男裴虔通，过去在隋代，侍奉晋王杨广，炀帝因原先在王府的交情，特别加以宠幸。于是就心无君亲，暗中图谋弑君，秘密窥测可乘之机，招纳、勾结各种恶人，长戟流矢，竟一朝私自往宫中发射。这是天下的恶事，谁说可以忍受！应当诛灭虔通的同宗，焚烧他的首级，用以表明他的犯上行为是一种大耻辱。但发生的年代不与当今同时，又多次遇到发布赦令，可特别免去他的死刑，从官籍中除名并削去爵位，流放欢州。

秋七月戊申，发布诏令："莱州刺史牛方裕、绛州刺史薛世良、广州都督府长史唐奉义、隋武牙郎将高元礼，在隋代都蒙炀帝任用，却协同宇文化及，构成弑君之罪。应当按照裴虔通的样子，除名流放岭南。"太宗对随侍左右的臣子说："天下的愚人，好触犯法令，所有赦免罪人的恩惠，只能给予不守法度之辈。古语说：'小人的幸运，是君子的不幸。''一年两次赦免罪人，好人成了哑巴。''凡养着杂草，会妨害禾苗的生长，施恩惠给为非作歹的人，会伤害好人。'从前文王设刑罚，该用刑的都不赦免。又蜀先主曾对诸葛亮说：'我周旋于陈元方、郑康成之间，常听见他们告诉我治乱之道，内容相当全面，而不曾谈到赦免罪人。'小人，是君子的祸害，所以朕自得天下以来，不大发布赦令。现今四海安静，礼义得到振兴和推行，特别的恩惠，施给不可频繁，怕愚人常会冀求侥幸，只想犯法，不能改过。"

八月甲戌初一,太宗到朝堂,亲自过问冤狱。从这以后,只要国家、军队无事,皇上每天都会到西宫侍奉太上皇,问寒问暖。癸巳,公卿大臣进言:"按照礼的规定,季夏六月,可以住在台上的高屋里。现在盛暑未退,秋天的多雨季节即将开始,宫中地势低而潮湿,请营造一座楼阁居住。"皇帝说:"朕有气力衰竭的病,哪里适合住在低而湿的地方。如果答应你们的请求,要耗费的钱财实在不少。从前汉文帝准备建露台,而舍不得相当于十户人家财产的花销。朕品德赶不上汉文帝,而所费的钱超过他,难道说作百姓父母的方法就是这样?"太宗未允。这一月,河南、河北有大霜害,百姓饥饿。

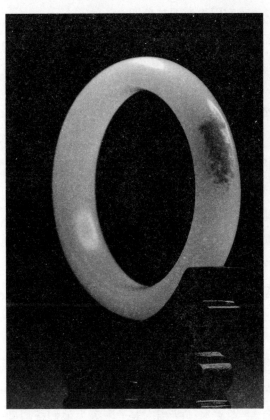

九月丙午,发布诏令说:"尊崇老年人,看重旧臣,先代的圣王以此为后人留下了榜样;送回官印,解下绶带,去职退休,朝臣于是能有一个好结局。放置芹藻祭祀先师合奏众乐的礼仪,设立东胶西序一类学校的制度,奉养老人的道理,前代的遗文里都可以看到。朕恭敬地接受帝位,效法先代旧事,尊敬、侍奉老人,向他们求教,这样做也十分符合自己内心深处的意愿。但情况有今古的不同,时代进入风俗浮薄的末世,却出仕就职,或许违背原则。至于像精力将尽,暮年逼近,而仍居官位,徒然极尽起早的辛劳,不明白夜行的过错,他们中有的人心中惊恐,知止知足,行为堪激励后辈,主动辞去官职,归死乡里,能以礼相让,精神本来可嘉。内外文武官吏凡年老退休、上表辞官的,入朝参见天子之时,位次应在本品现任官之上。"丁未,对随侍左右的臣子说:"妇女被幽闭于深宫,那情况实在可怜。隋朝末年,选女入宫,没有停止的时候,至于建在各地的离宫别馆,即使不是天子临幸游息之处,也多集聚宫女,耗尽了人民的财力,这是我所不取的。而且宫女除洒水扫地之处,还能用在什么地方?现在准备遣返宫女,听任她们寻求配偶。不是因为吝惜费用,而是要让这些人能够按照自己的本性生活。"于是派尚书左丞戴胄、给事中杜正伦等在妃嫔居住的掖庭宫西门选择宫女,遣返她们。

冬十月庚辰,御史大夫、安吉郡公杜淹去世。戊子,杀瀛州刺史卢祖尚。

十一月辛酉,在圆丘祭天。

十二月壬午,黄门侍郎王珪任侍中。

贞观三年春正月辛亥,契丹首领来朝见天子。戊午,在太庙祭祀。癸亥,天子行亲耕籍田礼。辛未,司空、魏国公裴寂因事获罪被免职。

二月戊寅,中书令、邢国公房玄龄任尚书左仆射,兵部尚书、检校侍中、蔡国公杜如晦任尚书右仆射,刑部尚书、检校中书令、永康县公李靖任兵部尚书,右丞魏征任守秘书监,参预朝政。

夏四月辛巳,太上皇迁居大安宫。甲午,太宗开始在太极殿处理政务。

五月,周王李元方逝世。

六月戊寅,由于天旱,亲自省察囚徒的罪状。派长孙无忌、房玄龄等在名山大川祈雨,派中书舍人杜正伦等到关内各州安抚、慰问。又下令文武官吏各上密封的奏章,毫无保留地谈出自己对政治得失的看法。己卯,大风吹折树木。

秋八月己巳初一,日蚀。薛延陀派使者入朝拜见天子,进献方物。

九月癸丑,各州设立培养医师的学校。

冬十一月丙午,西突厥、高昌派使者入朝拜见天子,进献方物。庚申,任命并州都督李世勣为通汉道行军总管,兵部尚书李靖为定襄道行军总管,领兵攻打突厥。

十二月戊辰,突利可汗投奔中国。癸未,杜如晦因病辞官,皇上答应。癸丑,下令在自树立义旗以来交战的地方,为那些丧生于战阵的义士勇夫各立一座寺庙,命令虞世南、李伯药、褚亮、颜师古、岑文本、许敬宗、朱子奢等为他们撰写碑铭,以记载他们的功业。

这一年,户部报告:中国人自塞外归来和突厥人前后归附中国以及开辟四境异族地区而建立的州县所增加的人口,合计共有男女一百二十余万。

贞观四年春正月乙亥,定襄道行军总管李靖大破突厥,俘获隋朝皇后萧氏和炀帝的孙子杨正道,送到京师。癸巳,武德殿北院发生火灾。

二月己亥,太宗到温泉。甲辰,李靖又在阴山击败突厥,颉利可汗轻装骑马远逃。丙午,自温泉回到长安。甲寅,发布大赦令,赐臣民会饮五天。民部尚书戴胄兼任检校吏部尚书,参预朝政。太常卿萧瑀任御史大夫,和宰相一起参议朝政。御史大夫、西河郡公温彦博任中书令。

三月庚辰,大同道行军副总管张宝相活捉颉利可汗,送往京师。甲申,尚书右仆射、蔡国公杜如晦逝世。甲午,到太庙向祖先报告俘获颉利的喜讯。

夏四月丁酉,皇上临顺天门,军中的官吏押解颉利向天子献战利品。自这以后西北各藩属都请求皇上用"天可汗"的尊号,于是皇上下诏书册封各藩属的君长,就兼用这个称号。

秋七月甲子初一,日蚀。皇上对房玄龄、萧瑀说:"隋文帝是个怎么样的君主?"回答说:"约束自己,使言行符合于礼,辛勤思考政事,每次一坐到朝廷上,有时直到太阳偏西。领着五品以上官吏议论政事,皇宫的卫士不能下岗,站着传递干粮而食。虽然不能说品性仁爱、贤明,也可算是一个励精图治的君主了。"皇上说:"你们看到他的一个方面,而不了解他的另一个方面。这人本性极其明察而内心并不贤明。内心昏昧那么览察事理就不能都通达,极其明察就会临事多疑。自己靠欺骗孤儿寡母得到天下,认为众臣不可信任,凡事都自己决定,虽然精神劳累、身体受苦,处事也未能都符合道理。朝廷的臣子既然了解皇上的这种心理,也就不敢直言,自宰相以下,接受皇帝的命令罢了。朕的意思不认为这样做对。以天下事物之广,难道可以凭一个人的思考独自决断?朕将选用天下的人才,治理天下的事务,信任人才,要求他们完成任务,使他们各尽其用,这样做也许可以达到政治的清明安定。"因此命令官吏:"天子的诏令如果不适合于时世,就应当坚持上报,不得顺旨施行。"

八月丙午,下诏规定三品以上官员穿紫色衣服,五品以上官员穿红色衣服,六品、七官穿绿色衣服,八品、九品官穿青色衣服;妇人衣服的颜色随从丈夫。甲寅,兵部尚书、代国公李靖任尚书右仆射。

九月庚午,命令收埋长城南边的死人骸骨,并让祭奠死者。壬午,命令不得在自古至今的圣明君主、贤臣义士的坟墓上放牧,每年春秋两季在他们的坟上祭奠。

冬十月壬辰,到陇州,因特殊情况赦免陇、岐两州的罪犯,免除两州百姓的徭役一年。辛丑,在贵泉谷立栅栏围猎野兽。甲辰,在鱼龙川围猎野兽,亲自射鹿,献给大安宫。

十一月甲子,自陇州回到长安。戊寅,命令判决处置罪犯不得鞭打背部,免得连及针灸穴位。兵部尚书侯君集参议朝政。

十二月辛亥,开府仪同三司、淮安王李神通逝世。甲午,高昌王麴文泰前来朝见天子。

这一年,判死刑的共二十九人,几乎达到刑罚弃置不用的地步。东到海,南到五岭,都夜不闭户,来往的旅客用不着携带粮食。

贞观五年春正月癸酉,在昆明池打猎,藩属和四境异族君长都跟随。丙子,亲自到大安宫献猎获的禽兽。己卯,亲临左藏库,赐给三品以上官员丝织品,听任自取,不限轻重。癸未,朝集使请求行封禅礼。

二月己酉,封皇弟元裕为邹王,元名为谯王,灵夔为魏王,元祥为许王,元晓为密王。庚戌,封皇子愔为梁王,贞为汉王,恽为郯王,治为晋王,慎为申王,嚣为江王,简为代王。

夏四月壬辰,代王简去世。用黄金和丝织品赎回由于隋末动乱沦入突厥的中国男女八万人,全部送还给他们的家属。

六月甲寅,太子少师、新昌县公李纲逝世。

秋八月甲辰,派遣使者到高丽,毁掉高丽人所立的京观,收集隋代战死者的骸骨,祭奠并埋葬他们。戊申,首次命令天下判死刑必须经过三次按验、上奏,在京各司要经过五次按验、上奏,判死刑这一天,尚食局供应膳食只有蔬菜,内教坊和太常寺不奏乐。

九月乙丑,赐群臣在武德殿举行射礼。

冬十月,右卫大将军、顺州都督、北平郡王阿史那什钵苾去世。

十二月壬寅,到温泉。癸卯,在骊山打猎。丙午,分等第赏给新丰县年高的人丝织品。戊申,自温泉回到长安。

贞观六年春正月乙卯初一,日蚀。

二月丙戌,设置三师的官职。戊子,开始设立律学。

三月戊辰,到九成宫。

六月己亥,酆王李元亨逝世。辛亥,江王李嚣逝世。

冬十月乙卯,自九成宫回到长安。

十二月辛未,亲自省察囚徒的罪状,释放犯死罪的二百九十个人回家,命令他们明年秋末自动前来受刑。后来死囚们全按期归来,天子下诏宽赦所有人的罪过。

这一年党项羌前后归附于中国的共三十万人。

贞观七年春正月戊子,发布诏令说:"宇文化及的弟弟智及、司马德戡、裴虔通、孟景、元礼、杨览、唐奉义、牛方裕、元敏、薛良、马举、元武达、李孝本、李孝质、张恺、许弘仁、令狐行达、席德方、李覆等,大业末年,全任各种官职,有的家中一代人都蒙受隋帝的恩惠,有的整整一个时代担负重任,却包藏邪恶之心,不思忠义,就在江都,干出弑君的勾当。罪恶是阎乐、赵高的百倍,超过了生而食母的枭和生而食父的獍。虽然事情发生在前代,时间已久,而天下的恶人,为古今所共弃,当应处以重法,用来劝勉臣子保持节操。这些人的子孙都应当禁锢,不允许录用。"这一天,皇上制作《破阵乐舞图》。辛丑,赐京城臣民会饮三天。丁卯,天上落下泥土。乙酉,薛延陀派使者来朝见天子。庚寅,秘书监、检校侍中魏征任侍中。癸巳,直太史、将仕郎李淳风铸造浑天黄道仪,进献给天子,放置于凝晖阁。

夏五月癸未,到九成宫。

八月,山东、河南三十州发生大水灾,皇上派使臣救济。

冬十月庚申,自九成宫回到长安。

十一月丁丑,颁行新编定的《五经》。壬辰,开府仪同三司、齐国公长孙无忌任司空。

十二月丙辰,在少陵原打猎,命令用羊、猪二牲在杜如晦、杜淹、李纲的坟上祭奠。

贞观八年春正月癸未,右卫大将军阿史那吐苾去世。辛丑,右屯卫大将军张士贵讨伐东、西五洞反叛的獠族人,平定了他们。壬寅,命令尚书右仆射李靖、特进萧瑀杨恭仁、礼部尚书王珪、御史大夫韦挺、瑶州大都督府长史皇甫无逸、扬州大都督府长史李袭誉、幽州大都督府长史张亮、凉州大都督李大亮、右领军将军窦诞、太子左庶子杜正伦、绵州刺史刘德威、黄门侍郎赵弘智出使四方,观察风俗民情。

二月乙巳,皇太子加冠。丙午,赐全国臣民会饮三天。

三月庚辰,到九成宫。

五月辛未初一,日蚀。丁丑,皇上开始戴翼善冠,贵臣戴进德冠。

七月,首次定武散官云麾将军的阶位为从三品。陇右山崩,大蛇屡次出现。山东、河南、淮南发生大水灾,天子派使臣救济。

八月甲子,有一颗彗星出现在虚、危宿之间,经过氐宿,到十一月上旬才消失。

九月丁丑,皇太子来拜见天子。

冬十月,右骁卫大将军、褒国公段志玄攻打吐谷浑,将其击破,追踪逃敌八百余里。甲子,皇上自九成宫回到长安。

十一月辛未,右仆射、代国公李靖因病辞官,授特进。丁亥,吐谷浑侵犯凉州。己丑,吐谷浑拘禁我国使者赵德楷。

十二月辛丑,命令特进李靖、兵部尚书侯君集、刑部尚书任城王李道宗、凉州都督李大亮等为大总管,各率兵分路讨伐吐谷浑。壬子,越王李泰任雍州牧。乙卯,皇帝跟隋太上皇在城西检阅军队。

这一年,龟兹、吐蕃、高昌、女国、石国派使者入朝拜见天子,进献方物。

贞观九年春三月,洮州羌族反叛,杀死刺史孔长秀。壬午,发布大赦令。每个乡各设置乡长一人,乡佐两人。乙酉,盐泽道总管高甑生大破反叛的羌族民众。庚寅,下诏说天下的住户分成三等,不能完全显示出住户资产的增减情况,现改定为九等。

夏四月壬寅,康国进献狮子。

闰四月丁卯,日蚀。癸巳,总管李靖、侯君集、李大亮、任城王李道宗在牛心堆击败吐谷浑。

五月乙未,又在乌海击败吐谷浑,追击逃敌至柏海。副总管薛万均、薛万彻又在赤水源击破吐谷浑,抓获吐谷浑有名的王二十人。庚子,太上皇在永安宫逝世。壬子,李靖在西海上平定了吐谷浑,俘虏了吐谷浑王慕容伏允。由于慕容伏允的儿子慕容顺光投降唐朝,被封为西平郡王,吐谷浑国又得到恢复。

秋七月甲寅,增修太庙,扩大为六个室。

冬十月庚寅,安葬高祖太武皇帝于献陵。戊申,在太庙合祭高祖和祖先。辛丑,左仆射、魏国公房玄龄加授开府仪同三司,其他官位封爵不变。

十二月甲戌,吐谷浑西平郡王慕容顺光被他的下属杀害,天子派兵部尚书侯君集率兵安抚吐谷浑,封顺光的儿子诺曷钵为河源郡王,让他统领吐谷浑军民。右光禄大夫、宋国公萧瑀依旧任特进,又命令他参预朝政。

贞观十年春正月壬子,尚书左仆射房玄龄、侍中魏征进上梁、陈、齐、周、隋五代史,天子命令将这些书藏在秘阁。癸丑,改封赵王李元景为荆王,鲁王元昌为汉王,郑王元礼为徐王,徐王元嘉为韩王,荆王元则为彭王,滕王元懿为郑王,吴王元轨为霍王,幽王元凤为虢王,陈王元庆为道王,魏王灵夔为燕王,蜀王恪为吴王,越王泰为魏王,燕王佑为齐王,梁王愔为蜀王,郯王恽为蒋王,汉王贞为越王,申王慎为纪王。

夏六月,任命侍中魏征为特进,仍执掌门下省事务。壬申,中书令温彦博任尚书右仆射。甲戌,太常卿、安德郡公杨师道任侍中。己卯,皇后长孙氏在立政殿逝世。

冬十一月庚寅,安葬文德皇后于昭陵。

十二月壬申,吐谷浑河源郡王慕容诺曷钵来朝见天子。乙亥,亲自省察京师囚徒的罪状。

这一年,关内、河东疾病流行,命令医师携带药品前去治疗。

贞观十一年春正月丁亥初一,改封郐王元裕为邓王,谯王元名为舒王。癸巳,加封魏王泰为雍州牧、左武侯大将军。庚子,将新定的律令颁发到全国。建造飞山宫。甲寅,房玄龄等进上他们所写的《五礼》,皇上命令主管礼仪的部门施行。

二月丁巳,发布诏令说:

> 生是天地的大德大恩,寿是或长或短的一个期限。生有七尺的身躯,寿以百岁为限度,包藏灵性、禀受天地之气的人类,无不一样。生与寿都得之于自然,是不能够分外企求的。所以《礼记》说:"君主即位就制作棺木。"庄周说:"躯体使我劳累,死亡使我休息。"这难道不是圣人的远见,通达事理的贤人的深识? 近代以来,明君不多,无不自负帝王尊贵,想到光阴迅速,犹如白驹过隙,因而全都有不少拘限禁忌,思慕长

生。认为仙人的云车容易乘坐,羲和驾驭的太阳之车可以停留,车轨不同趋向一致,他们所受的蒙蔽已经很严重了。

隋朝末年,天下大乱,豺狼恣行暴虐,吞噬百姓。朕挥袖而起,发愤努力,对拯救危难一往情深,护持义军,救民于涂炭之中。依赖苍天明察下情,辅佐之臣效劳出力,朕提剑指挥,终于使天下得到大安定。这是朕平素的志向,现在已经实现。但仍怕朕死后的日子,子子孙孙,习惯于流行的风俗,仍然遵循通常的礼仪,加四层的棺材,砍伐百年的巨木,骚扰百姓,增高增大陵园。现在预先写下这一诏令,丧事务必遵从俭省的原则,陵园在九峻山,地宫不过足以容纳棺木而已。岁月累积,逐渐齐备。葬具有木马泥车,瓦制的鼓,芦苇截成的笛,这样做符合古代的典章制度,却不被当代采用。

另外辅助朕立国的功臣,有的对朕的情义之深,犹如过大河所需的船和桨,有的在军队的帐幕中定下计谋,有的亲自冲锋陷阵,与朕一起度过艰难危险,成就大业。追念往事,没有一天能够忘掉!假如死去的人没有知觉,那就尽可各居东西,都归于孤单冷清;如果魂魄有知,那就还像从前一样,居处相望,不也是很好的吗!汉朝让将相葬在天子陵墓附近,又供给他们东园制作的棺木,重视送终,恩义深厚,古人哪里不同于我呢!从今以后,功臣近亲和德行、事业有助于当世的人,如果逝世,应当赐给坟地一处,及所用的棺木,使埋葬的时候,丧事完满。有关主管部门照此筹措准备,就合朕的心意了。

甲子,往洛阳宫,命令祭奠汉文帝。

三月丙戌初一,日蚀。丁亥,车驾抵达洛阳。丙申,改泷州为洛阳宫。辛亥,在广城泽举行大规模的狩猎活动。癸丑,回洛阳宫。

夏四月甲子,雷击乾元殿前槐树。丙寅,命令河北、淮南推荐孝顺父母、敬爱兄长、淳厚朴实兼熟悉当代事务的人;博通儒术、可作为学习榜样的人;文辞秀美、才能可以担负著述任务的人;明了施政的要领、可委以抚养百姓任务的人。这些人都必须是志向、操守修治树立,为乡里所推崇的,官府供给驿车送他们到洛阳宫。

六月甲寅,尚书右仆射、虞国公温彦博逝世。丁巳,到明德宫。己未,定立制度,诸王任世袭刺史。戊辰,定立制度,功臣任世袭刺史。改封任城王李道宗为江夏郡王,赵郡王孝恭为河间郡王。己巳,改封许王元祥为江王。

秋七月癸未,长时间下大雨。谷水泛滥,流入洛阳宫,深四尺,冲坏左掖门,冲毁宫观十九处;洛水泛滥,冲走六百家。庚寅,由于水灾命令群臣各上密封的奏章,毫无保留地谈出自己对政治得失的看法。丁酉,天子回洛阳宫。壬寅,放弃明德宫和飞山宫的玄圃院,分给遭水淹的人家居住,还分等第赐给他们丝织品。丙午,在亳州修建老君庙,在兖州修建宣尼庙,每个庙各给二十户人家负责祭祀。免除靠近凉武昭王陵墓的二十户人家的徭役,让他们负责陵墓的守卫,并禁止在墓地放牧打柴。

九月丁亥,黄河泛滥,冲坏陕州河北县,冲毁河阳县中潬城。亲临白司马坂观察水情,分等第赐给遭水淹的人家粮食和丝织品。

冬十一月辛卯,到怀州。乙未,在济源打猎。丙午,回洛阳宫。

十二月辛酉,百济王派他的太子隆来朝见天子。

十二年春正月乙未,吏部尚书高士廉等进上《氏族志》一百三十卷。壬寅,松、丛两州地震,毁坏百姓房屋,有人被压死。

二月乙卯,皇帝自洛阳回长安。癸亥,观看砥柱,刻铭文记载功德。甲子,夜郎獠反叛,被夔州都督齐善行讨平。乙丑,在陕州停留,皇上自新桥到河北县,祭夏禹庙。丁卯,在柳谷顿停留,皇上观看盐池。戊寅,认为隋鹰扬郎将尧君素忠于自己的朝廷,赠给蒲州刺史的官号,还录用他的子孙。

闰二月庚辰初一,日蚀。丙戌,自洛阳宫回到了长安。

夏五月壬申,银青光禄大夫、永兴县公虞世南去世。

六月庚子,开始设立玄武门左右飞骑。

秋七月癸酉,吏部尚书、申国公高士廉任尚书右仆射。

冬十月己卯,在始平打猎,分等第赐给那里的高龄老人粮食和丝织品。乙未,自始平回到长安。己亥,百济派使者进献黄金甲和刻有花纹的斧子。

十二月辛巳,右武候将军上官怀仁在壁州大破山獠。

贞观十三年春正月乙巳初一,晋谒高祖献陵。因特殊原因赦免三原县及随从出行人员中犯有死罪的人。丁未,自献陵回到长安。戊午,加授房玄龄为太子少师。

二月丙子,取消世袭刺史。

三月乙丑,有彗星出现在毕、昴宿之间。

夏四月戊寅,到九成宫。甲申,阿史那结社尔进犯禁卫军营帐,被处死刑。壬寅,云阳县一块石头能燃烧,有一丈见方大小,白天像灰,晚上便有光,将草木扔到它上面就会燃烧,这种现象历时一年才消失。

自去年冬天不下雨一直持续到今年五月。甲寅,不居正殿,命令五品以上官员各上密封的奏章,减少看馔,免除徭役,分派使者到各地救济百姓,为受冤屈的人昭雪,天于是下雨。

六月丙申,封皇弟元婴为滕王。

秋八月辛未初一,日蚀。庚辰,立右武候大将军、化州都督、怀化郡王李思摩为突厥可汗,让他率领部属在黄河北边建立官署。

冬十月甲申,自九成宫回到长安。

十一月辛亥,侍中、安德郡公杨师道任中书令。

十二月丁丑,吏部尚书、陈国公侯君集任交河道行军大总管,率军讨伐高昌。乙亥,封皇子福为赵王。壬午,巂州都督王志远有罪被处死刑。下令在洛、相、幽、徐、齐、并、秦、蒲等州设立常平仓。己丑,吐谷浑河源郡王慕容诺曷钵前来迎亲。壬辰,在咸阳打猎。

这一年,滁州报告:"野蚕吃槲树的叶子,结的茧大得像沙果,绿色,共收得六千五百七十石。"高丽、新罗、西突厥、吐火罗、康国、安国、波斯、疏勒、于阗、焉耆、高昌、林邑、昆明及边远地区的异族首领,相继派使者入朝拜见天子,进献方物。

贞观十四年春正月庚子,首次命令有关官吏宣读按季节制定的政令。甲寅,到魏王李泰的宅第。赦免雍州和长安监狱中犯死罪以下的囚犯。

二月丁丑,到国子学,亲自参预祭奠先师孔子,赦免大理寺、万年县在押的囚犯,国子祭酒以下学官及在学生徒成绩优异学习勤奋的,提升一级,赐给丝织品,多少不等。庚辰,左骁卫将军、淮阳王李道明送弘化公主远嫁吐谷浑。壬午,天子到温泉。辛卯,自温泉回到长安。乙未,发布诏令说梁皇侃、褚仲都,周熊安生、沈重,陈沈文阿、周弘正、张讥,隋何妥、刘焯、刘炫等前代名儒,他们的学生多能实行老师的道义,命令寻找这些名儒的后代。

三月戊午,设置宁朔大使,用来监视突厥。

夏五月壬戌,改封燕王灵夔为鲁王。

六月乙酉,大风把树连根拔起。己丑,薛延陀派使者前来求婚。乙未,滁州野蚕结茧,共收得八千三百石。

八月庚午,新建成襄城宫。癸巳,交河道行军大总管侯君集平定高昌,设置西州。

九月癸卯,因特殊原因赦免西州的死刑罪犯。乙卯,在西州设立安西都护府。

冬十月己卯,下令让赠司空、河间元王李孝恭,赠陕东道大行台尚书右仆射、郇国公殷开先,赠民部尚书、渝襄公刘政会等在高祖庙陪从受祭。

闰十月乙未,到同州。甲辰,在尧山打猎。庚戌,自同州回到长安。丙辰,吐蕃派使者进献总重约一千斤的黄金器物,向唐求婚。

十一月甲子初一,冬至,在圆丘祭天。

十二月丁酉,交河道的军队归来。吏部尚书、陈国公侯君集押解高昌王麴智盛,到观德殿献战利品,天子行饮至礼犒劳将士,赐他们会饮三天。乙卯,高丽太子相权来拜见天子。

贞观十五年春正月丁卯,吐蕃派他的国相禄东赞前来迎亲。丁丑,礼部尚书、江夏王李道宗送文成公主远嫁吐蕃。辛巳,往洛阳宫。

三月戊申,到襄城宫。庚午,放弃襄城宫。

夏四月辛卯,命令在明年二月封泰山,有关主管部门详细制定封禅的礼仪制度。

五月壬申,并州的和尚、道士及老人等上书,说成就王业有赖于太原,明年封泰山之后,希望陛下降临太原。皇上在武成殿设宴招待来洛阳上书的并州父老,于是从容不迫地对随侍左右的人说:"朕年幼时在太原,喜欢好多人聚在一块赌博,岁月流逝,快三十年了。"当时宴会上有过去认识皇上的人,皇上和他们在一起叙故旧之情,感到快乐。于是对他们说:"别人的话,或许是当面阿谀奉承。你们是朕的老朋友,请如实告诉朕,现在的政治教化,百姓认为怎么样?民间能没有疾苦吗?"大家都奏道:"现在天下太平,百姓欢乐,这是陛下的功劳。我们这些人剩下的日子,一天比一天更加爱惜,只眷恋圣人的教化,不知道疾苦。"于是坚决请求皇上到并州去。皇上对他们说:"飞鸟经过故乡,还要徘徊不前;何况朕在太原起义,终于平定天下,又是幼时游览的地方,确实是朕所不能忘的。泰山的封禅礼如果结束,希望与你们相见。"于是赐给他们礼物,各有差别。丙子,百济王扶余璋去世。下令立他的嫡长子扶余义慈承继父位,仍封为带方郡王。

六月戊申,命令天下各州,推荐学问综贯古今和孝顺父母、敬爱兄长、淳厚朴实以及文辞优异的人,都在明年二月汇集泰山。己酉,有彗星出现在太微垣,侵犯郎位。丙辰,取消封泰山。不居正殿,自思过错,命令尚食局减少肴馔。

秋七月甲戌,彗星消失。

冬十月辛卯,在伊阙大规模检阅军队。壬辰,到嵩阳。辛丑,回洛阳宫。

十一月壬戌,废除乡长。壬申,还京师。癸酉,薛延陀率领同罗、仆骨、回纥、靺鞨、霫雪的士兵越过沙漠,屯驻于白道川。命令营州都督张俭带领所统率的部队逼近敌人的东境;命令兵部尚书李勣任朔方行军总管,右卫大将军李大亮任灵州道行军总管,凉州都督李袭誉任凉州道行军总管,率兵分道抵御敌人。

十二月戊子初一,自洛阳宫回到了长安。甲辰,李勣在诺真水同薛延陀交战,大破敌军,斩首级三余多,获得马一万五千匹,薛延陀首领跃身逃脱。李勣接着在五台县打败突厥思结,俘获敌军男女一千余口,得到的羊、马数量和这相当。

贞观十六年春正月辛未,命令将在京城和各州的死刑罪犯,发配到西州为住户;被流放的人还没有抵达流放地的,改送到西州戍边。任命兼中书侍郎、江陵子岑文本为中书侍郎,专门执掌机要事务。

夏六月辛卯,命令恢复隐王李建成为隐太子,改封海陵剌王李元吉为巢剌王。

秋七月戊午,司空、赵国公长孙无忌任司徒,尚书左仆射、梁国公房玄龄任司空。

九月丁巳,特进、郑国公魏征任太子太师,仍执掌门下省事务。

冬十一月丙辰,到岐山打猎。辛酉,派人到隋文帝陵墓祭奠。丁卯,在庆善宫南门设宴招待武功县士女。酒喝得高兴,皇上与武功父老等谈论往事,甚至于哭泣落泪。老人等交替起身为皇上跳舞,竞相向皇上敬酒祝寿,皇上各喝完每个人敬的一杯酒。庚午,自岐州回到长安。

十二月癸卯,到温泉。甲辰,在骊山打猎,当时天色阴冷晦暗,围猎野兽的部队失去联络,皇上登高望见他们,想免掉对他们应有的处罚,又怕损害军令的严肃性,于是掉转马头走入谷中以避开他们。

这一年,高丽大臣盖苏文杀死高丽君主高武,而立高武哥哥的儿子高藏为王。

贞观十七年春正月戊辰,右卫将军、代州都督刘兰图谋造反,被腰斩。太子太师、郑国公魏征去世。戊申,命令画司徒、赵国公长孙无忌等二十四个功臣的像于凌烟阁。

三月丙辰,齐州都督齐王李祐杀死齐州长史权万纪、典军韦文振,占领齐州,据城自守,命令兵部尚书李勣、刑部尚书刘德威调兵讨伐。军队还没有开到,齐州兵曹杜行敏逮住齐王投降,于是解送齐王入京,赐死于内侍省。丁巳,火星出现在心宿前头那颗星星的位置上,十九天才隐没。

夏四月庚辰初一,皇太子有罪,废为平民。汉王李元昌、吏部尚书侯君集都犯有与太子同谋的罪,被处死刑。丙戌,立晋王李治为皇太子,发布大赦令,赐天下会饮三天。丁亥,中书令杨师道任吏部尚书。己丑,加授司徒、赵国公长孙无忌太子太师,司空、梁国公房玄龄太子太傅;授特进、宋国公萧瑀太子太保,兵部尚书、英国公李勣太子詹事,两人又任同中书门下三品。庚寅,皇上亲自晋谒太庙,就原太子承乾的罪过向祖先道歉。癸巳,魏王李泰因有罪降爵为东莱郡王。

五月乙丑,亲自写诏书命令各地推荐孝顺廉洁、才能优秀杰出的士人。

六月己卯初一,日蚀。壬午,改葬隋恭帝。丁酉,尚书右仆射高士廉请求退休,皇上命他任开府仪同三司、同中书门下三品。

闰六月戊午,薛延陀可汗派他哥哥的儿子突利设进献马五万匹、牛和骆驼一万头、羊十万只,向唐求婚,天子答应。丙子,改封东莱郡王李泰为顺阳王。

秋七月庚寅,京城有谣言说:"皇上派枨枨取人心肝,用来祭天狗。"百姓一批接一批,都很惊恐不安。皇上派使者到处宣传解说,过了一个多月风波才止息。丁酉,司空、太子太傅、梁国公房玄龄因母丧罢职。

八月,工部尚书、勋国公张亮任刑部尚书,参预朝政。

九月癸未,流放平民李承乾到黔州。

冬十月丁巳,房玄龄服丧未满,又被起用担任原来的职务。

十一月己卯,在南郊祭天。壬午,赐天下会饮三日。由于凉州获得吉祥之石,赦免凉州的罪犯,并省察京城及各州在押囚犯的罪状,受到宽赦的人不少。

贞观十八年春正月壬寅,到温泉。

夏四月辛亥,到九成宫。

秋八月甲子,自九成宫回到长安。丁卯,散骑常侍、清苑县男刘洎任侍中;中书侍郎、江陵县子岑文本,中书侍郎马周,同任中书令。

九月,黄门侍郎褚遂良参预朝政。

冬十月辛丑初一,日蚀。甲辰,开始设立太子司议郎的官职。甲寅,往洛阳宫。安西都护郭孝恪率兵灭焉耆,捉住焉耆王突骑支,送往天子所在的地方。

十一月壬寅,天子抵达洛阳宫。庚子,命令太子詹事、英国公李勣任辽东道行军总管,自柳城出兵,礼部尚书、江夏郡王李道宗辅助他;刑部尚书、郧国公张亮任平壤道行军总管,率水师自莱州出发,左领军常何、泸州都督左难当辅助他。征调天下的兵士,又招募到兵士十万名,同趋平壤,征讨高丽。

十二月辛丑,平民李承乾去世。

贞观十九年春二月庚戌,皇上亲自统率六军自洛阳出发。乙卯,命令皇太子留在定州代天子处理国政;命开府仪同三司、申国公高士廉代理太子太傅,与侍中刘洎、中书令马周、太子少詹事张行成、太子右庶子高季辅五人共同掌管机要事务;任用吏部尚书、安德郡公杨师道为中书令。追赠殷代比干为太师,谥号忠烈。命令有关主管部门给他的墓添土,并修葺祠堂,每年春秋二季用猪、羊二牲祭奠,皇上亲自写祭文。

三月壬辰,皇上从定州出发,司徒、太子太师兼检校侍中、赵国公长孙无忌,中书令岑文本、杨师道随从。

夏四月癸卯,在幽州城南誓师,于是大宴六军将士而后派他们出征。丁未,中书令岑文本死于军中。癸亥,辽东道行军大总管、英国公李勣进攻盖牟城,攻破盖牟城。

五月丁丑,天子渡过辽水。甲申,皇上亲自率领精锐的骑兵与李勣合围辽东城,借助大风接连发射带引火物的箭,不一会儿城上的房屋和城楼全被烧光,于是指挥战士登城,随即拿下了这座城堡。

六月丙辰,部队到达安市城下。丁巳,高丽偏将高延寿、高惠真率兵十五万来援救安市,抵抗天子的军队。李勣率兵奋力进击,皇上从高山上领兵俯冲敌阵,高丽军大败,杀死和俘获的敌兵多得没法计算。延寿等带领剩下的兵士投降。于是将天子所到的山改名为驻跸山,并在那里刻石记功。赐天下会饮两天。

秋七月,李勣进军攻打安市城,到九月仍没有攻下,于是班师回朝。

冬十月丙辰,进入临渝关,皇太子自定州来关上迎接和晋见天子。戊午,在汉武台停留,刻石记载功德。

十一月辛未,到幽州。癸酉,大宴将士,接着军队撤回。

十二月戊申,到并州。侍中、清苑县男刘洎因有罪被赐死。

这一年,薛延陀真珠毗伽可汗去世。

贞观二十年春正月,皇上在并州。丁丑,派大理卿孙伏伽、黄门侍郎褚遂良等二十二人,用汉代制定的六条标准巡察四方,升降官吏。庚辰,因特殊情况赦免并州的罪犯,设宴招待随从的官员和一开始就随从起义的战士,分等第赐给他们粮食、丝织品和免除徭役的待遇。

三月己巳,天子抵达京师。己丑,刑部尚书、郧国公张亮图谋造反,被处死。

闰三月癸巳初一,日蚀。

夏四月甲子,太子太师、赵国公长孙无忌,太子太傅、梁国公房玄龄,太子太保、宋国公萧瑀各辞去调理保护太子的职务,天子同意。

六月,派兵部尚书、固安县公崔敦礼,特进、英国公李勣在郁督军山北击破薛延陀,前后斩敌军首级五千余,俘获男女三万余人。

秋八月甲子,封皇孙李忠为陈王。己巳,往灵州。庚午,在泾阳顿停留。铁勒回纥、拔野古、同罗、仆骨、多滥葛、思结、阿跌、契苾、跌结、浑、斛薛等十一个部落各派使者来朝见天子,贡献方物,进奏说:"薛延陀的可汗不侍奉大国,部落如鸟兽散,不知道往哪儿去了。我等各有自己的地盘,不能跟随薛延陀走,现归顺天子,请求在我们那儿设置汉族的官吏。"天子命令他们派人到灵州聚会。

　　九月甲辰，铁勒各部落的俟斤、颉利发等派使者相继到达灵州的有数千人，他们前来贡献方物，接着要求设置官吏，都请天子做他们的可汗。于是北部边远地区全部平定，天子写了一首五言诗刻在石上记叙这事。辛亥，灵州发生地震，可听到声音。

　　冬十月，从前的太子太保、宋国公萧瑀贬任商州刺史。丙戌，天子自灵州回到长安。

　　贞观二十一年春正月壬辰，开府仪同三司、申国公高士廉逝世。丁酉，下令在明年二月封泰山。甲寅，赐京师会饮三日。

　　二月壬申，下诏说左丘明、卜子夏、公羊高、谷梁赤、伏胜、高堂生、戴圣、长苌、孔安国、刘向、郑众、杜子春、马融、卢植、郑康成、服子慎、何休、王肃、王辅嗣、杜元凯、范宁等二十一人，世上使用他们的书，恩惠及于公卿大夫的子弟，从今以后太学祭祀，全让他们在宣尼庙堂陪从受祭。丁丑，皇太子在国学放置芹藻祭奠先师。

　　夏四月乙丑，在终南山上营造太和宫，改名为翠微宫。

　　五月戊子，到翠微宫。

　　六月癸亥，司徒、赵国公长孙无忌加授扬州都督。

　　秋七月庚子，在宜君县的凤凰谷建玉华宫。庚戌，自翠微宫回到长安。

　　八月壬戌，下诏说河北发生大水灾，取消原定明年举行的封禅典礼。辛未，骨利干国派使者进献名马。丁酉，封皇子李明为曹王。

　　冬十一月癸卯，改封顺阳王李泰为濮王。

　　十二月戊寅，任命左骁卫大将军阿史那社尔、右骁卫大将军契苾何力、安西都护郭孝恪、司农卿杨弘礼为昆山道行军大总管，领兵讨伐龟兹。

　　这一年，堕婆登、乙利、鼻林送、都播、羊同、石、波斯、康国、吐火罗、阿悉吉等远方异族的十九个国家，都派使者入朝拜见天子，进献方物。又在突厥的北边到回纥部落之间，设立驿站六十六处，以使往北部荒远地区的道路得以畅通。

　　贞观二十二年春正月庚寅，中书令马周去世。司徒、赵国公长孙无忌兼检校中书令，执掌尚书、门下两省事务。己亥，刑部侍郎崔仁师任中书侍郎，参预执掌机要事务。戊戌，到温泉。戊申，回宫。

　　二月，前任黄门侍郎褚遂良服丧未满，又被起用为黄门侍郎。中书侍郎崔仁师从官籍中除名,流放连州。癸丑,西部异族首领沙钵罗叶护率领他的臣民归附唐朝,任命他的俟斤屈裴禄为忠武将军,兼大俟斤。戊午,在结骨部落居住区设置坚昆都督。乙亥,往玉华宫。乙卯,赐给所经之地高龄有重病的人粮食和丝织品,多少不等。己卯,在华原打猎。

四月甲寅,漠北异族人为牧马越出疆界而相争,皇上亲自裁决,然后各方都心服。丁巳,右武候将军梁建方进攻松外蛮,打下其部落七十二个。

五月庚子,右卫率长史王玄策进攻帝那伏帝国,大破敌兵,捉到国王阿罗那顺及王妃、王子等,俘获男女一万二千人、牛马两万头,而后还朝。派方士那罗迩娑婆在金飚门制造延长寿命的药。吐蕃赞普击破中天竺国,派使者来献战利品。

六月癸酉,特进、宋国公萧瑀逝世。

秋七月癸卯,司空、梁国公房玄龄逝世。

八月己酉初一,日蚀。

九月己亥,黄门侍郎褚遂良升任中书令。

十月癸亥,天子自玉华宫回到长安。

十一月戊戌,眉、邛、雅三州的獠人反叛,右卫将军梁建方将他们平定。庚子,契丹首领窟哥、奚首领可度者都率部归附唐朝。在契丹部落居住区设立松漠都督,在奚部落居住区设立饶乐都督。

十二月乙卯,增设殿中侍御史、监察御史各二人,大理寺设平事十人。

闰十二月丁丑初一,昆山道总管阿史那社尔逼降处密、处月,攻破龟兹大拔等五十座城,俘获数万人,捉拿龟兹王诃黎布失毕回朝,龟兹平定,西域各国震惊。副将薛万彻胁迫于阗王伏信入朝。癸未,新罗王派宰相伊赞千金春秋及其儿子文王来朝见天子。

这一年,新罗女王金善德去世,派使者册封她的妹妹真德为新罗王。

贞观二十三年春正月辛亥,俘获的龟兹王诃黎布失毕和他的宰相那利等,被献到祭土神的庙里。

二月丙戌,设立瑶池都督府,隶属于安西都护府。丁亥,西突厥肆叶护可汗派使者来朝见天子。

三月丙辰,设立丰州都督府。自去年冬天不下雨,到了这月己未才下雨。辛酉,发布大赦令。丁卯,命令皇太子在金液门处理政务。这一月,太阳发红无光。

四月己亥，皇上到翠微宫。

五月戊午，太子詹事、英国公李勣任叠州都督。辛酉，开府仪同三司、卫国公李靖逝世。己巳，皇上在含风殿去世，享年五十二岁。遗诏命皇太子在灵柩前即位，说丧事应当按照汉代的制度办理。不公布天子逝世的消息。庚午，派先帝旧将统率飞骑营的精壮士兵随从皇太子先回京，调集六府披甲的士兵四千人，分列于道路及安化门，以这些士兵为护卫侍从，而后天子的车驾才入京；辞世的天子所用的车马，以及侍从护卫的官吏，都和平日一样。壬申，公布天子逝世的消息。

六月甲戌初一，停柩于太极殿。

八月丙子，百官进献谥号文皇帝，庙号太宗。庚寅，葬于昭陵。上元元年八月，改进献尊号为文武圣皇帝。天宝十三年二月，改进献尊号为文武大圣大广孝皇帝。

史官说：臣观文皇帝，创业立功，才能出众，聪慧多智，精明威武。选拔人才不对自己的同伙有所偏私，胸有志向、事业的人都能充分发挥自己的才能。所以屈突通、尉迟敬德，由仇敌变而为愿意竭尽心力为臣；马周、刘洎，自关系疏远而最终委以宰相的重任。终于使天下太平，实因为这个道理。臣尝试谈一下这样的事：柱子下的石墩湿润，空中就会云起雨落，昆虫叫唤，螽斯就会跳跃。纵然尧、舜圣明，不可能任用梼杌、穷奇而使天下太平；伊尹、吕尚贤能，不可能辅助夏桀、殷辛而使国家昌盛。君臣之间，遇合是困难的，以至于伍子胥挖眼，比干剖心，齐桓公尸体腐烂生蛆，虫子爬到门外，齐缗王被抽筋而死，这实在是由于遇到的人不同造成的。以房玄龄、魏征的才智而论，没有超过孔丘、孟轲，之所以能使君主尊贵、百姓受到保护，是因为遇到了机会。

有人问：凭太宗的贤明，却对兄弟没有爱，对儿子们有失教诲，为什么？回答是：对，舜不能爱四个被惩处的恶人，尧不能教育好丹朱，这是过去的记载中说的。当高祖神尧皇帝任用谗人的日子，李建成嫉妒太宗的功劳的时候，如果能消除畏惧，谁还顾得上家族的分崩离析，那时变故的发生，迫在眉睫，太宗正害怕

"毁巢"的灾祸,哪里考虑到"兄弟二人不能相容"的歌谣?李承乾的愚昧,是圣明的父亲不能改变的。假如文皇帝自己选定贤明的太子,不随心所欲地攻打高丽,任用人才像贞观初年那样,接受谏言同于魏征在世的时候,那么,较之周武王、周成王的王位世代相袭,我有美德遗留于世;同汉文帝、汉武帝的气度恢弘相比,他们多半会因为自己的行事有缺欠而内愧于心。推求太宗的听言断事不迷惑,从善如流,千载之间,可说是只有一人而已!

【原文】

太宗文武大圣大广孝皇帝讳世民,高祖第二子也。母曰太穆顺圣皇后窦氏。隋开皇十八年十二月戊午,生于武功之别馆。时有二龙戏于馆门之外,三日而去。高祖之临岐州,太宗时年四岁。有书生自言善相,谒高祖曰:"公贵人也,且有贵子。"见太宗,曰:"龙凤之姿,天日之表,年将二十,必能济世安民矣。"高祖惧其言泄,将杀之,忽失所在,因采"济世安民"之义以为名焉。太宗幼聪睿,玄鉴深远,临机果断,不拘小节,时人莫能测也。

大业末,炀帝于雁门为突厥所围,太宗应募救援,隶屯卫将军云定兴营。将行,谓定兴曰:"必赍旗鼓以设疑兵。且始毕可汗举国之师,敢围天子,必以国家仓卒无援。我张军容,令数十里幡旗相续,夜则钲鼓相应,虏必谓救兵云集,望尘而遁矣。不然,彼众我寡,悉军来战,必不能支矣。"定兴从焉。师次崞县,突厥候骑驰告始毕曰:王师大至。由是解围而遁。及高祖之守太原,太宗时年十八。有高阳贼帅魏刀儿,自号历山飞,来攻太原,高祖击之,深入贼阵。太宗以轻骑突围而进,射之,所向皆披靡,拔高祖于万众之中。适会步兵至,高祖与太宗又奋击,大破之。

时隋祚已终,太宗潜图义举,每折节下士,推财养客,群盗大侠,莫不愿效死力。及义兵起,乃率兵略徇西河,克之。拜右领大都督,右三军皆隶焉,封敦煌郡公。

大军西上贾胡堡,隋将宋老生率精兵二万屯霍邑,以拒义师。会久雨粮尽,高祖与裴寂议,且还太原,以图后举。太宗曰:"本兴大义以救苍生,当须先入咸阳,号令天下;遇小敌即班师,将恐从义之徒一朝解体。还守太原一城之地,此为贼耳,何以自全!"高祖不纳,促令引发。太宗遂号泣于外,声闻帐中。高祖召问其故,对曰:"今兵以义动,进战则必克,退还则必散。众散于前,敌乘于后,死亡须臾而至,是以悲耳。"高祖乃悟而止。八月己卯,雨霁,高祖引师趣霍邑。太宗恐老生不出战,乃将数骑先诣其城下,举鞭指麾,若将围城者,以激怒之。老生果怒,开门出兵,背城而阵。高祖与建成合阵于城东,太宗及柴绍阵于城南。老生麾兵疾进,先薄高祖,而建成坠马,老生乘之,高祖与建成军咸却。太宗自南原率二骑驰下峻坂,冲断其军,引兵奋击,贼众大败,各舍仗而走。悬门发,老生引绳欲上,遂斩之,平霍邑。

至河东,关中豪杰争走赴义。太宗请进师入关,取永丰仓以赈穷乏,收群盗以图京师,高祖称善。太宗以前军济河,先定渭北。三辅吏民及诸豪猾诣军门请自效者日以千计,扶老携幼,满于麾下。收纳英俊,以备僚列,远近闻者,咸自托焉。师次于泾阳,胜兵九万,破胡贼刘鹞子,并其众。留殷开山、刘弘基屯长安故城。太宗自趣司竹,贼帅李仲文、何潘仁、向善志等皆来会,顿于阿城,获兵十三万。长安父老赍牛酒诣旌门者不可胜纪,劳而遣之,一无所受。军令严肃,秋毫无所犯。寻与大军平京城。高祖辅政,受唐国内史,改封秦国公。会薛举以劲卒十万来逼渭滨,太宗亲击之,大破其众,追斩万余级,略地至于陇坻。

义宁元年十二月,复为右元帅,总兵十万徇东都。及将旋,谓左右曰:"贼见吾还,必相追蹑。"设三伏以待之。俄而隋将段达率万余人自后而至,度三王陵,发伏击之,段达大败,追奔至于城下。因于宜阳、新安置熊、谷二州,戍之而还。徙封赵国公。高祖受禅,拜尚书令、右武候大将军,进封秦王,加授雍州牧。

武德元年七月,薛举寇泾州,太宗率众讨之,不利而旋。九月,薛举死,其子仁杲嗣立。太宗又为元帅以击仁杲,相持于折墌城,深沟高垒者六十余日。贼众十余万,兵锋甚锐,数来挑战,太宗按甲以挫之。贼粮尽,其将牟君才、梁胡郎来降。太宗谓诸将军曰:"彼气衰矣,吾当取之。"遣将军庞玉先阵于浅水原南以诱之,贼将宗罗睺并军来拒,玉军几败。既而太宗亲御大军,奄自原北,出其不意。罗睺望见,复回师相拒。太宗将骁骑数十入贼阵,于是王师表里齐奋,罗睺大溃,斩首数千级,投涧谷而死者不可胜计。太宗率左右二十余骑追奔,直趣折墌以乘之。仁杲大惧,婴城自守。将夕,大军继至,四面合围。诘朝,仁杲请降,俘其精兵万余人、男女五万口。

既而诸将奉贺,因问曰:"始大王野战破贼,其主尚保坚城,王无攻具,轻骑腾逐,不待步兵,径薄城下,咸疑不克,而竟下之,何也?"太宗曰:"此以权道迫之,使其计不暇发,以故克也。罗睺恃往年之胜,兼复养锐日久,见吾不出,意在相轻。今喜吾出,悉兵来战,虽击破之,擒杀盖少。若不急蹑,还走投城,仁杲收而抚之,则便未可得矣。且其兵众皆陇西人,一败披退,不及回顾,败归陇外,则折墌自虚,我军随而迫之,所以惧而降也。此可谓成算,诸君尽不见耶?"诸将曰:"此非凡人所能及也。"获贼兵精骑甚众,还令仁杲兄弟及贼帅宗罗睺、翟长孙等领之。太宗与之游猎驰射,无所间然。贼徒荷恩慑气,咸愿效死。时李密初附,高祖令密驰传迎太宗于豳州。密见太宗天姿神武,军威严肃,惊悚叹服,私谓殷开山曰:"真英主也。不如此,何以定祸乱乎?"凯旋,献捷于太庙。拜太尉、陕东道行台尚书令,镇长春宫,关东兵马并受节度。寻加左武候大将军、凉州总管。

宋金刚之陷浍州也,兵锋甚锐。高祖以王行本尚据蒲州,吕崇茂反于夏县,晋、浍二州相继陷没,关中震骇,乃手敕曰:"贼势如此,难与争锋,宜弃河东之地,谨守关西而已。"太宗上表曰:"太原王业所基,国之根本,河东殷实,京邑所资。若举而弃之,臣窃愤恨。愿假精兵三万,必能平殄武周,克复汾、晋。"高祖于是悉发关中兵以益之,又幸长春宫亲送太宗。

二年十一月,太宗率众趣龙门关,履冰而渡之,进屯柏壁,与贼将宋金刚相持。寻而永安王孝基败于夏县,于筠、独孤怀恩、唐俭并为贼将寻相、尉迟敬德所执,将还浍州。太宗遣殷开山、秦叔宝邀之于美良川,大破之,相等仅以身免,悉虏其众,复归柏壁。于是诸将咸请战,太宗曰:"金刚悬军千里,深入吾地,精兵骁将,皆在于此。武周据太原,专倚金刚以为捍。士卒虽众,内实空虚,意在速战。我坚营蓄锐以挫其锋,粮尽计穷,自当遁走。"

三年二月,金刚竟以众馁而遁,太宗追之至介州。金刚列阵,南北七里,以拒官军。太宗遣总管李世勣、程咬金、秦叔宝当其北,翟长孙、秦武通当其南。诸军战小却,为贼所乘。太宗率精骑击之,冲其阵后,贼众大败,追奔数十里。敬德、相率众八千来降,还令敬德督之,与军营相参。屈突通惧其为变,骤以为请。太宗曰:"昔萧王推赤心置人腹中,并能毕命,今委任敬德,又何疑也。"于是刘武周奔于突厥,并、汾悉复旧地。诏就军加拜益州道行台尚书令。

七月,总率诸军攻王世充于洛邑,师次谷州。世充率精兵三万阵于慈涧,太宗以轻骑挑之。时众寡不敌,陷于重围,左右咸惧。太宗命左右先归,独留后殿。世充骁将单雄信数百骑夹道来逼,交枪竞进,太宗几为所败。太宗左右射之,无不应弦而倒,获其大将燕颀。世充乃拔慈涧之镇归于东都。太宗遣行军总管史万宝自宜阳南据龙门,刘德威自太行东围河内,王君廓自洛口断贼粮道。又遣黄君汉夜从孝水河中下舟师袭回洛城,克之。黄河已南,莫不响应,城堡相次来降。大军进屯邙山。九月,太宗以五百骑先观战地,卒与世充万余人相遇,会战,复破之,斩首三千余级,获大将陈智略,世充仅以身免。其所署筠州总管杨庆遣使请降,遣李世勣率师出辕辕道安抚其众。荥、汴、洧、豫九州相继来降。世充遂求救于窦建德。

四年二月,又进屯青城宫。营垒未立,世充众二万自方诸门临谷水而阵。太宗以精骑阵于北邙山,令屈突通率步卒五千渡水以击之,因诫通曰:"待兵交即放烟,吾当率骑军南下。"兵才接,太宗以骑冲之,挺身先进,与通表里相应。贼众殊死战,散而复合者数焉。自辰及午,贼众始退。纵兵乘之,俘斩八千人,于是进营城下。世充不敢复出,但婴城自守,以待建德之援。太宗遣诸军掘堑,匝布长围以守之。吴王杜伏威遣其将陈正通、徐召宗率精兵二千来会于军所。伪郑州司马沈悦以武牢降,将军王君廓应之,擒其伪荆王王行本。

会窦建德以兵十余万来援世充,至于酸枣。萧瑀、屈突通、封德彝皆以腹背受敌,恐非万全,请退师谷州以观之。太宗曰:"世充粮尽,内外离心,我当不劳攻击,坐收其敝。建德新破孟海公,将骄卒惰,吾当进据武牢,扼其襟要。贼若冒险与我争锋,破之必矣。如其不战,旬日间世充当自溃。若不速进,贼入武牢,诸城新附,必不能守。二贼并力,将若之何?"通又请解围就险以候其变,太宗不许。于是留通辅齐王元吉以围世充,亲率步骑三千五百人趣武牢。

建德自荥阳西上,筑垒于板渚,太宗屯武牢,相持二十余日。谍者曰:"建德伺官军刍尽,候牧马于河北,因将袭武牢。"太宗知其谋,遂牧马河北以诱之。诘朝,建德果悉众而至,陈兵汜水,世充将郭士衡阵于其南,绵亘数里,鼓噪,诸将大惧。太宗将数骑升高丘以望之,谓诸将曰:"贼起山东,未见大敌。今度险而嚣,是无政令;逼城而阵,有轻我心。我按兵不出,彼乃气衰,阵久卒饥,必将自退,追而击之,无往不克。吾与公等约,必以午时后破之。"建德列阵,自辰至午,兵士饥倦,皆坐列,又争饮水,逡巡敛退。太宗曰:"可击矣!"亲率轻骑追而诱之,众继至。建德回师而阵,未及整列,太宗先登击之,所向皆靡。俄而众军合战,嚣尘四起。太宗率史大奈、程咬金、秦叔宝、宇文歆等挥幡而入,直突出其阵后,张我旗帜。贼顾见之,大溃。追奔三十里,斩首三千余级,虏其众五万,生擒建德于阵。太宗数之曰:"我以干戈问罪,本在王世充,得失存亡,不预汝事,何故越境,犯我兵锋?"建德股栗而言曰:"今若不来,恐劳远取。"高祖闻而大悦,手诏曰:"隋氏分崩,崤函隔绝。两雄合势,一朝清荡。兵既克捷,更无死伤。无愧为臣,不忧其父,并汝功也。"

乃将建德至东都城下。世充惧,率其官属二千余人诣军门请降,山东悉平。太宗入据宫城,令萧瑀、窦轨等封守府库,一无所取,令记室房玄龄收隋图籍。于是诛其同恶段达等五十余人,枉被囚禁者悉释之,非罪诛戮者祭而诔之。大缮将士,班赐有差。高祖令尚书左仆射裴寂劳于军中。

六月,凯旋。太宗亲披黄金甲,陈铁马一万骑,甲士三万人,前后部鼓吹,俘二伪主及隋氏器物辇辂献于太庙。高祖大悦,行饮至礼以享焉。高祖以自古旧官不称殊功,乃别表徽号,用旌勋德。十月,加号天策上将、陕东道大行台,位在王公上。增邑二万户,通前三万户。赐金辂一乘,衮冕之服,玉璧一双,黄金六千斤,前后部鼓吹及九部之乐,班剑四十人。

于时海内渐平,太宗乃锐意经籍,开文学馆以待四方之士。行台司勋郎中杜如晦等十有八人为学士,每更直阁下,降以温颜,与之讨论经义,或夜分而罢。

未几,窦建德旧将刘黑闼举兵反,据洺州。十二月,太宗总戎东讨。五年正月,进军肥乡,分兵绝其粮道,相持两月。黑闼窘急求战,率步骑二万,南渡洺水,晨压官军。太宗亲率精骑,击其马军,破之,乘胜蹂其步卒,贼大溃,斩首万余级。先是,太宗遣堰洺水上流使浅,令黑闼得渡。及战,乃令决堰,水大至,深丈余,贼徒既败,赴水者皆溺死焉。黑闼与二百余骑北走突厥,悉虏其众,河北平。时徐圆朗阻兵徐、兖,太宗回师讨平之,于是河、济、江、淮诸郡邑皆平。十月,加左右十二卫大将军。

七年秋,突厥颉利、突利二可汗自原州入寇,侵扰关中。有说高祖云:"只为府藏子女在京师,故突厥来,若烧却长安而不都,则胡寇自止。"高祖乃遣中书侍郎宇文士及行山南可居之地,即欲移都。萧瑀等皆以为非,然终不敢犯颜正谏。太宗独曰:"霍去病,汉廷之将帅耳,犹且志灭匈奴。臣忝备藩维,尚使胡尘不息,遂令陛下议欲迁都,此臣之责也。辛乞听臣一申微效,取彼颉利。若一两年间不系其颈,徐建移都之策,臣当不敢复言。"高祖怒,仍遣太宗将三十余骑行刬。还日，固奏必不可移都，高祖遂止。八年，加中书令。

九年，皇太子建成、齐王元吉谋害太宗。六月四日，太宗率长孙无忌、尉迟敬德、房玄龄、杜如晦、宇文士及、高士廉、侯君集、程知节、秦叔宝、段志玄、屈突通、张士贵等于玄武门诛之。甲子，立为皇太子，庶政皆断决。太宗乃纵禁苑所养鹰犬，并停诸方所进珍异，政尚简肃，天下大悦。又令百官各上封事，备陈安人理国之要。己巳，令曰："依礼，二名不偏讳。近代已来，两字兼避，废阙已多，率意而行，有违经典。其官号、人名、公私文籍，有'世民'两字不连续者，并不须讳。"罢幽州大都督府。辛未，废陕东道大行台，置洛州都督府；废益州道行台，置益州大都督府。壬午，幽州大都督庐江王瑗谋逆，废为庶人。乙酉，罢天策府。

七月壬辰，太子左庶子高士廉为侍中，右庶子房玄龄为中书令，尚书右仆射萧瑀为尚书左仆射，吏部尚书杨恭仁为雍州牧，太子左庶子长孙无忌为吏部尚书，右庶子杜如晦为兵部尚书，太子詹事宇文士及为中书令，封德彝为尚书右仆射。

八月癸亥，高祖传位于皇太子，太宗即位于东宫显德殿。遣司空、魏国公裴寂柴告于南郊。大赦天下。武德元年以来责情流配者并放还。文武官五品已上先无爵者赐爵一级，六品已下加勋一转。天下给复一年。癸酉，放掖庭宫女三千余人。甲戌，突厥颉利、突利寇泾州。乙亥，突厥进寇武功，京师戒严。丙子，立妃长孙氏为皇后。己卯，突厥寇高陵。辛巳，行军总管尉迟敬德与突厥战于泾阳，大破之，斩首千余级。癸未，突厥颉利至于渭水便桥之北，遣其酋帅执失思力入朝为觇，自张形势，太宗命囚之。亲出玄武门，驰六骑幸渭水上，与颉利隔津而语，责以负约。俄而众军继至，颉利见军容既盛，又知思力就拘，由是大惧，遂请和，诏许焉。即日还宫。乙酉，又幸便桥，与颉利刑白马设盟，突厥引退。

九月丙戌，颉利献马三千匹、羊万口，帝不受，令颉利归所掠中国户口。丁未，引诸卫骑兵统将等习射于显德殿庭，谓将军已下曰："自古突厥与中国，更有盛衰。若轩辕善用五兵，即能北逐獯鬻；周宣驱驰方、召，亦能制胜太原。至汉、晋之君，逮于隋代，不使兵士素习干戈，突厥来侵，莫能抗御，致遗中国生民涂炭于寇手。我今不使汝等穿池筑苑，造诸淫费，农民恣令逸乐，兵士唯习弓马，庶使汝斗战，亦望汝前无横敌。"于是每日引数百人于殿前教射，帝亲自临试，射中者随赏弓刀、布帛。朝臣多有谏者，曰："先王制法，有以兵刃至御所者刑之，所以防萌杜渐，备不虞也。今引裨卒之人，弯弧纵矢于轩陛之侧，陛下亲在其间，正恐祸出非意，非所以为社稷计也。"上不纳。自是后，士卒皆为精锐。壬子，诏私家不得辄立妖神，妄设淫祀，非礼祠祷，一皆禁绝。其龟易五兆之外，诸杂占卜，亦皆停断。长孙无忌封齐国公，房玄龄邢国公，尉迟敬德吴国公，杜如晦蔡国公，侯君集潞国公。

冬十月丙辰朔，日有蚀之。癸亥，立中山王承乾为皇太子。癸酉，裴寂食实封一千五百户，长孙无忌、王君廓、尉迟敬德、房玄龄、杜如晦一千三百户，长孙顺德、柴绍、罗艺、赵郡王孝恭一千二百户，侯君集、张公谨、刘师立一千户，李世勣、刘弘基九百户，高士廉、宇文士及、秦叔宝、程知节七百户，安兴贵、安修仁、唐俭、窦轨、屈突通、萧瑀、封德彝、刘义节六百户，钱九陇、樊世兴、公孙武达、李孟常、段志玄、庞卿恽、张亮、李药师、杜淹、元仲文四百户，张长逊、张平高、李安远、李子和、秦行师、马三宝三百户。

十一月庚寅，降宗室封郡王者并为县公。

十二月癸酉，亲录囚徒。

是岁，新罗、龟兹、突厥、高丽、百济、党项并遣使朝贡。

贞观元年春正月乙酉，改元。辛丑，燕郡王李艺据泾州反，寻为左右所斩，传首京师。庚午，以仆射窦轨为益州大都督。

三月癸巳，皇后亲蚕。尚书左仆射、宋国公萧瑀为太子少师。丙午，诏："齐故尚书仆射崔季舒、给事黄门侍郎郭遵、尚书右丞封孝琰等，昔仕邺中，名位通显，志存忠说，抗表极言，无救社稷之亡，遂见龙逢之酷。其季舒子刚、遵子云、孝琰子君遵，并以门遭时谴，淫刑滥及。宜从褒奖，特异常伦，可免内侍，量才别叙。"

夏四月癸巳，凉州都督、长乐王幼良有罪伏诛。

六月辛巳，尚书右仆射、密国公封德彝薨。壬辰，太子少师宋国公萧瑀为尚书左仆射。

是夏，山东诸州大旱，令所在赈恤，无出今年租赋。

秋七月壬子，吏部尚书、齐国公长孙无忌为尚书右仆射。

八月戊戌，贬侍中、义兴郡公高士廉为安州大都督。户部尚书裴矩卒。是月，关东及河南、陇右沿边诸州霜害秋稼。

九月辛酉，命中书侍郎温彦博、尚书右丞魏微等分往诸州赈恤。中书令、郢国公宇文士及为殿中监。御史大夫、检校吏部尚书、参预朝政、安吉郡公杜淹署位。

十二月壬午，上谓侍臣曰："神仙事本虚妄，空有其名。秦始皇非分爱好，遂为方士所诈，乃遣童男女数千人随徐福入海求仙药。方士避秦苛虐，因留不归，始皇犹海侧踟蹰以待之，还至沙丘而死。汉武帝为求仙，乃将女嫁道术人，事既无验，便行诛戮。据此二事，神仙不烦妄求也。"尚书左仆射、宋国公萧瑀坐事免。戊申，利州都督义安王孝常、右武卫将军刘德裕等谋反，伏诛。

是岁，关中饥，至有鬻男女者。

二年春正月辛丑，尚书右仆射、齐国公长孙无忌为开府仪同三司。徙封汉王恪为蜀王，卫王泰为越王，楚王祐为燕王。复置六侍郎，副六尚书事，并置左右司郎中各一人。前安州大都督、赵王元景为雍州牧，蜀王恪为益州大都督，越王泰为扬州大都督。

三月丙戌，靺鞨内属。

三月戊申朔，日有蚀之。丁卯，遣御史大夫杜淹巡关内诸州。出御府金宝，赎男女自卖者还其父母。庚午，大赦天下。

夏四月己卯，诏骸骨暴露者，令所在埋瘗。丙申，契丹内属。初诏天下州县并置义仓。夏州贼帅梁师都为其从父弟洛仁所杀，以城降。

五月，大雨雹。

六月庚寅，皇子治生，宴五品以上，赐帛有差，仍赐天下是日生者粟。辛卯，上谓侍臣曰："君虽不君，臣不可以不臣。裴虔通，炀帝旧左右也，而亲为乱首。朕方崇奖敬义，岂可犹使宰民训俗。"诏曰：

　　天地定位，君臣之义以彰；卑高既陈，人伦之道斯著。是用笃厚风俗，化成天下。虽复时经治乱，主或昏明，疾风劲草，芬芳无绝，剖心焚体，赴蹈如归。夫岂不爱七尺之躯，重百年之命？谅由君臣义重，名教所先,故能明大节于当时,立清风于身后。至如赵高之殒二世,董卓之鸩弘农,人神所疾,异代同愤。况凡庸小竖,有怀凶悖,遐观典策,莫不诛夷。辰州刺史、长蛇县男裴虔通,昔在隋代,委质晋藩,炀帝以旧邸之情,特相爱幸。遂乃志蔑君亲,潜图弑逆,密伺间隙,招结群丑,长戟流矢,一朝窃发。天下之恶,孰云可忍!宜其夷宗焚首,以彰大戮。但年代异时,累逢赦令,可特免极刑,除名削爵,迁配欢州。

秋七月戊申,诏:"莱州刺史牛方裕、绛州刺史薛世良、广州都督府长史唐奉义、隋武牙郎将高元礼,并于隋代俱蒙任用,乃协契宇文化及,构成弑逆。宜依裴虔通,除名配流岭表。"太宗谓侍臣曰:"天下愚人,好犯宪章,凡赦宥之恩,唯及不轨之辈。古语曰:'小人之幸,君子之不幸。''一岁再赦,好人喑哑。''凡养稂莠者伤禾稼,惠奸宄者贼良人。'昔文王作罚,刑兹无赦。又蜀先主尝谓诸葛亮曰:'吾周旋陈元方、郑康成间,每见启告理乱之道备矣,曾不语赦也。'夫小人者,大人之贼,故朕有天下已来,不甚放赦。今四海安静,礼义兴行,非常之恩,施不可数,将恐愚人常冀侥幸,唯欲犯法,不能改过。"

八月甲戌朔,幸朝堂,亲览冤屈。自是,上以军国无事,每日视膳于西宫。癸巳,公卿奏曰:"依礼,季夏之月,可以居台榭。今隆暑未退,秋霖方始,宫中卑湿,请营一阁以居之。"帝曰:"朕有气病,岂宜下湿。若遂来请,糜费良多。昔汉文帝将起露台,而惜十家之产。朕德不逮于汉帝,而所费过之,岂谓为民父母之道也?"竟不许。是月,河南、河北大霜,人饥。

九月丙午,诏曰:"尚齿重旧,先王以之垂范;还章解组,朝臣于是克终。释菜合乐之仪,东胶西序之制,养老之义,遗文可睹。朕恭膺大宝,宪章故实,乞言尊事,弥切深衷。然情存今古,世踵浇季,而策名就列,或乖大体。至若筋力将尽,桑榆且迫,徒竭夙兴之勤,未悟夜行之罪。其有心惊止足,行堪激励,谢事公门,收骸闾里,能以礼让,固可嘉焉。内外文武群官年高致仕、抗表去职者,参朝之日,宜在本品见任之上。"丁未,谓侍臣曰:"妇人幽闭深宫,情实可愍。隋氏末年,求采无已,至于离宫别馆,非幸御之所,多聚宫人,皆竭人财力,朕所不取。且洒扫之余,更何所用?今将出之,任求伉俪,非独以惜费,亦人得各遂其性。"于是遣尚书左丞戴胄、给事中杜正伦等,于掖庭宫西门简出之。

冬十月庚辰,御史大夫、安吉郡公杜淹卒。戊子,杀瀛州刺史卢祖尚。

十一月辛酉，有事于圆丘。

十二月壬午，黄门侍郎王珪为侍中。

三年春正月辛亥，契丹渠帅来朝。戊午，谒太庙。癸亥，亲耕籍田。辛未，司空、魏国公裴寂坐事免。

二月戊寅，中书令、邢国公房玄龄为尚书左仆射，兵部尚书、检校侍中、蔡国公杜如晦为尚书右仆射，刑部尚书、检校中书令、永康县公李靖为兵部尚书，右丞魏徵为守秘书监，参预朝政。

夏四月辛巳，太上皇徙居大安宫。甲午，太宗始于太极殿听政。

五月，周王元方薨。

六月戊寅，以旱，亲录囚徒。遣长孙无忌、房玄龄等祈雨于名山大川，中书舍人杜正伦等往关内诸州慰抚。又令文武官各上封事，极言得失。己卯，大风折木。

秋八月己巳朔，日有蚀之。薛延陀遣使朝贡。

九月癸丑，诸州置医学。

冬十一月丙午，西突厥、高昌遣使朝贡。庚申，以并州都督李世勣为通汉道行军总管，兵部尚书李靖为定襄道行军总管，以击突厥。

十二月戊辰，突利可汗来奔。癸未，杜如晦以疾辞位，许之。癸丑，诏建义以来交兵之处，为义士勇夫殒身戎阵者各立一寺，命虞世南、李伯药、褚亮、颜师古、岑文本、许敬宗、朱子奢等为之碑铭，以纪功业。

是岁，户部奏言：中国人自塞外来归及突厥前后内附、开四夷为州县者，男女一百二十余万口。

四年春正月乙亥，定襄道行军总管李靖大破突厥，获隋皇后萧氏及炀帝之孙正道，送至京师。癸巳，武德殿北院火。

二月己亥，幸温汤。甲辰，李靖又破突厥于阴山，颉利可汗轻骑远遁。丙午，至自温汤。甲寅，大赦，赐酺五日。民部尚书戴胄以本官检校吏部尚书，参预朝政。太常卿萧瑀为御史大夫，与宰臣参议朝政。御史大夫、西河郡公温彦博为中书令。

三月庚辰，大同道行军副总管张宝相生擒颉利可汗，献于京师。甲申，尚书右仆射、蔡国公杜如晦薨。甲午，以俘颉利告于太庙。

夏四月丁酉，御顺天门，军吏执颉利以献捷。自是西北诸蕃咸请上尊号为"天可汗"，于是降玺书册命其君长，则兼称之。

秋七月甲子朔，日有蚀之。上谓房玄龄、萧瑀曰："隋文何等主？"对曰："克己复礼，勤劳思政，每一坐朝，或至日昃。五品已上，引之论事，宿卫之人，传餐而食。虽非性体仁明，变励精之主也。"上曰："公得其一，未知其二。此人性至察而心不明。夫心暗则照有不通，至察则多疑于物。自以欺孤寡得之，谓群下不可信任，事皆自决，虽劳神苦形，未能尽合于理。朝臣既知上意，亦复不敢直言，宰相已下，承受而已。朕意不然。以天下之广，岂可独断一人之虑？朕方选天下之才，为天下之务，委任责成，各尽其用，庶几于理也。"因令有司："诏敕不便于时，即宜执奏，不得顺旨施行。"

八月丙午，诏三品已上服紫，五品已上服绯，六品七品以绿，八品九品以青；妇人从夫色。甲寅，兵部尚书、代国公李靖为尚书右仆射。

九月庚午，令收瘗长城之南骸骨，仍令致祭。壬午，令自古明王圣帝、贤臣烈士坟墓无得刍牧，春秋致祭。

冬十月壬辰，幸陇州，曲赦陇、岐二州，给复一年。辛丑，校猎于贵泉谷。甲辰，校猎于鱼龙川，自射鹿，献于大安宫。

十一月甲子，至自陇州。戊寅，制决罪人不得鞭背，以明堂孔穴针灸之所。兵部尚书侯君集参议朝政。

十二月辛亥，开府仪同三司、淮安王神通薨。甲寅，高昌王鞠文泰来朝。

是岁，断死刑二十九人，几致刑措。东至于海，南至于岭，皆外户不闭，行旅不赍粮焉。

五年春正月癸酉，大蒐于昆明池，蕃夷君长咸从。丙子，亲献禽于大安宫。己卯，幸左藏库，赐三品已上帛，任其轻重。癸未，朝集使请封禅。

二月己酉，封皇弟元裕为邾王，元名为谯王，灵夔为魏王，元祥为许王，元晓为密王。庚戌，封皇子愔为梁王，贞为汉王，恽为郯王，治为晋王，慎为申王，嚣为江王，简为代王。

夏四月壬辰，代王简薨。以金帛购中国人因隋乱没突厥者男女八万人，尽还其家属。

六月甲寅，太子少师、新昌县公李纲薨。

秋八月甲辰，遣使毁高丽所立京观，收隋人骸骨，祭而葬之。戊申，初令天下决死刑必三覆奏，在京诸司五覆奏，其日尚食进蔬菜，内教坊及太常不举乐。

九月乙丑，赐群官大射于武德殿。

冬十月，右卫大将军、顺州都督、北平郡王阿史那什钵苾卒。

十二月壬寅，幸温汤。癸卯，猎于骊山。丙午，赐新丰高年帛有差。戊申，至自温汤。

六年春正月乙卯朔，日有蚀之。

二月丙戌，置三师官员。戊子，初置律学。

三月戊辰，幸九成宫。

六月己亥，酆王元亨薨。辛亥，江王嚣薨。

冬十月乙卯，至自九成宫。

十二月辛未，亲录囚徒，归死罪者二百九十人于家，令明年秋末就刑。其后应期毕至，诏悉原之。

是岁，党项羌前后内属者三十万口。

七年春正月戊子，诏曰："宇文化及弟智及、司马德戡、裴虔通、孟景、元礼、杨览、唐奉义、牛方裕、元敏、薛诏、马举、元武达、李孝本、李孝质、张恺、许弘仁、令狐行达、席德方、李覆等，大业季年，咸居列职，或恩结一代，任重一时；乃包藏凶慝，罔思忠义，爰在江都，遂行弑逆，罪百阎、赵，衅深枭獍。虽事是前代，岁月已久，而天下之恶，古今同弃，宜置重典，以励臣节。其子孙并宜禁锢，勿令齿叙。"是日，上制《破阵乐舞图》。辛丑，赐京城酺三日。丁卯，雨土。乙酉，薛延陀遣使来朝。庚寅，秘书监、检校侍中魏徵为侍中。癸巳，直太史、将仕郎李淳风铸浑天黄道仪，奏之，置于凝晖阁。

夏五月癸未，幸九成宫。

八月，山东、河南三十州大水，遣使赈恤。

冬十月庚申，至自九成宫。

十一月丁丑，颁新定《五经》。壬辰，开府仪同三司、齐国公长孙无忌为司空。

十二月丙辰，狩于少陵原，诏以少牢祭杜如晦、杜淹、李纲之墓。

八年正月癸未，右卫大将军阿史那吐苾卒。辛丑，右屯卫大将军张士贵讨东、西五洞反獠,平之。壬寅,命尚书右仆射李靖、特进萧瑀杨恭仁、礼部尚书王珪、御史大夫韦挺、郧州大都督府长史皇甫无逸、扬州大都督府长史李袭誉、幽州大都督府长史张亮、凉州大都督李大亮、右领军大将军窦诞、太子左庶子杜正伦、绵州刺史刘德威、黄门侍郎赵弘智使于四方,观省风俗。

二月乙巳,皇太子加元服。丙午,赐天下酺三日。

三月庚辰,幸九成宫。

五月辛未朔,日有蚀之。丁丑,上初服翼善冠,贵臣服进德冠。

七月,始以云麾将军阶为从三品。陇右山崩,大蛇屡见。山东、河南、淮南大水,遣使赈恤。

八月甲子,有星孛于虚、危,历于氐,十一月上旬乃灭。

九月丁丑,皇太子来朝。

冬十月,右骁卫大将军、褒国公段志玄击吐谷浑,破之,追奔八百余里。甲子,至自九成宫。

十一月辛未,右仆射、代国公李靖以疾辞官,授特进。丁亥,吐谷浑寇凉州。己丑,吐谷浑拘我行人赵德楷。

十二月辛丑,命特进李靖、兵部尚书侯君集、刑部尚书任城王道宗、凉州都督李大亮等为大总管,各帅师分道以讨吐谷浑。壬子,越王泰为雍州牧。乙卯,帝从太上皇阅武于城西。

是岁,龟兹、吐蕃、高昌、女国、石国遣使朝贡。

九年春三月,洮州羌叛,杀刺史孔长秀。壬午,大赦。每乡置长一人,佐二人。乙酉,监泽道总管高甑生大破叛羌之众。庚寅,敕天下户立三等,未尽升降,置为九等。

夏四月壬寅,康国献狮子。

闰月丁卯,日有蚀之。癸巳,大总管李靖、侯君集、李大亮、任城王道宗破吐谷浑于牛心堆。

五月乙未,又破之于乌海,追奔至柏海。副总管薛万均、薛万彻又破之于赤水源,获其名王二十人。庚子,太上皇崩于大安宫。壬子,李靖平吐谷浑于西海之上,获其王慕容伏允。以其子慕容顺光降,封为西平郡王,复其本国。

秋七月甲寅,增修太庙为六室。

冬十月庚寅,葬高祖太武皇帝于献陵。戊申,祔于太庙。辛丑,左仆射、魏国公房玄龄加开府仪同三司,余如故。

十二月甲戌,吐谷浑西平郡王慕容顺光为其下所弑,遣兵部尚书侯君集率师安抚之,仍封顺光子诺曷钵为河源郡王,使统其众。右光禄大夫、宋国公萧瑀依旧特进,复令参预朝政。

十年春正月壬子,尚书左仆射房玄龄、侍中魏徵上梁、陈、齐、周、隋五代史,诏藏于秘阁。癸丑,徙封赵王元景为荆王,鲁王元昌为汉王,郑王元礼为徐王,徐王元嘉为韩王,荆王元则为彭王,滕王元懿为郑王,吴王元轨为霍王,幽王元凤为虢王,陈王元庆为道王,魏王灵夔为燕王,蜀王恪为吴王,越王泰为魏王,燕王祐为齐王,梁王愔为蜀王,郯王恽为蒋王,汉王贞为越王,申王慎为纪王。

夏六月,以侍中魏徵为特进,仍知门下省事。壬申,中书令温彦博为尚书右仆射。甲戌,太常卿、安德郡公杨师道为侍中。己卯,皇后长孙氏崩于立政殿。

冬十一月庚寅,葬文德皇后于昭陵。

十二月壬申,吐谷浑河源郡王慕容诺曷钵来朝。乙亥,亲录京师囚徒。

是岁,关内、河东疾病,命医赍药疗之。

十一年春正月丁亥朔,徙邻王元裕为邓王,谯王元名为舒王。癸巳,加魏王泰为雍州牧、左武候大将军。庚子,颁新律令于天下。作飞山宫。甲寅,房玄龄等进所修《五礼》,诏所司行用之。

二月丁巳,诏曰:

夫生者天地之大德,寿者修短之一期。生有七尺之形,寿以百龄为限,含灵禀气,莫不同焉,皆得之于自然,不可以分外企也。是以《礼记》云:"君即位而为椑。"庄周云:"劳我以形,息我以死。"岂非圣人远鉴,通贤深识?末代已来,明辟盖寡,靡不矜黄屋之尊,虑白驹之过,并多拘忌,有慕遐年。谓云车易乘,羲轮可驻,异轨同趣,其蔽甚矣。

有隋之季,海内横流,豺狼肆暴,吞噬黔首。朕投袂发愤,情深拯溺,扶翼义师,济斯涂炭。赖苍昊降鉴,股肱宣力,提剑指麾,天下大定。此朕之宿志,于斯已毕。犹恐身后之日,子子孙孙,习于流俗,犹循常礼,加四重之榇,伐百祀之木,劳扰百姓,崇厚园陵。今预为此制,务从俭约,于九嵕之山,足容棺而已。积以岁月,渐而备之。木马涂车,土梓苇篇,事合古典,不为时用。

又佐命功臣,或义深舟楫,或谋定帷幄,或身摧行阵,同济艰危,克成鸿业,追念在昔,何日忘之!使逝者无知,咸归寂寞;若营魂有识,还如畴曩,居止相望,不亦善乎!汉氏使将相陪陵,又给以东园秘器,笃终之义,恩意深厚,古人岂异我哉!自今已后,功臣密戚及德业佐时者,如有薨亡,宜赐茔地一所,及以秘器,使窀穸之时,丧事无阙。所司依此营备,称朕意焉。

甲子,幸洛阳宫,命祭汉文帝。

三月丙戌朔,日有蚀之。丁亥,车驾至洛阳。丙申,改洛州为洛阳宫。辛亥,大蒐于广城泽。癸丑,还宫。

夏四月甲子,震乾元殿前槐树。丙寅,诏河北、淮南举孝悌淳笃,兼闲时务;儒术该通,可为师范;文辞秀美,才堪著述;明识政体,可委字人:并志行修立,为乡闾所推者,给传诣洛阳宫。

六月甲寅,尚书右仆射、虞国公温彦博薨。丁巳,幸明德宫。己未,定制诸王为世封刺史。戊辰,定制勋臣为世封刺史。改封任城王道宗为江夏郡王,赵郡王孝恭为河间郡王。己巳,改封许王元祥为江王。

秋七月癸未,大霖雨。谷水溢入洛阳宫,深四尺,坏左掖门,毁宫寺十九所;洛水溢,漂六百家。庚寅,诏以灾命百官上封事,极言得失。丁酉,车驾还宫。壬寅,废明德宫及飞山宫之玄圃院,分给遭水之家,仍赐帛有差。丙午,修老君庙于亳州,宣尼庙于兖州,各给二十户享祀焉。凉武昭王复近墓二十户充守卫,仍禁刍牧樵采。

九月丁亥,河溢,坏陕州河北县,毁河阳中潬。幸白司马坂以观之,赐遭水之家粟帛有差。

冬十一月辛卯,幸怀州。乙未,狩于济源。丙午,车驾还宫。

十二月辛酉,百济王遣其太子隆来朝。

十二年春正月乙未,吏部尚书高士廉等上《氏族志》一百三十卷。壬寅,松、丛二州地震,坏人庐舍,有压死者。

二月乙卯,车驾还京。癸亥,观砥柱,勒铭以纪功德。甲子,夜郎獠反,夔州都督齐善行讨平之。乙丑,次陕州,自新桥幸河北县,祀夏禹庙。丁卯,次柳谷顿,观盐池。戊寅,以隋鹰扬郎将尧君素忠于本朝,赠蒲州刺史,仍录其子孙。

闰二月庚辰朔,日有蚀之。丙戌,至自洛阳宫。

夏五月壬申,银青光禄大夫、永兴县公虞世南卒。

六月庚子,初置玄武门左右飞骑。

秋七月癸酉,吏部尚书、申国公高士廉为尚书右仆射。

冬十月己卯,狩于始平,赐高年粟帛有差。乙未,至自始平。己亥,百济遣使贡金甲雕斧。

十二月辛巳,右武候将军上官怀仁大破山獠于壁州。

十三年春正月乙巳朔,谒献陵。曲赦三原县及行从大辟罪。丁未,至自献陵。戊午,加房玄龄为太子少师。

二月丙子,停世袭刺史。

三月乙丑,有星孛于毕、昴。

夏四月戊寅,幸九成宫。甲申,阿史那结社尔犯御营,伏诛。壬寅,云阳石燃者方丈,昼如灰,夜则有光,投草木于上则焚,历年而止。

自去冬不雨至于五月。甲寅,避正殿,令五品以上上封事,减膳罢役,分使赈恤,申理冤屈,乃雨。

六月丙申,封皇弟元婴为滕王。

秋八月辛未朔,日有蚀之。庚辰,立右武候大将军、化州都督、怀化郡王李思摩为突厥可汗,率所部建牙于河北。

冬十月甲申,至自九成宫。

十一月辛亥,侍中、安德郡公杨师道为中书令。

十二月丁丑,吏部尚书、陈国公侯君集为交河道行军大总管,帅师伐高昌。乙亥,封皇子福为赵王。壬午,巂州都督王志远有罪伏诛。诏于洛、相、幽、徐、齐、并、秦、蒲等州并置常平仓。己丑,吐谷浑河源郡王慕容诺曷钵来逆女。壬辰,狩于咸阳。

是岁，滁州言："野蚕食槲叶，成茧大如柰，其色绿，凡六千五百七十石。"高丽、新罗、西突厥、吐火罗、康国、安国、波斯、疏勒、于阗、焉耆、高昌、林邑、昆明及荒服蛮酋，相次遣使朝贡。

十四年春正月庚子，初命有司读时令。甲寅，幸魏王泰宅。赦雍州及长安狱大辟罪已下。

二月丁丑，幸国子学，亲释奠，赦大理、万年系囚，国子祭酒以下及学生高第精勤者加一级，赐帛有差。庚辰，左骁卫将军、淮阳王道明送弘化公主归于吐谷浑。壬午，幸温汤。辛卯，至自温汤。乙未，诏以梁皇侃、褚仲都，周熊安生、沈重、陈沈文阿、周弘正、张讥，隋何妥、刘焯、刘炫等前代名儒，学徒多行其义，命求其后。

三月戊午，置宁朔大使，以护突厥。

夏五月壬戌，徙封燕王灵夔为鲁王。

六月乙酉，大风拔木。己丑，薛延陀遣使求婚。乙未，滁州野蚕成茧，凡收八千三百石。

八月庚午，新作襄城宫。癸巳，交河道行军大总管侯君集平高昌，以其地置西州。

九月癸卯，曲赦西州大辟罪。乙卯，于西州置安西都护府。

冬十月己卯，诏以赠司空、河间元王孝恭，赠陕东道大行台尚书右仆射、郧节公殷开山，赠民部尚书、渝襄公刘政会等配飨高祖庙庭。

闰月乙未，幸同州。甲辰，狩于尧山。庚戌，至自同州。丙辰，吐蕃遣使献黄金器千斤以求婚。

十一月甲子朔，日南至，有事于圆丘。

十二月丁酉，交河道旋师。吏部尚书、陈国公侯君集执高昌王麴智盛，献捷于观德殿，行饮至之礼，赐酺三日。乙卯，高丽世子相权来朝。

十五年春正月丁卯，吐蕃遣其国相禄东赞来逆女。丁丑，礼部尚书、江夏王道宗送文成公主归吐蕃。辛巳，幸洛阳宫。

三月戊申，幸襄城宫。庚午，废襄城宫。

夏四月辛卯，诏以来年二月有事泰山，所司详定仪制。

五月壬申，并州僧道及老人等抗表，以太原王业所因，明年登封已后，愿时临辛。上于武成殿赐宴,因从容谓侍臣曰:"朕少在太原,喜群聚博戏,暑往寒逝,将三十年矣。"时会中有旧识上者,相与道旧以为笑乐。因谓之曰:"他人之言,或有面谀。公等朕之故人,实以告朕,即日政教,于百姓何如?人间得无疾苦耶?"皆奏:"即日四海太平,百姓欢乐,陛下力也。臣等余年,日惜一日,但眷恋圣化,不知疾苦。"因固请过并州。上谓曰:"飞鸟过故乡,犹蹰躇徘徊;况朕于太原起义,遂定天下,复少小游观,诚所不忘。岱礼若毕,或冀与公等相见。"于是赐物各有差。丙子,百济王扶馀璋卒。诏立其世子扶馀义慈嗣其父位,仍封为带方郡王。

六月戊申,诏天下诸州,举学综古今及孝悌淳笃、文章秀异者,并以来年二月总集泰山。己酉,有星孛于太微,犯郎位。丙辰,停封泰山,避正殿以思咎,命尚食减膳。

秋七月甲戌,孛星灭。

冬十月辛卯,大阅于伊阙。壬辰,幸嵩阳。辛丑,还宫。

十一月壬戌,废乡长。壬申,还京师。癸酉,薛延陀以同罗、仆骨、回纥、鞯鞈、霫之众度漠,屯于白道川。命营州都督张俭统所部兵压其东境;兵部尚书李勣为朔方行军总管,右卫大将军李大亮为灵州道行军总管,凉州都督李袭誉为凉州道行军总管,分道以御之。

十二月戊子朔,至自洛阳宫。甲辰,李勣及薛延陀战于诺真水,大破之,斩首三千余级,获马万五千四,薛延陀跳身而遁。勣旋破突厥思结于五台县,虏其男女千余口,获羊马称是。

十六年春正月辛未,诏在京及诸州死罪囚徒,配西州为户;流人未达前所者,徙防西州。兼中书侍郎、江陵子岑文本为中书侍郎,专知机密。

夏六月辛卯,诏复隐王建成曰隐太子,改封海陵剌王元吉曰巢剌王。

秋七月戊午,司空、赵国公无忌为司徒,尚书左仆射、梁国公玄龄为司空。

九月丁巳,特进、郑国公魏徵为太子太师,知门下省事如故。

冬十一月丙辰,狩于岐山。辛酉,使祭隋文帝陵。丁卯,宴武功士女于庆善宫南门。酒酣,上与父老等涕泣论旧事,老人等递起为舞,争上万岁寿,上各尽一杯。庚午,至自岐州。

十二月癸卯,幸温汤。甲辰,狩于骊山,时阴寒晦冥,围兵断绝。上乘高望见之,欲舍其罚,恐亏军令,乃回辔入谷以避之。

是岁,高丽大臣盖苏文弑其君高武,而立武兄子藏为王。

十七年春正月戊辰,右卫将军、代州都督刘兰谋反,腰斩。太子太师、郑国公魏徵薨。戊申,诏图画司徒、赵国公无忌等勋臣二十四人于凌烟阁。

三月丙辰,齐州都督齐王祐杀长史权万纪、典军韦文振,据齐州自守,诏兵部尚书李勣、刑部尚书刘德威发兵讨之。兵未至,兵曹杜行敏执之而降,遂赐死于内侍省。丁巳,荧惑守心前星,十九日而退。

夏四月庚辰朔,皇太子有罪,废为庶人。汉王元昌、吏部尚书侯君集并坐与连谋,伏诛。丙戌,立晋王治为皇太子,大赦,赐酺三日。丁亥,中书令杨师道为吏部尚书。己丑,加司徒、赵国公长孙无忌太子太师,司空、梁国公房玄龄太子太傅;特进、宋国公萧瑀太子太保,兵部尚书、英国公李勣为太子詹事,仍同中书门下三品。庚寅,上亲谒太庙,以谢承乾之过。癸巳,魏王泰以罪降爵为东莱郡王。

五月乙丑,手诏举孝廉茂才异能之士。

六月己卯朔,日有蚀之。壬午,改葬隋恭帝。丁酉,尚书右仆射高士廉请致仕,诏以为开府仪同三司、同中书门下三品。

闰月戊午,薛延陀遣其兄子突利设献马五万匹、牛驼一万、羊十万以请婚,许之。丙子,徙封东莱郡王泰为顺阳王。

秋七月庚辰,京城讹言云:“上遣枨枨取人心肝,以祠天狗。”递相惊悚。上遣使遍加宣谕,月余乃止。丁酉,司空、太子太傅、梁国公房玄龄以母忧罢职。

八月,工部尚书、郧国公张亮为刑部尚书,参预朝政。

九月癸未,徙庶人承乾于黔州。

冬十月丁巳,房玄龄起复本职。

十一月己卯,有事于南郊。壬午,赐天下酺三日。以凉州获瑞石,曲赦凉州,并录京城及诸州系囚,多所原宥。

十八年春正月壬寅,幸温汤。

夏四月辛亥,幸九成宫。

秋八月甲子,至自九成宫。丁卯,散骑常侍清苑男刘洎为侍中,中书侍郎江陵子岑文本、中书侍郎马周并为中书令。

九月,黄门侍郎褚遂良参预朝政。

冬十月辛丑朔,日有蚀之。甲辰,初置太子司议郎官员。甲寅,幸洛阳宫。安西都护郭孝恪帅师灭焉耆,执其王突骑支送行在所。

十一月壬寅,车驾至洛阳宫。庚子,命太子詹事、英国公李勣为辽东道行军总管,出柳城,礼部尚书、江夏郡王道宗副之;刑部尚书、郧国公张亮为平壤道行军总管,以舟师出莱州,左领军常何、泸州都督左难当副之。发天下甲士,召募十万,并趣平壤,以伐高丽。

十二月辛丑,庶人承乾死。

十九年春二月庚戌,上亲统六军发洛阳。乙卯,诏皇太子留定州监国;开府仪同三司、申国公高士廉摄太子太傅,与侍中刘洎、中书令马周、太子少詹事张行成、太子右庶子高季辅五人同掌机务;以吏部尚书、安德郡公杨师道为中书令。赠殷比干为太师,谥曰忠烈,命所司封墓,葺祠堂,春秋祠以少牢,上自为文以祭之。

三月壬辰,上发定州,以司徒、太子太师兼检校侍中、赵国公长孙无忌,中书令岑文本、杨师道从。

夏四月癸卯,誓师于幽州城南,因大飨六军以遣之。丁未,中书令岑文本卒于师。癸亥,辽东道行军大总管、英国公李勣攻盖牟城,破之。

五月丁丑,车驾渡辽。甲申,上亲率铁骑与李勣会围辽东城,因烈风发火弩,斯须城上屋及楼皆尽,麾战士令登,乃拔之。

六月丙辰,师至安市城。丁巳,高丽别将高延寿、高惠真帅兵十五万来援安市,以拒王师。李勣率兵奋击,上自高峰引军临之,高丽大溃,杀获不可胜纪。延寿等以其众降,因名所幸山为驻跸山,刻石纪功焉。赐天下大酺二日。

秋七月,李勣进军攻安市城,至九月不克,乃班师。

冬十月丙辰,入临渝关,皇太子自定州迎谒。戊午,次汉武台,刻石以纪功德

十一月辛未,幸幽州。癸酉,大飨,还师。

十二月戊申,幸并州。侍中、清苑男刘洎以罪赐死。

是岁,薛延陀真珠毗伽可汗死。

二十年春正月,上在并州。丁丑,遣大理卿孙伏伽、黄门侍郎褚遂良等二十二人,以六条巡察四方,黜陟官吏。庚辰,曲赦并州,宴从官及起义元从,赐粟帛、给复有差。

三月己巳，车驾至京师。己丑，刑部尚书、郧国公张亮谋反，诛。

闰月癸巳朔，日有蚀之。

夏四月甲子，太子太师、赵国公长孙无忌，太子太傅、梁国公房玄龄，太子太保、宋国公萧瑀各辞调护之职，诏许之。

六月，遣兵部尚书、固安公崔敦礼，特进、英国公李勣击破薛延陀于郁督军山北，前后斩首五千余级，虏男女三万余人。

秋八月甲子，封皇孙忠为陈王。己巳，幸灵州。庚午，次泾阳顿。铁勒回纥、拔野古、同罗、仆骨、多滥葛、思结、阿跌、契苾、跌结、浑、斛薛等十一姓各遣使朝贡，奏称："延陀可汗不事大国，部落乌散，不知所之。奴等各有分地，不能逐延陀去，归命天子，乞置汉官。"诏遣会灵州。

九月甲辰，铁勒诸部落俟斤、颉利发等遣使相继而至灵州者数千人，来贡方物，因请置吏，咸请至尊为可汗。于是北荒悉平，为五言诗勒石以序其事。辛亥，灵州地震有声。

冬十月，前太子太保、宋国公萧瑀贬商州刺史。丙戌，至自灵州。

二十一年春正月壬辰，开府仪同三司、申国公高士廉薨。丁酉，诏以来年二月有事泰山。甲寅，赐京师酺三日。

二月壬申，诏以左丘明、卜子夏、公羊高、谷梁赤、伏胜、高堂生、戴圣、毛苌、孔安国、刘向、郑众、杜子春、马融、卢植、郑康成、服子慎、何休、王肃、王辅嗣、杜元凯、范宁等二十一人，代用其书，垂于国胄，自今有事于太学，并命配享宣尼庙堂。丁丑，皇太子于国学释菜。

夏四月乙丑，营太和宫于终南之上，改为翠微宫。

五月戊子，幸翠微宫。

六月癸亥，司徒、赵国公无忌加授扬州都督。

秋七月庚子，建玉华宫于宜君县之凤凰谷。庚戌，至自翠微宫。

八月壬戌，诏以河北大水，停封禅。辛未，骨利干国遣使贡名马。丁酉，封皇子明为曹王。

冬十一月癸卯，徙封顺阳王泰为濮王。

十二月戊寅，左骁卫大将军阿史那社尔、右骁卫大将军契苾何力、安西都护郭孝恪、司农卿杨弘礼为昆山道行军大总管，以伐龟兹。

是岁，堕婆登、乙利、鼻林送、都播、羊同、石、波斯、康国、吐火罗、阿悉吉等远夷十九国，并遣使朝贡。又于突厥之北至于回纥部落，置驿六十六所，以通北荒焉。

二十二年春正月庚寅，中书令马周卒。司徒、赵国公无忌兼检校中书令，知尚书门下二省事。己亥，刑部侍郎崔仁师为中书侍郎，参知机务。戊戌，幸温汤。戊申，还宫。

二月，前黄门侍郎褚遂良起复黄门侍郎。中书侍郎崔仁师除名，配流连州。癸丑，西番沙钵罗叶护率众归附，以其俟斤屈裴禄为忠武将军，兼大俟斤。戊午，以结骨部置坚昆都督。乙亥，幸玉华宫，乙卯，赐所经高年笃疾粟帛有差。己卯，蒐于华原。

四月甲寅，碛外蕃人争牧马出界，上亲临断决，然后咸服。丁巳，右武候将军梁建方击松外蛮，下其部落七十二所。

五月庚子，右卫率长史王玄策击帝那伏帝国，大破之，获其王阿罗那顺及王妃、子等，虏男女万二千人、牛马二万余以诣阙。使方士那罗迩娑婆于金飚门造延年之药。吐蕃赞普击破中天竺国，遣使献捷。

六月癸酉，特进、宋国公萧瑀薨。

秋七月癸卯，司空、梁国公房玄龄薨。

八月己酉朔，日有蚀之。

九月己亥，黄门侍郎褚遂良为中书令。

十月癸亥，至自玉华宫。

十一月戊戌，眉、邛、雅三州獠反，右卫将军梁建方讨平之。庚子，契丹帅窟哥、奚帅可度者并率其部内属。以契丹部为松漠都督，以奚部置饶乐都督。

十二月乙卯，增置殿中侍御史、监察御史各二员，大理寺置平事十员。

闰月丁丑朔，昆山道总管阿史那社尔降处密、处月，破龟兹大拨等五十城，虏数万口，执龟兹王诃黎布失毕以归，龟兹平，西域震骇。副将薛万彻胁于阗王伏阇信入朝。癸未，新罗王遣其相伊赞千金春秋及其子文王来朝。

是岁，新罗女王金善德死，遣册立其妹真德为新罗王。

二十三年春正月辛亥，俘龟兹王诃黎布失毕及其相那利等，献于社庙。

二月丙戌，置瑶池都督府，隶安西都护府。丁亥，西突厥肆叶护可汗遣使来朝。

三月丙辰，置丰州都督府。自去冬不雨，至于此月己未乃雨。辛酉，大赦。丁卯，敕皇太子于金液门听政。是月，日赤无光。

四月己亥，幸翠微宫。

五月戊午，太子詹事、英国公李勣为叠州都督。辛酉，开府仪同三司、卫国公李靖薨。己巳，上崩于含风殿，年五十二。遗诏皇太子即位于枢前，丧纪宜用汉制。秘不发丧。庚午，遣旧将统飞骑劲兵从皇太子先还京，发六府甲士四千人，分列于道及安化门，翼从乃入；大行御马舆，从官侍御如常。壬申，发丧。

六月甲戌朔，殡于太极殿。

八月丙子，百僚上谥曰文皇帝，庙号太宗。庚寅，葬昭陵。上元元年八月，改上尊号曰文武圣皇帝。天宝十三年（859）二月，改上尊号为文武大圣大广孝皇帝。

史臣曰：臣观文皇帝，发迹多奇，聪明神武。拔人物则不私于党，负志业则咸尽其才。所以屈突、尉迟，由仇敌而愿倾心膂；马周、刘洎，自疏远而卒委钧衡。终平泰阶，谅由斯道。尝试论之：础润云兴，虫鸣蚣跃。虽尧、舜之圣，不能用梼杌、穷奇而治平；伊、吕之贤，不能为夏桀、殷辛而昌盛。君臣之际，遭遇斯难，以至抉目剖心，虫流筋擢，良由遭值之异也。以房、魏之智，不逾于丘、轲，遂能尊主庇民者，遭时也。

或曰：以太宗之贤，失爱于昆弟，失教于诸子，何也？曰：然，舜不能仁四罪，尧不能训丹朱，斯前志也。当神尧任谗之年，建成忌功之日，苟除畏逼，孰顾分崩，变故之兴，间不容发，方惧"毁巢"之祸，宁虞"尺布"之谣？承乾之愚，圣父不能移也。若文皇自定储于哲嗣，不骋志于高丽；用人如贞观之初，纳谏比魏徵之日。况周发、周成之世袭，我有遗妍；较汉文、汉武之恢弘，彼多惭德。迹其听断不惑，从善如流，千载可称，一人而已！

房玄龄传

——《旧唐书》卷六六

【说明】房玄龄(579－648),名乔(一说名玄龄、字乔),齐州临淄(今山东临淄东北)人,隋朝末年任隰城尉。唐军入关中,他前往谒见李世民,被任用为秦王府记室参军。在秦府十余年,是李世民的主要谋士。后来参与"玄武门之变",帮助李世民取得帝位。贞观元年(627),房玄龄任中书令,成为宰相。四年又任尚书左仆射,总揽朝政。房玄龄精通吏治,在任宰相期间,审定法令时能注意宽大,量才用人时能不论贵贱,适应了唐初要求安定和急需人才的社会政治形势,为"贞观之治"作出了贡献。房玄龄与另一位宰相杜如晦一起被后人合称为"房杜",被看作是唐初的两位良相。

房乔,字玄龄,齐州临淄县人。曾祖父房翼,是后魏的镇远将军、宋安郡太守,承袭壮武伯爵位。祖父房熊,字子,初任官为州主簿。父亲房彦谦,喜好读书,涉猎《五经》,任隋朝泾阳县令,《隋书》有传。

房玄龄幼时聪明,博览经史,工于草书隶书,善写文章,曾跟随父亲到京城去。当时天下安宁,大家都认为隋朝的国运会很长久,房玄龄避开左右随从对父亲说:"隋朝皇帝本无功德,只会迷惑黎民百姓,不为后代作长远打算。他混淆嫡亲和庶出,让他们互相争夺,皇太子与诸王,又竞相奢侈,早晚会引起互相残杀,靠他们是不足以保全家国的。现在天下虽然清平,但其灭亡却指日可待。"房彦谦听后很吃惊,从而对他另眼相看。房玄龄十八岁时,本州举荐他应进士考,及第后被授羽骑尉。吏部侍郎高孝基一向被认为有知人之明,见到房玄龄后深加赞叹,对裴矩说:"我见过的人多了,还从未见到像这位郎君那样的人。他将来必成大器,但可惜我看不到他功成名就,位高凌云了。"父亲久病,历百余日,房玄龄尽心侍奉药物膳食,一直没有脱衣睡觉。父亲去世后,五天不吃不喝。后来房玄龄被任命为隰城县县尉。

到唐高祖举义旗入关内,太宗向渭北拓地时,房玄龄驱马前往军营谒见。温彦博又加以推荐。太宗一见房玄龄,就如同旧相识一般,署任他为渭北道行军记室参军。房玄龄既然已遇知己,就竭尽全力,知无不为。每当讨平寇贼时,众人都竞相搜求珍玩,唯独房玄龄先去网罗人才,送到太宗幕府。遇有猛将谋臣,他就暗中与他们交结,使他们能各尽死力。

不久隐太子李建成见太宗功德比他更盛,而产生猜忌。太宗曾到隐太子住所吃饭,中毒而归。幕府中人十分震惊,但又无计可施。房玄龄因此对长孙无忌说:"现在怨仇已成,祸乱将发,天下人心恐慌,各怀异志。灾变一作,大乱必起。不但能祸及幕府,还怕会倾覆国家。在此关头,怎能不再三深思呢!我有条愚计:不如遵从周公诛杀兄弟的故事,就能对外抚宁天下,对内安定宗族社稷,来尽一份孝养的礼节。古人曾经说过,'治理国家的人不能顾及小节',说的就是这个道理。这比家国沦亡、身败名裂不是要好得多吗?"长孙无忌说:"我也早有这种打算,一直没敢表露出来。您现在所说的,与我的想法深深相合。"长孙无忌于是入见太宗献策。太宗召来房玄龄对他说:"危险的征兆,已现出迹象,应该怎么办呢?"房玄龄回答说:"国家遭逢患难,古今没什么不同,不是英明的圣人,不能平定。大王功盖天地,符合君临臣民的预兆,自有神助,不靠人谋。"因此与幕府属官杜如晦同心尽力。随同幕府升迁为秦王府记室,封爵临淄侯。又以本职兼任陕东道大行台考功郎中,加官文学馆学士。房玄龄在秦王府十余年,经常掌管文书。每当撰写奏章时,他驻马路边、一挥而就,行文简洁道理充分,不打任何草稿。高祖曾对侍臣们说:"此人深知事理,完全可以委任。每当他为我儿向我陈述事情,都能理会我心,使千里之外,与我儿就像对面谈话一样。"隐太子看到房玄龄、杜如晦被太宗信任,十分厌恶,在高祖面前进谗言,于是房玄龄与杜如晦一起被贬斥。

隐太子将要变乱,太宗命令长孙无忌召来房玄龄和杜如晦,让他们穿上道士服装,悄悄带他们入府阁议事。到太宗入东宫成为皇太子,提拔房玄龄为太子右庶子,赐绢五千匹。

贞观元年,代替萧瑀任中书令。太宗论功行赏以房玄龄和长孙无忌、杜如晦、尉迟敬德、侯君集五人为第一。房玄龄进爵邢国公,赐予实有封户一千三百户。太宗因此对诸位功臣:"朕奖励你们的功勋、给你们划定封邑,恐怕不能全都恰当。现在允许你们各自发表意见。"太宗叔父淮安王李神通进言说:"高祖刚举义旗,臣就率先领兵赶到。现在房玄龄、杜如晦等刀笔吏功居第一,臣有些不服。"太宗说:"义旗初举,人人有心追随。叔父虽然率兵前来,但不曾身经战阵。山东没有平定时,叔父受命出征,窦建德南侵,叔父全军覆灭。到刘黑闼叛乱,叔父才随军破敌。现在论功行赏,房玄龄等有运筹帷幄、安定国家的功劳。所以汉朝的萧何,虽然没有征战的功劳,但他指挥谋划、助人成事,因此能功居第一。叔父是皇家至亲,对你的确没什么可以吝惜,但朕又切不可因此私情,让你与功臣接受同等的赏赐。"起初,将军丘师利等都居功自傲,甚至有时挽袖指天、以手画地,陈说怨愤。等见到李神通理屈后,他们自己互相议论说:"陛下赏赐极为公正,不徇私情,我辈怎能妄加陈述呢?"

贞观三年,任命房玄龄为太子太师。他坚辞不肯接受,改任代理太子詹事、兼礼部尚书。次年,代替长孙无忌任尚书左仆射,改封爵为魏国公,并监修国史。房玄龄虽已总管百官事务,仍然虔诚恭谨、日夜操劳,不让一事处理不当。听到别人的长处,就像自己有长处那样高兴。他精通吏事、注意文辞,审定法令、意在宽平。用人不求全责备,也不以自己的长处来衡量别人,随才录用,不拘贵贱,时人称为良相。有时因事被皇上谴责,他就连日在朝堂上叩头请罪,恐惧不安,似无地自容一般。

贞观九年,房玄龄监护高祖陵庙制度,因功加授开府仪同三司。

贞观十一年,房玄龄和司空长孙无忌等十四人一起被授予世袭刺史。房玄龄带原官任宋州刺史、改封爵为梁国公。这件事结果没有施行。

贞观十三年,加房玄龄官为太子太师。房玄龄再三上表请求解除仆射职务,太宗下诏书回报说:"选用贤能的根本,在于无私;侍奉君上的道义,贵在当仁不让。列圣所以能弘扬风化,贤臣所以能协力同心。公忠贞庄重、诚信贤明,为我草创霸业,助成帝道。执掌尚书省,使百政通和;辅佐皇太子,实众望所归。但是公忘记了那些大事,拘于这点小节,虽然恭敬完成教谕事务、却要辞去宰相职位,这难道就是所说的辅佐朕共同安定天下吗?"房玄龄于是带本官就任太子太师。当时皇太子要行拜师礼,已备好仪仗等待。房玄龄深加谦退,不敢进见,于是回家去了。有见识的人都推崇他的谦让精神。房玄龄认为自己居宰相位十五年,女儿是韩王妃子、儿子房遗爱娶高阳公主,实在是极为显贵,于是频繁上表,请求辞去职位。太宗下诏宽慰,但并不批准。

贞观十六年,又与高士廉等人一起撰成《文思博要》,赏赐丰厚。拜官司空,仍然总掌朝政,依旧监修国史。玄龄上表辞让,太宗派遣使节对他说:"过去留侯张良让位、窦融辞去富贵,都是自己惧怕功名太盛,知道进能够退,善察时势、及时止步的,所以前代人加以赞美。公也想追随往日贤哲,实在应当嘉奖。然而国家任用公已久,一旦突然失去良相,就如同失去双手一般。公若体力不衰,就不要再辞让了。"房玄龄于是不再推让。

贞观十七年,房玄龄和司徒长孙无忌等人的像被画在凌烟阁上。赞词说:"才能兼有辞藻,思虑化入神机。为官励精守节,奉上尽忠忘身。"高宗在东宫时,加房玄龄太子太傅、仍然知门下省事、监修国史如故。后因《高祖、太宗实录》撰成,太宗颁下诏书褒奖,赐织物一千五百段。同年,房玄龄因继母去世、停职修丧礼,太宗特命赐以昭陵葬地。不久,恢复本职。太宗亲自出征辽东,命房玄龄在京城留守,手写下诏书说:"公担当着萧何那样的职任,朕就没有西顾之忧了。"军事器械、战士衣粮,都委任房玄龄去处置发送。房玄龄屡次上言说敌人不可轻视、应当特别谨慎。后与中书侍郎褚遂良接受诏命重新撰写《晋书》,于是上奏选取了太子左庶子许敬宗、中书舍人来济、著作郎陆元仕、刘子翼、前雍州刺史令狐德棻、太子舍人李义府、薛元超、起居郎上官仪等八人,分工修撰。以臧荣绪所写《晋书》为主,参考诸家,很是博洽详尽。然而修史官员都是文学之士,喜好采用怪异荒谬琐碎的故事,来显示见多识广;加上所写的评论追求艳丽、不求真实,因此多被学者讥讽。唯独李淳风精通星象历法,善于著述写作,他写的《天文》《律历》《五行》三志最值得阅读。太宗亲自撰写了晋宣帝、晋武帝二帝以及陆机、王羲之共四篇纪传的评论,于是题名说"御撰"。到贞观二十年,《晋书》撰成,共一百三十卷,诏命藏在秘书省,按级别对撰写人赐物加官。

房玄龄曾因微小过失被罢官回家。黄门侍郎褚遂良上奏说:"君主是'首脑'，臣下称'四肢'。有龙跃就有云起、不待呼啸而会集，假如时机到来，千年不敌一瞬。陛下过去是布衣百姓时，心怀拯救民众的大志，手提轻剑、仗义而起。平定诸处寇乱，全靠陛下神功，而文章谋略，颇得辅佐帮助。作为臣下，玄龄出力最勤。往昔吕望扶助周武王、伊尹辅佐成汤，萧何竭力于关中、王导尽心于江南。比起这些人，玄龄可以匹敌。况且武德初年出仕作官的人，都是忠诚勤恳、恭敬孝顺，众人同归陛下。但隐太子与海陵王，凭仗凶乱、求用惑主，使人人不能自安，处境像鸡蛋相叠一样危险、形势如身被倒挂一样危急，命在旦夕、身系寸阴，而玄龄之心，始终不变。到武德九年之际，事情紧迫，玄龄虽被贬斥赶走，未能参与谋略，但仍然穿着道士衣服入府，与文德皇后一起同心相助。他在臣节方面，确实没有什么亏欠。到贞观初年，万物更新，玄龄选择能吏侍奉君主、为舆论所推奖，虽有无上功勋，却忠心依旧。只要不是犯有不赦的罪状、为百官同愤，就不能因一点小错误就轻易地舍弃他不用。陛下如果确实怜悯玄龄年迈，或瞧不起他的行为，自可像古时那样，谕示大臣让他退休。但这事实行起来要靠后一些，并要遵循往日故事，按退休礼仪去作，就不会使陛下失去好的声誉。现在玄龄这样有数十年功勋的旧臣，因一件小事而被贬斥，朝廷外面议论纷纷，都认为不应该。天子重用大臣则人尽其力，轻易舍弃则人心不安。臣以庸碌之才，愧列陛下左右，斗胆冒犯天威，略为陈述管见。"

贞观二十一年，太宗前往翠微宫，在那里授司农卿李纬官为民部尚书。房玄龄当时留守京城。恰好有人从京城来，太宗问他："玄龄听说李纬官拜尚书后怎么样？"那人回答："玄龄只说李纬胡子好，没说其他话。"太宗立刻改授李纬为洛州刺史。房玄龄就是这样，是当时的一种尺度。

贞观二十二年，太宗前往玉华宫。当时房玄龄旧病发作，诏书命令他在京养病并仍然总管留守事务。到他病重时，太宗让他来玉华宫。房玄龄坐抬轿入殿，一直被抬到太宗座前才下轿。太宗面对他垂泪，房玄龄也感动的哽咽不止。诏书派遣名医救治，并命尚食局每日供应宫廷膳食。如果房玄龄稍有好转，太宗便喜形于色；如果听说病情加重，脸色便变得悲伤。房玄龄因此对诸子说："我自从病情危急后，受恩泽反而更深；如果辜负了圣明君主，则死有余辜。当今天下清明，各件事务都很得当，唯独东征高丽不止，将为国患。主上含怒下了决心，臣下不敢冒犯圣威。我若知而不言，就会含恨入地。"于是上表劝谏说：

臣听说兵革最怕不收敛，武功贵在停止干戈。当今圣明教化，无所不至。上古未能臣服的地方，陛下都能让其称臣；未能制服的地方，陛下都能制服。详察古今，为中国患害最大的，首推突厥。而陛下却能运用神机妙策，不下殿堂就使突厥大、小可汗相继归降，分掌禁卫军，执戟行列间。其后薛延陀嚣张，旋即被讨平灭亡；铁勒倾慕礼义，请朝廷设置州县。沙漠以北，万里安宁，没有兵尘硝烟。至于说高昌在流沙拥兵叛乱，吐谷浑在积石山归属不定，发一军进讨，全都荡平。高丽躲过诛灭，已经历代，朝廷未能征讨。陛下谴责它为逆作乱、杀害君主虐待民众，于是亲自统领六军，前往辽东、碣石问罪，不到一月，就攻拔了辽东，前后抓获俘虏达数十万，分配在诸州，无处不满。雪前代的旧耻，埋亡卒的枯骨。若比较功德，则高出前王万倍。这些都是圣主心中所自知的，卑臣怎么敢详尽述说。

况且陛下仁风流布，遍于四海，孝德显扬、与天同高。看到夷狄将要灭亡，便能算出还需几年；授与将帅指挥谋略，就能决胜万里之外。屈指计日、等待驿传，观日算时、迎侯捷报，符合应验如同神灵，算计谋划没有遗漏。在行伍之中提拔将领、于凡人之内选取士人。远方的使节，一见不忘，小臣的名字，不曾再问。射箭能洞穿七层铠甲、拉弓能力贯百八十斤。加上留心经典、注意文章，用笔超过钟繇、张芝，文辞不让班固、司马迁。文锋已振、管磬自然和谐，翰墨轻飞、花卉竞相开放。以仁慈安抚百姓、以礼义接遇群臣。有喜好生命的德性，在江湖焚烧障塞，释放鱼类；有厌恶杀戮的仁慈，在屠场止息刀斧，拯救畜生。鸭鹤承接了稻粱的赐与、犬马蒙受着帷盖的恩惠。下车吮吸李思摩的箭疮、登堂哭临魏征的灵柩。为战亡的士卒哭泣，哀痛震动六军；背填路用的薪柴，精诚感动天地。重视民众的生命，特别关心狱囚。臣见识昏聩，怎能论尽圣功的深远，奢谈天德的高大呢！陛下兼有众多长处，各种优点无不具备，卑臣深深地为陛下珍惜它，爱重它。

《周易》说："知道进而不知道退，知道存而不知道亡，知道得而不知道失。"又说："知道进退存亡，又不迷失正道的，只有圣人啊！"由此说来，进里有退的含义，存中有亡的机宜，得内有失的道理，老臣为陛下珍惜的原因,指的就是这些。老子说:"知足就不会招致侮辱,知道适可而止就不会遇到危险。"陛下的威名功德,也可以说是"足"了;拓广疆域,也可以"止"了。那个高丽,是边境的夷族残类,不足以用仁义对待,也不可以常礼责备。古来将他们像鱼鳖一样喂养,应该宽恕他们。如果一定要灭绝他们的种类,恐怕野兽落入穷困境地就要搏斗。而且陛下每次决杀一个死囚,都必定命令法官再三覆审多次上奏,并要吃素食、停音乐。这就是因为人命关天,感动了圣上仁慈之心的缘故。何况现在这些兵士,没有一点罪过,却无故被驱赶到战阵之间,处于刀锋剑刃之下,使他们肝脑涂地,魂魄没有归处;让他们的老父孤儿、寡妻慈母,望灵车而掩泣,抱枯骨而伤心,这就足以使阴阳发生变动,和气受到伤害,实在是天下的冤痛啊。况且"兵"是凶器,"战"是危事,不得已才使用。如果高丽违反臣节,陛下诛讨它是可以的;如果高丽侵扰百姓,陛下灭亡它是可以的;如果高丽会成为中国的长久之患,陛下除掉它是可以的。有其中的一条,虽然日杀万人,也不值得惭愧。现在没有这三条,却烦扰中国,内为前朝旧王雪耻,外替新罗报仇,难道不是所保存的少、所丢失的多吗?

希望陛下遵循皇朝祖先老子"止足"的告诫,来保全万代巍峨的名声。发布甘沛的恩泽,颁下宽大的诏书;顺应阳春散布雨露,允许高丽悔过自新;焚烧凌波的船只,停罢应募的民众,自然华夏与夷族都庆贺依赖,远方肃宁近处安定。臣是老病的三公,早晚就要入地,所遗憾的只是臣竟然没有尘埃露水,来增高山岳增广海洋。谨此竭尽残魂余息,预先代行报恩的忠诚。倘若承蒙录用这些哀鸣,臣就是死而不朽了。

太宗见到表奏,对房玄龄的儿媳妇高阳公主说:"此人病危成这样,还为我国家担忧。"

房玄龄后来病情加剧。太宗于是凿通苑墙开设新门,屡次派遣宫中使臣问候。太宗又亲自前往,握手告别,悲伤不止。皇太子也前去与他诀别。当天授房玄龄的儿子房遗爱为右卫中郎将、房遗则为中散大夫,让他生前看到儿子的显贵。不久病故,时年七十岁。太宗命三天不上朝,下册书赠房玄龄官太尉、并州都督,赐谥号"文昭",朝廷供丧葬器物,陪葬在昭陵。房玄龄常告诫诸子不能骄奢、沉溺于声色,一定不可以用地位门第去欺凌他人,于是汇集了古今圣贤的家诫格言,写在屏风上,令诸子各取一扇,对他们说:"你们如果能留意这些家诫,就足以保身成名。"又说:"汉朝的袁家历代保有忠节,是我所崇尚的,你们也应该效法。"高宗继位,诏命房玄龄在太宗庙庭中祔祭。

长子遗直承袭了房玄龄的爵位,永徽初年官拜礼部尚书、汴州刺史。次子遗爱,娶太宗女儿高阳公主,官拜驸马都尉,后至太府卿、散骑常侍。起初,太宗宠爱高阳公主,因此遗爱受到特别恩泽,与太宗其他女婿的礼仪官秩有极大差异。高阳公主既已骄横放纵,阴谋贬黜遗直而夺取他的封爵,就在永徽年中诬告遗直对她无礼。高宗命令长孙无忌审讯此事,因而获得了公主与遗爱的谋反实情。遗爱被诛死,公主赐自杀,其他诸子流放到岭南。遗直因父亲有功而特予宽宥,革官为平民,停罢了房玄龄在太宗庙庭的祔祭。

【原文】

房乔,字玄龄,齐州临淄人。曾祖翼,后魏镇远将军、宋安郡守,袭壮武伯。祖熊,字子释,褐州主簿。父彦谦,好学,通涉《五经》,隋泾阳令,《隋书》有传。

玄龄幼聪敏,博览经史,工草隶,善属文。尝从其父至京师,时天下宁晏,论者咸以国祚方永,玄龄乃避左右告父曰:"隋帝本无功德,但诳惑黔黎,不为后嗣长计,混诸嫡庶,使相倾夺,储后藩枝,竞崇淫侈,终当内相诛夷,不足保全家国。今虽清平,其亡可翘足而待。"彦谦惊而异之。年十八,本州举进士,授羽骑尉。吏部侍郎高孝基素称知人,见之深相嗟挹,谓裴矩曰:"仆阅人多矣,未见如此郎者。必成伟器,但恨不睹其鸾鸑凌霄耳。"父病绵历十旬,玄龄尽心药膳,未尝解衣交睫。父终,酌饮不入口者五日。后补隰城尉。

会义旗入关,太宗徇地渭北,玄龄杖策谒于军门,温彦博又荐焉。太宗一见,便如旧识,署渭北道行军记室参军。玄龄既遇知己,罄竭心力,知无不为。贼寇每平,众人竞求珍玩,玄龄独先收人物,致之幕府。及有谋臣猛将,皆与之潜相申结,各尽其死力。

既而隐太子见太宗勋德尤盛,转生猜间。太宗尝至隐太子所,食,中毒而归,府中震骇,计无所出。玄龄因谓长孙无忌曰:"今嫌隙已成,祸机将发,天下恟恟,人怀异志。变端一作,大乱必兴,非直祸及府朝,正恐倾危社稷。此之际会,安可不深思也!仆有愚计,莫若遵周公之事,外宁区夏,内安宗社,申孝养之礼。

古人有云,'为国者不顾小节',此之谓欤。孰若家国沦亡,身名俱灭乎?"无忌曰:"久怀此谋,未敢披露,公今所说,深会宿心。"无忌乃入白之。太宗召玄龄谓曰:"阽危之兆,其迹已见,将若之何?"对曰:"国家患难,今古何殊。自非睿圣钦明,不能安辑。大王功盖天地,事钟压纽,神赞所在,匪藉人谋。"因与府属杜如晦同心戮力。仍随府迁授秦王府记室,封临淄侯;又以本职兼陕东道大行台考功郎中,加文学馆学士。玄龄在秦府十余年,常典管记,每军书表奏,驻马立成,文约理赡,初无稿草。高祖尝谓侍臣曰:"此人深识机宜,足堪委任。每为我儿陈事,必会人心,千里之外,犹对面语耳。"隐太子以玄龄、如晦为太宗所亲礼,甚恶之,谮之于高祖,由是与如晦并被驱斥。

隐太子将有变也,太宗令长孙无忌召玄龄及如晦,令衣道士服,潜引入阁计事。及太宗入春宫,擢拜太子右庶子,赐绢五千匹。

贞观元年,代萧瑀为中书令。论功行赏,以玄龄及长孙无忌、杜如晦、尉迟敬德、侯君集五人为第一,进爵邢国公,赐实封千三百户。太宗因谓诸功臣曰:"朕叙公等勋效,量定封邑,恐不能尽当,各许自言。"皇从父淮安王神通进曰:"义旗初起,臣率兵先至。今房玄龄、杜如晦等刀笔之吏,功居第一,臣窃不服。"上曰:"义旗初起,人皆有心。叔父虽率得兵来,未尝身履行阵。山东未定,受委专征,建德南侵,全军陷没。及刘黑闼翻动,叔父望风而破。今计勋行赏,玄龄等有筹谋帷幄、定社稷之功,所以汉之萧何,虽无汗马,指踪推毂,故得功居第一。叔父于国至亲,诚无所爱,必不可缘私,滥与功臣同赏耳。"初,将军丘师利等咸自矜其功,或攘袂指天,以手画地。及见神通理屈,自相谓曰:"陛下以至公行赏,不私其亲,吾属何可妄诉?"

三年,拜太子少师,固让不受,摄太子詹事,兼礼部尚书。明年,代长孙无忌为尚书左仆射,改封魏国公,监修国史。既任总百司,虔恭夙夜,尽心竭节,不欲一物失所。闻人有善,若己有之。明达吏事,饰以文学,审定法令,意在宽平。不以求备取人,不以己长格物,随能收叙,无隔卑贱。论者称为良相焉。或时以事被谴,则累日朝堂,稽颡请罪,悚惧踧踖,若无所容。

九年,护高祖山陵制度,以功加开府仪同三司。

十一年,与司空长孙无忌等十四人并代袭刺史,以本官为宋州刺史,改封梁国公,事竟不行。

十三年，加太子少师，玄龄频表请解仆射，诏报曰："夫选贤之义，无私为本；奉上之道，当仁是贵。列代所以弘风，通贤所以协德。公忠肃恭懿，明允笃诚。草昧霸图，绸缪帝道。仪刑黄阁，庶政惟和；辅翼春宫，望实斯著。而忘彼大体，徇兹小节，虽恭教谕之职，乃辞机衡之务，岂所谓弼予一人，共安四海者也？"玄龄遂以本官就职。时皇太子将行拜礼，备仪以待之，玄龄深自卑损，不敢修谒，遂归于家。有识者莫不重其崇让。玄龄自以居端揆十五年，女为韩王妃，男遗爱尚高阳公主，实显贵之极，频表辞位，优诏不许。

十六年，又与士廉等同撰《文思博要》成，锡赉甚优。进拜司空，仍综朝政，依旧监修国史。玄龄抗表陈让，太宗遣使谓之曰："昔留侯让位，窦融辞荣，自惧盈满，知进能退，善鉴止足，前代美之。公亦欲齐踪往哲，实可嘉尚。然国家久相任使，一朝忽无良相，如失两手。公若筋力不衰，无烦此让。"玄龄遂止。

十七年，与司徒长孙无忌等图形于凌烟阁，赞曰："才兼藻翰，思入机神。当官励节，奉上忘身。"高宗居春宫，加玄龄太子太傅，仍知门下省事，监修国史如故。寻以撰《高祖、太宗实录》成，降玺书褒美，赐物一千五百段。其年，玄龄丁继母忧去职，特敕赐以昭陵葬地。未几，起复本官。太宗亲征辽东，命玄龄京城留守，手诏曰："公当萧何之任，朕无西顾之忧矣。"军戎器械，战士粮廪，并委令处分发遣。玄龄屡上言敌不可轻，尤宜诚慎。寻与中书侍郎褚遂良受诏重撰《晋书》，于是奏取太子左庶子许敬宗、中书舍人来济、著作郎陆元仕、刘子翼、前雍州刺史令狐德棻、太子舍人李义府、薛元超、起居郎上官仪等八人，分功撰录。以臧荣绪《晋书》为主，参考诸家，甚为详洽。然史官多是文咏之士，好采诡谬碎事，以广异闻；又所评论，竞为绮艳，不求笃实，由是颇为学者所讥。唯李淳风深明星历，善于著述，所修《天文》《律历》《五行》三志，最可观采。太宗自著宣、武二帝及陆机、王羲之四论，于是总题云"御撰"。至二十年，书成，凡一百三十卷，诏藏于秘府，颁赐加级各有差。

玄龄尝因微谴归第，黄门侍郎褚遂良上疏曰："君为元首，臣号股肱，龙跃云兴，不啸而集，苟有时来，千年朝暮。陛下昔在布衣，心怀拯溺，手提轻剑，仗义而起。平诸寇乱，皆自神功，文经之助，颇由辅翼。为臣之勤，玄龄为最。昔吕望之扶周武，伊尹之佐成汤，萧何关中，王导江外，方之于斯，可以为四。且武德初策名伏事，忠勤恭孝，众所同归。而前宫、海陵，凭凶恃乱，干时事主，人不自安，居累卵之危，有倒悬之急，命视一刻，身縻寸景。玄龄之心，终始无变。及九年之际，机临事迫，身被斥逐，阙于谟谋，犹服道士之衣，与文德皇后同心影助，其于臣节，自无所负。及贞观之始，万物惟新，甄吏事君，物论推与，而勋庸无比，委质惟旧。自非罪状无赦，搢绅同尤，不可以一犯一怒，轻示遐弃。陛下必矜玄龄齿发，薄其所为，古者有讽谕大臣遣其致仕，自可在后，式遵前事，退之以礼，不失善声。今数十年勋旧，以一事而斥逐，在外云云，以为非是。夫天子重大臣则人尽其力，轻去就则物不自安。臣以庸薄，忝预左右，敢冒天威，以申管见。"

二十一年，太宗幸翠微宫，授司农卿李纬为民部尚书。玄龄时在京城留守，会有自京师来者，太宗问曰："玄龄闻李纬拜尚书如何?"对曰："玄龄但云李纬好髭须，更无他语。"太宗遽改授纬洛州刺史。其为当时准的如此。

二十二年，驾幸玉华宫，时玄龄旧疾发，诏令卧总留台。及渐笃，追赴宫所，乘担舆入殿，将至御座乃下。太宗对之流涕，玄龄亦感咽不能自胜。敕遣名医救疗，尚食每日供御膳。若微得减损，太宗即喜见颜色;如闻增剧，便为改容凄怆。玄龄因谓诸子曰："吾自度危笃，而恩泽转深，若辜负圣君，则死有余责。当今天下清谧，咸得其宜，唯东讨高丽不止，方为国患。主上含怒意决，臣下莫敢犯颜;吾知而不言，则衔恨入地。"遂抗表谏曰:

臣闻兵恶不戢，武贵止戈。当今圣化所覃，无远不届，泊上古所不臣者，陛下皆能臣之，所不制者，皆能制之。详观今古，为中国患害者，无如突厥。遂能坐运神策，不下殿堂，大小可汗，相次束手，分典禁卫，执戟行间。其后延陀鸱张，寻就夷灭，铁勒慕义，请置州县，沙漠以北，万里无尘。至如高昌叛换于流沙，吐浑首鼠于积石，偏师薄伐，俱从平荡。高丽历代逋诛，莫能讨击。陛下责其逆乱，弑主虐人，亲总六军，问罪辽、碣。未经旬月，即拔辽东，前后虏获，数十万计，分配诸州，无处不满。雪往代之宿耻，掩崤陵之枯骨，比功较德，万倍前王。此圣心之所自知，微臣安敢备说。

且陛下仁风被于率土，孝德彰于配天。睹夷狄之将亡，则指期数岁;授将帅之节度，则决机万里。屈指而候驿，视景而望书，符应若神，算无遗策。擢将于行伍之中，取士于凡庸之末。远夷单使，一见不忘;小臣之名，未尝再问。箭穿七札，弓贯六钧。加以留情坟典，属意篇什，

笔迈钟、张,辞穷班、马。文锋既振,则管磬自谐;轻翰暂飞,则花葩竞
发。抚万姓以慈,遇群臣以礼。褒秋毫之善,解吞舟之网。逆耳之谏必
听,肤受之诉斯绝。好生之德,洽障塞于江湖;恶杀之仁,息鼓刀于屠
肆。兔鹤荷稻粱之惠,犬马蒙帷盖之恩。降乘吮思摩之疮,登堂临魏徵
之枢。哭战亡之卒,则哀动六军;负填道之薪,则精感天地。重黔黎之
大命,特尽心于庶狱。臣心识昏愦,岂足论圣功之深远,谈天德之高大
哉!陛下兼众美而有之,靡不备具,微臣深为陛下惜之重之,爱之宝之。

《周易》曰:"知进而不知退,知存而不知亡,知得而不知丧。"又曰:
"知进退存亡,不失其正者,惟圣人乎!"由此言之,进有退之义,存有亡
之机,得有丧之理。老臣所以为陛下惜之者,盖此谓也。老子曰:"知
足不辱,知止不殆。"谓陛下成名功德,亦可足矣;拓地开疆,亦可止矣。
彼高丽者,边夷贱类,不足待以仁义,不可责以常礼。古来以鱼鳖畜之,
宜从阔略。若必欲绝其种类,恐兽穷则搏。且陛下每决一死囚,必令三
覆五奏,进素食、停音乐者,盖以人命所重,感动圣慈也。况今兵士之
徒,无一罪戾,无故驱之于行阵之间,委之于锋刃之下,使肝脑涂地,魂
魄无归,令其老父孤儿、寡妻慈母,望輀车而掩泣,抱枯骨以摧心。足以
变动阴阳,感伤和气,实天下冤痛也。且兵者凶器,战者危事,不得已而
用之。向使高丽违失臣节,陛下诛之可也;侵扰百姓,而陛下灭之可也;
久长能为中国患,而陛下除之可也。有一于此,虽日杀万夫,不足为愧。
今无此三条,坐烦中国,内为旧王雪耻,外为新罗报仇,岂非所存者小,
所损者大?

愿陛下遵皇祖老子止足之诫,以保万代巍巍之名。发沛然之恩,降
宽大之诏,顺阳春以布泽,许高丽以自新,焚凌波之船,罢应募之众,自
然华夷庆赖,远肃迩安。臣老病三公,旦夕入地,所恨竟无尘露,微增海
岳。谨罄残魂余息,预代结草之诚。倘蒙录此哀鸣,即臣死且不朽。
太宗见表,谓玄龄子妇高阳公主曰:"此人危惙如此,尚能忧我国家。"
后疾增剧,遂凿苑墙开门,累遣中使候问。上又亲临,握手叙别,悲不自胜。
皇太子亦就之与之诀。即目授其子遗爱右卫中郎将,遗则中散大夫,使及目前见
其通显。寻薨,年七十。废朝三日,册赠太尉、并州都督,谥曰文昭,给东园秘器,

陪葬昭陵。玄龄尝诫诸子以骄奢沉溺，必不可以地望凌人，故集古今圣贤家诫，书于屏风，令各取一具，谓曰："若能留意，足以保身成名。"又云："袁家累叶忠节，是吾所尚，汝宜师之。"高宗嗣位，诏配享太宗庙庭。

子遗直嗣，永徽初为礼部尚书、汴州刺史。次子遗爱，尚太宗女高阳公主，拜驸马都尉，官至太府卿、散骑常侍。初，主有宠于太宗，故遗爱特承恩遇，与诸主婿礼秩绝异。主既骄恣，谋黜遗直而夺其封爵，永徽中诬告遗直无礼于己。高宗令长孙无忌鞫其事，因得公主与遗爱谋反之状。遗爱伏诛，公主赐自尽，诸子配流岭表。遗直以父功特宥之，除名为庶人。停玄龄配享。

玄奘传

——《旧唐书》卷一九一

【说明】玄奘(602－664)，唐代高僧。通称"三藏法师"，俗称"唐僧"。本姓陈，名祎，洛州缑氏(今河南偃师缑氏镇)人。与鸠摩罗什、真谛并称为中国佛教经典三大翻译家，唯识宗的创始人之一。十三岁在洛阳净土寺出家，曾游历国内各处寺院讲学、问难，颇有心得。与此同时，接触到佛教各派理论，又深感其中疑难问题甚多，怀疑原有译经有讹谬。于是下决心要亲自到印度去求法。贞观元年(627，也有贞观二年和三年说的)，他从长安出发，经凉州(今甘肃武威)，历尽千辛万苦，到达高昌之后又经过今乌兹别克、阿富汗、巴基斯坦等国国境而进入印度。贞观四年，到达那烂陀寺，拜戒贤为师。玄奘在印度各地游历，遍访古印度，并到过尼泊尔南部。贞观十五年，他携带所取到的佛经657部，以及佛像、花果种子等返国。贞观十九年正月回到长安。

玄奘不仅是中国古代著名佛教学者，还是著名旅行家。他到印度取经，历时十九年，行程五万里，是中国历史上一次艰险而伟大的旅行。回长安后，把旅行中所见所闻，进行口授，由弟子辩机笔录，写成《大唐西域记》一书。本书采取以行程为经，地理为纬的体例，把所经过的城邦和国家的面积、都城、气候、地形、水利、物产、交通以及民俗民风都作了简要记述。书中对地理情况的描述非常生动,如谈到凌山说:"山谷积雪,春夏合冻,虽时消拌,寻复结冰。经途险阻,寒风惨烈"。对唐代大诗人李白的故乡——素叶水城的描述是:"城周六七里,诸国商胡杂居也。土宜糜、麦、蒲陶,林树稀疏。气序风寒,人衣毡褐"。关于葱岭(帕米尔)则写道:"崖岭数百重,幽谷险峻,恒积冰雪,寒风劲烈,地多出葱,故谓葱岭"。《大唐西域记》是研究印度、尼泊尔、巴基斯坦、孟加拉国以及中亚等地古代历史地理和从事考古的重要资料。因此,在中国和世界地理学史上占有重要的地位。

　　玄奘和尚,原姓陈,洛州偃师人。隋炀帝大业末年出家。他广阅博览,接触了各派佛教经典和理论著作。当时认为翻译的佛经有许多错误,所以许下心愿要去西域,广求不同的经本,以为参考验证。唐贞观初年,他随一批商人去西域游历。玄奘深通佛学,擅长辩讲,所到的地方都邀请他去宣讲佛经,或参加佛学辩证会。远近的外域人都很尊敬钦佩他。玄奘在西域十七年,游历了一百余个国家,并通晓当地的语言。因而收集这些国家的山脉、河流、民间传说、民风习俗和当地特产等资料,写成《西域记》十二卷。贞观十九年,回到京师长安。唐太宗对玄奘完成取经任务归来,非常高兴,亲自接见,并和他讨论了西行情况与收获。随后下诏让玄奘留住在弘福寺内,把六百五十七部梵文佛经翻译出来。又命右仆射房玄龄、太子左庶子许敬宗,选调了五十余个博学的僧人协助做整理比较工作。

　　唐高宗在东宫做太子时,给文德太后诵经礼忏和祈祷祝福,修建了慈恩寺和译经院,并出动皇家旗幡仪仗,命九部乐班和京师各寺庙的旗幡仪仗,簇拥着女乐,迎送玄奘和所翻译的佛经佛像和其他高僧等入住慈恩寺。显庆元年,高宗又命左仆射于志宁,侍中许敬宗,中书令来济、李义府、杜正伦、黄门侍郎薛元超等,共同给玄奘定稿的佛经润色加工。国子博士范义硕、太子洗马郭瑜、弘文馆学士高若思等协助增译工作。总计完成七十五部,上送给朝廷。后来,因京师的居民纷纷争着前来礼敬求晋见,玄奘于是奏请希望找寻一幽静地方继续佛经翻译工作。高宗批准迁移到宜君山旧有玉华宫。显庆六年,玄奘去世,时年五十六岁。归葬在白鹿原,送葬的善男信女有数万人。

【原文】

　　僧玄奘,姓陈氏,洛州偃师人。大业末出家,博涉经论。当谓翻译者多有讹谬,故就西域,广求异本以参验之。贞观初,随商人往游西域。玄奘既辩博出群,所在必为讲释论难,蕃人远近咸尊伏之。在西域十七年,经百余国,悉解其国之语,仍采其山川谣俗,土地所有,撰《西域记》十二卷。贞观十九年,归至京师。太宗见之,大悦,与之谈论。于是诏将梵本六百五十七部于弘福寺翻译,仍敕右仆射房玄龄、太子左庶子许敬宗,广召硕学沙门五十余人,相助整比。

　　高宗在东宫,为文德太后追福,造慈恩寺及翻经院,内出大幡,敕九部乐及京城诸寺幡盖众伎,送玄奘及所翻经像、诸高僧等入住慈恩寺。显庆元年,高宗又令左仆射于志宁,侍中许敬宗,中书令来济、李义府、杜正伦,黄门侍郎薛元超等,共润色玄奘所定之经,国子博士范义硕、太子洗马郭瑜、弘文馆学士高若思等,助加翻译。凡成七十五部,奏上之。后以京城人众竞来礼谒,玄奘乃奏请逐静翻译,敕乃移居于宜君山故玉华宫。六年卒。时年五十六,归葬于白鹿原,士女送葬者数万人。

新唐书

高力士传

——《新唐书》卷二〇七

【说明】高力士（684－762），唐潘州人，冯盎曾孙，自幼被阉，由岭南进贡宫中，武则天命给事左右。宦官高延福收为养子，遂改姓高。平定韦氏集团后擢内给事。玄宗时，因诛除萧至忠、岑羲等人的功劳，得知内省事，极得宠信。四方奏请，先省后进，朝臣承风附会者不可胜计，李林甫、杨国忠、安禄山等人皆厚相结，踵至将相，肃宗在东官时以兄事之。自建佛寺道观，与宴公卿扣钟一下，送礼十万钱。出租水磨，日得租价为粮食三百斛。安史之乱起，随玄宗入蜀。返京后，即被流配巫州。宝应元年，见到赦诏，痛哭呕血而卒。

高力士是冯盎的曾孙。圣历初年，岭南讨击使李千里献上两个阉过的小孩，一名金刚，一名力士，由于他们非常颖悟，武后命令留在身边供职。力士因受到牵连，被赶出宫，宦官高延福收养为子，所以改姓高。高力士与武三思关系很好，一年多后，再次得以进入皇宫，由司宫台供给衣食。长大后，他身高六尺五寸，办事谨慎周密，善于传达诏令，当了宫闱丞。

玄宗在王府时，高力士一心依附。平定韦氏后，他陈请归属内坊，被提升为内给事。先天年间，由于诛灭萧至忠、岑羲等人的功劳，他担任右监门卫将军，主持内侍省事务。于是各地的奏疏请示先由他过目，然后才进献上去，小事就由他独自决定，即使沐浴，也从不出宫，每天就在殿内的帷帐里就寝歇息，侥幸求利之徒希望见他一面，就像去见天上之人。玄宗说："力士值班，我才睡得安稳。"当此时,虽然宇文融、李林甫、盖嘉运、韦坚、杨慎矜、王鉷、杨国忠、安禄山、安思顺、高仙芝等人凭着才能和受宠才得到进用,但是都与高力士深深结纳,所以才能很快官至将相,其余承其风旨、顺从依附的人不可胜计,都达到了目的。宦官如黎敬仁、林昭隐、尹凤翔、韩庄、牛仙童、刘奉廷、王承恩、张道斌、李大宜、朱光辉、郭全、边令诚等人,都在内廷供职,或者出任节度使的监军。修功德,购鸟兽,都要让这些人担任使者,使者回来后搜刮到的财物动不动就数以万万计。京城的上等宅第、池塘园林、良田美产,被他们占了十分之六,受到的宠爱大致与高力士相等,但他们全靠高力士把握轻重,才能如此。肃宗在东宫时,把高力士当作老兄,其他诸王公主称他为高翁,皇戚各家尊称他为阿爹,玄宗有时不叫他的名字,而称他将军。

高力士幼年与母亲麦氏失散,后来岭南节度使在泷州找到她。迎接回来后,高力士记不住也认不出母亲。母亲说:"你胸上是不是有七个黑点?"高力士祖胸一看,一如所言。母亲拿出金环,说"这是我儿佩带的",便相抱放声痛哭。玄宗封他母亲为越国夫人,追赠他父亲为广州大都督。高延福和妻子在高力士显贵时仍然活着,受到的奉养与麦氏相同。金吾大将军程伯献与高力士结为兄弟,后来麦氏亡故,程伯献身穿孝服,接受吊唁。河间男子吕玄晤在京城担任吏职,儿女有国色,高力士娶了她,吕玄晤由刀笔吏被提升到少卿,子弟都官为王傅。吕玄晤的妻子去世,朝廷内外赠送助丧的财物,为她送葬,从住处到墓地,车马人力前后相望,络绎不绝。

起初,李林甫、牛仙客知道玄宗怕因前往东都致使京城漕运供给不足,便采用征粮的办法佐助漕运。及至采用和籴法,几年后国家用度逐渐充实。玄宗在大同殿斋戒,高力士身边侍候。玄宗说:"我将近十年没离开长安,天下太平无事,朕准备吐纳导引,把天下事务交给李林甫,你看怎样?"高力士回答:"天子顺时而动,是古代的遗制。税收有常法,人民就不会诉说劳苦。现在征粮充实漕运,我担心会使国家连十天一月的积蓄都没有了。不停止和籴,私人的储存就会耗尽,追逐末业的人就会为数众多。而且天下大权不能交给别人,威势和权力把握好了,谁敢妄加评议!"玄宗不悦,高力士伏地叩头,说自己"精神失常,说的不对,该当死罪"。玄宗设宴相待,侍臣高呼万岁。从此,高力士回到内廷的住处,不再办事。高力士历经升迁,成了骠骑大将军,封为渤海郡公。他在来廷坊修建寺院,在兴宁坊设立道观,用珍宝装饰楼阁屋宇,连国家也拿不出这么多资财。钟铸成了,高力士宴请公卿,敲一下钟,要交十万贺礼钱。有些谄媚讨好的人敲钟多达二十下,敲得少的,也不少于十下。他还在京城北面的沣水上筑堰,设下五盘水磨,每天的租价为粮食三百斛。

有个叫袁思艺的,也深受玄宗的宠爱。然而,他非常傲慢,士大夫都怕他,疏远他。而高力士阴柔机巧,受人称誉。起初,玄宗设置内侍省监两员,职位三品,让高力士和袁思艺充任。玄宗逃往蜀地时,袁思艺向叛军称臣,而高力士跟随玄宗,晋升为齐国公。玄宗得知肃宗即位,高兴地说:"我儿上应天意,下顺民心,改年号为至德,不忘孝顺,我还有什么可愁的!"高力士说:"东西两京失守,百姓流散逃亡,黄河以南、汉水以北地区成为战场,天下人为之痛心,陛下却认为无可忧虑,臣不敢苟同。"随太上皇返回京城后,晋升为开府仪同三司,实封五百户。

太上皇搬到太极宫,才过了十天,受李辅国的诬陷,高力士被削除名籍,远远流放到巫州。高力士在功臣阁下发疟疾,李辅国以诏书来召高力士,高力士快步来到阁外,李辅国打发内宫杂职人员把贬逐制书交给他,他便说:"我早该死了,只是天子可怜我到今天。希望见陛下一面,死不遗憾。"李辅国没有允许。

宝应元年,高力士遇赦回京,见到玄宗、肃宗的遗诏,面向北方,哭得吐了血。他说:"皇上去世,我不能摸一摸棺木,死有遗恨。"便痛哭而死,当时七十九岁。由于他护卫先帝的劳绩,代宗为他官复原位,追赠扬州大都督,陪葬泰陵。

起初,太子李瑛被废,武惠妃正受宠爱,李林甫等人都属意寿王,玄宗因肃宗年长,没拿定主意,平时意绪惆怅,不思进食。高力士说:"陛下不吃饭,是由于没有美食吗?"玄宗说:"你是我家的老人了,猜我为什么这样?"高力士说:"是嗣君没有决定吧,推举长子,立为嗣君,谁敢争议!"玄宗说:"你说得对。"于是决定了谁当太子。

天宝年间,边防将领争着立功,玄宗有一次说:"朕年纪大了,朝廷小事交给宰相去办,异邦外族不恭交给诸将去管,难道不清闲吗!"高力士回答:"我近来前往阁门,看见奏事人说云南屡次损兵折将,加之北方军队剽悍强盛,陛下拿什么去控制他们?我怕祸患酿成,难以制止。"他的意思大概说的是安禄山。玄宗说:"你别说了,朕将计议此事。"天宝十三年秋天,天降大雨,玄宗见身边没人,就说:"现在正在大雨成灾,你应该说说看法。"高力士说:"自从陛下把权力交给宰相后,法令不行,阴阳失调,天下的事情怎会重归安宁？我闭口不言,是时代的原因。"玄宗没有答话,第二年安禄山反叛。

高力士善于揣测时运,事奉权势,观察朝廷上下的态度。即使是自己亲昵的人,到他垮台时,也不肯出力搭救,所以一生没有明显的重大过失。议事者深悉宇文融以来权利倾轧,成为天下大祸的根由,而高力士虽有补益,却没有将他除去。

【原文】

高力士,冯盎曾孙也。圣历初,岭南讨击使李千里上二阉儿,曰金刚,曰力士,武后以其强悟,敕给事左右。坐累逐出之,中人高延福养为子,故冒其姓。善武三思,岁余,复得入禁中,禀食司宫台。既壮,长六尺五寸,谨密,善传诏令,为宫闱丞。

玄宗在藩,力士倾心附结。已平韦氏,乃启属内坊,擢内给事。先天中,以诛萧、岑等功,为右监门卫将军,知内侍省事。于是四方奏请皆先省后进,小事即专决,虽洗沐未尝出,眠息殿帷中,俊幸者愿一见如天人然。帝曰:"力士当上,我寝乃安。"当是时,宇文融、李林甫、盖嘉运、韦坚、杨慎矜、王鉷、杨国忠、安禄山、安思顺、高仙芝等虽以才宠进,然皆厚结力士,故能踔至将相,自余承风附会不可计,皆得所欲。中人若黎敬仁、林昭隐、尹凤翔、韩庄、牛仙童、刘奉廷、王承恩、张道斌、李大宜、朱光辉、郭全、边令诚等,并内供奉,或外监节度军,修功德,市鸟兽,皆为之使,使还,所裒获,动巨万计,京师甲第池园、良田美产,占者什六,宠与力士略等,然悉借力士左右轻重乃能然。肃宗在东宫,兄事力士,他王、公主呼为翁,戚里诸家尊曰爹,帝或不名而呼将军。

力士幼与母麦相失,后岭南节度使得之泷州,迎还,不复记识。母曰:"胸有七黑子在否?"力士袒示之,如言。母出金环,曰"儿所服者",乃相持号恸。帝为封越国夫人,而追赠其父广州大都督。延福与妻,及力士贵时故在,侍养与麦均。金吾大将军程伯献约力士为兄弟,后麦亡,伯献擗受吊。河间男子吕玄晤吏京师,女国姝,力士娶之,玄晤擢刀笔吏至少卿,子弟仕皆王傅。玄晤妻死,中外赠赗送葬,自第至墓,车徒背相望不绝。

始,李林甫、牛仙客知帝惮幸东都,而京师漕不给,乃以赋粟助漕,及用和籴法,数年国用稍充。帝斋大同殿,力士侍,帝曰:"我不出长安且十年,海内无事,朕将吐纳导引，以天下事付林甫，若何？"力士对曰："天子顺动，古制也。税入有常，则人不告劳。今赋粟充溏，臣恐国无旬月蓄。和籴不止，则私藏竭，逐末者众。又天下柄不可假人，威权既振，孰敢议者！"帝不悦；力士顿首自陈"心狂易，语谬当死"。帝为置酒，左右呼万岁。由是还内宅，不复事。加累骠骑大将军，封渤海郡公。于来廷坊建佛祠，兴宁坊立道士祠，珍楼宝屋，国赀所不逮。钟成，力士宴公卿，一扣钟，纳礼钱十万，有佞悦者至二十扣，其少亦不减十。都北堰沣列五硙，日僦三百斛直。

有袁思艺者，帝亦爱幸，然骄倨甚，士大夫疏畏之，而力士阴巧得人誉。帝初置内侍省监二员，秩三品，以力士、思艺为之。帝幸蜀，思艺遂臣贼，而力士从帝，进齐国公。帝闻肃宗即位，喜曰："吾儿应天顺人，改元至德，不忘孝乎，尚何忧？"力士曰："两京失守，生人流亡，河南汉北为战区，天下痛心，而陛下以为何忧，臣不敢闻。"从上皇还，进开府仪同三司，实封户五百。

上皇徙西内，居十日，为李辅国所诬，除籍，长流巫州。力士方逃疟功臣阁下，辅国以诏召，力士趋至阁外，遣内养授谪制，因曰："臣当死已久，天子哀怜至今日。愿一见陛下颜色，死不恨。"辅国不许。

宝应元年赦还，见二帝遗诏，北向哭呕血，曰："大行升遐，不得攀梓宫，死有余恨。"恸而卒，年七十九。代宗以护卫先帝劳，还其官，赠扬州大都督，陪葬泰陵。

初，太子瑛废，武惠妃方嬖，李林甫等皆属寿王。帝以肃宗长，意未决，居忽忽不食。力士曰："大家不食，亦膳羞不具耶？"帝曰："尔，我家老，揣我何为而然？"力士曰："嗣君未定耶？推长而立，孰敢争？"帝曰："尔言是也。"储位遂定。

天宝中，边将争立功。帝尝曰："朕春秋高，朝廷细务付宰相，蕃夷不龚付诸将，宁不暇耶？"对曰："臣间至邻门，见奏事者言云南数丧师，又北兵悍且强，陛下何以制之？臣恐祸成不可禁。"其谓盖指禄山。帝曰："卿勿言，朕将图之。"十三年秋大雨，帝顾左右无人，即曰："天方灾，卿宜言之。"力士曰："自陛下以权假宰相，法令不行，阴阳失度，天下事庸可复安？臣之钳口，其时也。"帝不答。明年禄山反。

力士善揣时事势候相上下，虽亲昵，至当覆败，不肯为救力，故生平无显显大过。议者颇恨宇文融以来权利相贼，阶天下之祸，虽有补益，弗相除云。

旧五代史·新五代史

——《旧五代史》卷四九

【说明】曹氏，生卒年不详，后唐庄宗的母亲。她能做好内助，又能在危乱时把握政局，教诲庄宗，是五代时较突出的后妃。

后唐武皇帝的贞简皇后曹氏，是后唐庄宗的母亲。太原人。她以良家子女的身份嫁给武皇帝作嫔妃。曹氏体态安闲容貌秀丽，性情谦虚，又能明辨事理，深得秦国夫人看重。秦国夫人经常在谈话中不经意地告诉武皇帝："我看曹氏不是平常的妇女，请您厚待她。"武皇帝宠爱的女子很多，乾宁初年，平定燕蓟后，获得了李匡俦的妻子张氏。张氏姿色举世无双，武皇帝对她的宠幸无人可以相比。当时满屋子中都是姬妾，很少有人能和武皇帝同房，只有对曹皇后的恩情没有衰减。武皇帝的性情严厉急躁，身边的侍从有了过错，一定要给以严峻的斥责和惩罚，没有人敢替犯错误的人讲话，只有曹皇后能从容地来劝谏排解，武皇帝当时就转怒为喜了。庄宗出生后，容貌体格特别突出，武皇帝感到他与众不同，很爱他。曹皇后更加受宠，地位更尊贵，各个夫人全都排在她下面。曹皇后也恭敬勤恳地做好内助，周围的人都称赞她。

武皇帝去世后，庄宗继承了晋王王位。当时李克宁、李存颢谋划叛乱，人们都感到危险和恐惧。曹太后把监军张承业召来，指着庄宗对他说："先人握着你的手臂，把这个孩子交给你。如果一听到外面有阴谋，就想要辜负先人的委托，那么你们只要有个地方安置我们母子，不要让我们到汴梁去要饭，我们就很幸运了。"张承业因此诛杀了李存颢和李克宁,平定了内部的危难。唐庄宗喜好音乐,喜欢与戏子们调笑打闹。太后曾经揪着他的耳朵教训他。天祐七年,镇、定地区求援。庄宗急忙命令集合军队出征。曹太后说:"我年纪渐渐大了。儿子只要不把先人的基业丧失掉就万幸了。何必要栉风沐雨,离开我,不得早晚相见呢?"庄宗说:"我领受了先王临终的遗嘱,必须消灭仇敌。山东的战事,机不可失。"到出发时,曹太后在汾桥饯行,悲痛得难以承受。庄宗平定了赵州、魏州,驻在邺城,每年都多次奔驰回来探望母亲。士人百姓都被庄宗的仁义孝敬所感动。

曹太后当初被封为晋国夫人。庄宗即位后,命令宰相卢损送上册书,给曹氏加上皇太后的尊号。当年庄宗平定了河南,向西到了洛阳,命令皇弟李存渥、皇子李继岌到太原去迎接太后。庄宗亲自到怀州,把太后迎接回长寿宫。太后一向和刘太妃交好,分手以后一直

闷闷不乐。不久听到太妃卧病的消息,派去的医生和宫中使节,车马不断,接连问讯。而后太后又对庄宗说:"我和太妃有像姐妹一样的恩情。她连年患病,只要见到我的面,还多少可以得到些安慰。我暂时到晋阳去,过十几天和她一起回来。"唐庄宗说:"这时正是暑热酷毒的时候,山路崎岖,不要麻烦您来回跑了。可以让李存渥他们去迎接太妃。"太后这才停止出发。听到太妃去世的恶耗传来,太后痛哭了几十天,从此身体不适,无法痊愈,不久在长寿宫去世。同光三年冬季十月,皇帝赠其谥号贞简皇太后,葬在寿安陵。

【原文】

武皇帝贞简皇后曹氏,庄宗之母也。太原人,以良家子嫔于武皇。姿质闲丽,性谦退而明辨,雅为秦国夫人所重。常从容谓武皇曰:"妾观曹姬非常妇人,王其厚待之。"武皇多内宠,乾宁初,平燕蓟,得李匡俦妻张氏,姿色绝代,嬖幸无双。时姬侍盈室,罕得进御,唯太后恩顾不衰。武皇性严急,左右有过,必峻于谴罚,无敢言者,唯太后从容救谏,即为解颜。及庄宗载诞,体貌奇杰,武皇异而怜

之，太后益宠贵，诸夫人咸出其下，后亦恭勤内助，左右称之。

武皇薨，庄宗嗣晋王位。时李克宁、李存颢谋变，人情危惧。太后召监军张承业，指庄宗谓之曰："先人把臂授公此儿，如闻外谋，欲孤付托，公等但置予母子有地，毋令乞食于汴，幸矣。"承业因诛存颢、克宁，以清内难。庄宗善音律，喜伶人谑浪，太后尝提耳诲之。天祐七年，镇、定求援，庄宗促命治兵，太后曰："予齿渐衰，儿但不坠先人之业为幸矣。何事栉风沐雨，离我晨昏？"庄宗曰："禀先王遗旨，须灭仇雠。山东之事，机不可失。"及发，太后饯于汾桥，悲不自胜。庄宗平定赵、魏，驻于邺城，每一岁之内，驰驾归宁者数四，民士服其仁孝。

太后初封晋国夫人。庄宗即位，命宰臣卢损奉册书上皇太后尊号。其年平定河南，西幸洛阳，令皇弟存渥、皇子继岌就太原迎奉。庄宗亲至怀州，迎归长寿宫。太后素与刘太妃善，分诀之后，悒然不乐。俄闻太妃寝疾，尚医中使，问讯结辙。既而谓庄宗曰："吾与太妃恩如伯仲，彼经年抱疾，但见吾面，差足慰心。吾暂至晋阳，旬朔与之俱来。"庄宗曰："时方暑毒，山路崎岖，无烦往复。可令存渥辈迎侍太妃。"乃止。及凶问至，太后恸哭累旬，由是不豫，寻崩于长寿宫。同光三年冬十月，上谥曰贞简皇太后，葬于寿安陵。

张承业传

——《新五代史》卷三八

【说明】张承业（？－923），字继元，唐僖宗时的宦官。本姓康，幼年被阉，为宦官张泰的养子。崔胤杀宦官时，被李克用藏在寺院里得免于死。李克用临终嘱以后事，李存勖兄事之，军国大事皆由他处理。李存勖称帝时，谏立唐后不听，绝食而死。

张承业，字继元，唐僖宗时的宦官。原来姓康，幼年被阉，成为内常侍张泰的养子。晋王的军队进击王行瑜，张承业多次在军队中往来，晋王喜欢他的为人。及至唐昭宗受到李茂贞的逼迫，准备出逃到太原，便先派张承业出使晋王处去说明意图，于是晋王让他担任河东监军。之后，崔胤诛杀宦官，在外地的宦官，一律下诏命令就地杀死。晋王可怜张承业，不忍心杀他，把他藏在斛律寺里。唐昭宗去世，晋王才让张承业露面，又当了监军。

晋王病得快死时，把庄宗托付给张承业说："让亚子拖累您了！"庄宗通常以兄长的礼数待他，每年按四季时令登堂拜望他的母亲，对他非常亲近器重。庄宗在魏州，与后梁在黄河边作战十余年，军队和国家大事，都交给张承业。张承业也毫不懈怠，尽心办事。大凡积蓄钱粮，收购兵器战马，劝民从事农桑，成就庄宗的基业，张承业出力最多。由贞简太后、韩德妃、伊淑妃以至留在晋阳的各位公子，张承业一律以法令加以约束，权贵都敬畏张承业。

庄宗每年按时令从魏州回来省亲，需要用钱赌博和赏赐伶人，却由于张承业掌管库存，因而得不到钱。于是庄宗在库房中摆下酒席，酒兴正浓时，让儿子李继岌为张承业起身演练武艺。表演完了，张承业拿出宝带、币、马相赠。庄宗手指钱堆，喊着李继岌的小名对张承业说："和哥缺钱，给他一堆钱就行了，宝带和币马有什用！"张承业谢罪说："国家的钱，不是臣能私用的！"庄宗出语冒犯，张承业生气地说："臣是唐朝的敕使，不想为子孙后代打算。珍惜这库中的钱，是要帮助大王成就霸业。如果大王想用这些钱，何必问臣？钱财一光，军队散伙，难道只有臣才遭受灾祸！"庄宗看着元行钦说："拿剑来！"张承业站起身来，拉着庄宗的衣服哭泣说："臣受先王的顾命属托，立誓为家国报仇。今天为大王珍惜钱库而死，对先王也问心无愧了！"阎宝从旁边拉开张承业的手，让张承业离开，张承业举拳将阎宝打倒，骂道："阎宝，你是朱温属下的贼寇，蒙受晋国的厚恩，不能进一句忠言，反而献媚逢迎，以求容身吗！"太后闻讯，派人来叫庄宗。庄宗天性非常孝顺，听说太后来召，十分害怕，便斟了两杯酒，向张承业道歉说："我酒后有失，而且惹恼了太后，希望你喝下这杯酒，为我分担过错。"张承业不肯喝酒。庄宗进了内宫，太后派人向张承业谢罪说："小孩子家冒犯了您，我已把他打了。"第二天，太后与庄宗一起到张承业的住处去表示慰问。

卢质喜欢喝酒，目空一切，从庄宗到各位公子大多受到侮慢，庄宗深深恨他。张承业乘机请示说："卢质饮酒贪杯，傲慢无礼，请让臣为大王把他杀死。"庄宗说："我正在招揽贤才，以成就功业，您说的太过分了！"张承起身祝贺说："大王能这样做，天下不难平定！"卢质因此得以不死。

天祐十八年(922)，庄宗已经答应诸将即位称帝。张承业正卧床生病，闻讯后，从太原坐轿来魏州，进谏说："大王父子与梁国血战三十年，本想为家为国报仇，恢复唐朝的社稷江山。现在元凶尚未消灭，却遽然自称皇帝，这不是大王父子当初的心愿，而且使天下失望，使不得！"庄宗歉然说："诸将想要这样。"张承业说："不然。梁国是唐、晋两国的仇敌，为天下人共同痛恨。现在，如果大王能为天下除去这一大元凶，去报列位先帝的大仇，应该找唐室的后人立为皇帝。只要唐朝的后人在位，谁敢称帝！假如唐室没有后人，天下之士有谁可以与大王相争？臣是唐室的一个老奴，的确愿意见到大王获得成功，然后臣就引退乡里。如果百官把臣送出洛阳东门，让路上的行人指着臣称赞说：'这人是本朝的敕使，先王在世时的监军'，岂不是主上与臣下都很光彩吗！"庄宗不听。张承业知道无法谏阻，便仰天大哭说："我王自己称帝去吧，误了老奴了。"坐轿返回太原，绝食而死，当时七十七岁。同光元年(923)，庄宗追赠张承业为左武卫上将军，谥号为正宪。

【原文】

张承业，字继元，唐僖宗时宦者也。本姓康，幼阉，为内常侍张泰养子。晋王兵击王行瑜，承业数往来兵间，晋王喜其为人。及昭宗为李茂贞所迫，将出奔太原，乃先遣承业使晋以道意，因以为河东监军。其后，崔胤诛宦官，宦官在外者，悉诏所在杀之。晋王怜承业，不忍杀，匿之斛律寺。昭宗崩，乃出承业，复为监军。

晋王病且革，以庄宗属承业曰："以亚子累公等！"庄宗常兄事承业，岁时升堂拜母，甚亲重之。庄宗在魏，与梁战河上十余年，军国之事，皆委承业，承业亦尽心不懈。凡所以畜积金粟，收市兵马，劝课农桑，而成庄宗之业者，承业之功为多。自贞简太后、韩德妃、伊淑妃及诸公子在晋阳者，承业一切以法绳之，权贵皆敛手畏承业。

庄宗岁时自魏归省亲，须钱蒲博、赏赐伶人，而承业主藏，钱不可得。庄宗乃置酒库中，酒酣，使子继岌为承业起舞，舞罢，承业出宝带、币、马为赠，庄宗指钱积呼继岌小字以语承业曰："和哥乏钱，可与钱一积，何用带、马为也！"承业谢曰："国家钱，非臣所得私也。"庄宗以语侵之，承业怒曰："臣，老敕使，非为子孙计，惜此库钱，佐王成霸业尔。若欲用之，何必问臣？财尽兵散，岂独臣受祸也?"庄宗顾元行钦曰:"取剑来!"承业起,持庄宗衣而泣曰:"臣受先王顾托之命,誓雪家国之仇。今日为王惜库物而死,死不愧于先王矣!"阎宝从旁解承业手,令去,承业奋拳殴宝踣,骂曰:"阎宝,朱温之贼,蒙晋厚恩,不能有一言之忠,而反谄谀自容邪!"太后闻之,使召庄宗。庄宗性至孝,闻太后召,甚惧,乃酌两卮谢承业曰:"吾杯酒之失,且得罪太后。愿公饮此,为吾分过!"承业不肯饮。庄宗入内,太后使人谢承业曰:"小儿忤公,已笞之矣。"明日,太后与庄宗俱过承业第,尉劳之。

卢质嗜酒傲忽,自庄宗及诸公子多见侮慢,庄宗深嫉之。承业乘间请曰:"卢质嗜酒无礼,臣请为王杀之。"庄宗曰:"吾方招纳贤才,以就功业,公何言之过也!"承业起,贺曰:"王能如此,天下不足平也!"质因此获免。

天祐十八年,庄宗已诺诸将即皇帝位。承业方卧病,闻之,自太原肩舆至魏,谏曰:"大王父子与梁血战三十年,本欲雪家国之仇,而复唐之社稷。今元凶未灭,而遽以尊名自居,非王父子之初心,且失天下望,不可!"庄宗谢曰:"此诸将之所欲也。"承业曰:"不然,梁,唐,晋之仇贼,而天下所共恶也。今王诚能为天下去大恶,复列圣之深仇,然后求唐后而立之。使唐之子孙在,孰敢当之!使唐无子孙,天下之士,谁可与王争者?臣,唐家一老奴耳,诚愿见大王之成功,然后退身田里,使百官送出洛东门,而令路人指而叹曰'此本朝敕使,先王时监军也',岂不臣主俱荣哉!"庄宗不听。承业知不可谏,乃仰天哭曰:"吾王自取之!误老奴矣。"肩舆归太原,不食而卒,年七十七。同光元年,赠左武卫上将军,谥曰正宪。

李煜传

——《新五代史》卷六二

【说明】李煜(937－978),五代词人,南唐国君。字重光,初名从嘉。徐州(今属江苏)人,一说湖州(今属浙江)人。建隆二年(961)继位,史称李后主。后宋军攻克金陵,南唐灭亡,李煜被俘至汴京,后被毒死。

李煜工书法,善绘画,精通音律,诗文均有一定造诣,词的成就尤高。其前期作品多写宫廷生活,风格柔靡,后期作品写亡国之憾,带有浓重感伤情绪,形象鲜明,语言生动,在题材与意境上突破了唐五代词以艳情为主的窠臼。

后人将李煜词与其父中主李景词合编为《南唐二主词》。

李煜,字重光,初名从嘉,是李景的第六个儿子。李煜为人仁而且孝,善于作诗文,又善于写字作画。他额头很宽,前齿两个并成一个,有一只眼睛两个瞳仁。从太子李冀以上五个哥哥都早死,李煜按顺序被封为吴王。宋建隆二年(961),李景迁于南都(今江苏南京),立李煜为太子,留京监国。李景死,李煜继帝位于金陵。母亲钟氏,其父名泰章。李煜尊他母亲为"圣尊后";立他的妃子周氏为皇后;封他的弟弟李从善为韩王,李从益为郑王,李从谦为宜春王,李从度为昭平郡公,李从信为文阳郡公。大赦境内。派中书侍郎冯延鲁准备贡礼送给宋朝廷,令各司四品以下的官员没有任务的,每日二人奉陪于内殿。

建隆三年,泉州(今属福建)留从效死。李景向周朝称臣的时候,留从效也奏表章献贡品到京师,周世宗因为李景的缘故,不接受。留从效听说李景迁到洪州(今江西南昌),怕李景来袭击,于是派他儿子留绍基到金陵(今江苏南京)去纳贡,如今留从效已病死,于是泉州人将他的族人一并送到金陵,另推立副使张汉思。张汉思年岁大了,不能胜任职务之事,泉州人陈洪进把他赶走,自己称"留后",李煜便以陈洪进为节度使。乾德二年(964),开始使用铁钱,民间多私藏旧钱,旧钱更加少了,商人很多用十个铁钱换一个铜钱带出州境,官家无法禁止,李煜因此下令以一枚铜钱当十枚铁钱用。李煜任韩熙载为中书侍郎、勤政殿学士,封其长子韩仲遇为清源公,封其次子韩仲仪为宣城公。

建隆五年,李煜命令两省侍郎、给事中、中书舍人、集贤殿勤政殿学士,分批于光政殿值夜班,和他们谈论政事。李煜曾因韩熙载尽忠,能说真话,而想起用为宰相,而韩熙载后房有妓女侍妾数十人,多到外舍私陪宾客,李煜因此觉得难以为相,于是降而授予韩熙载右庶子之职,分司南都。韩熙载将众妓女尽行斥逐,自己单车上路,李煜很高兴,把他留下来,恢复他的职位。不久,众妓女又渐渐回来了,李煜说:"我真是无可奈何啊!"这一年,韩熙载死了,李煜感叹地说:"吾始终不得让韩熙载为宰相啊。"他想以平章事追赠,问前代可有这样的事例?

群臣答道:"以前刘穆之曾追赠开府仪同三司。"遂追赠韩熙载为平章事。韩熙载,北海(今山东益都)武将之家的孩子,初时和李谷相友善。后唐明宗时,韩熙载南奔吴地,李谷送他到正阳(今河南汝阳),酒酣话别,韩熙载对李谷说:"江左如果任用我为宰相,我一定长驱北上,以平定中原。"李谷说:"中原如果用我为宰相,我直取江南,如探囊取物一般。"及至周朝之师南征淮河一带,任命李谷为将,率军以攻取淮南,而韩熙载却不能有所作为。

开宝四年(971),李煜派他弟弟韩王李从善入宋朝都城开封,李从善被扣留不让回去。李煜亲手写信求宋朝让他弟弟从善回南唐,宋太祖还是不允许他回去。李煜因为国家日益困窘而怏怏不乐,满怀忧愁,成天和臣下饮酒,愁思悲歌,不能自已。

开宝五年,李煜下令降低国家制度的规格,下书称为"教",改中书、门下省为左、右内史府,尚书省为司会府,御史台为司宪府,翰林院为文馆,枢密院为光政院,诸王为国公,以尊于宋朝。李煜性骄矜奢侈,喜爱声色,又喜奉佛教,爱高谈阔论,不理政事。

开宝六年,内史舍人潘佑上书进谏,李煜把他抓起来,投入狱中。潘佑自缢身死。

开宝七年,宋太祖派使者持诏书宣李煜赴开封,李煜推托有病,不肯人。宋朝大军南征,李煜派徐铉、周惟简等人奉表向宋朝请求暂缓军事进攻,宋太祖不答复,开宝八年十二月,宋师攻克金陵(今江苏南京)。开宝九年,李煜被俘至开封,宋太祖赦免他,封他为"违命侯",官拜左千牛卫将军。他的后事均见于《宋史》。

【原文】

煜字重光,初名从嘉,景第六子也。煜为人仁孝,善属文,工书画,而丰额、骈齿,一目重瞳子。自太子冀已上,五子皆早亡,煜以次封吴王。建隆二年,景迁南都,立煜为太子,留监国。景卒,煜嗣立于金陵。母锺氏,父名泰章。煜尊母曰"圣尊后";立妃周氏为国后;封弟从善韩王,从益郑王,从谦宜春王,从度昭平郡公,从信文阳郡公。大赦境内。遣中书侍郎冯延鲁修贡于朝廷,令诸司四品已下无职事者,日二员待制于内殿。

三年,泉州留从效卒。景之称臣于周也,从效亦奉表贡献于京师,世宗以景

故,不纳。从效闻景迁洪州,惧以为袭己,遣其子绍基纳贡于金陵,而从效病卒,泉人因并送其族于金陵,推立副使张汉思。汉思老不任事,州人陈洪进逐之,自称留后,煜即以洪进为节度使。乾德二年,始用铁钱,民间多藏匿旧钱,旧钱益少,商贾多以十铁钱易一铜钱出境,官不可禁,煜因下令以一当十。拜韩熙载中书侍郎、勤政殿学士。封长子仲遇清源公,次子仲仪宣城公。

五年,命两省侍郎、给事中、中书舍人、集贤勤政殿学士,分夕于光政殿宿直,煜引与谈论。煜尝以熙载尽忠,能直言,欲用为相,而熙载后房妓妾数十人,多出外舍私侍宾客,煜以此难之,左授熙载右庶子,分司南都。熙载尽斥诸妓,单车上道,煜喜留之,复其位。已而诸妓稍稍复还,煜曰:"吾无如之何矣!"是岁,熙载卒,煜叹曰:"吾终不得熙载为相也。"欲以平章事赠之,问前世有此比否?群臣对曰:"昔刘穆之赠开府仪同三司。"遂赠熙载平章事。熙载,北海将家子也,初与李谷相善。明宗时,熙载南奔吴,谷送至正阳,酒酣临诀,熙载谓谷曰:"江左用吾为相,当长驱以定中原。"谷曰:"中国用吾为相,取江南如探囊中物尔。"及周师之征淮也,命谷为将,以取淮南,而熙载不能有所为也。

开宝四年,煜遣其弟韩王从善朝京师,遂留不遣。煜手疏求从善还国,太祖皇帝不许。煜尝怏怏以国蹙为忧,日与臣下酣宴,愁思悲歌不已。

五年,煜下令贬损制度。下书称教,改中书、门下省为左、右内史府,尚书省为司会府,御史台为司宪府,翰林为文馆,枢密院为光政院,诸王皆为国公,以尊朝廷。煜性骄侈,好声色,又喜浮图,为高谈,不恤政事。

六年,内史舍人潘佑上书极谏,煜收下狱,佑自缢死。

七年,太祖皇帝遣使诏煜赴阙,煜称疾不行,王师南征,煜遣徐铉、周惟简等奉表朝廷求缓师,不答。八年十二月,王师克金陵。九年,煜俘至京师,太祖赦之,封煜违命侯,拜左千牛卫将军。其后事具国史。

宋 史

宋太祖纪

——《宋史》卷一、二、三

【说明】宋太祖赵匡胤(927－976),涿州(今河北涿县)人,后唐天成二年(927)生于洛阳(今河南洛阳市)夹马营。后汉乾祐元年(948),枢密使郭威征讨李守真,应募从军。后周显德元年(953),高平之战有功,拜殿前都虞侯,三年,任殿前都指挥使,不久,拜定国军节度使。四年,拜义成军节度使。五年,改忠武军节度使。六年,升任殿前都点检,掌握禁军。恭帝七岁即位,"主少国疑",而赵匡胤自殿前都虞侯至殿前都点检,掌管禁军大权六年,引人注目。七年正月元旦,镇州(今河北正定)、定州(今河北定县)边报,契丹与北汉联合入侵,奉命率领禁军御敌,至开封东北四十里的陈桥驿,发动兵变,取代后周,因曾任宋州归德军节度使,定国号为宋,改元建隆。同年平定后周旧臣李筠、李重进叛乱,稳定了政局。赵匡胤君臣有统一天下的志向,制定了先南后北、先易后难的统一策略,先后消灭了荆南、后蜀、南汉、南唐等割据政权,基本上结束了五代十国五十余年的混乱局面。在从事统一战争的同时,采取各种措施强化中央集权。设参知政事为副相,以枢密使掌兵,三司使主财,以分宰相之权。废除殿前都点检之职,将禁军分统于三帅,而发兵权归枢密院,又以"杯酒释兵权"的方法,解除了禁军高级将领的兵权。选拔地方厢军中的精壮士兵充当禁军,以削弱地方兵力。立更戍法,使兵将不能互知,以防武将拥兵自重。京城内外驻军大体相当,使内外相维。州设通判,与知州相牵制,又派文臣京朝官出任知县、知州,罢除支郡,扭转了五代时期军人控制州县的局面。设转运使掌管地方财权,并以监司身份监察地方官员。颁布《宋刑统》,整顿并加强司法权。重视兴修水利,奖励农桑,鼓励垦荒,整治以开封为中心的河道。这一系列政策、制度的实施,加强了专制主义中央集权的统治,为宋王朝的长期统治奠定了基础。开宝九年(976)去世,终年五十岁,在位十七年。

太祖启运立极英武睿文神德圣功至明大孝皇帝,名匡胤,姓氏赵,涿郡人。高祖赵朓,就是赵匡胤称帝后尊加庙号的僖祖,在唐朝做官时历任永清、文安、幽都三县的县令。赵朓的儿子赵珽,就是后来追加庙号的顺祖,历官藩镇从事,累官兼御史中丞。赵朓的儿子赵敬,就是后来追加庙号的翼祖,历任营州、蓟州、涿州三州刺史。赵敬的儿子赵弘殷,就是后来追加庙号的宣祖。后周显德年间,宣祖显贵之际,后周皇帝追赠他的父亲赵敬为左骁骑卫上将军。

宣祖年轻时十分骁勇,善长骑马射箭,在赵王王镕帐下供职,为王镕率领五百名骑兵在黄河沿岸增援后唐庄宗立有战功。庄宗喜爱他勇猛善战,留他掌管禁军。后汉乾祐年间,宣祖前往凤翔征讨王景,恰逢后蜀军队来援救王景,在陈仓大战。刚刚交兵,宣祖左眼中箭,但他的气势更旺盛,奋勇攻击,把敌军打得大败,因功升任护圣都指挥使。后周太祖广顺末年,改任铁骑第一军都指挥使,转任右厢都指挥,遥领岳州防御使。跟随后周世宗柴荣出征淮南,前军战斗不力而退却,吴兵乘机进攻,宣祖率领军队拦腰攻击吴兵,把他们打败。显德三年,统率军队攻打扬州,与周世宗在寿春会合。寿春饼店的饼既薄又小,世宗大怒,捉拿了十几个卖饼人想要处死他们,宣祖坚持进谏才获得释放。累官至检校司徒、天水县男,和儿子赵匡胤分别执掌禁军,是当时荣耀的事情。宣祖逝世,后周朝廷追赠他为武清军节度使、太尉。

太祖,是宣祖的二儿子,母亲杜氏。后唐天成二年,出生在洛阳夹马营,当时红光绕室,奇异的香气一夜没有消散,身体上有金黄颜色,三天没有变。长大后,太祖相貌雄伟,器度豁达自如,有见识的人知道他绝非一般人。学习骑马射箭,则在常人之上。曾经试骑一匹脾气凶恶的烈马,不用嚼口马鞍,烈马奔上登城楼的坡道,太祖的额头撞在门框的横木而从马上摔到地下,人们都认为太祖的脑袋一定撞碎了,只见太祖慢慢站起来,再次追赶烈马飞身跳上,一处也没受伤。又曾经和韩令坤在一间土屋中赌博,麻雀在屋子外面互相啄斗,因此二人争着起身到屋子外捕捉麻雀,而土屋随即坍塌了。

后汉初年,太祖四处漫游却没有获得机遇,在襄阳寺庙中借住,有位老和尚擅长看相算命,看了太祖后说:"我给你足够的旅费,你朝北走就会有机遇了。"

正好周太祖以后汉枢密使的身份征讨李守真，太祖应募在周太祖军帐下供职。后周广顺初年，太祖补为禁军东西班行首，任滑州副指挥。周世宗任开封尹时，太祖转任开封府马直军使。

周世宗即位当了皇帝，太祖又执掌禁兵。北汉来侵犯，周世宗率领军队抵御来犯之敌，在高平摆开战场。战斗将要展开的时候，指挥樊爱能等人首先逃跑，周军十分危急。太祖指挥自己的同伴催马迅速冲向敌人前锋，北汉军队大败溃逃。太祖乘胜进攻河东城，焚烧城门，左臂被流箭射中，周世宗制止他再攻城。回到京城后，太祖被任命为殿前都虞侯、遥领严州刺史。

显德三年(966)春天，太祖跟随周世宗征伐淮南，首战在涡口打败南唐军万余人，斩杀南唐兵马都监何延锡等人。南唐节度使皇甫晖、姚凤率领号称十五万的军队，驻扎在清流关，太祖率领军队把他们打走了。太祖追到城下，皇甫晖说："我们各自为了自己的主人，我希望双方布好阵式以决胜负。"太祖笑着回答说可以。皇甫晖摆好阵式出来迎战，太祖抱着马脖子一直冲入敌军阵内，手中兵刃砍中皇甫晖的脑袋，并把姚凤一起擒获。宣祖率领军队半夜时来到城下，传呼开门，太祖说："父子诚然是至亲，但是城门开关，却是国家的事情。"等到天亮，宣祖才得以进城。韩令坤攻下扬州，南唐派军队来取，韩令坤主张退兵，周世宗命令太祖率兵两千赶往六合。太祖下令说："扬州兵敢有过六合的，砍断他们的脚。"韩令坤才固守扬州。太祖不久在六合东面打败南唐齐王李景达，斩杀一万余人。回来后，太祖被任命为殿前都指挥使，不久又被委任为定国军节度使。

显德四年春天，跟随周世宗出征寿春，攻克连珠寨，乘势攻下寿州。还军后，太祖拜义成军节度使、检校太保，仍旧担任殿前都指挥使。这年冬天，跟随周世宗征伐濠州，泗州，充当前锋。当时南唐在十八里滩扎寨，周世宗刚刚商议用骆驼摆渡军队时，而太祖已率先独自单骑横渡而过，他的部下骑兵也紧随他渡过了河，因而攻破南唐军寨。又用缴获的南唐战舰乘胜进攻泗州，攻克了泗州。南唐在清口驻屯军队，太祖跟世宗两翼分兵沿淮河东下，连夜追到山阳，俘虏南唐节度使陈承昭献给周世宗，因而攻下楚州。乘胜进军，在迎銮江口打败南唐军，直抵南岸，烧毁敌军营寨，又在瓜步攻破南唐军，淮南平定。南唐主畏惧太祖的威名，在周世宗那里使用离间计，派遣使臣送给太祖一封信，馈赠三千两白金，太祖把白金全部送到内府，南唐的离间计失败。显德五年，太祖改任忠武军节度使。

显德六年，周世宗北伐，太祖担任水陆都部署。到达莫州，先到瓦桥关，守将姚内斌投降，打退几千名敌军骑兵，关南平定。周世宗在行军路上，审阅各地所上文书，得到一只皮口袋，袋中有一块三尺多长的木板，上面写着"点检作天子"，周世宗感到这件事十分奇怪。当时张永德任点检，世宗卧病，回到京城，任命太祖为检校太傅、殿前都点检，用来代替张永德。周恭帝即位当皇帝，太祖改任归德军节度使、检校太尉。

显德七年春天，北汉勾结契丹进犯后周，朝廷命令太祖率领军队抵御敌人。大军到达陈桥驿，军中懂得天文的苗训招呼门吏楚昭辅看太阳下面还有一个太阳，黑光来回摇动了很长时间。这天下半夜，军中将士集中在驿门前，传布策立点检做皇帝的话给人们，有人劝阻将士，大家也不听。天快亮的时候，将士们来到太祖寝室外，太宗进入房间向太祖报告外面发生的事情，太祖起身。军校们手里拿着兵器排列在庭院中，说："现在军队没有主人，我们愿意策立太尉当皇帝。"太祖还没有来得及答话，就有人把黄袍加在太祖身上，大家围着他下拜，高喊万岁，立即扶太祖上马。太祖拉住马缰绳对将领们说："我的号令，你们能够听从吗？"众将下马答道："一定听从命令。"太祖说："太后、皇帝，我都北面侍奉他们，你们这些人不能惊扰冒犯；各位大臣都是我的平辈同事，你们不得侵犯凌侮；朝廷的府库、官宦百姓的家庭，不得侵犯掠夺。听从命令有重赏，违抗命令就杀你们的头。"将领们都再次下拜，严整队伍返回开封城。后周副都指挥使韩通计划抵抗，王彦升情急之下把韩通杀死在他家中。

太祖进城登上明德门，命令将士回到军营去，自己也回到官署。过了不久，将领们拥着宰相范质等人前来，太祖见了他们，低声哭泣着说："我违背天地，今天到了这种地步！"范质等人还没有来得及答话，列校罗彦瓌手按宝剑高声对范质等人说："我们这些人没有主人，今天一定要有天子。"范质等人互相看看，没有什么办法可想，于是退到台阶下列队下拜。太祖召集文武百官，到了黄昏时，文武官员已排定了位置。翰林承旨陶谷从袍袖中拿出周恭帝的禅位制书，宣徽使引导太祖到了殿前庭里，北面下拜接受制书后，又扶着太祖登上崇元殿，换上皇帝的衣帽，登上皇帝宝座。把周恭帝和符太后迁到西宫，把恭帝改为郑王，而尊奉符太后为周太后。

建隆元年，春正月乙巳，大赦天下，改用新纪元，定国号为宋。赐给朝廷内外文武百官和军士爵位与奖赏，贬官降职的人恢复原职，发配流放的人一律释放，文武百官的父母亲按照应该得到的恩典加以封赠。派遣使臣通告全国各地州郡。丙午，太祖下诏告知各地将帅。戊申，赐给南唐书信。追赠韩通为中书令，下令按照礼仪收殓安葬。己酉，派遣官员祭告天地社稷。恢复安州、华州、兖州为节度州。辛亥,论定拥戴太祖为皇帝的有功人员,任命后周义成军节度使、殿前都指挥使石守信为归德军节度使、侍卫亲军马步军副都指挥使,江宁军节度使、侍卫亲军马军都指挥使高怀德为义成军节度使、殿前副都点检,武信军节度使、侍卫亲军步军都指挥使张令铎为镇安军节度使、侍卫亲军马步军都虞侯,殿前都虞侯王审琦为泰宁军节度使、殿前都指挥使,虎捷右厢都虞侯张光翰为江宁军节度使、侍卫亲军马军都指挥使,龙捷右厢都指挥使赵彦徽为武信军节度使,其余统兵将领也一律提升爵位。壬子,赐给宰相、枢密使、禁军各部将领整套衣服、用犀玉带、配好马鞍的骏马多少不等。癸丑,释放南唐投降的将领周成等人回国。乙卯,派遣使臣分别赈济各地州县。丁巳,命令后周宗正少卿郭玘祭祀后周的皇陵和太庙,仍旧和后周一样按时祭祀供献。己未,宰相上表请以二月十六日为长春节。癸亥,任命后周天雄军节度使、魏王符彦卿守太师,雄武军节度使王景守太保、太原郡王,定难军节度使、守太傅、西平王李彝殷守太尉,荆南节度使高保融守太傅,其余领节度使的人一律提升了爵位。甲子,赐皇弟殿前都虞侯赵匡义改名为光义。己巳,建立太庙。镇州郭崇报告契丹和北汉军队都退回去了。

二月乙亥,太祖尊奉母亲南阳郡夫人杜氏为皇太后。任命后周宰相范质和从前一样守司徒、兼侍中,王溥守司空、兼门下侍郎、同中书门下平章事,魏仁浦为尚书右仆射、兼中书侍郎、同中书门下平章事,枢密使吴廷祚同中书门下二品。丙戌,长春节,太祖赐给大臣们衣服各一套。

三月乙巳,修改全国触犯太祖名字、已死皇帝名字的州县名称。丙辰,南唐主李景、吴越王钱俶派遣使臣送来皇帝衣服、锦绮、金帛表示祝贺。宿州发生火灾,太祖派遣使者抚恤灾区。壬戌,决定国运以火德王,颜色崇尚红色,年终岁末祭祀百神的腊日用戌这一天。癸亥,太祖命令武胜军节度使宋延渥等人率领水军在长江巡查。这年春天,均州、房州、商州、洛阳田鼠吃庄稼幼苗。

夏四月癸酉,窦俨进上两种舞蹈十二种乐曲的名称、乐章。乙酉,太祖亲临玉津园。派遣使臣分别到京城各门,赐给饥民粥。丙戌,疏浚蔡河。癸巳,昭义军节度使李筠叛乱,太祖派遣归德军节度使石守信讨伐他。

五月己亥初一,日蚀。庚子,太祖派遣昭化军节度使慕容延钊、彰德军节度使王全斌率领军队从东路出兵,和石守信会合讨伐李筠。壬寅,窦俨进上太庙舞曲名称。癸卯,石守信在长平打败李筠。甲辰,太祖下令各路兵马进军讨伐李筠。丙午,太祖亲临魏仁浦的府第探视他的病情。己酉,西京洛阳建成后周六祖的宗庙，太祖派官员把后周六祖的神位由京城开封迁往西京安奉。丁巳，太祖下诏亲征，派枢密使吴廷祚留守京城，都虞侯赵光义任大内都点检，命令天平军节度使韩令坤屯兵河阳。己未，太祖从京城出发。丁卯，石守信、高怀德在泽州打败李筠军队，擒获李筠所部节度范守图，杀掉北汉援救李筠而降宋的士兵几千人。李筠逃入泽州城。戊辰，宋军包围泽州城。

六月癸酉，有一颗红色星在心宿处出现。辛未，攻克泽州，李筠自焚而死。太祖下令掩埋死尸，释放北汉宰相卫融，禁止士兵抢劫掠夺。甲申，免征泽州今年的田租。有一颗红色星在太微垣星处出现，经过上相星。乙酉，讨伐上党。丁亥。李筠的儿子李守节在上党投降，太祖赦免了他的罪过。太祖到潞州。辛卯，大赦天下，死罪犯人减刑，免除潞州城附近三十里内地区今年的田租，录用阵亡将士的子孙，随军丁夫免除三年徭役。甲午，永安军节度使折德扆攻下北汉沙谷寨。

秋七月戊申，太祖自潞州回到京城开封。壬子，太祖亲临范质府第探视他的病情。甲子，派遣工部侍郎艾颖朝拜嵩陵、庆陵。乙丑，南唐进贡白金，祝贺平定泽州、潞州叛乱。丁卯，南唐进贡皇帝乘坐的车子、衣服等物。

八月戊辰初一，太祖到崇元殿，举行入阁仪式。辛未，太祖派遣郭玘祭祀后周的太庙。壬申，恢复贝州为永清军节度。甲戌，命令宰相祈祷降雨。辛巳，任命后周武胜军节度使侯章为太子太师。壬午，任命赵光义领泰宁军节度，仍旧担任殿前都虞侯。甲申，太祖立琅邪郡夫人王氏为皇后。戊子，南唐进贡数以千计的金银器具、罗绮祝贺平定泽州、潞州叛乱。

九月壬寅，昭义军节度使李继勋火烧北汉平遥县。癸卯，三佛齐国派遣使臣进贡当地特产。丙午，太祖手捧玉册给祖先加谥号，高祖被尊为文献皇帝，庙号僖祖，高祖母崔氏被尊为文懿皇后；曾祖父被尊为惠元皇帝，庙号顺祖，曾祖母桑氏被尊为惠明皇后；祖父被尊为简恭皇帝，庙号翼祖，祖母刘氏被尊为简穆皇后；父亲被尊为武昭皇帝，庙号宣祖。己酉，太祖亲临宜春苑。中书舍人赵逢因跟随太祖征讨李筠时逃避艰险，被贬为房州司户参军。己未，淮南节度使李重进占据扬州发动叛乱，太祖派遣石守信等人率军讨伐他。甲子，归还北汉俘虏。

冬十月丁卯初一，太祖赏赐朝廷内外文武官员冬衣多少不等。壬申，决定县分为望、紧、上、中、下几个等级，规定每三年注册一次。壬午，黄河在厌次决口。乙酉，晋州兵马钤辖荆罕儒袭击北汉汾州，他死于这次战斗；龙捷指挥使石进等二十九人因没有去援救荆罕儒而在闹市被斩首示众。丁亥，太祖下诏亲征扬州，

派都虞侯赵光义为大内都部署，枢密使吴廷祚权上都留守。戊子，太祖下诏各个
道的正副长官有优异政绩，百姓公举请求留任而立碑的人，由参军考察查实后上
报朝廷。庚寅，太祖率军从京城出发。

十一月丁未，宋军到达扬州城下，攻克扬州，李重进全家自焚而死。戊申，处
死李重进的同党，扬州平定。太祖命令各军在迎銮操练战舰，南唐主十分恐惧。
南唐臣僚杜著、薛良也因恐惧而用欺骗手段逃离南唐来投奔，太祖憎恨他们没有
忠义之心，在下蜀闹市把杜著斩首，流放薛良为庐州牙校。己酉，赈济扬州城里
百姓每人米一斛，十岁以下的儿童减少一半。被李重进胁迫而当兵的人，太祖赐
给他们衣服鞋子遣散回家。庚戌，给因攻城服役而死的丁夫每人绢三匹，死者家
属免除三年徭役。乙卯，南唐主派遣使臣来慰劳征伐扬州的宋军。庚申，南唐主
派遣儿子李从镒来朝拜太祖。

十二月己巳，太祖起驾回京城。丁亥，太祖从扬州回到京城开封。辛卯，泉
州节度使留从效归宋称臣。

建隆二年春正月丙申初一，太祖到杜
太后居住的宫门祝贺新春。庚子，占城国
王派遣使臣来朝拜。壬寅，太祖到造船务，
检阅水军作战演习。戊申，将扬州行宫改
为建隆寺。太仆少卿王承哲因举荐官员失
实，贬为殿中丞。壬子，商州田鼠吃庄稼幼
苗，下诏免征赋税。太祖对宰相说："每次
派遣使臣查看庄稼受灾程度，多数使臣只
为自己邀功而使百姓受害，今后应当慎重
选用使臣，以便让百姓了解我的爱民之
意。"丁巳，疏蔡水流入颍河。己未，派遣郭
玘祭祀后周太庙。灵武节度使冯继业进献
五百匹马、一百头骆驼、两匹野马。甲子，
泽州刺史张崇诂因是李重进同党在闹市被
斩首示众。

二月丙寅，太祖到飞山营检阅炮车。壬申，疏浚五丈河。癸酉，经办部门报
告有十一人进士合格。荆南高保勖进贡黄金器皿。甲戌，太祖到城南，视察修建
水匮。丁丑，南唐进祝贺长春节的皇帝衣服、金带以及金银器皿。己卯，太祖赐

给天雄军节度使符彦卿粮食。禁止春夏两季捕鱼射鸟。己丑,制定窃盗律。

三月丙申,内酒坊失火,酒工三十余人被烧死,乘火灾之机进行偷盗的五十人,被抓住斩首的有三十八人,其余人因宰相进谏而免于死刑。酒坊使左承规、副使田处岩因酒工行盗在闹市被斩首示众。

闰三月己巳,太祖到玉津园,对侍从大臣说:"沉湎于酒不是好榜样,我在宴席上偶然醉倒,常常为之后悔。"壬辰,南唐进奉金器、罗绮用来回谢对他生日的赏赐。丁丑,金、商、房三州发生饥荒,救济那里的百姓。癸未,太祖到迎春苑举行宴会射箭。

夏四月癸巳初一,日蚀。壬寅,诏令州县设置看守前代帝王、贤臣陵墓的陵冢户。己酉,无棣县男子赵遇谎说自己是皇帝的弟弟,被处死刑。己未,商河县令李瑶因罪杖死,左赞善大夫申文纬因没能觉察李瑶赃罪被削官为民。庚申,颁布私自炼盐贸易盐及私自贩酒造酒曲的法律。

五月癸亥初一,因皇太后病,赦免死罪以下囚犯。乙丑,天狗星在西南方向坠落。丙寅,三佛齐国来进贡当地土产。丁丑,用解州安邑、解县两池盐供给徐州、宿州、郓州、济州。庚寅,供奉官李继昭因盗卖官船罪在闹市被斩首示众。诏令各道的邮传用军卒递送。

六月甲午,皇太后在滋德殿逝世。己亥,大臣们请求太祖治理国事,太祖听从了他们的请求。庚子,因太后逝世,暂停祭祀太庙。辛丑,太祖在紫宸殿门接见百官。壬子,祈求降雨。庚申,太祖脱去丧服。

秋七月壬戌,因为杜太后殡,太祖不受朝拜。辛未,晋州神山县山谷水中流出铁块,方圆二丈三尺,重七千斤。壬申,太祖任命赵光义为开封府尹,赵光美任兴元府尹。己卯,陇州进贡黄鹦鹉。

八月壬辰初一,太祖不上殿处理政事。壬寅,太祖下诏罪至死刑的重犯送所属州军决判。甲辰,南唐主李景逝世,儿子李煜继位当皇帝,派遣使臣请求太祖追尊李景皇帝称号,太祖同意了他的请求。己酉,拘捕易定节度使、同平章事孙行友,削去官爵,押回私宅。辛亥,太祖到崇夏寺,参观修建三门。女真国派遣使臣来朝拜献礼物。大名府永济县主簿郭颙因贪赃罪在闹市被斩首示众。庚申,《周世宗实录》撰修完成。

九月壬戌初一,太祖不上殿处理政事。南唐派遣使者来进贡金银、缯彩。甲子,契丹解利来投降。荆南节度使高保勖派遣他的弟弟高保寅来朝拜太祖。戊子,太祖派遣使者去南唐赠送财物以助办丧事并祭奠李景。

冬十月癸巳，南唐派遣使臣韩熙载、田霖来参加皇太后的葬礼。丙申，太祖派遣枢密承旨王仁赡去南唐赏赐礼物。戊戌，禁止边境地区的百姓偷盗塞外马匹。辛丑，丹州下大雨冰雹。丙午，将明宪皇太后安葬在安陵。

十一月辛酉初一，太祖不上朝处理政事。甲子，把皇太后的神主牌位送入太庙祭祀。己巳，太祖到相国寺，然后又到了国子监。癸酉，沙州节度使曹元忠、瓜州团练使曹延继等人派遣使者进献戴着用玉镶嵌的马鞍、马笼头的骏马。

十二月壬申，回鹘可汗景琼派遣使者来进贡当地土产。乙未，李继勋打败北汉军队，俘虏辽州刺史傅廷彦、他的弟弟傅勋献给朝廷。辛丑，太祖到新修河仓视察。庚戌，太祖在近郊打猎。癸丑，太祖派遣使者赐给南唐、吴越马匹、羊只、骆驼数量不等。

建隆三年春正月庚申初一，因皇太后丧不受百官朝贺新春。己巳，淮南发生饥荒，救济那里的灾民。庚午，太祖到迎春苑宴会射箭。甲戌，扩建皇城。太祖诏令地方官员劝说百姓春天播种。丙子，瓜沙归义节度使曹元忠进献马匹。庚辰，女直国派遣使者只骨来献礼物。诏令各地不得役使道路居民。癸未，太祖到国子监视察。

二月丙辰，太祖再次视察国子监，于是又到迎春苑设宴款待陪从官员。庚寅，诏令文班官员推荐可以担任宾佐、令录官各一名，举荐不当者罪同被推荐人所犯过失一并治罪。甲午，太祖下诏从现在起百官上朝奏对，必须讲述时政的对与错，不要因为触犯忌讳而惧怕。乙未，滑州节度使张建丰因失火罪被免官。己亥，改定窃盗律。壬午，太祖对侍臣说："我希望武将们都读书以懂得治理国家的道理，怎么样？"左右侍臣不知如何答对。甲寅，北汉军队进犯潞州、晋州，守城将领把他们击退。

三月戊午初一，厌次县下霜冻死桑树。壬戌，三佛齐国派遣使者来贡献礼物。癸亥，祈祷降雨。丁卯，太祖亲临太清观，于是又到开封府尹赵光义的后园举行宴会射箭。己巳，大雨。太祖下诏申明法律条文通告各地州郡，犯有死罪的人送刑部复审。乙亥，太祖派遣使臣赐给南唐主李煜生日礼物。丁丑，女直国派遣使臣来贡献礼品。丁亥，太祖下令把北汉投降的人迁徙到邢州、洺州。

夏四月乙未，延州下大雨夹雪，赵州、卫州发生旱灾。丙申，宁州下大雨夹雪，沟渠水都结成冰。戊戌，太祖亲临太清观。庚子，回鹘阿督等人来进贡当地土产。壬寅，丹州降雪深达两尺。乙巳，太祖追赠哥哥赵光济为邕王，弟弟赵光赞为夔王，追册夫人贺氏为皇后。

五月甲子,太祖亲自到相国寺祈祷降雨,于是又到迎春苑举行宴会射箭。乙亥,海州发生火灾。在太行山开辟运送物资的道路,癸未,命令使者巡视河北各州的旱情。甲申,太祖下诏均衡户役,敢于蔽占的人有罪。太祖再次亲自到相国寺祈祷降雨。乙酉,扩建皇宫。齐、博、德、相、霸五州从春天至今没有下雨,太祖因为旱灾减少膳馔和停奏音乐。

六月辛卯,赈济宿州饥荒。癸巳,任命吴廷祚为雄武军节度使,免去他的枢密使职务。乙未,太祖赐酒给国子监。丁酉,太祖亲临太清观。己亥,京城附近、河北地区犯有死罪以下罪行的囚犯减刑。壬寅,京城下雨。壬子,蕃部尚波于等人来争采造务,军队进犯渭北,秦州知州高防把他们击退。乙卯,太祖亲临迎春苑举行宴会射箭。黄陂县有大象从南面来吃庄稼。

秋七月庚申,南唐派遣大臣翟如璧谢太祖赐给南唐主李煜的生辰礼物,进贡金银、锦绮以千万计。壬戌,释放南唐投降士兵中几千名体弱的人回国。乙丑,免征舒州茭白香蒲新税。丁卯,潞州下大雨夹冰雹。搜索京城内外军队中不守法的人流放到沙门岛。己卯,北汉捉生指挥使路贵等人来投降。辛巳,太祖派遣十名从臣巡视河北旱情。癸未,兖、济、德、磁、洺五州出现没有生翅膀的小蝗虫吃庄稼。

八月癸巳,蔡河务纲官王训等四人因将糠土掺杂进军粮中,在闹市被分尸。乙未,采用知制诰高锡建议,凡是行贿获得推荐的人允许知情者揭发检举,奴婢邻居亲属能揭发检举的给予奖赏。太祖下诏凡按资叙授各道司法参军时都先要用正律和疏出题考试判案。诏令尚书吏部奏上恢复书判拔萃科的条文。

九月庚午,吐蕃尚波于等人归还伏羌县土地。壬申,修建武成王庙。丙子,占城国来进献礼物。禁止砍伐桑树、枣树。

冬十月乙酉初一,太祖赐给百官冬天衣服多少不等。丙戌,太祖亲临太清观,然后又去造船务,检阅水战演习。己亥,太祖到岳台,命令各军操练骑马射箭,又亲临玉津园。辛丑,任用枢密副使赵普为枢密使。辛亥,太祖到近郊打猎。

十一月癸亥,禁止奉命出使各道时私相嘱托。考核县令政绩以辖区百姓户口增减为升降依据。丙寅,南唐派遣使臣顾彝来朝拜。丙子,三佛齐国派遣使臣李丽林等人来进献礼物,高丽国派遣李兴祐等人来朝拜。己卯,太祖在近郊打猎。壬午,赐给南唐建隆四年历。

十二月丙戌,太祖下诏让各县设置县尉一名,主管盗窃诉讼;设置弓手,数量根据各县户数多少不等。戊戌,蒲、晋、慈、隰、相、卫六州发生饥荒,救济灾区百姓。庚子,颁布捕盗令。甲辰,衡州刺史张文表叛乱。

这一年,周郑王离开京城去房州居住。

乾德元年(963)春正月甲寅初一,太祖不上殿听政。乙卯,征发关西乡兵前往庆州。丁巳,修筑京城开封辖区内的黄河河堤。己未,派遣使臣赐给南唐、吴越马匹、骆驼、羊数量不等。庚申,太祖派遣山南东道节度使慕容延钊率领十州军队去讨伐张文表。乙丑,太祖亲临造船务,视察建造战船。甲戌,太祖诏令荆南发三千名水兵往潭州接应慕容延钊。己卯,女直国派遣使者来进献礼物。

二月壬辰,周保权的将领杨师璠在朗陵闹市把张文表斩首示众。甲午,慕容延钊进入荆南,高继冲请求归顺朝廷,得三个州、十七个县。乙未,攻克潭州。辛亥,澶、滑、卫、魏、晋、绛、蒲、孟八州发生饥荒,太祖命令开仓救济灾民。

三月辛未,太祖到金凤园练习射箭,七箭均中靶。符彦卿等人进献马匹表示祝贺,太祖于是遍赏随从大臣名马、银器数量不等。壬申,高继冲登记荆南所有的钱财丝帛、粮食草料来上报给太祖。癸酉,颁布新定的法律。戊寅,慕容延钊攻破三江口,攻克岳州,收复朗州,湖南平定,得到十四个州,一个监,六十六个县。

夏四月,发生旱灾。甲申,在京城所有的祠观庙宇祈祷降雨,傍晚时分下雨。荆南朗州、潭州管辖内的死罪囚犯减刑一等,抢劫掠夺的财物归还原主。乙酉,太祖派遣使者祭祀南岳衡山。丁亥,太祖亲临国子监,于是又去了武成王庙,在玉津园设宴射箭。庚寅,太祖拿出内库钱币招募各军的子弟挖凿练习水战的池塘。辛卯,《建隆应天历》编成,太祖亲自作序。壬辰,赏赐平定湖南的立功将士。癸巳,太祖到玉津园。丙申,兵部郎中曹匪躬在闹市被斩首示众,海陵、盐城屯田副使张蔼除去官籍,都是因为违法犯罪。庚子,荆南节度使高继冲进贡助宴的金银、罗绮、柱衣、屏风等物品。癸卯,辰、锦、叙等州归顺宋朝。甲辰,太祖下诏开凿疏浚黄河三门。禁止泾、原、庆等州补充少数民族人担任镇守边境的将领。夏西平王李彝兴进献一头牦牛。乙巳,太祖亲临玉津园,检阅各军骑马射箭。丙午,免征湖南的茶税,禁止峡州盐井。辛亥,借贷种子粮食给澶州百姓。

五月壬子初一,太祖在京城祈祷降雨。甲寅,太祖派遣使臣到五岳四渎祈祷降雨。乙丑,扩建皇宫。庚午,把符印发给荆南管辖内的官吏。癸酉,太祖到玉津园。

六月乙酉,免除潭州所属各县的无名摊派聚敛民财。壬辰,天气大热,停止营造工程,赐给工匠衣衫鞋子。乙未,太祖下诏,原荆南兵愿意回乡务农的可以回去。丙申,诏历代帝王每三年祭献一次,建立汉光武帝、唐太宗庙。己亥,澶州、濮州、曹州、绛州发生蝗灾,太祖命令用牛羊猪三牲祭祀。庚子,百官三次上表请求太祖同意奏乐,太祖同意了他们的请求。太祖减少左右的禁卫官员。丙午,下雨。太祖下诏年终祭祀百神的腊祭、庙祭、社祭都在举行腊祭的这一天进行。己酉,太祖命令在新挖成的水池中演习水战。

秋七月辛亥初一,规定州县所设置的杂职、承符、厅子等人数。甲寅,将平定湖湘时死于公事的靳彦朗的儿子靳承勋等三十人补为殿直。丙辰,太祖到新挖成的水池,赐给役夫钱,然后又到玉津园。丁巳,安国军节度使王全斌等人率领军队进入太原境内,把俘虏献给朝廷,太祖赐给俘虏钱和米后释放他们。己未,太祖下诏百姓如生病而亲属把他抛弃以犯罪论处。癸亥,湖南发生瘟疫,太祖赐药给行营将校。丁卯,太祖亲临武成王庙,然后又去了新挖的水池,检阅水战演习。己巳,朗州贼将汪端进犯州城,都监尹重睿把他们打败赶走。太祖下诏免征荆南一境的一半夏税。甲戌,免究周保权的罪行。乙亥,诏命修缮朗州城,免征朗州全境的夏税。丁丑,太祖分别命令身边亲近大臣祈祷降雨。己卯,颁布《重定刑统》等书。

八月壬午,殿前都虞侯张琼因欺侮军校史珪、石汉卿等人,被他们所诬陷,交法官审讯,张琼自杀。丙戌,太祖派遣给事中刘载朝拜安陵。丁亥,王全斌用武力降伏了北汉乐平县。辛卯,把乐平县改为平晋军,一千八百名投降士兵编为效顺军,赐给每个人钱帛。壬辰,诏《九经》举人落榜以后允许再次参加考试。癸巳,女直国派遣使者进献名马。免去登州沙门岛百姓赋税,命令他们专门治理船只渡送马匹。丙申,北汉静阳十八寨首领来投降。泉州陈洪进派遣使者来朝拜进贡。黄河在齐州决口。京城下雨。己亥,契丹幽州岐沟关使柴廷翰等人来投降。癸卯,宰相范质率领文武百官给太祖上尊号,太祖不接受。

九月甲寅,文武百官三次上表请求太祖接受尊号,太祖答应了他们的请求。丙寅,太祖在广政殿设宴,开始演奏音乐。丁卯,贬责宣徽南院使兼枢密副使李处耘为淄州刺史。戊辰,女直国派遣使者来进献名鹰海东青。丙子,禁止知举官将去贡院时大臣们向他保荐人。赐给南唐羊一万只。在朗州把汪端分尸。戊寅,北汉引诱契丹军队进攻平晋军,太祖派遣洺州防御使郭进等人援救平晋军。

冬十月庚辰,太祖下诏州县征收赋税要造册登记。己亥,太祖在近郊打猎。丁未,吴越国进贡南郊大礼的礼物金银、珍珠器皿、犀象、香药等都以万计。

十一月乙卯,荆南节度使高继冲进贡南郊大礼的银子一万两。甲子,太祖在南郊祭祀天地,大赦天下,改年号为乾德。文武百官奉玉册进上尊号为应天广运仁圣文武至德皇帝。丙寅,南唐进贡祝贺南郊、尊号的礼物银绢以万计。丁卯,太祖赐给左右亲近大臣衣服、金带、器币、带鞍的马匹多少不等。乙亥,太祖在近郊打猎。

十二月庚辰,殿前祗侯李璘因为父仇杀死员僚陈友,李璘自首,太祖被他的孝义所感动而释放了他。辛巳,开封府尹赵光义、兴元府尹赵光美分别增加封地,赐给功臣号;宰相范质、王溥、魏仁浦都升为特进,易换封号,增加食邑;枢密使赵普加官为光禄大夫,易换功臣号;文武臣僚分别提升官阶、勋位、封爵、增加食邑户数。甲申,皇后王氏逝世。辛卯,废除登州都督。己亥,泉州陈洪进派遣使者进贡白金一千两,乳香、茶药都以万计算。己巳,南唐主李煜上表请求直呼其名,太祖下诏不同意。

闰十二月己酉初一,考核医官,退去其中医术不精的二十二人。甲寅,太祖命令左右近臣祈祷降雪。丁卯,拔萃科举行复试,田可封、宋白、谭利用等人符合太祖旨意,太祖赏赐他们数量不等。辛未,安陵选择在巩县。乙亥,折德扆在府州城下打败北汉军队,擒获北汉军队将领杨璘,因为太常建议,奉赤帝为感生帝。

乾德二年春正月辛巳,太祖诏谕州县地方长官劝勉农民及时耕作播种。有大象进入南阳,掌管山泽田猎的官员杀死了大象,把大象皮和象牙拿来献给太祖。京城下雨夹雪,打雷。癸未,太祖到迎春苑设宴射箭。甲申,太祖下诏编著四时听选式。回鹘派遣使者进献当地土产。戊子,范质为太子太傅、王溥为太子太保、魏仁浦仍为尚书左仆射,三人同时被免去了宰相职务。庚寅,任命赵普为门下侍郎、同中书门下平章事,李崇矩为枢密使。壬辰,太祖下诏亲自考试制举的三个科目,不限官员百姓,都可以直接到阁门投进书札自荐。甲辰,太祖下诏各道所上狱词令大理寺检断、刑部详复,如有滞留差错失误以致中书门下省加以改正的案件,从重处罚两个机构的责任者。乙巳,太祖到玉津园设宴射箭。丁未,太祖下诏命令县令、主簿、尉没有公事不得下乡。令、录、簿、尉等职官有年老病重的人允许检举弹劾。

二月戊申初一,北汉辽州刺史杜延韬以辽州来降。癸丑,太祖派遣使臣赈济陕州饥荒。疏导浑水流入京城。丁巳,修建安陵时,隧道坍落,压死役夫士兵两百人,太祖命令有关机构掩埋死尸并抚恤死者家庭。庚午,府州俘虏北汉卫州刺史杨璘来献给朝廷。甲戌,南唐进贡改葬安陵的银绫绢各以万计。疏浚汴河。

三月辛巳,太祖到教船池,赐给水军将士衣服多少不等,回宫时到玉津园设宴射箭。乙未,北汉耀州团练使周审玉等人来投降,丁酉,太祖派使者去五岳祈祷降雨。禁止臣僚出外或返京时借官军按部护送。辛丑,太祖派遣摄太尉赵光义手捧宝册上明宪皇太后的谥号为昭宪、皇后贺氏谥号为孝惠,王氏谥号为孝明。

夏四月丁未初一,贤良方正直言极谏科考试策问,博州判官颖贽中第。戊申,赈济河中地区饥荒。己酉,免征各道播种而无禾苗地区的今年夏税。乙卯,在安陵安葬昭宪皇太后、孝明皇后。乙丑,开始设置参知政事,任命兵部侍郎薛居正、吕余庆担任这个职位。己巳,灵武发生饥荒,转运泾州粮食进行救济。壬申,把两位皇后的神主牌位安奉在一个宗庙的两个室中。迁徙永州各县百姓中发生牲畜蛊毒的三百二十六家到县所在的僻静地区,不得再在乡里饲养牲畜。

五月己卯,知制诰高锡因接受藩镇贿赂,贬为莱州司马。辛巳,宗正卿赵砺因贪赃受杖刑、官籍除名。癸未,太祖到玉津园设宴射箭。

六月己酉,任命弟赵光义为中书令,弟赵光美为同中书门下平章事,儿子赵德昭为贵州防御使。庚申,太祖到相国寺,于是又去了教船池、玉津园。辛未,黄河南北以及陕西各州发生蝗灾,只有赵州蝗虫不吃庄稼。

秋七月乙亥,春州突然发生洪灾淹死了百姓。庚辰,邵阳下冰雹。辛巳,太祖到玉津园,回宫时去了新池,视察水战训练。辛卯,太祖下诏让翰林学士陶谷、窦仪等人各自推荐一名能够胜任州郡通判职务的人,推荐不当的连同获罪。

九月甲戌初一,《周易》博士奚屿贬为乾州司户,库部员外郎王贻孙贬为左赞善大夫,都是因为考试品官子弟时不公正。戊子,延州下冰雹。乙未,太祖到京城北郊视察庄稼。辛丑,太子太傅范质逝世。壬寅,潘美等人攻克郴州。

冬十月戊申,周纪王柴熙谨逝世,太祖停止上朝处理政事。

十一月甲戌,太祖命令忠武军节度使王全斌为西川行营前军兵马都部署,武信军节度使崔彦进任他的副手,率领步兵骑兵三万人从凤州道出发;江宁军节度使刘光义为西川行营前军兵马副都部署,枢密承旨曹彬任他的副手,率领步兵骑兵二万人从归州道出发讨伐后蜀。乙亥,太祖在崇德殿设宴招待西川行营将校,出示川峡地图,传授将领们攻取后蜀的措施方法,赐给每人金带、玉带、衣物多少不等。壬辰,太祖在近郊打猎。

十二月乙巳,释放广南郴州都监陈瑶等二百人。戊申,刘光义攻克夔州,后蜀节度使高彦俦自焚。丁巳,免征归州、峡州秋税。辛酉,王全斌攻克万仞、燕子两寨,攻下兴州,接连攻克石圌等二十几个营寨。甲子,刘光义攻克巫山等营寨,斩杀后蜀将领南光海等八千人，擒获后蜀战棹都指挥袁德宏等一千二百人。王全斌的先锋史进德在三泉寨打败后蜀军队，擒获后蜀节度使韩保正、李进等人。南唐进贡白银二万两、金银器皿几百件。庚午，太祖下诏招抚在山林中聚集藏匿的人。辛未，太祖在北郊打猎。

乾德三年春正月癸酉初一，因为军队出征太祖不上殿听政。甲戌，王全斌攻克剑门，杀死后蜀军一万多人，擒获后蜀枢密使王昭远、泽州节度使赵崇韬。乙亥，太祖下诏埋葬出征后蜀战死的士兵，受伤的士兵赐给丝帛。壬午，王全斌攻取利州。乙酉，后蜀皇帝孟昶投降，得到四十五个州、一百九十八个县、百姓五十三万四千零三十九户。高丽国王派遣使臣来朝贡献礼品。戊子，吏部郎中邓守中因考试吏员不当而获罪，贬为吏部员外郎。癸巳，刘光义攻取万、施、开、忠四州，遂州守臣陈愈投降。乙未，太祖下诏抚恤西川将士官吏百姓。丙申，赦免后蜀全境，虏获的牲口归还原来主人，免除原后蜀管辖地区内拖欠的赋税，免征一半夏税和沿纳征收物品。

二月癸卯，南唐、吴越进贡长春节御衣、金银器皿、锦绮一千余件。甲辰，派遣皇城使窦思俨迎接慰问孟昶。丁未，全州发大水。庚申，王全斌在成都杀死后蜀投降的士兵两万七千人。

三月癸酉，太祖下诏设置义仓。这个月，两川地区盗贼群起，先锋都指挥使高彦晖被盗贼杀死，太祖下诏所在地区攻击讨伐盗贼。

夏四月乙巳，回鹘派遣使臣进献当地土产。癸丑，职方员外郎李岳因赃罪在闹市被斩首示众。南唐进献祝贺收复蜀地的银绢以万计。戊午，太祖派遣中使在江陵赐给后蜀官员鞍马、车辆。癸亥，招募各军子弟疏导五丈河，河水贯通皇城流入内庭池塘。

五月辛未初一，太祖诏令放还各道幕职、令录已经引入问对过的官员，根据离京路程的远近，差等减少选限。壬申，太祖到迎春苑设宴射箭。乙亥，派遣开封尹赵光义在玉津园慰劳孟昶。丙戌，太祖在崇元殿接见孟昶，在大明殿宴请孟昶等人。丁亥,太祖赐给将士衣服钱帛。戊子,大赦天下,死罪囚犯减刑一等。壬辰,在大明殿宴请孟昶以及他的子弟。

六月甲辰,任命孟昶为中书令、秦国公,赐给孟昶的子弟及臣僚不等的官爵。庚戌,孟昶去世。

秋七月,珍州刺史田景迁归附宋朝。壬辰,追封孟昶为楚王。丁酉,太祖到教船池,接着又到玉津园设宴射箭。

八月戊戌初一,太祖下诏登记州郡中骁勇的士兵并把他们送到京师。癸卯,黄河在阳武县决口。庚戌,太祖诏令王全斌等人发粮食给后蜀逃亡士兵家庭。乙卯,黄河在河阳溢出河道,毁坏百姓房屋。戊午,殿直成德钧因贪赃受贿在闹市被斩首示众。己未,黄河在郓州溢出河道,淹没田地。辛酉,寿星出现。

九月己巳,太祖检阅各道军队,把骑兵编为骁雄军,步兵编为雄武军,全都隶属侍卫亲军。壬申,诏令蜀地各州郡各自建立五百人的克宁军。辛巳,黄河在澶州决口。戊子,太祖到西水砲视察。

十月丁酉初一,大雾。己未,太子中舍王治因接受贿赂杀人,在闹市被斩首示众。丙寅,济水在邹平溢出河道。

十一月丙子,甘州回鹘可汗派遣和尚进献佛牙、宝器。乙未,剑州刺史张仁谦因杀死投降的人而获罪,贬为宋州教练。

十二月丁酉初一,太祖下诏已嫁女子在舅父、姑母去世时穿用熟麻布做成的缉边缝齐的丧服、粗生麻布做成的左右和下边不缝的丧服。己亥,太祖下诏西川管辖区内的监军、巡检不得干预州县事务。戊午,甘州回鹘可汗、于阗国王等派遣使臣来朝拜,进贡一千匹马、五百头骆驼、五百团玉、五百斤琥珀。

乾德四年春正月丙子,太祖派遣使臣分赴江陵、凤翔,赐给后蜀官员家庭钱帛。丁亥,命令丁德裕等人率领军队巡行安抚西川。己丑,太祖到迎春苑设宴射箭。

二月癸卯,太祖视察皇城工程。丙辰,于阗国王派遣他的儿子李德从来进贡。安国军节度使罗彦瑰等部在静阳打败北汉军队,擒获北汉将领鹿英。辛酉,考试落榜的举人。甲子,免征西川今年的夏税以及各种应征物品的一半,田地未能得到耕种的全部免征。岳州发生火灾。

三月癸酉,废除义仓。甲戌,占城国派遣使臣来进贡,癸未,僧行勤等一百五十七人,太祖赐给每人三万贯钱,去西域游历。

夏四月丁酉,占城国派遣使臣来朝进贡。丙午,潭州发生火灾,壬子,停止光州进贡鹰鹞。丁巳,契丹天德军节度使于延超和他的儿子来投降。进士李蔼因诋毁佛教获罪,说话又不谦虚恭敬,被刺面服杖刑,流放沙门岛。庚申,太祖到燕国长公主府第探望她的病情。

五月,南唐祝贺文明殿建成,进贡一万两银子。甲戌,光禄少卿郭玘因贪赃罪在闹市被斩首示众。乙亥,太祖观看后蜀皇帝仪仗队所用的器物、图书。丁丑,太祖下诏蜀郡敢有不探视父母疾病的人以犯罪论处。辛巳,潭州发生火灾。壬午,澶州进贡有两处分蘖至六处分蘖的小麦一百六十五株。辛卯,火星侵犯轩辕星。

六月甲午,黄河水在东阿溢出河道。甲辰,黄河在观城决口。月亮侵犯心前星。丙午,澧州刺史白全绍因破坏法纪在管辖区内聚敛财物,被免去官职。太祖下诏:大臣们家中不得私自养阉人,年龄在三十岁以上的内侍当允许收养一个儿子,官吏和百姓敢有阉割童男的人决不赦免其罪行。己酉,果州进贡水稻,一株稻上有十三棵穗。

秋七月丙寅,诏令:后蜀文武官吏以及他们的亲属有生病的人,所在地区的官府给他们医药钱帛。戊辰,西南夷首领董皓等人归附。己巳,太祖到造船务,又到开封尹赵光义的北园设宴射箭。癸酉,赐给西川行营将士数量不等的钱帛。庚辰,免去后蜀在剑南地区的米麦征敛。华州旱灾,免去华州今年的田租。给州县官员俸户。

八月丁酉。太祖下诏废除蜀地加倍的利息。庚子,大水冲坏高苑县城。壬寅,太祖下诏御史以及吏部、刑部官员任满三周年时,就可以根据原任官职转官或加恩。庚戌,枢密直学士冯瓒、绫锦副使李美、殿中侍御史李楫被宰相赵普陷害,以贪赃定为死罪;恰好大赦,被流放到沙门岛,遇到朝廷施恩时也不得回来。辛亥,太祖到玉津园设宴射箭。京兆府进贡野蚕茧。壬子,衡州火灾。乙卯,审察记录囚徒的罪状。丙辰,黄河在滑州决口,冲坏灵河大堤。普州野兔吃庄稼。

闰八月乙丑,黄河水溢出河道流入南华县。己巳,衡州发生火灾。乙亥,太祖下诏:百姓能广栽桑枣树、开垦荒田者不加租税,令佐官员能招复逃亡农户和劝勉农户栽桑植枣树的受赏。

九月壬辰初一,发大水。虎捷指挥使孙进、龙卫指挥使吴瑰等二十七人,因参与吕翰叛乱被处以死刑,孙进被灭族。庚子,占城国进贡驯养的大象。乙巳,太祖亲临教船池,然后又到玉津园观看卫士骑马射箭。丙午,太祖下诏吴越国在会稽建立大禹庙。

冬十月辛酉初一,命令太常恢复文德、武功二舞。癸亥,诏各州郡修建古代帝王的陵墓和宗庙,安排不同数量的民户护陵。己巳,禁止吏员士兵借口巡察骚扰百姓。

十二月庚辰,妖人张龙儿等二十四人被处死刑,张龙儿、李玉、杨密、聂赟被灭族。

乾德五年春正月戊戌,修治黄河堤。丁未,合州汉初县上贡青樛木,木头中有文字写着"大连宋"。甲寅,王全斌等人因征伐后蜀时贪污受贿杀死投降的士兵而获罪,王全斌被贬为崇义军节度使,崔彦进被贬为昭化军节度使,王仁赡被贬为右卫大将军。丙辰,诏令征伐后蜀的将校军官中有接受后蜀钱财物品的,都要立即归还原主。丁巳,赏赐征伐后蜀有功的将士,曹彬、刘光义等人不同程度地提升了官爵。

二月庚申初一,太祖亲临造船务,到城西观看卫士骑马射箭。甲子,薛居正、吕余庆一起任吏部侍郎,仍担任参知政事。己丑,太祖亲临教船池。

三月甲辰,太祖下诏翰林学士、常参官在幕职、州县官员以及京官内各自推荐一名能够担任常参官的人员,被推荐人不称职,推荐人将连同获罪。乙巳,太祖下诏让各道推举所属官吏中才能德行优异的人。丙午,任命赵普为尚书左仆射兼门下侍郎、同中书门下章事,李崇矩为检校太傅。这一天,太祖到教船池,又到玉津园举行宴会射箭。丙辰,北汉石盆寨招收指挥使阎章以本寨来投降。金、木、水、火、土五颗行星在奎宿星处相聚。

夏五月乙巳,太祖赐京城贫苦百姓衣服。北汉鸿唐寨招收指挥使樊晖以本寨来投降。甲寅,任命王溥为太子太傅。

六月戊午初一,日蚀。辛巳,太祖到建隆观,然后又到飞龙院。丁亥,牂牁顺化王子等人来进献当地土产。

七月丁酉,禁止毁坏铜佛像。己酉,免征遭受水旱灾害的农户今年的租税。

八月甲申,黄河水溢出河道流入卫州城,溺死百姓数百人。

九月壬辰,仓部员外郎陈郾因贪赃犯法在闹市被斩首示众。甲午,西南蕃顺化王子部才等人派遣使臣进献当地土产。己酉,太祖在近郊打猎。

十一月乙酉初一,工部侍郎毋守素因在父丧期中娶妾被免官。供奉武仁海因滥杀无辜在闹市被斩首示众。

十二月丙辰,禁止使用新铸的小铁镴等钱、涂粉加药质地稀疏低劣的布帛。癸酉,升麟州为建宁军节度。宰相赵普因母亲去世而离任,丙子,赵普服丧期未满重新被起用为宰相。

开宝元年春正月甲午,扩建京城。陕州的集津、绛州的垣曲、怀州的武陟发生饥荒,下诏救济这些地区。己亥,北汉偏城寨招收指挥使任恩等人来投降。

三月庚寅,颁布县令、尉捕盗令。癸巳,太祖亲临玉津园。乙巳,有驯象自行来到京城。

夏四月乙卯,太祖到节度使赵彦徽的府第探视他的病情。

五月丁未,赐给南唐大米小麦十万斛。

六月癸丑初一,太祖下诏百姓田地被连绵大雨、河水淹坏的,免征今年的夏税和因袭征收的杂税。癸亥,太祖下诏:荆蜀地区百姓中有祖父母、父母在世的人,他们的子孙不准分家。丁丑,太白星白天出现;戊寅,太白星再次出现。辛巳,在单父县百姓家中的水井里有龙出来,伴随着大风大雨,淹没百姓房屋四百间,死亡几十人。

秋七月丙申,太祖到铁骑营,赐给将士钱羊酒数量不等。北汉颍州寨主胡遇等人来投降。丙午,太祖到铁骑营,然后到玉津园。戊申,坊州刺史李怀节因强行购买辖区百姓的物品,被贬为左卫率府率。北汉主刘钧去世,养子刘继恩即位。

八月乙卯,太祖在近郊打鹖鸟,回宫时到相国寺。戊午,太祖又在北郊打鹖鸟,回宫时到飞龙院。丙寅,派遣客省使卢怀忠等二十二人领禁军在潞州会合。戊辰,太祖命令昭义军节度使李继勋等人征伐北汉。

九月辛巳初一,禁止钱币运出边境。癸未,监察御史杨士达因审案滥杀无辜在闹市被斩首示众。庚子,李继勋在铜温河打败北汉军队。己酉,北汉供奉官侯霸荣杀死北汉皇帝刘继恩,刘继元继位当皇帝。

冬十月己未,太祖在近郊打猎,回宫时到飞龙院。丙子,吴越王派遣儿子钱惟浚朝贡。

十一月癸卯,冬至日,太祖在南郊举行祭祀,改年号为开宝,大赦天下,犯有十恶、杀人、贪污受贿的官吏不赦罪。宰相赵普等人进奉玉册、宝,进上太祖尊号为应天广运大圣神武明道至德仁孝皇帝。

十二月甲子,进行庆祝活动,从开封尹、兴元尹、宰相、枢密使到各个道的蕃侯,都不同程度地加勋进爵。乙丑,大食国派遣使臣进贡当地土产。

开宝二年(969)春正月己卯初一,太祖因军队出征,不上殿听政。

二月乙卯,任命昭义军节度使李继勋为河东行营前军都部署,侍卫步军指挥使党进担任他的副手，宣微南院使曹彬为都监，棣州防御使何继筠为石岭关部署，建雄军节度使赵赞为汾州路部署，以征伐北汉。太祖在长春殿设宴款待。任命彰德军节度使韩仲赟为北面都部署，彰义军节度使郭延义担任副职，以防备契丹。戊午，太祖下诏亲征。己酉，任命开封尹赵光义为上都留守，枢密副使沈义伦为大内部署，判留司三司事。甲子，太祖率领大军从京城出发。乙亥，下雨，大军驻扎在潞州。

三月壬辰，太祖在潞州出发。乙未，李继勋在太原城下打败北汉军队。戊戌，太祖来到靠近太原城下的地方。庚子，在太原城南检阅军队显示军威，修筑长连城。辛丑，太祖到汾河，修建一座新桥。征发太原附近各县的几万名男丁集中在太原城下。癸卯，北汉史昭文在宪州投降，乙巳，太祖到太原城南，说汾河水可以淹灌太原城，命令筑起长堤阻塞汾水。决引晋祠水淹灌太原城。于是又在太原城四周建立营寨，李继勋军队在太原城南，赵赞军队在太原城西，曹彬军队在太原城北，党进军队在太原城东，再从北面引汾水入新堤淹灌太原城。辛亥，派遣海州刺史孙方进率领军队包围汾州。

四月戊申，太祖到太原城东观看修建堤坝。壬子，太祖又来到太原城东。己未，何继筠在阳曲打败契丹，斩杀几千人，把俘虏的武州刺史王彦符献给太祖，太祖命令把所缴获的首级、铠甲在太原城下陈列出来。壬戌，太祖亲临汾河边视察造船。戊辰，太祖到太原城西上生院。丙子，又来到城西。

五月癸未，韩仲赟在定州北面打败契丹。自戊子到庚寅，太祖命令水军驾船载着强弩四围攻太原城，横州团练使王廷义、殿前都虞候石汉卿战死。甲午，北汉赵文度在岗州投降。甲辰，都虞候赵廷翰奏，各军要求冒死攻击登上太原城，太祖怜惜将士，不允许进攻。

闰五月戊申，太原城墙坍塌，河水灌注进城内，太祖马上登上长堤观察。己酉，右仆射魏仁浦去世。壬子，因太常博士李光赞提议，讨论大军班师回朝。己未，命令士兵把河东万户百姓迁徙到山东。庚申，太祖分别命令使臣率领军队去镇州、潞州。壬戌，太祖起驾回京。戊辰，太祖在镇州停留。

六月丙子初一，太祖车驾从镇州出发。癸巳，太祖从太原回到京城。赦免京城里的囚犯。

秋七月丁巳，太祖亲临封禅寺。下诏镇、深、赵、邢、洺五个州管辖内的镇、寨、县都要修建城墙。甲子，举行盛大宴会。赐给宰相、枢密使、翰林学上、节度使、观察使成套衣裳和金带。戊辰，西南夷顺化王子武才等人来进贡当地土产。

癸酉,太祖来到新建的水硙视察。汴河在下邑决口。乙亥,寿星出现。

八月丁亥,太祖诏川峡各州检察百姓中有父母在世而本人分家另住的,以死罪论处。

九月乙巳初一,太祖亲临武成王庙。壬戌,太祖到玉津园设宴射箭。

冬十月戊子,太祖在近郊打猎。庚寅,散指挥都知杜延进等人谋划作乱被处死,杜延进被灭族。太祖下诏:相、深、赵三州丁夫死于太原城下的人,免除各家的赋税和徭役。庚子,任命王溥为太子太师,武衡德为太子太傅。癸卯,西川兵马都监张延通、内臣张屿、引进副使王珽被丁德裕在太祖面前进谗言,张延通以大不敬获罪被杀,张屿、王珽都服杖刑并被流放。

十一月丙午,太祖到镇宁军节度使张令铎府第探视其病情。甲寅,太祖在近郊打猎,回宫时到金凤园。庚申,回鹘、于阗派遣使臣来进贡当地土产。

十二月癸未,太祖亲临中书省探视宰相赵普病情。己亥,右赞善大夫王昭因监大盈仓,儿子和仓吏勾结贪污,被剥夺两任官职,流放到汝州服役。丁德裕上奏诬陷西川转运使李铉指斥皇上,冤枉已经得伸,李铉还是因为酒醉的过失,被贬为右赞善大夫。

开宝三年春正月癸卯初一,降雨雪,太祖不上殿处理政务。癸丑,增筑黄河堤。辛酉,太祖下诏:百姓每五千户推举一名孝顺父母敬爱兄长名声显著的人、德行善美优秀的人、才能卓越、行为优异出众的人不受这条限制,里巷州郡逐级审查联名签署后呈报朝廷,依旧为被推荐人赴朝廷准备行装。

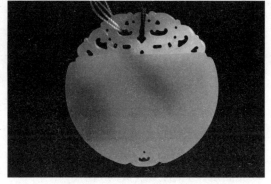

二月庚寅,太祖到西茶库,然后又到建隆观。

三月庚戌,太祖下诏选取参加进士考试十五次以上的司马浦等一百零六人,都赐给本科出身。辛亥,赐给处士王昭素国子博士以后让他退休。丙辰,殿中丞张颙因为在以前担任颍州知州时处理政务不公允,被免去官职。己未,太祖亲临赵普府第探望他的病情。

夏四月辛未初一,日蚀。丁亥,太祖亲临寺观祈祷下雨。辛卯,下雨。甲午,太祖亲临教船池。己亥,废除河北各个州的盐禁。太祖下诏:州郡不是当地的土产不要进贡朝廷。

五月丁未,禁止京城百姓积贮兵器。癸丑,太祖到城北观看水硙。癸亥,赐给营房被雨水淋坏的各班钱数目不等。

六月乙未,禁止各州长吏的亲随人员执掌厢镇局务。

秋七月乙巳,建立报告水旱灾害期限的法令。壬子,太祖下诏蜀地州县官员根据管辖户口数多少分别减少官吏和增加俸禄,不久又下诏各路也按照蜀地办法减员增俸。戊辰,太祖到教船池,又亲临玉津园举行宴会射箭。

八月戊子,太祖到教船池,又到了玉津园。

九月己亥初一,任命潭州防御使潘美为贺州道兵马行营都部署,朗州团练使尹崇珂担任他的副手。派遣使者征发十个州的军队到贺州会合,以讨伐南汉。甲辰,太祖下诏:西京、凤翔、雄州、耀州等州,周文王、成王、康王三位周王,秦始皇、汉高祖、文帝、景帝、武帝、元帝、成帝、哀帝七位汉朝皇帝,后魏孝文帝,西魏文帝,后周太祖,唐高祖、太宗、中宗、肃宗、代宗、德顺、文、武、宣、懿、僖、昭各位唐代帝王,一共二十七座陵墓,其中曾经被盗挖过的陵墓,有关机构准备礼法规定的衣服、平常的衣服各一套,备好棺椁重新安葬,所在地区的长吏祭祀。己酉,太祖亲临开宝寺观看新钟。丙辰,女直国派遣使臣带着安定国王烈万华的表章,贡献当地土产。丁卯,潘美等人在富州打败一万余名南汉军队,攻克富州。

十月庚辰,攻克贺州。

十一月壬寅,攻克昭、桂二州。乙巳,减少桂阳每年进贡的白金数额。癸丑,右领军卫将军石延祚因为利用监仓身份和管库的吏员勾结贪污在闹市被斩首示众。癸亥,定州驻泊都监田钦祚在遂城打败契丹。丙寅,任命曹州所荐德行善美的孔蟾为章丘主簿。

十二月壬申,潘美等人攻克连州。辛卯,在韶州把一万余名南汉军队击败,攻克韶州。癸巳,加筑黄河堤坝。

开宝四年春正月戊戌初一,因军队出征,太祖不上朝处理政事。丙午,罢免各道州县原有的代理官员。丁未,右千牛卫大将军桑进兴因贪赃在闹市被斩首示众。癸丑,潘美等人攻克英州、雄州。

二月丁亥,南汉刘鋹派遣他的左仆射萧漼等人带着表章来上。己丑,潘美攻克广州,俘虏刘鋹,平定广南。得到六十个州、二百十四个县、百姓十七万零二百六十三户。辛卯,大赦广南,免征夏秋二税,原来南汉政权的官吏留任。

三月乙未,太祖亲临飞龙院,赐给随从官员马匹。丙申,太祖下诏:广南地区有买人家子女作奴婢而转雇给他人以获利的人,一律释放;原来广南政权有损害百姓的政策措施都要汇报朝廷,加以废除。增加前代帝王各个陵墓的守陵户两户。

夏四月丙寅初一,前任左监门卫将军赵玭控告宰相赵普,因诬蔑诋毁大臣而获罪,被安置到汝州。丁卯,三佛齐国派遣使者进贡当地土产。己巳,太祖下诏禁止岭南地区商税、盐、麹,按荆湖地区法令执行。辛未,太祖亲临永兴军节度使吴廷祚府第探视他的病情。癸未,太祖到开宝寺。辛卯,南唐派遣皇弟李从谏来朝贡,征发一千名厢军修缮在陕西地区的前代帝王陵墓。壬辰,监察御史间丘舜卿因为以前当官时盗用官钱,在闹市被斩首示众。

五月乙未初一,太祖亲临明德门行受俘刘鋹礼,赦免刘鋹罪;把他的权臣龚澄枢、李托、薛崇誉斩首。太祖在大明殿举行盛大宴会,刘鋹也参加了。丁酉,太祖奖赏征伐广南的有功人员,潘美、尹崇珂等人进升爵位不等。

六月癸酉,派遣使者祭祀南海。丁丑,命令翰林院考试南汉官员,选取书判稍优的人,授予令、录、簿、尉的官职。壬午,任命孝子罗居通为延州主簿。封刘鋹为恩赦侯。乙酉,撤消贺州银场。在刘鋹每月俸禄之外另赐给五万贯钱、米麦五十斛。黄河在原武决口,汴河在谷熟决口。

秋七月戊戌,太祖赐给开封尹赵光义十四把门戟。庚子,太祖亲临新修建的水砲,赐给工匠役人钱财布帛数目不等。戊午,重新签署内侍养子令。癸亥,太祖亲临建武军节度使何继筠府第探视他的病情。汴水在宋城决口。

八月壬申,文武百官给太祖上尊号,太祖不允许。辛卯,景星出现。

冬十月癸亥初一,日蚀。己巳,太祖下诏凡伪造黄金者都将在闹市被斩首示众。庚午,太子洗马王元吉因贪赃在闹市被斩首示众。辛巳,免除了广南地区原有的无名摊派苛敛。甲申,太祖下诏十月后犯有强行盗窃抢劫罪行的人在南郊大赦时也不能得到赦免。丙戌,释放被强行驱赶充军的广南百姓。

十一月癸巳初一,南唐皇帝派遣弟弟李从善,吴越国王派遣儿子钱惟浚,因太祖在郊外祭祀天地而来朝贡。南唐主李煜上表要求去掉国号和直呼其名,太祖同意了他的请求。庚戌,太祖下诏各道把罢免的代理官员中三任没有什么过失的人报告上来。黄河在澶州决口,通判姚恕因没有立即上报朝廷在闹市被斩首示众。己未,冬至日,在南郊举行祭祀典礼,大赦天下,犯有刑律规定的十恶罪犯、故意抢劫杀人犯、贪污受贿的官吏不赦。太祖下诏设置各州幕职官俸户。壬戌,四十名蜀班内殿直,援引御马直的例子要求赏赐,竟敲登闻鼓请愿;太祖下令各杖二十;第二天,全部在营中斩首,都指挥单斌等人都被处以杖刑、降官。

十二月癸亥初一,赐给南郊祭祀时的执事官器皿钱财数目不等。丁卯。举行庆祝活动,开封尹赵光义、兴元尹赵光美、贵州防御使赵德昭、宰相赵普都增加了食邑。己巳,朝廷内外的文武官员分别迁升了勋爵。辛未,赐给考试《九经》的李符本科出身。壬午,太祖到近郊打猎。

开宝五年春正月壬辰初一,降雪,太祖不上殿处理政事。禁止用铁铸造宝塔和佛像。庚子,前任卢氏县尉鄢陵人许永年龄七十五岁,自己说父亲许琼年龄九十九岁,两位哥哥都有八十多岁了,请求朝廷委派他一个官职以便奉养父兄。因此太祖召见许琼并重重地赏赐了他。任命许永为鄢陵县令。壬寅,减少州县小吏和为衙门服役的人。乙巳,停止襄州每年进贡鱼。

二月丙子,太祖下诏沿黄河的十七个州各设立河堤判官一名。庚辰,在凤州七房冶炼银子的地方设立开宝监。庚寅,任命兵部侍郎刘熙古为参知政事。

闰二月壬辰,礼部考试合格进士安守亮和诸科共三十八人,太祖召他们到讲武殿回答题问,然后才张榜公布。庚戌,把密州升为安化军节度。

三月庚午,赐钱给颍州龙骑指挥使仇兴和他的士兵。辛未,占城国王波美税派遣使臣来进贡当地土产。壬申,太祖亲临教船池进行作战演习。乙酉,殿中侍御史张穆因贪赃在闹市被斩首示众。

夏四月庚寅初一,三佛齐国主释利乌耶派遣使臣来进贡当地土产。丙午,太祖派遣使臣查看遭受水灾的田地。丙寅,派遣使臣到各个州郡捕捉老虎。

五月庚申,赐给恩赦侯刘鋹一百五十万贯钱。乙丑,太祖命令亲近大臣祈祷天气放晴。合并广南十三个州,三十九个县。丙寅,废除岭南专门采集珍珠的媚川都,并把原有士兵改编为静江军。辛未,黄河在濮阳决口,太祖命令颍州团练使曹翰前去堵塞决口。甲戌,因为阴雨连绵,放出后宫五十多名宫女,赏赐后把她们送回家。丁亥。河南、河北接连下大雨,澶、滑、济、郓、曹、濮六个州发大水。

六月己丑,黄河在阳武决口,汴水在谷熟决口。丁酉,太祖下诏说:大雨连绵,黄河决口,黄河沿岸百姓农田有遭水灾的地方,有关机构全部报告朝廷免除田租。戊申,修复阳武地区的黄河河堤。

秋七月己未,右拾遗张恂因贪赃在闹市被斩首示众。癸未,邕、容等州郡的獠人发生叛乱。

八月庚寅,高丽国王王昭派遣使臣来进贡当地土产。己亥,广州行营都监朱宪在容州大破獠人贼寇。癸卯,把宿州升为保静军节度,停止密州安化军节度,仍旧为防御州。

九月丁巳初一,日蚀,癸酉,李崇矩被免去枢密使,出任镇国军节度使。

冬十月庚子,太祖亲临河阳节度使张仁超府第探视他的病情。甲辰,举行道士考试,学业不够格的人勒令还俗。

十一月己未,李继明、药继清在英州大破獠贼。癸亥,禁止僧人道士学习天文地理。己巳,禁止举人寄住他处参加进士科举考试。庚辰,任命参知政事薛居正、吕余庆兼任淮、湖、岭、蜀转运使。

十二月乙酉初一,祈祷降雪。己亥,太祖到近郊打猎。开封尹赵光义突然生病,太祖于是到他府第探视。甲寅,内班董延谔因监守自盗草料粮食,处以杖死之刑。太祖下诏符合条件担任令录的人引对之后才能按才拟定官职。乙卯,降大雪。

这一年,发生大饥荒。

开宝六年春正月丙辰初一,太祖不上殿处理政事。设置蜀水陆转运计度使。癸酉,修缮魏县境内的黄河堤。

二月丙戌初一,棣州兵马监押、殿直傅延翰谋划反叛被处死刑。丙申,曹州发生饥荒,运京师太仓大米两万石救济灾荒地区。己亥,吴越国进贡用银子装饰的花舫、用黄金香料装饰的狮子。

三月乙卯初一,后周郑王在房州逝世,太祖穿素色衣服发布哀丧,停止上朝十天,赐谥号恭帝,命令把棺木运回来葬在庆陵的旁边,称为顺陵。己未,恢复密州为安化军节度。庚申,太祖在讲武殿复试进士,赐宋准以及落第的徐士廉等诸科考生一百二十七人及第。乙亥,赐宋准等人宴会钱二十万贯。大食国派遣使臣来进贡。翰林学士、知贡举李昉因考试举人不得当,贬为太常少卿。考试朝廷官员中因公事死亡人员的儿子陆坦等人,赐他们进士出身。丙子,太祖亲临相国寺观看新修建成的宝塔。

夏四月丁亥,太祖召开封尹赵光义、天平军节度使石守信等人在御苑中赏花练习射箭。辛丑,派遣卢多逊为江南国信使。甲辰,占城国王悉利陀盘印茶派遣使臣来进献当地土产。丙午,黎州保塞蛮来归顺朝廷。戊申,太祖下诏撰写《五代史》。

五月庚申,刘熙古以户部尚书的身份退休。太祖下诏说:中书吏人揽权又大多贪赃受贿,现在兼用入流的州县官员担任堂吏。己巳,交州丁琏遣使进贡当地土产。太祖亲临玉津园观看收割小麦。辛巳,杀右拾遗马适。

六月辛卯,太祖召试在京各个机构的吏员,把其中的四百人罢黜为农民。癸巳,占城国派遣使臣进贡当地土产。隰州巡检使李谦溥攻克北汉的七个寨子。癸卯,雷有邻控告宰相赵普祖护堂吏胡赞等人违法,胡赞和李可度都受杖刑、登记抄没家产。庚戌,太祖下诏让参知政事和宰相赵普分别掌管宰相印信,上朝时分别领班启奏政事。

秋七月壬子初一,太祖下诏各州府设置司寇参军,让考中进士、明经科的人担任这个职务。丙辰,减免广南地区无名率钱。

八月乙酉,废除成都府后蜀时期的嫁妆税。辛卯,赐给平民王泽方同学究出身。丁酉,泗州推官侯济因在考试据律断案时让别人顶替自己,被处以杖刑,除名。甲辰,罢免赵普宰相职务,任命他为河阳三城节度使,同平章事。辛酉,太祖亲临都亭驿。

九月丁卯,吕余庆任尚书左丞,免去他的参知政事职务。己巳,太祖封赵光义为晋王、兼任侍中,封赵德昭同中书门下平章事,任命薛居正为门下侍郎、同平章事,任命户部侍郎、枢密副使沈义伦为中书侍郎、同平章事,任命石守信兼任侍中,任命卢多逊为中书舍人、参知政事。壬申,太祖下诏晋王赵光义班位在宰相之上。

冬十月甲申,安葬周恭帝,太祖不上朝处理政务,丁亥,太祖亲临玉津园视察庄稼。戊子,流星在文昌星、北斗星处出现。甲辰,太祖特赦隐瞒贪污受贿的官吏。

十一月癸丑,太祖命令自己左右的大臣祈祷降雪。丙午,前任中书舍人、参知政事卢多逊服丧期未满又被起用处理政事。推行《开宝通礼》。颁布限数剃度平民为僧的法令,规定各州据僧帐现管数目满百人每年准许剃度一人出家。

开宝七年春正月庚戌,太祖不上殿处理政务。庚申,占城国王波美税派遣使臣进贡当地土产。齐州的野蚕结出蚕茧。癸亥,左拾遗秦宣、太子中允吕鹄因贪污受贿,免于死刑,服杖刑、取消他们的原有身份。

二月庚辰初一,日蚀。丙戌,太阳中出现两颗黑子。癸卯,太祖命令身边的大臣祈求降雨。太祖下诏:《诗》《书》《易》三经学究,依照《三经》《三传》资格按规定的等级次第授予官职。乙巳,太子中舍胡德冲因为隐没官钱,在闹市被斩首示众。

三月乙丑,三佛齐国王派遣使臣进贡当地土产。

夏四月丙午,太祖派遣使臣检查岭南地区百姓的田地。

五月戊申初一，殿中侍御史李莹因为接受南唐馈赠的礼物，贬为右赞善大夫。甲寅，任命平民齐得一为章丘县主簿。乙丑，太祖下诏自今买卖官物不得与时价不同，如有抬高或压低价钱的以违法论处。丙寅，太祖亲临讲武池视察水战训练。丙子，太祖又到讲武池，然后又去了玉津园。

六月丙申，河中府发生饥荒，调运三万石谷子救济受灾地区。己亥，淮河水溢出河道流入泗州城；壬寅，黄河水在安阳溢出河道，这两次水灾都淹坏了百姓房屋。

秋七月壬子，太祖亲临讲武池视察水战训练，然后又到玉津园。丙辰，南丹州溪洞首领统帅莫洪燕归顺朝廷。太祖下诏降低成都府盐价。庚午，太子中允李仁友因为犯法，在闹市被斩首示众。

八月戊寅，吴越国王派遣使臣来朝拜进贡。丁亥，太祖通知吴越出兵讨伐江南。戊子，陈州进贡芝草，一根草有四十九条茎。己丑，太祖亲临讲武池，赐钱给进行水战训练的将士。戊戌，殿中丞赵象因为擅自收税，被取消原有身份。甲辰，太祖亲临讲武池视察水战训练，然后又到了玉津园。

九月癸亥，太祖任命宣徽南院使、义成军节度使曹彬为西南路行营马步军战棹都部署，山南东道节度使潘美为都监，颍州团练使曹翰为先锋都指挥使，率领十万大军从荆南出发，征伐江南。大军即将出发时，太祖召曹彬、潘美来，告诫他们说："攻陷升州的时候，重要的是不要杀戮；假如守军作困兽犹斗的话，那么李煜一家，不可以杀害。"丁卯，派知制诰李穆担任江南国信使。

冬十月甲申，太祖亲临迎春苑，登上汴水河堤观看战舰顺水东下。丙戌，太祖又亲临迎春苑，登上汴水河堤视察各军作战训练，然后又到了东水门，命令战舰出发顺水东下。江南进贡几万疋绢，皇帝的御衣、金带、几百件器皿用品。壬辰，曹彬等人率领水军、步兵、骑兵从江陵出发，水陆并进。丁酉，太祖任命吴越王钱俶为升州东南行营招抚制置使。己亥，曹彬攻克峡口，俘虏江南指挥使王仁震、王宴、钱兴。

闰十月己酉，攻克池州。丁巳，在铜陵击败江南军队。庚申，太祖命令宰相、参知政事交替主持按日记载朝政事务的日历工作。壬戌，曹彬等人攻克芜湖、当涂两个县，在采石驻扎军队。癸亥，太祖下诏减免湖南新制茶叶。甲子，薛居正等人进上新编的《五代史》，太祖赐给他们器皿钱财数目不等。丁卯，曹彬在采石打败江南军队，活捉江南兵马部署杨收、都监孙震等一千人，在长江上架设浮桥让大军渡过长江。

十一月癸未,在李从善部下以及江南水军一千三百九十人脸上刺字,编为归化军。甲申,太祖下诏减省剑南、山南等道属县的主簿。丁亥,秦、晋地区干旱,免除蒲、陕、晋、绛、同、解六个州拖欠的赋税,关西地区各州减免一半。己丑,知汉阳军李恕在鄂州击败江南水军。甲午,曹彬在新林寨击败江南军队。辛丑,太祖命令知雄州孙全兴回信答复契丹涿州守臣重新和好的书信。壬寅,大食国派遣使臣进贡当地土产。

十二月己酉,曹彬在白鹭洲打败江南军队。辛亥,太祖命令身边的亲近大臣祈祷降雪。甲子,吴越王率领军队包围常州,俘获一些江南守军人马。不久攻克利城寨。丙寅,曹彬在新林港打败江南军队。己巳,左拾遗刘祺因接受贿赂,被脸上刺字、服杖刑流放沙门岛。庚午,北汉侵犯晋州,晋州守臣武守琦在洪洞打败北汉军队。壬申,吴越王在常州北界打败江南军队。

开宝八年春正月甲戌初一,太祖因军队出征,不上殿处理政事。丙子,知池州樊若水在沁州附近打败江南军队;田钦祚在溧水打败江南军队,斩杀江南军都统使李雄。乙酉,太祖在长春殿听政时,对宰相说:"我看做臣子的人大都不能把名节保持到晚年,难道是他们忠孝意识浅薄而无法享受厚福吗?"宰相薛居正等人叩头感谢教诲。庚寅,曹彬攻克升州城南水寨。

二月癸丑,曹彬在白鹭洲打败江南军队。乙卯,攻克升州关城。丁巳,太子中允徐昭文因抑制百姓出售货物获罪,从簿籍上除去姓名。甲子,知扬州侯陟在宣化镇打败江南军队。戊辰,太祖在讲武殿举行进士复试,赐给进士王嗣宗等三十一人,纪自成等诸科三十四人及第。

三月乙酉,赐王嗣宗等人宴会钱二十万贯。己丑,太祖命令祈求降雨。庚寅,曹彬在长江中打败江南军队。己亥,契丹派遣使臣克沙骨慎思带着国书来讲和。知潞州药继能攻克北汉鹰涧堡。辛丑,太祖召契丹使臣到讲武殿观看演习射箭。壬寅,太祖派遣太监王继恩率领军队赴升州。大食国派遣使臣来朝拜进贡。

夏四月乙巳,太祖亲临东水砲视察。癸丑,太祖到都亭驿检阅新造的战船。丁巳,吴越王攻克常州。壬戌,曹彬等人在秦淮北面打败江南军队。戊辰,太祖亲临玉津园观看种植水稻。然后又亲临讲武池视察水军作战训练。庚午,太祖下诏岭南地区盗窃赃物满十贯钱以上的处以死刑。太祖亲临西水砲视察。

五月壬申初一,任命吴越国王钱俶守太师、尚书令,增加食邑。知桂阳监张侃揭发前任官隐瞒并吞没多余的银子,追究处罚兵部郎中董枢、右赞善大夫孔璘斩首,太子洗马赵瑜服杖刑,流放海岛;张侃受到赏赐,升任屯田员外郎。辛巳,祈祷天气放晴。甲申,江南宁远军和沿江营寨投降。乙酉,太祖下诏武冈、长沙等十县百姓遭盗贼掠夺的人家减免拖欠的田租,并免除一年徭役。甲午,安南都护丁琏派遣使臣来进贡。辛丑,黄河在濮州决口。

六月壬寅,曹彬等人派遣使者报告说,在升州城下打败江南军队。丁未,宋州观察判官崔绚、录事参军马德休都因贪赃受贿在闹市被斩首示众。辛亥,黄河在澶州顿丘决口。甲子,彗星在柳宿出现,四丈长,辰时出现在东方。

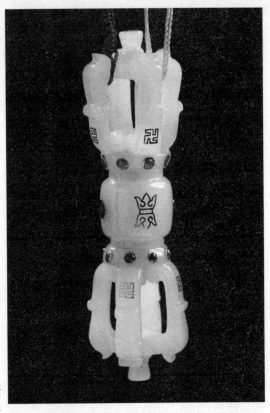

秋七月辛未初一,日蚀。庚辰,太祖派遣阁门使郝崇信、太常丞吕端出使契丹。癸未,西天东印土王子穰结说啰来朝贡。甲申,太祖诏令吴越王钱俶班师。己亥,山后两林鬼主、怀化将军勿尼等人来朝贡。

八月乙卯,太祖亲临东水硙观赏游鱼。然后又去了北园。辛酉,太祖下诏暂停今年的科举考试。壬戌,契丹派遣左卫大将军耶律霸德等人送来皇帝穿的衣服、玉带、名马。西南蕃顺化王子若废等人来进贡名马。癸亥,丁德裕在润州城下打败守军。

九月壬申,太祖在近郊打猎,骑马追赶兔子时,马突然跌倒,太祖摔在地上,因此太祖拔出佩刀刺死了这匹马。立刻就后悔做了这件事,说:"我是天下的主人,轻率地出来打猎,又为什么要处罚马匹呢!"于是自此以后不再打猎。戊寅,润州投降。

冬十月己亥初一,江南主派遣徐铉、周惟简来朝乞求宋军暂缓进攻。辛亥,太祖下诏州县令佐官员察举百姓中孝顺父母敬爱兄长努力耕种田地、具有非凡才能和优异行为或者文武才能可以任用的人送到朝廷。丁巳,修建西京宫殿。

江南国主李煜进贡银子五万两、绢五万匹,乞求暂缓进攻。戊午,改润州镇海军节度为镇江军节度。太祖亲临晋王赵光义的北园。己未,曹彬派遣都虞侯刘遇在皖口击溃江南军队,擒获江南军将领朱令赟、王晖。

十一月辛未,江南主李煜派遣徐铉等人再次带着表章乞求宋军暂缓进攻,没有给他答复。甲申夜里,曹彬在升州城下打败江南军队。丙戌,任命校书郎宋准、殿直邢文庆担任贺契丹正旦使。乙未,曹彬攻克升州,俘虏江南国主李煜,江南平定,一共得到十九个州、三个军、一百八十个县、百姓六十五万五千零六十户。太祖亲临视察新建的龙兴寺。

十二月庚子,太祖亲临惠民河视察修筑堤堰。辛丑,在江南地区实行大赦,免除一年徭役;经过战争的地区,免除两年徭役。戊申,三佛齐国派遣使者来进贡当地土产。己酉,太祖亲临龙兴寺。辛亥,减免开封府所属各县今年十分之三的秋租。己未,任命恩赦侯刘鋹为彭城郡公。甲子,契丹派遣使臣耶律乌正来朝廷祝贺正旦。丁卯,吴越国王钱俶请求在长春节来朝见太祖,太祖同意了他的请求。

开宝九年春正月辛未,太祖来到明德门,在楼下接见李煜,没有用进献俘虏的仪式。壬申,大赦天下,犯有死罪的减刑一等。乙亥,太祖封李煜为违命侯,他的子弟和臣僚也都封爵不等。己卯,江南昭武军节度使留后卢绛焚烧并掠夺州县。庚辰,太祖下诏在西京举行祭祀活动。癸巳,晋王赵光义率领满朝文武官员晋上尊号,太祖不允许。

二月癸卯,三次上表晋尊号,太祖还是不同意。庚戌,任命曹彬为枢密使。辛亥,太祖命令赵德昭在宋州迎接慰劳吴越国王钱俶。契丹派遣使臣耶律延颎带着御衣、玉带、名马、散马、白鹘来庆贺长春节。乙卯,吴越国王钱俶上奏朝廷指责内客省使丁德裕贪婪凶狠,丁德裕被贬为房州刺史。丁巳,太祖视察礼贤宅。戊午,任命卢多逊为吏部侍郎,仍旧担任参知政事。己未,吴越国王钱俶和他的儿子钱惟浚等人在崇德殿朝见太祖,进贡银绢数以万计。太祖赐给他衣带和鞍马,于是让钱俶等人住在礼贤宅,太祖在长安殿设宴款待他们。壬戌,钱俶进贡庆贺平定升州的银绢、乳香、吴绫、丝绵、钱茶、犀象、香药,都以亿万计。甲子,太祖召晋王赵光义、吴越国王钱俶以及他的儿子等人在御苑中射箭,钱俶进上皇帝的御衣、寿星、通犀带以及金器。丁卯,太祖亲临礼贤宅,赐给钱俶金器以及银绢数万。

三月己巳,钱俶进贡帮助南郊祭祀的银绢、乳香数以万计。庚午,太祖赐钱俶可以佩剑穿履朝见皇帝,诏书中不写他的名字。癸酉,任命皇子赵德芳为检校太保、贵州防御使,中书侍郎、同平章事沈义伦为大内都部署,右卫大将军王仁赡权判留司、三司兼知开封府事。丙子,太祖去西京。己卯,太祖在巩县停留,朝拜安陵,痛哭悲号很长时间。庚辰,太祖赐河南府百姓今年田租减免一半,侍奉陵墓的百姓家庭免除一年的徭役。辛巳,太祖到达洛阳。庚寅,大雨,太祖分别命令左右亲近大臣到各个祠观庙宇祈祷天晴。辛卯,太祖亲临广化寺,正式开放无畏三藏塔。

夏四月己亥,雨停。庚子,太祖在圜丘祭天,回来时到五凤楼大赦天下,十恶、故意杀人者不赦免,贬谪降官受责免官的人酌情移近安置分级进用,各种流放以及拖欠赋税的人全部释放免于追究,官吏中没有得到赠恩的人也都广泛地得到赏赐。壬寅,太祖举行盛大宴会,赐给亲王、左右亲近大臣、将帅们一套衣裳、金带、带鞍的马匹、器皿、钱币数目不等。丙午,太祖起驾回京。辛亥,太祖从洛阳回到开封。丁巳,曹翰攻克江州,屠城,擒获牙校宋德明、胡则等人。太祖下诏增加晋王赵光义的食邑,赵光美、赵德昭都加封开府仪同三司,增加赵德芳食邑,薛居正、沈义伦加封光禄大夫,枢密使曹彬、宣微北院使潘美加封为特进,吴越国王钱俶增加食邑,朝廷内外的文武官员都得到封赏,提升了官阶。己未,太祖立官吏每十天休假一天以休息沐浴的诏令。丙寅,大食国王珂黎拂派遣使者蒲希密来进贡当地土产。

五月己巳,太祖亲临东水碓视察,然后又到了飞龙院,观看在金水河中捕鱼。甲戌,太祖派遣司勋员外郎和岘前往江南路采访民情。处死卢绛。庚辰,太祖亲临讲武池,于是又到玉津园视察庄稼。宋州大风,吹坏城楼官民房屋近五千间。甲申,任命阁门副使田守奇等人担任贺契丹生辰使。晋州把北汉岚、石、宪三州巡检使王洪武等人送来献给朝廷。

六月庚子,太祖步行来到晋王赵光义的府邸,命令建造抽水的机轮,汲取金水河水灌注到赵光义府邸形成池塘。癸卯,吴越国王钱俶进贡银两、绢帛、丝绵以数万计。乙卯,火星进入南斗。

秋七月戊辰,太祖亲临晋王赵光义府邸视察新挖成的池塘。丙子,太祖亲临京兆尹赵光美府第探视他的病情。戊寅,太祖再次亲临赵光美府第。泉州节度使陈洪进请求来朝廷觐见太祖。丙戌,命令左右亲近大臣祈祷天晴。丁亥,太祖命令修建先代帝王以及五岳四渎的祠庙。庚寅,太祖亲临赵光美府第。

八月乙未初一,吴越国王钱俶进献会发射火箭的军士。己亥,太祖亲临新建的龙兴寺。辛丑，太子中允郭思齐因贪赃在闹市被斩首示众。乙巳，太祖到等觉院，然后又去了东染院，赐给工人钱币。又到控鹤营视察将士练习射箭，赐给将士布帛数目不等。又亲临开宝寺观看藏经。丁未，太祖派遣侍卫马军都指挥使党进、宣徽北院使潘美征伐北汉。丙辰，派遣西上阁门使等率领军队分五路进攻太原。

九月甲子，太祖亲临绫锦院。庚午，权高丽国事王伷派遣使臣来朝拜进贡。党进在太原城北击败北汉军队。辛巳，太祖命令忻、代行营都监郭进迁徙山后各州的百姓。庚寅，太祖亲临城南池亭，于是又到了礼贤宅，又去了晋王赵光义的府第。

冬十月甲午初一，太祖赐文武百官衣服数目不等。丁酉，兵马监押马继恩率领军队进入河东境内，焚烧扫荡了四十余处营寨。己亥，太祖亲临西教场。庚子，镇州巡检郭进焚烧寿阳县，俘虏九千人。辛丑，晋、隰巡检穆彦璋进入河东，俘虏两千余人。党进在太原城北击败北汉军队。己酉，吴越国王钱俶进贡经过驯养的大象。癸丑晚上，太祖在万岁殿逝世，终年五十岁，灵柩停放在进万岁殿的西甬道中，谥号英武圣文神德皇帝，庙号太祖。太宗太平兴国二年（977）四月乙卯，安葬在永昌陵。真宗大中祥符元年（1008），加尊崇太祖谥号启运立极英武睿文神德圣功至明大孝皇帝。

太祖皇帝天性孝顺父母，友爱兄弟，节约俭省，秉性自然，不故意矫揉造作以掩饰自己。接受后周禅让的初期，很喜欢便装出行，有人劝说他不要轻易出去。太祖说："帝王的兴起，自有天命，周世宗看到将领中有方脸大耳的人都把他们杀死，我整天侍奉在他身边，他也不能危害我。"这之后便装出宫的次数更加多了，有人规劝他，就对规劝的人说："享有天命的人任他自己做事，你不要禁止。"

有一天，太祖退朝下来，坐在便殿中不高兴了很长时间。左右侍从问太祖为了什么事。太祖说："你们认为当天子是件容易的事吗？我在早朝时乘一时高兴而错误地处理了一件事，因此不高兴。"汴京新建的宫殿落成，太祖来到正殿坐下，命令把殿门全部打开，对左右说："这好比是我的内心，很少有不正的地方，人们都可以看见的。"

吴越国王钱俶来朝廷，自宰相以下的文武官员都请求太祖留下钱俶而收取他的土地，太祖不听这种意见，放他回国。等到钱俶辞行的时候，太祖取来大臣们请求留下钱俶的几十件章疏，密封后交给他，告诉他在路上秘密观看。钱俶到途中启封阅读，都是要求太祖把自己留下而不要遣还吴越的奏章。他从这件事之后既感激又恐惧,江南平定,于是请求把国土归宋。南汉刘鋹在自己的国家里,好在酒中放毒药毒死臣下,不久归顺朝廷,跟着太祖来到讲武池,太祖倒了一杯酒赐给刘鋹,刘鋹怀疑酒中有毒药,捧着杯子哭泣着说:"我犯的罪是在不赦之列的,陛下既然不以死罪对待我,我愿意做一名大梁的平民百姓,亲眼看看太平盛世,我不敢饮下这杯酒。"太祖笑着对他说:"我把自己的一颗赤诚之心放到别人的胸膛里,我怎么会这样做呢?"立即拿过刚给刘鋹倒的酒自己喝了下去,另外倒了一杯酒赐给他。

王彦升擅自杀死韩通,虽然参预辅佐太祖建立王朝,但终身没有得到大将的符节和斧钺。王全斌进入四川,贪婪放纵屠杀降兵,虽然立有大功,也立即被贬官黜责。

皇宫中的苇帘,用青布包边;太祖经常穿的衣服,洗涤过多次还在穿。魏国长公主短袄上装饰着翠鸟的羽毛,太祖告诫她不要再用了,又教诲她说:"你生长在富贵之中,应当懂得珍惜福分。"看见孟昶用珠宝装饰的小便器具,就把它捣毁打碎,说:"你用七种宝石装饰便器,那么应该用什么器皿来盛放食物?你这样的所作所为,不亡国还等什么!"

太祖晚年喜好读书,曾经读《尚书》的《尧典》《舜典》,叹息说:"尧、舜处罚四个凶人,也仅仅把他们流放出去,为什么近代法网如此严密啊!"对宰相说:"五代时期诸侯骄横,有违法杀人的人,朝廷也置之不问。人命至关重要,姑息纵容藩镇,应当是这样的吗?自现在开始各州判处犯人死刑的,要记录好案情上奏朝廷,交给刑部重新审查复核。"于是立为法令。

乾德改年号,太祖事先告诉宰相说:"年号必须选择以前朝代没有使用过的文辞。"乾德三年,后蜀平定,后蜀宫女来到太祖内宫,太祖看到她们使用的铜镜背后铸有"乾德四年铸"这样的文字,把窦仪等人召来查问这件事。窦仪回答说:"这一定是后蜀的东西,后蜀皇帝曾经使用过这个年号。"太祖于是很高兴地说:"担任宰相的还应该是读书人。"自此以后十分器重读书人。

太祖接受杜太后之命,把皇位传给太宗。太宗曾经病得很重,太祖前去看望他,亲自为太宗用艾草灼烧穴位,太宗感到疼痛,太祖也拿艾草烧灼自己的穴位。他经常对左右亲近大臣们说:太宗龙行虎步,出生时有奇异的现象发生,以后一定成为太平天子,论福分我不及他。

【国学精粹珍藏版】

李志敏⊙编著

二十四史

◎尽览中国古典文化的博大精深 ◎读传世典籍，赢智慧人生——受益终生的传世经典

卷四

民主与建设出版社
·北京·

【原文】

太祖启运立极英武睿文神德圣功至明大孝皇帝,讳匡胤,姓赵氏,涿郡人也。高祖朓,是为僖祖,仕唐历永清、文安、幽都令。朓生珽,是为顺祖,历藩镇从事,累官兼御史中丞。珽生敬,是为翼祖,历营、蓟、涿三州刺史。敬生弘殷,是为宣祖。周显德中,宣祖贵,赠敬左骁骑卫上将军。

宣祖少骁勇,善骑射,事赵王王镕,为镕将五百骑援唐庄宗于河上有功。庄宗爱其勇,留典禁军。汉乾祐中,讨王景於凤翔,会蜀兵来援,战于陈仓。始合,矢集左目,气弥盛,奋击大败之,以功迁护圣都指挥使。周广顺末,改铁骑第一军都指挥使,转右厢都指挥,领岳州防御使,从征淮南,前军却,吴人来乘,宣祖邀击,败之。显德三年(956年),督军平扬州,与世宗会寿春。寿春卖饼家饼薄小,世宗怒,执十余辈将诛之,宣祖固谏得释。累官检校司徒、天水县男,与太祖分典禁兵,一时荣之。卒,赠武清军节度使、太尉。

太祖,宣祖仲子也,母杜氏。后唐天成二年(927),生於洛阳夹马营,赤光绕室,异香经宿不散,体有金色,三日不变。既长,容貌雄伟,器度豁如,识者知其非常人。学骑射,辄出人上,尝试恶马,不施衔勒,马逸上城斜道,额触门楣坠地,人以为首必碎,太祖徐起,更追马腾上,一无所伤。又尝与韩令坤博土室中,雀斗户外,因竞起掩雀,而室随坏。

汉初,漫游无所遇,舍襄阳僧寺,有老僧善术数,顾曰:“吾厚赆汝,北往则有遇矣。”会周祖以枢密使征李守真,应募居帐下。广顺初,补东西班行首,拜滑州副指挥。世宗尹京,转开封府马直军使。

世宗即位,复典禁兵。北汉来寇,世宗率师御之,战于高平。将合,指挥樊爱能等先遁,军危,太祖麾同列驰马冲其锋,汉兵大溃。乘胜攻河东城,焚其门,左臂中流矢,世宗止之。还,拜殿前都虞侯,领严州刺史。

三年春,从征淮南,首败万众于涡口,斩兵马都监何延锡等。南唐节度皇甫晖、姚凤众号十五万,塞清流关,击走之。追至城下,晖曰:“人各为其主,愿成列以决胜负。"太祖笑而许之。晖整阵出，太祖拥马项直入，手刃晖中脑，并姚凤禽之。宣祖率兵夜半至城下，传呼开门，太祖曰："父子固亲，启闭，王事也。"诘旦，乃得入。韩令坤平扬州，南唐来援，令坤议退，世宗命太祖率兵二千趋六合。太祖下令曰："扬州兵敢有过六合者，断其足。"令坤始固守。太祖寻败齐王景达于六合东，斩首万余级。还，拜殿前都指挥使，寻拜定国军节度使。

四年春，从征寿春，拔连珠砦，遂下寿州。还，拜义成军节度、检校太保，仍殿前都指挥使。冬，从征濠、泗，为前锋。时南唐砦于十八里滩，世宗方议以橐驼济师，而太祖独跃马截流先渡，麾下骑随之，遂破其砦。因其战舰乘胜攻泗州，下之。南唐屯清口，太祖从世宗翼淮东下，夜追至山阳，俘唐节度使陈承昭以献，遂拔楚州。进破唐人于迎銮江口，直抵南岸，焚其营栅，又破之于瓜步，淮南平。唐主畏太祖威名，用间于世宗，遣使遗太祖书，馈白金三千两，太祖悉输之内府，间乃不行。五年，改忠武军节度使。

六年，世宗北征，为水陆都部署。及莫州，先至瓦桥关，降其守将姚内斌，战却数千骑，关南平。世宗在道，阅四方文书，得韦囊，中有木三尺余，题云"点检作天子"，异之。时张永德为点检，世宗不豫，还京师，拜太祖检校太傅、殿前都点检，以代永德。恭帝即位，改归德军节度、检校太尉。

七年春，北汉结契丹入寇，命出师御之。次陈桥驿，军中知星者苗训引门吏楚昭辅视日下复有一日，黑光摩荡者久之。夜五鼓，军士集驿门，宣言策点检为天子，或止之，众不听。迟明，逼寝所，太宗入白，太祖起。诸校露刃列于庭，曰："诸军无主，愿策太尉为天子。"未及对，有以黄衣加太祖身，众皆罗拜，呼万岁，即掖太祖乘马。太祖揽辔谓诸将曰："我有号令，尔能从乎？"皆下马曰："唯命。"太祖曰："太后、主上，吾皆北面事之，汝辈不得惊犯；大臣皆我比肩，不得侵凌；朝廷府库、士庶之家，不得侵掠。用令有重赏，违即孥戮汝。"诸将皆载拜，肃队以入。副都指挥使韩通谋御之，王彦升遽杀通於其第。

太祖进登明德门，令甲士归营，乃退居公署。有顷，诸将拥宰相范质等至，太祖见之，呜咽流涕曰："违负天地，今至于此！"质等未及对，列校罗彦瑰按剑厉声谓质等曰："我辈无主，今日须得天子。"质等相顾，计无从出，乃降阶列拜。召文武百僚，至晡，班定。翰林承旨陶谷出周恭帝禅位制书于袖中，宣徽使引太祖就庭，北面拜受已，乃掖太祖升崇元殿，服衮冕，即皇帝位。迁恭帝及符后于西宫，易其帝号曰郑王,而尊符后为周太后。

建隆元年春正月乙巳,大赦,改元,定有天下之号曰宋。赐内外百官军士爵赏,贬降者叙复,流配者释放,父母该恩者封赠。遣使遍告郡国。丙午,诏谕诸镇将帅。戊申,赐书南唐,赠韩通中书令,命以礼收葬。己酉,遣官告祭天地社稷。复安州、华州、兖州为节度。辛亥,论翊戴功,以周义成军节度使、殿前都指挥使石守信为归德军节度使、侍卫亲军马步军副都指挥使,江宁军节度使、侍卫亲军马军都指挥使高怀德为义成军节度使、殿前副都点检,武信军节度使、侍卫亲军步军都指挥使张令铎为镇安军节度使、侍卫亲军马步军都虞侯,殿前都虞侯王审琦为泰宁军节度使、殿前都指挥使,虎捷右厢都虞侯张光翰为江宁军节度使、侍卫亲军马军都指挥使,龙捷右厢都指挥使赵彦徽为武信军节度使、余领军者并进爵。壬子,赐宰相、枢密、诸军校袭衣、犀玉带、鞍马有差。癸丑,放南唐降将周成等归国。乙卯,遣使分振诸州。丁巳,命周宗正郭玘祀周陵庙,仍以时祭享。己未,宰相表请以二月十六日为长春节。癸亥,以周天雄军节度使、魏王符彦卿守太师,雄武军节度使王景守太保、太原郡王,定难军节度使、守太傅、西平王李彝殷守太尉,荆南节度使高保融守太傅,余领节镇者并进爵。甲子,赐皇弟殿前都虞侯匡义名光义。己巳,立太庙。镇州郭崇报契丹与北汉军皆遁。

二月乙亥,尊母南阳郡夫人杜氏为皇太后。以周宰相范质依前守司徒、兼侍中,王溥守司空、兼门下侍郎、同中书门下平章事,魏仁浦为尚书右仆射、兼中书侍郎、同中书门下平章事,枢密使吴廷祚同中书门下二品。丙戌,长春节,赐群臣衣各一袭。

三月乙巳,改天下郡县之犯御名、庙讳者。丙辰,南唐主李景、吴越王钱俶遣使以御服、锦绮、金帛来贺。宿州火,遣使恤灾。壬戌,定国运以火德王,色尚赤,腊用戌。癸亥,命武胜军节度使宋延渥等率舟师巡江徼。是春,均、房、商、洛鼠食苗。

夏四目癸酉,窦俨上二舞十二乐曲名、乐章。乙酉,幸玉津园。遣使分诣京城门,赐饥民粥。丙戌,浚蔡河。癸巳,昭义军节度使

李筠叛,遣归德军节度使石守信讨之。

五月己亥朔,日有食之。庚子,遣昭化军节度使慕容延钊、彰德军节度使王全斌将兵出东道,与守信会讨李筠。壬寅,窦俨上太庙舞曲名。癸卯,石守信败李筠于长平。甲辰,命诸道进讨。丙午,幸魏仁浦第视疾。己酉,西京作周六庙成,遣官奉迁。丁巳,诏亲征,以枢密使吴廷祚留守上都,都虞侯光义为大内都点检,命天平军节度使韩令坤屯兵河阳。己未,发京师。丁卯,石守信、高怀德破筠众于泽州,禽伪节度范守图,杀北汉援兵之降者数千人,筠遁入泽州。戊辰,王师围之。

六月癸酉,有星赤色出心。辛未,拔泽州,筠赴火死。命埋骸骼,释河东相卫融,禁剽掠。甲申,免泽州今年租。有星赤色出太微垣,历上相。乙酉,伐上党。丁亥,筠子守节以城降,赦之。上如潞。辛卯,大赦,减死罪,免附潞三十里今年租,录阵殁将校子孙,丁夫给复三年。甲午,永安军节度使折德扆破北汉沙谷砦。

秋七月戊申,上至自潞。壬子,幸范质第视疾。甲子,遣工部侍郎艾颖拜嵩、庆陵。乙丑,南唐进白金,贺平泽、潞。丁卯,南唐进乘舆御服物。

八月戊辰朔,御崇元殿,行入阁仪。辛未,遣郭玘缮周庙。壬申,复贝州为永清军节度。甲戌,命宰相祷雨。辛巳,以周武胜军节度使侯章为太子太师。壬午,以光义领泰宁军节度,依前殿前都虞侯。甲申,立琅邪郡夫人王氏为皇后。戊子,南唐进贺平泽潞金银器,罗绮以千计。

九月壬寅,昭义军节度使李继勋焚北汉平遥县。癸卯,三佛齐国遣使贡方物。丙午,奉玉册谥高祖曰文献皇帝,庙号僖祖,高祖妣崔氏曰文懿皇后;曾祖曰惠元皇帝,庙号顺祖,曾祖妣桑氏曰惠明皇后;祖曰简恭皇帝,庙号翼祖,祖妣刘氏曰简穆皇后;皇考曰武昭皇帝,庙号宣祖。己酉,幸宜春苑。中书舍人赵逢坐从征避难,贬房州司户参军。己未,淮南节度李重进以扬州叛,遣石守信等讨之。甲子,归太原俘。

冬十月丁卯朔,赐内外文武官冬衣有差。壬申,定县为望、紧、上、中、下,令三年一注。壬午,河决厌次。乙酉,晋州兵马钤辖荆罕儒袭北汉汾州,死之;龙捷指挥石进二十九人坐不救弃市。丁亥、诏亲征扬州,以都虞侯光义为大内都部署,枢密使吴廷祚权上都留守。戊子,诏诸道长贰有异政,众举留请立碑者,委参军验实以闻。庚寅,发京师。

十一月丁未，师傅扬州城，拔之，重进尽室自焚。戊申，诛重进党，扬州平。命诸军习战舰于迎銮，南唐主惧甚。其臣杜著、薛良因诡迹来奔，帝疾其不忠，斩著下蜀市、配良庐州牙校。己酉，振扬州城中民人米一斛，十岁以下者半之。胁隶为军者，赐衣屦遣还。庚戌，给攻城役夫死者绢三匹，复三年。乙卯，南唐主遣使来犒师。庚申，遣其子从镒来朝。

十二月己巳，驾还。丁亥，上至自扬。辛卯，泉州节度使留从效称藩。

二年春正月丙申朔，上诣太后宫门称庆。庚子，占城国王遣使来朝。壬寅，幸造船务，观习水战。戊申，以扬州行宫为建隆寺。太仆少卿王承哲坐举官失实，责授殿中丞。壬子，商州鼠食苗，诏免赋。谓宰臣曰："比命使度田，多邀功弊民，当慎其选，以见朕意。"丁巳，导蔡水入颍。己未，遣郭绾周庙。灵武节度使冯继业献马五百、橐驼百、野马二。甲子，泽州刺史张崇诂坐党李重进弃市。

二月丙寅，幸飞山营阅砲车。壬申，疏五丈河。癸酉，有司奏进士合格者十一人。荆南高保勖献黄金什器。甲戌，幸城南，观修水匮。丁丑，南唐进长春节御衣、金带及金银器。己卯，赐天雄军节度符彦卿粟。禁春夏捕鱼射鸟。己丑，定窃盗律。

三月丙申，内酒坊火，酒工死者三十余人，乘火为盗者五十人，擒斩三十八人，余以宰臣谏获免。酒坊使左承规、副使田处严以酒工为盗，坐弃市。

闰月己巳，幸玉津园，谓侍臣曰："沉湎非令仪，朕宴偶醉，恒悔之。"壬辰，南唐进谢赐生辰金器、罗绮。丁丑，金、商、房三州饥，振之。癸未，幸迎春苑宴射。

夏四月癸巳朔，日有食之。壬寅，诏郡国置前代帝王、贤臣陵冢户。己酉，无棣男子赵遇诈称皇弟，伏诛。己未，商河县令李瑶坐赃杖死，左赞善大夫申文纬坐失觉察除籍。庚申，班私鍊货易盐及货造酒麹律。

五月癸亥朔，以皇太后疾，赦杂犯死罪已下。乙丑，天狗坠西南。丙寅，三佛齐国来献方物。丁丑，以安邑、解两池盐给徐、宿、郓、济。庚寅，供奉官李继昭坐盗卖官船弃市。诏诸道邮传以军卒递。

六月甲午，皇太后崩于滋德殿。乙丑，群臣请听政，从之。庚子，以太后丧，权停时享。辛丑，见百官於紫宸殿门。壬子，祈雨。庚申，释服。

秋七月壬戌，以皇太后殡，不受朝。辛未，晋州神山县谷水泛出铁，方圆二丈三尺，重七千斤。壬申，以光义为开封府尹，光美行兴元尹。己卯，陇州进黄鹦鹉。

八月壬辰朔，不视朝。壬寅，诏诸大辟送所属州军决判。甲辰，南唐主李景死，子煜嗣，遣使请追属帝号，从之。己酉，执易定节度使、同平章事孙行友，削官勒归私第。辛亥，幸崇夏寺，观修三门。女直国遣使来朝献。大名府永济主簿郭颙坐赃弃市。庚申，《周世宗实录》成。

九月壬戌朔，不御殿。南唐遣使来进金银、缯绵。甲子，契丹解利来降。荆南节度使高保勖遣其弟保寅来朝。戊子，遣使南唐赙祭。

冬十月癸巳，南唐遣其臣韩熙载、田霖来会皇太后葬。丙申，遣枢密承旨王仁赡赐南唐礼物。戊戌，禁边民盗塞外马。辛丑，丹州大雨雹。丙午，葬明宪皇太后于安陵。

十一月辛酉朔，不视朝。甲子，太后祔庙。己巳，幸相国寺，遂幸国子监。癸酉，沙州节度使曹元忠、瓜州团练使曹延继等遣使献玉鞍勒马。

十二月壬申，回鹘可汗景琼遣使来献方物。乙未，李继勋败北汉军，俘辽州刺史傅廷彦，弟勋来献。辛丑，幸新修河仓。庚戌，畋于近郊。癸丑，遣使赐南唐吴越马、羊、橐驼有差。

三年春正月庚申朔，以丧不受朝贺。己巳，淮南饥，振之。庚午，幸迎春苑宴射。甲戌，广皇城。诏郡国长吏劝民播种。丙子，瓜沙归义节度使曹元忠献马。庚辰，女直国遣使只骨来献。诏郡国不得役道路居民。癸未，幸国子监。

二月丙辰，复幸国子监，遂如迎春苑宴从官。庚寅，诏文班官举堪为宾佐、令录者各一人，不当者比事连坐。甲午，诏自今百官朝对，须陈时政利病，无以触讳为惧。乙未，滑州节度使张建丰坐失火免官。己亥，更定窃盗律。壬午，上谓侍臣曰："朕欲武臣尽读书以通治道，何如？"左右不知所对。甲寅，北汉寇潞、晋，守将击走之。

三月戊午朔，厌次霄霜杀桑。壬戌，三佛齐国遣使来献。癸亥，祷雨。丁卯，幸太清观，遂使开封尹后园宴射。己巳，大雨。诏申律文谕郡国，犯大辟者刑部审覆。乙亥，遣使赐南唐主生辰礼物。丁丑，女直国遣使来献。丁亥，命徙北汉降人于邢、洺。

夏四月乙未，延州大雨雪，赵、卫二州旱。丙申，宁州大雨雪，沟洫冰。戊戌，幸太清观。庚子，回鹘阿督等来献方物。壬寅，丹州雪二尺。乙巳，赠兄光济为邕王，弟光赞为夔王，追册夫人贺氏为皇后。

五月甲子，幸相国寺祷雨，遂幸迎春苑宴射。乙亥，海州火。开太行运路。癸未，命使检河北诸州旱。甲申，诏均户役，敢蔽占者有罪。复幸相国寺祷雨。乙酉，广大内。齐、博、德、相、霸五州自春不雨，以旱减膳彻乐。

六月辛卯，振宿州饥。癸巳，吴廷祚以雄武军节度使罢。乙未，赐酒国子监。丁酉，幸太清观。己亥，减京畿、河北死罪以下。壬寅，京师雨。壬子，蕃部尚波于等争采造务，以兵犯渭北，知秦州高防击走之。乙卯，幸迎春苑宴射。黄陂县有象自南来食稼。

秋七月庚申，南唐遣其臣翟如璧谢赐生辰礼，贡金银、锦绮千万。壬戌，放南唐降卒弱者数千人归国。乙丑，免舒州菰蒲新税。丁卯，潞州大雨雹。索内外军不律者配沙门岛。己卯，北汉捉生指挥使路贵等来降。辛巳，遣从臣十人检河北旱。癸未，兖、济、德、磁、洺五州蝗。

八月癸巳，蔡河务纲官王训等四人坐以糠土杂军粮，磔于市。乙未，用知制诰高锡言，诸行赇获荐者许告讦，奴婢邻亲能告者赏。诏注诸道司法参军皆以律疏试判。诏尚书吏部举书判拔萃科。

九月庚午，吐蕃尚波于等归伏羌县地。壬申，修武成王庙。丙子，占城国来献。禁伐桑枣。

冬十月乙酉朔，赐百官冬服有差。丙戌，幸太清观，遂幸造船务，观习水战。己亥，幸岳台，命诸军习骑射，复幸玉津园。辛丑，以枢密副使赵普为枢密使。辛亥，畋近郊。

十一月癸亥，禁奉使请托。县令考课以户口增减为黜陟。丙寅，南唐遣其臣顾彝来朝。丙子，三佛齐国遣使李丽林等来献，高丽国遣李兴祐等来朝。己卯，畋于近郊。壬午，赐南唐建隆四年历。

十二月丙戌，诏县置尉一员，理盗讼；置弓手，视县户为差。戊戌，蒲、晋、慈、隰、相、卫六州饥，振之。庚子，班捕盗令。甲辰，衡州刺史张文表叛。

是岁，周郑王出居房州。

乾德元年春正月甲寅朔，不御殿。乙卯，发关西乡兵赴庆州。丁巳，修畿内河隄。己未，遣使赐南唐吴越马、橐驼、羊有差。庚申，遣山南东道节度使慕容延钊率十州兵以讨张文表。乙丑，幸造船务，观造战船。甲戌，诏荆南发水卒三千应延钊于潭。己卯,女直国遣使来献。

二月壬辰,周保权将杨师璠枭文表于朗陵市。甲午,慕容延钊入荆南,高继冲请归朝,得州三,县十七。乙未,克潭州。辛亥,澶、滑、卫、魏、晋、绛、蒲、孟八州饥,命发廪振之。

三月辛未,幸金凤园习射,七发皆中。符彦卿等进马称贺,乃遍赐从臣名马、银器有差。壬申,高继冲籍其钱帛刍粟来上。癸酉,班新定律。戊寅,慕容延钊破三江口,下岳州,克复朗州,湖南平,得州十四,监一,县六十六。

夏四月,旱。甲申,遍祷京城祠庙,夕雨。减荆南朗州、潭州管内死罪一等,卤掠者给主。乙酉,遣使祭南岳。丁亥,幸国子监,遂幸武成王庙,宴射玉津园。庚寅,出内钱募诸军子弟凿习战池。辛卯,《建隆应天历》成,御制序。壬辰,赏湖南立功将士。癸巳,幸玉津园。丙申,兵部郎中曹匪躬弃市,海陵、盐城屯田副使张蔼除名,并坐不法。庚子,荆南节度使高继冲进助宴金银、罗纨、柱衣、屏风等物。癸卯,辰、锦、叙等州归顺。甲辰,诏疏凿三门。禁泾、原、邠、庆等州补蕃人为边镇将。夏西平王李彝兴献瘢牛一。乙巳,幸玉津园,阅诸军骑射。丙午,免湖南茶税,禁峡州盐井。辛庆,贷澶州及种食。

五月壬子朔,祷雨京城。甲寅,遣使祷雨岳渎。乙丑,广大内。庚午,给荆南管内符印。癸酉,幸玉津园。

六月乙酉,免潭州诸县无名配敛。壬辰,暑,罢营造,赐匠衫履。乙未,诏:荆南兵愿归农者听。丙申,诏历代帝王三年一飨,立汉光武、唐太宗庙。乙亥,澶、濮、曹、绛蝗,命以牢祭。庚子,百官三上表请举乐,从之。减左右仗千牛员。丙午,雨。诏腊祀、庙、社皆用戌腊一日。己酉,命习水战于新池。

秋七月辛亥朔,定州县所置杂职、承符、厅子等名数。甲寅,以湖湘殁王事靳彦朗男承勋等三十人补殿直。丙辰,幸新池,赐役夫钱,遂幸玉津园。丁巳,安国军节度使王全斌等率兵入太原境,以俘来献,给钱米以释之。己未,诏民有疾而亲属遗去者罪之。癸亥,湖南疫,赐行营将校药。丁卯,幸武成王庙,遂幸新池,观习水战。己巳,朗州贼将汪端寇州城,都监尹重睿击走之。诏免荆南管内夏税之半。甲戌,释周保权罪。乙亥,诏缮朗州城,免其管内夏税。丁丑,分命近臣祷雨。己卯,班《重定刑统》等书。

八月壬午,殿前都虞侯张琼以陵侮军校史珪、石汉卿等,为所诬谮,下吏,琼自杀。丙戌，遣给事中刘载朝拜安陵。丁亥，王全斌攻北汉乐平县，降之。辛卯，以乐平县为平晋军，降卒千八百人为效顺军，人赐钱帛。壬辰，诏《九经》举人下第者再试。癸巳，女直国遣使献名马。蠲登州沙门岛民税，令专治船渡马。丙申，北汉静阳十八砦首领来降。泉州陈洪进遣使来朝贡。齐州河决。京师雨。己亥，契丹幽州歧沟关使柴廷翰等来降。癸卯，宰相质率百官上尊号，不允。

九月甲寅，三上表请，从之。丙寅，宴广政殿，始用乐。丁卯，责宣徽南院使兼枢密副使李处耘为淄州刺史。戊辰，女直国遣使献海东青名鹰。丙子，禁朝臣公荐贡举人。赐南唐羊万口。磔汪端于朗州。戊寅，北汉引契丹兵攻平晋，遣洺州防御使郭进等救之。

冬十月庚辰，诏州县征科置簿籍。己亥，畋近郊。丁未，吴越国王进郊祀礼金银、珠器、犀象、香药万计。

十一月乙卯，荆南节度使高继冲进郊祀银万两。甲子，有事南郊，大赦，改元乾德。百官奉玉册上尊号曰应天广运仁圣文武至德皇帝。丙寅，南唐进贺南郊、尊号银绢万计。丁卯，赐近臣袭衣、金带、器币、鞍马有差。乙亥，畋近郊。

十二月庚辰，殿前祗候李璘以父雠杀员僚陈友，王璘自首，义而释之。辛巳，开封府尹光义、兴元尹光美各益食邑，赐功臣号；宰相质、溥、仁浦并特进，易封，益食邑；枢密使普加光禄大夫，易功臣号；文武臣僚各进阶、勋、爵、邑。甲申，皇后王氏崩。辛卯，罢登州都督。己亥，泉州陈洪进遣使贡白金千两，乳香、茶药皆万计。己巳，南唐主上表乞呼名，诏不允。

闰月己酉朔，校医官，黜其艺不精者二十二人。甲寅，命近臣祈雪。丁卯，覆试拔萃科，田可封、宋白、谭利用等称旨，赐与有差。辛未，卜安陵于巩县。乙亥，折德扆败北汉军于府州城下，禽其将杨璘。以太常议，奉赤帝为感生帝。

二年春正月辛巳，谕郡国长吏劝农耕作。有象入南阳，虞人杀之，以齿革来献。京师雨雪，雷。癸未，幸迎春园宴射。甲申，诏著四时听选式。回鹘遣使献方物。戊子，质以太子太傅、溥以太子太保、仁浦仍尚书左仆射罢。庚寅，以赵普为门下侍郎、同中书门下平章事，李崇矩枢密使。壬辰，诏亲试制举三科，不限官庶，许直诣阙门进状。甲辰，诏诸道狱词令大理、刑部检详，或淹留差失致中书门下改正者，重其罪。乙巳，幸玉津园宴射。丁未，诏县令、簿、尉非公事毋至村落。令、录、簿、尉诸职官有耄耋笃疾者举劾之。

二月戊申朔,北汉辽州刺史杜延韬以城来降。癸丑,遣使振陕州饥。导洧水入京。丁巳,治安陵,隧坏,役兵压死者二百人,命有司瘗恤。庚午,府州俘北汉卫州刺史杨璘来献。甲戌,南唐进改葬安陵银绫绢各万计。浚汴河。

三月辛巳,幸教船池,赐水军将士衣有差,还幸玉津园宴射。乙未,北汉耀州团练使周审玉等来降。丁酉,遣使祈雨于五岳。禁臣僚往来假官军部送。辛丑,遣摄太尉光义奉册宝上明宪皇太后谥曰昭宪,皇后贺氏谥曰孝惠,王代谥曰孝明。

夏四月丁未朔,策贤良方正直言极谏科,博州判官颖赟中第。戊申,振河中饥。己酉,免诸道今年夏税之无苗者。乙卯,葬昭宪皇太后、孝明皇后于安陵。乙丑,始置参知政事,以兵部侍郎薛居正、吕余庆为之。己巳,灵武饥,转泾粟以饷。壬申,祔二后于别庙。徙永州诸县民之畜蛊者三百二十六家于县之僻处,不得复齿於乡。

五月己卯,知制诰高锡坐受藩镇赂,贬莱州司马。辛巳,宗正卿赵砺坐赃杖、除籍。癸未,幸玉津园宴射。

六月己酉,以光义为中书令,光美同中书门下平章事,子德昭贵州防御使。庚申,幸相国寺,遂幸教船池、玉津园。辛未,河南北及秦诸州蝗,惟赵州不食稼。

秋七月乙亥,春州暴水溺民。庚辰,邻阳雨雹。辛巳,幸玉津园,还幸新池,观习水战。辛卯,诏翰林学士陶谷、窦仪等举堪为藩郡通判者各一人,不当者连坐。

九月甲戌朔,《周易》博士奚屿责乾州司户,库部员外王贻孙责左赞善大夫,并坐试任子不公。戊子,延州雨雹。乙未,幸北郊观稼。辛丑,太子太傅质薨。壬寅,潘美等克郴州。

冬十月戊申,周纪王熙谨薨,辍视朝。

十一月甲戌,命忠武军节度使王全斌为西川行营前军兵马都部署,武信军节度崔彦进副之,将步骑三万出凤州道;江宁军节度使刘光义为西川行营前军兵马副都部署,枢密承旨曹彬副之,将步骑二万出归州道以伐蜀。乙亥,宴西川行营将校于崇德殿,示川峡地图,授攻取方略,赐金玉带、衣物各有差。壬辰,畋近郊。

十二月乙巳,释广南郴州都监陈瑁等二百人。戊申,刘光义拔夔州,蜀节度高彦俦自焚。丁巳,蠲归、峡秋税。辛酉,王全斌克万仞、燕子二砦,下兴州,连拔石鐶等二十余岩。甲子，光义拔巫山等岩，斩蜀将南光海等八千级，禽其战櫂都指挥袁德宏等千二百人。全斌先锋史进德败蜀人于三泉岩，禽其节度使韩保正、李进等。南唐进银二万两、金银器皿数百事。庚午，诏招复山林聚匪。辛未，畋北郊。

三年春正月癸酉朔，以出师不御殿。甲戌，王全斌克剑门，斩首万余级，禽蜀枢密使王昭远、泽州节度赵崇韬。乙亥，诏瘗征蜀战死士卒，被伤者给缯帛。壬午，全斌取利州。乙酉，蜀主孟昶降。得州四十五、县一百九十八、户五十三万四千三十有九。高丽国王遣使来朝献。戊子，吏部郎中邓守中坐试吏不当，责本曹员外郎。癸巳，刘光义取万、施、开、忠四州，遂州守臣陈愈降。乙未，诏抚西川将吏百姓。丙申，赦蜀，归俘获，除管内逋赋，免夏税及沿征物色之半。

二月癸卯，南唐、吴越进长春节御衣、金银器、锦绮以千计。甲辰，遣皇城使窦思俨迎劳孟昶。丁未，全州大水。庚申，王全斌杀蜀降兵二万七千人於成都。

三月癸酉，诏置义仓。是月，两川贼群起，先锋都指挥使高彦晖死之，诏所在攻讨。

夏四月乙巳，回鹘遣使献方物。癸丑，职方员外郎李岳坐赃弃市。南唐进贺收蜀银绢以万计。戊午，遣中使给蜀臣鞍马、车乘于江陵。癸亥，募诸军子弟导五丈河，通皇城为池。

五月辛未朔，诏还诸道幕职、令录经引对者，以涉途远近，差减其选。壬申，幸迎春苑宴射。乙亥，遣开封尹光义劳孟昶於玉津园。丙戌，见孟昶於崇元殿，宴昶等於大明殿。丁亥，赐将士衣服钱帛。戊子，大赦，减死罪一等。壬辰，宴孟昶及其子弟於大明殿。

六月甲辰，以孟昶为中书令、秦国公，昶子弟诸臣锡爵有差。庚戌，孟昶薨。

秋七月，珍州刺史田景迁内附。壬辰，追封孟昶为楚王。丁酉，幸教船池，遂幸玉津园宴射。

八月戊戌朔，诏籍郡国骁勇兵送阙下。癸卯，河决阳武县。庚戌，诏王全斌等廪蜀亡命兵士家。乙卯，河溢河阳，坏民居。戊午，殿

直成德钧坐赃弃市。己未，郓州河水溢，没田。辛酉，寿星见。

九月己巳，阅诸道兵，以骑军为骁雄，步军为雄武，并隶亲军。壬申，诏蜀诸郡各置克宁军五百人。辛巳，河决澶州。戊子，幸西水碓。

十月丁酉朔，大雾。己未，太子中舍王治坐受赃杀人，弃市。丙寅，济水溢邹平。

十一月丙子，甘州回鹘可汗遣僧献佛牙、宝器。乙未，剑州刺史张仁谦坐杀降，贬宋州教练。

十二月丁酉朔，诏妇为舅姑丧者齐、斩。己亥，诏西川管内监军、巡检毋预州县事。戊午，甘州回鹘可汗、于阗国王等遣使来朝，进马千匹、橐驼五百头、玉五百团、琥珀五百斤。

四年春正月丙子，遣使分诣江陵、凤翔，赐蜀群臣家钱帛。丁亥，命丁德裕等率兵巡抚西川。己丑，幸迎春苑宴射。

二月癸卯，视皇城役。丙辰，于阗国王遣其子德从来献。安国军节度使罗彦瑰等败北汉於静阳，擒其将鹿英。辛酉，试下第举人。甲子，免西川今年夏税及诸征之半，田不得耕者尽除之。岳州火。

三月癸酉，罢义仓。甲戌，占城国遣使来献。癸未，僧行勤等一百五十七人，各赐钱三万，游西域。

夏四月丁酉，占城遣使来献。丙午，潭州火。壬子，罢光州鹰鹞。丁巳，契丹天德军节度使于延超与其子来降。进士李蔼坐毁释氏，辞不逊，黥杖，配沙门岛。庚申，幸燕国长公主第视疾。

五月，南唐贺文明殿成，进银万两。甲戌，光禄少卿郭玘坐赃弃市。乙亥，阅蜀法物、图书。丁丑，诏蜀郡敢有不省父母疾者罪之。辛巳，潭州火。壬午，澶州进麦两歧至六歧者百六十五本。辛卯，荧惑犯轩辕。

六月甲午，东阿河溢。甲辰，河决观城。月犯心前星。丙午，澶州刺史白全绍坐纵纪罔规财部内，免官。诏：人臣家不得私养宦者，内侍年三十以上方许养一子，士庶敢有阉童男者不赦。己酉，果州贡禾，一茎十三穗。

秋七月丙寅，诏：蜀官将吏及姻属疾者，所在给医药钱帛。戊辰，西南夷首领董嗓等内附。己巳，幸造船务，又幸开封尹北园宴射。癸酉，赐西川行营将士钱帛有差。庚辰，罢剑南蜀米麦征。华州旱，免今年租。给州县官奉户。

八月丁酉，诏除蜀倍息。庚子，水坏高苑县城。壬寅，诏宪臣及吏、刑部官三周岁满日，即转授加恩。庚戌，枢密直学士冯瓒、绫锦副使李美、殿中侍御史李楼为宰相赵普陷，以赃论死；会赦，流沙门岛，逢恩不还。辛亥，幸玉津园宴射。京兆府贡野蚕茧。壬子，衡州火，乙卯，录囚。丙辰，河决滑州，坏灵河大堤。普州兔食稼。

闰月乙丑，河溢入南华县。己巳，衡州火。乙亥，诏：民能树艺、开垦者不加征，令佐能劝来者受赏。

九月壬辰朔，水。虎捷指挥使孙进、龙卫指挥使吴瑰等二十七人，坐党吕翰乱伏诛，夷进族。庚子，占城献训象。乙巳，幸教船池，遂幸玉津园观卫士骑射。丙午，诏吴越立禹庙于会稽。

冬十月辛酉朔，命太常复二舞。癸亥，诏诸郡立古帝王陵庙，置户有差。己巳，禁吏卒以巡察扰民。

十二月庚辰，妖人张龙儿等二十四人伏诛，夷龙儿、李玉、杨密、聂赞族。

五年春正月戊戌，治河隄。丁未，合州汉初县上青槲木，中有文曰"大连宋"。甲寅，王全斌等坐伐蜀黩货杀降，全斌责崇义军节度使，崔彦进责昭化军节度使，王仁赡责右卫大将军。丙辰，诏伐蜀将校有受蜀人钱物者，并即还主。丁巳，赏伐蜀功，曹彬、刘光义等进爵有差。

二月庚申朔，幸造船务，遂幸城西观卫士骑射。甲子，薛居正、吕余庆并为吏部侍郎，依前参知政事。己丑，幸教船池。

三月甲辰，诏翰林学士、常参官於幕职、州县及京官内各举堪任常参官者一人，不当者连坐。乙巳，诏诸道举部内官吏才德优异者。丙午，以普为尚书左仆射兼门下侍郎、同中书门下平章事，崇矩检校太傅。是日，幸教船池，又幸玉津园宴射。丙辰，北汉石盆砦招收指挥使阎章以砦来降。五星聚奎。

夏五月乙巳，赐京城贫民衣。北汉鸿唐砦招收指挥使樊晖以砦来降。甲寅，王溥为太子太傅。

六月戊午朔，日有食之。辛巳，幸建隆观，遂幸飞龙院。丁亥，牂柯顺化王子等来献方物。

七月丁酉，禁毁铜佛像。己酉，免水旱灾户今年租。

八月甲申，河溢入卫州城，民溺死者数百。

九月壬辰，仓部员外郎陈郾坐赃弃市。甲午，西南蕃顺化王子部才等遣使献方物。己酉，畋近郊。

十一月乙酉朔，工部侍郎毋守素坐居丧娶妾免。供奉武仁海坐枉杀人弃市。

十二月丙辰，禁新小铁镴等钱、疏恶布帛入粉药者。癸酉，升麟州为建宁军节度。赵普以母忧去位，丙子，起复。

开宝元年春正月甲午，增治京城。陕之集津、绛之垣曲、怀之武陟饥，振之。己亥，北汉偏城砦招收指挥使任恩等来降。

三月庚寅，班县令、尉捕盗令。癸巳，幸玉津园。乙巳，有驯象自至京师。

夏四月乙卯，幸节度使赵彦徽第视疾。

五月丁未，赐南唐米麦十万斛。

六月癸丑朔，诏民田为霖雨、河水坏者，免今年夏税及沿征物。癸亥，诏：荆蜀民祖父母、父母在者，子孙不得别财异居。丁丑，太白昼见；戊寅，复见。龙出单父民家井中，大风雨，漂民舍四百区，死者数十人。

秋七月丙申，幸铁骑营，赐军钱羊酒有差。北汉颖州砦主胡遇等来降。丙午，幸铁骑营，遂幸玉津园。戊申，坊州刺史李怀节坐强市部民物，责左卫率府率。北汉主刘钧卒，养子继恩立。

八月乙卯，按鹘于近郊，还幸相国寺。戊午，又按鹘于北郊，还幸飞龙院。丙寅，遣客省使卢怀忠等二十二人率禁军会潞州。戊辰，命昭义军节度使李继勋等征北汉。

九月辛巳朔，禁铁出塞。癸未，监察御史杨士达坐鞫狱滥杀弃市。庚子，李继勋败北汉於铜温河。己酉，北汉供奉官侯霸荣弑其主继恩，继元立。

冬十月己未，畋近郊，还幸飞龙院。丙子，吴越王遣其子惟浚来朝贡。

十一月癸卯，日南至，有事南郊，改元开宝，大赦，十恶、杀人、官吏受赃者不原。宰相普等奉玉册、宝，上尊号曰应天广运大圣神武明道至德仁孝皇帝。

十二月甲子，行庆，自开封兴元尹、宰相、枢密使及诸道蕃侯，并加勋爵有差。乙丑，大食国遣使献方物。

二年春正月己卯朔，以出师，不御殿。

二月乙卯，命昭义军节度使李继勋为河东行营前军都部署，侍卫步军指挥使党进副之，宣徽南院使曹彬为都监，棣州防御使何继筠为石岭关部署，建雄军节度使赵赞为汾州路部署,以伐北汉。宴长春殿。命彰德军节度使韩仲赟为北面都部署,彰义军节度使郭延义副之,以防契丹。戊午,诏亲征。己酉,以开封尹光义为上都留守,枢密副使沈义伦为大内部署、判留司三司事。甲子,发京师。乙亥,雨,驻潞州。

三月壬辰,发潞州。乙未,李继勋败北汉军於太原城下。戊戌,驾傅城下。庚子,观兵城南,筑长连城。辛丑,幸汾河,作新桥。发太原诸县丁数万集城下。癸卯,北汉史昭文以宪州来降。乙巳,临城南,谓汾水可以灌其城,命筑长隄壅之。决晋祠水注之。遂砦城四面,继勋军於南,赞军於西,景军於北,进军於东,乃北引汾水灌城。辛亥,遣海州刺史孙方进率兵围汾州。

四月戊申,幸城东观筑隄。壬子,复幸城东。己未,何继筠败契丹於阳曲,斩首数千级,俘武州刺史王彦符以献,命陈示所获首级、铠甲于城下。壬戌,幸汾河观造船。戊辰,幸城西上生院。丙子,复幸城西。

五月癸未,韩仲赟败契丹於定州北。自戊子至庚寅,命水军载弩环攻,横州团练使王廷义、殿前都虞侯石汉卿死之。甲午,北汉赵文度以岚州来降。甲辰,都虞侯赵廷翰奏,诸军欲登城以死攻,上愍之,不允。

闰月戊申,雊圯,水注城中,上遽登堤观。己酉,右仆射魏仁浦薨。壬子,以太常博士李光赞言,议班师。己未,命兵士迁河东民万户于山东。庚申,分命使臣率兵赴镇、潞。壬戌,驾还。戊辰,驻跸於镇州。

六月丙子朔,发镇州。癸巳,至自太原。曲赦京城囚。

秋七月丁巳,幸封禅寺。诏镇、深、赵、邢、洺五州管内镇、砦、县悉城之。甲子,大宴。赐宰相、枢密使、翰林学士、节度、观察使袭衣金带。戊辰,西南夷顺化王子武才等来献方物。癸酉,幸新水砲。汴决下邑。乙亥,寿星见。

八月丁亥,诏川峡诸州察民有父母在而别籍异财者,论死。

九月乙巳朔,幸武成王庙。壬戌,幸玉津园宴射。

冬十月戊子,畋近郊。庚寅,散指挥都知杜延进等谋反伏诛,夷其族。诏:相、深、赵三州丁夫死太原城下者,复其家。庚子,以王溥为太子太师,武衍德为太子太傅。癸卯,西川兵马都监张延通、内臣张屿、引进副使王珏为丁德裕所潜,延通坐不逊诛,屿、珏并杖配。

十一月丙午,幸镇宁军节度使张令铎第视疾。甲寅,畋近郊,还幸金凤园。

庚申,回鹘、于阗遣使来献方物。

十二月癸未,幸中书视宰相赵普疾。己亥,右赞善大夫王昭坐监大盈仓,其子与仓吏为奸赃,夺两任,配隶汝州。丁德裕诬奏西川转运使李铉指斥,事既直,犹坐酒失,责授右赞善大夫。

三年春正月癸卯朔,雨雪,不御殿。癸丑,增河堤。辛酉,诏:民五千户举孝弟彰闻、德行纯茂者一人,奇才异行不拘此限,里闾郡国递审连署以闻,仍为治装诣阙。

二月庚寅,幸西茶库,遂幸建隆观。

三月庚戌,诏阅进士十五举以上司马浦等百六人,并赐本科出身。辛亥,赐处士王昭素国子博士致仕。丙辰,殿中丞张颢坐先知颍州政不平,免官。己未,幸宰相赵普第视疾。

夏四月辛未朔,日有食之。丁亥,幸寺观祷雨。辛卯,雨。甲午,幸教船池。己亥,罢河北诸州盐禁。诏郡国非其土产者勿贡。

五月丁未,禁京城民畜兵器。癸丑,幸城北观水硙。癸亥,赐诸班营舍为雨坏者钱有差。

六月乙未,禁诸州长吏亲随人掌厢镇局务。

秋七月乙巳,立报水旱期式。壬子,诏蜀州县官以户口差第省员加禄,寻诏诸路亦如之。戊辰,幸教船池,又幸玉津园宴射。

八月戊子,幸教船池,又幸玉津园。

九月己亥朔,命潭州防御使潘美为贺州道兵马行营都部署,朗州团练使尹崇珂副之。遣使发十州兵会贺州,以伐南汉。甲辰,诏:西京、凤翔、雄耀等州,周文、成、康三王,秦始皇,汉高、文、景、武、元、成、哀七帝,后魏孝文,西魏文帝,后周太祖,唐高祖、太宗、中宗、肃宗、代宗、德、顺、文、武、宣、懿、僖、昭诸帝,凡二十七陵,尝被盗发者,有司备法服、常服各一袭,具棺椁重葬,所在长吏致祭。己酉,幸开宝寺观新钟。丙辰,女直国遣使贲定安国王烈万华表,献方物。丁卯,潘美等败南汉军万众於富州,下之。

十月庚辰,克贺州。

十一月壬寅,下昭、桂二州。乙巳,减桂阳岁贡白金额。癸丑,右领军卫将军石延祚坐监仓与吏为奸赃弃市。癸亥,定州驻泊都监田钦祚败契丹於遂城。丙寅,以曹州举德行孔蟾为章丘主簿。

十二月壬申,潘美等下连州。辛卯,大败南汉军万余於韶州,下之。癸巳,增河隄。

四年春正月戊戌朔,以出师,不视朝。丙午,罢诸道州县摄官。丁未,右千牛卫大将军桑进兴坐赃弃市。癸丑,潘美等取英州、雄州。

二月丁亥,南汉刘𬬭遣其左仆射萧辐等以表来上。己丑,潘美克广州,俘刘𬬭,广南平。得州六十、县二百一十四、户十七万二百六十三。辛卯,大赦广南,免二税,伪署官仍旧。

三月乙未,幸飞龙院,赐从臣马。丙申,诏:广南有买人男女为奴婢转佣利者,并放免;伪政有害于民者具以闻,除之。增前代帝王守陵户二。

夏四月丙寅朔,前左监门卫将军赵玭诉宰相赵普,坐诬毁大臣,汝州安置。丁卯,三佛齐国遣使献方物。己巳,诏禁岭南商税、盐、麴,如荆湖法。辛未,幸永兴军节度使吴廷祚第视疾。癸未,幸开宝寺。辛卯,南唐遣其弟从谦来朝贡。发廂军千人修前代陵寝之在秦者。壬辰,监察御史闾丘舜卿坐前任盗用官钱,弃市。

五月乙未朔,御明德门受刘𬬭俘,释之;斩其柄臣龚澄枢、李托、薛崇誉。大宴於大明殿,𬬭预焉。丁酉,赏伐广南功,潘美、尹崇珂等进爵有差。

六月癸酉,遣使祀南海。丁丑,命翰林试南汉官,取书判稍优者,授令、录、簿、尉。壬午,以孝子罗居通为延州主簿。封刘𬬭为恩赦侯。乙酉,罢贺州银场。赐刘𬬭月奉外钱五万、米麦五十斛。河决原武,汴决谷熟。

秋七月戊戌,赐开封尹光义门戟十四。庚子,幸新修水砲,赐役人钱帛有差。戊午,复著内侍养子令。癸亥,幸建武军节度使何继筠第视疾。汴决宋城。

八月壬申,文武百官上尊号,不允。辛卯,景星见。

冬十月癸亥朔,日有食之。己巳,诏伪作黄金者弃市。庚午,太子洗马王元吉坐赃弃市。辛巳,除广南旧无名配敛。甲申,诏十月后犯强窃盗者郊赦不原。戊戌,放广南民驱充军者。

十一月癸巳朔,南唐遣其弟从善,吴越国王遣其子惟浚,以郊祀来朝贡。南唐主煜表乞去国号呼名,从之。庚戌,诏诸道所罢摄官三任无遗阙者以闻。河决澶州,通判姚恕坐不即上闻弃市。己未,日南至,有事南郊,大赦,十恶、故劫杀、官吏受赃者不原。诏置诸州幕职官奉户。壬戌,蜀班内殿直四十人,援御马直例乞赏,遂挝登闻鼓,命各杖二十;翌日,悉斩于营,都指挥单斌等皆杖、降。

十二月癸亥朔,赐南郊执事官器币有差。丁卯,行庆,开封尹光义、兴元尹光美、贵州防御使德昭、宰相赵普并益食邑。己巳,内外文武官递进勋爵。辛未,赐九经李符本科出身。壬午,畋近郊。

五年春正月壬辰朔,雨雪,不御殿。禁铁铸浮屠及佛像。庚子,前卢氏县尉鄢陵许永年七十有五,自言父琼年九十九,两兄皆八十余,乞一官以便养。因召琼厚赐之,授永鄢陵令。壬寅,省州县小吏及直力人。乙巳,罢襄州岁贡鱼。

二月丙子,诏沿河十七州各置河隄判官一员。庚辰,以凤州七房银冶为开宝监。庚寅,以兵部侍郎刘熙古参知政事。

闰月壬辰,礼部试进士安守亮等诸科共三十八人,召对讲武殿,始放榜。庚戌,升密州为安化军节度。

三月庚午,赐颍州龙骑指挥使仇兴及兵士钱。辛未,占城国王波美税遣使来献方物。壬申,幸教船池习战。乙酉,殿中侍御史张穆坐赃弃市。

夏四月庚寅朔,三佛齐国主释利乌耶遣使来献方物。丙午,遣使检视水灾田。丙寅,遣使诸州捕虎。

五月庚申,赐恩赦侯刘鋹钱一百五十万。乙丑,命近臣祈晴。并广南州十三、县三十九。丙寅,罢岭南采珠媚川都卒为静江军。辛未,河决濮阳,命颍州团练使曹翰往塞之。甲戌,以霖雨,出后宫五十余人,赐予以遣之。丁亥,河南、北淫雨,澶、滑、济、郓、曹、濮六州大水。

六月己丑,河决阳武,汴决谷熟。丁酉,诏:淫雨河决,沿河民田有为水害者,有司具闻除租。戊申,修阳武隄。

秋七月己未,右拾遗张恂坐赃弃市。癸未,邕、容等州獠人作乱。

八月庚寅,高丽国王王昭遣使献方物。己亥,广州行营都监朱宪大破獠贼於容州。癸卯,升宿州为保静军节度,罢密州仍为防御。

九月丁巳朔,日有食之。癸酉,李崇矩以镇国军节度使罢。

冬十月庚子,幸河阳节度使张仁超第视疾。甲辰,试道流,不才者勒归俗。

十一月己未,李继明、药继清大破獠贼於英州。癸亥,禁僧道习天文地理。己巳,禁举人寄应。庚辰,命参知政事薛居正、吕余庆兼淮、湖、岭、蜀转运使。

十二月乙酉朔,祈雪。己亥,畋近郊。开封尹光义暴疾,遂如其第视之。甲寅,内班董延谔坐监务盗乌粟,杖杀之。诏合入令录者引见后方注。乙卯,大雨雪。

是岁,大饥。

六年春正月丙辰朔,不御殿。置蜀水陆转运计度使。癸酉,修魏县河。

二月丙戌朔,棣州兵马监押、殿直傅延翰谋反伏诛。丙申,曹州饥,漕太仓米二万石振之。己亥,吴越国进银装花舫、金香师子。

三月乙卯朔,周郑王殂于房州,上素服发哀,辍朝十日,谥曰恭帝,命还葬庆陵之侧,陵曰顺陵。己未,复密州为安化军节度。庚申,复试进士於讲武殿,赐宋准及下第徐士廉等诸科百二十七人及第。乙亥,赐宋准等宴钱二十万。大食国遣使来献。翰林学士、知贡举李昉坐试人失当,责授太常少卿。试朝臣死王事者子陆坦等,赐进士出身。丙子,幸相国寺观新修塔。

夏四月丁亥,召开封尹光义、天平军节度使石守信等赏花习射於苑中。辛丑,遣卢多逊为江南国信使。甲辰,占城国王悉利陀盘印茶遣使来献方物。丙午,黎州保塞蛮来归。戊申,诏修《五代史》。

五月庚申,刘熙古以户部尚书致仕。诏:中书吏擅权多奸赃,兼用流内州县官。己巳,交州丁琏遣使贡方物。幸玉津园观刈麦。辛巳,杀右拾遗马适。

六月辛卯,阅在京百司吏,黜为农者四百人。癸巳,占城国遣使献方物。隰州巡检使李谦溥拔北汉七砦。癸卯,雷有邻告宰相赵普党堂吏胡赞等不法,赞及李可度并杖、籍没。庚戌,诏参知政事与宰相赵普分知印押班奏事。

秋七月壬子朔,诏诸州府置司寇参军,以进士、明经者为之。丙辰,减广南无名率钱。

八月乙酉,罢成都府伪蜀嫁装税。辛卯,赐布衣王泽方同学究出身。丁酉,泗州推官侯济坐试判假手,杖、除名。甲辰,赵普罢为河阳三城节度使、同平章事。辛酉,幸都亭驿。

九月丁卯,余庆以尚书左丞罢。己巳,封光义为晋王、兼侍中,德昭同中书门下平章事,薛居正为门下侍郎、同平章政事,户部侍郎、枢密副使沈义伦为中书侍郎、同平章事,石守信兼侍中,卢多逊中书舍人、参知政事。壬申,诏晋王光义班宰相上。

冬十月甲申,葬周恭帝,不视朝。丁亥,幸玉津园观稼。戊子,流星出文昌、北斗。甲辰,特赦诸官吏奸赃。

十一月癸丑,诏常参官进士及第者各举文学一人。

十二月壬午,命近臣祈雪。丙午,前中书舍人,参知政事多逊起复视事。行《开宝通礼》。限度僧法,诸州僧帐及百人岁许度一人。

七年春正月庚戌,不御殿。庚申,占城国王波美税遣使献方物。齐州野蚕成茧。癸亥,左拾遗秦宣,太子中允吕鹄并坐赃,宥死,杖、除名。

二月庚辰朔,日有食之。丙戌,日有二黑子。癸卯,命近臣祈雨。诏:《诗》《书》《易》三经学究,依《三经》《三传》资叙入官。乙巳,太子中舍胡德冲坐认官钱,弃市。

三月乙丑,三佛齐国王遣使献方物。

夏四月丙午,遣使检岭南民田。

五月戊申朔,殿中侍御史李莹坐受南唐馈遗,责授右赞善大夫。甲寅,以布衣齐得一为章丘主簿。乙丑,诏市二价者以枉法论。丙寅,幸讲武池观习水战。丙子,又幸讲武池,遂幸玉津园。

六月丙申,河中府饥,发粟三万石振之。己亥,淮溢入泗州城;壬寅、安阳河溢,皆坏民居。

秋七月壬子,幸讲武池观习水战,遂幸玉津园。丙辰,南丹州溪洞酋帅莫洪燕内附。诏减成都盐钱。庚午,太子中允李仁友坐不法,弃市。

八月戊寅,吴越国王遣使来朝贡。丁亥,谕吴越伐江南。戊子,陈州贡芝草,一本四十九茎。己丑,幸讲武池,赐习水战军士钱。戊戌,殿中丞赵象坐擅税,除名。甲辰,幸讲武池观习水战,遂幸玉津园。

九月癸亥,命宣策南院使、义成军节度使曹彬为西南路行营马步军战櫂都部署、山南东道节度使潘美为都监,颍州团练使曹翰为先锋都指挥使,将兵十万出荆南,以伐江南。将行,召曹彬、潘美戒之曰:"城陷之日,慎无杀戮;设若困斗,则李煜一门,不可加害。"丁卯,以知制诰李穆为江南国信使。

冬十月甲申,幸迎春苑,登汴隄观战舰东下。丙戌,又幸迎春苑,登汴隄观诸军习战,遂幸东水门,发战鎗东下。江南进绢数万,御衣、金带、器用数百事。壬辰,曹彬等将舟师步骑发江陵,水陆并进。丁酉,命吴越王钱俶为升州东南行营招抚制置使。己亥,曹彬收下峡口。获指挥使王仁震、王宴、钱兴。

闰月己酉,克池州。丁巳,败江南军于铜陵。庚申,命宰相、参知政事更知日历。壬戌,彬等拔芜湖、当涂两县,驻军采石。癸亥,诏减湖南新制茶。甲子,薛居正等上新编五代史,赐器币有差。丁卯,彬败江南军于采石,擒兵马部署杨收、都监孙震等千人,为浮梁以济。

十一月癸未,黥李从善部下及江南水军一千三百九十人为归化军。甲申,诏省剑南、山南等道属县主簿。丁亥,秦、晋旱,免蒲、陕、晋、绛、同、解六州遗赋,关西诸州免其半。己丑,知汉阳军李恕败江南水军于鄂。甲午,曹彬败江南军於新林砦。辛丑,命知雄州孙全兴答涿州修好书。壬寅,大食国遣使献方物。

十二月己酉,彬败江南军於白鹭洲。辛亥,命近臣祈雪。甲子,吴越王帅兵围常州,获其人马,寻拔利城砦。丙寅,彬败江南军於新林港。己巳,左拾遗刘祺坐受赂,黥面、杖配沙门岛。庚午,北汉寇晋州,守臣武守琦败之於洪洞。壬申,吴越王败江南军於常州北界。

八年春正月甲戌朔,以出师,不御殿。丙子,知池州樊若水败江南军於州界;田钦祚败江南军於溧水,斩其都统使李雄。乙酉,御长春殿,谓宰相曰:"朕观为臣者比多不能有终,岂忠孝薄而无以享厚福耶?"宰相居正等顿首谢。庚寅,曹彬拔升州城南水砦。

二月癸丑,彬败江南军於白鹭洲。乙卯,拔升州关城。丁巳,太子中允徐昭文坐抑人售物,除籍。甲子,知扬州侯陟败江南军於宣化镇。戊辰,复试进士於讲武殿,赐王嗣宗等三十一人,诸科纪自成等三十四人及第。

三月乙酉,赐王嗣宗等宴钱二十万。己丑,命祈雨。庚寅,彬败江南军於江中。己亥,契丹遣使克沙骨慎思以书来讲和。知潞州药继能拔北汉鹰涧堡。辛丑,召契丹使於讲武殿观习射。壬寅,遣内侍王继恩领兵赴升州。大食国遣使来朝献。

夏四月乙巳,幸东水砲。癸丑,幸都亭驿阅新战船。丁巳,吴越王拔常州。

壬戌,彬等败江南军於秦淮北。戊辰,幸玉津园观种稻,遂幸讲武池观习水战。庚午,诏岭南盗赃满十贯以上者死。幸西水砲。

五月壬申朔,以吴越国王钱俶守太师、尚书令,益食邑。知桂阳监张侃发前官隐没美银,追罪兵部郎中董枢、右赞善大夫孔璘,杀之,太子洗马赵瑜杖配海岛;侃受赏,迁屯田员外郎。辛巳,祈晴。甲申,江南宁远军及沿江砦并降。乙酉,诏武冈、长沙等十县民为贼卤掠者蠲其逋租,仍给复一年。甲午,安南都护丁琏遣使来贡。辛丑,河决濮州。

六月壬寅,曹彬等遣使言,败江南军於其城下。丁未,宋州观察判官崔绚、录事参军马德休并坐赃弃市。辛亥,河决澶州顿丘。甲子,彗出柳,长四丈,辰见东方。

秋七月辛未朔,日有食之。庚辰,遣邻门使郝崇信、太常丞吕端使契丹。癸未,西天东印土王子穰结说啰来朝献。甲申,诏吴越王班师。己亥,山后两林鬼主、怀化将军勿尼等来朝献。

八月乙卯,幸东水砲观鱼,遂幸北园。辛酉,诏权停今年贡举。壬戌,契丹遣左卫大将军耶律霸德等致御衣、玉带、名马。西南蕃顺化王子若废等来献名马。癸亥,丁德裕败润州兵於城下。

九月壬申,狩近郊,逐兔、马蹶坠地,因引佩刀刺马杀之。既而悔之,曰:“吾为天下主,轻事畋猎,又何罪马哉!”自是遂不复猎。戊寅,润州降。

冬十月己亥朔,江南主遣徐铉、周惟简来乞缓师。辛亥,诏郡国令佐察民有孝悌力田、奇才异行或文武可用者遣诣阙。丁巳,修西京宫阙。江南主贡银五万两、绢五万匹,乞缓师。戊午,改润州镇海军节度为镇江军节度。幸晋王北园。己未,曹彬遣都虞候刘遇破江南军於皖口,擒其将朱令赟、王晖。

十一月辛未,江南主遣徐铉等再奉表乞缓师,不报。甲申,曹彬夜败江南军於城下。丙戌,以校书郎宋准、殿直邢文庆充贺契丹正旦使。乙未,曹彬克升州,俘其国主煜,江南平,凡得州十九、军三、县一百八十、户六十五万五千六十。临视新龙兴寺。

十二月庚子,幸惠民河观筑堰。辛丑,赦江南,复一岁;兵戈所经,二岁。戊申,三佛齐遣使来献方物。己酉,幸龙兴寺。辛亥,免开封府诸县今年秋租十之三。己未,以恩赦侯刘鋹为彭城郡公。甲子,契丹遣使耶律乌正来贺正旦。丁卯，吴越国王乞以长春节朝觐，从之。

九年春正月辛未，御明德门，见李煜于楼下，不用献俘仪。壬申，大赦，减死罪一等。乙亥，封李煜为违命侯，子弟臣僚班爵有差。己卯，江南昭武军节度使留后卢绛焚掠州县。庚辰，诏郊西京。癸巳，晋王率文武上尊号，不允。

二月癸卯，三上表，不允。庚戌，以曹彬为枢密使。辛亥，命德昭迎劳吴越国王钱俶於宋州。契丹遣使耶律延颔以御衣、玉带、名马、散马、白鹘来贺长春节。乙卯，吴越国王奏内客省使丁德裕贪很，贬房州刺史。丁巳，观礼贤宅。戊午，以卢多逊为吏部侍郎，仍参知政事。己未，吴越国王钱俶偕子惟浚等朝於崇德殿，进银绢以万计。赐俶衣带鞍马，遂以礼贤宅居之，宴於长安殿。壬俶进贺平升州银绢、乳香、吴绫、紬绵、钱茶、犀象、香药，皆亿万计。甲子，召晋王、吴越国王并其子等射於苑中，俶进御衣、寿星、通犀带及金器。丁卯，幸礼贤宅，赐俶金器及银绢倍万。

三月己巳，俶进助南郊银绢、乳香以万计。庚午，赐俶剑履上殿，诏书不名。癸酉，以皇子德芳为检校太保、贵州防御使，中书侍郎、同平章事沈义伦为大内都部署，右卫大将军王仁赡权判留司、三司兼知开封府事。丙子，幸西京。己卯，次巩县，拜安陵，号恸陨绝者久之。庚辰，赐河南府民今年田租之半，奉陵户复一年。辛巳，至洛阳。庚寅，大雨，分命近臣诣诸祠庙祈晴。辛卯，幸广化寺，开无畏三藏塔。

夏四月己亥，雨霁。庚子，有事圜丘，回御五凤楼大赦，十恶、故杀者不原，贬降责免者量移叙用，诸流配及逋欠悉放，诸官未赠恩者悉覃赏。壬寅，大宴，赐亲王、近臣、列校袭衣金带鞍马器币有差。丙午，驾还。辛亥，上至自洛。丁巳，曹翰拔江州，屠之，擒牙校宋德明、胡则等。诏益晋王食邑，光美、德昭并加开府仪同三司，德芳益食邑，薛居正、沈义伦加光禄大夫，枢密使曹彬、宣徽北院使潘美加特进，吴越国王钱俶益食邑，内外文武臣僚咸进阶封。己未，著令旬假为休沐。丙寅，大食国王珂黎拂遣使蒲希密来献方物。

五月己巳，幸东水砲，遂幸飞龙院，观渔金水河。甲戌，遣司勋员外郎和岘往江南路采访。杀卢绛。庚辰，幸讲武池，遂幸玉津园观稼。宋州大风，坏城楼官民舍几五千间。甲申，以邻门副使田守奇等充贺契丹生辰使。晋州以北汉岚、石、宪三州巡检使王洪武等来献。

六月庚子，步至晋王邸，命作机轮，辇金水河注邸中为池。癸卯，吴越王进银、绢、绵以倍万计。乙卯，荧惑入南斗。

秋七月戊辰，幸晋王第观新池。丙子，幸京兆尹光美第视疾。戊寅，再幸光美第。泉州节度使陈洪进乞朝觐。丙戌，命近臣祈晴。丁亥，命修先代帝王及五岳四渎祠庙。庚寅，幸光美第。

八月乙未朔，吴越国王进射火箭军士。己亥，幸新龙兴寺。辛丑，太子中允郭思齐坐赃弃市。乙巳，幸等觉院，遂幸东染院，赐工人钱。又幸控鹤营观习射，赐帛有差。又幸开宝寺观藏经。丁未，遣侍卫马军都指挥使党进、宣徽北院使潘美伐北汉。丙辰，遣使率兵分五道入太原。

九月甲子，幸绫锦院。庚午，权高丽国事王伷遣使来朝献。党进败北汉军於太原城北。辛巳，俩忻、代行营都监郭进迁山后诸州民。庚寅，幸城南池亭，遂幸礼贤宅，又幸晋王第。

冬十月甲午朔旦，赐文武百官衣有差。丁酉，兵马监押马继恩率兵入河东界，焚荡四十余砦。己亥，幸西教场。庚子，镇州巡检郭进焚寿阳县，俘九千人。辛丑，晋、隰巡检穆彦璋入河东，俘二千余人。党进败北汉军於太原城北。己酉吴越王献驯象。癸丑夕，帝崩於万岁殿，年五十，殡于殿西阶，谥曰英武圣文神德皇帝，庙号太祖。太平兴国二年四月乙卯，葬永昌陵。大中祥符元年，加上尊谥曰启运立极英武睿文神德圣功至明大孝皇帝。

帝性孝友节俭，质任自然，不事矫饰。受禅之初，颇好微行，或谏其轻出。曰："帝王之兴，自有天命，周世宗见诸将方面大耳者皆杀之，我终日侍侧，不能害也。"既而微行愈数，有谏，辄语之曰："有天命者任自为之，不汝禁也。"

一日，罢朝，坐便殿，不乐者久之。左右请其故。曰："尔谓为天子容易耶？早作乘快误决一事，故不乐耳。"汴京新宫成，御正殿坐，令洞开诸门，谓左右曰："此如我心，少有邪曲，人皆见之。"

吴越钱俶来朝，自宰相以下咸请留俶而取其地，帝不听，遣俶归国。及辞，取群臣留俶章疏数十轴，封识遣俶，戒以涂中密观，俶届途启视，皆留己不遣之章也。俶自是感惧，江南平，遂乞纳土。南汉刘鋹在其国，如置酖以毒臣下，既归朝，从幸讲武池，帝酌卮酒赐鋹，鋹疑有毒，捧杯泣曰："臣罪在不赦，陛下既待臣以不死，愿为大梁布衣，观太平之盛，未敢饮此酒。"帝笑而谓之曰："朕推赤心於人腹中,宁肯尔耶?"即取鋹酒自钦,别酌以赐鋹。

王彦升擅杀韩通,虽预佐命,终身不与节钺。王全斌入蜀,贪恣杀降,虽有大功,即加贬绌。

宫中苇帘,缘用青布;常服之衣,浣濯至再。魏国长公主襦饰翠羽,戒勿复用,又教之曰:"汝生长富贵,当念惜福。"见孟昶宝装溺器,掊而碎之,曰:"汝以七宝饰此,当以何器贮食?所为如是不亡何待?"

晚好读书,尝读二典,叹曰:"尧、舜之罪四凶,止从投窜,何近代法纲之密乎!"谓宰相曰:"五代诸侯跋扈,有枉法杀人者,朝廷置而不问。人命至重,姑息藩镇,当若是耶?自今诸州决大辟,录案闻奏,付刑部复视之。"遂著为令。

乾德改元,先谕宰相曰:"年号须择前代所未有者。"三年,蜀平,蜀宫人入内,帝见其镜背有志'乾德四年铸'者,召窦仪等诘之。仪对曰:"此必蜀物,蜀主尝有此号。"乃大喜曰:"作相须读书人。"由是大重儒者。

受命杜太后,传位太宗。太宗尝痛疢,帝往视之,亲为灼艾,太宗觉病,帝亦取艾自灸。每对近臣言:太宗龙行虎步,生时有异,他日必为太平天子,福德吾所不及云。

寇准传

——《宋史》卷二八一

【说明】寇准(961－1023),字平仲,华州下邽(今陕西渭南北)人。太平兴国年间进士,授大理评事、巴东县令、转成安县令,郓州通判。召试学士院,授右正言、直史馆,迁枢密直学士、判吏部东铨。敢于直谏,太宗比之为魏征。淳化初,授枢密副使,又同知枢密院事,因事罢为青州知州。淳化五年(994),任参知政事。劝太宗立太子。至道年间,出任邓州知州。真宗即位,改为河阳知府、同州知州、凤翔知府。权知开封府,历三司使。景德元年(1004),拜同中书门下平章事。辽兵大举入侵,中外震骇,寇准力排众议,请真宗亲征,遂至澶州,和议而还。后为王钦若所诬。罢相,贬为陕州知州。天禧三年(1019)再相。真宗病,刘皇后临朝听政，寇准秘密奏请以太子监国，事泄，罢相，封莱国公。丁谓乘机倾轧诬陷，贬道州司马，再贬雷州司户参军，死于贬所。仁宗朝追谥忠愍。著有《寇莱公集》。

寇准，字平仲，华州下邽人。父寇相，后晋开运年间，应征召担任魏王府记室参军。寇准年少时英俊超迈，通晓《春秋》三传，十九岁，参加进士考试。宋太宗选拔人才，多至殿前考问，年纪太轻的人经常被舍弃不用。有人教寇准增加年龄，他回答说："我刚开始进取，怎可欺骗皇帝呀？"后来考中，授任大理评事，归州巴东、大名府成安两县县令。每逢定期征收赋役，没有立即出示官符文书，只是把乡里人的姓名贴在县城门口，百姓们都不敢延期。积官升至殿中丞、郓州通判。召试学士院，授为右正言、直史馆，任三司度支推官，转任盐铁判官。正逢朝廷诏令百官谈论政事，寇准极力陈述利弊，太宗更加器重他。升为尚书虞部郎中、枢密院直学士，判吏部东铨。曾经有一次在殿中奏事，言语不合皇帝的心意，太宗发怒起身要走，寇准立即拉住太宗的衣服，让他重新坐下，等事情决定后太宗才退下。太宗从此对他十分赞赏，说："我得寇准，如同唐太宗得到魏征一样。"

淳化二年春，天气大旱，太宗延请近臣询问时政得失，众人都回答说是自然现象。寇准答道："《洪范》讲天人之间，相互感应，十分灵验；之所以出现严重旱灾，是因为刑政有不公平的地方啊。"太宗发怒，起身回宫中。过了一会儿，又召寇准问有什么不公平的地方，寇准说："请陛下把二府的大臣召来，我马上就说。"太宗下诏召二府大臣入宫，寇准于是说："前不久祖吉、王淮都枉法受贿，祖吉收受的赃物较少却被处死，王淮因为是参知政事王沔的兄弟，所以虽然贪污了自己主管的钱财上千万，只被处以杖刑，并且仍然恢复他的官职，这不是不公平又是什么呢？"太宗责问王沔有无此事，王沔忙叩头谢罪，于是太宗严厉斥责了王沔，并知道寇准可资重用。随即任命寇准为左谏议大夫、枢密副使，又改任同知枢密院事。

寇准与知枢密院事张逊多次在朝中争论政事。有一天，寇准与温仲舒同行，在路上碰到一个疯子迎着他的坐骑直呼万岁。判左金吾王宾与张逊关系极好，张逊指使他揭发这件事情。寇准拉温仲舒做证，张逊则让王宾单独上奏，言辞十分严厉，并且互相指责对方的缺点。太宗大怒，贬斥张逊，寇准也被罢为青州知州。

太宗很看重寇准，寇准离京赴任后，常常想念他，心中不高兴。他对左右大臣说："寇准在青州高兴吗？"大臣回答说："寇准去的是条件好的州郡，应该不会有什么痛苦。"几天后，太宗又重新发问。左右大臣猜想太宗将再次召用寇准，因而对答道："陛下想着寇准，一刻也不能忘怀，听说寇准每天酗酒，不知道是不是也想念陛下。"太宗沉默无语。第二年，召拜寇准为参知政事。

自唐末以来，外族民户有在渭南居住的，温仲舒任秦州知州，将他们驱赶到渭北，并且树立堡垒栅栏来限制他们的行动。太宗看了奏疏心中不悦，说："古时候羌戎尚且杂处伊、洛一带，那些外族人喜欢移动不喜欢安定，一旦调遣，将重新困扰我关中地区了。"寇准说："唐朝的宋璟不奖赏边境战功，终于导致开元年间的太平安宁。边境的武臣求取功劳而招来祸患，深可鉴戒。"太宗于是令寇准出使渭北，安抚那些外族民户，把温仲舒调到凤翔府。

至道元年（995），加官为给事中。当时太宗在位已久，冯拯等人上奏请求立皇太子，太宗大怒，把他们贬斥到岭南，朝廷内外没有人再敢谈论此事。寇准刚从青州被召回朝廷，入宫拜见，太宗的脚伤得很厉害，亲自撩起衣服给寇准看，并且说："你来得怎么这样迟缓？"寇准答道："不是陛下亲召，我无法来京师。"太宗说："我的儿子中谁可以继承皇位？"寇准说："陛下为天下选择君主，与妇人、宦官商议，不可以；与近臣商议，也不可以；只能由陛下亲自选择符合天下人心愿的。"太宗低头很久，屏退左右的人说："襄王可以吗？"寇准说："知子莫如做父亲的，陛下既然认为可以，希望就此确定下来。"太宗于是以襄王为开封府府尹，改封寿王，立为皇太子。太子拜谒太庙后回宫，京师里的人拥挤在路边欢欣跳跃，说："真是少年天子啊！"太宗听后不高兴，召见寇准对他说："人心这样快就归附太子，想把我放在什么位置？"寇准再拜祝贺道："这真是国家社稷的福分啊！"太宗回宫对后妃们讲，宫中之人都前来祝贺。太宗再次出来，请寇准喝酒，大醉而罢。

至道二年，祭祀南郊，内外官员都晋升官秩。寇准一向所喜欢的人多获得台省清要之官，不喜欢的和不认识的都排在后面进升。彭惟节的官位一直在冯拯之下，冯拯转为虞部员外郎，彭惟节转为屯田员外郎，章奏上面排列官衔，彭惟节还是在冯拯之下。寇准大怒，以政事堂文书警告冯拯不要扰乱朝廷制度。冯拯十分愤怒，讲寇准专权，又上章揭发岭南官吏除拜不公平等几件事。广东转运使康戬也说："吕端、张洎、李昌龄都是寇准引荐的，吕端对他感恩戴德、张洎对他曲意奉承，而李昌龄则畏惧害怕，不敢跟寇准抗争，所以寇准得以随心所欲、破坏朝廷典制。"太宗发怒，寇准刚好正在主持祭祀太庙，太宗把吕端等人召来加以斥责。吕端说："寇准的性格刚愎自用，我们不想多跟他争论，是担心这样会有伤国家体统。"因而再拜请罪。等到寇准入朝应对，太宗跟他讲起冯拯的事情，寇准为自己辩护。太宗说："你在朝廷上争辩，有失执政官的体统。"寇准还是竭力不停地争辩，又拿着中书门下的文书在太宗面前争论是非曲直，太宗更加不高兴，因而叹息道："鼠雀还能知道人意，何况是人呢？"于是罢免寇准，让他出任邓州知州。

真宗即位，寇准升为尚书工部侍郎。咸平初年，移为河阳府知府，改任同州知州。咸平三年（1000），到京师朝见，走到阌乡，又移任凤翔府。真宗巡幸大名府，诏寇准前往皇帝住所，升刑部，任代理开封知府。咸平六年，升兵部，任三司使。当时将盐铁、度支、户部三使合为一使，真宗命令寇准裁定制度，于是以六名判官分掌三司事务，繁简这才适中。

真宗想任命寇准为宰相很久，担心他刚毅直率难以独任。景德元年（1004），任命毕士安为参知政事，过了一个月，都被任命为同中书门下平章事，寇准以集贤殿大学士位居毕士安之下。

当时，契丹入侵，派流动的骑兵在深州、祁州一带抢劫掠夺，稍有不利立即退走，往来自如没有斗意。寇准说："这是想让我们习以为常而不加注意。请陛下训练部队任命将领，挑选精锐部队扼守要害之地以防备敌人。"这年冬天，契丹果然大举入侵。告急的文书一夜之间送来五次，寇准全部扣下，照常饮酒说笑。第二天，同僚们告诉真宗，真宗大为惊恐，向寇准责问此事。寇准说："陛下想要了结此事，用不着五天的时间。"于是请真宗驾幸澶州。同僚们都很害怕，想

要退下,寇准把他们拦住,让他们等待真宗起驾。真宗认为难以办到,想要回宫。寇准说:"陛下回宫则我不能与陛下相见,那大事就完了,请陛下不要回宫,准备起程。"真宗这才商议亲征事宜,召集群臣询问方略。

不久,契丹包围瀛州,直趋贝州、魏州,朝廷内外震惊恐惧。参知政事王钦若是江南人,请真宗巡幸金陵;陈尧叟是四川人,请求真宗驾幸成都。真宗询问寇准,寇准心中知道这两个人的打算,却假装不知,说:"谁为陛下出的这种计策,罪该处死。如今陛下神明英武,将帅团结一致,如果御驾亲征,敌寇自然会逃走的。要不然,可以出奇兵打乱敌人的阴谋,坚持防守以使敌军疲乏困顿,以逸待劳,稳操胜券。为什么要抛弃宗庙社稷,巡幸楚、蜀遥远之地,使所到之处人心崩溃,敌人乘势长驱深入,天下还能保得住吗?"于是请求真宗巡幸澶州。

等到了澶州南城,契丹兵势正盛,众人请真宗停下来暗观战斗形势。寇准坚决请求道:"陛下如果不渡过黄河,那么人心就会更加危急,敌军士气则没有受到震慑,这不是树立神威、争取胜利的做法。况且王超率领精兵屯驻在中山府以扼制敌人的咽喉部位,李继隆、石保吉分兵布阵以扼制敌人的左右肘臂,各地征战镇守的部队每天都有赶来援助的,为什么还有顾忌而不敢进呢?"众人都很畏惧,寇准力争,事情决定不下来。出来在照壁间碰到高琼,寇准对他说:"太尉你蒙受国恩,今天有用来回报的吗?"高琼答道:"我是一介武夫,愿意以死效国。"寇准再次进去奏对,高琼跟随其后站在庭下,寇准厉声说道:"陛下对我的话不以为然,何不试着问问高琼等人。"高琼随即抬头奏道:"寇准的话是对的。"寇准说:"机不可失,陛下应当赶紧起驾。"高琼随即指挥卫士把御辇搬了进来,真宗于是渡过黄河,来到北城门楼,远近将士看见皇帝御盖,欢呼雀跃,声音传到几十里地之外。契丹人面面相觑,惊愕惶恐,不成队列。

真宗将军务全部委托给寇准,寇准秉承皇帝的旨意,专心决断,士兵喜悦。敌军骑兵几千人乘胜进逼城下,真宗诏令士兵迎战,杀敌大半,敌骑这才撤退。真宗回行宫,留寇准在城上,慢慢派人去看寇准在干什么,寇准正和杨亿饮酒赌博,唱歌说笑,欢快呼叫。真宗高兴地说道:"寇准这样,我还有什么可担心的呢?"相持了十几天,契丹统军挞览出阵督战。当时威虎军军头张环守着床子弩,按弩发射,箭射中挞览前额,挞览死后,契丹暗中送来书信,请求结盟。寇准不答应,而契丹使者请和的态度更加坚决,真宗将要答应他。寇准想让契丹使者向宋称臣，并且献来幽州之地。真宗对打仗已经厌倦，只想把契丹笼络住、不断绝关系而已。有人诬陷寇准利用打仗以自重，寇准不得已答应契丹使者的请求。真宗派曹利用到契丹军营中商讨岁币之事，说："数目在百万以下都可以答应。"寇准把曹利用召到帐篷里，对他说："虽然有皇帝的敕令，你所答应的数目不准超过三十万，超过三十万，我杀了你。"曹利用到达契丹军营，果然以三十万订立和约归来。河北停止用兵，都是寇准出的力。

寇准当宰相，用人不按官位次序，同僚们很不高兴。过了几天，又要选授官职，同僚让堂吏持着条例文书而进。寇准说："宰相的职责在于进用贤人、罢黜不肖之徒，假如按照条例，只不过是堂吏的职能罢了。"景德二年，加授寇准为中书侍郎兼工部尚书。寇准对自己在澶渊之盟中的功劳十分自傲，即使是真宗也因此对他十分优待。王钦若对此非常嫉妒。有一天会朝，寇准先退，真宗目送他离去，王钦若趁机进奏道："陛下敬重寇准，是因为他对国家有功吗？"真宗说："是的。"王钦若说："澶渊之战，陛下不以为耻辱，反而认为寇准有社稷之功，为什么呢？"真宗吃惊道："这是什么缘故？"王钦若说："敌军兵临城下而被迫订立盟约，《春秋》认为这是耻辱；澶渊之举，就是城下之盟啊，以陛下至高无上的尊贵而签订城下之盟，还有什么耻辱能与之相比呢？"真宗脸色大变，很不高兴。王钦若又说："陛下听说过赌博吗？赌博的人钱快输光了，于是把自己的所有财物都拿出来，称为孤注。陛下成了寇准赌博的孤注，这也太危险了。"

从此真宗对寇准的礼遇越来越少。第二年，罢寇准为刑部尚书、陕州知州，于是任命王旦为宰相。真宗对王旦说："寇准多用官职许诺给别人，把它看作是自己的恩赐。等你做了宰相，一定要引以为戒。"跟随真宗封禅泰山，升为户部尚书、知天雄军。真宗祭祀汾阴，任命寇准为提举贝、德、博、洺、滨、棣巡检捉贼公事，升兵部尚书，入判尚书省。真宗巡幸亳州，命寇准权东京留守，任枢密使、同平章事。

林特任三司使，因河北每年所交纳的绢帛空缺，催得很急。而寇准素来厌恶林特，极力支持河北转运使李士衡而阻挠林特，并且讲在魏州时曾进交河北绢五万匹而三司不接收，所以才出现空缺。但京师每年要消耗绢百万匹，寇准所助交的才五万匹。真宗不高兴，对王旦说："寇准刚强愤激的性格跟以前一样。"王旦说："寇准喜欢别人记住他的好处，又想让别人害怕他，这都是大臣应当回避的；

而寇准却专门这样做，这是他的缺点。"不久，罢寇准为武胜军节度使、同平章事、判河南府。又移任永兴军。

天禧元年，寇准改任山南东道节度使，当时巡检官朱能协同内侍都知周怀政伪造天书，真宗向王旦询问此事。王旦说："当初不相信天书的是寇准。如今天书降下，必须让寇准呈上来。"寇准跟着进呈天书，朝廷内外都认为不对。于是拜寇准为中书侍郎兼吏部尚书、同平章事、景灵宫使。

天禧三年，祭祀南郊，寇准升为尚书右仆射、集贤殿大学士。当时真宗得了中风，刘太后在宫内参预大政，寇准秘密奏请道："皇太子是人心所向，希望陛下以宗庙社稷为重，把皇位传给他，选择正派的大臣辅佐他。丁谓、钱惟演，都是巧言谄媚之徒，不能让他们辅佐太子。"真宗认为很对。寇准暗中命令翰林学士杨亿起草奏章，请求皇太子监国，并且想拉杨亿共同辅政。随后图谋败露，寇准被罢为太子太傅，封莱国公。当时周怀政坐卧不安，而且担心获罪，于是阴谋杀害大臣，请求停止刘皇后参预政事，奉真宗为太上皇，把帝位传给太子，并且重新任命寇准为宰相。客省使杨崇勋等人将此事告诉丁谓，丁谓穿便服、乘牛车连夜去找曹利用商议对策，第二天将此事上报朝廷。于是处死周怀政，寇准被降为太常卿、相州知州，移安州，又贬为道州司马。真宗开始并不知道情况，过了几天，问左右大臣说："我好久没有看到寇准，这是怎么回事？"左右大臣都不敢回答。真宗去世时也讲只有寇准和李迪可以托付大事，对寇准重视和信任到这种程度。

乾兴元年（1022），寇准再次被贬为雷州司户参军。当初，丁谓出于寇准门下而当上参知政事，侍奉寇准十分谨慎。有一次在政事堂会餐，饭羹玷污了寇准的胡须，丁谓起身，慢慢为寇准拂拭干净，寇准笑道："参知政事是国家重臣，怎么替长官拂起胡子来啦？"丁谓十分羞愧，于是对寇准倾轧排挤得越来越厉害。等到寇准被贬没有多长时间，丁谓也被流放到南方，经过雷州时，寇准派人带了一只蒸羊在境上迎接。丁谓想见寇准，寇准予以拒绝。听说家僮想要趁机报仇，寇准就把家门关上，让他们纵情赌博，不让他们出去，等丁谓走远了，这才停止。

仁宗天圣元年（1023），移任衡州司马。当初，太宗曾获得通天犀，命工匠做成两条腰带，其中一条赐给寇准。这时，寇准派人从洛中取回来，几天之后，寇准沐浴全身，穿上官服和腰带，向北方跪拜两次，喊左右仆人搬好床具，躺在床上去世。

起初,张咏在成都,听说寇准入朝当了宰相,对自己的部属说:"寇公是个奇才,可惜学问不够。"等寇准出任陕州知州,张咏刚好从成都离任归来,寇准精心安置供帐,盛情招待张咏。张咏即将离开,寇准把他送到郊外,问道:"您以什么来教导我呢?"张咏慢慢说道:"《霍光传》不可不读啊。"寇准不明白他的意思,回来后取出《霍光传》阅读,读到"不学无术",寇准笑道:"这是张公在说我呢!"

寇准年纪轻轻就已经富贵,性格豪爽奢侈,喜欢狂饮,每次宴请宾客,都关上门户,卸下车马,尽欢而散。家里从来没有点过油灯,即使是厨房厕所,也必定燃用蜡烛。

在雷州一年多。去世之后,衡州的任命才到,于是归葬西京。过荆南公安时,县里的百姓都在路边设祭哀哭,把竹枝折断插在地上,挂满纸钱,过了一月再看,枯竹都生出了新笋。众人因而为寇准建立庙宇,每年供奉。寇准没有儿子,以侄儿寇随为继承人。寇准死后十一年,朝廷恢复他为太子太傅,赠中书令、莱国公,以后又赐谥号为"忠愍"。皇佑四年(1052),诏翰林学士孙抃撰写神道碑,仁宗亲自书写篆首,为"旌忠"。

【原文】

寇准字平仲,华州下邽人也。父相,晋开运中,应辟为魏王府记室参军,准少英迈,通《春秋》三传,年十九,举进士。太宗取人,多临轩顾问,年少者往往罢去。或教准增年,答曰:"准方进取,可欺君邪?"后中第,授大理评事,知归州巴东、大名府成安县。每期会赋役,未尝辄出符移,唯县乡里姓名揭县门,百姓莫敢后期。累迁殿中丞、通判郓州。召试学士院,授右正言、直史馆,为三司度支推官,转盐铁判官。会诏百官言事,而准极陈利害,帝益器重之。擢尚书虞部郎中、枢密院直学士,判吏部东铨。尝奏事殿中,语不合,帝怒起,准辄引帝衣,令帝复坐,事决乃退,上由是嘉之,曰:"朕得寇准,犹文皇之得魏征也。"

淳化二年春,大旱,太宗延近臣问时政得失,众以天数对。准对曰:"《洪范》天人之际,应若影响,大旱之证,盖刑有所不平也。"太宗怒,起入禁中。顷之,召准问所以不平状,准曰:"愿召二府至,臣即言之。"有诏召二府入。准乃言曰:"顷者祖吉、王淮皆侮法受赇,吉赃少乃伏诛;淮以参政沔之弟,盗主守财至千万,止杖,仍复其官,非不平而何?"太宗以问沔,沔顿首谢,于是切责沔,而知准为可用矣。即拜准左谏议大夫,枢密副使,改同知院事。

准与知院张逊数争事上前。他日，与温仲舒偕行，道逢狂人迎马呼万岁，判左金吾王宾与逊雅相善，逊嗾上其事。准引仲舒为证，逊令宾独奏，共辞颇厉，且互斥其短。帝怒，谪逊，准亦罢知青州。

帝顾准厚，既行，念之，常不乐。语左右曰："寇准在青州乐乎？"对曰："准得善藩，当不苦也。"数日，辄复问。左右揣帝意且复召用准，因对曰："陛下思准不少忘，闻准日纵酒，未知亦念陛下乎？"帝默然。明年，召拜参知政事。

自唐末，蕃户有居渭南者，温仲舒知秦州，驱之渭北，立堡栅以限其往来。太宗览奏不怿，曰："古羌戎尚杂处伊、洛，彼蕃夷易动难安，一有调发，将重困吾关中矣。"准言："唐宋璟不赏边功，卒致开元太平。疆场之臣邀功以稔祸，深可戒也。帝因命准使渭北，安抚族帐，而徙仲舒凤翔。

至道元年，加给事中。时太宗在位久，冯拯等上疏乞立储贰，帝怒，斥之岭南，中外无敢言者。初自青州召还，入见，帝足创甚，自褰衣以示准，且曰："卿来何缓耶？"准对曰："臣非召不得至京师。"帝曰："朕诸子孰可以付神器者？"准曰："陛下为天下择君，谋及妇人、中宫，不可也；谋及近臣，不可也。唯陛下择所以副天下望者。"帝俯道久之，屏左右曰："襄王可乎？"准曰："知子莫若父，圣虑既以为可，愿即决定。"帝遂以襄王为开封尹，改封寿王，于是立为皇太子。庙见还，京师之人拥道喜跃，曰："少年天子也。"帝闻之不怿，召准谓曰："人心遽属太子，欲置我何地？"准再拜贺曰："此社稷之福也"。帝入语后嫔，宫中皆前贺。复出，延准饮，极醉而罢。

二年，祠南郊，中外官皆进秩。准素所喜者多得台省清要官，所恶不及知者退序进之。彭惟节位素居冯拯下，拯转虞部员外郎，惟节转屯田员外郎，章奏列衔，惟节犹处其下。准怒，堂帖戒拯毋乱朝制。拯愤极，陈准擅权，又条上岭南官吏除拜不平数事。广东转运使康戬亦言：吕端、张洎、李昌龄皆准所引，端德之，洎能曲奉准，而昌龄畏懦，不敢与准抗，故得以任胸臆，乱经制。太宗怒，准适祀太庙摄事，召责端等。端曰："准性刚自任，臣等不欲数争，虑伤国体"。因再拜

请罪。及准入对,帝语及冯拯事,自辩。帝曰:"若廷辩,失执政体。"准犹力争不已,又持中书簿论曲直于帝前,帝益不悦,因叹曰:"鼠雀尚知人意,况人乎?"遂罢准知邓州。

真宗即位,迁尚书工部侍郎。咸平初,徙河阳,改同州。三年,朝京师,行次阌乡,又徙凤翔府。帝幸大名,诏赴行在所,迁刑部,权知开封府。六年,迁兵部,为三司使。时合盐铁、度支、户部为一使,真宗命准裁定,遂以六判官分掌之,繁简始适中。

帝久欲相准,患其刚直难独任。景德元年,以毕士安参知政事。逾月,并命同中书门下平章事,准以集贤殿大学士位士安下。是时,契丹内寇,纵游骑掠深、祁间,小不利辄引去,徜徉无斗意。准曰:"是狃我也。请练师命将,简骁锐据要害以备之。"是冬,契丹果大入。急书一夕凡五至,准不发,饮笑自如。明日,同列以闻,帝大骇,以问准。准曰:"陛下欲了此,不过五日尔。"因请帝幸澶州。同列惧,欲退,准止之,令候驾起。帝难之,欲还内。准曰:"陛下入则臣不得见,大事去矣,请毋还而行。"帝乃议亲征,召群臣问方略。

既而契丹围瀛州,直犯贝、魏,中外震骇。参知政事王钦若,江南人也,请幸金陵;陈尧叟,蜀人也,请幸成都。帝问准,准心知二人谋,乃阳若不知,曰:"谁为陛下画此策者,罪可诛也。今陛下神武,将臣协和,若大驾亲征,贼自当遁去。不然,出奇以挠其谋,坚守以老其师,劳佚之势,我得胜算矣。奈何弃庙社欲幸楚、蜀远地,所在人心崩溃,贼趁势深入,天下可复保耶?"遂请帝幸澶州。

及至南城,契丹兵方盛,众请驻跸以觇军势。准固请曰:"陛下不过河,则人心益危,敌气未慑,非所以取威决胜也。且王超领劲兵屯中山以扼其亢,李继隆、石保吉分大阵以扼其左右肘,四方征镇赴援者日至,何疑而不进?"众议皆惧,准力争之,不决。出遇高琼于屏间,谓曰:"太尉受国恩,今日有以报乎?"对曰:"琼武人,愿效死。"准复入对,琼随立庭下,准厉声曰:"陛下不以臣言为然,盍试问琼等。"琼即仰奏曰:"寇准言是。"准曰:"机不可失,宜趣驾。"琼即麾卫士进辇,帝遂渡河,御北城门楼,远近望见御盖,踊跃欢呼,声闻数十里。契丹相视惊愕,不能成列。

帝尽以军事委准,准承制专决,号令明肃,士卒喜悦。敌数千骑乘胜薄城下,诏士卒迎击,斩获太半,乃引去。上还行宫,留准居城上,徐使人视准何为,准方与杨亿饮博，歌谑欢呼。帝喜曰："准如此，吾复何忧，"相持十余日，其统军挞览出督战。时威虎军床张瑰守床子弩，弩撼机发，矢中挞览额，挞览死，乃密奉书请盟。准不从，而使者来请益坚，帝将许之。准欲邀使称臣，且献幽州地。帝厌兵欲羁縻不绝而已。有谮准幸兵以自取重者，准不得已许之。帝遣曹利用如军中议岁币，曰："百万以下皆可许也。"准召利用至幄，语曰："虽有敕，汝所许册过三十万，过三十万，吾斩汝矣。"利用至军，果以三十万成约而还。河北罢兵，准之力也。

准在相位，用人不以次，同列颇不悦。它日，又除官，同列因吏持例簿以进。准曰："宰相所以进贤退不肖也，若用例，一吏职尔。"二年，加中书侍郎兼工部尚书。准颇自矜澶渊之功，虽帝亦以此待准甚厚。王钦若深嫉之。一日会朝，准先退，帝目送之，多若因进曰："陛下敬寇准，为其有社稷功耶？"帝曰："然。"钦若曰："澶渊之役，陛下不以为耻，而谓准有社稷功，何也？"帝愕然曰："何故？"钦若曰："城下之盟，《春秋》之耻；澶渊之举，是城下之盟也。以万乘之贵而为城下之盟，其何耻如之！"帝愀然为之不悦。钦若曰："陛下闻博乎？博者输钱欲尽，乃罄所有出之，谓之孤注。陛下，寇准之孤注也。斯亦危矣。"

由是帝顾准浸衰。明年，罢为刑部尚书，知陕州，遂用王旦为相。帝谓旦曰："寇准多许人官，以为己恩，俟行，当深戒之。"从封泰山，迁户部尚书、知天雄军。祀汾阴，命提举贝、德、博、洺、滨、棣巡检捉贼公事，迁兵部尚书，入判都省。幸亳州，权东京留守，为枢密院使、同平章事。

林特为三司使，以河北岁输绢阙，督之甚急。而准素恶特，颇助转运使李士衡而沮特，且言在魏时曾进河北绢五万而三司不纳，到至阙供，请劾主吏以下。然京师岁费绢百万，准所助才五万。帝不悦，哀王旦曰："准刚忿如昔。"旦曰："准好人怀惠，又欲人畏威，皆大臣所避，而准乃为己任，此其短也。"未几，罢为武胜军节度使、同平章事、判河南府。徙永兴军。

天禧元年，改山南东道节度使。时，巡检朱能挟内侍都知周怀政诈为天书，上以问王旦。旦曰："始不信天书者准也。今天书降，须令准上之。"准从上其书，中外皆以为非。遂拜中书侍郎兼吏部尚书、同平章事、景灵宫使。

三年，祀南郊，进尚书右仆射、集贤殿大学士。时真宗得风疾，刘太后预政于内，准请间曰："皇太子人所属望，愿陛下思宗庙之重，传以神器，择方正大臣为羽翼。丁谓、钱惟演,佞人也,不可以辅少主。"帝然之,准密令翰林学士杨亿草表,请太子监国,且欲援亿辅政。已而谋泄,罢为太子太傅,封莱国公。时怀政反侧不自安,且忧得罪,乃谋杀大臣,请罢皇后预政,奉帝为太上皇,而传位太子,复相准。客省使杨崇勋等以告丁谓,谓微服夜乘犊车诣曹利用计事,明日以闻。乃诛怀政,降准为太常卿,知相州,徙安州,贬道州司马。帝初不知也,他日,问左右曰:"吾目中久不见寇准,何也?"左右莫敢对。帝崩时亦言惟准与李迪可托,其见重如此。

乾兴元年,再贬雷州司户参军。初,丁谓出准门至参政,事准甚谨。尝会食中书,羹污准须,谓起,徐拂之。准笑曰:"参政国之大臣,乃为官长拂须邪?"谓甚愧之,由是倾构日深。及准贬未几,谓亦南窜,道雷州,准遣人以一蒸羊逆境上。谓欲见准,准拒绝之。闻家僮谋欲报仇者,乃杜门使纵博,毋得出,伺谓行远,乃罢。

天圣元年,徙衡州司马。初,太宗尝得能天犀,命工为二带,一以赐准。及是,准遣人取自洛中,既至数日,沐浴,具朝服束带,北南再拜,呼左右趣设卧具,就榻而卒。

初,张咏在成都,闻准入相,谓其僚属曰:"寇公奇材,惜学术不足耳。"及准出陕,咏适自成都罢还,准严供帐,大为具待。咏将去,准送之郊,问曰:"何以教准?"咏徐曰:"《霍光传》不可不读也。"准莫谕其意,归取其传读之,至"不学无术",笑曰:"此张公谓我矣。"

准少年富贵,性豪侈,喜剧饮,每宴宾客,多阖扉脱骖。家未尝燕油灯,虽庖匽所在,必然炬烛。

在雷州逾年。既卒,衡州之命乃至,遂归葬西京。道出荆南公安,县人皆设祭哭于路,折竹植地,挂纸钱,逾月视之,枯竹尽生笋。众因为立庙,岁时享之。无子,以从子随为嗣。准殁后十一年,复太子太傅,赠中书令、莱国公,后又赐谥曰忠愍。皇祐四年,诏翰林学士孙抃撰神道碑,帝为篆其首曰:"旌忠。"

米芾传

——《宋史》卷四四四

【说明】米芾(1051－1107)，初名黻，字元章，号襄阳漫士、海岳外史。据说他的祖先是西域人，后世代居住在太原，义迁居襄阳，最后定居在江苏镇江，因此称他是吴郡人。米芾的一生，官运不通，只作到州县级的小官。

米芾是北宋著名的书画家。他的书法，师承王献之，书风清逸俊放，不拘一格，自成一家，与苏轼、黄庭坚、蔡襄并称北宋四大家。他的画，以山水人物见长，特别善于画山，被称为"米家山"。同时，他还精于鉴赏，曾为内府鉴别字画文物。传世书作多种，如《苕溪诗》《虹县诗》《蜀素》《向太后挽词》等，著有《书史》《画史》《宝章待诗录》《山林集》等。

他的儿子米友仁，字元晖，继承父业，善书画，精于鉴赏，曾长期在内府鉴别书画。

米芾字元章，吴郡人。因他母亲曾在王府中侍候过宣仁皇后的关系，米芾补官为浛光县尉。后历任雍丘县、涟水军的行政长官，太常博士，无为军行政长官。奉召进京，任为书画学博士，曾进宫被皇帝召问。献上其子米友仁所画的《楚山清晓图》，而升任礼部员外郎，外任为淮阳军行政长官。死时四十九岁。

米芾的文风，以奇险制胜，不因循前人的文章路数。他的书法，独妙一时，书风沉着飞动，颇得王献之用笔的奥妙。他的山水人物，也自成一家。尤其擅长临摹，达到真假难辨的程度。还精于书画文物的鉴别，看到古代的器物书画，千方百计追求，得到后才罢手。王安石曾经摘他的诗句书写在扇面上，苏轼也出于喜爱他的书画而加以赞扬。他的服装摹仿唐朝人式样，举止风流潇洒，说话声音清亮，他无论走到哪里，都会招来人围观。有爱干净的嗜好，甚至不和别人共用脸盆毛巾。他的所作所为，神秘怪异，经常被人们传为笑话。无为州衙门里有一块巨大的石头，形状极为难看，米芾看到，却喜出望外，说道："这块石头真值得我参拜!"于是穿得衣帽整齐,向石头行礼,并称石头为兄。他不能随波逐流,所以官运不通,学沦下僚。曾奉皇帝的圣旨摹仿《黄庭经》的笔法书写周兴嗣的《千字文》。又曾获准进入宣和殿内观摩内府收藏的书画作品,人们认为这是皇帝对他的恩宠。

他的儿子米友仁,字元晖,刻苦钻研学问,嗜好古文物,也擅长书法绘画,世人称他为"小米",官至兵部侍郎、敷文阁学士。

【原文】

米芾字元章,吴人也。以母侍宣仁后藩邸旧恩,补浛光尉。历知雍丘县、涟水军,太常博士,知无为军。召为书画学博士赐对便殿,上其子友仁所作《楚山清晓图》,擢礼部员外郎,出知淮阳军。卒,年四十九。

芾为文奇险,不蹈袭前人轨辙。特妙于翰墨,沉着飞翥,得王献之笔意。画山水人物,自名一家,尤工临移,至乱真不可辨。精于鉴裁,遇古器物书画则极力求取,必得乃已。王安石尝摘其诗句书扇上,苏轼亦喜誉之。冠服效唐人,风神萧散,音吐清畅,所至人聚观之。而好洁成癖,至不与人同巾器。所为谲异,时有可传笑者。无为州治有臣石,状奇丑,芾见大喜曰:"此足以当吾拜!"具衣冠拜之,呼之为兄。又不能与世俯仰,故从仕数困。尝奉诏仿《黄庭》小楷作周兴嗣《千字韵语》。又入宣和殿观禁内所藏,人以为宠。

子友仁字元晖,力学嗜古,亦善书画,世号"小米",仕至兵部侍郎、敷文阁直学士。

辽 史

景宗睿智皇后萧氏传

——《辽史》卷七一

【说明】辽景宗睿智皇后萧氏(953－1009),名绰,小字燕燕,北府宰相萧思温之女。景宗时选为贵妃,进皇后。圣宗即位,尊为皇太后,摄国政。任用大臣耶律斜轸、耶律休哥、韩德让等,败宋军于歧沟关(今河北涿县西南)。后与圣宗率军伐宋,至澶州(今河南濮阳),与宋订立"澶渊之盟"。明达治道,习知军政。

　　景宗睿智皇后萧氏,名字叫绰,小名燕燕,是北府宰相萧思温的女儿。从小就非常聪明。萧思温曾经察看几个女儿扫地,只有燕燕扫得最干净,高兴地说:"这个女孩子一定会成就家业!"景宗即位,选为贵妃。不久册为皇后,生下了圣宗。

　　景宗驾崩,被尊奉为皇太后,代行国政。萧太后哭道:"我们孤儿寡母,又遇上各部族势力强大,边防也不安宁,该怎么办呢?"大臣耶律斜轸,韩德让上前说:"只要您信任我们几个人,又有什么可担心的!"于是萧太后与耶律斜轸,韩德让共同商议决断国家大事,把南部边防事务委托给于越官耶律休哥。统和元年(983),上尊号为承天皇太后。二十四年,加上尊号为睿德神略应运启化承天皇太后。二十七年,萧太后驾崩,谥号圣神宣献皇后。兴宗重熙二十一年(1052),改为现在的谥号睿智。

　　萧太后通晓治国之道,听到好意见一定听从,所以群臣都竭尽自己的忠心。她还熟悉军事方面的情况,在澶渊战役中亲自乘坐军车,指挥辽军作战,赏罚严明,将士十分效命。圣宗被称为辽代贤能的君主,就与萧太后的教导有很大关系。

【原文】

　　景宗睿智皇后萧氏,讳绰,小字燕燕,北府宰相思温女。早慧。思温尝观诸女扫地,惟后洁除,喜曰:"此女必能成家!"帝即位,选为贵妃。寻册为皇后,生圣宗。

　　景宗崩,尊为皇太后,摄国政。后泣曰:"母寡子弱,族属雄强,边防未靖,奈何?"耶律斜轸、韩德让进曰:"信任臣等,何虑之有!"于是,后与斜轸、德让参决大政,委于越休哥以南边事。统和元年,上尊号曰承天皇太后。二十四年,加上尊号曰睿德神略应运启化承天皇太后。二十七年崩,谥曰圣神宣献皇后。重熙二十一年,更今谥。

　　后明达治道,闻善必从,故群臣咸竭其忠。习知军政,澶渊之役,亲御戎车,指麾三军,赏罚信明,将士用命。圣宗称辽盛主,后教训为多。

耶律休哥传

——《辽史》卷八三

　　【说明】耶律休哥(？－998),辽朝大将。字逊宁,契丹族。辽保宁十一年(979),宋军进攻幽州,他奉命率三万精骑往救,在高梁河大败宋军。同年十月,跟随南京留守韩匡嗣攻打满城,他识破宋军诈降之计,全师而还,以功封北院大王。次年,又与宋军激战于瓦桥关,还师后被授予辽国最高荣衔于越称号。辽统和四年(986),宋将曹彬率十万大军北伐,他又一次大败宋军于涿州,以功封宋国王。休哥身经百战,料敌如神,是辽朝的一代名将。

　　耶律休哥,字逊宁。他的祖父耶律释鲁,被封为隋国王;父亲耶律绾思,官至南院夷离堇。休哥少年时就具有三公和辅相的才识和气度。当初乌古和室韦二个部落叛乱,休哥跟随北府宰相萧干征讨他们。应历末年,担任惕隐。

乾亨元年(982)，宋军进攻燕州，北院大王奚底、统军使萧讨古等兵败失利，南京被围困。皇帝命令休哥代替奚底，率领五院军前去援救。在高梁河与宋军大部队遭遇，他与耶律斜轸分兵为左右二翼，击败宋军，追杀赶奔了三十余里，斩首一万余级，休哥身负三处伤。次日清晨，宋军主帅逃去，休哥因为受伤不能骑马，乘一辆轻车一路追到涿州，没赶上敌军就回来了。

这年冬天，皇帝命令韩匡嗣、耶律沙讨伐宋，以报复宋军包围南京之役。休哥率本部兵马跟从韩匡嗣等人在满城作战。第二天正要再次开战，宋人请求投降，匡嗣相信了他们。休哥说："宋军部伍整齐，兵锋正锐，一定不会轻易屈服，这只是诱骗我们罢了，应当严阵以待。"匡嗣不听。休哥率部登上高处观察敌情，一会儿，大批宋军赶到，击鼓呐喊，快速进击，匡嗣仓促之间不知所措，士兵们丢弃了大旗、战鼓而逃散，辽军失败。休哥指挥本部完整的队伍出击，宋军才退却。皇帝下诏任命他总领南面戍兵，封为北院大王。

第二年，皇帝亲自出征，辽军包围了瓦桥关。宋军前来援救，瓦桥关守将张师率兵突围而出，皇帝亲自督战，休哥斩杀了张师，余下的宋兵又逃回关里。宋军在河水南面摆开阵势，将要交战时，皇帝看到唯独休哥的战马和铠甲都是黄色的，担心被敌军认出，就赐给他黑甲、白马换了下来。休哥率领精锐骑兵渡河，击败了宋军，一直追到莫州。杀得尸首堆满于道路，矢箭都用光了，生擒了宋军几员战将回来献给皇帝。皇帝十分高兴，赏赐给他御马、金盂，并慰劳他说："你的勇猛超过了你的名声，假若人人都像你一样，还担忧什么不能被攻克？"回师后，授予他于越的称号。

圣宗即位后，太后临朝行使皇帝权力，命令休哥总督南面军务，并授予他临机处置的权力。休哥平均安排了各地戍兵，设立更休法，奖励农业生产，整治武备，边境一带呈现出一派安定繁荣的景象。统和四年，宋军再次前来进攻，他们的将领范密、杨继业兵出云州；曹彬、米信兵出雄州、易州，夺取了歧沟、涿州，攻陷了固安并屯兵驻守。当时，北南院、奚部的部队没有赶到，休哥兵单将寡，不敢出战。夜间派轻装骑兵出没于两军交界地带，捕杀单个和老弱的宋兵来威吓其他人；白天则用精锐士兵虚张声势，使宋军忙于应付防守，借此消耗他们的战斗力。又在树林草丛中设下伏兵，阻截宋军的粮道。曹彬等人因为粮草供应不上，退保白沟，一个多月后，再次赶来。休哥派轻骑兵迫近他们，趁他们临时休息吃饭时，击杀那些离开队伍单独出来的人,一边战斗一边退却。因此宋军自救不暇,就集结成方阵,在队伍两侧边挖战壕边行进。士兵渴了却没有水井,就趴在烂泥塘边喝水,这样共走了四天才进抵涿州。听说太后的军队赶到,曹彬等人冒雨而逃。太后增派精锐的士兵,追赶上了他们。宋军精疲力竭,就把兵车联在一起依托据守,休哥包围了他们。到了晚上,曹彬、米信率数骑逃走,其余的宋军全都溃散。休哥追到易州东边,得知宋军还有数万人马,正在沙河岸边生火做饭,休哥当即指挥部队前往进攻他们。宋军望见尘土飞扬便四处逃散,掉下河岸相互践踏而死的人超过一半,尸首把沙河水都堵塞住了。太后回师,休哥收殓宋兵尸体筑成一座大墓,以示军功,被封宋国王。

休哥又一次上书说,可以乘宋朝衰弱,南下攻略,使黄河成为宋、辽的边界线。此书奏上后,没有被采纳。等到太后南下征伐,休哥担任先锋,在望都击败了宋军。当时宋将刘廷让率领数万名骑兵并海而出,与李敬源约定会师,扬言要攻取燕州。休哥听说后,首先派兵扼守住宋军所要经过的要害之地。等到太后率大部队赶到,休哥与宋军交战,杀死李敬源,刘廷让逃向瀛州。七年,宋朝派刘廷让等人乘夏季大雨天气前来攻打易州,诸将对他非常畏惧。只有休哥率精锐士兵在沙河北侧迎头拦击,打死打伤了数万人,缴获辎重不可胜计,进献给朝廷。太后称赞他的功劳,下诏令他今后入朝不必行跪拜之礼,不用称名。自此以后,宋军不敢北上。当时宋朝人想止住小孩子啼哭,就说:"于越来了!"

休哥认为燕州的人民穷乏困苦,便减免租赋和徭役,抚恤孤寡人家,告诫戍兵不要侵犯宋朝边境,即使是牛马跑到北面来也要全部送还过去。远近的人民仰慕他的教化,边僻之地得以安宁。十六年,休哥去世。这天晚上,天降大雨,树木结冰。圣宗下诏在南京为他立祠。

休哥谋略宏大深远,料算敌情如有神助一般。每次作战胜利,常常把功劳推让给手下诸将,所以将士们都乐意为他效力。他身经百战,从没有杀一个无辜的人。他有两个儿子:耶律高八,官至节度使;耶律高十,最后也受封于越。孙子耶律马哥。

【原文】

耶律休哥,字逊宁。祖释鲁,隋国王。父绾思,南院夷离堇。休哥少有公辅器。初乌古、室韦二部叛,休哥从北府宰相萧干讨之。应历末,为惕隐。

乾亨元年,宋侵燕,北院大王奚底、统军使萧讨古等败绩,南京被围。帝命休哥代奚底，将五院军往救。遇大敌于高梁河，与耶律斜轸分左右翼，击败之。追杀三十余里，斩首万余级，休哥被三创。明旦，宋主遁去，休哥以创不能骑，轻车追至涿州，不及而还。

是年冬，上命韩匡嗣、耶律沙伐宋，以报围城之役。休哥率本部兵从匡嗣等战于满城。翌日将复战，宋人请降，匡嗣信之。休哥曰："彼众整而锐，必不肯屈，乃诱我耳。宜严兵以待。"匡嗣不听。休哥引兵凭高而视，须臾南兵大至，鼓噪疾驰。匡嗣仓卒不知所为，士卒弃旗鼓而走，遂败绩。休哥整兵进击，敌乃却。诏总南面戍兵，为北院大王。

明年，车驾亲征，围瓦桥关。宋兵来救，守将张师突围出。帝亲督战，休哥斩师，余众退走入城。宋阵于水南。将战，帝以休哥马介独黄，虑为敌所识，乃赐玄甲、白马易之。休哥率精骑渡水，击败之，追至莫州。横尸满道，軷矢俱鏊，生获数将以献。帝悦，赐御马、金盃，劳之曰："尔勇过于名，若人人如卿，何忧不克？"师还，拜于越。

圣宗即位，太后称制，令休哥总南面军务，以便宜从事。休哥均戍兵，立更休法，劝农桑，修武备，边境大治。统和四年，宋复来侵，其将范密、杨继业出云州；曹彬、米信出雄、易，取歧沟、涿州，陷固安，置屯。时北南院、奚部兵未至，休哥力寡，不敢出战。夜以轻骑出两军间，杀其单弱以胁余众；昼则以精锐张其势，使彼劳于防御，以疲其力。又设伏林莽，绝其粮道。曹彬等以粮运不继，退保白沟。月余，复至。休哥以轻兵薄之，伺彼蓐食，击其离伍单出者，且战且却。由是南军自救不暇，结方阵，堑地两边而行。军渴乏井，漉淖而饮，凡四日始达于涿。闻太后军至，彬等冒雨而遁。太后益以锐卒，追及之。彼力穷，环粮车自卫，休哥围之。至夜，彬、信以数骑亡去，余众悉溃。追至易州东，闻宋师尚有数万，濒沙河而爨，促兵往击之。宋师望尘奔窜，堕岸相蹂死者过半，沙河为之不流。太后旋斾，休哥收宋尸为京观。封宋国王。

又上言，可乘宋弱，略地至河为界。书奏，不纳。及太后南征，休哥为先锋，败宋兵于望都。时宋将刘廷让以数万骑并海而出，约与李敬源合兵，声言取燕。休哥闻之，先以兵扼其要地。会太后军至，接战，杀敬源，廷让走瀛州。七年，宋遣刘廷让等乘暑潦来攻易州，诸将惮之，独休哥率锐卒逆击于沙河之北，杀伤数万，获辎重不可计，献于朝。太后嘉其功，诏免拜、不名。自是宋不敢北向，时宋人欲止儿啼，乃曰:"于越至矣!"

休哥以燕民疲弊,省赋役,恤孤寡,戒戍兵无犯宋境,虽马牛逸于北者悉还之。远近向化,边鄙以安,十六年,薨。是夕,雨木冰。圣宗诏立祠南京。

休哥智略宏远,料敌如神。每战胜,让功诸将,故士卒乐为之用。身更百战,未尝杀一无辜。二子:高八,官至节度使;高十,终于越。孙马哥。

金 史

熙宗悼平皇后传

——《金史》卷六三

【说明】金熙宗悼平皇后裴满氏(? －1149),名不详。熙宗即位,册为贵妃,后晋为皇后。生皇子济安,不久夭折。熙宗在位后期,她挈制熙宗,干预朝政,致使政事混乱,为完颜亮(海陵王)弑君篡位创造了条件。为熙宗所杀。

熙宗悼平皇后,姓裴满氏。熙宗即位,封为贵妃。天眷元年(1138),册立为皇后。父亲忽达进拜太尉,追赠曾祖父斜也为司空,祖父鹘沙为司徒。皇统元年(1141),熙宗接受了尊号,又册封裴满皇后为慈明恭孝顺德皇后。二年,太子济安降生。这一年熙宗二十四岁,非常高兴,就宣布大赦,祭告天地、宗庙。满一个月的时候,册立为皇太子,然而没过一年就夭折了。

熙宗在位的时候,大臣宗翰、宗干、宗弼相继主持政务,熙宗本人在朝端庄沉默,较少发挥作用。虽然当时是立国之初,国家事务繁多,而朝廷筹划政策能够料敌制胜,齐国顺利被废,宋人请求臣服,吏治清明,政务宽简,百姓安居乐业。宗弼去世以后,前朝旧臣也大多已死,裴满皇后干预政事,无所忌惮。朝廷官员往往通过她谋取宰相职位。皇太子济安死后,好几年没有再生皇子,裴满皇后对熙宗多加掣肘要挟。熙宗心里非常不满,因而情绪消沉,经常酗酒发怒,亲手用刀杀人。左丞相完颜亮过生日,熙宗派大兴国赐给他司马光画像、玉制的吐鹘以及皇家马圈中的骏马。裴满皇后也附带赏赐完颜亮生日礼物。熙宗听说以后,大怒,于是杖责大兴国,夺回所赐物品。完颜亮本来就有篡夺帝位的野心,由于发生了这件事,更加疑虑害怕,从此萌发了发动宫廷政变的计划。近侍高寿星按照规定应当迁徙到燕京以南屯田,进宫向裴满皇后告状。裴满皇后激怒熙宗,杀掉左司郎中三合,杖责平章政事秉德,而高寿星最终没有迁徙。秉德,唐括辩由此产生了作乱的阴谋。完颜亮乘机加以利用,后来终于完成了弑君篡位的计划。

过了很久,熙宗的怒气长期积压,无法控制,就杀死了裴满皇后,而迎纳胙王常胜的王妃撒卯入宫继承皇后之位。又杀掉了德妃乌古论氏、妃夹谷氏、张氏、裴满氏。第二天,熙宗被完颜亮所杀。完颜亮杀害熙宗之后,打算收买人心,因为裴满皇后无罪被杀,降熙宗的称号为东昏王,追谥裴满皇后为悼皇后,又封她的父亲忽达为王。世宗大定年间,追复熙宗帝号,加谥裴满皇后为悼平皇后,与熙宗合葬在思陵。

【原文】

熙宗悼平皇后,裴满氏。熙宗即位,封贵妃。天眷元年,立为皇后。父忽达拜太尉,赠曾祖斜也司空,祖鹘沙司徒。皇统元年,熙宗受尊号,册为慈明恭孝顺德皇后。二年,太子济安生。是岁,熙宗年二十四,喜甚,乃肆赦,告天地宗庙。弥月,册为皇太子,未一岁薨。

熙宗在位,宗翰、宗干、宗弼相继秉政,帝临朝端默。虽初年国家多事,而庙算制胜,齐国就废,宋人请臣,吏清政简,百姓乐业。宗弼既没,旧臣亦多物故,后干预政事,无所忌惮,朝官往往因之以取宰相。济安薨后,数年继嗣不立,后颇掣制熙宗。熙宗内不能平,因无聊,纵酒酗怒,手刃杀人。左丞相亮生日,上遣大兴国以司马光画像、玉吐鹘、厩马赐之,后亦附赐生日礼物。熙宗闻之,怒,遂杖兴国而夺回所赐。海陵本怀觊觎,因之疑畏愈甚,萧墙之变,从此萌矣。近侍高寿星随例迁屯燕南,入诉於后,后激怒熙宗,杀左司郎中三合,杖平章政事秉德,而寿星竟得不迁。秉德、唐括辩之奸谋起焉,海陵乘之,以成逆乱之计。

久之,熙宗积怒,遂杀后,而纳胙王常胜妃撒卯入宫继之。又杀德妃乌古论氏,妃夹谷氏、张氏、裴满氏。明日,熙宗遇弑。海陵已弑熙宗,欲收人心,以后死无罪,降熙宗为东昏王,追谥后为悼皇后,封后父忽达为王。大定间,复熙宗帝号,加谥后为悼平皇后,祔葬思陵。

元好问传

——《金史》卷一二六

【说明】元好问(1190－1257)，金代作家、史学家。字裕之，号遗山。太原秀容(今山西省忻县)人。兴定进士，曾任行尚书省左司员外郎等职。金亡不仕。

元好问论诗受传统诗教影响，强调内容，同时重视艺术成就和作家品德，《论诗绝句三十首》是其诗论代表。其诗词在金元之际颇负盛名。其诗题材广泛，兴象深邃，风格遒上。词以苏轼、辛弃疾为典范，兼有婉约、豪放诸种风格。曾编金诗、词总集《中州集》和《中州乐府》。有《元遗山先生全集》。

元好问，字裕之。七岁便能作诗。十四岁那年，跟随陵川(今属山西)郝晋卿学习，他不学如何参加科举考试求取功名的那一套，而是深入研究经传和诸子百家，他刻苦学习了六年，成为博洽而通达的饱学之士。接着，他下太行，过黄河，外出游学，写了《箕山》《琴台》等诗，礼部赵秉文看到了这些诗，认为在近代没有这样优秀的作品。于是元好问的名声震动京师。

兴定五年(1221)中进士，任内乡(今属河南)县令。正大年间，担任南阳(今属河南)县令。天兴初年，提升为尚书省的属官，接着，又授为左司都事，转行尚书省左司员外郎。金朝灭亡后，元好问就没有再做官。

元好问写文章有明确的标准。各种体裁的文章他都写得很好。他的诗构思奇特，风格劲健而绝不雕琢镂刻，巧缛新丽而绝去浮靡绮丽。五言诗高洁古雅，沉郁悲壮，七言乐府不用古题，特别有新意。歌谣慷慨悲凉，带着幽州、并州人的一种豪侠之气。他所作的词曲，发扬新声，大都是针对国家多难，人民不幸，以抒发他的悲壮胸怀，一共有几百篇。战乱以后，一些故旧相继去世，元好问成了文坛的一代领袖，各地的碑文、墓志铭之类的文字都来求他写作。他所写的文章、诗歌有若干卷、《杜诗学》一卷、《东坡诗雅》三卷、《锦機》一卷、《诗文自警》十卷。

到了晚年,更加把著史作为自己的任务,他认为金立国以后,其典章制度几乎可以和汉代、唐代相比,现在金国已经灭亡,赶快要把它的历史写下来,而这著史的任务,自己是当仁不让的。当时,金国的那些实录都在顺天(今北京)张万户家里,元好问就对张万户作了说明,表示自己愿意撰写《金史》,后来被乐夔所阻止而中止了。但是元好问说:"不能让一个朝代的事迹泯灭而不传下去。"因此就在自己家里建造了一座亭子,自己就在里面撰写金代的历史,因为不是政府交给他的写作任务,所以他把自己写的东西称为《野史》。凡是金代君臣们留下来的言论、事迹,元好问都认真进行采集,他把听到的一点一滴都用小的纸条、小的字体记录下来,一直到一百余万字。今天他所传下来的著作有《中州集》以及《壬辰杂编》若干卷,六十八岁那年去世。后来别人纂修的《金史》,大多是参照元好问的著作编写的。

【原文】

好问字裕之。七岁能诗。年十有四,从陵川郝晋卿学,不事举业,淹贯经传百家,六年而业成。下太行,渡大河,为《箕山》《琴台》等诗,礼部赵秉文见之,以为近代无此作也。于是名震京师。

中兴定五年第,历内乡令。正大中,为南阳令。天兴初,擢尚书省掾,顷之,除左司都事,转行尚书省左司员外郎。金亡,不仕。

为文有绳尺,备众体。其诗奇崛而绝雕劖,巧缛而谢绮丽。五言高古沈 。七言乐府不用古题,特出新意。歌谣慷慨挟幽、并之气。其长短句,揄扬新声,以写恩怨者又数百篇。兵后,故老皆尽,好问蔚为一代宗工,四方碑板铭志尽趋其门。其所著文章诗若干卷、《杜诗学》一卷、《东坡诗雅》三卷、《锦禨》一卷、《诗文自警》十卷。

晚年尤以著作自任,以金源氏有天下,典章法度几及汉、唐,国亡史作,己所当任。时金国实录在顺天张万户家,乃言于张,愿为撰述,既而为乐夔所沮而止。好问曰:"不可令一代之迹泯而不传。"乃构亭于家,著述其上,因名曰"野史"。凡金源君臣遗言往行,采摭所闻,有所得辄以寸纸细字为记录,至百余万言。今所传有《中州集》及《壬辰杂编》若干卷。年六十八卒。纂修《金史》,多本其所云。

元 史

世祖后察必传

——《元史》卷一一四

【说明】元世祖昭睿顺圣皇后弘吉剌氏(？－1281),名察必,弘吉剌部首领按陈之女。世祖在藩邸,迎娶为妃。宪宗末年世祖伐宋,留居爪忽都之地。宪宗卒,辅佐世祖夺取汗位,被册为正后,掌大斡耳朵(宫帐)。性情明敏节俭。生子真金,世祖时立为皇太子。

世祖昭睿顺圣皇后,名字叫察必,姓弘吉剌氏。是济宁忠武王按陈的女儿。生裕宗真金。中统初年,立为皇后。至元十年(1273)三月,授以册宝,上尊号贞懿昭圣顺天睿文光应皇后。

一天,四怯薛官员奏请分割京城外面较近的土地用来放马,世祖已经批准,于是把地图呈献上来。察必皇后走到世祖面前,打算谏阻。先假装责备太保刘秉忠说:“你是汉人里面的聪明人,说话皇帝都听从,你为什么不进谏呢？以前刚来到这里定都的时候,用四周的土地放马还可以。现在军户、站户都分别占有了一块土地作为产业,怎么能夺走他们的土地呢？”世祖沉默下来,命令停止这项计划。

察必皇后曾经在太府监支取丝帛制造的衣服表里各一件。世祖对她说:“这是军国所需物品,不是私家的东西。皇后怎么能够支取呢？”察必皇后从此率领宫女亲自进行纺织,收集旧的弓弦煮软之后,织成粗绸,做成衣服,坚韧细密,可以比得上绫罗绸缎。宣徽院有一些旧羊皮弃置不用,察必皇后将它们取来,拼在一起缝制成地毯。她勤俭又节制、不浪费东西,大都像这两件事一样。

至元十三年,平定南宋,南宋小皇帝前来上都朝觐。于是举行大宴会,大家都非常高兴,只有察必皇后郁郁不乐。世祖说:"我现在平定了江南,从此不再有战事,大家都很高兴,只有你不快乐,为什么呢?"察必皇后跪下来上奏说:"我

听说自古以来没有延续一千年的国家。不要让我们的子孙落到这步田地就算幸运了。"世祖把南宋府库中的物品各自聚集起来,放在殿庭之上,叫察必皇后来观看。察必皇后一一看了一遍,就离开了。世祖派宦官追上去,问她想要什么东西。察必皇后说:"宋人蓄积贮藏这些东西,传给子孙,而他们的子孙却没有守住,以致被我们得到。我怎么忍心取一件东西呢?"当时南宋太后全氏到了上都,不习惯北方的水土。察必皇后替她奏请返回江南,世祖不答应。到第三次进奏,世祖才答复说:"你们妇道人家考虑问题不够长远。如果让她返回江南,一旦有造反的流言蜚语,她们全家就会受到牵连。这不是爱护她的办法。如果真的爱护她,就应该时常加以体贴照顾,让她慢慢适应这里的生活。"察必皇后退下来,对全太后更加关心照顾。

蒙古族的帽子原来没有前面的帽檐。世祖在射箭时感到太阳光刺眼,告诉了察必皇后,察必皇后就在帽子前面加上了帽檐。世祖大为高兴,下令帽子都按这种式样制作。察必皇后又缝制了一种衣服,前面有下摆而没有遮掩的衣襟,后摆比前摆长一倍,没有领子和衣袖,两侧用带子系起来,名字叫做比甲,穿上它便于骑马射箭。当时人纷纷仿效制作。察必皇后性情聪明敏锐,通晓政事机务,在元初的政治中左右匡正,在当时发挥了很大作用。

至元十八年二月,察必皇后去世。三十一年,成宗即位。五月,追谥察必为昭睿顺圣皇后。册文写道:"崇奉祖先、竭尽孝思,是臣下子孙的基本感情;调节恩惠,勉励美名,是古往今来的盛大典礼。从前殷代的娥有明德的称号,周代的太任有思齐的美称。稽考过去的典章制度,应该奉上尊崇的美好谥号。已经去

世的先朝皇后，德量弘厚，包载万物；位号端正，上承天命。使后宫得到了良好的治理，又在天下发扬了伦常纲纪。世祖即位之前就在身边侍奉，共同度过了动荡变乱的时刻。世祖从鄂州班师北撤，她先看出了事态的发展趋势；世祖在上都建元登极，她又起到了重要的辅助作用。观察问题的先见之明，由内心独自决断；选用贤能的杰出眼光，与世祖完全相符。在世祖身边辅佐，帮助完成了古代帝王的宏大事业；抚养、教导裕宗，使他能够承担国家社稷的重大寄托。既了解臣下的勤劳，也明白百姓的疾苦。居皇后之位近二十年，留下的模范榜样流传千万代。正因为人格完善，就显得更加圣明；应该明白记载下来，并且大书而特书。写不尽恻恻怀念的诚心，体现出尊老爱亲的原则，来褒扬她的盛德，表述她的荣耀。恭敬地派遣某官某人捧着玉册玉宝，上尊谥为昭睿顺圣皇后。愿她贤淑的灵魂永驻天堂，圣明的识见普照群下。演奏起嘹亮的管乐，发出美好悦耳的声音；配享在宽阔的宫殿，繁衍出绵延无穷的福祉。"将察必皇后的灵位升入世祖庙，共同受祭。

【原文】

　　世祖昭睿顺圣皇后，名察必，弘吉剌氏，济宁忠武王按陈之女也。生裕宗。中统初，立为皇后。至元十年三月，授册宝，上尊号贞懿昭圣顺天睿文光应皇后。

　　一日，四怯薛官奏割京城外近地牧马，帝既允，方以图进，后至帝前，将谏，先阳责太保刘秉忠曰："汝汉人聪明者，言则帝听，汝何为不谏。向初到定都时，若以地牧马则可，今军蕰俱分业已定，夺之可乎？"帝默然，命寝其事。

　　后尝于太府监支缯帛表里各一，帝谓后曰："此军国所需，非私家物，后何可得支？"后自是率宫人亲执女工，拘诸旧弓弦练之，缉为紬，以为衣，其韧密比绫绮。宣徽院羊臑皮置不用，后取之合缝为地毯。其勤俭有节而无弃物，类如此。

　　十三年，平宋，幼主朝于上都。大宴，众皆欢甚，唯后不乐。帝曰："我今平江南，自此不用兵甲，众人皆喜，尔独不乐，何耶？"后跪奏曰："妾闻自古无千岁之国，毋使吾子孙及此则幸矣。"帝以宋府库故物各聚置殿庭上，召后视之，后遍视即去。帝遣宦者追问后，欲何所取。后曰："宋人贮蓄以遗其子孙，子孙不能守，而归于我，我何忍取一物耶！"时宋太后全氏至京，不习北方风土，后为奏令回江南，帝不允，至三奏，帝乃答曰："尔妇人无远虑，若使之南还，或浮言一动，即废其家，非所以爱之也。苟能爱之，时加存恤，使之便安可也。"后退，益厚待之。

胡帽旧无前檐,帝因射日色炫目,以语后,后即益前檐。帝大喜,遂命为式。又制一衣,前有裳无衽,后长倍于前,亦无领袖,缀以两襻,名曰比甲,以便弓马,时皆仿之。后性明敏,达于事机,国家初政,左右匡正,当时与有力焉。

十八年二月崩。三十一年,成宗即位,五月,追谥昭睿顺圣皇后,其册文曰:"奉先思孝,臣子之至情;节惠勿名,古今之大典。惟殷娀有明德之号,而周任著思齐之称。爰考旧章,式崇尊谥。恭惟先皇后,厚德载物,正位承天。隆内治于公宫,纲大伦于天下。曩事龙潜之邸,及乘虎变之秋。鄂渚班师,洞识事机之会;上都践祚,居多辅佐之谋。先物之明,独断于衷;进贤之志,允叶于上。左右我圣祖,建帝王之极功;抚育我前人,嗣社稷之重托。臣下之勤劳灼见,生民之疾苦周知。俪宸极二十年,垂慈范千万世。惟全美圣而益圣,宜显册书而屡书。不胜倦倦恳恳之诚,敬展尊尊亲亲之义,以扬盛烈,以对耿光。谨遣某官某奉玉册玉宝,上尊谥曰昭睿顺圣皇后。钦惟淑灵在天,明鉴逮下。增辉炜管,茂扬徽懿之音;合响太宫,益衍寿昌之福。"升祔世祖庙。

赵孟頫传

———《元史》卷一七二

【说明】赵孟頫(1254－1322),字子昂,号松雪道人,水精宫道人,湖州(今浙江吴兴)人,赵宋宗室。他在南宋作过小官,宋亡后在家闲居。入元,世祖忽必烈派人去江南搜访遗贤,经程钜夫荐举,历任兵部郎中、集贤直学士,直至翰林学士承旨,因此后世称之为"赵承旨",死后封为魏国公,因此又称之为"赵魏公"。赵孟頫是南人,南人在元代地位最为卑下,而且他又是宗室,虽然官阶较高,只不过是文学侍从,在政治上难有作为。

赵孟頫是元代著名艺术家,他在书法、绘画以及篆刻方面都有很高的成就,尤其以书法见长。他精于楷书行书,远学王羲之、王献之,近学唐代的李邕,形成自己的独特风格,世称"赵体",与唐代的颜真卿、柳公权、欧阳询齐名,对后世影响很大。他的楷书端庄清秀,行书圆润流畅,遒劲中多有媚趣。因其以宋代宗室而仕元,后世对其节行颇有訾议,因而对他的书法成就亦颇多微词,这是不恰当的,应实事求是地作出评价。他存世书迹很多,如《洛神赋》《道德经》《玄妙观重修三门记》《四体千字文》《急就章》《襄阳歌》等。他的绘画,山水取法董源或李成,人物、鞍马师李公麟或唐人。他主张变革南宋画院格调,在继承前人的基础上有所发展,开创了元代画风。存世画迹有《重江叠嶂》《东洞庭》《鹊华秋色》《秋郊饮马》等。诗文有《松雪斋集》。

赵孟頫的妻子管道升,人称"管夫人",亦工书法绘画,她的书法作品酷似赵孟頫,几可乱真。他的儿子赵雍,亦擅书画,尤以绘画见长。

赵孟頫字子昂,他是宋太祖儿子秦王赵德芳的后代。他的五世祖是秀安僖王赵子偁,四世祖是崇宪靖王赵伯圭。宋高宗没有儿子,立赵子偁的儿子为太子,这就是宋孝宗,赵伯圭是孝宗的哥哥,皇帝赐给伯圭的宅第在湖州,因而赵孟頫就成为湖州人。他的曾祖父赵师垂、祖父赵希永、父亲赵与訔,都在宋朝当过大官。到了元朝,因赵孟頫为贵官,累次追赠赵师垂为集贤侍读学士,赵希永为太常礼仪院使,二人都被追封为吴兴郡公,赵与訔被追赠为集贤大学士,追封为魏国公。

赵孟頫自幼就很聪明,看过的书就能背诵,写文章拿起笔来就能成篇。他十四岁时,因父亲的恩荫,得以补官,经吏部考试合格,调任真州司户参军。宋朝灭亡后,赋闲在家,更加致力于学问。

至元二十三年(1286),行台御史程钜夫奉皇帝之命去江南搜访隐居的人才,找到赵孟頫,带他去晋见皇帝。赵孟頫才气横溢,神采焕发,像神仙中的人一样,元世祖看到他很高兴,让他坐在右丞叶李的上位。有人说赵孟頫是宋朝皇族的子弟,不应该把他放在皇帝身边,世祖不听。当时刚刚设立尚书省,世祖命赵孟頫起草诏书,颁布天下。世祖看了他起草的诏书,很满意,说道:"把我想说的话都写出来了。"世祖命群臣在刑部议定法律条款,很多人主张赃款达到中统钞两百贯者处死,赵孟頫说道:"起初制造纸币时,是以白银的价值为标准的,纸币是虚的,白银是实的,虚实价值相等,现在已经过去二十多年,纸币和白银的价值,轻重相差至数十倍之余,因此才改中统钞为至元钞,若再过二十年后,至元钞又会像中统钞一样贬值,如果让百姓按赃钞的面值抵罪,恐怕是太重了。古代因米和绢是民生所必须的物品,称之为'二实',白银、铜钱和米绢等值,称之为'二虚'。这四者的价值虽然因时有升有降,但终究不会相差太远,用绢来核算受赃的数额,最为合适。再说,纸币从宋代开始使用,只在边地郡县流通,金朝沿用,那是出于不得已而为之。若想用这种办法来判人的死罪,似乎是不足取的。"有人认为赵孟頫年纪轻,又刚从南方来,他敢于非难国法不便于民,心里忿忿不平,责备赵孟頫说:"现在朝廷发行至元纸币,因而犯法的人以至元钞计赃论罪,你认为不合适,难道你想破坏至元钞的发行吗?"赵孟頫回答说:"法律关系到人的身家性命,判决畸轻畸重,就会出现死不当罪的情况。我奉皇帝之命参加讨论,不敢不说。现在中统钞贬值,因而改为至元钞,若认为至元钞永远不会贬值,哪有这样的道理!您不考虑事理之必然,却想以势压人,这样行吗?"那人面有愧色。世祖本来想重用赵孟頫,但参加讨论的人却提出非难。

二十四年六月,任他为兵部郎中,兵部统管天下的驿站。当时供应来往使臣的饮食花销,比以前多出几十倍,驿站官吏无法供应,便用强制手段向民间索取,百姓不胜其扰,于是赵孟頫向中书省申请,增加各驿的饮食用钞。至元纸钞的发行遇到困难,皇帝派尚书刘宣和赵孟頫乘驿马到江南,责问行省丞相怠慢政令的罪过,但凡是左右司官员以及各路官员,可以自行拷打。赵孟頫接受命令前去,到他回京时,没有拷打过一个人,丞相桑哥为此对赵孟頫大加谴责。

当时有一个叫王虎臣的人,他上书检举平江路总管赵全有不法行为,朝廷即派王虎臣去调查,叶李上书,认为不应派王虎臣,皇帝不听,赵孟頫进言说:"赵全的问题当然应该调查审问,但王虎臣以前曾任该地长官,他强行买下别人的很多田地,又怂容他的门客获取不法利益,赵全多次和他争论,王虎臣怀恨在心。若王虎臣前去,必然陷害赵全,即使赵全的不法行为得以证实,人也不能没有疑问。"皇帝恍然大悟,于是派遣其他人前去。桑哥在晨钟初鸣时即坐在尚书省大堂上,六曹官员迟到后,则加以鞭打。有一次,赵孟頫偶然迟到,断事官立刻拉孟頫去受刑,赵孟頫进入大堂申诉,右丞叶李说:"古时对士大夫不用刑,这是为了培养他们的廉耻观念,教育他们重视节义,再说侮辱士大夫,等于是侮辱朝廷。"桑哥马上多方安慰赵孟頫,让他回去。从此以后,所鞭打的只是曹史以下的吏员。有一天,赵孟頫行经东御墙外,因道路险狭,他的坐骑跌入河里。桑哥听说以后，报告给皇帝，于是把御墙西移了二丈余。皇帝听说赵孟頫一向清贫，便赏给他钞币五十锭。

二十七年，升任集贤殿学士。这一年发生地震，北京尤其严重，地面下陷，黑沙水喷涌而出，百姓死伤数十万，皇帝深为忧虑。当时皇帝在龙虎台，派阿剌浑撒里快马回京，合集贤、翰林两院的官员，询问发生灾害的原因。与会的人出于对桑哥畏惧，只不过泛泛地引证《经》《传》以及五行灾异等言论，笼统地提出应修人事、应天复来回答，没人敢于联系现实政治。在此之前，桑哥派忻都和王济等人统计天下的钱粮，已经征收了数百万，未征收的还有几千万，严重地损害了百姓，弄得民不聊生，自杀事件不断发生，逃往荒山野林的人，朝廷发兵追捕，谁也不敢阻止这件事。赵孟頫和阿剌浑撒里的关系本来很好，劝他奏明皇帝，赦免天下百姓，全部免除所征的钱粮，这样或许能消除天灾。阿剌浑撒里上奏，和赵孟頫所说的一致，皇帝听从了。诏书的草稿已经拟出，桑哥却大为恼火，认为这不是皇帝的本意。赵孟頫说："凡是钱粮还没征收的民户，家里人非死即逃，空无一人，向谁去征收？如不趁这时免除，日后提意见的人如果把亏欠数千万钱粮归罪于尚书省，这对于丞相您不是个沉重的包袱吗？"桑哥恍然大悟，百姓因此才得以喘息。

皇帝曾问及叶李和留梦炎相比谁优谁劣，赵孟頫回答说："留梦炎是我父亲的朋友，他为人忠厚重信义，而且非常自信，长于谋略而能决断，有大臣的器度；叶李读过的书，我都读过，他的知识能力，我都具备。"皇帝说："那么你认为留梦炎比叶李好吗？留梦炎是宋朝的状元，官至丞相，当贾似道欺骗君主贻误国事时，留梦炎则曲意逢迎讨好；叶李是个平民百姓，却能冒死进宫向皇帝上书，这样看来叶李要比留梦炎强。你因留梦炎是你父亲的朋友，不敢直斥他的错误，可以写诗进行讥讽。"赵孟頫所写的诗，有"往事已非那可说，且将忠直报皇元"的句子，受到皇帝的赞赏。

赵孟頫出殿之后对奉御彻里说："皇帝评论贾似道贻误国事时，

责备留梦炎默不作声,现在桑哥的罪过比贾似道还严重,而我们这些人如果不出来说话,日后怎么能推卸责任!但我是个被疏远的臣子,我说话皇帝必然不听从,在皇帝身边的大臣之中,读书知理、慷慨有大节而又得到皇帝信任的,没人超过您。不顾个人身家性命,替百姓除去残国害民的贼臣,这是仁人君子的义不容辞的任务。大人您一定要勉力去做!"然后彻里来到皇帝面前,历数桑哥的种种罪恶,皇帝大发雷霆,命卫士打彻里的耳光,彻里被打得口鼻流血,瘫在地上。过了一会儿,皇帝又把他叫到跟前询问,彻里的回答和原先一样。当时大臣们也有继彻里之后揭发桑哥罪恶的,于是皇帝下令将桑哥论罪处死,撤销尚书省这一机构,许多大臣因罪被罢免。

皇帝想让赵孟頫参与中书省的政务,赵孟頫坚决推辞,皇帝下令,赵孟頫出入宫门不要阻拦。他每次晋见,总是不厌其详地和皇帝谈论治国之道,他的意见对处理国家政事很有帮助。皇帝问他:"你是宋太祖的后代,还是宋太宗的后代呢?"赵孟頫回答:"我是太祖的十一代孙。"皇帝说:"太祖的所作所为,你了解吗?"赵孟頫回答不了解,皇帝说:"太祖的所作所为,有很多可取之处,我都了解。"赵孟頫心想,自己如在皇帝身边太久,一定会遭到猜忌,便坚决请求外任。二十九年,他被外任为同知济南路总管府事。当时总管缺员,他独自主持总管府政事,政务也比较清简。有个叫元掀儿的人,在盐场服劳役,因不堪忍受盐场的艰苦生活,乘机逃走。他的父亲找到他人一具尸体,竟然诬告一起服役的人杀害了元掀儿,被诬告的人屈打成招。赵孟頫怀疑这是一起冤案,压下来没有判决,过了一个月,元掀儿回来了,当地人都称颂赵孟頫断案如神。廉访司佥事韦哈剌哈孙为人一向苛毒暴虐,只因赵孟頫不肯顺从他的意志,便借机陷害,正逢朝廷撰修《世祖实录》,召赵孟頫回京城,才得以解脱。过了很久,迁知汾州,没有赴任,皇帝传旨要他书写金字《藏经》,写完以后,升任为集贤院直学士、江浙等处儒学提举,又迁任泰州尹,没有赴任。

至大三年(1310),赵孟頫被召进京,他以翰林学士的身份,和其他学士撰写南郊祭天的祝文,以及拟进宫殿的名称,因与其他人意见不同,便请假回家。仁宗在东宫做太子的时候,就知道赵孟頫的名字,仁宗即位以后,升任他为集贤侍讲学士、中奉大夫,延祐元年,改任翰林侍讲学士,迁任集贤侍讲学士、资政大夫。延祐三年(1316年),升为翰林学士承旨、荣禄大夫。皇帝对他很爱重,称他的字号,而不直呼其名。皇帝曾和身边的大臣评论文学侍臣,认为赵孟頫可以和唐朝的李白、宋朝的苏轼相比。又曾称赞赵孟頫品行端正、博学多闻,书法和绘画超过时辈,并旁通佛、道二教的学说,别人都不可企及。有不喜欢他的人在皇帝面前说长道短,皇帝只装听不见。又有人上书说,国史所记载的内容,不应让赵孟頫这样的人了解和参与其事,皇帝说:"赵子昂这个人,是世祖皇帝选拔的,我特别尊重优待他,把他安排在馆阁中任职,主管著述,修史流传后代,这些人喋喋不休,干什么呢!"接着赏给赵孟頫钞五百锭,对身边的大臣说:"中书省常说国家经费不足,必定不肯给他,就从普庆寺另藏的钱钞支付给他。"赵孟頫曾几个月不到宫中,皇帝问身边的人,都说他年岁大了又怕寒冷,皇帝下令,让内府赐给他貂鼠皮衣。

当初,赵孟頫因程钜夫的推荐,初入仕途,被任为兵部郎中,后来程钜夫官至翰林学士承旨,请求退休,赵孟頫代替他的职务,先去程钜夫家拜望,然后才进入翰林院,当时人认为此举是士大夫中间的一段佳话。延祐六年,请假回南方。皇帝派使者赏给他衣料,催他回京,因生病,未能成行。至治元年,英宗派使者去他家,让他书写《孝经》。二年,皇帝赐给他上等美酒和两套衣服。这年六月去世,终年六十九岁。追封他为魏国公,赠谥号"文敏。"

赵孟頫的著作,有《尚书注》,还有《琴原》《乐原》,这两篇著作道出了乐律的奥妙;他的诗文清新含义深远,表现出一种超世的风致,读了以后,使人产生飘飘欲仙的感觉。他的篆书、籀书、八分书、隶书、楷书、行书、草书,没有一种书体不是古今之冠,因而以书法名闻天下。天竺国有一位僧人,远涉数万里来求赵孟頫的书法作品,带回去以后,天竺国视为宝物。他画的山水、木石、花竹、人物、骏马,特别精妙。以前曾任史官的杨载认为,赵孟頫的才能在很大程度上被书画名声所掩盖,了解他在书画方面成就的人,不了解他在文章上的成就,了解他在文章方面成就的人,不了解他在经世致用的学问。人们认为杨载的说法是很中肯的。

他的儿子赵雍、赵奕,都因长于书画而知名。

【原文】

赵孟頫字子昂,宋太祖子秦王德芳之后也。五世祖秀安僖王子偁,四世祖崇宪靖王伯圭。高宗无子,立子偁之子,是为孝宗,伯圭,其兄也,赐第于湖州,故孟頫为湖州人。曾祖师垂,祖希永,父与訔,仕宋,皆至大官;入国朝,以孟頫贵,累赠师垂集贤侍读学士,希永太常礼仪院使,并封吴兴郡公,与訔集贤大学士,封魏国公。

孟頫幼聪敏,读书过目辄成诵,为文操笔立就。年十四,用父荫补官,试中吏部铨法,调真州司户参军。宋亡,家居,益自力于学。

至元二十三年,行台侍御史程巨夫,奉诏搜访遗逸于江南,得孟頫,以之入见。孟頫才气英迈,神采焕发,如神仙中人,世祖顾之喜,使坐右丞叶李上,或言孟頫宋宗室子,不宜使近左右,帝不听。时与立尚书省,命孟頫草诏颁天下,帝览之,喜曰:"得朕心之所欲言者矣。"诏集百官于刑部议法,众欲计至元钞二百贯赃满者死,孟頫曰:"始造钞时,以银为本,虚实相权,今二十余年间,轻重相去至数十倍,故改中统为至元,又二十年后,至元必复如中统,使民计钞抵法,疑于太重。古者,以米、绢民生所须,谓之二实,银、钱与二物相权,谓之二虚。四者为直,虽升降有时,终不大相远也,以绢计赃,最为适中。况钞,乃宋时所创,施于边郡,金人袭而用之,皆出于不得已。乃欲以此断人死命,似不足深取也。"或以孟頫年少,初自南方来,讥国法不便,意颇不平,责孟頫曰:"今朝廷行至元钞,故犯法者以是计赃论罪,汝以为非,岂欲诅格至元钞耶?"孟頫曰:"法者,人命所系,议有轻重,则人不得其死矣。孟頫奉诏与议,不敢不言。今中统钞虚,故改至元钞,谓至元钞终无虚时,岂有是理! 公不揆于理,欲以势相陵,可乎?"其人有愧色。帝初欲大用孟頫,议者难之。

二十四年六月,授兵部郎中,兵部总天下诸驿。时使客饮食之费,几十倍于前,吏无以供给,强取于民,不胜其扰,遂请于中书,增钞给之。至元钞法滞涩不能行,诏遣尚书刘宣与孟頫驰驿至江南,问行省丞相慢令之罪,凡左右司官及诸路官,则径笞之。孟頫受命而行,比还,不笞一人,丞相桑哥大以为谴。

时有王虎臣者,言平江路总管赵全不法,即命虎臣往按之,叶李执奏不宜遣虎臣,帝不听,孟頫进曰:"赵全固当问,然虎臣前守此郡,多强买人田,纵宾客为奸利,全数与争,虎臣怨之。虎臣往,必将陷全,事纵得实,人亦不能无疑。"帝悟,乃遣他使。桑哥钟初鸣时即坐省中,六曹官后至者,则笞之,孟頫偶后至,断事官遽引孟頫受笞,孟頫入诉于都堂,右丞叶李曰:"古者,刑不上大夫,所以养其廉耻,教之节义,且辱士大夫,是辱朝廷也。"桑哥亟慰孟頫使出,自是所笞,唯曹史以下。他日,行东御墙外,道险,孟頫马跌堕于河。桑哥闻之,言于帝,移筑御墙稍西二丈许。帝闻孟頫素贫,赐钞五十锭。

二十七年,迁集贤直学士。是岁地震,北京尤甚,地陷,黑沙水涌出,人死伤数十万,帝深忧之。时驻跸龙虎台,遣阿剌浑撒里驰还,召集贤、翰林两院官,询致灾之由。议者畏忌桑哥,但泛引《经》《传》,及五行灾异之言,以修人事、应天变为对,莫敢语及时政。先是,桑哥遣忻都及王济等理算天下钱粮,已征入数百万,未征者尚数千万,害民特甚,民不聊生,自杀者相属,进山林者,则发兵捕之,皆莫敢诅其事。孟頫与阿剌浑撒里甚善,劝令奏帝赦天下,尽与蠲除,庶几天变可弭。阿剌浑撒里入奏,如孟頫所言,帝从之,诏草已具,桑哥怒谓必非帝意。孟頫曰:"凡钱粮未征者,其人死亡已尽,何所从取?非及是时除免之,他日言事者,倘以失陷钱粮数千万归咎尚书省,岂不为丞相深累耶!"桑哥悟,民始获苏。

帝尝问叶李、留梦炎优劣,孟頫对曰:"梦炎,臣之父执,其人重厚,笃于自信,好谋而能断,有大臣器;叶李所读之书,臣皆读之,其所知所能,臣皆知之能之。"帝曰:"汝以梦炎贤于李耶?梦炎在宋为状元,位至丞相,当贾似道误国罔上,梦炎依阿取容;李布衣,乃伏阙上书,是贤于梦炎也。汝以梦炎父友,不敢斥言其非,可赋诗讥之。"孟頫所赋诗,有"往事已非那可说,且将忠直报皇元"之语,帝叹赏焉。

孟頫退谓奉御彻里曰:"帝论贾似道误国,责留梦炎不言,桑哥罪甚于似道,而我等不言,他日何以辞其责?然我疏远之臣,言必不听,侍臣中读书知义理、慷慨有大节、又为上所亲信,无逾公者。夫捐一旦之命,为百姓除残贼,仁者之事也。公必勉之!"既而彻里至帝前,数桑哥罪恶,帝怒,命卫士批其颊,血涌口鼻。委顿地上。少间,复呼而问之,对如初。时大臣亦有继言者,帝遂按诛桑哥,罢尚书省,大臣多以罪去。

帝欲使孟頫与闻中书政事,孟頫固辞,有旨令出入宫门无禁。每见,必从容语及治道,多所裨益。帝问:"汝赵太祖孙耶?太宗孙耶?"对曰:"臣太祖十一世孙。"帝曰:"太祖行事,汝知之乎?"孟頫谢不知,帝曰:"太祖行事,多可取者,朕皆知之。"孟頫自念,久在上侧,必为人所忌,力请补外。二十九年,出同知济南路总管府事。时总管阙,孟頫独署府事,官事清简。有元掀儿者,役于盐场,不胜艰苦,因逃去。其父求得他人尸,遂诬告同役者杀掀儿,既诬服。孟頫疑其冤,留弗决，逾月，掫儿自归，郡中称为神明。金廉访司事哈剌哈孙，素苛虐，以孟頫不能承顺其意，以事中之，会修《世祖实录》，召孟頫还京师，乃解。久之，迁知汾州，未上，有旨书金字《藏经》，既成，除集贤直学士、江浙等处儒学提举，迁泰州尹，未上。

至大三年，召至京师，以翰林侍读学士，与他学士撰定祀南郊祝文，及拟进殿名，议不合，谒告去。仁宗在东宫，素知其名，及即位，召除集贤侍讲学士、中奉大夫。延祐元年，改翰林侍讲学士，迁集贤侍讲学士、资德大夫。三年，拜翰林学士承旨、荣禄大夫。又尝称孟頫操履纯正，博学多闻，书画绝伦，旁通佛、老之旨，皆人所不及。有不悦者问之，帝初若不闻者。又有上书言国史所载，不宜使孟頫与闻者，帝乃曰："赵子昂，世祖皇帝所简拔，朕特优以礼貌，置于馆阁，典司述作，传之后世，此属呶呶何也！"俄赐钞五百锭，谓侍臣曰："中书每称国用不足，必持而不与，其以普庆寺别贮钞给之。"孟頫尝累月不至宫中，帝以问左右，皆谓其年老畏寒，敕御府赐貂鼠裘。

初，孟頫以程巨夫荐，起家为郎，及巨夫为翰林学士承旨，求致仕去，孟頫代之，先往拜其门，而后入院，时人以为衣冠盛事。六年，得请南归。帝遣使赐衣币，趣之还朝，以疾，不果行。至治元年，英宗遣使即其家，俾书《孝经》。二年，赐上尊及衣二袭。是岁六月卒，年六十九。追封魏国公，谥文敏。

孟頫所著，有《尚书注》，有《琴原》《乐原》，得律吕不传之妙；诗文清邃奇逸，读之，使人有飘飘出尘之想。篆、籀、分、隶、真、行、草书，无不冠绝古今，遂以书名天下。天竺有僧，数万里来求其书归，国中宝之。其画山水、木石、花竹、人马，尤精致。前史官杨载称孟頫之才颇为书画所掩，知其书画者，不知其文章，知其文章者，不知其经世之学。人以为知言云。

子雍、奕，并以书画知名。

明 史

明太祖本纪

——《明史》卷一、二、三

【说明】明太祖,即朱元璋(1328－1398),明朝开国皇帝。幼名重八,又名兴宗,字国瑞,濠州钟离(今安徽凤阳)人。农民出身,自幼孤贫无依,被迫入当地皇觉寺为僧。元朝末年,政治败坏,社会黑暗,群雄并争天下。元顺帝至正十二年(1352),朱元璋怀抱远图之志,到濠州投奔郭子兴,参加"红巾军"的反元斗争。他谋勇兼备,很快成为一位杰出的领导者。至正十六年,朱元璋率众渡长江,一举攻克江南重镇集庆(今南京)。然后以此为基地,四出征战,严明纪律,不妄杀人,劝重农桑,减免赋税,招贤用能,虚心纳言,不急于称帝。至正二十四年,即吴王位,建百官,立制度,政权初具规模。同时审时度势,知己知彼,讲求策略,相继消灭劲敌陈友谅和张士诚。1368 年,在南京即皇帝位,建国号明,年号洪武,是为明太祖。

建国以后,明太祖乘胜前进,命将南征北战,推翻元王朝,统一全中国。对外,实行和平友好的睦邻政策。对内,改革官制,废中书省,罢丞相制,分封诸王,集军政大权于一身。制礼作乐,确立典章制度。惩贪官,抑豪强,整理户口,核定田赋,均平赋役。移民垦荒,兴修水利,恢复生产。推行教化,广立学校,培养人才。置卫所,兴屯田,强兵足食。从而为明朝二百七十多年的统治奠定了基础,使其成为当时世界上最强大的国家之一。

明太祖为强化集权政治所推行的各种政策,在明初的特殊环境中,对于维护我国多民族国家的发展与巩固,对于保障社会经济的发展,都起到了一定的推动作用。而他实行的极端君主专制主义的政治模式,毋容置疑地对明一代,乃至后来中国政治、经济、文化的发展,产生了严重的消极作用。但总观其一生的功过,仍不愧是中国历史上一位具有深远影响、很有作为的封建皇帝。

太祖开天行道肇纪立极大圣至神仁文义武俊德成功高皇帝,名元璋,字国瑞,姓朱。先世家在沛,后迁到句容,再迁到泗州。父亲朱世珍,开始迁居濠州的钟离。生了四个儿子,太祖为其第四子。母亲陈氏,刚怀孕太祖的时候,梦见神送给她一丸药,放在手中闪闪发光,吞服以后醒来,口中仍有香气。到生太祖时,红光满屋。从此,每夜多次有火光升起。邻里望见,害怕是发

生火灾,总是奔往相救,到太祖家一看却见不到有火光。到他长大以后,姿容相貌一副英雄豪杰的气派,有块奇特的骨头贯穿到头顶。志意广大,人不能推测。

至正四年(1344),旱灾蝗灾并发,大饥大疫同生。太祖时年十七,父母兄长相继死亡,家贫不能治葬。同村的刘继祖送给他一块坟地,才得以安葬,后来的凤阳皇陵即在此。太祖因为孤苦伶仃无依无靠,于是入皇觉寺为僧。过了一个月,游食到了合肥。在路上患病,有两位穿紫色衣服的人与他在一起,对他照护得甚为周到。病愈后,见此二人已不在那里。于是游历光、固、汝、颍各州凡三年,再回到皇觉寺。当时,元朝政治腐败,盗贼四起。刘福通崇奉韩山童假称宋朝的后代在颍州起兵,徐寿辉冒用帝号在蕲州起兵,李二、彭大、赵均用在徐州起兵,他们各拥有部众数万人,设将帅,杀污吏,攻打郡县,而方国珍已先在海上起事了。其他的盗贼也都拥有武装占据地盘,参与抢掠的人多得很。天下大乱。

至正十二年春二月,定远人郭子兴与其党羽孙德崖等人在濠州起兵。元将彻里不花因害怕不敢去攻打,天天抓良民为俘虏用以邀功请赏。太祖时年二十五,谋求逃避战火,在神像前求签问卜,出去和留下都不吉利。于是说:"莫非当举大事不成?"问卜得吉利,大为欢喜,于是在闰三月初一日到濠州见郭子兴。子兴见他相貌非凡,当即留为亲兵。太祖每战必胜。郭子兴于是将他所抚养的

马公的女儿嫁与太祖为妻,她就是后来的高皇后。每当子兴与德崖发生矛盾的时候,太祖总是一再从中调停和保护郭子兴。

秋九月,元兵收复徐州,李二兵败逃走身死,彭大、赵均用奔往濠州,孙德崖等人招纳了他们。子兴礼待彭大而轻视赵均用,均用因此怨恨他。德崖于是与赵均用合谋,乘子兴外出之机,把他抓起来并且上了刑具押到了孙德崖那里,准备要杀死他。当时太祖正在淮北,得知郭子兴有难立即跃马扬鞭赶到,告知彭大。彭大一听怒不可遏,马上调兵出发,太祖也披甲持盾,撞开屋门救出郭子兴,解开刑具,叫人把他背回家,于是使郭子兴幸免于死。

这一年冬天,元将贾鲁围困濠州。太祖与子兴力战拒敌。

至正十三年春,贾鲁死,濠州解围了。太祖回到村里募兵得七百人。子兴很高兴,命他代理镇抚。当时彭大、赵均用所属的部众恣暴横行,子兴软弱无能,太祖已估计到不能和他共事,于是将所募的士兵委托他人带领,自己与徐达、汤和、费聚等人南攻定远。用计降服了驴牌寨的民兵三千人,和他们一起东去。在横涧山夜袭元将张知院,接收了他的士兵两万人。在路上遇到定远人李善长,与他谈话甚投机非常高兴,于是和他一起攻打滁州,获得胜利。

这一年,张士诚占据高邮,自称诚王。

至正十四年冬十月,元朝丞相脱脱在高邮大败张士诚,分兵包围六合。太祖说:"一旦六合城被攻破,滁州也不能避免。"即与耿再成进驻瓦梁堡,以救六合之危。经过一番奋战之后,将年老体弱的护送回滁州。元兵不久蜂拥而至,进攻滁州,太祖埋设伏兵诱使他们失败。然而也清醒地估计到元兵势力强盛必会再来,于是送还所缴获的马匹,并派遣父老带着牛和酒前去酬谢元将说:"我们守护城是为了防备其他的盗贼,你们为何放去大盗而杀戮良民。"元兵于是解围他去,滁州得以完好无损。脱脱自从打败张士诚以后,军威大振,不料元顺帝听谗言,突然解除他的兵权,江、淮地区的混乱局面更为加剧。

至正十五年春正月,郭子兴采用太祖的计谋,派遣张天祐等人夺取和州,发文书令太祖总领他的军队。太祖考虑到各位将领会不服从,将文书秘而不宣,约定第二天到厅堂开会议事。当时座次以右面为上,第二天开会时各位将领先到会,都坐在右面,太祖故意晚到坐在左面。到办事时,太祖对各种问题的分析决断如同流水一般透彻清晰,而各位将领却瞠目结舌哑口无言,这时他们才开始稍稍屈从太祖。又决定用砖修筑城墙,期限三日。太祖如期完工,各位将领都不能按时完成。至此太祖才开始拿出郭子兴发给他的文书，面向南而坐说："我奉命总领各位的部队，而今筑城皆超过期限，当按军法治罪如何。"各位将领无不惶恐认错。于是下令把军队中所掠夺的妇女搜查出来，释放回家，百姓大为高兴。此时元兵十万人围攻和州，城内将士坚守三个月，粮食已尽，而元朝子秃坚、枢密副使绊住马、民兵元帅陈野先分别驻守在新塘、高望、鸡笼山，因此断绝了运粮饷入和州的道路。太祖率兵打败了他们，元兵皆逃走渡过长江。三月，郭子兴去世。是时刘福通在亳州迎立韩山童的儿子韩林儿为帝，国号宋，年号龙凤。发文书令郭子兴的儿子郭天叙为都元帅，张天和、太祖分别为左右副元帅。太祖很有感慨地说："大丈夫岂宁肯受别人的控制呀。"于是不接受任命。然而又想到韩林儿势力强盛可以作为倚仗，于是使用他的龙凤年号，用以号令军队。

夏四月，常遇春前来加入太祖的队伍。五月，太祖计划渡长江，没有船。恰巧遇到巢湖统帅廖永安、俞通海带领水军千艘前来归附，太祖大喜，立即去安抚慰问他们的部众。由于元朝中丞蛮子海牙控制着铜城闸、马场河各个险要关口，使巢湖水军不能出来。忽然降下大雨，太祖一见喜上心头说："老天助我呀。"于是乘水涨之机从小港纵身而过把船只驶出来，因而得以在峪溪口痛击蛮子海牙，大败其众，于是定计渡长江。各位将领请直接进军集庆。太祖说："攻取集庆必须从采石开始。采石是一个军事重镇，防守必然坚固，牛渚前面靠大江，敌人难以守备，攻其可以必胜的。"六月乙卯，渡江大军乘风扬帆，直达牛渚。常遇春捷足先登，夺取牛渚。在采石的元兵也纷纷溃败。长江沿岸的各个堡垒全部归附。

各位将领因和州无粮可食，争着筹集钱粮计划回和州。太祖对徐达说："渡江幸而得胜，若舍此而回兵和州，江东就不是我们所能占有了。"于是把系船的缆绳全部砍断，放入急流之中，对各位将领说："太平离这里很近，我当与各位一起去夺取它。"于是乘胜夺取太平，俘获元朝万户纳哈出。总管靳义投水而死，太祖说："他是一位义士呀。"命以礼安葬他。同时公开张贴榜文严禁抢掠。有一个士兵违反了命令，当众斩死以示警告，军中秩序井然。太祖还改路为府。设置太平兴国翼元帅府，自己负责总领元帅府的事务，召陶安参幕府事，李习为太平知府。当时太平四面都是元兵。元朝右丞阿鲁灰、中丞蛮子海牙等人严令其军堵截姑孰口，陈野先水军率领康茂才用数万人围攻太平城。太祖派徐达、邓愈、汤和督兵迎战，另外遣将暗中出其后，前后夹攻他们，活捉陈野先并降服其部众，阿鲁灰等人见势不利收兵他去。

秋九月,郭天叙、张天祐进攻集庆,陈野先叛变,郭、张二人皆战死,于是郭子兴的部将全都归了太祖。陈野先不久为民兵所杀,其从子陈兆先收其部众,驻守方山,与蛮子海牙互为掎角之势伺机夺回太平。

冬十二月壬子,释放纳哈出回到北方。

至正十六年春二月丙子,在采石大败蛮子海牙。三月癸未,进攻集庆,活捉陈兆先,降其众三万六千人,降者皆疑虑重重害怕不能保全自己。为此太祖专门选择骁勇健壮的五百人令入宿卫,他自己解除武器在此通宵达旦酣睡,那些人的心情才开始安定下来。庚寅,在蒋山再次挫败元兵。元朝御史大夫福寿力战身死,蛮子海牙逃归张士诚,康茂才投降。太祖进入集庆城,召集所有的官吏与父老告谕他们说:“元朝政治败坏所在纷扰,各处兵火蜂起,我来不过是为百姓消除战乱而已,你们当和以往一样安居稳定。贤能的人士我将以礼聘使用他们,旧政不方便百姓的一概予以废除,官吏不得贪暴残害我的百姓。”百姓于是大为高兴,喜出望外。改集庆路为应天府,召见夏煜、孙炎、杨宪等十余人,各授以官职,又令埋葬元朝御史大夫福寿以表彰他的忠义。

当时,元将定定扼守镇江,别不华、杨仲英驻守宁国,青衣军张明鉴占据扬州,八思尔不花驻扎徽州,石抹宜孙守卫处州,石抹宜孙的弟弟石抹厚孙守卫婺州,宋伯颜不花守卫衢州,而池州已经为徐寿辉的部将所占据,张士诚从淮东攻陷平江,转而掠夺浙西。太祖既平定集庆,考虑到士诚、寿辉势力强大,江左、浙右各郡为其所吞并,于是派徐达进攻镇江,大获全胜,定定战死。

夏六月,邓愈攻克广德。

秋七月己卯,各位将领尊奉太祖为吴国公。设置江南行中书省,自己总理行省事务,又设置官属辅佐政务。送信给张士诚,士诚拒不回报,统兵进攻镇江。徐达将其打败,并进而围攻常州,未能攻下。九月戊寅,到镇江,拜谒孔子庙。派儒士告谕父老,劝他们重视农作种植桑麻,随后回到应天。

至正十七年春二月,耿炳文攻克长兴。三月,徐达攻克常州。

夏四月丁卯,亲自带兵攻打宁国,旗开得胜,别不华投降。五月,上元、宁国、句容进献象征丰收的麦穗。六月,赵继祖攻陷江阴。

秋七月,徐达攻克常熟。胡大海攻克徽州,八思尔不花逃走。

冬十月,常遇春攻克池州,缪大亨攻克扬州,张明鉴投降。十二月己丑,释放囚犯。

这一年，徐寿辉的部将明玉珍占据重庆路。

至正十八年春二月乙亥，用康茂才为营田使。三月己酉，审核记录囚徒的罪状。邓愈攻克建德路。

夏四月，徐寿辉的部将陈友谅派赵普胜攻陷池州。这一月，陈友谅占据龙兴路。五月，刘福通攻下汴梁，迎韩林儿在此建都。起初，刘福通派遣将领分兵四出，攻入山东，骚扰秦、晋、掠夺幽、蓟，中原大乱，太祖因故得以先后平定江表。所过不杀人，招纳俊才，因此人心日益归附。

冬十二月，胡大海攻打婺州，久久不能攻下。太祖亲自统兵前去攻击。石抹宜孙遣将率领车战部队由松溪入援。太祖说："道路狭窄，使用车战正是自取灭亡。"命令胡德济在梅花门迎战，大败敌人，婺州投降，活捉石抹宜孙。开战前一天，城中有人望见城西出现如同五色云彩那样的车盖，觉得很奇怪，至此才知道那是太祖驻兵的营地。入城以后，发放粮谷赈济贫民，改婺州为宁越府。召用范祖干、叶仪、许元等十三人，分别轮流讲解经史。戊子，派遣使者诏谕方国珍。

至正十九年春正月乙巳，太祖计划夺取浙东尚未攻下的各路。告诫各位将领说："攻城用武力，治乱用仁义。我及入集庆，秋毫无犯，所以能一举平定。每次听到各位将领攻得一城不妄行杀戮，总是喜不自胜。部队行军迅速如火，若不能稍加约束势必如火燎原。身为将领能以不杀人为勇猛，不仅是国家的利益，子孙后代也会深受其福。"庚申，胡大海攻克诸暨。同月，命令宁越知府王宗显建立府学。三月甲午，赦免犯大逆以下的罪犯。丁巳，方国珍将温、台、庆元进献给太祖，并派其子方关作为人质，不予接受。

夏四月，俞通海等人收复池州。当时耿炳文守卫长兴，吴良守卫江阴，汤和守卫常州，皆多次打败张士诚的部队。太祖因此久留宁越，攻打浙东。六月壬戌，回到应天。

秋八月，元朝察罕帖木儿收复汴梁，刘福通与韩林儿退保安丰。九月，常遇春攻克衢州，活捉宋伯颜不花。

冬十月，派遣夏煜任命方国珍为行省平章，国珍以病为由加以推辞。十一月壬寅，胡大海攻克处州，石抹宜孙逃走。是时元朝守卫各地的兵力单弱，而且闻知中原一片混乱，人心离散，因此江左、浙右诸郡，兵至皆战无不胜，于是西面与陈友谅相毗邻。

至正二十年春二月，元朝福建行省参政袁天禄在福宁投降。三月戊子，召用刘基、宋濂、章溢、叶琛到应天。

夏五月,徐达、常遇春在池州打败陈友谅。闰五月丙辰,陈友谅攻陷太平,守将朱文逊,院判花云、王鼎,知府许瑗被害。不久,友谅杀其主子徐寿辉,自称皇帝,国号汉,江西、湖广的地盘尽归其所有。同时相约张士诚联合攻打应天,应天为此大受震动。各位将领商议首先收复太平用以牵制他们,太祖说:"不可以。陈友谅居长江上游,水军比我们多出十倍,一下子难以收复太平。"有人请太祖亲自率兵迎击,太祖说:"不可以。陈友谅以非主力部队牵制我军,而全军直攻金陵,顺流而下半日即可到达,我军的步兵和骑兵难以紧急返回,百里催战,兵法所忌,不是良策呀。"于是迅速派人命胡大海直捣信州以牵制陈友谅的后方,同时命康茂才去信哄骗友谅,令其速来。友谅果然受骗引兵东下。于是常遇春设伏兵于石灰山,徐达布阵于南门外,杨璟驻守大胜巷,孙德胜等人率水军出龙江关,太祖亲自在卢龙山坐镇指挥。乙丑,陈友谅到龙湾时,众军欲开战,太祖说:"天快下雨了,赶快吃饭,乘雨攻击他。"不一会,果然倾盆大雨,士卒竞相奋勇争先,雨停止之后合力作战,水陆夹击,大败陈友谅。友谅乘坐别的大船逃走。于是收复太平,攻下安庆,过后胡大海也攻克信州。

起初,太祖令康茂才哄骗陈友谅,李善长对此表示疑惑不解。太祖说:"陈、张二敌联合,我首尾受敌,只有令其速来而先打败他,张士诚就必将丧胆落魄了。"后来张士诚的军队终究不敢出来。丁卯,设置儒学提举司,用宋濂为提举,派长子朱标学习经学。六月,耿再成在庆元打败石抹宜孙,宜孙战死,遣使祭奠他。

秋九月,原来徐寿辉的部将欧普祥在袁州投降。

冬十二月,再次派夏煜送信招谕方国珍。

至正二十一年春二月甲申,建立食盐课税法和茶叶课税法。己亥,置立宝源局。三月丁丑,改枢密院为大都督府。元将薛显在泗州投降。戊寅,方国珍遣使前来谢罪,进献用金玉装饰的马鞍,拒绝接受,说:"今日四方多事,所需要的是人才,所急用的是粮食和布匹,珍宝玩物不是我所爱好的。"

秋七月,陈友谅的部将张定边攻陷安庆。八月,派遣使者到元朝平章察罕帖木儿那里。当时察罕出兵平山东,招降田丰,军威大振,所以太祖要与他通好。刚好遇到察罕正在进攻益都而未能攻下,太祖于是亲自领水军出征陈友谅。戊戌,攻克安庆,陈友谅的部将丁普郎、傅友德出城迎降。壬寅,到达湖口,在江州追击陈友谅并将其打败,攻克江州城,陈友谅逃奔武昌。于是分兵攻打南康、建昌、饶、蕲、黄、广济,所向皆捷。

冬十一月己未,攻克抚州。

至正二十二年春正月,陈友谅的江西行省丞相胡廷瑞在龙兴投降。乙卯,到龙兴,改其为洪都府。拜谒孔子庙。指示父老,废除陈友谅的苛政,罢免各种军需供应,慰问抚恤贫苦百姓和鳏寡孤独,百姓大为高兴。袁、瑞、临江、吉安相继攻下。二月,回到应天。令邓愈留守洪都。癸未,降人蒋英杀死金华守将胡大海,郎中王恺遇难,蒋英叛降张士诚。处州降人李祐之听到蒋英叛变的消息,也起来造反杀死行枢密院判耿再成,都事孙炎、知府王道同、元帅朱文刚遇难。三月癸亥,降人祝宗、康泰起兵反叛,攻陷洪都,邓愈急走应天,洪都知府叶琛、都事万思诚遇难。这一月,明玉珍在重庆称帝,国号夏。

夏四月己卯,邵荣收复处州。甲午,徐达收复洪都。五月丙午,命朱文正、赵德胜、邓愈镇守洪都。六月戊寅,察罕帖木儿命人送信来报,扣留太祖派去的使者不予遣还。不久察罕被田丰杀死。

秋七月丙辰,平章邵荣、参政赵继祖阴谋反对太祖,被杀死。

冬十二月,元朝派尚书张昶从海上到达庆元,任命太祖为江西行省平章政事,不接受。察罕帖木儿的儿子扩廓帖木儿致信将送回使者。

至正二十三年春正月丙寅,派汪河前去回报扩廓帖木儿。二月壬申,命将士屯田积谷。同月,陈友谅的部将张定边攻陷饶州。张士诚的部将吕珍攻破安丰,杀死刘福通。三月辛丑,太祖亲自督兵救安丰,吕珍兵败逃走。太祖与韩林儿一起回滁州,然后自己才回到应天。

夏四月壬戌,陈友谅调大军围攻洪都。乙丑,诸全守将谢再兴叛变,归附于张士诚。五月,建筑礼贤馆。陈友谅分兵攻陷吉安,参政刘齐、知府朱叔华被害,又攻陷临江,同知赵天麟被害。再陷无为州,知州董曾被害。

秋七月癸酉,太祖亲自统兵救洪都。癸未,到湖口,首先在泾江口以及南湖觜埋设伏兵,阻止陈友谅的归路,发文书命令信州的军队守住武阳渡。陈友谅得知太祖到洪都,撤兵解围,在鄱阳湖迎战太祖。陈友谅的军队号称六十万人,连接大船为战斗陈列,船楼高十余丈,长达数十里,各种旗帜和成堆的兵器,远远望去犹如一座山。丁亥,双方在康郎山遭遇,太祖把他的军队分为十一队以抗御陈友谅。戊子,太祖的军队合力作战,徐达出击陈友谅的前锋,俞通海用火炮焚毁陈友谅的战船数十艘,双方死伤大略相当。陈友谅的猛将张定边直接进攻太祖所在的战船,使该战船搁浅在沙滩上,不能退却,处境非常危险。幸亏常遇春从旁边射中张定边,俞通海再统兵来援,由于船只骤然驶进使湖水随着涌过来,太祖的战船才得以脱离险境。己丑,陈友谅用所有的大船出战,太祖的各位将领船小,仰攻不利,脸有惧色。太祖亲自指挥,仍畏缩不前,当众斩死十余个畏敌退缩的人,这时才人人拼死力战。到午后,东北忽起大风,于是命令敢死的勇士驾驶七只战船,在芦苇中堆满火药,放火焚烧陈友谅的战船。风烈火猛,烟焰满天,把湖水照得一片赤红。陈友谅的军队一时大乱,各位将领摇旗呐喊乘胜前进,斩杀陈友谅军两千余人,烧死淹死的不计其数。陈友谅的气焰由此丧失。辛卯,双方再次交战,陈友谅再大败。于是收船自守,不敢再战。壬辰,太祖转移部队控制左蠡,陈友谅也退保渚矶。相持三天,陈友谅的左、右二金吾将军都投降了。陈友谅的势力日益穷蹙,愤怒异常,竟把所俘获的将士全部杀死。而太祖则将所有的俘虏释放遣还,受伤的用良药给予医治,并且祭奠他们阵亡的亲戚和将领。八月壬戌,陈友谅由于粮食已尽,转移到南湖觜,为南湖的驻军所阻挡,于是突入湖口。太祖进行阻击,顺流搏战,到达泾江。泾江的守军再拦击他,陈友谅中流箭身亡。张定边与其子陈理逃奔武昌。

九月,回到应天,论功行赏。当初,太祖亲自统兵救安丰,刘基进谏不听。至此他对刘基说:"我不应当有安丰之行,假使陈友谅乘虚直捣应天,建功立业的大事就会丧失殆尽了。但他却把自己的军队困顿在南昌,除了坐等灭亡之外还能得到什么。陈友谅灭亡,天下

就不难平定了。"壬午,亲自领兵征讨陈理。同月,张士诚自称吴王。

冬十月壬寅,包围武昌,分兵攻打湖北各路,皆取得胜利。十二月丙申,回到应天,留常遇春总督各路兵马。

至正二十四年春正月丙寅初一,李善长等人率领群臣劝太祖即皇帝位,不允许。一再恳请,于是就吴王位。立文武百官。用李善长为右相国,徐达为左相国,常遇春、俞通海为平章政事,指示他们说:"立国之初,应当先正法度。元朝

昏暗,权力下移,致使天下大乱,今日宜引以为鉴。"立长子朱标为嫡长子。二月乙未,再次亲自带兵出征武昌,陈理投降,汉、沔、荆、岳皆攻下。三月乙丑,回到应天。丁卯,设立起居注。庚午,罢去各翼元帅府,置立十七卫亲军指挥使司,命中书省召用文武人才。

夏四月,修建忠臣祠,在康郎山祭祀遇难的丁普郎等人,在南昌祭祀赵德胜等人。

秋七月丁丑,徐达攻克庐州。戊寅,常遇春攻江西。八月戊戌,收复吉安,于是进围赣州。徐达攻打荆、湘各路。九月甲申,攻下江陵,夷陵、潭、归都投降。

冬十二月庚寅,徐达攻克辰州,并派别的将领攻下衡州。

至正二十五年春正月己巳,徐达攻下宝庆,湖湘平定。常遇春攻克赣州,熊天瑞投降。于是进军南安,招谕岭南各路,攻下韶州、南雄。甲申,到南昌,逮捕大都督朱文正回应天,列其罪状,安置于桐城。二月己丑,福建行省平章陈友定侵扰处州,参军胡深击败他,于是攻下浦城。丙午,张士诚的部将李伯升进攻诸全的新城,李文忠将他打得大败。

夏四月庚寅,常遇春攻打襄、汉各路。五月乙亥,攻克安陆。己卯,攻下襄阳。六月壬子,朱亮祖、胡深攻打建宁,在城下激战,胡深被俘,遇害。

秋七月,命令抚养随从他渡江受伤残疾的士兵,死亡的赡养其妻子儿女。九月丙辰,建立国子学。

冬十月戊戌,下令讨伐张士诚。这时,张士诚所占据的地盘,南至绍兴,北拥有通、泰、高邮、淮安、濠、泗,再往北到达济宁。于是命徐达、常遇春等人首先谋取淮东。闰十月,进围泰州,攻下。十一月,张士诚侵扰宜兴,徐达击败他,于是自宜兴回师进攻高邮。

至正二十六年春正月癸未,张士诚伺机攻占江阴,太祖亲自统兵前往救援,张士诚逃走,康茂才在浮子门追击打败他。太祖回到应天。二月,明玉珍死,子明升自立为帝。三月丙申,令中书省严格选举人才。徐达攻克高邮。

夏四月乙卯,在淮安用计攻破张士诚部将徐义的水军,徐义逃走,梅思祖在城中投降。濠、徐、宿三州相继攻下,淮东平定。甲子,到濠州拜祭祖墓,设置守坟户二十家,赐给旧友汪文、刘英粮食和布匹。办酒席召乡亲父老开怀畅饮,说:"我离开乡里十余年,经过艰难百战,才得以回乡祭坟墓,与父老子弟再次相见。今日苦于不得久留与各位欢聚同乐。希望父老好好教育子弟孝顺父母、尊敬兄长、努力种田,不要远出经商,临淮郡县尚在遭受劫掠之苦,各位父老珍重自爱。"令有关部门免除租赋,众皆叩头谢恩。辛末,徐达攻克安丰,在徐州分兵打败扩廓帖木儿。夏五月壬午,自濠州回到应天。庚寅,命访求古今各种书籍。

秋八月庚戌,改建应天城,在钟山的南面建造新的宫殿。辛亥,任命徐达为大将军,常遇春为副将军,统兵二十万讨伐张士诚。在宫门誓师说:"攻下平江城之日,不要杀人抢掠,不要毁坏房舍,不要破坏田地。张士诚的母亲埋葬在平江城外,不要侵毁。"过后召问徐达、常遇春,此行用兵当先从何处入手。常遇春想直捣平江。太祖说:"湖州张天骐、杭州潘原明为张士诚的手臂手指,一旦平江受到困逼,两人必会全力入援,我军就难以取胜。不如先攻湖州,使敌疲于奔命,一旦将张士诚的羽翼分开,平江的形势就必然是孤立无援,立即可以攻破。"甲戌,在湖州打败张天骐,张士诚亲自率兵赴援,又在皂林被打败。九月乙未,李文忠攻打杭州。

冬十月壬子,常遇春在乌镇挫败张士诚的部队。十一月甲申,张天骐投降。辛卯,李文忠攻下余杭,潘原明投降,余杭周边各地也都攻下了。癸卯,合围平江。十二月,韩林儿去世。以明年为吴元年,建筑庙社宫殿,祭告山川诸神。有关部门进献宫殿图式,命令删去雕琢华丽的部分。

这年,元朝扩廓帖木儿与李思齐、张良弼构恶交怨,一再互相攻击,朝廷的命令得不到实行,中原地区的百姓日益困若。

至正二十七年春正月戊戌,指示中书省说:"东南地区长久以来遭受战争,民生凋敝不堪,我非常怜悯他们。而且太平、应天各府,是我渡江开创功业的地方,供应劳累已经很久了。而今户户空虚,官府又急于催征赋税,使我的百姓更加困难,他们将如何能够忍受。当赐免太平的田租两年,应天、镇江、宁国、广德各免一年。"二月丁未,傅友德在徐州打败扩廓帖木儿的部将李二,活捉了他。三月丁丑,开始设立文武科举取士的制度。

夏四月,方国珍暗中派人交通扩廓帖木儿和陈友定,太祖致信谴责他。五月己亥,开始设立翰林院。同月,因旱情严重减少膳费只吃素食,免除徐、宿、濠、泗、寿、邳、东海、安东、襄阳、安陆以及新近归附地区的田租三年。六月戊辰,下大雨旱象解除,群臣请恢复膳食。太祖说:"虽然下了雨,但庄稼已多受伤,当赐免百姓今年的田租。"癸酉,命令朝贺时撤去女乐。

秋七月丙子,赐给府州县官赴任时的道里费,并赐他们及其父母、妻子与长子不同等额的丝棉织品,从此立为一项法令。己丑,雷火震击宫门上的兽吻,赦免罪犯。庚寅,遣使责令方国珍进贡粮食。八月癸丑,建成圜丘、方丘、社稷坛。九月甲戌,太庙落成。朱亮祖统兵讨伐方国珍。戊寅,下诏说:"先王为政,治罪不连累妻子和儿女。自今开始除犯大逆不道的罪行之外,决不要连坐。"辛巳,徐达攻克平江,活捉张士诚,吴地平定。戊戌,遣使送信给元朝的君主,送元朝宗室神保大王等人回到北方。辛丑,论平定张士诚吴地的战功,封李善长为宣国公,徐达为信国公,常遇春为鄂国公,将士赏赐各有差别。朱亮祖攻克台州。癸卯,新宫殿落成。

冬十月甲辰,派遣起居注吴琳、魏观带着钱币到全国各地访求遗留在社会上贤能人士。丙午,令文武百官的礼仪以左为上。于是改李善长为左相国,徐达为右相国。辛亥,分别在安庆和江州祭祀元朝大臣余阙、李黼。壬子,置立御史台。癸丑,命汤和为征南将军,吴祯为副将军,兴师讨伐方国珍。甲寅,制定法令。戊午,端正郊社、太庙雅乐。

庚申,召集各位将领商议北伐。太祖说:"在山东王宣反叛,在河南扩廓帖木儿专横跋扈,在关、陇李思齐、张思道强横而猜忌,元朝的统治行将灭亡,中原生灵涂炭。今日我军即将北伐中原,拯救百姓于水深火热之中,如何才能决战决胜?"常遇春回答说:"用我们百战百胜的军队,去对付敌人长期闲逸的士兵,直捣元大都,必是势如破竹的形势。"太祖说:"元朝建国百年,守备必然坚固,若孤军深入,粮饷不能运到前方,而敌人则可援兵四集,那就是一条极为危险的道路。我想先取山东,撤其屏障,移师两河,破其藩篱,夺取潼关而坚守,控制敌人的门户。这样天下的山川地理就全都掌握在我们的手里,然后进兵,元朝大都势孤援绝,就可以不战而胜。再大张声势地向西进军,云中、九原、关、陇便可席卷而下了。"各位将领都称"善策"。

甲子,命徐达为征虏大将军,常遇春为副将军,统兵二十五万人,由淮河进入黄河,向北挺进夺取中原。命胡廷瑞为征南将军,何文辉为副将军,攻夺福建。命湖广行省平章杨璟、左丞周德兴、参政张彬挥师攻取广西。己巳,朱亮祖攻克温州。十一月辛巳,汤和攻克庆元,方国珍逃窜入海。壬午,徐达攻克沂州,斩杀王宣。己丑,命廖永忠为征南副将军,从海路会合汤和进讨方国珍。乙未,颁行《大统历》。辛丑,徐达攻克益都。十二月甲辰,颁布法令。丁未,方国珍投降,浙东平定。张兴祖攻下东平,兖州以东州县相继投降。己酉,徐达攻下济南。胡廷瑞攻下邵武。癸丑,李善长率领文武百官请登皇帝位,三次上劝进表,才同意。甲子,祈告上帝。庚午,廖永忠由海路攻克福州。

洪武元年(1368)春正月乙亥,在南郊祭祀天地,即皇帝位。定国号明,年号洪武。追尊高祖父为玄皇帝,庙号德祖;曾祖父为恒皇帝,庙号懿祖;祖父为裕皇帝,庙号熙祖;皇父为淳皇帝,庙号仁祖;母均为皇后。册立妃马氏为皇后,长子朱标为皇太子。任命李善长、徐达分别为左、右丞相,各位功臣各按等级晋升爵位。丙子,在全国颁布即皇帝位的诏书。追封皇伯父以下的皆为王。辛巳,命李善长、徐达等人兼任东宫官。甲申,遣使核定浙西田赋。壬辰,胡廷瑞攻克建宁。庚子,命邓愈为征戍将军,攻取南阳以北各州郡。汤和攻克延平,活捉元朝平章陈友定,福建平定。同月,全国府州县官到京师朝见。指示他们说:"全国刚刚平定,民力财力都甚为困难,重要的在于与民休养安息,只有廉明的人才能约制自己而有利于别人,希望各位以此自勉。"二月壬寅,制定祭祀天地和宗庙的礼仪,每年必亲自祭祀以成为制度。癸卯,命汤和提督海运。廖永忠为征南将军,朱亮祖为副将军,由海路夺取广东。丁未,在国子学用牛、羊、猪三牲祭祀先师孔子。戊甲,祭祀社稷。壬子,诏令衣冠按照唐代的制度。癸未,常遇春攻克东昌,山东平定。甲寅,杨璟攻克宝庆。三月辛末,命儒臣编写有关于妇女的戒律,告诫皇后和嫔妃不要干预朝政。壬申,周德兴攻克全州。丁酉,邓愈攻克南阳。己亥,徐达攻取汴梁,左君弼投降。

夏四月辛丑,蕲州进献竹席,予以拒绝,命各地不要随意妄献。廖永忠的部队到达广州,元朝守臣何真投降,广东平定。丁未,在太庙合祭祖宗。戊申,徐达、常遇春在洛水以北大败元兵,于是进围河南。梁王阿鲁温投降,河南平定。丁巳,杨璟攻克永州。甲子,巡幸汴梁。丙寅,冯胜攻克潼关,李思齐、张思道逃走。五月己卯,廖永忠攻下梧州,浔、贵、容、郁林各州皆投降。辛卯,令改汴梁路为开封府。六月庚子,徐达在汴梁行在朝见。甲辰,海南、海北各道投降。壬戌,杨璟、朱亮祖攻克靖江。

秋七月戊子,廖永忠攻下象州,广西平定。庚寅,赈济抚恤中原贫民。辛卯,即将回应天,指示徐达等人说:"中原百姓,长久以来为群雄所害,流离失所死亡相枕,所以朕命将北征,以拯救百姓于水深火热之中。元朝祖宗的功德在于人心,他的子孙不顾百姓的困苦,因此引起上天的厌烦抛弃他们。元朝的君主是有罪的,而百姓却是无辜的。以往改朝换代的时候,肆行屠戮,违背天意,虐害百姓,朕实在不忍心。各位将领攻克城池,决不要恣行烧、抢和乱杀人,元朝的宗室皇亲,要全部予以保全。这样才能对上报答天心、对下安慰人民的愿望,以符合朕讨伐罪人、安抚百姓的心意。不遵命的必罚无赦。"丙申,命冯胜留守开封。闰七月丁未,自开封回到应天。己酉,徐达在临清会合各位将帅的部队。壬子,常遇春攻克德州。丙寅,攻克通州,元顺帝急走上都。同月,召集全国的贤德之人为府州县官。免去吴江、广德、太平、宁国、滁、和受灾地方的田租。

八月己巳,以应天为南京、开封为北京。庚午,徐达进入元大都,查封库府图册书籍,守卫宫门,禁止士兵侵害百姓,派将领巡视古北口的各个险要的关口。壬申,因为京师发生火灾、四方水旱,诏令中书省集议便民事宜。丁丑,制定吏、户、礼、兵、刑、工六部的官制。御史中丞刘基退休。己卯,赦免判处斩首以下的罪犯。将士入伍从征的抚恤其家,因拖欠赋税而逃亡的准许自首。对新攻克的州县不要非法杀戮。运送田赋路途遥远的,由官军中途转运,灾荒要如实奏报。免去镇江租税。避乱的百姓回家复业的,准许开垦荒地,三年免纳租税。衍圣公袭封以及任命曲阜知县,一律按照前代的旧制。有关部门应当以礼聘请贤能之人,学校不要从事毫无意义的礼节。刑罚要平恕宽大,不要在法定以外的时间处决囚犯,废除书籍和农具的税收。免去民间旧欠的赋税。蒙古人、色目人凡有才能的,准许提拔任用。鳏寡孤独残疾的,慰问救济他们。百姓年七十岁以上的,一个儿子免除徭役。其他的利与害当兴当除而没有写在即位诏书之内的,有关部门要如实具文禀报。壬午,巡幸北京。令改大都路为北平府。召集元朝的旧臣为新政府效劳。癸未,命徐达、常遇春攻取山西。甲午,释放元朝的宫女。九月癸亥,下诏说:"天下的长治久安,由天下的贤人共同治理。现今贤士多隐居于山林岩穴,究竟是有关部门失职没有诚恳聘请?还是朝廷礼待不周,抑或是朕寡闻愚昧不能招贤?将在位的壅蔽起来致使他们的情况不能为上面所了解?不然的话,贤士大夫,自幼勤学年壮力行,岂甘心埋没于世而后已。天下刚刚平定,朕愿与各位儒臣共同讲求为政清明的统治方法。凡是能够帮助朕为百姓谋利益的,有关部门一定要用礼调遣送来。"乙丑,常遇春攻下保定,于是进军真定。

冬十月庚午,冯胜、汤和攻下怀庆,泽、潞相继攻下。丁丑,自北京回到京师。戊寅,因元大都平定,下诏告知全国。十一月己亥,遣使分赴全国各地,访求贤才。庚子,开始在天坛圜丘祭祀上帝。癸亥,命令刘基回京师。十二月丁卯,徐达攻克太原,扩廓帖木儿逃走甘肃,山西平定。己巳,设置登闻鼓。壬辰,致信劝谕明升。

洪武二年春正月乙巳,在鸡笼山建立功臣庙。丁未,到太庙祭祀祖宗。庚戌,下诏说:"朕本为淮右的普通百姓,因为天下大乱,率众渡长江,保民图治,至今已十有五年。承蒙上天眷顾保佑,均已平定。因此命将北征,齐、鲁的百姓不远千里送粮饷军。朕时刻惦念着他们的功苦,已免去他们洪武元年的田租。又因为遭受旱灾百姓的困苦仍未解除,当再赐免他们的田租一年。不久以前,大军平定燕都,进攻晋、冀,百姓遭受兵火,苦于征敛,北平、燕南、河东、山西今年的田租也准予免除。河南各地归附,早就想施恩惠于他们,因为西北尚未平定,军队要经过该地,所以没有空闲。现今晋、冀俱已平定,西抵达潼关,北以大河为界,南至唐、邓、光、息,今年的税粮全部予以免除。"又下诏说:"应天、太平、镇江、宣城、广德供应了大量的粮食。去年免租,由于遇到干旱下面的百姓并没有得到实惠。应当再免以上各府州以及无为州今年的田租。"庚申,常遇春攻取大同。同月,倭寇侵扰山东沿海郡县。二月丙寅初一,下令纂修《元史》。壬午,耕耘耤田。三月庚子,徐达到达奉元,张思道逃走。救济陕西饥民,每户给米两石。丙午,常遇春到凤翔,李思齐逃奔临洮。

夏四月丙寅,常遇春回师北平。己巳,各位王子从博士孔克仁读经史。令功臣子弟入学。乙亥,编辑《祖训录》,确定分封诸王的制度。徐达攻下巩昌。丙子,赐免秦、陇新近归附州县的税粮。丁丑,冯胜到临洮,李思齐投降。乙酉,徐达在西安用计攻破元朝的豫王。五月甲午初一,日蚀。丁酉,徐达攻下平凉、延安。张良臣在庆阳投降,不久叛变。癸卯,在方丘祭祀地神。六月己卯,常遇春攻克开平,元顺帝向北逃走。壬午,封陈日煃为安南国王。

秋七月己亥,鄂国公常遇春死于军队里,命李文忠统领他的部队。扩廓帖木儿遣将攻破原州、泾州。辛酉,冯胜把他打败赶走。丙辰,明升遣使到京师。八月丙寅,元兵进攻大同,李文忠将其击败。己巳,制定内侍官职制度。指示吏部说:"内臣只用于备使唤,人不要多,自古以来他们擅权,可为鉴戒。驾驭他们的方法,当使其害怕法律,不要让其有功劳,有功劳就会骄横恣肆。"癸酉,《元史》修成。丙子,封王颛为高丽国王。癸未,徐达攻克庆阳,斩死张良臣,陕西平定。同月,命儒臣编纂礼书。九月辛丑,召徐达、汤和回京师,冯胜留下总督军事。癸卯,将临濠定为中都。戊午,征南部队班师回朝。

冬十月壬戌,派遣杨璟对明升进行警告劝诫。甲戌,钟山降甘露,群臣请祭告太庙,不准。辛卯,命令全国府州县建立学校。同月,遣使送信给元顺帝。十一月乙巳,在圜丘祭祀上帝,以仁祖为配祭。十二月甲戌,封阿答阿者为占城国王。甲申,救济西安各府的饥民,每户发给米两石。己丑,大赏平定中原以及南征的将士。庚寅,扩廓帖木儿攻打兰州,指挥于光遇难。

这一年,占城、安南、高丽到京师朝贡。

洪武三年春正月癸巳,命徐达为征虏大将军,李文忠、冯胜、邓愈、汤和为副将军,分道北征。二月癸未,追封郭子兴为滁阳王。戊子,下诏访求堪任六部官员的贤能才士。同月,李文忠攻下兴和,进军察罕脑儿,俘获元朝平章竹贞。三月庚寅,免征南畿,河南、山东、北平、浙东、江西广信、饶州今年的田租。

夏四月乙丑,封皇子朱樉为秦王,朱棡为晋王,朱棣为燕王,朱橚为吴王,朱桢为楚王,朱榑为齐王,朱梓为潭王,朱杞为赵王,朱檀为鲁王,从孙朱守谦为靖江王。徐达在沈儿峪大败扩廓帖木儿,尽降其众,扩廓逃走和林。丙戌,元顺帝死于应昌,其子爱猷识理达腊嗣位。同月,慈利土官覃厚叛乱。五月己丑,徐达攻取兴元。分派邓愈招谕吐蕃。丁酉,命令府州县官推举学识渊博,德行良好,意志坚定的贤人。己亥,开设科举取士。甲辰,李文忠攻克应昌。元朝嗣君向北出走,俘获其子买的里八剌,降

其众五万余人,穷追元朝嗣君到北庆州,不及而还。丁未,下诏实行大射礼。戊申,在方丘祭祀土地神,以仁祖为配祭。辛亥,徐达攻下兴元。邓愈攻克河州。诏令开国时的将帅凡无子继嗣的俸禄由家人享受。同月天旱,斋戒,皇后和嫔妃亲自烧火做饭,皇太子和各王由斋所馈送。六月戊午初一,穿素服草鞋,步行祈祷山川诸神,露宿了三天,回来在西庑吃素。辛酉,赏赐将士,减少狱囚,命有关部门访求精通经术明识治国之道的人士。壬戌,下大雨。壬申,李文忠进呈的捷

报到达京师,命令过去曾在元朝政府做过官的不要参加庆贺。谥元王为元顺帝。癸酉,买的里八剌到京师,群臣请举行献俘礼。太祖高皇帝说:"周武王讨伐殷商时曾用过这种方式吗?"中书省的官员以唐太宗曾经举行过这种典礼回答太祖高皇帝。太祖高皇帝说:"唐太宗只是对待王世充而已。假如遇到隋朝的子孙,恐怕就不会这样了。"于是不允许。又因李文忠的捷报浮侈之辞过多,对宰相说:"元朝统治中国百年,朕与你等人的父母都依赖其生存,为何使用如此轻浮刻薄的语言,赶快改正。"乙亥,封买的里八剌为崇礼侯。丙子,在南郊举行告捷典礼。丁丑,禀告太庙,下诏通告全国。辛巳,迁移苏州、松江、嘉兴、湖州、杭州无业的居民到临濠种田,官府供给粮食、耕牛和种子,并免纳三年的赋税。同月,倭寇侵犯山东、浙江、福建沿海州、县。

秋七月丙辰,明升的部将吴友仁进犯汉中,参政傅友德将其击退。中书省左丞杨宪犯罪被杀。八月乙酉,派遣使臣收埋中原地区的尸骨。

冬十月丙辰,命儒士轮流在午门值班,为武臣讲解经史。癸亥,命周德兴为征南将军,讨伐覃厚,覃厚逃走。辛巳,送信给元朝的嗣君。十一月壬辰,北征的部队班师回朝。甲午,在南郊和太庙宣告武事成功。丙申,大封功臣。晋升李善长为韩国公,徐达为魏国公,封李文忠为曹国公,冯胜为宋国公,邓愈为卫国公,常遇春的儿子常茂为郑国公,汤和等二十八人为侯。己亥,设坛亲自奠祭在战场上牺牲的将士。庚戌,在圜丘祭祀上帝。辛亥,令户部置立户籍、户帖,每年统计户口增减之数报告皇帝,从此成为一项法令。乙卯,封中书省右丞汪广洋为忠勤伯,御史中丞刘基为诚意伯。十二月癸亥,再次送信给元朝的嗣君,并招谕和林各部。甲子,修建奉先殿。庚午,遣使祭祀历代帝王的陵墓,并加以整修。己卯,赐给勋臣田土。壬午,由正月至本月,太阳屡次出现黑子,下诏求廷臣直言时政得失。

这一年,占城、爪哇、西洋入京师朝贡。

洪武四年正月丙戌,李善长罢官,命汪广洋为右丞相。丁亥,令中山侯汤和为征西将军,江夏侯周德兴、德庆侯廖永忠为副将军,统率水军由瞿塘出发,颍川侯傅友德为征虏前将军,济宁侯顾时为副将军,率领步兵和骑兵由秦、陇启程共同讨伐蜀。魏国公徐达在北平练兵。戊子,命卫国公邓愈督运粮饷供应征蜀的部队。庚寅,在中都修建祭祀天地之坛和太庙。丁未,下诏开设科举取士连续举行三年,今后每三年举行一次。戊申,免征山西遭受旱灾地区的田租。二月甲戌,巡幸中都。壬午,自中都回到京师。元朝平章刘益在辽东投降。同月,免除太平、镇江、宁国的田租。三月乙酉初一,开始亲自考试全国的贡士,分别赐吴伯宗等人为进士及第、进士出身。乙巳,迁山后居民一万七千户到北平屯田。丁未,诚意伯刘基退休。

夏四月丙戌,傅友德攻克阶州,文、隆、绵三州相继攻下。五月,免去江西、浙江的秋粮。六月壬午,傅友德攻克汉州。辛卯,廖永忠攻克夔州。戊戌,明升的部将丁世贞攻破文州,守将朱显忠被害。癸卯,汤和到重庆,明升投降。戊申,倭寇侵犯胶州。同月,迁山后居民三万五千户入内地,又迁移沙漠遗民三万二千户到北平屯田。

秋七月辛亥,徐达在山西练兵。辛酉,傅友德攻下成都,四川平定。乙丑,明升到京师,封为归义侯。八月甲午,免去中都、淮、扬以及泰、滁、无为的田租。己酉,救济陕西饥民。同月,高州的海寇作乱,通判王名善遇难。九月庚戌初一,日蚀。

冬十月丙申,征蜀大军凯旋归来。十一月丙辰,在圜丘祭祀上帝。庚申,命令官吏犯贪污赃私罪的决不轻贷。这一月,赐免陕西、河南受灾地区的田租。十二月,召徐达回京师。

这一年,安南、浡泥、高丽、三佛齐、暹罗、日本、真腊入京师朝贡。

洪武五年春正月癸丑,待制王袆奉命出使云南,诏谕元朝梁王把匝剌瓦尔密。王袆到云南后,不屈而死。乙丑,将陈理、明升迁居高丽。甲戌,命魏国公徐达为征虏将军,出雁门关,进军和林,曹国公李文忠为左副将军,出应昌,宋国公冯胜为征西将军,攻取甘肃,征讨扩廓帖木儿。命靖海侯吴祯总督海运,供应辽东军饷。令卫国公邓愈为征南将军,江夏侯周德兴、江阴侯吴良为副将军,分道讨伐湖南、广西洞蛮。二月丙戌,安南陈叔明杀其国王陈日煃而自立为王,遣使来京师朝贡,予以拒绝。三月丁卯,都督佥事蓝玉在土剌河打败扩廓帖木儿。

夏四月己卯,赈济济南、莱州的饥民。戊戌,开始实行乡饮酒礼。庚子,邓愈讨平散毛各洞蛮。五月壬子,徐达在岭北遇到元兵双方交战,失利。这一月,下诏说:"天下已经平定,礼仪风俗不可不正。凡遭遇战乱而沦为他人奴隶的一律恢复为平民。饥寒交迫的由村里的富户借贷给他们,孤寡残疾的由官府予以抚养,不要使他们流离失所。乡里关系讲究年龄,相见时行揖拜礼,不要违背礼节。婚姻不要讲钱财。办理丧事要根据自家有无能力,不要迷惑和拘束于阴阳风水的忌讳,将棺材停放在外而不埋葬。流民复业为农的各依丁力多寡耕种田地,不要受到原有田土的限制。僧道打斋建醮做法事时男女混杂,恣行饮食的,有关部门要严加惩治。闽、粤势豪大户不得阉割他人的儿子为火者,犯者抵罪。"六月丙子,制定宦官禁令。丁丑,制定宫廷女职官的制度。戊寅,冯胜攻克甘肃,在瓜、沙州追击打败元兵。癸巳,制定六部的职权以及年终考核政绩的办法。壬寅,吴良平息靖州蛮。甲辰,李文忠在阿鲁浑河打败元兵,宣宁侯曹良臣战死。乙巳,制作铁榜告诫功臣。这一月,赈济山东饥民,免除受灾郡县的田租。

秋七月丙辰,汤和在断头山遇到元兵双方交战,失利。八月丙申,吴良讨平五开、古州各蛮。甲辰,元兵进犯云内,同知黄里被害。九月戊午,周德兴平息婪凤、安田各蛮。

冬十月丁酉,冯胜班师回朝。同月,免去应天、太平、镇江、宁国、广德的田租。十一月辛酉,在圜丘祭祀上帝。甲子,征南大军凯旋归来。壬申,纳哈出进犯辽东。这一月,召徐达、李文忠回京师。十二月甲戌,命令用重视农桑和学校考核有关部门的政绩。辛巳,命令文武官员奏事要先报告皇太子。庚子,命邓愈为征西将军,统兵征讨吐番。壬寅,送信给元朝嗣君。

这一年,琐里、占城、高丽、琉球、乌斯藏到京师朝贡。高丽贡使再来,令自此之后每三年朝贡一次。

洪武六年春正月甲寅,贬谪汪广洋为广东参政。二月乙未,令暂时停止科举考试,访察举荐贤能才士。壬寅,命御史及按察使考察有关部门的官员。三月癸卯初一,日蚀。颁布《昭鉴录》,训诫各位亲王。戊申,举行大规模的阅兵典礼。壬子,命徐达为征虏大将军,李文忠、冯胜、邓愈、汤和为副将军,整顿山西、北平边备。甲子,命指挥使於显为总兵官,防备倭寇。

夏四月己丑,命令有关部门进呈有关山、河险易的形势图。六月壬午,盱眙进献象征祥和的麦穗,上供太庙。壬辰,扩廓帖木儿派兵攻打雁门关,指挥吴均将其击退。同月,免去北平、河间、河南、开封、延安、汾州受灾地区的田租。

秋七月己丑,命令户部稽查自从渡江以来各省水旱灾害的情况,给予优免和抚恤。壬子,命胡惟庸为右丞相。八月乙亥,下令祭祀三皇和历代帝王。

冬十月辛巳,召徐达、冯胜回京师。十一月壬子,扩廓帖木儿进犯大同,徐达命将打败他,徐达仍然留下镇守那里。甲子,派遣兵部尚书刘仁救济真定的饥民。丙寅,冬至,太祖高皇帝身体不安适,更改卜郊的日期。闰十一月乙亥,录用已故功臣的子孙尚未嗣爵的计二百零九人。壬午，在圜丘祭祀上帝。庚寅，颁定《大明律》。

这一年，暹罗、高丽、占城、真腊、三佛齐入京师朝贡。命令安南陈叔明暂时代理国事。

洪武七年春正月甲戌，都督金事王简、王诚，平章李伯升，分别到河南、山东、北平屯田。命靖海侯吴祯为总兵官，都督於显为副总兵官，巡视海防缉捕倭寇。二月丁酉初一，日蚀。戊午，整修曲阜孔子庙，开设孔学、颜学、孟学。同月，平阳、太原、汾州、历城、汲县发生旱灾和蝗灾，一并免予交纳租税。

夏四月己亥，都督蓝玉在白酒泉打败元兵，于是夺取兴和。壬寅，金吾指挥陆龄讨伐永、道各州蛮，平息了他们。五月丙子，免去真定等四十二个府州县受灾地区的田租。辛巳，赈济苏州饥民三十万户。癸巳，将苏、松、嘉、湖租额极重的田租减去一半。六月，陕西平凉、延安、靖宁、鄜州降大雨和冰雹，山西、山东、北平、河南发生蝗灾，一并免去田租。

秋七月甲子，李文忠在大宁、高州攻破元兵。壬申，倭寇侵犯登、莱。八月甲午初一，祭祀历代帝王庙。辛丑，下诏令军士阵亡，而其父母妻子儿女不能养活自己的，由官府予以抚养。百姓因逃避兵祸流离失散或者死于外乡，留下老幼，一概由官府帮助送回。在远处做官死于任上，妻子儿女不能回归的，由有关部门提供船、车送回。庚申，救济河间、广平、顺德、真定的饥民，减免租税。九月丁丑，遣送崇礼侯买的里八剌北归，送信给元朝嗣君。

冬十一月壬戌，纳哈出进犯辽阳，千户吴寿将其击退。在圜丘祭祀上帝。十二月戊戌，召邓愈、汤和回京师。

这一年，阿难功德国、暹罗、琉球、三佛齐、乌斯藏、撒里、畏兀儿入京师朝贡。

洪武八年春正月辛未，在鸡笼山功臣庙里增加祭祀一百零八人。癸酉，命有关部门访察鳏寡孤独的贫困百姓，供给他们房舍和衣、食。辛巳，命邓愈、汤和等十三人在北平、陕西、河南屯田守边。丁亥，令全国建立社学。同月，黄河在开封决堤，征发民夫堵塞决口。二月甲午，宽待杂犯死罪以下和犯私罪的官吏，贬到凤阳从事运输、制作和屯种作为赎罪。癸丑，耕耤籍田。召徐达、李文忠、冯胜回京师，傅友德等人留下镇守北平。三月辛酉，建立钞法。辛巳，停止宝源局铸钱。

夏四月辛卯，巡幸中都。丁巳，自中都回到京师。免去彰德、大名、临洮、平凉、河州受灾地区的田租。停止营建中都。退休的诚意伯刘基去世。五月己巳，命永嘉侯朱亮祖同傅友德一起镇守北平。六月壬寅,指挥同知胡汝平息贵州蛮。

秋七月己未初一,日蚀。辛酉,改建太庙。壬戌,召傅友德、朱亮祖回京师,李文忠、顾时镇守山西、北平。戊辰,命令文武百官为父母奔丧的不必等待批准才动身。京师发生地震。丁丑,免去应天、太平、宁国、镇江以及蕲、黄各府受灾地区的田租。八月己酉,元朝扩廓帖木儿去世。

冬十月丁亥,令推举品行端正通达时务的富民。壬子,命皇太子和各位亲王到中都讲习军事。十一月丁丑,在圜丘祭祀上帝。十二月戊子,京师发生地震。甲寅,遣使救济苏州、湖州、嘉兴、松江、常州、太平、宁国、杭州水灾。同月,纳哈出进犯辽东,指挥马云、叶旺大败其众。

这一年,撒里、高丽、占城、暹罗、日本、爪哇、三佛齐入京师朝贡。

洪武九年春正月,中山侯汤和,颍川侯傅友德,都督佥事蓝玉、王弼,中书右丞丁玉,到延安整饬边防。三月己卯,下诏说:"近年西征燉煌,北伐沙漠,军需武器,皆取给于山西、陕西,又因修建秦王、晋王二府宫殿,使我的百姓负担更重。全国平定以来,平民百姓未得到休息。国都始建、土木屡兴。京师附近的地区已经极度劳累,外郡也因转运各种物资而疲乏不堪。现在积蓄储备尚有盈余,淮、扬、安、徽、池五府以及山西、陕西、河南、福建、江西、浙江、北平、湖广今年的田租,全部准予免纳。"

夏四月庚戌,京师自去年八月以来一直没有下雨,今日才下雨。五月癸酉,自庚戌下雨,至今日始为晴天。六月甲午,改行中书省为承宣布政使司。辛丑,李文忠回京师。

秋七月癸丑初一,日蚀。同月,免苏、松、嘉、湖水灾地区的田租,救济永平的旱灾。元将伯颜帖木儿进犯延安,傅友德将其打败并收降他。八月己酉,遣官视察历代帝王的陵墓,禁止放牧,并置立守陵户。命令对忠臣烈士祠,有关部门要经常进行修缮。分别派遣国子生到各处修建五岳、各方主山、大海、大川的祭祠。西番朵儿只巴进犯罕东,河州指挥甯正将其击退。闰九月庚寅,因发生灾害下诏要求臣民直言朝政得失。

冬十月己未,太庙建成,自此实行合祭祖宗。丙子,命令秦、晋、燕、吴、齐各王到凤阳带领军队。十一月壬午,在圜丘祭祀上帝。戊子,迁山西及真定没有产业的百姓到凤阳耕种田地。十二月甲寅,救济畿内、浙江、湖北水灾。己卯,派遣都督同知沐英乘驿站的车马到陕西慰问民间疾苦。

这一年,览邦、琉球、安南、日本、乌斯藏、高丽入京师朝贡。

洪武十年春正月辛卯,用羽林等卫的军队加强秦、晋、燕三王府的护卫力量。这个春季,救济苏、松、嘉、湖水灾。

夏四月己酉,命邓愈为征西将军,沐英为副将军,统兵征讨吐番,将其打得大败。这一月,救济太平、宁国以及宜兴、钱塘各县水灾。五月庚子,命韩国公李善长、曹国公李文忠总领中书省、大都督府、御史台,商议军国大事。癸卯,赈济湖广水灾。丙午,户部主事赵乾因救济荆、蕲行动迟缓,被处决。六月丁巳,下诏令臣民上书言事的可以密封直接送到皇帝面前。丙寅,命令政事先经皇太子裁决然后再奏闻。

秋七月甲申,设置通政司。同月,开始派遣御史巡按全国各州县。八月庚戌,在南郊改建大祀殿。癸丑,推选武臣的子弟入国子监读书。九月丙申,救济绍兴、金华、衢州水灾。辛丑,任命胡惟庸为左丞相,汪广洋为右丞相。

冬十月戊午,封沐英为西平侯。辛酉,赐给文武百官公田。十一月癸未,卫国公邓愈去世。丁亥,在奉天殿合祭天地。同月,免去河南、陕西、广东、湖广的田租。威茂蛮发动叛乱,命御史大夫丁玉为平羌将军,发兵讨平它。十二月乙巳初一,日蚀。丁未,录用已故功臣的子孙五百余人,各授以不同的官职。

这一年,占城、三佛齐、暹罗、爪哇、真腊到京师朝贡。高丽的使者先后五次到京师,因该国嗣王未立,拒绝了他们的要求。

洪武十一年正月春甲戌,封皇子朱椿为蜀王,朱柏为湘王,朱桂为豫王,朱楧为汉王,朱植为卫王。改封吴王朱橚为周王。己卯,进封汤和为信国公。这一月,征召全国布政使以及知府来京师朝见。二月,指挥胡渊平息茂州蛮。三月壬午,命令奏事不要报告中书省。这一月,将进京师朝见的官员按其政绩分为三等。

夏四月,元朝嗣君爱猷识理达腊死亡,其子脱古帖木儿嗣位。五月丁酉,遣使慰问苏、松、嘉、湖遭受水灾的百姓,每户赐给米一石,免去旧欠的赋税六十五万余石。六月壬子,遣使吊祭已故的元朝嗣君。己巳,五开蛮反叛,杀死靖州指挥过兴,以辰州指挥杨仲名为总兵官,兴师讨伐它。

秋七月丁丑,救济平阳饥民。同月,苏、松、扬、台海水涨溢,派遣官员前往慰问抚恤。八月,免征应天、太平、镇江、宁国、广德各府州的秋粮。九月丙申,追封刘继祖为义惠侯。

冬十月甲子，太祀殿落成。十一月庚午，征西将军西平侯沐英率领都督蓝玉、王弼讨伐西番。同月，五开蛮平定。

这一年，暹罗、阇婆、高丽、琉球、占城、三佛齐、朵甘、乌斯藏、彭亨、百花入京师朝贡。

洪武十二年春正月己卯，开始在南郊合祭天地。甲申，洮州十八族番发动叛乱，命沐英转移部队前去讨伐。丙申，丁玉平息松州蛮。二月戊戌，由李文忠督理河、岷、临、巩军事。乙巳，下诏说："今春雨雪连绵数十日不止，全国有许多贫民饥寒交困，当令有关部门给钞救济。"丙寅，信国公汤和率领各侯赴临清练兵。

夏五月癸未，免征北平的田租。六月丁卯，都督马云出征大宁。

秋七月丙辰，丁玉回师讨伐眉县的妖贼，尽歼其众。己未，令李文忠回京师掌领大都督府的事务。八月辛巳，下诏令凡是退休的官员免去其家的徭役，终身不必负担。九月己亥，沐英大败西番，活捉其部长和三副使。

冬十一月甲午，沐英班师回朝，封仇成、蓝玉等十二人为侯。庚申，大宁平定。十二月，汪广洋被贬到广南，赐其自尽。召全国各地博学老成的人士到京师。

这一年，占城、爪哇、暹罗、日本、安南、高丽入京师朝贡。高丽进贡黄金一百斤，白银一万两，因其不按照条约的规定，予以拒绝。

洪武十三年春正月戊戌，左丞相胡惟庸谋反，与其党羽御史大夫陈宁、中丞涂节等人皆被处死。癸卯，在南郊隆重祭祀天地。罢中书省，废除丞相等官。重新规定六部官的品级，改大都督府为中、左、右、前、后五军都督府。二月壬戌初一，下诏令推举聪明正直、孝顺父母、尊敬兄长、努力种田、德才兼备、精通文学和治国策略的人士。发放朱砂的凭证，检查全国金谷的数量。戊戌，令文武官年六十以上的准其自动退休，发给诰敕。三月壬辰，减免苏、松、嘉、湖重赋田租的十分之二。壬寅，燕王朱棣到达封国北平。壬子，沐英在亦集乃奇袭元将脱火赤，活捉他，尽降其众。

夏四月己丑，命令群臣各自举荐自己所了解的贤德才士。五月甲午，雷震谨身殿。乙未，大赦囚犯。丙申，释放在京师和临濠屯田以及输作的罪犯。己亥，下令免征全国各地的田租。胥吏因犯错误而被罢官的准其恢复原职。壬寅，都督濮英进军赤斤站，俘获过去元朝的豳王亦怜真及其家奴，凯旋而归。同月，罢御史台。下诏令入伍从征的士兵年老有病的准许由子替代，年老而无子的以及寡妇,均由有关部门帮助遣送回家。六月丙寅,雷震奉天殿,离开正殿反省自己的过失。丁卯,下令罢去修建王府的工役。丁丑,设置谏院官。

秋八月,命令全国各地学校的师生,每日由国家供给膳食。九月辛卯,令景川侯曹震、营阳侯杨璟、永城侯薛显到北平屯田。乙巳,天寿节,开始接受群臣朝贺,并在谨身殿设宴招待他们,自此成为制度。丙午,设置四辅官,禀告太庙。以儒士王本、杜佑、龚斅、杜斅、赵民望、吴源分别为春、夏官。同月,命令在陕西的卫所军队以三分之二屯田。翰林院学士承旨宋濂被安置到茂州,在途中逝世。

冬十一月乙未,徐达回京师。丙午,元朝平章完者不花、乃儿不花进犯永平,指挥刘广战死,千户王辂把他们击败,擒获完者不花。十二月,全国府州县所推举的士人到达京师的计八百六十余人,各授以不同级别的官职。南雄侯赵庸镇守广东,进讨阳春蛮。

这一年,琉球、日本、安南、占城、真腊、爪哇到京师朝贡。其中日本因没有进贡表而被拒绝。

洪武十四年春正月戊子,命徐达为征虏大将军,汤和、傅友德分别为左、右副将军,统兵进讨乃儿不花。令新任命的官员各自举荐自己所了解的品学兼优的人士。乙未,在南郊隆重祭祀天地。壬子,停止全国每年制造兵器。癸丑,命令公、侯的子弟入国子学读书。丙辰,下诏访求隐居山林的贤人。二月庚辰,查核全国各地的官田。三月丙戌,大赦囚犯。辛丑,向北方地区的学校颁行《五经》《四书》。

夏四月庚午,命徐达统率各位将领出塞外,至北黄河,击败元兵,俘获全宁四部回到北平。五月,五溪蛮叛乱,江夏侯周德兴出兵讨伐,平息了他们。

秋八月丙子,下诏访求精通经术而又老成的人士,由有关部门礼送京师。庚辰,黄河在原武、祥符、中牟一带决口。辛巳,徐达回京师。九月壬午初一,命傅友德为征南将军,蓝玉、沐英分别为左、右副将军,统兵出征云南。徐达镇守北平。丙午,令周德兴转移部队讨伐施州蛮,一举平息。

冬十月壬子初一，日蚀。癸丑，命令司法部门审核记录囚犯的罪状，并会同翰林院、给事中以及春坊官共同商议公正合理的处理意见然后奏闻。甲寅，免去应天、太平、广德、镇江、宁国的田租。癸亥，分别派遣御史到全国各地检查记录囚犯的罪状。己卯，延安侯唐胜宗举兵讨伐浙东的山寇，平息其乱。十一月壬午，吉安侯陆仲亨镇守成都。庚戌，赵庸讨伐广州海寇，大败其众。十二月丁巳，命令翰林院和春坊官考核驳正各衙门的章奏。戊辰，傅友德在白石江大败元兵，于是进军曲靖。壬申，元朝梁王把匝剌瓦尔密逃到普宁自杀。

这一年，暹罗、安南、爪哇、朵甘、乌斯藏入京师朝贡。因安南侵犯思明，不予接纳。

洪武十五年春正月辛巳，在谨身殿宴请群臣，开始使用九奏乐。景川侯曹震、定远侯王弼攻下楚威路。壬午，元朝曲靖宣慰司以及中庆、澄江、武定各路皆投降，云南平定。己丑，令减少已被判为死刑的囚徒。乙未，在南郊隆重祭祀天地。庚戌，命令全国到京师朝见的官员各举荐一名自己所熟悉的贤能之士。二月壬子，黄河在河南决堤，命驸马都尉李祺前往救济。甲寅，为云南平定，下诏告知全国。闰二月癸卯，蓝玉、沐英攻克大理，分兵攻打鹤庆、丽江、金齿，均取得胜利。三月庚午，黄河在朝邑决堤。

夏四月甲申，把元朝梁王把匝剌瓦尔密以及威顺王的儿子伯伯等人的家属迁移到耽罗。丙戌，下诏令全国各地一律祭祀孔子。壬辰，免征畿内、浙江、江西、河南、山东的税粮。五月乙丑，国子学落成，陈设酒食祭奠先师孔子。丙子，广平府吏王允道上书请求开炼磁州铁矿。太祖高皇帝说："朕听说过做帝王的人必须使全国没有被遗弃的贤人，从未听说要没有遗留下来的财利。现今兵器并不缺乏，而且百姓的本业已经稳定，开矿不但对国家毫无益处，且会重新扰乱百姓。"为此杖打王允道，并把他流放到岭南。丁丑，派遣行人访求精通经术、德行良好的才士。

秋七月乙卯，黄河在荥泽、阳武一带决堤。辛酉，罢免四辅官。乙亥，傅友德、沐英出击乌撒蛮，大败其众。八月丁丑，再次设科举取士，令每三年举行一次，由此成为制度。丙戌，高皇后马氏逝世。己丑，命延安侯唐胜宗、长兴侯耿炳文在陕西屯田。丁酉，提拔秀才曾泰为户部尚书。辛丑，命令召到京师的秀才分别到吏、户、礼、兵、刑、工六科试用。九月己酉，吏部将精通经术、德行良好的才士郑韬等三千七百余人召入京师拜见，太祖令其举荐自己所了解的贤人，然后派遣使者征召他们。赐给郑韬等人钞,过后各授以布政使、参政等不同级别的官职。庚午,安葬孝慈皇后于孝陵。

冬十月丙子,设置都察院。丙申,检察记录囚犯的罪状。甲辰,徐达回到京师。同月,广东群盗平定,命赵庸班师回朝。十一月戊午,设置殿阁大学士,由邵质、吴伯宗、宋纳、吴沉四人担任。十二月辛卯,救济北平受灾地区的屯田士兵。己亥,命永城侯薛显督理山西军务。

该年,爪哇、琉球、乌斯藏、占城入京师朝贡。

洪武十六年春正月乙卯,在南郊隆重祭祀天地。戊午,令徐达镇守北平。二月丙申,首次命令全国各地学校的岁贡士到京师。三月甲辰,召征南部队回京师,沐英留下镇守云南。丙寅,下令免除凤阳、临淮二县百姓的徭役和赋税,世世代代永不负担。

夏五月庚申,免征畿内各府的田租。六月辛卯,免征畿内十二个州县养马户的田租一年,其中滁州免征两年。

秋七月,分别派遣御史到各地检察记录囚犯的罪状。八月壬申初一,日蚀。九月癸亥,命申国公邓镇为征南将军,讨伐龙泉山的寇盗,荡平其众。

冬十月丁丑,召徐达等人回京师。十二月甲午,刑部尚书开济犯罪被杀。

这一年,琉球、占城、西番、打箭炉、暹罗、须文达那入京师朝贡。

洪武十七年春正月丁未,在南郊隆重祭祀天地。戊申,命徐达镇守北平。壬戌,汤和巡视沿海各城防备倭寇。三月戊戌初一,颁行科举取士的规则。曹国公李文忠逝世。甲子,大赦全国各地的囚犯。

夏四月壬午,论平定云南的战功,进封傅友德为颍国公、陈桓等四人为侯,大赏将士。庚寅,收埋阵亡将士的尸骨。增建国子监的学舍。五月丙寅,凉州指挥宋晟在亦集乃征讨西番,打败他们。

秋七月戊戌,严禁内官干预外廷的事务,敕令外廷各衙门不得和内官监互相往来公文。癸丑,下诏令文武百官回家迎接父母奉养于任所的,由官府供给船、车。丁巳,免征畿内今年田租的一半。庚申,检察记录囚犯的罪状。壬戌,盱眙县有人进献天书,令斩死他。八月丙寅,黄河在开封决口。壬申,黄河在杞县决口,派官员去堵塞。己丑,下令免去河南等省旧欠的赋税。

冬十月丙子,河南、北平发生大水,分别派遣驸马都尉李祺等人前去救济。闰十月癸丑,诏令全国各地的罪囚,先由刑部、都察院审议,再由大理寺覆审定罪,然后报请皇帝裁决。同月,召徐达回京师。十二月壬子,免去云南旧欠的赋税。

这一年,琉球、暹罗、安南、占城入京师朝贡。

洪武十八年春正月辛末,在南郊隆重祭祀天地。癸酉,令入京师朝见的官员分五等考核政绩,罢降进升各有差别。二月甲辰,因长久以来出现阴雨雷电,下诏求官民尽言时政得失。己未,魏国公徐达逝世。三月壬戌,分别赐丁显等人为进士及第、进士出身。下诏令在朝中和外地官员的父母凡死于住所的,由有关部门供给船、车送其回家安葬,从此成为一项法令。乙亥,免征畿内今年的田租。命令全国各府县掩埋暴露在外的尸骨。丙子,首次选用进士为翰林院、承敕监、六科庶吉士。己丑,户部侍郎郭桓因犯侵盗官粮罪被杀。

夏四月丁酉,吏部尚书余熂因罪被杀。丙辰,思州蛮叛乱,命汤和为征虏将军,周德兴为副将军,统兵随从楚王朱桢前去进讨。六月戊申,规定在外地的官员每三年到京师朝见一次,由此定为法令。

秋七月甲戌,封王裪为高丽国王。庚辰,五开蛮发动叛乱。八月庚戌,令冯胜、傅友德、蓝玉在北平守备边境。同月,赈济河南水灾。

冬十月己丑,向全国各地颁发《大诰》。癸卯,召冯胜回京师。甲辰,下诏说:"孟子传播道义,有功于正名分的礼教。历今年久,子孙甚少。近来其子孙有因罪而被罚从事劳作的,这哪里是礼待先贤的意愿呀。应当尽心询访,凡是圣贤的后代被罚劳作的,一概予以免除。"同月,楚王朱桢、信国公汤和讨平五开蛮。十一月乙亥,免去河南、山东、北平的田租。十二月丙午,命有关部门推举孝廉之人。癸丑,麓川平缅宣慰使思伦发反叛,都督冯诚出征失败,千户王升遇难。

这一年,高丽、琉球、安南、暹罗到京师朝贡。

洪武十九年春正月辛酉,救济大名及江浦水灾。甲子,在南郊隆重祭祀天地。同月,征蛮的部队回到京师。二月丙申,耕耘耤田。癸丑,赈济河南饥民。

夏四月甲辰,下诏令赎还河南饥民所卖的子女。六月甲辰,命有关部门慰问老年人。凡贫民年八十岁以上的,每月给米五斗,酒三斗,肉五斤;九十岁以上的,每年加布帛一匹,棉絮一斤;有田产的不给米。应天、凤阳富民年八十以上的赐爵社士,九十岁以上的赐乡士;全国其他地方的富民年八十以上的赐里士;九十岁以上的赐社士。皆与县官享有同等的礼遇,并免去其家的赋役。鳏寡孤独不能自存的,每年给米六石。士兵在战场上受伤的废除其军籍,赐免三年的赋役。将校阵亡的,其子孙世袭爵位增加一级俸禄。隐居山林岩穴的才士,用礼聘请送来京师。丁未,救济青州及郑州的饥民。

秋七月癸未,命令推举明识经学、德行良好、练达时务之士。年六十以上的,安置于翰林院备顾问;六十岁以下的,由六部和布,按二司安排使用。八月甲辰,命皇太子修建泗州盱眙祖陵,准备安葬德祖以下皇帝、皇后的礼帽和礼服。九月庚申,在云南实行屯田。

冬十月,命官军已经死亡而其子女幼小或者父母年老的,皆照旧给予全部俸禄,由此定为法令。十二月癸未初一,日蚀。同月,命宋国公冯胜分兵防守边境。征发北平、山东、山西、河南的民夫运粮到大宁。

这一年,高丽、琉球、暹罗、占城、安南入京师朝贡。

洪武二十年春正月癸丑,以冯胜为征虏大将军,傅友德、蓝玉为副将军,率师出征纳哈出。令焚毁锦衣卫的刑具,原由锦衣卫监狱关押的囚犯移交给刑部的监狱。甲子,在南郊隆重祭祀天地。典礼完毕时,天气清明。侍臣进言说:"这是陛下敬天有诚心的结果。"太祖高皇帝说:"所谓敬天,不单要在形式上庄严而有礼,更应当有其实在的内容。上天将百姓当作儿子的重任托付给做君主的,做君主的想侍奉天,就必须首先体恤百姓。体恤百姓,就是侍奉天的实在内容。就像国家任命人担任府州县官的事一样,假若他们不能造福于百姓,就是背弃了君主的命令,哪有比这更大为不敬的呀。"又说:"做人君的,敬天为父,敬地为母,视百姓如儿子,都是职分所应当尽力而为的,祭祀天地,不是为自己祈祷幸福,实在是为了天下的百姓。"二月壬午,检阅军队。乙未,耕耘耤田。三月辛亥,冯胜率兵出松亭关,建筑大宁、宽河、会州、富峪四城。

夏四月戊子,江夏侯周德兴在福建沿海筑城,练兵防倭。六月庚子,临江侯陈镛从征走错道路,遇敌战死。癸卯,冯胜的部队越过金山。丁未,纳哈出投降。闰六月庚申,冯胜班师驻扎金山,都督濮英统率的部队走在最后面遇到敌人的伏兵,濮英遇难身死。

秋八月癸酉,下令收回冯胜的将军印,召回京师,由蓝玉代理军事。景川侯曹震在云南品甸屯田。九月戊寅,封纳哈出为海西侯。癸未,设置大宁都指挥使司。丁酉,郑国公常茂被安置到龙州。丁未,以蓝玉为征虏大将军,延安侯唐胜宗、武定侯郭英为副将军,北征沙漠。同月,筑西宁城。

冬十月戊申,封朱寿为舳舻侯,张赫为航海侯。同月,冯胜罢官回到凤阳,可按时入京朝见。十一月壬午，命普定侯陈桓、靖宁侯叶升在定边、姚安、毕节各卫屯田。己丑，汤和回京师，总计修筑宁海、临山等五十九座城。十二月，救济登、莱饥民。

这一年，琉球、安南、高丽、占城、真腊、朵甘、乌斯藏入京师朝贡。

洪武二十一年春正月辛巳，麓川蛮思伦发入侵马龙他郎甸，都督宁正击败他。辛卯，在南郊隆重祭祀天地。甲午，救济青州饥民。逮捕法办隐匿灾情不报的有关部门的官员。三月乙亥，分别赐任亨泰等人为进士及第、进士出身。丙戌，赈济东昌饥民。甲辰，沐英进讨思伦发，一举打败他。

夏四月丙辰，蓝玉在捕鱼儿海用计打败元朝嗣君，俘获其次子地保奴以及嫔妃、公主、王公以下数万人回来。五月甲戌初一，日蚀。六月甲辰，信国公汤和回到凤阳。甲子，以傅友德为征南将军，沐英、陈桓分别为左、右副将军，统兵讨伐东川叛蛮。

秋七月戊寅，地保奴被安置到琉球。八月癸丑，迁移泽、潞无业的居民到黄河南、北开垦田地，赐给钞置农具，免其三年租税。丁卯，蓝玉班师回朝，大赏北征将士。戊辰，封孙恪为全宁侯。同月，御制八条指示训令武臣遵行。九月丙戌，秦、晋、燕、周、楚、齐、湘、鲁、潭九位藩王进京朝见。癸巳，越州蛮阿资发动叛乱，沐英会同傅友德讨伐他。

冬十月丁未，东川蛮平息。十二月壬戌，封蓝玉为凉国公。

这一年，高丽、占城、琉球、暹罗、真腊、撒马儿罕、安南入京师朝贡。命令安南自今以后每三年朝贡一次，不要进献象、犀一类的东西。安南黎季犛杀其国王陈炜。

洪武二十二年春正月，改大宗正院为宗人府，以秦王朱樉为宗人令，晋王朱㭎、燕王朱棣分别为左、右宗正，周王朱橚、楚王朱桢分别为左、右宗人。丁亥，在南郊隆重祭祀天地。乙未，傅友德在普安打败阿资。二月己未，蓝玉在四川练兵。壬戌，禁止武臣干预民事。癸亥，湖广千户夏得忠勾结九溪蛮发动叛乱，靖宁侯叶升讨平他，得忠被处死。同月，阿资投降。三月庚午，傅友德率各位将领分别屯守四川、湖广，以防御西南蛮。

夏四月己亥，移江南的居民到淮南屯田，赐给钞购置农具，免征三年租税。癸丑，令魏国公徐允恭、开国公常升等人在湖广练兵。甲寅，迁元朝降王到耽罗。同月，遣御史审察山东匿灾不报的官员。五月辛卯，在兀良哈设置泰宁、朵颜、福余三卫。

秋七月，召傅友德等人回京师。八月乙卯，下诏令全国推举年高德望明识时务之人。同月，重亲修定《大明律》。九月丙寅初一，日蚀。

冬十一月丙寅，宣德侯金镇等人在湖广练兵。己卯，思伦发入京进贡认罪，麓川平定。十二月甲辰，周王朱橚有罪，令迁往云南，不久罢迁，留居京师。命定远侯王弼等人在山西、河南、陕西练兵。

这一年，高丽、安南、占城、真腊到京师朝贡。元朝也速迭儿杀其君脱古思帖木儿而立坤帖木儿。高丽废其国王王禑，又废国王王昌。安南黎季犛再杀其国王陈炜。

洪武二十三年春正月丁卯，晋王朱棡、燕王朱棣统兵征元朝丞相咬住、太尉乃儿不花，征虏前将军颍国公傅友德等皆听从晋、燕二王的指挥。己卯，在南郊隆重祭祀天地。庚辰，贵州蛮发动叛乱，延安侯唐胜宗兴师讨平。乙酉，齐王朱榑统兵从燕王朱棣北征。赣州贼作乱，令东川侯胡海为总兵官，普定侯陈桓、靖宁侯叶升为副将，发兵予以平息。命唐胜宗督责贵州各卫屯田。二月戊申，蓝玉讨平西番叛蛮。丙辰，耕耘耤田。癸亥，黄河在归德决堤，征发各军和民夫堵塞它。三月癸巳，燕王朱棣的部队进驻迤都，咬住等人投降。

夏四月，吉安侯陆仲亨等因被定为胡惟庸的同党关入监狱。丙申，潭王朱梓自焚身亡。闰四月丙子，蓝玉平息施南、忠建叛蛮。五月甲午，遣送各位公、侯回归故里，各赐给不同数量的金币。乙卯，赐太师韩国公李善长自尽，陆仲亨等皆被杀死。作《昭示奸党录》，布告全国。六月乙丑，蓝玉派遣凤翔侯张龙平息都匀、散毛各蛮。庚寅，任命德才兼备而又熟悉典故、年六十以上的老人为官。

秋七月壬辰，黄河在开封决口，令予赈济。癸巳，崇明、海门暴风骤雨海水溢入田舍，遣官进行救济，并征发民夫二十五万修筑堤岸。八月壬申，下令不要用吏卒担任选举。蓝玉回京师。同月，救济河南、北平、山东水灾。九月庚寅初一，日蚀。

冬十月己卯，救济湖广饥民。十一月癸丑，免征山东受灾地区的田租。十二月癸亥，命令被判为死刑以下的囚犯运粮到北方边境以弥补自己的罪过。壬申，令停止全国各地每年织造丝织品。

这一年，墨剌、哈梅里、高丽、占城、真腊、琉球、暹罗入京朝贡。

洪武二十四年春正月癸卯，在南郊隆重祭祀天地。戊申，命颍国公傅友德为征虏将军,定远侯王弼、武定侯郭英为副将军,整治北平边防。三月戊子初一,日蚀。命魏国公徐辉祖、曹国公李景隆、凉国公蓝玉等人在陕西守备边境。乙未,靖宁侯叶升在甘肃练兵。丁酉,分别赐许观等人为进士及第、进士出身。

夏四月辛未,封皇子朱栴为庆王,朱权为宁王,朱楩为岷王,朱橞为谷王,朱松为韩王,朱模为沈王,朱楹为安王,朱桱为唐王,朱栋为郢王,朱㰘为伊王。癸未,燕王朱棣督领傅友德各将帅出塞外,打败敌人凯旋归来。五月戊戌,命汉、卫、谷、庆、宁、岷六位亲王到临清练兵。六月己未,命令廷臣参考历代礼仪制度,重新制定衣帽、居室、用具的制度。甲子,因久旱无雨,令审察记录囚徒的罪状。

秋七月庚子,迁移富民充实京师。辛丑,免征畿内官田的租税一半。八月乙卯,秦王朱樉有罪,被召回京师。乙丑,皇太子巡抚陕西。乙亥,都督佥事刘真、宋晟进讨哈梅里,打败他们。九月乙酉,遣使告谕西域。同月,倭寇侵犯雷州,百户李玉、镇抚陶鼎力战身死。

冬十月丁巳,免去北平、河间受灾地区的田租。十一月甲午,五开蛮叛乱,都督佥事茅鼎兴兵讨伐,平息他们。庚戌,皇太子回京师,晋王朱㭎进京朝见。辛亥,赈济河南水灾。十二月庚午,周王朱橚恢复封国。辛己,阿资再次反叛,都督佥事何福出兵讨伐降服了他。

这一年,全国各郡县赋役黄册造成,总计有一千六十八万四千四百三十五户,五千六百七十七万四千五百六十一丁。琉球、暹罗、别失八里、撒马儿罕入京师朝贡。因占城发生篡位叛逆的严重事件,拒绝其朝贡。

洪武二十五年春正月戊子,周王朱橚入京朝见。庚寅,黄河在阳武决口,征发军民加以堵塞,并免去受水灾地区的田租。乙未,在南郊隆重祭祀天地。命何福进讨都匀、毕节各蛮,平定了他们。辛丑,命令被判为死罪的囚犯运粮到边塞。壬寅,晋王朱㭎、燕王朱棣、楚王朱桢、湘王朱柏进京朝见。二月戊午,召曹国公李景隆等回京师。靖宁侯叶升等人在河南以及临、巩、甘、凉、延庆各地练兵。都督茅鼎等平息五开蛮。丙寅,耕耘耤田。庚辰,命令全国各卫所的军队用十分之七屯田。三月癸未，命冯胜等十四人分别督理陕西、山西、河南各卫的军务。庚寅，改封豫王朱桂为代王，汉王朱楧为肃王、卫王朱植为辽王。

夏四月壬子，命凉国公蓝玉征讨罕东。癸丑，建昌卫指挥月鲁帖木儿叛变，指挥鲁毅出兵打败他。丙子，皇太子朱标逝世。戊寅，命都督聂纬、徐司马、瞿能进讨月鲁帖木儿，等蓝玉回来以后，均听从他的指挥。五月辛巳，蓝玉到罕东，贼寇逃走，于是进军建昌。己丑，救济陈州原武水灾。六月丁卯，西平侯沐英死于云南。

秋七月庚辰，秦王朱樉恢复封国。癸未，指挥瞿能在双狼塞打败月鲁帖木儿。八月己未，江夏侯周德兴因事被杀。丁卯、冯胜、傅友德率领开国公常升等分赴山西，征民为军，到大同、东胜屯田，建立十六个卫。甲戌，每年赐给公、侯俸禄，原来所赐给的田土归还官府。丙子，靖宁侯叶升因定为胡惟庸的党羽被杀。九月庚寅，立皇孙朱允炆为皇太孙。高丽李成桂囚禁其国王王瑶而自立为王，并拿着国人的劝进表来京师请求批准，下诏予以接受，更改其国号为朝鲜。

冬十月乙亥，沐英继承爵位封西平侯，镇守云南。十一月甲午，蓝玉擒获月鲁帖木儿，杀死他，召蓝玉回京师。十二月甲戌，宋国公冯胜、颍国公傅友德等兼任东宫师、保官。闰十二月戊戌，命冯胜为总兵官，傅友傅为副总兵，在山西、河南练兵，兼领屯卫的事务。

这一年，琉球的中山与山南，高丽、哈梅里入京师朝贡。

洪武二十六年春正月戊申，下令免全国六十岁以上的老年人来京师朝见。辛酉，在南郊隆重祭祀天地。二月丁丑，晋王朱㭎统领山西、河南的军队出塞外，召冯胜、傅友德、常升、王弼等人回京师。乙酉，蜀王朱椿进京朝见。凉国公蓝玉因谋反，与并受其株连的鹤庆侯张翼、普定侯陈桓、景川侯曹震、舳舻侯朱寿、东莞伯何荣、吏部尚书詹徽等人皆因此被杀。己丑，向全国颁布《逆臣录》。庚寅，耕耘耤田。三月辛亥，代王朱桂率领护卫兵出塞，听从晋王的调遣。长兴侯耿炳文在陕西练兵。丙辰，命冯胜、傅友德整饬山西、北平边备，其所辖的卫所将校一律听从晋王、燕王的指挥。庚申，诏令晋、燕二王遇有重大的军务才奏报。壬戌，会宁侯张温因定为蓝玉的党羽被处死。

夏四月乙亥，孝感发生饥荒，派遣使者乘坐驿站的车马迅速前去发放仓粮借给饥民。命令自今开始凡遇到饥荒年，先贷粮给饥民然后再奏闻，立为法令。戊子，周王朱橚进京朝见。庚寅，旱灾，诏群臣上书直言朝政得失。减少狱囚。丙申，因安南擅自废君自立，绝其朝贡。

秋七月甲辰初一，日蚀。戊申，选秀才张宗浚等随从詹事府的官员在文华殿轮流值班，侍候皇太孙。八月，秦、晋、燕、周、齐五位藩王进京朝见。九月癸丑，代、肃、辽、庆、宁五位藩王进京朝见。令赦免胡惟庸、蓝玉的余党。

冬十月丙申，提拔国子监生六十四人为布政使等官。十二月，向各位藩王颁布《永鉴录》。

这一年，琉球、爪哇、暹罗入京朝贡。

洪武二十七年春正月乙卯，在南郊隆重祭祀天地。辛酉，命李景隆为平羌将军，镇守甘肃。发放全国的仓谷贷给贫民。三月庚子，分别赐张信等人为进士及第、进士出身。辛丑，魏国公徐辉祖、安陆侯吴杰在浙江防备倭寇。庚戌，令督促百姓种植桑枣、木棉。甲子，因为全国四方已经彻底平定，将兵器收藏起来，表示永不再用。

秋八月甲戌，吴杰及永定侯张铨率领退休的武臣，到广东防备倭寇。乙亥，遣国子监生分赴全国各地，督促官吏和百姓兴修水利。丙戌，在阶、文的军队发动叛乱，令都督甯正为平羌将军兴师讨伐。九月，令徐辉祖指挥陕西沿边各部队。

冬十一月乙丑，颍国公傅友德因事被处死。阿资再次叛变，西平侯沐春出兵击败他。十二月乙亥，定远侯王弼因事被杀。

这一年，乌斯藏、琉球、缅、朵甘、爪哇、撒马儿罕、朝鲜入京朝贡。安南来贡，拒绝之。

洪武二十八年春正月丙午，阶、文的寇乱被平息，甯正率所部随从秦王朱樉征讨洮州叛番。丁未，在南郊隆重祭祀天地。甲子，西平侯沐春擒获并斩死阿资，越州平定。同月，命周王朱橚、晋王朱棡率领河南、山西各卫的军队出塞外，筑城、屯田。燕王朱棣带领总兵官周兴出辽东边塞。二月丁卯，宋国公冯胜因事被杀。己丑，命令户部编居民每一百户为一里。遇有婚姻、死丧、疾病各种患难，里中富的资助钱财，贫的资助劳力。春秋耕种收获，通力合作，这些都是为了使百姓和睦相处。

夏六月壬申，命令各土司都建立儒学。辛巳，周兴等人自开原追击敌人至甫答迷城，不及而还。己丑，到奉天门，指示群臣说："朕起兵至今四十年，十分了解事情的真假是非，为了惩治奸顽，有时法外用刑，这本不是常法。今后的嗣君只许遵循《律》和《大诰》，不许使用黥刺、荆、劓、阉割等各种刑罚。臣下有敢用这些奏请的，处以重刑。"又说："朕罢丞相，设五军都督府、六部、都察院分理各种繁多的政务，事权归于朝廷。今后的嗣君不许再立丞相，臣下有敢用这些奏请的处以重刑。皇亲只有犯谋逆的大罪才不能赦免。犯其他罪行的，由宗亲会议报请皇上裁决。司法部门只许检举奏报，不得擅自逮捕。这些都要刻于典章之上，永为遵守。"

秋八月丁卯，命都督杨文为征南将军，指挥韩观、都督金事宋晟为副将军，进讨龙州土官赵宗寿。戊辰，信国公汤和逝世。辛巳，赵宗寿认罪来京师朝见，杨文转而移兵讨伐奉议、南丹的叛蛮。九月丁酉，免征畿内、山东的秋粮。庚戌，向朝廷内外颁布《皇明祖训条章》，规定"后世有议论更改祖宗制度的，按奸臣论处"。十一月乙亥，奉议、南丹的叛蛮皆被平息。十二月壬辰，命令河南、山东种植桑、枣以及洪武二十七年以后新开垦的田地，不要进行征税。

这一年，朝鲜、琉球、暹罗入京师朝贡。

洪武二十九年春正月壬申，在南郊隆重祭祀天地。二月癸卯，征虏前将军胡冕督兵讨伐郴、桂蛮乱，平定了他们。辛亥，燕王朱棣率军队巡视大宁，周世子朱有燉率军队巡视北平关口。三月辛酉，楚王朱桢、湘王朱柏进京朝见。甲子，燕王在彻彻儿击败敌军，又追击敌军到兀良哈秃城并在那里将其打败，然后胜利归来。

秋八月丁未，免征应天、太平五府的田租。九月乙亥，召退休的武臣两千五百余人到京师朝见，大赏他们，各晋升俸禄一级。

这一年，琉球、安南、朝鲜、乌斯藏入京师朝贡。

洪武三十年春正月丙辰，命耿炳文为征西将军，郭英为副将军，巡视西北边防。丙寅，在南郊隆重祭祀天地。丁卯，分别在山西、北平、陕西、甘肃、辽东设置行太仆寺，掌管马政。己巳，左都督杨文在辽东屯田。同月，沔县盗寇暴动，令耿炳文兴兵讨伐它。二月庚寅，水西蛮叛乱，命都督金事顾成为征南将军，讨平他们。三月癸丑，分别赐陈𫖳等人为进士及第、进士出身。庚辰，古州蛮叛乱，龙里千户吴得、镇抚井孚战死。

夏四月己亥，命都指挥齐让为平羌将军，讨伐古州蛮。壬寅，水西蛮平定。五月壬子初一，日蚀。乙卯，楚王朱桢、湘王朱柏率兵进讨古州蛮。六月辛巳，分别赐礼部覆试贡士韩克忠等人为进士及第、进士出身。己酉，驸马都尉欧阳伦有罪,令其自尽。

秋八月丁亥,黄河在开封决堤。甲午,命李景隆为征虏大将军,在河南练兵。九月庚戌,汉、沔贼寇平息。戊辰,麓川平缅土司酋长刀干孟赶走其宣慰使思伦发,由此发动叛乱。乙亥,命都督杨文为征虏将军,代替齐让。

冬十月戊子,停止辽东海运。辛卯,耿炳文在陕西练兵。乙未,重新修建的国子监先师庙落成。十一月癸酉,命沐春为征虏前将军,都督何福等人为副将军,进讨刀干孟。

这一年,琉球、占城、朝鲜、暹罗、乌斯藏、泥八剌入京师朝贡。

洪武三十一年春正月壬戌,在南郊隆重祭祀天地。乙丑,派遣使者到山东、河南督促百姓耕种田地。二月乙酉,倭寇侵犯宁海,指挥陶铎击败他们。辛丑,古州蛮平息,召杨文回京师。甲辰,都督佥事徐凯讨平麽些蛮。

夏四月庚辰,廷臣因朝鲜一再生事挑衅,请出兵讨伐,不准。五月丁未,沐春攻击刀干孟,将他打得人仰马翻。太祖高皇帝身体不安适。戊午,都督杨文随从燕王朱棣,武定侯郭英随从辽王朱植,到开平备边御敌,皆听燕王指挥。

闰五月癸未,太祖高皇帝的疾病大为加重。乙酉,死于西宫,年七十有一。遗诏说:“朕承天命三十一年,心里总是忧虑着国家和百姓的安危,日日勤劳,不敢倦怠,致力于为百姓谋利益。无奈出身寒微,没有像古人那样博学多闻,好善疾恶,远不如他们。今日懂得了万物本身的客观规律,何有哀念之情。皇太孙允炆仁义明达孝顺友爱,天下归心,最适合于登皇帝位。内外文武百官要同心辅佐政事,以安定我的百姓。治丧祭奠仪式的物品,不要使用金玉。孝陵的山川仍照旧,不要改动。天下官民,哀悼仪式举行三日之后,皆免穿素服,不要妨碍嫁女娶亲。各位藩王只在封国哀悼,不要到京师。凡不在这个诏令之中的,根据这个诏令行事。”辛卯,葬于孝陵。谥号高皇帝,庙号太祖。永乐元年,再谥圣神文武钦明启运俊德成功统天大孝高皇帝。嘉靖十七年,增谥为开天行道肇纪立极大圣至神仁文义武俊德成功高皇帝。

太祖高皇帝由上天授给他智慧和能力,统一了全中国,武功文治,为汉、唐、宋各位君主所不能及。当他开创功业之初,能够沉着镇定审时度势,循次经营,很有计划。经常与各位大臣议论夺取天下的策略,说:“朕时逢死亡和战乱,当初起兵乡里,本为保全自己。及渡过长江以后,看到各处群雄的所作所为,只是祸害百姓,而张士诚、陈友谅尤其是大蛀虫。士诚倚仗富有,友谅倚仗兵强,朕独无所倚仗。只有不爱好杀人，布施信义，实行节俭，和你们同心共济。起初与张士诚、陈友谅两位敌人相对峙，士诚尤为逼近，有说应该先击败他。朕依据友谅志气骄傲，士诚器量狭小，志气骄傲必好生事端，器量狭小必没有远大的规划，所以首先攻打友谅。鄱阳湖之战，士诚果然不能走出姑苏一步去支援陈友谅。假使首先攻打士诚，他在浙西负固坚守，友谅必会倾国而来，我就会腹背受敌了。士诚、友谅两个敌人既消灭，北定中原，所以先取山东，次及河洛，而制止潼关的军队不急于夺取秦、陇，是因为扩廓帖木儿、李思齐、张思道都是身经百战之后，未必肯于匆忙甘拜下风，急于进攻，他们势必会联合在一起，一下子不容易平定，所以出其不意，将战旗转向北方。燕都既攻克，然后西征。张、李望绝势穷，不战而胜，然而扩廓仍在极力抗拒不肯屈服。假使那时未攻下燕都，骤然和他们斗力，谁胜谁负就未可知了。"太祖高皇帝的雄才大略，料敌如神，克敌制胜，都与此相类似。所以能够平定祸乱，直到得有天下。古语说"天道后起者胜"，这绝不是偶然的。

【原文】

太祖开天行道肇纪立极大圣至神仁文义武俊德成功高皇帝，讳元璋，字国瑞，姓朱氏。先世家沛，徙句容，再徙泗州。父世珍，始徙濠州之钟离。生四子，太祖其季也。母陈氏，方娠，梦神授药一丸，置掌中有光，吞之寤，口余香气。及产，红光满室。自是，夜数有光起。邻里望见，惊以为火，辄奔救，至则无有。比长，姿貌雄杰，奇骨贯顶。志意廓然，人莫能测。

至正四年，旱蝗，大饥疫。太祖时年十七，父、母、兄相继殁，贫不克葬。里人刘继祖与之地，乃克葬，即凤阳陵也。太祖孤无所依，乃入皇觉寺为僧。逾月，游食合肥。道病，二紫衣人与俱，护视甚至。病已，失所在。凡历光、固、汝、颍诸州三年，复还寺。当是时，元政不纲，盗贼四起。刘福通奉韩山童假宋后起颍，徐寿辉僭帝号起蕲，李二、彭大、赵均用起徐，众各数万，并置将帅，杀吏，侵略郡县，而方国珍已先起海上。他盗拥兵据地，寇掠甚众。天下大乱。

十二年春二月，定远人郭子兴与其党孙德崖等起兵濠州。元将撒里不花惮不敢攻，而日俘良民以邀赏。太祖时年二十五，谋避兵，卜于神，去留皆不吉。乃曰："得毋当举大事乎?"卜之吉，大喜，遂以闰三月甲戌朔入濠见子兴。子兴奇其状貌，留为亲兵。战辄胜。遂妻以所抚马公女，即高皇后也。子兴与德崖龃龉,太祖屡调护之。

秋九月,元兵复徐州,李二走死,彭大、赵钧用奔濠,德崖等纳之。子兴礼大而易均用,均用怨之。德崖遂与谋,伺子兴出,执而械诸孙氏,将杀之。太祖方在淮北,闻难驰至,诉于彭大。大怒,呼兵以行,太祖亦甲而拥盾,发屋出子兴,破械,使人负以归,遂免。

是冬,元将贾鲁围濠。太祖与子兴力拒之。

十三年春,贾鲁死,围解。太祖收里中兵得七百人。子兴喜,署为镇抚。时彭、赵所部暴横,子兴弱,太祖度无足与共事,乃以兵属他将,独与徐达、汤和、费聚等南略定远。计降驴牌寨民兵三千,与俱东。夜袭元将张知院于横涧山,收其卒二万。道遇定远人李善长,与语大悦,遂与俱攻滁州,下之。

是年,张士诚据高邮,自称诚王。

十四年冬十月,元丞相脱脱大败士诚于高邮,分兵围六合。太祖曰:"六合破,滁且不免。"与耿再成军瓦梁垒,救之。力战,卫老弱还滁。元兵寻大至,攻滁,太祖设伏诱败之。然度元兵势盛且再至,乃还所获马,遣父老具牛酒谢元将曰:"守城备他盗耳,奈何舍巨寇戮良民。"元兵引去,城赖以完。脱脱既破士诚,军声大振,会中谗,遽解兵柄,江、淮乱益炽。

十五年春正月,子兴用太祖计,遣张天祐等拔和州,檄太祖总其军。太祖虑诸将不相下,秘其檄,期旦日会厅事。时席尚右,诸将先入,皆踞右,太祖故后至就左。比视事,剖决如流,众瞠目不能发一语,始稍稍屈。议分工筑城,期三日。太祖工竣,诸将皆后。于是始出檄,南面坐曰:"奉命总诸公兵,今筑城皆后期,如军法何。"诸将皆惶恐谢。乃搜军中所掠妇女纵还家,民大悦。元兵十万攻和,拒守三月,食且尽。而太子秃坚、枢密副使绊住马、民兵元帅陈野先分屯新塘、高望、鸡笼山,以绝饷道。太祖率众破之,元兵皆走渡江。三月,郭子兴卒。时刘福通迎立韩山童子林儿于亳,国号宋,建元龙凤。檄子兴子天叙为都元帅,张天祐、太祖为左右副元帅。太祖慨然曰:"大丈夫宁能受制于人耶。"遂不受。然念林儿势盛可倚藉,乃用其年号以令军中。

夏四月,常遇春来归。五月,太祖谋渡江,无舟。会巢湖帅廖永安、俞通海以水军千艘来附,太祖大喜,往抚共众。而元中丞蛮子海牙扼铜城闸、马场河诸隘,巢湖舟师不得出。忽大雨,太祖喜曰:"天助我也。"遂乘水涨纵舟还,因击海牙于峪溪口,大败之,遂定计渡江。诸将请直趋集庆,太祖曰:"取集庆必自采石始。采石重镇,守必固,牛渚前临大江,彼难为备,可必克也。"六月乙卯,乘风引帆,直达牛渚。常遇春先登,拔之。采石兵亦溃。缘江诸垒悉附。

诸将以和州饥,争取资粮谋归。太祖谓徐达曰:"渡江幸捷,若舍而归,江东非吾有也。"乃悉断舟缆,放急流中,谓诸将曰:"太平甚近,当与公等取之。"遂乘胜拔太平,执万户纳哈出。总管靳义赴水死,太祖曰,"义士也",礼葬之。揭榜禁剽掠,有卒违令,斩以徇,军中肃然。改路曰府。置太平兴国翼元帅府,自领元帅事,召陶安参幕府事,李习为知府。时太平四面皆元兵。右丞阿鲁灰、中丞蛮子海牙等严师截姑孰口,陈野先水军帅康茂才以数万众攻城。太祖遣徐达、邓愈、汤和逆战,别将潜出其后,夹击之,擒野先并降其众,阿鲁灰等引去。

秋九月,郭天叙、张天佑攻集庆,野先叛,二人皆战死,于是子兴部将尽归太祖矣。野先寻为民兵所杀,从子兆先收其众,屯方山,与海牙掎角以窥太平。

冬十二月壬子,释纳哈出北归。

十六年春二月丙子,大破海牙于采石。三月癸未,进攻集庆,擒兆先,降其众,皆疑惧不自保,太祖择骁健者五百人入卫,解甲酣寝达旦,众心始安。庚寅,再败元兵于蒋山。元御史大夫福寿力战死之,蛮子海牙遁归张士诚,康茂才降。太祖入城,悉召官吏、父老谕之曰:"元政溃扰,干戈蜂起,我来为民除乱耳,其各安堵如故。贤士,吾礼用之。旧政不便者,除之。吏毋贪暴殃吾民。"民乃大喜过望。改集庆路为应天府,辟夏煜、孙炎、杨宪等十余人。葬御史大夫福寿,以旌其忠。

当是时,元将定定扼镇江,别不华、杨仲英屯宁国,青衣军张明鉴据扬州,八思尔不花驻徽州,石抹宜孙守处州,其弟厚孙守婺州,宋伯颜不花守衢州,而池州已为徐寿辉将所据,张士诚自淮东陷平江,转掠浙西。太祖既定集庆,虑士诚、寿辉强、江左、浙右诸郡为所并,于是遣徐达攻镇江,拔之,定定战死。

夏六月,邓愈克广德。

秋七月己卯，诸将奉太祖为吴国公。置江南行中书省，自总省事，置僚佐。贻书张士诚，士诚不报，引兵攻镇江。徐达败之，进围常州，不下。九月戊寅，如镇江，谒孔子庙。遣儒士告谕父老，劝农桑。寻还应天。

十七年春二月，耿炳文克长兴。三月，徐达克常州。

夏四月丁卯，自将攻宁国，取之，别不华降。五月，上元、宁国、句容献瑞麦。六月，赵继祖克江阴。

秋七月，徐达克常熟。胡大海克徽州，八思尔不花遁。

冬十月，常遇春克池州，缪大亨克扬州，张明鉴降。十二月己丑，释囚。

是年，徐寿辉将明玉珍据重庆路。

十八年春二月乙亥，以康茂才为营田使。三月己酉，录囚。邓愈克建德路。

夏四月，徐寿辉将陈友谅遣赵普胜陷池州。是月，友掠据龙兴路。五月，刘福通破汴梁，迎韩林儿都之。初，福通遣将分道四出，破山东，寇秦、晋，掠幽、蓟，中原大乱。太祖故得次第略定江表。所过不杀，收召才隽，由是人心日附。

冬十二月，胡大海攻婺州，久不下。太祖自将往击之。石抹宜孙遣将率车师由松溪来援，太祖曰："道狭，车战适取败耳。"命胡德济迎战于梅花门，大破之，婺州降，执厚孙。先一日，城中人望见城西五色云如车盖，以为异，及是乃知为太祖驻兵地。入城，发粟振贫民，改州为宁越府。辟范祖幹、叶仪、许元等十三人，分直讲经史。戊子，遣使招谕方国珍。

十九年春正月乙巳，太祖谋取浙东未下诸路。戒诸将曰："克城以武，戡乱以仁。吾比入集庆，秋毫无犯，故一举而定。每闻诸将得一城不妄杀，辄喜不自胜。夫师行如火，不戢将燎原。为将能以不杀为武，岂惟国家之利，子孙实受其福。"庚申，胡大海克诸暨。是月，命宁越知府王宗显立郡学。三月甲午，赦大逆以下。丁巳，方国珍以温、台、庆元来献，遣其子关为质，不受。

夏四月，俞通海等复池州。时耿炳文守长兴，吴良守江阴，汤和守常州，皆数败士诚兵。太祖以故久留宁越，徇浙东。六月壬戌，还应天。

秋八月，元察罕帖木儿复汴梁，福通以林儿退保安丰。九月，常遇春克衢州，擒宋伯颜不花。

冬十月，遣夏煜授方国珍行省平章，国珍以疾辞。十一月壬寅，胡大海克处州，石抹宜孙遁。时元守兵单弱，且闻中原乱，人心离散，以故江左、浙右诸郡，兵至皆下,遂西与友谅阽。

二十年春二月,元福建行省参政袁天禄以福宁降。三月戊子,征刘基、宋濂、章溢、叶琛至。

夏五月,徐达、常遇春败陈友谅于池州。闰月丙辰,友谅陷太平,守将朱文逊,院判花云、王鼎,知府许瑗死之。未几,友谅弑其主徐寿辉,自称皇帝,国号汉,尽有江西、湖广地。约士诚合攻应天,应天大震。诸将议先复太平以牵之,太祖曰:"不可。彼居上游,舟师十倍于我,猝难复也。"或请自将迎击,太祖曰:"不可。彼以偏师缀我,而全军趋金陵,顺流半日可达,吾步骑急难引还,百里趋战,兵法所忌,非策也。"乃驰谕胡大海捣信州,牵其后。而令康茂才以书绐友谅,令速来。友谅果引兵东。于是常遇春伏石灰山,徐达阵南门外,杨璟屯大胜港,张德胜等以舟师出龙江关,太祖亲督军卢龙山。乙丑,友谅至龙湾,众欲战,太祖曰:"天且雨,趣食,乘雨击之。"须臾,果大雨,士卒竞奋,雨止合战,水陆夹击,大破之。友谅乘别舸走。遂复太平,下安庆。而大海亦克信州。

初,太祖令茂才绐友谅,李善良以为疑。太祖曰:"二寇合,吾首尾受敌,惟速其来而先破之,则士诚胆落矣。"已而,士诚兵竟不出。丁卯,置儒学提举司,以宋濂为提举,遣子标受经学。六月,耿再成败石抹宜孙于庆元,宜孙战死,遣使祭之。

秋九月,徐寿辉旧将欧普祥以袁州降。

冬十二月,复遣夏煜以书谕方国珍。

二十一年春二月甲申,立盐、茶课。己亥,置宝源局。三月丁丑,改枢密院为大都督府。元将薛显以泗州降。戊寅,国珍遣使来谢,饰金玉马鞍以献。却之曰:"今有事四方,所需者人材,所用者粟帛,宝玩非所好也。"

秋七月,友谅将张定边陷安庆。八月,遣使于元平章察罕帖木儿。时察罕平山东,降田丰,军声大振,故太祖与通好。会察罕方攻益都未下,太祖乃自将舟师征陈友谅。戊戌,克安庆,友谅将丁普郎、傅友德迎降。壬寅,次湖口,追败友谅于江州,克其城。友谅奔武昌。分徇南康、建昌、饶、蕲、黄、广济,皆下。

冬十一月己未,克抚州。

二十二年春正月,友谅江南行省丞相胡廷瑞以龙兴降。乙卯,如龙兴,改为洪都府。谒孔子庙。告谕父老,除陈氏苛政,罢诸军需,存恤贫无告者,民大悦。

袁、瑞、临江、吉安相继下。二月，还应天。邓愈留守洪都。癸未，降人蒋英杀金华守将胡大海，郎中王恺死之，英叛降张士诚。处州降人李祐之闻变，亦杀行枢密院判耿再成反，都事孙炎、知府王道同、元帅朱文刚死之。三月癸亥，降人祝宗、康泰反，陷洪都，邓愈走应天，知府叶琛、都事万思诚死之。是月，明玉珍称帝于重庆，国号夏。

夏四月己卯，邵荣复处州。甲午，徐达复洪都。五月丙午，朱文正、赵德胜、邓愈镇洪都。六月戊寅，察罕以书来报，留我使人不遣。察罕，寻为田丰所杀。

秋七月丙辰，平章邵荣、参政赵继祖谋逆，伏诛。

冬十二月，元遣尚书张昶航海至庆元，授太祖江西行省平章政事，不受。察罕子扩廓帖木儿致书归使者。

二十三年春正月丙寅，遣汪河报之。二月壬申，命将士屯田积谷。是月，友谅将张定边陷饶州。士诚将吕珍破安丰，杀刘福通。三月辛丑，太祖自将救安丰，珍败走，以韩林儿归滁州，乃还应天。

夏四月壬戌，友谅大举兵围洪都。乙丑，诸全守将谢再兴叛，附于士诚。五月，筑礼贤馆。友谅分兵陷吉安，参政刘齐、知府朱叔华死之。陷临江，同知赵天麟死之。陷无为州，知州董曾死之。

秋七月癸酉，太祖自将救洪都。癸未，次湖口，先伏兵泾江口及南湖觜，遏友谅归路。檄信州兵守武阳渡。友谅闻太祖至，解围，逆战于鄱阳湖。友谅兵号六十万，联巨舟为阵，楼橹高十余丈，绵亘数十里，旌旗戈盾，望之如山。丁亥，遇于康郎山，太祖分军十一队以御之。戊子，合战，徐达击其前锋，俞通海以火炮焚其舟数十，杀伤略相当。友谅骁将张定边直犯太祖舟，舟胶于沙，不得退，危甚。常遇春从旁射中定边，通海复来援，舟骤进水涌，太祖舟乃得脱。己丑，友谅悉巨舰出战，诸将舟小，仰攻不利，有怖色。太祖亲麾之，不前。斩退缩者十余人，人皆殊死战。会日晡，大风起东北，乃命敢死士操七舟，实火药芦苇中，纵火焚友谅舟。风烈火炽，烟焰涨天，湖水尽赤。友谅兵大乱，诸将鼓噪乘之，斩首二千余级，焚溺死者无算，友谅气夺。辛卯，复战，友谅复大败，于是敛舟自守，不敢更战。壬辰，太祖移军扼左蠡，友谅亦退保渚矶。相持三日，其左、右二金吾将军皆降。友谅势益蹙，忿甚，尽杀所获将士。而太祖则悉还所俘，伤者傅以善药，且祭其亲戚诸将阵亡者。八月壬戌，友谅食尽，趋南湖觜，为南湖军所遏，遂突湖口。

太祖邀之，顺流搏战，及于泾江。泾江军复遮击之，友谅中流矢死。张定边以其子理奔武昌。

九月，还应天，论功行赏。先是，太祖救安丰，刘基谏不听。至是谓基曰："我不当有安丰之行，使友谅乘虚直捣应天，大事去矣。乃顿兵南昌，不亡何待。友谅亡，天下不难定也。"壬午，自将征陈理。是月，张士诚自称吴王。

冬十月壬寅，围武昌，分徇湖北诸路，皆下。十二月丙申，还应天。常遇春留督诸军。

二十四年春正月丙寅朔，李善长等率君臣劝进，不允。固请，乃即吴王位，建百官，以善长为右相国，徐达为左相国，常遇春、俞通海为平章政事。谕之曰："立国之初，当先正纪纲。元氏闇弱，威福下移，驯至于乱，今宜鉴之。"立子标为世子。二月乙未，复自将征武昌，陈理降，汉、沔、荆、岳皆下。三月乙丑，还应天。丁卯，置起居注。庚午，罢诸翼元帅府，置十七卫亲军指挥使司，命中书省辟文武人材。

夏四月，建祠，祀死事丁普郎等于康郎山，赵德胜等于南昌。

秋七月丁丑，徐达克庐州。戊寅，常遇春徇江西。八月戊戌，复吉安，遂围赣州。达徇荆、湘诸路。九月甲申，下江陵，夷陵、潭、归皆降。

冬十二月庚寅，达克辰州，遣别将下衡州。

二十五年春正月己巳，徐达下宝庆，湖湘平。常遇春克赣州，熊天瑞降。遂趋南安，招谕岭南诸路，下韶州、南雄。甲申，如南昌，执大都督朱文正以归，数其罪，安置桐城。二月己丑，福建行省平章陈友定侵处州，参军胡深击败之，遂下浦城。丙午，士诚将李伯升攻诸全之新城，李文忠大败之。

夏四月庚寅，常遇春徇襄、汉诸路。五月乙亥，克安陆。己卯，下襄阳。六月壬子，朱亮祖、胡深攻建宁，战于城下，深被执，死之。

秋七月，令从渡江士卒被创废疾者养之，死者赡其妻子。九月丙辰，建国子学。

冬十月戊戌，下令讨张士诚。是时，士诚所据，南至绍兴，北有通、泰、高邮、淮安、濠、泗，又北至于济宁。乃命徐达、常遇春等先规取淮东。闰月，围泰州，克之。十一月，张士诚寇宜兴，徐达击败之，遂自宜兴还攻高邮。

二十六年春正月癸未，士诚窥江阴，太祖自将救之，士诚遁，康茂才追败之追败之于浮子门。太祖还应天。二月,明玉珍死,子升自立。三月丙申,令中书严选举。徐达克高邮。

夏四月乙卯,袭破士诚将徐义水军于淮安,义遁,梅思祖以城降。濠、徐、宿三州相继下,淮东平。甲子,如濠州省墓,置守冢二十家,赐故人汪文、刘英粟帛。置酒召父老饮极欢,曰:"吾去乡十有余年,艰难百战,乃得归省坟墓,与父老子弟复相见。今苦不得久留欢聚为乐。父老幸教子弟孝弟力田,毋远贾。滨淮郡县尚苦寇掠,父老善自爱。"令有司除租赋,皆顿首谢。辛未,徐达克安丰,分兵败扩廓于徐州。夏五月壬午,至自濠。庚寅,求遗书。

秋八月庚戌,改筑应天城,作新宫钟山之阳。辛亥,命徐达为大将军,常遇春为副将军,帅师二十万讨张士诚。御戟门誓师曰:"城下之日,毋杀掠,毋毁庐舍,毋发丘垄。士诚母葬平江城外,毋侵毁。"既而召问达、遇春,用兵当何先。遇春欲直捣平江。太祖曰:"湖州张天骐、杭州潘原明为士诚臂指,平江穷蹙,两人悉力赴援,难以取胜。不若先攻湖州,使疲于奔命,羽翼既披,平江势孤,立破矣。"甲戌,败张天骐于湖州,士诚亲率兵来援,复败之于皂林。九月乙未,李文忠攻杭州。

冬十月壬子,遇春败士诚兵于乌镇。十一月甲申,张天骐降。辛卯,李文忠下余杭,潘原明降,旁郡悉下。癸卯,围平江。十二月,韩林儿卒。以明年为吴元年,建庙社宫室,祭告山川。所司进宫殿图,命去雕琢奇丽者。

是岁,元扩廓帖木儿与李界齐、张良弼构怨,屡相攻击,朝命不行,中原民益困。

二十七年春正月戊戌,谕中书省曰:"东南久罹兵革,民生凋敝,吾甚悯之。且太平、应于诸郡,吾渡江开创地,供亿烦劳久矣。今比户空虚,有司急催科,重困吾民,将何以堪。其赐太平田租二年,应天、镇江、宁国、广德各一年。"二月丁未,傅友德败扩廓将李二于徐州,执之。三月丁丑,始设文武科取士。

夏四月,方国珍阴遣人通扩廓及陈友定。移书责之。五月己亥,初置翰林院。是月,以旱减膳素食,复徐、宿、濠、泗、寿、邳、东海、安东、襄阳、安陆及新附地田租三年。六月戊辰,大雨,君臣请复膳。太祖曰:"虽雨,伤禾已多,其赐民今年田租。"癸酉,命朝贺罢女乐。

秋七月丙子,给府、州、县官之任费,赐绮帛及其父母、妻、长子有差,著为令。

己丑,雷震宫门兽吻,赦罪囚。庚寅,遣使责方国珍贡粮。八月癸丑,圆丘、方丘、社稷坛成。九月甲戌,太庙成。朱亮祖帅师讨国珍。戊寅,诏曰:"先王之政,罪不及孥。自今除大逆不道,毋连坐。"辛巳,徐达克平江,执士诚,吴地平。戊戌,遣使致书于元主,送其宗室神保大王等北还。辛丑,论平吴功,封李善长宣国公,徐达信国公,常遇春鄂国公,将士赐赉有差。朱亮祖克台州。癸卯,新宫成。

冬十月甲辰,遣起居注吴琳、魏观以币求遗贤于四方。丙午,令百官礼仪尚左。改李善长左相国,徐达右相国。辛亥,祀元臣余阙于安庆,李黼于江州。壬子,置御史台。癸丑,汤和为征南将军,吴祯副之,讨国珍。甲寅,定律令。戊午,正郊社、太庙雅乐。

庚申,召诸将议北征,太祖曰:"山东则王宣反侧,河南则扩廓跋扈,关、陇则李思齐、张思道枭张猜忌,元祚将亡,中原涂炭。今将北伐,拯生民于水火,何以决胜?"遇春对曰:"以我百战之师,敌彼久逸之卒,直捣元都,破竹之势也。"太祖曰:"元建国百年,守备必固,悬军深入,馈饷不前,援兵四集,危道也。吾欲先取山东,撤彼屏蔽,移兵两河,破其藩篱,拔潼关而守之,扼其户槛。天下形胜入我掌握,然后进兵,元都势孤援绝,不战自克。鼓行而西,云中、九原、关、陇可席卷也。"诸将皆曰:"善。"

甲子,徐达为征虏大将军,常遇春为副将军,师师二十五万,由淮入河,北取中原。胡廷瑞为征南将军,何文辉为副将军,取福建。湖广行省平章杨璟、左丞周德兴、参政张彬取广西。己巳,朱亮祖克温州。十一月辛巳,汤和克庆元,方国珍遁入海。壬午,徐达克沂州,斩王宣。己丑,廖永忠为征南副将军,自海道会和讨国珍。乙未,颁大统历。辛丑,徐达克益都。十二月甲辰,颁律令。丁未,方国珍降,浙东平。张兴祖下东平,兖东州县相继降。己酉,徐达下济南。胡廷瑞下邵武。癸丑,李善长帅百官劝进,表三上,乃许。甲子,告于上帝。庚午,汤和、廖永忠由海道克福州。

洪武元年春正月乙亥,祀天地于南郊,即皇帝位。定有天下之号曰明,建元洪武。追尊高祖考曰玄皇帝,庙号德祖,曾祖考曰恒皇帝,庙号懿祖,祖考曰裕皇帝,庙号熙祖,皇考曰淳皇帝,庙号仁祖;妣皆皇后。立妃马氏为皇后,世子标为皇太子。以李善长、徐达为左、右丞相,诸功臣进爵有差。丙子,颁即位诏于天下。追封皇伯考以下皆为王。辛巳,李善长、徐达等兼东宫官。甲申,遣使核浙西田赋。壬辰，胡廷瑞克建宁。庚子，邓愈为征戍将军，略南阳以北州郡。汤和克延平，执元平章陈友定，福建平。是月，天下府、州、县官来朝。谕曰："天下始定，民财力俱困，要在休养安息，惟廉者能约己而利人，勉之。"二月壬寅，定郊社宗庙礼，岁必亲祀，以为常。癸卯，汤和提督海运。廖永忠为征南将军，朱亮祖副之，由海道取广东。丁未，以太牢祀先师孔子于国学。戊申，祀社稷。壬子，诏衣冠如唐制。癸丑，常遇春克东昌，山东平。甲寅，杨璟克宝庆。三月辛未，诏儒臣修女诫，戒后、妃毋预政。壬申，周德兴克全州。丁酉，邓愈克南阳。己亥，徐达徇汴梁，左君弼降。

夏四月辛丑，蕲州进竹簟，却之。命四方毋妄献。廖永忠师至广州，元守臣何真降，广东平。丁未，祫享太庙。戊申，徐达、常遇春大破元兵于洛水北，遂围河南。梁王阿鲁温降，河南平。丁巳，杨璟克永州。甲子，幸汴梁。丙寅，冯胜克潼关，李思齐、张思道遁。五月己卯，廖永忠下梧州，浔、贵、郁林诸州皆降。辛卯，改汴梁路为开封府。六月庚子，徐达朝行在。甲辰，海南、海北诸道降。壬戌，杨璟、朱亮祖克靖江。

秋七月戊子，廖永忠下象州，广西平。庚寅，振恤中原贫民。辛卯，将还应天，谕达等曰："中原之民，久为群雄所苦，流离相望，故命将北征，拯民水火。元祖宗功德在人，其子孙罔恤民隐，天厌弃之。君则有罪，民复何辜。前代革命之际，肆行屠戮，违天虐民，朕实不

忍。诸将克城，毋肆焚掠妄杀人，元之宗戚，咸俾保全。庶几上答天心，下慰人望，以副朕伐罪安民之意。不恭命者，罚无赦。"丙申，命冯胜留守开封。闰月丁未，至自开封。己酉，徐达会诸将兵于临清。壬子，常遇春克德州。丙寅，克通州，元帝趋上都。是月，征天下贤才为守令。免吴江、广德、太平、宁国、滁、和被灾田租。

八月己巳，以应天为南京，开封为北京。庚午，徐达入元都，封府库图籍，守宫门，禁士卒侵暴，遣将巡古北口诸隘。壬申，以京师火，四方水旱，诏中书省集

议便民事。丁丑,定六部官制。御史中丞刘基致仕。己卯,赦殊死以下。将士从征者恤其家。逋逃许自首。新克州郡毋妄杀。输赋道远者,官为转运。灾荒以实闻。免镇江租税。避乱民复业者,听垦荒地,复三年。衍圣公袭封及授曲阜知县,并如前代制。有司以礼聘致贤士。学校毋事虚文。平刑,毋非时决囚。除书籍、田器税。民间逋负免征。蒙古、色目人有才能者,许擢用。鳏寡孤独废疾者,存恤之。民年七十以上,一子复。他利害当兴革,不在诏内者,有司具以闻。壬午,幸北京。改大都路曰北平府。征元故臣。癸未,诏徐达、常遇春取山西。甲午,放元宫人。九月癸亥,诏曰:"天下之治,天下之贤共理之。今贤士多隐岩穴,岂有司失于敦劝欤,朝廷疏于礼待欤,抑朕寡昧不足致贤,将在位者壅蔽使不上达欤。不然,贤士大夫,幼学壮行,岂甘没世而已哉。天下甫定,朕愿与诸儒讲明治道。有能辅朕济民者,有司礼遣。"乙丑,常遇春下保定,遂下真定。

冬十月庚午,冯胜、汤和下怀庆、泽、潞相继下。丁丑,至自北京。戊寅,以元都平,诏天下。十一月己亥,遣使分行天下,访求贤才。庚子,始祀上帝于圜丘。癸亥,诏刘基还。十二月丁卯,徐达克太原,扩廓帖木儿走甘肃,山西平。己巳,置登闻鼓。壬辰,以书谕明升。

二年春正月乙巳,立功臣庙于鸡笼山。丁未,享太庙。庚戌,诏曰:"朕淮右布衣,因天下乱,率众渡江,保民图治,今十有五年,荷天眷佑,悉皆戡定。用是命将北征,齐、鲁之民馈粮给军,不惮千里。朕轸厥劳,已免元年田租。遭旱民未苏,其更赐一年。顷者,大军平燕都,下晋、冀,民被兵燹,困征敛,北平、燕南、河东、山西今年田租亦与蠲免。河南诸郡归附,父欲惠之,西北未平,师过其地,是以未遑。今晋、冀平矣,西抵潼关,北界大河,南至唐、邓、光、息,今年税粮悉除之。"又诏曰:"应天、太平、镇江、宣城、广德供亿浩穰。去岁蠲租,遇旱惠不及下。其再免诸郡及无为州今年租税。"庚申,常遇春取大同。是月,倭寇山东滨海郡县。二月丙寅朔,诏修元史。壬午,耕籍田。三月庚子,徐达至奉元,张思道遁。振陕西饥,户米三石。丙午,常遇春至凤翔,李思齐奔临洮。

夏四月丙寅,遇春还师北平。己巳,诸王子受经于博士孔克仁。令功臣子弟入学。乙亥,编《祖训录》,定封建诸王之制。徐达下巩昌。丙子,赐秦、陇新附州县税粮。丁丑,冯胜至临洮,李思齐降。乙酉,徐达袭破元豫王于西安。五月甲午朔,日有食之。丁酉,徐达下平凉、延安。张良臣以庆阳降,寻叛。癸卯,始祀地于方丘。六月己卯,常遇春克开平,元帝北走。壬午,封陈日煃为安南国王。

秋七月己亥,鄂国公常遇春卒于军,诏李文忠领其众。辛亥,扩廓帖木儿遣将破原州、泾州。辛酉,冯胜击走之。丙辰,明升遣使来。八月丙寅,元兵攻大同,李文忠击败之。己巳,定内侍官制。谕吏部曰:"内臣但备使令,毋多人。古来若辈擅权,可为鉴戒。驭之之道,常使之畏法,勿令有功,有功则骄恣矣。"癸酉,《元史》成。丙子,封王颛为高丽国王。癸未,徐达克庆阳,斩张良臣,陕西平。是月,命儒臣纂礼书。九月辛丑,召徐达、汤和还,冯胜留总军事。癸卯,以临濠为中都。戊午,征南师还。

冬十月壬戌,遣杨璟谕明升。甲戌,甘露降于钟山,群臣请告庙,不许。辛卯,诏天下郡县立学。是月,遣使贻元帝书。十一月乙巳,祀上帝于圜丘,以仁祖配。十二月甲戌,封阿答阿者为占城国王。甲申,振西安诸府饥,户米二石。己丑,大赉平定中原及征南将士。庚寅,扩廓帖木儿攻兰州,指挥于光死之。

是年,占城、安南、高丽入贡。

三年春正月癸巳,徐达为征虏大将军,李文忠、冯胜、邓愈、汤和副之,分道北征。二月癸未,追封郭子兴滁阳王。戊子,诏求贤才可任六部者。是月,李文忠下兴和,进兵察罕瑙儿,执元平章竹贞。三月庚寅,免南畿、河南、山东、江西广信、饶州今年田租。

夏四月乙丑,封皇子樉为秦王,㭎晋王,棣燕王,橚吴王,桢楚王,榑齐王,梓潭王,杞赵王,檀鲁王,从孙守谦靖江王。徐达大破扩廓帖木儿于沈儿峪,尽降其众,扩廓走和林。丙戌,元帝崩于应昌,子爱猷识理达蜡嗣。是月,慈利土官覃厚作乱。五月己丑,徐达取兴元。分遣邓愈招谕吐蕃。丁酉,诏守令举学识笃行之士。己亥,设科取士。甲辰,李文忠克应昌。元嗣君北走,获其子买的里八剌,降五万余人,穷追至北庆州,不及而还。丁未,诏行大射礼。戊申,祀地于方丘,以仁祖配。辛亥,徐达下兴元。邓愈克河州。丁巳,诏开国时将帅无嗣者禄其家。是月旱,后、妃亲执灶,皇太子、诸王馈于斋所。六月戊午朔,素服草履,步祷山川坛,露宿凡三日,还斋于西庑。辛酉,赉将士,省狱囚,命有司访求通经术、明治道者。壬戌,大雨。壬申,李文忠捷奏至,命仕元者勿贺。谥元主曰顺帝。癸酉,买的里八剌至京师,群臣请献俘。帝曰:"武王伐殷用之乎?"省臣以唐太宗尝行之对。帝曰:"太宗是待王世充耳。若遇隋之子孙,恐不尔也。"遂不许。又以捷奏多侈辞,谓宰相曰:"元主中国百年,朕与卿等父母皆赖其生养,奈何为此浮薄之言。亟改之。"乙亥,封买的里八剌为崇礼侯。丙子,告捷于南郊。丁丑,告太庙,诏示天下。辛巳,徙苏州、松江、嘉兴、湖州、杭州民无业者田临濠,给资粮、牛、种,复三年。是月,倭寇山东、浙江、福建滨海州县。

秋七月丙辰,明升将吴友仁寇汉中,参政傅友德击却之。中书左丞相杨宪有罪诛。八月乙酉,遣使瘗中原遗骸。

冬十月丙辰,诏儒士更直午门,为武臣讲经史。癸亥,周德兴为征南将军,讨覃厚,厚遁。辛巳,贻元嗣君书。十一月壬辰,北征师还。甲午,告武成于郊庙。丙申,大封功臣。进李善长韩国公,徐达魏国公,封李文忠曹国公,冯胜宋国公,邓愈卫国公,常遇春子茂郑国公,汤和等侯者二十八人。己亥,设坛亲祭战没将士。庚戌,有事于圜丘。辛亥,诏户部置户籍、户帖,岁计登耗以闻,著为令。乙卯,封中书右丞汪广洋忠勤伯,御史中丞刘基诚意伯。十二月癸卯,复贻元嗣君书,并谕和林诸部。甲子,建奉先殿。庚午,遣使祭历代帝王陵寝,并加修葺。己卯,赐勋臣田。壬午,以正月至是月,日中屡有黑子,诏廷臣言得失。

是年,古城、爪哇、西洋入贡。

四年春正月丙戌,李善长罢,汪广洋为右丞相。丁亥,中山侯汤和为征西将军,江夏侯周德兴、德庆侯廖永忠副之,率舟师由瞿塘;颍川侯傅友德为征虏前将军,济宁侯顾时副之,率步骑由秦、陇,伐蜀。魏国公徐达练兵北平。戊子,卫国公邓愈督饷给征蜀军。庚寅,建郊庙于中都。丁未,诏设科取士连举三年,嗣后三年一举。戊申,免山西旱灾田租。二月甲戌,幸中都。壬午,至自中都。元平章刘益以辽东降。是月,蠲太平、镇江、宁国田租。三月乙酉朔,始策试天下贡士,赐吴伯宗等进士及第、出身有差。乙巳,徙山后民万七千户屯北平。丁未,诚意伯刘基致仕。

夏四月丙戌,傅友德克阶州,文、隆、绵三州相继下。五月,免江西、浙江秋粮。六月壬午,傅友德克汉州。辛卯,廖永忠克夔州。戊戌,明升将丁世贞破文州,守将朱显忠死之。癸卯,汤和至重庆,明升降。戊申,倭寇胶州。是月,徙山后民三万五千户于内地,又徙沙漠遗民三万二千户屯田北平。

秋七月辛亥,徐达练兵山西。辛酉,傅友德下成都,四川平。乙丑,明升至京师,封归义侯。八月甲午,免中都、淮、扬及泰、滁、无为田租。己酉,振陕西饥。

是月,高州海寇乱,通判王名善死之。九月庚戌朔,日有食之。

冬十月丙申,征蜀师还。十一月丙辰,有事于圜丘。庚申,命官吏犯赃者,罪勿贷。是月,免陕西、河南被灾田租。十二月,徐达还。

是年,安南、渤泥、高丽、三佛齐、暹罗、日本、真腊入贡。

五年春正月癸丑,待制王祎使云南,诏谕元梁王把匝剌瓦尔密。祎至,不屈死。乙丑,徙陈理、明升于高丽。甲戌,魏国公徐达为征虏大将军,出雁门,趋和林,曹国公李文忠为左副将军,出应昌,宋国公冯胜为征西将军,取甘肃,征扩廓帖木儿。靖海侯吴祯督海运,饷辽东。卫国公邓愈为征南将军,江夏侯周德兴、江阴侯吴良副之,分道讨湖南、广西洞蛮。二月丙戌,安南陈叔明弑其主日煃自立,遣使入贡,却之。三月丁卯,都督佥事蓝玉败扩廓于土剌河。

夏四月己卯,振济南、莱州饥。戊戌,始行乡饮酒礼。庚子,邓愈平散毛诸洞蛮。五月壬子,徐达及元兵战于岭北,败绩。是月,诏曰:"天下大定,礼仪风俗不可不正。诸遭乱为人奴隶者,复为民。冻馁者,里中富室假贷之;孤寡残疾者,官养之,毋失所。乡党论齿,相见揖拜,毋违礼。婚姻毋论财。丧事称家有无,毋惑阴阳拘忌,停柩暴露。流民复业者各就丁耕种,毋以旧田为限。僧道斋醮杂男女,恣饮食,有司严治之。闽、粤豪家毋阉人子为火者,犯者抵罪。"六月丙子,定宦官禁令。丁丑,定宫官女职之制。戊寅,冯胜克甘肃,追败元兵于瓜、沙州。癸巳,定六部职掌及岁终考绩法。壬寅,吴良平靖州蛮。甲辰,李文忠败元兵于阿鲁浑河,宣宁侯曹良臣战没。乙巳,作铁榜诫功臣。是月,振山东饥,免被灾郡县田租。

秋七月丙辰,汤和及元兵战于断头山,败绩。八月丙申,吴良平五开、古州诸蛮。甲辰,元兵犯云内,同知黄里死之。九月戊午,周德兴平婪凤、安田诸蛮。

冬十月丁酉,冯胜师还。是月,免应天、太平、镇江、宁国、广德田租。十一月辛酉,有事于圜丘。甲子,征南师还。壬申,纳哈出犯辽东。是月,召徐达、李文忠还。十二月甲戌,诏以农桑、学校课有司。辛巳,命百官奏事启皇太子。庚子,邓愈为征西将军,征吐番。壬寅,贻元嗣君书。

是年,琐里、占城、高丽、琉球、乌斯藏入贡。高丽贡使再至,谕自后三年一贡。

六年春正月甲寅,谪汪广洋为广东参政。二月乙未,谕暂罢科举,察举贤才。

壬寅,命御史及按察使考察有司。三月癸卯朔,日有食之。颁《昭鉴录》,训诫诸王。戊申,大阅。壬子,徐达为征虏大将军,李文忠、冯胜、邓愈、汤和副之,备边山西、北平。甲子,指挥使於显为总兵官,备倭。

夏四月己丑,令有司上山川险易图。六月壬午,盱眙献瑞麦,荐宗庙。壬辰,扩廓帖木儿遣兵攻雁门,指挥吴均击却之。是月,免北平,河间、河南、开封、延安、汾州被灾田租。

秋七月壬寅,命户部稽渡江以来各省水旱灾伤分数,优恤之。壬子,胡惟庸为右丞相。八月乙亥,诏祀三皇及历代帝王。

冬十月辛巳,召徐达、冯胜还。十一月壬子,扩廓帖木儿犯大同,徐达遣将击败之,达仍留镇。甲子,遣兵部尚书刘仁振真定饥。丙寅,冬至,帝不豫,改卜郊。闰月乙亥,录故功臣子孙未嗣者二百九人。壬午,有事于圜丘。庚寅,颁定《大明律》。

是年,暹罗、高丽、占城、真腊、三佛齐入贡。命安南陈叔明权知国事。

七年春正月甲戌,都督佥事王简、王诚,平章李伯升,屯田河南、山东、北平。靖海候吴祯为总兵官,都督於显副之,巡海捕倭。二月丁酉朔,日有食之。戊午,修曲阜孔子庙,设孔、颜、孟三氏学。是月,平阳、太原、汾州、历城、汲县旱蝗,并免租税。

夏四月己亥,都督蓝玉败元兵于白酒泉,遂拔兴和。壬寅,金吾指挥陆龄讨永、道诸州蛮,平之。五月丙子,免真定等四十二府州县被灾田租。辛巳,振苏州饥民三十万户。癸巳,减苏、松、嘉、湖极重田租之半。六月,陕西平凉、延安、靖宁、鄜州雨雹,山西、山东、北平、河南蝗,并蠲田租。

秋七月甲子,李文忠破元兵于大宁、高州。壬申,倭寇登、莱。八月甲午朔,祀历代帝王庙。辛丑,诏军士阵殁,父母妻子不能自存者,官为存养。百姓避兵离散或客死,遗老幼,并资遣还。远宦卒官,妻子不能归者,有司给舟车资送。庚申,振河间、广平、顺德、真定饥,蠲租税。九月丁丑,遣崇礼候买的里八剌归,遗元嗣君书。

冬十一月壬戌,纳哈出犯辽阳,千户吴寿击走之。辛未,有事于圜丘。十二月戊戌,召邓愈、汤和还。

是年,阿难功德国、暹罗、琉球、三佛齐、乌斯藏、撒里、畏兀儿入贡。

八年春正月辛未，增祀鸡笼山功臣庙一百八人。癸酉，命有司察穷民无告者，给屋舍衣食。辛巳，邓愈、汤和等十三人屯戍北平、陕西、河南。丁亥，诏天下立社学。是月，河决开封，发民夫塞之。二月甲午，宥杂犯死罪以下及官犯私罪者，谪凤阳输作屯种赎罪。癸丑，耕籍田。召徐达、李文忠、冯胜还，傅友德等留镇北平。三月辛酉，立钞法。辛巳，罢宝源局铸钱。

夏四月辛卯，幸中都。丁巳，至自中都。免彰德、大名、临洮、平凉、河州被灾田租。罢营中都。致仕诚意伯刘基卒。五月己巳，永嘉侯朱亮祖偕傅友德镇北平。六月壬寅，指挥同知胡汝平贵州蛮。

秋七月己未朔，日有食之。辛酉，改作太庙。壬戌，召傅友德、朱亮祖还，李文忠、顾时镇山西、北平。戊辰，诏百官奔父母丧，不俟报。京师地震。丁丑，免应天、太平、宁国、镇江及蕲、黄诸府被灾田租。八月己酉，元扩廓帖木儿卒。

冬十月丁亥，诏举富民素行端洁达时务者。壬子，命皇太子、诸王讲武中都。十一月丁丑，有事于圜丘。十二月戊子，京师地震。甲寅，遣使振苏州、湖州、嘉兴、松江、常州、太平、宁国、杭州水灾。是月，纳哈出犯辽东，指挥马云、叶旺大败之。

是年，撒里、高丽、占城、暹罗、日本、爪哇、三佛齐入贡。

九年春正月，中山侯汤和，颍川侯傅友德，都督佥事蓝玉、王弼，中书右丞丁玉，备边延安。三月己卯，诏曰："比年西征燉煌，北伐沙漠，军需甲仗，皆资山、陕。又以秦、晋二府宫殿之役，重困吾民。平定以来，闾阎未息。国都始建，土木屡兴。畿辅既极烦劳，外郡疲于转运。今蓄储有余，其淮、扬、安、徽、池五府及山西、陕西、河南、福建、江西、浙江、北平、湖广今年租赋，悉免之。"

夏四月庚戌，京师自去年八月不雨，是日始雨。五月癸酉，自庚戌雨，至是日始霁。六月甲午，改行中书省为承宣布政使司。辛丑，李文忠还。

秋七月癸丑朔，日有食之。是月，蠲苏、松、嘉、湖水灾田租，振永平旱灾。元将伯颜帖木儿犯延安，傅友德败降之。八月己酉，遣官省历代帝王陵寝，禁刍牧，置守陵户，忠臣烈士祠，有司以时葺治。分遣国子生修岳镇海渎祠。西番朵儿只巴寇洮东，河州指挥宵正击走之。闰九月庚寅，以灾异诏求直言。

冬十月己未，太庙成，自是行合享礼。丙子，命秦、晋、燕、吴、楚、齐诸王治兵凤阳。十一月壬午，有事于圜丘。戊子，徙山西及真定民无产者田凤阳。十二月甲寅,振畿内、浙江、湖北水灾。已卯,遣都督同知沐英乘传诣陕西问民疾苦。

是年,览邦、琉球、安南、日本、乌斯藏、高丽入贡。

十年春正月辛卯,以羽林等卫军益秦、晋、燕三府护卫。是春,振苏、松、嘉、湖水灾。

夏四月己酉,邓愈为征西将军,沐英为副将军,率师讨吐番,大破之。是月,振太平、宁国及宜兴、钱塘诸县水灾。五月庚子,韩国公李善良、曹国公李文忠总中书省、大都督府、御史台,议军国重事。癸卯,振湖广水灾。丙午,户部主事赵乾振荆、蕲迟缓,伏诛。六月丁巳,诏臣民言事者,实封达御前。丙寅,命政事启皇太子裁决闻。

秋七月甲申,置通政司。是月,始遣御史巡按州县。八月庚戌,改建大殿于南郊。癸丑,选武臣子弟读书国子监。九月丙申,振绍兴、金华、衢州水灾。辛丑,胡惟庸为左丞相,汪广洋为右丞相。

冬十月戊午,封沐英西平侯。辛酉,赐百官公田。十一月癸未,卫国公邓愈卒。丁亥,合祀天地于奉天殿。是月,免河南、陕西、广东、湖广田租。威茂蛮叛,御史大夫丁玉为平羌将军,讨平之。十二月乙巳朔,日有食之。丁未,录故功臣子孙五百余人,授官有差。

是年,占城、三佛齐、暹罗、爪哇、真腊入贡。高丽使五至,以嗣王未立,却之。

十一年春正月甲戌,封皇子椿为蜀王,柏湘王,桂豫王,楧汉王,植卫王。改封吴王橚为周王。己卯,进封汤和信国公。是月,征天下布政使及知府来朝。二月,指挥胡渊平茂州蛮。三月壬午,命奏事毋关白中书省。是月,第来朝官为三等。

夏四月,元嗣君爱猷识理达腊殂,子脱古思帖木儿嗣。五月丁酉,存间苏、松、嘉、湖被水灾民,户赐米一石,蠲逋赋六十五万有奇。六月壬子,遣使祭故元嗣君。己巳,五开蛮叛,杀靖州指挥过兴,以辰州指挥杨仲名为总兵官,讨之。

秋七月丁丑,振平阳饥。是月,苏、松、扬、台海溢,遣官存恤。八月,免应天、太平、镇江、宁国、广德诸府州秋粮。九月丙申,追封刘继祖为义惠侯。

冬十月甲子,大祀殿成。十一月庚午,征西将军西平侯沐英率都督蓝玉、王弼讨西番。是月,五开蛮平。

是年,暹罗、阇婆、高丽、琉球、占城、三佛齐、朵甘、马斯藏、彭亨、百花入贡。

十二年春正月己卯，始合祀天地于南郊。甲申，洮州十八族番叛，命沐英移兵讨之。丙申，丁玉平松州蛮。二月戊戌，李文忠督理河、岷、临、巩军事。乙巳，诏曰："今春雨雪经旬，天下贫民困于饥寒者多有，其令有司给以钞。"丙寅，信国公汤和率列候练兵临清。

夏五月癸未，蠲北平田租。六月丁卯，都督马云征大宁。

秋七月丙辰，丁玉回师讨眉县贼，平之。己未，李文忠还掌大都督府事。八月辛巳，诏凡致仕官复其家，终身无所与。九月己亥，沐英大破西番，擒其部长三副使。

冬十一月甲午，沐英班师，封仇成、蓝玉等十二人为候。庚申，大宁平。十二月，汪广洋贬广南，赐死。征天下博学老成之士至京师。

是年，占城、爪哇、暹罗、日本、安南、高丽入贡。高丽贡黄金百斤、白金万两，以不如约，却之。

十三年春正月戊戌，左丞相胡惟庸谋反，及其党御史大夫陈宁、中丞涂节等伏诛。癸卯，大祀天地于南郊。罢中书省，废丞相等官，更定六部官秩，改大都督府为中、左、右、前、后五军都督府。二月壬戌朔，诏举聪明正直、孝弟力田、贤良方正、文学术数之士。发丹符，验天下金谷之数。戊辰，文武官年六十以上者听

致仕，给以诰敕。三月壬辰，减苏、松、嘉、湖重赋十之二。壬申，燕王棣之国北平。壬子，沐英袭元将脱火赤于亦集乃，擒之，尽降其众。

夏四月己丑，命群臣各举所知。五月甲午，雷震谨身殿。乙未，大赦。丙申，释在京及临濠屯田、输作者。己亥，免天下田租。

吏以过误罢者，还其职。壬寅，都督濮英进兵赤斤站，获故元豳王亦怜真及其部曲而还。是月，罢御史台。命从征士卒老疾者，许以子代；老而无子及寡妇，有司资遣还。六月丙寅，雷震奉天门，避正殿省愆。丁卯，罢王府工役。丁丑，置谏院官。

秋八月，命天下学校师生，日给廪膳。九月辛卯，景川候曹震、营阳候杨璟、

永城候薛显屯田北平。乙巳，天寿节，始受群臣朝贺，赐宴于谨身殿，后以为常。丙午，置四辅官，告于太庙。以儒士王本、杜佑、龚敩、杜斅、赵民望、吴源为春、夏官。是月，诏陕西卫军以三分之二屯田。安置翰林学士承旨宋濂于茂州，道卒。

冬十一月乙未，徐达还。丙午，元平章完者不花、乃儿不花犯永平，指挥刘广战没，千户王辂击败之，擒完者不花。十二月，天下府州、县所举士至者八百六十余人，授官有差。南雄候赵庸镇广东，讨阳春蛮。

是年，琉球、日本、安南、占城、真腊、爪哇入贡，日本以无表却之。

十四年春正戊子，徐达为征虏大将军，汤和、傅友德为左、右副将军，帅师讨乃儿不花。命新授官者各举所知。乙未，大祀天地于南郊。壬子，罢天下岁造兵器。癸丑，命公、候子弟入国学。丙辰，诏求隐逸。二月庚辰，核天下官田。三月丙戌，大赦。辛丑，颁《五经》《四书》于北方学校。

夏四月庚午，徐达率诸将出塞，至北黄河，击破元兵，获全宁四部以归。五月，五溪蛮叛，江夏候周德兴讨平之。

秋八月丙子，诏求明经老成之士，有司礼送京师。庚辰，河决原武、祥符、中牟。辛巳，徐达还。九月壬午朔，傅友德为征南将军，蓝玉、沐英为左、右副将军，帅师征云南。徐达镇北平。丙午，周德兴移师讨施州蛮，平之。

冬十月壬子朔，日有食之。癸丑，命法司录囚，会翰林院、给事中及春坊官会议平允以闻。甲寅，免应天、太平、广德、镇江、宁国田租。癸亥，分遣御史录囚。己卯，延安候唐胜宗帅师讨浙东山寇，平之。十一月壬午，吉安候陆仲亨镇成都。庚戌，赵庸讨广州海寇，大破之。十二月丁巳，命翰林春坊官考驳诸司章奏。戊辰，傅友德大败元兵于白石江，遂下曲靖。壬申，元梁王把匝剌瓦尔密走普宁自杀。

是年，暹罗、安南、爪哇、朵甘、乌斯藏入贡。以安南寇思明，不纳。

十五年春正月辛巳，宴群臣于谨身殿，始用九奏乐。景川候曹震、定远候王弼下威楚路。壬午，元曲靖宣慰司及中庆、澄江、武定诸路俱降，云南平。己丑，减大辟囚。乙未，大祀天地于南郊。庚戌，命天下朝觐官各举所知一人。二月壬子，河决河南，命驸马都尉李祺振之。甲寅，以云南平，诏天下。闰月癸卯，蓝玉、沐英克大理，分兵徇鹤庆、丽江、金齿，俱下。三月庚午，河决朝邑。

夏四月甲申，迁元梁王把匝剌瓦尔密及威顺王子伯伯等家属于耽罗。丙戌，诏天下通祀孔子。壬辰，免畿内、浙江、江西、河南、山东税粮。五月乙丑，太学成，释奠于先师孔子。丙子，广平府吏王允道请开磁州铁冶。帝曰："朕闻王者使天下无遗贤，不闻无遗利。今军器不乏，而民业已定，无益于国，且重扰民。"杖之，流岭南。丁丑，遣行人访经明行修之士。

秋七月乙卯，河决荥泽、阳武。辛酉，罢四辅官。乙亥，傅友德、沐英击乌撒蛮，大败之。八月丁丑，复设科取士，三年一行，为定制。丙戌，皇后崩。己丑，延安侯唐胜宗、长兴侯耿炳文屯田陕西。丁酉，擢秀才曾泰为户部尚书。辛丑，命征至秀才分六科试用。九月己酉，吏部以经明行修之士郑韬等三千七百余人入见，令举所知，复遣使征之。赐韬等钞，寻各授布政使、参政等官有差。庚午，葬孝慈皇后于孝陵。

冬十月丙子，置都察院。丙申，录囚。甲辰，徐达还。是月，广东群盗平，诏赵庸班师。十一月戊午，置殿阁大学士，以邵质、吴伯宗、宋讷、吴沉为之。十二月辛卯，振北平被灾屯田士卒。己亥，永城侯薛显理山西军务。

是年，爪哇、琉球、乌斯藏、占城入贡。

十六年春正月乙卯，大祀天地于南郊。戊午，徐达镇北平。二月丙申，初命天下学校岁贡士于京师。三月甲辰，召征南师还，沐英留镇云南。丙寅，复凤阳、临淮二县民徭赋，世世无所与。

夏五月庚申，免畿内各府田租。六月辛卯，免畿内十二州县养马户田租一年，滁州免二年。

秋七月，分遣御史录囚。八月壬申朔，日有食之。九月癸亥，申国公邓镇为征南将军，讨龙泉山寇，平之。

冬十月丁丑，召徐达等还。十二月甲午，刑部尚书开济有罪诛。

是年，琉球、占城、西番、打箭炉、暹罗、须文达那入贡。

十七年春正月丁未，大祀天地于南郊。戊申，徐达镇北平。壬戌，汤和巡视沿海诸城防倭。三月戊戌朔，颁科举取士式。曹国公李文忠卒。甲子，大赦天下。

夏四月壬午，论平云南功，进封傅友德颍国公，陈恒等侯者四人，大赉将士。庚寅，收阵亡遗骸。增筑国子学舍。五月丙寅，凉州指挥宋晟讨西番于亦集乃，败之。

秋七月戊戌，禁内官预外事，敕诸司毋通内官监文移。癸丑，诏百官迎养父母者，官给舟车。丁巳，免畿内今年田租之半。庚申，录囚。壬戌，盱眙人献天书，斩之。八月丙寅，河决开封。壬申，决杞县，遣官塞之。己丑，蠲河南诸省逋赋。

冬十月丙子，河南、北平大水，分遣驸马都尉李祺等振之。闰月癸丑，诏天下罪囚，刑部、都察院详议，大理寺覆谳后奏决。是月，召徐达还。十二月壬子，蠲云南逋赋。

是年，琉球、暹罗、安南、占城入贡。

十八年春正月辛未，大祀天地于南郊。癸酉，朝觐官分五等考绩，黜陟有差。二月甲辰，以久阴雨雷电，诏臣民极言得失。己未，魏国公徐达卒。三月壬戌，赐丁显等进士及第、出身有差。诏中外官父母殁任所者，有司给舟车归其丧，著为令。乙亥，免畿内今年田租。命天下郡县瘗暴骨。丙子，初选进士为翰林院、承敕监、六科庶吉士。己丑，户部侍郎郭恒坐盗官粮诛。

夏四月丁酉，吏部尚书余熂以罪诛。丙辰，思州蛮叛，汤和为征虏将军，周德兴为副将军，帅师从楚王桢讨之。六月戊申，定外官三年一朝，著为令。

秋七月甲戌，封王禑为高丽国王。庚辰，五开蛮叛。八月庚戌，冯胜、傅友德、蓝玉备边北平。是月，振河南水灾。

冬十月己丑，颁《大诰》于天下。癸卯，召冯胜还。甲辰，诏曰："孟子传道，有功名教。历年既久，子孙甚微。近有以罪输作者，岂礼先贤之意哉。其加意询访，凡圣贤后裔输作者，皆免之。"是月，楚王桢、信国公汤和讨平五开蛮。十一月乙亥，蠲河南、山东、北平田租。十二月丙午，诏有司举孝廉。癸丑，麓川平缅宣慰使思伦发反，都督冯诚败绩。千户王升死之。

是年，高丽、琉球、安南、暹罗入贡。

十九年春正月辛酉，振大名及江浦水灾。甲子，大祀天地于南郊。是月，征蛮师还。二月丙申，耕耤田。癸丑，振河南饥。

夏四月甲辰，诏赎河南饥民所鬻子女。六月甲辰，诏有司存问高年。贫民年八十以上，月给米五斗，酒三斗，肉五斤；九十以上，岁加帛一匹，絮一斤；有田产者罢给米。应天、凤阳富民年八十以上赐爵社士，九十以上乡士；天下富民八十以上里士，九十以上社士。皆与县官均礼，复其家。鳏寡孤独不能自存者，岁给米六石。士卒战伤除其籍，赐复三年。将校阵亡，其子世袭加一秩。岩穴之士，以礼聘遣。丁未，振青州及郑州饥。

秋七月癸未，诏举经明行修练达时务之士。年六十以上者，置翰林备顾问；六十以下，于六部、布按二司用之。八月甲辰，命皇太子修泗州盱眙祖陵，葬德祖以下帝后冕服。九月庚申，屯田云南。

冬十月，命官军已亡子女幼或父母老者皆给全俸，著为令。十二月癸未朔，日有食之。是月，命宋国公冯胜分兵防边。发北平、山东、山西、河南民运粮于大宁。

是年，高丽、琉球、暹罗、占城、安南入贡。

二十年春正月癸丑，冯胜为征虏大将军，傅友德、蓝玉副之，率师征纳哈出。焚锦衣卫刑具，以系囚付刑部。甲子，大祀天地于南郊。礼成，天气清明。侍臣进曰：“此陛下敬天之诚所致。”帝曰：“所谓敬天者，不独严而有礼，当有其实。天以子民之任付于君，为君者欲求事天，必先恤民。恤民者，事天之实也。即如国家命人任守令之事，若不能福民，则是弃君之命，不敬孰大焉。”又曰：“为人君者，父天母地子民，皆职分之所当尽，祀天地，非祈福于己，实为天下苍生也。”二月壬午，阅武。乙未，耕耤田。三月辛亥，冯胜率师出松亭关，城大宁、宽河、会州、富峪。

夏四月戊子，江夏侯周德兴筑福建濒海城，练兵防倭。六月庚子，临江侯陈镛从征失道，战没。癸卯，冯胜兵逾金山。丁未，纳哈出降。闰月庚申，师还次金山，都督濮英殿军，遇伏，死之。

秋八月癸酉，收冯胜将军印，召还。蓝玉摄军事。景川侯曹震屯田云南品甸。九月戊寅，封纳哈出海西侯。癸未，置大宁都指挥使司。丁酉，安置郑国公常茂于龙州。丁未，蓝玉为征虏大将军，延安侯唐胜宗、武定侯郭英副之，北征沙漠。是月，城西宁。

冬十月戊申，封朱寿为舳舻侯，张赫为航海侯。是月，冯胜罢归凤阳，奉朝请。十一月壬午，普定侯陈恒、靖宁侯叶升屯田定边、姚安、毕节诸卫。己丑，汤和还，凡筑宁海、临山等五十九城。十二月，振登、莱饥。

是年，琉球、安南、高丽、占城、真腊、朵甘、乌斯藏入贡。

二十一年春正月辛巳，麓川蛮思伦发入寇马龙他郎甸，都督宁正击败之。辛卯，大祀天地于南郊。甲午，振青州饥，逮治有司匿不以闻者。三月乙亥，赐任亨泰等进士及第、出身有差。丙戌，振东昌饥。甲辰，沐英讨思伦发败之。

夏四月丙辰，蓝玉袭破元嗣君于捕鱼儿海，获其次子地保奴及妃主王公以下数万人而还。五月甲戌朔，日有食之。六月甲辰，信国公汤和归凤阳。甲子，傅友德为征南将军，沐英、陈恒为左、右副将军，帅师讨东川叛蛮。

秋七月戊寅，安置地保奴于琉球。八月癸丑，徙泽、潞民无业者垦河南、北田，赐钞备农具，复三年。丁卯，蓝玉师还，大赍北征将士。戊辰，封孙恪为全宁侯。是月，御制八谕饬武臣。九月丙戌，秦、晋、燕、周、楚、齐、湘、鲁、潭九王来朝。癸巳，越州蛮阿资叛，沐英会傅友德讨之。

冬十月丁未，东川蛮平。十二月壬戌，进封蓝玉凉国公。

是年，高丽、占城、琉球、暹罗、真腊、撒马儿罕、安南入贡。诏安南三岁一朝，象犀之属毋献。安南黎季犛弑其主炜。

二十二年春正月丙戌，改大宗正院曰宗人府，以秦王樉为宗人令，晋王㭎、燕王棣为左、右宗正，周王橚、楚王桢为左、右宗人。丁亥，大祀天地于南郊。乙未，傅友德破阿资于普安。二月己未，蓝玉练兵四川。壬戌，禁武臣预民事。癸亥，湖广千户夏德忠结九溪蛮作乱，靖宁侯叶升讨平之，得忠伏诛。是月，阿资降。三月庚午，傅友德帅诸将分屯四川、湖广，防西南蛮。

夏四月己亥，徙江南民田淮南，赐钞备农具，复三年。癸丑，魏国公徐允恭、开国公常升等练兵湖广。甲寅，徙元降王于眈罗。是月，遣御史按山东官匿灾不奏者。五月辛卯，置泰宁、朵颜、福余三卫于兀良哈。

秋七月，傅友德等还。八月乙卯，诏天下举高年有德识时务者。是月，更定《大明律》。九月丙寅朔，日有食之。

冬十一月丙寅，宣德侯金镇等练兵湖广。己卯，思伦发入贡谢罪，麓川平。十二月甲辰，周王橚有罪，迁云南。寻罢徙，留居京师。定远侯王弼等练兵山西、河南、陕西。

是年，高丽、安南、占城、暹罗、真腊入贡。元也速迭儿弑其主脱古思帖木儿而立坤帖木儿。高丽废其主禑，又废其主昌。安南黎季犛复弑其主日焜。

二十三年春正月丁卯，晋王㭎、燕王棣帅师征元丞相咬住、太尉乃儿不花，征房前将军颍国公傅友德等皆听节制。己卯，大祀天地于南郊。庚辰，贵州蛮叛，延安侯唐胜宗讨平之。乙酉，齐王榑帅师从燕王棣北征。赣州贼为乱，东川侯胡海充总兵官，普定侯陈恒、靖宁侯叶升为副将，讨平之。唐胜宗督贵州各卫屯田。二月戊申，蓝玉讨平西番叛蛮。丙辰，耕耤田。癸亥，河决归德，发诸军民塞之。三月癸巳，燕王棣师次迤都，咬住等降。

夏四月，吉安侯陆仲亨等坐胡惟庸党下狱。丙申，潭王梓自焚死。闰月丙子，蓝玉平施南、忠建叛蛮。五月甲午，遣诸公侯还里，赐金币有差。乙卯，赐太师韩国公李善长死，陆仲亨等皆坐诛。作《昭示奸党录》，布告天下。六月乙丑，蓝玉遣凤翔侯张龙平都匀、散毛诸蛮。庚寅，授耆民有才德者知典故者官。

秋七月壬辰，河决开封，振之。癸巳，崇明、海门风雨海溢，遣官振之，发民二十五万筑堤。八月壬申，诏毋以吏卒充选举。蓝玉还。是月，振河南、北平、山东水灾。九月庚寅朔，日有食之。

冬十月己卯，振湖广饥。十一月癸丑，免山东被灾田租。十二月癸亥，令殊死以下囚输粟北边自赎。壬申，罢天下岁织文绮。

是年，墨剌、哈梅里、高丽、占城、真腊、琉球、暹罗入贡。

二十四年春正月癸卯，大祀天地于南郊。戊申，颍国公傅友德为征虏将军，定远侯王弼、武定侯郭英副之，备北平边。丁巳，免山东田租。二月壬申，耕耤田。三月戊子朔，日有食之。魏国公徐辉祖、曹国公李景隆、凉国公蓝玉等备边陕西。乙未，靖宁侯叶升练兵甘肃。丁酉，赐许观等进士及第、出身有差。

夏四月辛未，封皇子栴为庆王、㰩宁王、㮵岷王、橞谷王、松韩王、模沈王、楹安王、桱唐王、栋郢王、㰒伊王。癸未，燕王棣督傅友德诸将出塞，败敌而还。五月戊戌，汉、卫、谷、庆、宁、岷六王练兵临清。六月己未，诏廷臣参考历代礼制，更定冠服、居室、器用制度。甲子，久旱录囚。

秋七月庚子，徙富民实京师。辛丑，免畿内官田租之半。八月乙卯，秦王樉有罪，召还京师。乙丑，皇太子巡抚陕西。乙亥，都督佥事刘真、宋晟讨哈梅里，败之。九月乙酉，遣使谕西域。是月，倭寇雷州，百户李玉、镇抚陶鼎战死。

冬十月丁巳，免北平、河间被水田租。十一月甲午，五开蛮叛，都督佥事茅鼎讨平之。庚戌，皇太子还京师，晋王㭎来朝。辛亥，振河南水灾。十二月庚午，周王橚复国。辛巳，阿资复叛，都督佥事何福讨降之。

是年，天下郡县赋役黄册成，计户千六十八万四千四百三十五，丁五千六百七十七万四千五百六十一。琉球、暹罗、别失八里、撒马儿罕入贡。以占城有篡逆事,却之。

二十五年春正月戊子,周王橚来朝。庚寅,河决阳武,发军民塞之,免被水田租。乙未,大祀天地于南郊。何福讨都匀、毕节诸蛮,平之。辛丑,令死囚输粟塞下。壬寅,晋王棡、燕王棣、楚王桢、湘王柏来朝。二月戊午,召曹国公李景隆等还京师。靖宁侯叶升等练兵于河南及临、巩、甘、凉、延庆。都督茅鼎等平五开蛮。丙寅,耕耤田。庚辰,诏天下卫所军以十之七屯田。三月癸未,冯胜等十四人分理陕西、山西、河南诸卫军务。庚寅,改封豫王桂为代王,汉王楧为肃王,卫王植为辽王。

夏四月壬子,凉国公蓝玉征罕东。癸丑,建昌卫指挥月鲁帖木儿叛,指挥鲁毅败之。丙子,皇太子标薨。戊寅,都督聂纬、徐司马、瞿能讨月鲁帖木儿,俟蓝玉还,并听节制。五月辛巳,蓝玉至罕东,寇遁,遂趋建昌。己丑,振陈州原武水灾。六月丁卯,西平侯沐英卒于云南。

秋七月庚辰,秦王樉复国。癸未,指挥瞿能败月鲁帖木儿于双狼寨。八月己未,江夏侯周德兴坐事诛。丁卯,冯胜、傅友德帅开国公常升等分行山西,籍民为军,屯田于大同、东胜,立十六卫。甲戌,给公、侯岁禄,归赐田于官。丙子,靖宁侯叶升坐胡惟庸党诛。九月庚寅,立皇孙允炆为皇太孙。高丽李成桂幽其主瑶而自立,以国人表来请命,诏听之,更其国号曰朝鲜。

冬十月乙亥,沐春袭封西平侯,镇云南。十一月甲午,蓝玉擒月鲁帖木儿,诛之,召玉还。十二月甲戌,宋国公冯胜、颍国公傅友德等兼东宫师保官。闰月戊戌,冯胜为总兵官,傅友德副之,练兵山西、河南,兼领屯卫。

是年,琉球中山、山南,高丽,哈梅里入贡。

二十六年春正月戊申,免天下耆民来朝。辛酉,大祀天地于南郊。二月丁丑,晋王棡统山西、河南军出塞,召冯胜、傅友德、常升、王弼等还。乙酉,蜀王椿来朝。凉国公蓝玉以谋反，并鹤庆侯张翼、普定侯陈恒、景川侯曹震、舳舻侯朱寿、东莞伯何荣、吏部尚书詹徽等皆坐诛。己丑，颁《逆臣录》于天下。庚寅，耕田。三月辛亥，代王桂率护卫兵出塞，听晋王节制。长兴侯耿炳文练兵陕西。丙辰，冯胜、傅友德备边山西、北平，其属卫将校悉听晋王、燕王节制。庚申，诏二王军务大者始以闻。壬戌，会宁侯张温坐蓝玉党诛。

夏四月乙亥，孝感饥，遣使乘传发仓贷之。诏自今遇岁饥，先贷后闻，著为令。戊子，周王橚来朝。庚寅，旱，诏群臣直言得失，省狱囚。丙申，以安南擅废立，绝其朝贡。

秋七月甲辰朔，日有食之。戊申，选秀才张宗浚等随詹事府官分直文华殿，侍皇太孙。八月，秦、晋、燕、周、齐五王来朝。九月癸丑，代、肃、辽、庆、宁五王来朝。赦胡惟庸、蓝玉余党。

冬十月丙申，擢国子监生六十四人为布政使等官。十二月，颁《永鉴录》于诸王。

是年，琉球、爪哇、暹罗入贡。

二十七年春正月乙卯，大祀天地于南郊。辛酉，李景隆为平羌将军，镇甘肃。发天下仓谷贷贫民。三月庚子，赐张信等进士及第、出身有差。辛丑，魏国公徐辉祖、安陆侯吴杰备倭浙江。庚戌，课民树桑、枣、木棉。甲子，以四方底平，收藏甲兵，示不复用。

秋八月甲戌，吴杰及永定侯张铨率致仕武臣，备倭广东。乙亥，遣国子监生分行天下，督吏民修水利。丙戌，阶、文军乱，都督宁正为平羌将军讨之。九月，徐辉祖节制陕西沿边诸军。

冬十一月乙丑，颍国公傅友德坐事诛。阿资复叛，西平侯沐春击败之。十二月乙亥，定远侯王弼坐事诛。

是年，乌斯藏、琉球、缅、朵甘、爪哇、撒马儿罕、朝鲜入贡。安南来贡，却之。

二十八年春正月丙午，阶、文寇平，宁正以兵从秦王樉征洮州叛番。丁未，大祀天地于南郊。甲子，西平侯沐春擒斩阿资，越州平。是月，周王橚、晋王㭎率河南、山西诸卫军出塞，筑城屯田。燕王棣帅总兵官周兴出辽东塞。二月丁卯，宋国公冯胜坐事诛。己丑，谕户部编民百户为里。婚姻死丧疾病患难，里中富者助财，贫者助力。春秋耕获，通力合作，以教民睦。

夏六月壬申，诏诸土司皆立儒学。辛巳，周兴等自开原追敌至甫答迷城，不及而还。己丑，御奉天门，谕群臣曰："朕起兵至今四十余年，灼见情伪，惩创奸顽，或法外用刑，本非常典。后嗣止循《律》与《大诰》，不许用黥刺、刖、劓、阉割之刑。臣下敢以请者，置重典。"又曰："朕罢丞相，设府、部、都察院分理庶政，事权归于朝廷。嗣君不许复立丞相。臣下敢以请者置重典。皇亲惟谋逆不赦。余罪，宗亲会议取上裁。法司只许举奏，毋得擅逮。勒诸典章，永为遵守。"

秋八月丁卯，都督杨文为征南将军，指挥韩观、都督佥事宋晟副之，讨龙州土官赵宗寿。戊辰，信国公汤和卒。辛巳，赵宗寿伏罪来朝，杨文移兵讨奉议、南丹叛蛮。九月丁酉，免畿内、山东秋粮。庚戌，颁《皇明祖训条章》于中外，"后世有言更祖制者，以奸臣论"。十一月乙亥，奉议、南丹蛮悉平。十二月壬辰，诏河南、山东桑枣及二十七年后新垦田，毋征税。

是年，朝鲜、琉球、暹罗入贡。

二十九年春正月壬申，大祀天地于南郊。二月癸卯，征虏前将军胡冕讨郴、桂蛮，平之。辛亥，燕王棣帅师巡大宁，周世子有燉帅师巡北平关隘。三月辛酉，楚王桢、湘王柏来朝。甲子，燕王败敌于彻彻儿山，又追败之于兀良哈秃城而还。

秋八月丁未，免应天、太平五府田租。九月乙亥，召致仕武臣二千五百余人入朝，大赉之，各进秩一级。

是年，琉球、安南、朝鲜、乌斯藏入贡。

三十年春正月丙辰，耿炳文为征西将军，郭英副之，巡西北边。丙寅，大祀天地于南郊。丁卯，置行太仆寺于山西、北平、陕西、甘肃、辽东，掌马政。己巳，左都督杨文屯田辽东。是月，沔县盗起，诏耿炳文讨之。二月庚寅，水西蛮叛，都督佥事顾成为征南将军，讨平之。三月癸丑，赐陈䢿等进士及第、出身有差。庚辰，古州蛮叛，龙里千户吴得、镇抚井孚战死。

夏四月己亥，都指挥齐让为平羌将军，讨之。壬寅，水西蛮平。五月壬子朔，日有食之。乙卯，楚王桢、湘王柏帅师讨古州蛮。六月辛巳，赐礼部覆试贡士韩克忠等进士及第、出身有差。己酉，驸马都尉欧阳伦有罪赐死。

秋八月丁亥，河决开封。甲午，李景隆为征虏大将军，练兵河南。九月庚戌，汉、沔寇平。戊辰，麓川平缅土酋刀斡孟逐其宣慰使思伦发以叛。乙亥，都督杨文为征虏将军，代齐让。

冬十月戊子，停辽东海运。辛卯，耿炳文练兵陕西。乙未，重建国子监先师庙成。十一月癸酉，沐春为征虏前将军，都督何福等副之，讨刀斡孟。

是年，琉球、占城、朝鲜、暹罗、乌斯藏、泥八剌入贡。

三十一年春正月壬戌，大祀天地于南郊。乙丑，遣使之山东、河南课耕。二月乙酉，倭寇宁海，指挥陶铎击败之。辛丑，古州蛮平，召杨文还。甲辰，都督佥事徐凯讨平麽些蛮。

夏四月庚辰，廷臣以朝鲜屡生衅隙请讨，不许。五月丁未，沐春击刀斡孟，大败之。甲寅，帝不豫。戊午，都督杨文从燕王棣，武定侯郭英从辽王植，备御开平，俱听燕王节制。

闰月癸未，帝疾大渐。乙酉，崩于西宫，年七十有一。遗诏曰："朕膺天命三十有一年，忧危积心，日勤不怠，务有益于民。奈起自寒微，无古人之博知，好善恶恶，不及远矣。今得万物自然之理，其奚哀念之有。皇太孙允炆仁明孝友，天下归心，宜登大位。内外文武臣僚同心辅政，以安吾民。丧祭仪物，毋用金玉。孝陵山川因其故，毋改作。天下臣民，哭临三日，皆释服，毋妨嫁娶。诸王临国中，毋至京师。诸不在令中者，推此令从事。"辛卯，葬孝陵。谥曰高皇帝，庙号太祖。永乐元年，谥圣神文武钦明启运俊德成功统天大孝高皇帝。嘉靖十七年，增谥开天行道肇纪立极大圣至神仁文义武俊德成功高皇帝。

帝天授智勇，统一方夏，纬武经文，为汉、唐、宋诸君所未及。当其肇造之初，能沉几观变，次第经略，绰有成算。尝与诸臣论取天下之略，曰："朕遭时丧乱，初起乡土，本图自全。及渡江以来，观群雄所为，徒为生民之患，而张士诚、陈友谅尤为巨蠹。士诚恃富，友谅恃强，朕独无所恃。惟不嗜杀人，布信义，行节俭，与卿等同心共济。初与二寇相持，士诚尤逼近，或谓宜先击之。朕以友谅志骄，士诚器小，志骄则好生事，器小则无远图，故先攻友谅。鄱阳之役，士诚卒不能出姑苏一步，以为之援。向使先攻士诚，浙西负固坚守，友谅必空国而来，吾腹背受敌矣。二寇既除，北定中原，所以先山东、次河洛，止潼关之兵不遽取秦、陇者，盖扩廓帖木儿、李思齐、张思道皆百战之余，未肯遽下，急之则并力一隅，猝未易定，故出其不意，反旗而北。燕都既举，然后西征。张、李望绝势穷，不战而克，然扩廓犹力抗不屈。向令未下燕都，骤与角力，胜负未可知也。"帝之雄才大略，料敌制胜，率类此。故能戡定祸乱，以有天下。语云"天道后起者胜"，岂偶然哉。

朱橚传

——《明史》卷一一六

【说明】朱橚(1360-1425),为明太祖朱元璋的第五个儿子,明成祖朱棣的同母兄弟。洪武三年(1371)封为吴王,十一年改封周王,十四年归藩府开封。《明史》本传载朱橚好学,"能词赋,尝作《元宫词》百章"。开封一带自然灾害较多,那里野生植物生长繁茂,朱橚偕同一些幕僚收集并经考核可以用于人们渡饥荒用的植物四百余种,撰写成《救荒本草》一书。朱橚卒于洪熙元年(1425),谥号定。所以《明史》也题《救荒本草》为"周定王撰"。

《救荒本草》是以救荒为宗旨的,因而实用性是本书的一大特点。作者经过广泛调查,把民间利用野生植物救饥的方法和经验都记录入书中,供人们作参考。本书是十五世纪初,中国第一部关于植物的科学记录,对植物特性的描述相当细致和准确。《救荒本草》原书两卷,共收录记载植物414种,其中已见于历代本草书的138种,新增加的276种,分为草部、木部、米谷部、果部和菜部五大类。《救荒本草》很早就流传国外,在日本先后有刊刻和手抄本多种传世。德国植物学家 E·Brest Sohueider 在1851年就研究了本书,并对其中的176种植物定了学名。美国植物学家 A·S·Lead 在1942年出版的《植物学小史》一书中盛赞本书插图的精确程度超过当时欧洲的水平。

周定王朱橚,是明太祖的第五个儿子。洪武三年(1371)封吴王。七年,有关部门奏请在杭州设置监领卫所,太祖说:"钱塘是国家财赋收入的重地。不可以。"十一年,改封周王,命他和燕、楚、齐三王一起驻居在凤阳。十四年,返回藩国开封,即在北宋王宫旧址上建立王府。二十二年,朱橚放弃封国而来到凤阳。太祖大怒,想把他迁封到云南去,接着放弃原有打算,让他留住在京城,由他的儿子有燉代管藩国的事务。二十四年十二月才让他回到藩国。建文帝初年,因朱橚是燕王的同母兄弟,对他有所疑忌。朱橚当时确实也有不轨图谋,长史王翰曾几次直言规劝,都没被采纳,于是装疯而离去。朱橚第二个儿子,汝南王有爋告发朱橚有非常举动。建文帝派李景隆防守边境,在赴边途中经过开封,突然领兵包围王宫,捉拿朱橚。朱橚逃到蒙化,几个儿子也分别逃到其他地方。自后,又复召他回京城,把他关押起来。明成祖兵出南京称帝后,恢复了他的爵位,加俸禄为五千石。永乐元年(1403)正月,下诏归还给旧有的封地。朱橚献上颂词九章和佾舞。第二年,入朝晋见,献上驺虞之乐。皇帝很高兴,宴请赏赐丰厚。因开封有黄河水患,要改封他到洛阳去。朱橚说,开封河堤坚固,不要劳烦民力。于是停止改封。十四年,上疏辞谢皇帝赏赐的开封城税收。十八年十月,有人告发朱橚谋反。成祖派人调查实有其事。第二年二月,召朱橚到京城,把告发信给他看。朱橚以头叩地承认有死罪的错误。成祖怜悯他,不再加追问。朱橚回归到藩国,把自己的护卫武装还给皇帝。仁宗即位,朱橚每年的俸禄增加到两万石。朱橚喜欢读书学习,擅长词赋,曾写作过《元宫词》一百章。因其封国土地平坦空阔,各种野生植物生长繁茂,考核其中可以供贫民渡荒用的四百余种,绘画成图像,并加文字说明,书名《救荒本草》。专门开辟东书堂为他长子读书的地方,长史刘淳为老师。洪熙元年(1425)逝世。

【原文】

周定王橚,太祖第五子。洪武三年封吴王。七年,有司请置护卫于杭州。帝曰:"钱塘财赋地,不可。"十一年改封周王,命与燕、楚、齐三王驻凤阳。十四年就藩开封,即宋故宫地为府。二十二年,橚弃其国来凤阳。帝怒,将徙之云南,寻止,使居京师,世子有燉理藩事。二十四年十二月敕归藩。建文初,以橚燕王母弟,颇疑惮之。橚亦时有异谋,长史王翰数谏不纳,佯狂去。次子汝南王有爋告变。帝使李景隆备边,道出汴,猝围王宫,执橚,窜蒙化,诸子并别徙,已,复召还京,锢之。成祖入南京,复爵,加禄五千石。永乐元年正月诏归旧封,献颂九章及佾舞。明年来朝,献驺虞。帝悦,宴赐甚厚。以汴梁有河患,将改封洛阳。橚言汴堤固,无重劳民力,乃止。十四年疏辞所赐在城税课,十八年十月有告橚反者,帝察之有验。明年二月召至京,示以所告词。橚顿首谢死罪。帝怜之,不复问。橚归国,献还三护卫。仁宗即位,加岁禄至二万石。好学,能词赋,尝作《元宫词》百章,以国土夷广,庶草蕃庑,考核其可佐饥馑者四百余种,绘图疏之,名《救荒本草》。辟东书堂以教世子,长史刘淳为之师。洪熙元薨。